DA EUROPA E DA AMÉRICA

Gabriel García Márquez

DA EUROPA E DA AMÉRICA

· OBRA JORNALÍSTICA 3 ·

1955-1960

Recompilação e prólogo de
JACQUES GILARD

Tradução de
LÉO SCHLAFMAN

EDITORA RECORD
RIO DE JANEIRO • SÃO PAULO

2006

CIP-Brasil. Catalogação-na-fonte
Sindicato Nacional dos Editores de Livros, RJ.

García Márquez, Gabriel, 1928-
G21d   Da Europa e da América, 1955-1960 / Gabriel García Márquez; recompilação e prólogo de Jacques Gilard; tradução de Léo Schlafman. – Rio de Janeiro: Record, 2006.
(Obra jornalística de Gabriel García Márquez; 3)

Tradução de: De Europa y América: obra periodística 3, 1955-1960
ISBN 85-01-07044-0

1. Ensaio colombiano. I. Gilard, Jacques. II. Schlafman, Léo. III. Título. IV. Série.

06-2108
CDD – 868.993614
CDU – 821.134.2(861)-4

Título original em espanhol:
DE EUROPA Y AMÉRICA. OBRA PERIODÍSTICA 3. 1955-1960

Copyright © Gabriel García Márquez, 1983
Recompilação e prólogo: Jacques Gilard

Projeto gráfico de capa e miolo: Victor Burton
Imagens de capa: Jardins do Palais Royal, Paris (superior) e Cena de rua, Guatemala (inferior)

Todos os direitos reservados. Proibida a reprodução, armazenamento ou transmissão de partes deste livro através de quaisquer meios, sem prévia autorização por escrito. Proibida a venda desta edição em Portugal e resto da Europa.

Direitos exclusivos de publicação em língua portuguesa para o Brasil adquiridos pela
EDITORA RECORD LTDA.
Rua Argentina 171 – Rio de Janeiro, RJ – 20921-380 – Tel.: 2585-2000
que se reserva a propriedade literária desta tradução

Impresso no Brasil

ISBN 85-01-07044-0

PEDIDOS PELO REEMBOLSO POSTAL
Caixa Postal 23.052
Rio de Janeiro, RJ – 20922-970

SUMÁRIO

Prólogo, *por Jacques Gilard* 11

DA EUROPA E DA AMÉRICA (1955-1960)

Julho de 1955 81
Genebra vê a reunião com indiferença, 81. — Hoje em Genebra, 82. — Hoje em Genebra, 83. — Os Quatro Grandes em tecnicolor, 84. — Meu amável cliente "Ike", 88. — Como é o formigueiro da imprensa, 93. — Os quatro alegres compadres, 97. — O susto dos Quatro Grandes, 101. — A autêntica torre de Babel, 107. — As três grandes damas de Genebra, 113.

Agosto de 1955 117
S. S. sai de férias, 117. — Preparando-se para o fim do mundo, 120.

Setembro de 1955 125
Dia e noite vendo bom cinema, 125. — Um cineasta francês em Veneza se interessa por fazer cinema na Colômbia, 131. — Confusão na Babel do cinema, 134. — Um festival sem cinema e sem atores, 141. — Um tremendo drama de ricos e pobres, 147. — Censura política no cinema, 151. — Uma entrevista coletiva com René Clair, 157. — Como foram dados os prêmios em Veneza, 162. — O escândalo do século, 170 — A imprensa dá o sinal de alarme, 177. — Entra em ação a opinião pública, 181. — Encontro secreto no Ministério de Governo, 186.

— Os ruidosos festivais com Alida Valli, 190. — As histórias sombrias das testemunhas, 194. — Vinte e quatro horas perdidas na vida de Wilma, 198. — Vinte e quatro horas perdidas na vida de Wilma (continuação), 203. — Inconsciente, foi jogada no mar, 207. — Cai o mito da menina ingênua, 212. — Revelações sobre Piccioni e Montagna, 216. — A polícia destruiu as roupas de Wilma, 219. — 32 intimados a depor, 224.

Novembro de 1955 229
Um trem que leva a Viena, 229. — O hotel do anão corcunda, 234. — Viena é um bosque enorme, 240.

Dezembro de 1955 247
Como não havia dinheiro, De Sica se dedicou a descobrir atores, 247. — Triunfo lírico em Genebra, 252. — Recolhem-se provas para a beatificação de Pio XII, 257. — O papa recebeu Sofia Loren em audiência. Proibiram-se as fotos, 263. — Como surgiu a notícia, 268. — Sor Pascualina revelou o segredo da visão de Cristo, 273. — Sem disparar um tiro, Gina ganha sua primeira batalha contra Sofia Loren, 278. — Gina, um símbolo nacional, 283. — O público decidirá quem ganhou a batalha, 288.

Março de 1956 295
O processo dos segredos da França, 295. — Um telegrama secreto conhecido por todo mundo, 302. — A caça do caçador de chaves, 307. — A reunião dos segredos decisivos, 311. — O seqüestro do comissário Dides, 315. — O que havia na pasta misteriosa, 319. — Rumores, calúnias e desafios para duelo, 323. — As confissões de Turpin, 327. — O aparecimento do personagem inesperado, 331. — Acusações à direita e à esquerda, 335. — Os acusados iniciam a defesa, 340. — O ministro Mitterrand faz a sala estremecer, 346.

Abril de 1956 353
Uma imensa farsa político-policial, 353. — Quem era o beneficiário dos segredos?, 361. — "Um comunista que arrisca sua vida", 364. — Revelações da testemunha Mendès-France, 370. — Em busca do complô contra Mendès-France, 377.

Setembro de 1956 387
 De Gaulle escreveu seu livro?, 387. — Verão em Paris: turistas e pin-ups, 391.

Outubro de 1956 395
 Rubirosa? Um pobre homem..., 395. — 27 de outubro: dia trágico para dois apaixonados, 399.

Novembro de 1956 403
 Milhões de homens contra a França por cinco presos, 403.

Dezembro de 1956 409
 A cinco minutos da Terceira Guerra, 409. — A doença de Eden se chama Suez... e é mortal, 415. — Chegou a hora de Bevan, 419.

Janeiro de 1957 425
 Quando o mundo perde, só este homem ganha, 425. — Estão em Caracas as mulheres que desaparecem em Paris?, 429. — Macmillan, a nova governanta, 432.

Fevereiro de 1957 437
 Trinta vidas devem ser arriscadas para salvar dois loucos?, 437.

Março de 1957 443
 A Inglaterra e a rainha têm um problema doméstico: Philip, 443. — Suicídio com aspirina, 447. — Um filme abala o Japão, 451.

Novembro de 1957 455
 "Visitei a Hungria", 455. — Uma prostituta me diz: "Eu era estudante comunista", 461. — "Estive na Rússia", 470.

Janeiro de 1958 499
 O ano mais famoso do mundo, 499. — Um sábado em Londres, 515. — Kelly sai da penumbra, 519.

Fevereiro de 1958 527
　O clero na luta, 527. — A geração dos perseguidos, 538. — Venezuela, adeus, 547.

Março de 1958 557
　Só 12 horas para salvá-lo, 557. — Colômbia: enfim, as urnas falam, 567.

Abril de 1958 575
　6 de junho de 1958: Caracas sem água, 575. — Meu irmão Fidel, 583. — Condenados a vinte anos, mas inocentes, 589.

Maio de 1958 599
　Senegal muda de dono, 599. — Lleras, 605. — Estes olhos falam por sete sicilianos mortos, 607.

Junho de 1958 615
　Nagy: herói ou traidor?, 615.

Julho de 1958 621
　Nível de vida: zero, 621.

Agosto de 1958 627
　A Venezuela bem vale um sacrifício, 627.

Julho de 1959 633
　A cortina de ferro é de madeira pintada de vermelho e branco, 633.

Agosto de 1959 641
　Berlim é um desvario, 641. — Os expropriados se reúnem para contar suas dificuldades..., 648. — Para uma tcheca, as meias de náilon são uma jóia, 657. — A tese é moralista..., 664. — As pessoas reagem em Praga como em qualquer país capitalista, 667. — Com os olhos abertos na Polônia em ebulição, 675.

Setembro de 1959 693
　URSS: 22,4 milhões de quilômetros quadrados sem um único anúncio de Coca-Cola, 693. — Moscou: a maior aldeia do mundo, 700. — No Mausoléu da Praça

Vermelha Stalin dorme sem remorsos, 709. — O homem soviético começa a se cansar dos contrastes, 719.

Outubro de 1959 727
Duas ou três coisas sobre "o romance da Violência", 727. — Obregón, 732.

1959 735
Os incompreendidos, 735.

Janeiro de 1960 737
Quando o país era jovem, 737.

Abril de 1960 747
A literatura colombiana, uma fraude nacional, 747.

Maio de 1960 755
Angulo, um fotógrafo sem fotogenia, 755.

Apêndice I 761
Karim entre a espada e a parede, 761. — Quatro anos amarrado a uma estaca, 765. — O venezuelano de 19 anos que mais ganha dinheiro, 770. — Ele era um bom espião?, 774. — O que se passa com o correio?, 779. — Jóvito faz cinqüenta anos, 785. Cinco perguntas a Jóvito Villalba, 790. — Eu... conspirador?, 792. — A mulher que nocauteou Ramoncito, 795.

Apêndice II 799
Bom dia, liberdade!, 799. — O povo na rua, 800.

Apêndice III 803
As 72 horas que comoveram a Venezuela, 803. — Enquanto os partidos decidem, Larrazábal despetala margaridas, 810.

Cronologia 815
Índice remissivo 823

PRÓLOGO

No dia 13 de julho de 1955, uma quarta-feira, na primeira página de *El Espectador*, uma nota anônima intitulada "*El Espectador* envia redator a Genebra" e acompanhada de uma foto de García Márquez anunciava que ele estava prestes a sair da Colômbia para cobrir este fato transcendental para a política mundial do pós-guerra que foi a conferência chamada "dos Quatro Grandes". "Amanhã viajará para Barranquilla, onde, sexta-feira, pegará a conexão com *El Colombiano* da Avianca, que faz seu vôo regular desta semana para a Europa", dizia a nota, e acrescentava: "García Márquez chegará na madrugada de sábado a Paris e seguirá imediatamente para Genebra." No dia 14, quinta-feira, *El Heraldo*, de Barranquilla, informava, também na primeira página: "Gabriel García Márquez chega hoje a Barranquilla", e reproduzia os dados divulgados na véspera por *El Espectador*. Ao despacho do correspondente da capital, ali reproduzido, acrescentava-se, em tipografia distinta, a seguinte "Nota da Redação":

El Heraldo envia uma cordial e respeitosa saudação a Gabriel García Márquez, que durante muitos meses foi colaborador fixo deste jornal. Sabe Gabito com que satisfação registramos a notícia de sua viagem ao Velho Continente — viagem com a qual ele sonhou e sobre a qual comentou tantas vezes entre nós, e que hoje, com o passar dos dias, cumpre-se como justa compensação para quem como ele soube se distinguir por sua elevada condição de intelectual de prestígio.[1]

No dia 15, sexta-feira, *El Espectador* anunciava: "García Márquez viaja hoje a Paris": o jornalista chegara a Barranquilla "nas últimas horas da tarde de ontem" e "seguirá hoje no vôo rumo a Paris". A viagem se realizou conforme se anunciara, já que García Márquez, numa reportagem escrita no dia 17 e enviada pelo correio aéreo, referia-se ao que vira "há duas noites, em Paris", e estava em Genebra a tempo de cobrir a abertura da conferência.

Não apenas os detalhes iniciais da viagem corresponderam ao que fora previsto pela redação de *El Espectador*, mas também todo o extenso período que García Márquez haveria de passar na Europa por conta do jornal. A programação só se frustrou ao cabo de vários meses devido à evolução da situação política na Colômbia e ao conflito entre ditadura e imprensa liberal, que culminou com o fechamento dos jornais de oposição, entre eles *El Espectador*. Pode-se dizer que a correspondência de García Márquez durou mais ou menos um ano, e é provável até que, terminado este tempo, ele igualmente tenha optado por permanecer muitos meses mais. Salvo os problemas políticos sofridos por *El Espectador*, não ocorreu nenhum imprevisto nas atividades de García Márquez. Ele contou, anos mais tarde, em entrevistas amplamente difundidas e entendidas às vezes ao pé da letra, que se deslocou de Genebra para Roma, uma vez terminada a conferência dos Quatro Grandes, porque de Bogotá lhe escreveram que fosse para Roma "porque o papa podia morrer de soluço". O papa de fato estivera doente meses antes, e *El Espectador* noticiara o fato como todos os jornais do mundo (e até se pode suspeitar que o próprio García Márquez tenha dedicado à notícia pelo menos uma nota na coluna "Día a día"), mas o certo é que, como atestam as reportagens

---

1. Na realidade, García Márquez nunca foi colaborador fixo de *El Heraldo*. Sua colaboração era *free-lance* (independente).

européias, não havia em julho e agosto de 1955 nenhuma crise papal de soluço. Tudo o que aconteceu estava rigorosamente previsto quando García Márquez saiu da Colômbia, como atesta o final da nota publicada a 13 de julho em *El Espectador*:

> Depois de "cobrir" a conferência dos Grandes em Genebra, Gabriel García Márquez viajará à Itália para assistir ao próximo Festival Internacional de Cinema, em Veneza. Depois, ficará algum tempo em Paris e em outras cidades européias, antes de regressar à Colômbia.

Tudo, ao que parece, está nessas linhas: Itália (e precisamente Veneza), Paris e talvez Viena, em alusão a "outras cidades" da Europa.

Paira uma dúvida sobre o que García Márquez fez a partir da estada em Viena. Deve-se levar em conta que acabara de cobrir o Festival de Veneza e que sua longa reportagem sobre o caso Montesi estava sendo publicada em Bogotá. Esta reportagem lhe exigira extenso trabalho de apuração e redação, com o que se explica o fato de ter enviado apenas duas crônicas curtas de Roma durante todo o mês de agosto. Em Veneza, já não tinha de trabalhar nesta longa matéria ou, quando muito, já a estaria concluindo. Por essa razão, estranhamos o tempo transcorrido entre a estada em Viena e a aparição das três crônicas vienenses no suplemento *Dominical*: mais de um mês. Que fazia García Márquez em Viena? Deve-se supor que ali esteve apenas de passagem, viajando na verdade aos países socialistas, precisamente Tchecoslováquia e Polônia.

Isto é, García Márquez incluiu, bastante tempo depois, suas impressões daqueles dois países num relato referente à sua viagem de 1957. Não lhe era possível escrever sobre países socialistas na imprensa colombiana de 1955. Só o fato de haver viajado para o outro lado da Cortina de Ferro, se então fosse divulgado, poderia criar-lhe mais de um problema e talvez também a *El Espectador*. Note-se também que, ainda em 1957, ele dissimulou a identidade das pessoas que viajaram com ele à Alemanha Oriental. Tratava-se de Plinio Apuleyo Mendoza e sua irmã Soledad. Ela foi apresentada como Jacqueline, enfermeira francesa, e ele como Franco, de nacionalidade italiana.[2]

O fato de que Franco seja personagem da reportagem sobre a Tchecoslováquia pertence à ficção e se deve em parte à necessidade de enganar um pouco para melhor apagar as pistas. Plinio Apuleyo Mendoza nunca esteve com García Márquez na Tchecoslováquia, nem em 1957 nem em nenhuma outra data. Levando em consideração as datas-limite fornecidas por García Márquez em suas publicações sobre os países socialistas, constata-se claramente que era impossível visitar tantos lugares em tão pouco tempo. Era além disso impossível chegar a Moscou a tempo de ver o Festival da Juventude depois de passar o período que García Márquez diz ter passado na Alemanha, Tchecoslováquia e Polônia. Finalmente, há que sublinhar que Plinio Apuleyo Mendoza tem certeza de que, perto do Natal de 1955, encontrou-se com García Márquez em Paris, e ouviu-o contar suas experiências em Praga e Varsóvia.

Essa estada na Tchecoslováquia e Polônia teve de se efetuar em outubro de 1955, mês em que García Márquez nada publicou em *El Espectador*. Viena era etapa e não meta de uma viagem que no entanto seria o único momento confessável. A explicação dessa viagem é evidentemente o congresso cinematográfico de Varsóvia, a que García Márquez se fez convidar, e é notável verificar que quase se deram ao mesmo tempo o Festival de Veneza e o Congresso de Varsóvia. Em Veneza, García Márquez deve ter feito os contatos necessários e as gestões para o visto em Viena, que era, de qualquer maneira, passagem obrigatória.[3]

---

2. O testemunho de Plinio Apuleyo Mendoza, escritor e jornalista colombiano, amigo e compadre de García Márquez, constitui uma fonte insubstituível de dados sobre a vida do autor de *Cem anos de solidão*, de 1956 em diante. Pude comprová-lo ao longo de vários anos em freqüentes conversas, e mais do que nunca durante a elaboração deste trabalho, aplicando-lhe intermináveis questionários telefônicos. Minhas perguntas se destinavam a preencher os vazios deixados pelos documentos, mas, em alguns casos, suas respostas me ajudaram a corrigir alguma dedução que me parecia lícito tirar a partir dos textos. Um trabalho jornalístico de Plinio Apuleyo Mendoza é referência imprescindível na abundante e quase sempre imprestável bibliografia garciamarquiana. Trata-se de "García Márquez, 18 años atrás", em *Triunfo*, número 597, 9 de março de 1974, Madri, pp. 34-35.

3. Quando passou por Viena, menos de três meses depois de sair da Colômbia, García Márquez se considerava vinculado ao PC de seu país. Lembra-se que procurou em vão um velho militante comunista colombiano que havia tempo não morava no endereço que tinha anotado. Encontrou-se com Jorge Zalamea, que estava então no Congresso da Paz, e nem Zalamea pôde informá-lo do paradeiro da pessoa que procurava.

A primeira viagem à Europa socialista permaneceu sob o segredo imposto pela situação colombiana em 1955. Só dois anos depois foi recuperada jornalisticamente, quando García Márquez escreveu a série "Noventa dias na Cortina de Ferro". Foi publicada mais tarde ainda, em 1959, quando García Márquez a vendeu para a *Cromos*.[4]

O projeto inicial de *El Espectador* era que seu enviado especial ficasse principalmente na Itália. A idéia não aparecia muito claramente na nota anônima de 13 de julho de 1955, mas em compensação se manifestava sem a mínima ambigüidade na fraterna despedida de Eduardo Zalamea Borda "Ulises" a García Márquez em sua coluna "La ciudad y el mundo", publicada em 14 de julho. Ulises devia saber do projeto de García Márquez de estudar cinema em Roma. Dizia:

> Amanhã começa para Gabriel García Márquez uma grande experiência: vai para a Europa, mais especificamente a Genebra, enviado por *El Espectador* para cobrir a reunião da conferência dos Quatro Grandes, e depois a Veneza, à Itália em geral, prolongando sua estada em diversos países europeus por algum tempo.[5]

A estada em Paris estava prevista desde o princípio. Segundo os documentos disponíveis, parece que García Márquez chegou a Paris perto do fim de fevereiro de 1956 para apurar o processo chamado por ele de "os segredos da França", o *affaire des fuites* (o caso dos vazamentos). Fornece uma pista fidedigna o anúncio dessa reportagem publicado na primeira página de *El Independiente*, substituto provisório de *El Espectador*, a 12 de março. A nota, intitulada "Enviado especial de *El Independiente* para o processo mais sensacional do século", indica que "há poucos dias chegou a Paris, procedente

---

4. Os próprios textos sugerem a relativa ambigüidade do testemunho sobre a Polônia e a Tchecoslováquia. É particularmente claro no primeiro caso, já que não aparecem dados de primeira mão sobre a desestalinização na Polônia. Se estivesse ali depois de 1956, García Márquez se interessaria principalmente pelos efeitos palpáveis da política de Gomulka. Precisou estar na Polônia antes da crise de 1956, e a única data possível para essa viagem é a de outubro de 1955.
5. "La ciudad y el mundo", por Ulises: "El viage de Gabriel García Márquez", em *El Espectador*, 14 de julho de 1955, p. 4.

da Itália, Gabriel García Márquez, correspondente especial de *El Independiente* na Europa, com a incumbência de juntar documentos sobre o 'processo mais sensacional do século', cujas audiências estão para começar na capital francesa. Numa correspondência que recebemos ontem sobre essa missão jornalística, García Márquez nos informa: 'Paris em polvorosa. As sensacionais sessões sobre *vazamentos* dos segredos de segurança franceses para os comunistas, nas quais serão testemunhas, entre outros, os ex-primeiros-ministros Mendès-France, Bidault e Pleven, serão em geral secretas. Mas eu reuni documentos suficientes para explicar aos colombianos por que este processo se converteu, na Europa, no escândalo mais transcendental, em matéria jornalística, desde Mata-Hari. E além disso fiz o requerimento para participar do grupo de correspondentes estrangeiros que será admitido em determinadas sessões. Os primeiros artigos da série irão pelo próximo correio.'"

Daí se pode deduzir que García Márquez ficou na Itália até o fim de fevereiro. No entanto, saiu de Roma em dezembro de 1955, quando estava sendo publicada em *El Espectador* sua série sobre o Vaticano. Os estudos que empreendeu semanas antes no Centro Sperimentale di Cine duraram realmente muito pouco.[6]

Isto é, as coisas ali também se passaram de forma diferente do que parecem sugerir os documentos. Plinio Apuleyo Mendoza chegou a Paris, vindo de Mallorca, em dezembro de 1955, e se recorda de ter se encontrado com García Márquez pouco antes do Natal. Era um reencontro porque se conheceram em Bogotá em 1947 ou 1948.[7] Plinio Apuleyo Mendoza estava com outros dois colombianos, o escritor Arturo Laguado e o matemático e literato Carlos Obregón, quando viu García Márquez no bar La Chope Parisienne. Sobre o fato escreveu anos mais tarde um interessante texto

---

6. Disse que renunciou porque as aulas eram demasiado técnicas e não lhe proporcionavam nada de proveitoso. *Cf.* Miguel Torres, "Entrevista con Gabriel García Márquez", em *Cine Cubano*, números 60-62, sem data (provavelmente 1970). Havana, pp. 94-98.
7. Esse primeiro e breve encontro ocorreu quando, juntamente com Camilo Torres e Carlos Villar Borda, García Márquez editava o suplemento estudantil do diário *La Razón*. Plinio Apuleyo Mendoza era amigo de Camilo Torres.

testemunhal.[8] Passaram juntos o Natal e também estavam juntos quando, por uma nota publicada em *Le Monde*, García Márquez soube que *El Espectador* tivera de suspender sua publicação.[9] Plinio Apuleyo Mendoza regressou a Caracas nos últimos dias de janeiro de 1956. Depois da longa reportagem sobre o caso dos vazamentos, García Márquez interrompeu a colaboração com a imprensa de seu país. Desde o ano anterior, e um pouco por causa das espetaculares crônicas em que revelara verdades incômodas para o governo de Rojas Pinilla, a situação se tornara cada vez mais difícil para a imprensa liberal. *El Tiempo* já fora fechado pela ditadura em agosto de 1955 (voltaria a circular, não como *El Tiempo*, e sim como *Intermedio*, em 21 de fevereiro de 1956, voltando a se chamar *El Tiempo* em 8 de junho de 1957, por ocasião da queda da ditadura) e o Ministério da Fazenda fiscalizava com rigor os livros de contabilidade dos jornais mais sólidos do país, que eram ao mesmo tempo jornais de oposição (*El Espectador, El Tiempo* e *El Colombiano*, este último de Medellín). Em 6 de janeiro, voltara a censura à imprensa, e *El Espectador* sofreu uma pesada multa (mais de 600 mil pesos) por presumíveis inexatidões em sua declaração de renda. Referindo-se a essa situação crítica, o então diretor da publicação escreveria anos mais tarde:

> A direção de *El Espectador* escreveu naquele mesmo dia um editorial intitulado "O tesouro do pirata", por meio do qual repudiava, como era óbvio, a injusta e infame sanção econômica que o regime ditatorial lhe impunha por motivos claramente políticos. O editorial foi submetido à censura reimplantada no dia anterior com a evidente finalidade de não permitir ao jornal se defender do duplo ataque à sua integridade moral e ao seu patrimônio financeiro; mas o fez com a decidida advertência de que, se não lhe permitiam exercer o direito de defesa ou se lhe subtraíam um mínimo desse legítimo direito, o jornal deixaria de circular por tempo indeterminado.

---

8. O já citado "García Márquez, 18 años atrás", que traz dados valiosos sobre aqueles dias de dezembro de 1955 e janeiro de 1956 (ver a nota 2).

9. "'Não é grave', disse García Márquez, exatamente como dizem os toureiros depois de uma cornada. Mas claro que era..." (Plinio Apuleyo Mendoza, *op. cit.*) Ainda que não se tratasse do fechamento definitivo da publicação, este dado é uma confirmação de que García Márquez estava em Paris em janeiro de 1956, já que foi nessa época que *El Espectador* suspendeu sua circulação.

A censura sequer devolveu o original submetido à sua consideração e, em conseqüência, *El Espectador* não voltou a aparecer em público, mas usou de todos os meios de que dispunha para que suas alegações fossem amplamente divulgadas dentro e fora do país.[10]

Então García Márquez começou a sentir as primeiras inquietações sobre sua sorte material na Europa. Seriam breves nessa primeira ocasião. De fato, a 15 de fevereiro de 1956, ou seja, menos de um mês e meio após a suspensão da publicação, apareceu *El Independiente*, um novo diário que era igualmente propriedade da sociedade *El Espectador* e substituto do jornal momentaneamente suspenso por vontade de seus donos como protesto contra a censura e as pressões econômicas. O diretor de *El Independiente* era o líder do liberalismo colombiano, Alberto Lleras Camargo, literato e jornalista, antigo e futuro presidente da nação e ex-secretário da OEA. Foi aí que García Márquez escreveu sua longa reportagem sobre o caso dos vazamentos. No entanto, o alívio durou pouco: em 15 de abril, foi suspensa a publicação de *El Independiente*, que só voltaria a circular em fevereiro do ano seguinte.

García Márquez preferiu continuar a viver na Europa com o valor da passagem aérea que os responsáveis pelo *El Independiente* lhe mandaram e então começou sua época de aperto financeiro.

*

A intenção de viajar à Europa era um velho sonho de García Márquez, do qual apareciam alguns sinais na produção jornalística de Barranquilla. O jornalismo foi o pretexto — ainda que plenamente justificado pelos ganhos obtidos — para empreender a travessia do oceano. Devia ser um poderoso incentivo o desejo de estudar cinema, mas o certo é que uma revisão das reportagens escritas na Europa e um cotejo da evolução literária com a produção jornalística levam à pergunta sobre a utilidade da viagem, ou, em

---

10. Este texto, assim como os dados imediatamente anteriores e posteriores sobre o conflito com a ditadura, foi extraído de: Gabriel Cano, "Autobiografía de un periódico", no *Magazín Dominical de El Espectador*, 19 de março de 1967, Bogotá, pp. 15-16.

outros termos, levam à certeza de que García Márquez nada tinha a procurar na Europa, porque já dispunha de convicções culturais. As chaves que então ignorava já as possuía na realidade, sem saber. Viajou à Europa, quando muito, para confirmar o que já sabia. Antes de partir já era um latino-americano na acepção exata da palavra. Os intelectuais das gerações anteriores aproveitaram a estada na Europa para enriquecer ou consolidar suas preocupações e experiências americanas, o que demonstrava a necessidade da viagem. Já com García Márquez, devido a seus próprios esforços e reflexões, ocorria um caso de cunho diferente: o de quem dá um salto com as convicções já formadas. É um homem dos trópicos aquele que se põe com desembaraço e humor diante da realidade humana do Velho Mundo.

De certo modo, já sabia o que o esperava na Europa. Sob este aspecto, são acima de tudo espetaculares — sem perder nada da indiscutível exemplaridade — suas alusões aos sacrifícios impostos às vocações autênticas, aquelas que apareceram em sua reportagem sobre o escultor Arenas Betancourt e as que iriam aparecer a propósito do tenor santanderino Rafael Ribero Silva (e é certo que, escrita pouco antes do fechamento de *El Espectador* e *El Independiente*, é bem sintomática a frase: "O importante é não se acovardar.") Vale a pena levar em consideração essa rigorosa consciência do quanto exige uma ambição estética, mas não deixa de ter uma tintura pitoresca, e resulta marginal ou superficial se comparada com o conceito que García Márquez tinha havia tempo do que seria a viagem.

Três anos antes, na "jirafa" (coluna no jornal *El Heraldo*, de Barranquilla, assinada com o pseudônimo de Septimus) "Um poeta na cidade" (30 de junho de 1952), dedicada ao poeta antioquenho Carlos Castro Saavedra, García Márquez definira os limites e as ambições de quem viaja à Europa. Talvez mais do que à experiência de Castro Saavedra, essas frases certeiras se aplicavam ao projeto do próprio autor de *La Jirafa*. Segundo ele, o poeta estava visitando não a meca ou as mecas da cultura ocidental, mas "o povo de outros povos". O contato com a Europa não significava nenhuma aquisição de elementos novos, mas a conclusão de um processo de tipo químico, puramente americano: "Essa viagem serviu para precipitar a maturidade de Castro Saavedra." O que havia de surgir da visão da Europa não eram os cansados valores europeus, e sim os valores americanos: "Quando regressou à Colômbia, poucos meses depois, trouxe-nos, a nós colombianos, da bisavó Europa, notícias da Colômbia." Em *Música en la calle*, último livro de poemas de Castro Saavedra, García Márquez reconhecia o "vigoroso testemunho de um homem que viajou e encontrou no mundo, nas cidades e nos homens do mundo, tudo o que sua pátria tem de universal".

Há um notável desajuste em relação aos critérios expressos por Ulises na sua citada nota de "La ciudad y el mundo", quando se referiu à viagem de García Márquez, definida como "uma grande experiência". Em especial, escreveu Ulises:

> O primeiro contato com a Europa é decisivo e em certos casos produz os mais felizes resultados. Creio que aconteceu com nosso admirado e querido companheiro, que se impôs em tão pouco tempo no campo jornalístico e no literário, que não são opostos, e sim vizinhos, de certo modo complementares, como ele próprio, entre outros, encarregou-se de demonstrar (...)
>
> Não vamos nos habituar facilmente à ausência de Gabo, mas teremos com freqüência suas impressões da Europa, apreciaremos seu ponto de vista sobre as mais diversas situações e podemos estar seguros de que tudo o que enviar será interessante. Mas, sobretudo, saberemos que está aprendendo, que está se preparando melhor para o futuro, adquirindo conhecimentos e experiências, vivendo para que seu talento e sua sensibilidade dêem, mais tarde, frutos ainda melhores. Por isso não nos despedimos dele com pesar, e sim com a alegria que nos dá a certeza de que saberá aproveitar esta magnífica oportunidade que se lhe oferece no momento mais indicado.

Na realidade, pode-se pensar que, se aquele era com efeito "o momento mais indicado", era justamente porque García Márquez se colocara numa situação tal que não tinha de "aproveitar esta oportunidade", porque já não necessitava dela e ele próprio se encontrava já mais além de qualquer necessidade em matéria de cultura. Sua viagem não tinha por que ser decisiva. Além de usar em relação à Europa um critério que era de sua própria geração e de não poder compreender o fenômeno que já representava García Márquez,

Ulises estava perto demais de seus recentes êxitos de jornalista e escritor[11] para poder captar plenamente o que era o momento real vivido por seu jovem colega, apesar de conhecê-lo muito bem.

Se García Márquez se sentiu satisfeito ao se encontrar na Europa e ficou impressionado diante dos fascínios antigos e modernos do Velho Mundo, o certo é que não o demonstrou em suas crônicas. Pode ter sido uma parte de ingênua provocação, a do provinciano que quer se mostrar indiferente ou zombeteiro ante a metrópole, mas não deixaria de ser algo pitoresco porque chama a atenção, nos textos, essa constância com que García Márquez manifesta sua falta de respeito diante das realidades européias. Interessam-lhe "as cidades e os homens do mundo", como escreveu em 1952, interessa-lhe a cultura passada e presente, a das grandes obras, interessa-lhe a aprendizagem das técnicas do cinema, mas se nega a assumir posturas reverentes; sabe que vem de um mundo tão respeitável e mais promissor humana e culturalmente. Sabe que o colonial complexo de inferioridade está morrendo de velho, num momento em que a Europa começa a tomar consciência de que existe e desperta algo que pouco tempo antes um sociólogo francês começou a chamar *le Tiers Monde*.

Desde o princípio García Márquez analisava as coisas com um parâmetro estritamente colombiano. Genebra lhe parece ser uma cidade comparável a Manizales; explica a topografia genebrina comparando-a à de Bogotá; ouve a música afro-cubana e "as pessoas se vestem como em Barranquilla". Apesar de mansos, os cães de Genebra recordam a García Márquez os de Magangué. Um dos grandes políticos presentes à conferência se parece com Daniel Lemaitre, conhecido compositor *cartagenero* de música popular caribenha. García Márquez chega a afirmar que um cabaré de Genebra tomou seu nome do título de um mambo de Pérez Prado, quando é provável que soubesse que o personagem de Mimí Pinzón, a arquetípica aprendiz de modista da Paris do século XIX, tivera de esperar muitos anos antes que seu admirado músico cubano lhe pusesse um ritmo tropical. García Márquez

---

11. *A revoada* fora escrito quatro anos antes, e havia anos que García Márquez estava trabalhando para dominar cada vez mais seu ofício de escritor. Isso, pelo menos, Ulises sabia, por ter sido quem revelou ao público colombiano o talento promissor do novo contista.

reconhece em Castelgandolfo características próprias dos pequenos centros urbanos de Tolima. Um correspondente da imprensa egípcia lhe parece ser um "exemplar típico do *camaján barranquillero*".[12] Em Viena, as pessoas vêem "os mesmos filmes que passam em Bogotá".

É notável que ao chegar em Roma se interesse apenas por fatos de importância secundária, como as férias do papa ou um congresso de testemunhas de Jeová. Provavelmente, apesar de tudo, deu uma volta pelos setores prestigiosos dos monumentos antigos e se interessou pelas realidades contemporâneas, mas nada disso apareceu nas crônicas iniciais. Limitou-se a contar detalhes da viagem do papa a Castelgandolfo (com o episódio da mulher sem cabeça, que reapareceria mais tarde em *Os funerais da Mamãe Grande*) e a emitir uma série de chistes desapiedados sobre as atividades de uma seita marcada por pressupostos do *american way of life*. Viena, depois, será o marco de uma aventura estritamente pessoal. A série de três crônicas sobre "a cidade de *O terceiro homem*" fala das peripécias vividas por García Márquez e de seu fingido desencanto ante a cidade que lhe remetia a imagem que na realidade buscava, a imagem de seu ubíquo mundo caribenho, seu indelével mundo interior. É evidente que as coisas não se passaram como ele conta, mas basta que as conte assim para que seja fato plenamente significativo. "Naquele enorme salão cheio de fumaça, dançando *cumbia* com o erotismo à flor da pele e comendo chouriço, pareceu-me que não valera a pena atravessar o oceano Atlântico para retornar às festas de San Roque em Barranquilla. Só faltava o negro Adán.

---

12. Sobre a origem da palavra *camaján*, não é possível chegar a certezas ou a noções medianamente satisfatórias. Poderia ter sua origem em *camagüeyano*, mas essa é uma hipótese improvável. Uma indicação aparece na imprensa de Barranquilla. É um trabalho de José Nieto, "El camaján: un nuevo baile", publicado poucos meses antes, em *El Heraldo* (30 de novembro de 1946, segunda seção, p. 1). Segundo Nieto, trata-se de uma dança surgida poucos meses antes, derivada do *porro* caribenho, com elementos de reinterpretação originários do México e de Cuba. Se para Nieto o fundo musical e rítmico é autóctone e as inovações são uma repercussão do êxito continental do *porro*, pensa também que os nomes dados à nova dança (*dengue*, além de *camaján*) são estrangeiros e afirma que vêm do México. O certo é que o termo *camaján*, se antes foi o nome de um ritmo afro-caribenho (e isto ainda está longe de ser uma certeza), na Costa Atlântica da Colômbia logo se tornou, ou já havia se tornado, um tipo da rua: o homem vestido de maneira a chamar a atenção, com hábitos afáveis e afeiçoado à música cubana. Em 1950, o *camaján* fazia parte do vocabulário e da realidade humana do país, como imagem típica do *cartagenero* e do *barranquillero* de estirpe popular.

O resto é literatura barata."[13] Isto é, ao cabo de dois meses passados na Europa, a realidade concreta do Velho Continente ("o resto") lhe parecia "literatura barata", e permaneciam de pé, intactos e invulneráveis, os valores caribenhos e americanos.

A imagem que García Márquez oferece da Europa ocidental — os países socialistas são para ele outra coisa, um mundo que requer outros critérios — é a de um universo decadente, à beira do esgotamento total,[14] cujos ensinamentos válidos parecem se limitar então às contribuições do cinema (sempre De Sica), e onde um tenor colombiano demonstra que um latino-americano, se não se acovarda, pode triunfar numa disciplina tão exótica e tão européia como a ópera. Não deve ser por casualidade que as duas séries mais longas escritas então por García Márquez evoquem casos judiciais famosos, não só porque representavam um bom material jornalístico, mas também, e talvez principalmente, porque via neles a imagem de um mundo que desmoronava. O caso Montesi deixava entrever a podridão moral da alta sociedade e da política italianas, um tema que Fellini exploraria logo depois em *A doce vida*. O caso dos vazamentos, que terminaria em nada (*relajo*) — não à toa, García Márquez escolheu a palavra *relajo*, dando um acentuado sotaque caribenho ao termo francês *extravagance* —, ilustrava bem a impressão de iminente desmoronamento que a França da Quarta Re-

---

13. O negro Adán, um personagem real que García Márquez menciona uma vez em *O outono do patriarca*, faz parte da mitologia de Barranquilla. É dono de um estranho restaurante ao ar livre que funciona no pátio de sua casa, num bairro popular da cidade. Enquanto os clientes comem fritada de porco e banana, o negro Adán vai contando e representando, com enorme senso de humor, chistes, com freqüência obscenos, e converte em teatro o pátio arenoso por onde vagueiam um porco, perus e galinhas. Já em 1956, ao evocar os múltiplos interesses do grupo de Barranquilla, Germán Vargas escrevia: "Pessoas sem preconceitos podem se aproximar com o mesmo interesse de coisas tão diferentes como o *Ulisses* de Joyce, a música de Cole Porter, a técnica de Alfredo Di Stéfano ou de Willie Mays, a pintura de Enrique Grau, a poesia de Miguel Hernández, a sabedoria de René Clair, os merengues de Rafael Escalona, a fotografia de Gabriel Figueroa, a vitalidade do negro Adán ou da negra Eufemia." Germán Vargas, "El grupo de Barranquilla", em *Vanguardia Liberal*, 22 de janeiro de 1956, Bucaramanga (citado de sua reprodução no *Suplemento del Caribe*, 14 de outubro de 1973, número 12, Barranquilla, p. 13).
14. É decisiva a visão e a evocação dos campos de concentração do nazismo. Ante os instrumentos que os nazistas usaram para executar seu extermínio planificado, quem conhecera os fatos da violência colombiana deve ter confirmada sua rejeição à velha tese de Sarmiento sobre civilização e barbárie. Aquilo que García Márquez vivenciou na França em 1956 — quando a guerra da Argélia atingia sua fase de maior gravidade — o levava para o mesmo caminho.

pública, incapaz de resolver o problema da Argélia, dava a García Márquez. Também chama a atenção que, vivendo em Paris, tivesse dedicado tantas reportagens às peripécias da vida política inglesa que ele considerava as últimas manifestações de uma tradição moribunda. Diante do despertar do Terceiro Mundo, a Europa dava a García Márquez a impressão de um mundo em seus últimos dias de vida. Não era em vão que escrevia sobre a crise do Suez, e por algum motivo a usou como pano de fundo em *Ninguém escreve ao coronel*, que estava então escrevendo. Bem podia falar, sobre um tema tão banal como o verão parisiense, da "velha e empobrecida Europa que ainda se alimenta das ruínas da civilização ocidental". A História se fazia em outras partes do mundo; García Márquez sentia e expressava desde o início, quando em Genebra vê "a casa onde nasceu Jean-Jacques Rousseau; um velho casarão cheio de janelas que deve ter morrido há muito tempo e ninguém se deu conta".[15]

Os valores americanos, pelo que se pode perceber das crônicas européias, foram para García Márquez tanto meio de afirmação como meio de defesa. Enfrentando o frio e a solidão de uma noite chuvosa de Viena, sua reação é assobiar um *vallenato* (semelhante ao merengue dominicano). Uma vez mais, é provável que as coisas tenham se passado de outra maneira: o importante é que assim as conte García Márquez. Essa fé própria na identidade se reencontra no traço que talvez seja o mais significativo de quantos aparecem nessas relações com a realidade européia: a facilidade com que ele folcloriza os europeus. Começa a fazê-lo muito levemente nas reportagens de Genebra, mas as coisas se definem mesmo é na crônica sobre o domingo no Lido de Veneza. A série sobre Viena e sobretudo a evocação da viagem de trem em suas versões italiana e teutônica levam a folclorização a um notável grau de perfeição. Ali aparecem os frutos do trabalho estilístico efetuado em *La Jirafa* (a aptidão para simplificar e sintetizar) e nas reportagens da fase de Bogotá (a captura da realidade). O auge, no entanto, surge num artigo, pu-

---

[15]. Talvez houvesse nessa frase uma resposta a Eduardo Zalamea Borda, que, em sua nota de despedida, escrevera: "Boa viagem, pois, Gabo; saudações a Jean-Jacques, cuja solidão compartilhei tantas vezes na interrompida (*sic*) companhia das *mouettes* (gaivotas); saudações, sobretudo, a essa mulher de Lucas Cranach que está num canto do museu Rath...".

blicado em Caracas, sobre as últimas semanas vividas na Europa, "Um sábado em Londres". Os perfis dos ingleses são totalmente folclóricos, mas não se comparam com a imagem do francês mediano incluída nessa muito bem-sucedida reportagem: "os franceses (...) sentados diante de um pedaço de patê de fígado, bife com batatas fritas, salada, queijo e um metro de pão."[16]

Há nessas reportagens um recurso agressivo à arquetípica atitude do bom selvagem, remota reprodução da maneira como os americanos ancestrais viam os europeus, segundo contaram Colombo em seu diário e Montaigne em alguns de seus ensaios. García Márquez retoma com outra finalidade os ardis que dessa realidade usaram os próprios europeus, quando os empregaram na crítica de sua organização social. Os persas de Montesquieu, os marroquinos de Cadalso, o Ingênuo (habitante da Hurônia) de Voltaire foram o disfarce da consciência crítica européia quando ainda se acreditava na possibilidade de correção. Estava na base de uma universalidade fictícia que tendia, na realidade, a garantir uma permanente hegemonia e preparava uma nova etapa histórica que seria a do capitalismo e do colonialismo moderno. Se García Márquez recorre mais ou menos a esses processos é na medida em que finge ver e descrever as coisas vistas de fora, simulando não compreendê-las e achando-as extravagantes comparadas aos seus próprios valores. Os efeitos humorísticos e cômicos não falham, mas sobretudo são demolidores porque se perdeu a ingenuidade que era o ingrediente suspeito a que recorriam os europeus quando, com finalidades nada domésticas, valiam-se do truque do bom selvagem. Acabaram-se os tempos da prosopopéia:

---

16. Numa reportagem tão séria como o *affaire des fuites*, García Márquez cunhou uma imagem semelhante: "Os habitantes da cidade (...) percorrem os bulevares com um pão de dois metros debaixo do braço." Vale notar que naqueles anos um autor francês, que García Márquez menciona em sua crônica sobre Londres, dedicava-se a um interminável jogo de comparações entre ingleses e franceses, fazendo piadas sobre clichês comportamentais do tipo que García Márquez utilizou em suas reportagens. Trata-se de Pierre Daninos, cujo livro *Les carnets du Major Thompson* foi um dos *best sellers* dos anos 1950 na França. Mas a dívida de García Márquez com esse autor é nula, e não apenas porque não podia haver pontos de contato ideológico entre eles. O colombiano debochou dos italianos e dos austríacos antes de ler Daninos, e não fez nada mais que empregar procedimentos criados para uso próprio em seus comentários dos anos anteriores. O máximo que podia ter acontecido, levando em conta o exemplo de Daninos, foi a fugaz comparação entre ingleses e franceses na crônica de Londres.

o homem do Terceiro Mundo toma a palavra, e agora não precisamente na qualidade de bom selvagem.

García Márquez, no momento de viajar para a Europa, tinha consciência dos valores de seu próprio mundo e de seu próprio sistema de referências,[17] e apropriou-se do mais vivo e útil da cultura do Velho Mundo[18] com uma clara consciência do processo histórico que abarca a estagnação das velhas metrópoles e o despertar convulsivo dos países subordinados. Em tais condições, sem deixar de ter ressonâncias humildes, agressivas e intimamente folclóricas, cobram respeitáveis dimensões o interesse e o orgulho que sente pelo êxito da música latino-americana na velha Europa, principalmente o de sua querida música dançante do Caribe. O feito é talvez marginal, mas é também altamente significativo, e pouco importa que haja algum chauvinismo caribenho nos apontamentos de García Márquez a este propósito.[19] Nesses detalhes excessivos, nesses chistes e nessas infâmias calculadas também se notam os sinais dos fenômenos históricos dos anos 1950.

A atitude é diferente em relação aos países socialistas. O tratamento dado por García Márquez aos homens daqueles países parece ser o mesmo dos homens da Europa capitalista. Mas a igualdade de tratamento é apenas uma aparência. García Márquez acredita que o socialismo está criando um mundo novo, e crê em seu futuro. Acredita que na construção do socialismo tudo adquire um sentido e, cedo ou tarde, os defeitos serão corrigidos.

Na realidade, também em questões políticas sabia de tudo antes de sair da Colômbia. Sabia da estagnação da Europa, da ascensão do socialismo e

---

17. É significativa a comparação estabelecida por García Márquez ao falar dos banhistas do Lido de Veneza, "assando-se como jacarés no sol da praia". Ao viajar, levou na bagagem suas próprias imagens, e não sentia nenhum constrangimento em usá-las em condições totalmente exóticas. É uma tentativa inconsciente de universalizar o que poderia ter ficado no plano local. Do mesmo tipo — só que consciente — seria mais tarde a afirmação de que ensinou a um intérprete soviético o espanhol dos taxistas de Barranquilla.
18. Já numa nota de "Día a día" deixou passar com orgulho a afirmação de que a América se faz com os refugos do resto do mundo. Foi precoce nele a consciência da capacidade assimiladora e transformadora da cultura latino-americana.
19. Roger Bastide, no capítulo final de Les Amériques noires, expressou cientificamente formulações que têm mais de um ponto de contato com os festivos conceitos sobre música que García Márquez andou semeando desordenadamente em toda a sua produção jornalística.

do despertar das colônias, mais além de sua América subdesenvolvida. O contato com o Velho Mundo não lhe proporcionou mais que uma surpresa: o clima. O tropical convencido que era García Márquez não pôde evitá-lo. É digna de atenção a freqüência com que suas crônicas do Ocidente se referem ao tempo, ao calor de Genebra, ao outono de Viena, ao começo da primavera de Paris, ao inverno de Londres. Chama a atenção a maneira como evoca o ciclo anual da vegetação: fala de "folhas apodrecidas", quando um europeu empregaria forçosamente outro adjetivo. O vocabulário e as realidades do trópico pelo menos não combinam com a especificidade física da Europa; o Velho Continente então deixava de ser um subúrbio da Colômbia. Subsistia aí um elemento irredutivelmente exótico.[20] O resto, de fato, podia ser "literatura barata". No plano humano, cultural e político, García Márquez viajou para confirmar empiricamente o que já sabia.

*

O distanciamento da Colômbia e a crítica à realidade européia não implicaram o esquecimento da ação política que García Márquez mantinha em seu país por intermédio dos trabalhos jornalísticos. O próprio fato de escrever sobre a reunião de Genebra, primeira etapa notável no caminho da convivência pacífica, podia representar um sentido polêmico em relação à situação colombiana do momento. Em suas crônicas, García Márquez não desdenha as evocações que permitem destacar a impressão de liberdade e democracia que, comparadas ao seu país, tinha ao observar as realidades européias. Em Genebra, quando a reunião dos Quatro Grandes deveria ser motivo de um impressionante emprego de forças de segurança, chama, ao contrário, sua atenção a grande tranqüilidade reinante. Falar daquilo equivalia a criticar o que então era o pão de cada dia dos colombianos, até mesmo sem se referir concretamente à tensão política do país. "Não se vêem policiais nem soldados e, sob este aspecto, o viajante que chega da Colômbia fica desconcertado..."

---

20. No depoimento que já citamos, de Plinio Apuleyo Mendoza, há uma reveladora anedota de como García Márquez descobriu a neve.

Também destacará, de passagem e como que sem querer, o ambiente de liberdade de expressão, ao evocar uma breve cena de contato entre o público helvético e os delegados soviéticos da conferência: "'Aproveitem, camaradas!', gritou alguém no meio da multidão, a quem não aconteceu nada porque estamos em Genebra."

Em Veneza, ao criticar um documentário brasileiro sobre uma mina de ouro, assinala que a realidade filmada resulta idílica se comparada à situação no Chocó. A propósito de outro filme brasileiro — de ficção — também impressionante pela violência da história, recorda García Márquez que a realidade latino-americana é uma realidade impiedosa; aqui também pode se tratar de uma alusão velada à situação colombiana.

Na evocação do caso Montesi, destaca o papel da liberdade de expressão na revelação do escândalo: a imprensa "dá o sinal de alarme" e em seguida "começa a atuar a opinião pública"; são dois elementos básicos de uma liberdade que se encontra cada vez mais sufocada na Colômbia. Esse mesmo papel da imprensa voltou a aparecer meses mais tarde na série sobre o caso dos vazamentos na França. A natureza do problema impedia que tudo viesse a público, mas de qualquer maneira os jornalistas franceses sabem como conseguir informações. Acima de tudo, o que interessa a García Márquez é a diversidade da imprensa francesa: "Os habitantes de Paris estão acostumados a que os jornais lhes digam o que está acontecendo. A liberdade de imprensa é ilimitada. O trabalhador que compra seu jornal antes de entrar no metrô sai do outro lado completamente informado sobre o que está acontecendo no mundo e sabe absolutamente qual é o ponto de vista de seu jornal: ninguém o impede de expor." Evidentemente, ao falar do que lê um operário, García Márquez se refere à imprensa comunista, principalmente ao diário *L'Humanité*. A analogia com a Colômbia fica outra vez implícita, e também transparente, num momento em que o Partido Comunista está na clandestinidade e *El Tiempo* e *El Espectador* foram vítimas da censura. Também é uma alusão fácil de interpretar, apesar dos subentendidos, a que se faz à situação do palácio presidencial francês: "O Champs-Elysées é um prédio isolado. Não se situa atrás de uma trincheira de tanques e metralhadoras, porque essa classe de providência não é conhecida na França."

Já havia viajado por dois países socialistas e voltaria a viajar para o outro lado da Cortina de Ferro um ano depois. No momento de escrever sua longa série de crônicas, colocará ênfase na evocação dos militares da Europa oriental, que se confundem com o povo, salvo no detalhe do uniforme. Parte dessas impressões se forjou logo depois de sair da Colômbia, isto é, quando ali a ditadura chegava aos seus piores momentos, mas a redação foi feita mais tarde, já derrubado o governo de Rojas Pinilla, e esse aspecto preciso ganhou um sentido mais geral, abarcando o problema das relações entre Exército e nação na América Latina.

*

A estada na Europa significou uma nova etapa no jornalismo de García Márquez. Não apenas porque suscitava a questão de sua atitude cultural, mas também, simplesmente, porque eram novas condições de trabalho que exigiam uma mudança de formulações e comportamentos. Quando estava na Colômbia, tendo inclusive de atuar em situações difíceis como havia sido o caso de Medellín em julho de 1954, sempre tinha a vantagem de ser repórter de um dos maiores jornais do país, o que lhe abria portas e proporcionava notícias de primeira mão. Na Europa, ficava descartada a possibilidade de obter realmente uma notícia em primeira mão. Um franco-atirador da informação, como tinha de ser um jornalista colombiano solto num mundo mal conhecido, nada podia fazer para vencer a concorrência contra as grandes agências internacionais. Apenas nos primeiros dias de Genebra, García Márquez mandou uns poucos cabogramas. O resto do tempo teve de se contentar em enviar suas crônicas por correio aéreo; isto é, eram impressas quando se esgotara o interesse pela notícia. Ali não podia dar furos para *El Espectador*. García Márquez tinha de buscar o outro lado da notícia. Estava capacitado a isso graças à sua longa prática de humor e até pela maneira peculiar com que manejara na Colômbia o gênero reportagem. Aquilo que até então fora sua originalidade se convertia em necessidade.

A busca do outro lado da notícia é uma constante dessa época, incluindo os cabogramas enviados pela All America nos primeiros dias. Consciente de que as grandes agências iam *furá-lo* de todas as maneiras, García Márquez se interessava por detalhes marginais e secundários, detalhes "humanos"; e é possível até que não desprovidos de ficção e arbitrariedade. Assim é que escreve toda uma reportagem para contar como não obteve nenhuma informação sensacional num momento em que os outros jornalistas presentes esgotaram o material informativo. No meio de um exército de fotógrafos e repórteres que seguem Eisenhower em seu passeio e na compra de brinquedos para os netos, o jornalista colombiano nada pode fazer, e permanece até o fim para obter a confissão do comerciante que diz que morreu "de susto", frase que talvez nunca tenha pronunciado. A originalidade está no ardil de García Márquez que consiste em contar o que aconteceu com ele, que é ao mesmo tempo a história da história, a notícia da notícia. História pessoal e segundo plano — duas formas de desmistificação da notícia — caracterizam boa parte das reportagens escritas no período europeu.

Assim ele consegue preservar a originalidade da informação que permanece ao seu alcance. É uma linha de ação dominante nos primeiros meses (e também uma aprendizagem útil para o período seguinte, que será de total escassez de notícias e de um obrigatório trabalho de segunda mão). Resta-lhe apenas contar o que se passa nos bastidores, onde ele vive. Nunca falta o dado pessoal, até quando se contenta em requentar notícias bem conhecidas (as grandes matérias sobre o caso Montesi e o caso dos vazamentos da França são outra coisa). É assim a série sobre o Festival de Veneza, e mais evidente ainda a "reportagem" sobre a vida íntima do Vaticano e a da "batalha das medidas". No primeiro caso, García Márquez tomou a excelente precaução de assistir duas vezes à audiência papal de Castelgandolfo para verificar que era regida por um ritual imutável; o resto da série é uma reelaboração de dados publicados na imprensa européia. Trata-se de uma reelaboração muito bem-feita. Encontramos aqui uma linha de ação que nos ocupará bastante mais adiante: o relato tenta ser o mais denso possível e, ao abarcar as interpretações contraditórias (García Márquez sabe manejar o ardil do debate de opinião), faz a crítica da notícia. O ponto de partida da série sobre a rivalidade entre Gina Lollobrigida e Sofia Loren é também um ato ao qual García Márquez teve de estar presente: a chegada de Sofia Loren à estação Termini e o interesse que despertou. É certo que sua presença no local dos fatos pode pertencer à ficção, mas é de se supor que com efeito tenha estado lá pelo interesse que devia sentir por esse tipo de cena, e até pela curiosidade jornalística. Fictício ou real, o fato de haver presenciado o incidente pareceu-lhe ser o ponto de partida necessário para a série. Em ambos os casos, ele é um espectador perdido no meio da multidão, e a partir do que viu ou pretende ter visto inicia um relato que é em realidade síntese e análise do que os outros já contaram, porque ele já não dispõe da possibilidade de acesso à notícia. Em seu relato aproveita todos os recursos retóricos e narrativos utilizados na crônica e na reportagem.

Isso pode ser mais bem avaliado quando se faz a comparação com as outras crônicas dessa época inicial vivida principalmente na Itália. A reportagem sobre o tenor colombiano premiado em Genebra poderia ser um texto típico da época de Bogotá: García Márquez detém o monopólio de algo que é notícia em seu país e não o é na Itália, e assim chega a escrever como se estivesse em sua terra. Não é só o tema (vocação e triunfo), nem tampouco a forma, o que relaciona o texto sobre o artista lírico com o que escreveu meses antes sobre Arenas Betancourt e Joselillo da Colômbia; também joga com a semelhança das situações jornalísticas. Em compensação, a crônica sobre Vittorio de Sica não inclui nenhuma notícia original; é provável até que García Márquez não tenha comparecido à entrevista coletiva do ator e diretor de cinema. Apenas evoca um problema que ele conhece bem por tê-lo tratado, menos pitorescamente, mais de uma vez, e o faz com todos os seus conhecimentos sobre o cinema neo-realista italiano. É, com a maneira de contar, o único aspecto pessoal incluído na crônica. Na magistral série sobre Viena, a abordagem é completamente diferente: García Márquez só fala do que viveu e do que entreviu da cidade.

O caso de Veneza era ao mesmo tempo mais complexo e mais simples. Os jornalistas eram mais livres e até solicitados, ainda que o correspondente de um jornal colombiano não devesse apresentar muito interesse para aqueles que queriam ser notícia. Além de um diretor francês atraído pela idéia de fazer cinema na América Latina e, portanto, disposto a ouvir mentiras de García Márquez, ninguém devia prestar-lhe atenção. Mas as condições de trabalho tampouco eram fáceis, apesar de tudo. Em Veneza, importava o cinema e importavam muitas outras coisas, mais espetaculares e mais frívolas: o odor de escândalo e fofocas relacionados com os atores de cinema. Ali onde os grandes jornais europeus eram representados por equipes completas, García Márquez tinha de cobrir sozinho várias frentes, e é evidente que se esforçou por ser o mais abrangente possível e contar o que viu, servindo-se de uma narrativa cronológica que permite reconstituir seu itinerário num ambiente em que as coisas aconteciam simultaneamente em lugares diferentes. Intui-se a magnitude e a inutilidade de seus esforços em alguns detalhes relacionados com a parte cinematográfica em si. É pelo menos digno de nota que sequer tenha tentado ver alguma coisa da retrospectiva do velho cinema japonês, apesar do interesse que sentira nos anos anteriores por aquela cinematografia que triunfava nos grandes festivais e era totalmente desconhecida na Colômbia. Pode-se até suspeitar que sequer viu o filme que ganhou o prêmio principal do festival de 1956, *Ordet*, do dinamarquês Dreyer. Não o menciona entre as sessões que presenciou; fala dele pela primeira vez quando começa a despontar como favorito ao Leão de Ouro e, quando efetivamente ganha o prêmio, lembra que a decisão do júri confirma "seu" próprio prognóstico. A nota que dedica ao filme na última matéria da série reforça a impressão de que não o viu, na realidade.[21] Em suma, fez o que estava ao seu alcance num ambiente espetacular mas muito inóspito: conta com humor e habilidade os pequenos incidentes do festival e os filmes que viu resenha da mesma maneira que escrevia suas críticas de cinema de Bogotá.[22] Esses textos do primeiro período europeu, enquanto García

---

21. Ao se referir à cena do milagre, em *Ordet*, García Márquez fala de uma pedra sepulcral, quando o que há na realidade é um ataúde aberto, depositado no centro da sala, na casa de Anders e Inger. Se realmente viu o filme, o mínimo que se pode dizer é que sua beleza não lhe despertou a atenção.

22. Pode-se pensar, em alguns casos, que García Márquez melhorou seu estilo de crítico, talvez ajudado pela ficha técnica e pela documentação abundante de Veneza, de que nunca dispunha em Bogotá. Mas de modo geral seus critérios são os mesmos, assim como seus erros e acertos. Ao lado de um bom comentário sobre *A grande chantagem*, de Aldrich, encontramos um elogio desmedido ao insuportável *Marcelino, pão e vinho*, de Ladislao Vajda; é que um bom episódio inicial (o menino e a macilenta estátua) e a atuação de Pablito Calvo — sempre esse interesse pela atuação de crianças no cinema — bastam para entusiasmá-lo. Segue se equivocando sobre o cinema francês e a um bom filme de Astruc prefere uma nulidade estética de Delannoy. Em compensação, sabe apreciar o cinema italiano, elogiando Antonioni e prevendo seus sucessos posteriores, enquanto o resto da seleção italiana o deixa justificadamente cético.

Márquez foi correspondente de *El Espectador* e *El Independiente*, apresentam em proporções que variam segundo as circunstâncias a mesma mistura de informação pessoal e dados de segunda mão, reunidos e unificados num bom relato desmistificador.

Nas duas grandes séries daquele período — o caso Montesi e o caso dos vazamentos da França — encontram-se em linhas gerais essas características, mas nelas a arte da narrativa adquire uma importância capital, pois os fatos já pertencem ao conhecimento público e são de uma grande complexidade. A complexidade era tão grande que não se chegou então, e provavelmente nunca se chegará, a saber o que realmente ocorreu na Itália e na França. Na própria narrativa reside a principal originalidade das duas séries.

Quando ia sair a série sobre o caso Montesi, *El Espectador* anunciou-a e, depois de um resumo factual, afirmou: "Durante um mês, percorrendo os lugares onde se desenrolou o drama, Gabriel García Márquez se inteirou de todos os detalhes da morte de Wilma Montesi e do processo que a seguiu."[23] Essa investigação concreta se limitaria a visitar o prédio e o bairro onde viveu Wilma Montesi, a praia em que apareceu seu cadáver e algum bar freqüentado pelos ricos ociosos implicados no processo. O restante tinha de ser leitura de jornais e síntese narrativa.

Com o caso dos vazamentos, viu-se diante da mesma necessidade de recorrer aos dados já publicados pela imprensa francesa e de fazer um relato claro a partir deles. As audiências iam representar — uma vez feito o relato dos delitos que estavam sendo julgados — a parte da reportagem que resultaria da própria observação do cronista, então situado em igualdade de condições com os demais jornalistas credenciados. Vale dizer que teoricamente o processo de espionagem oferecia a García Márquez mais possibilidades do que o caso Montesi.

Em ambas as séries, a organização do relato obedece a uma estrutura determinada de antemão por critérios não apenas narrativos, mas tam-

---

23. Nota anônima: "El escándalo del siglo. Redactor de *El Espectador* investigó por un mes el caso de Wilma Montesi", em *El Espectador*, 16 de setembro de 1955, p. 1.

bém romanescos. Sem deixar de se submeter à tirania dos fatos, García Márquez adota um esquema geral que é o do romance policial, com todas as peculiaridades do gênero. Nos dois casos, o relato tinha ou devia ter duas vertentes: a primeira era a do imbróglio e a segunda era ou devia ser a da solução. Mas a solução estava fora de questão. No caso Montesi, depois de relatar em sete matérias a maneira como as investigações foram desviadas ou bloqueadas, García Márquez segue nas sete restantes o inquérito do presidente Sepe e as etapas da reconstituição do quebra-cabeça, até se deter no limiar do mistério, o ponto que podia fornecer a chave do conjunto e que, no entanto, bloqueia tudo: o enigma dos atos da vítima nas últimas 24 horas de sua vida.

Alguns meses mais tarde, fez a mesma coisa com relação ao caso dos segredos divulgados. Até calculou a montagem de suas reportagens em função do processo judicial que previa dez sessões de quatro horas. Os dez primeiros textos da série são o relato do caso e das diversas investigações que o alimentam. Tudo já estava escrito quando se iniciou o julgamento, e García Márquez só teve de antepor uma breve nota da primeira sessão do tribunal. Deve ter calculado que o julgamento seria concluído quando estivesse sendo publicada a parte já redigida da reportagem e que lhe sobraria tempo para escrever sobre as audiências e a conclusão do caso: a solução depois do enigma. Só que o processo durou muito mais do que o previsto (e nem sequer chegaria às certezas com que contava García Márquez), e, como teve de escrever sete novas matérias, ele optou por encerrar o texto de qualquer maneira. A tradução — discutível mas expressiva — de *extravagance* (extravagância) por *relajo* (descontração) com que termina a reportagem também pode sinalizar seu próprio fastio diante de uma situação sem saída satisfatória. No fundo, essa conclusão abrupta e arbitrária não é nem tão abrupta nem tão arbitrária: nela se apreende, com uma clarividência maior do que poderia parecer à primeira vista, a essência do caso judicial que era ao mesmo tempo o da França naqueles anos de crise colonial e institucional.

Nos dois casos, García Márquez se sentiu liberado em parte das tarefas normais de jornalista: a parte investigativa fora assumida pelos outros e estava amplamente divulgada,[24] e ele podia dedicar toda a atenção ao relato. Cabia-lhe apenas narrar bem, com rigor e eficácia, sem deixar na penumbra um só dos fatos que pudessem ter alguma utilidade. Tecnicamente, estava diante de uma situação semelhante à de um romance: a história já estava concebida antes de começar a escrevê-la, e lhe cabia contá-la da melhor maneira. As grandes diferenças residiam em que não havia ficção e os fatos não coincidiam com qualquer elemento de uma mitologia pessoal. Esses casos intrincados, que além disso ocorriam em ambientes que desconhecia, constituíam para o romancista um interessante desafio e também uma escola que García Márquez não podia menosprezar no momento em que se dispunha a escrever um relato ainda nebuloso que daria origem a *Ninguém escreve ao coronel*. A prática da reportagem e a leitura de Hemingway e Camus já haviam traçado um possível caminho narrativo — o do relato denso e objetivo, para exprimir as coisas em linhas gerais —, e esse caminho se alinhava notavelmente com as longas séries de setembro de 1955 e de março a abril de 1956. São como duas tentativas extensas de narrar coisas complexas de maneira simples, diretamente compreensível.

A natureza literária das preocupações do repórter e a progressão das veleidades do escritor se comprovam na evolução de seu estilo jornalístico e narrativo entre as duas séries. Não há mudança na densidade do relato nem na forma de lidar com os processos folhetinescos, mas sim na crescente introdução de elementos fictícios. No caso Montesi, García Márquez por pouco não sucumbe à tentação de inventar coisas, e o faz muito pouco, com matizes de hipóteses, como na oitava reportagem da série:

> "Quem são essas duas pessoas?", devia se perguntar o presidente Sepe, coçando a cabeça calva e reluzente. Até agora só tinha entre as mãos uma pista: a possibilidade de que Wilma Montesi estivesse em contato com traficantes de entorpecentes. Foi aí que o investigador, talvez dando um pulo na cadeira como fazem os detetives de filmes, fez-se a surpreendente pergunta que ninguém fizera antes: "Quem era Wilma Montesi?"

---

24. No chamado *affaire des fuites*, o contato com os fatos (a presença nas sessões do tribunal) não lhe trouxe nada de concreto. Tomou notas interessantes sobre o ambiente e os políticos que iam depor, mas que, no entanto, nada acrescentavam a uma história insolúvel.

No final da série, no momento de concluir com um enigma não decifrado, García Márquez se põe a sonhar com uma testemunha que viesse dizer que vira Wilma Montesi, "no entardecer do dia 10 de abril, tomando um sorvete". Gostaria de romper o mistério, mas dar um passo a mais seria sair do jornalismo e ingressar no universo do romance.

Tampouco dá o passo adiante na reportagem sobre os vazamentos de segredos, mas demonstra muito mais atrevimento. Agora realmente inventa elementos do relato, ainda que sem afetar a própria trama da história. São elementos adicionados, como ocorria às vezes nas crônicas dos primeiros anos. São sempre verossímeis; melhoram o relato, dão-lhe mais densidade e o tornam mais humano. A narrativa continua a ser a de uma investigação policial autêntica, mas com esses momentos fictícios se aproxima mais do romance: o que nenhuma testemunha pôde ver ou aludir, afirma-o um repórter ousado que assim se converte no narrador onisciente dos relatos de ficção. É verossímil a referência ao desjejum do *premier* Laniel, a 24 de julho de 1953, na primeira reportagem da série; no final das contas, como diz o próprio García Márquez, é "o sóbrio desjejum dos franceses". É igualmente verossímil, na nona reportagem da série, a cena que narra o desjejum do fugitivo Baranes,[25] acrescentando-lhe outros elementos que, sem contrariar a história em seu conjunto, fazem com que o relato dê um passo adiante rumo à arbitrariedade da ficção. As coisas poderiam ter acontecido de maneira inteiramente diferente nesse momento, mas o caso dos vazamentos não seria modificado em nada. O jornalista se esconde momentaneamente por trás do romancista:

> O homem não comeu com apetite: tomou meia xícara de café com leite e uma torrada. Nem levantou a vista dos jornais. Começava o outono: as árvores da estrada soltavam suas folhas apodrecidas e um vento gelado circundava a casa. Mas dentro reinava a segurança: o ambiente era tépido, e só

---

25. Baranes só é citado no final, com o que se pode dizer que por um momento García Márquez se deu o gosto de escrever romance. Por outra parte, é bem chamativa essa insistência de descrever cenas de desjejum, com elementos não verificados, mas típicos de um determinado modo de vida; é outro rasgo de folclorização do homem europeu.

de vez em quando se escutava o ruído de um automóvel pela estrada distante. O homem o via passar de seu quarto de dormir. Eram sempre automóveis particulares. Passavam ao largo.

Também ao âmbito do romance pertencem as cenas entre o comissário Dides e o ministro Fouchet e as cenas complementares em que Fouchet recebe um telefonema e Wybot chama Fouchet. Também são de índole romanesca alguns dados arbitrários relativos ao comissário Dides no momento de sua captura pela DST, e mais ainda o mergulho no relato do que foram (não o que deveriam ser, mas os que, segundo o relato, foram) os pensamentos do detido. A misteriosa pasta preta do comissário, que parece protegê-lo, pois é detido no mesmo dia em que começa a usar outra, só em parte deve pertencer à realidade: tudo se passa como se essa pasta tivesse propriedades especiais — nunca expressas claramente —, características de um mundo fictício.

A tentação de escrever romance que se nota nessas duas grandes reportagens, principalmente na segunda,[26] é um bom sinal de que o escritor chegara ao momento de se pôr a escrever relatos de grande fôlego, aproveitando as técnicas que decantara na reportagem: um relato sem falhas, um cuidado permanente com os personagens e o segundo plano. Os textos de *El Espectador* e sobretudo a série de *El Independiente* chegam a ser mais convincentes do que o fidedigno testemunho de Plinio Apuleyo Mendoza: "Em Paris, naquela época, andava escrevendo um conto, que mais tarde se converteria em *O veneno da madrugada*.[27] Igualmente, seria quase supérfluo saber que *Ninguém escreve ao coronel* foi concluído em Paris, em janeiro de 1957.

*

Com o fechamento do *El Independiente*, dois meses depois de sua aparição, começa o período de penúria de García Márquez em Paris. Da Venezuela,[28]

---

26. É pelo menos notável que a extensão das duas seja superior à de *Ninguém escreve ao coronel*.
27. Plinio Apuleyo Mendoza, *op. cit.*
28. Os amigos de Barranquilla enviavam-lhe dinheiro de vez em quando. Alfonso Fuenmayor conta uma história divertida sobre uma nota de 100 dólares momentaneamente extraviada.

Plinio Apuleyo Mendoza ajudou-o, dando-lhe oportunidade de enviar trabalhos jornalísticos, ainda que fosse pouco para resolver seus problemas materiais. A partir de 25 de agosto de 1956, Plinio Apuleyo Mendoza assumiu a coordenação do semanário *Elite*, de Caracas, uma das publicações da poderosa cadeia Capriles.[29] Pouco depois, em 22 de setembro, tornou-se chefe de redação,[30] mas antes mesmo de assumir o cargo já havia encomendado e publicado o primeiro trabalho de García Márquez, "De Gaulle escreveu seu livro?". Com este texto, começou uma nova etapa jornalística de García Márquez. Duraria aproximadamente sete meses e acabou quando Plinio Apuleyo Mendoza abandonou a chefia de redação de *Elite*, uma vez publicada a edição de 27 de março de 1957.[31]

Era uma situação nova para García Márquez em sua já diversificada atividade jornalística. Cabia-lhe escrever para o público de um país que ele não conhecia e onde tampouco o conheciam como jornalista. Tinha de apagar-se completamente e recorrer a uma forma de narração onde o *eu* não aparecesse, ao contrário do que ocorrera em quase todas as crônicas escritas para *El Espectador* desde os dias de Genebra. Por outro lado, já não atuava como correspondente de nenhuma publicação; tinha de trabalhar de acordo com

---

29. Os dados sobre as publicações de García Márquez na Venezuela e as publicações aqui recolhidas devem-se a Bernadette Durney, que apresentou na Universidade de Toulouse-Le Mirail (França) uma excelente dissertação de mestrado, em outubro de 1973. A dissertação, intitulada *García Márquez jornalista. Caracas (1956-1959)*, foi escrita sob a orientação do professor G. Baudot e do autor deste prólogo. O único texto venezuelano não recolhido por Bernadette Durney é "Um sábado em Londres", cuja obtenção devo à rigorosa memória e a uma eficiente pesquisa (em sua passagem por Caracas, em 1978) de Plinio Apuleyo Mendoza, que igualmente me fez conhecer os números 1 e 2 de *Acción Liberal* e os textos de García Márquez ali publicados. Sobre seu testemunho verbal, já fiz referência em uma nota anterior (ver a nota 2).
30. Bernadette Durney, *op.cit.*, p. 13.
31. Bernadette Durney, *op. cit.*, p. 23. Vale lembrar que "De Gaulle escreveu seu livro?", o primeiro artigo da nova etapa européia de García Márquez, também apareceu em capítulos no substituto de *El Tiempo*, de Bogotá. Foi publicado sob o título geral de "Paris", no suplemento literário dominical de *Intermedio*; contém pequenas modificações que fazem pensar num *rewriting* que García Márquez seguramente teria repudiado. Estas colaborações foram publicadas nos dias 9 de setembro (p. 13), 23 de setembro (p. 11) e 11 de novembro (p. 9) de 1956. O *Intermedio* não voltaria a publicar textos de García Márquez (teriam aliviado em parte, ainda que de maneira ínfima, seu problema financeiro), e nisso se pode ver uma confirmação da história relativa ao ex-presidente Eduardo Santos, dono do jornal, a que se referirá mais adiante: não houve apenas motivos políticos para que o jovem colombiano "encalhado" na Europa não pudesse colaborar na imprensa liberal do país.

a modalidade mais insegura do inseguro *free-lance*. Já não tinha a possibilidade de presenciar fatos em meio a um grande número de jornalistas muito mais aguerridos do que ele na luta pelos furos de reportagem. Deixou de ser testemunha, ainda que de longe. Viu-se convertido no homem da rua com acesso apenas a notícias já difundidas pela imprensa, e condenado a dar notícias de segunda mão. De certo modo, viu-se novamente na condição do cronista que foi em Cartagena e Barranquilla, só que sua obrigação agora é contar fatos em vez de comentá-los. Ainda que tenha de fazer um jornalismo de escassez e propor aos leitores de *Elite* umas "reportagens" ou umas "crônicas" que são ecos de ecos,[32] chega a produzir excelentes textos jornalísticos nos quais frutifica a aprendizagem, realizada durante anos, das técnicas de comentário humorístico e da narrativa, literária ou jornalística. A própria circunstância do exílio e isolamento (reforçada pelo fato de escrever para um público novo) traz em si a última característica desses textos e talvez sua principal originalidade: mesmo que não escreva informação no sentido estrito da palavra, García Márquez manda informações sobre a Europa para leitores que da Europa sabem menos do que ele, e o faz à sua maneira, só que de forma menos truculenta do que nos primeiros meses: com ironia e dando do Velho Mundo uma visão impiedosa de algo que está acabando. Sua pedagogia sarcástica serve para destilar a idéia de um iminente apocalipse continental que suas próprias formulações estipulavam e que a realidade do momento tornava às vezes quase palpável.

Nem tudo é bom nessa nova etapa iniciada em setembro de 1956. O primeiro texto, alimentado pelos comentários suscitados pelo lançamento das memórias de De Gaulle, é medíocre e desalinhavado. Vê-se que foi escrito com pressa, recorrendo ao primeiro tema algo espetacular que estava então ao alcance de García Márquez, chegando ao ponto de cair em jogos de palavras fáceis, como é a referência ao fato de que na França o *negro* (*ghost-writer*) literário seja comumente de raça branca. Ocorre mais ou menos a mesma coisa no segundo artigo da série, sobre o verão de Paris. Também se

---

32. Continua assim, de um modo diferente, a linha de crítica à notícia no meio da própria notícia, que já se notava na fase anterior.

podem encontrar falhas nos textos publicados no final do período, por exemplo sobre o tráfico de prostituição,[33] o problema ético do alpinismo ou os suicídios de adolescentes. Parte dos defeitos deve proceder da pressa com que se punha a fazer jornalismo enquanto ia terminando ou acabava de terminar *Ninguém escreve ao coronel*.

A cota de originalidade jornalística é quase nula nesses escritos (em compensação quase sempre há a originalidade do enfoque e da forma). Em "Verão em Paris", no qual o tema do *strip-tease* devia aparecer como isca inevitável, a única informação apurada por ele pode ser a dificuldade enfrentada pelos habitantes de Paris com as numerosas lojas fechadas por causa das férias; algo deve haver ali de experiência própria.[34] Na matéria sobre a crise do Suez, também é de primeira mão e observado pessoalmente — talvez com ironia — o dado sobre as compras maciças de alimentos feitas por uma população duramente castigada pela escassez de alimentos na Segunda Guerra Mundial.[35] O outro elemento que alude a uma experiência pessoal foram as considerações sobre o filme japonês mencionado em "Um filme abala o Japão", mas já se trata de algo diferente a uma vivência pessoal; aqui reaparece o crítico de cinema em sua atividade estética e intelectual. E isso é tudo o que García Márquez consegue dar em primeira mão naquelas crônicas de Paris.

As fontes estão na imprensa francesa — nem sempre a mais respeitável —, na qual García Márquez vasculhara os temas mais ou menos sensacionais que podiam interessar aos leitores de revistas. É evidente que fez leitu-

---

33. Com "Estão em Caracas as mulheres que desaparecem em Paris?", dá-se o caso excepcional de um texto garciamarquiano concluído com uma interrogação. Ele afirma que nunca terminou assim uma crônica (nem com reticências, nem com uma frase entre parênteses). A afirmação é quase exata e é motivo para não atribuir a ele textos anônimos que parecem ser dele, mas terminam dessa maneira insólita se considerarmos os textos que assinou. Aqui, o final interrogativo é sinal de uma grande pressa de escrever e concluir de qualquer maneira, num período que era de quase plena maturidade jornalística.
34. Também se deve considerar que esse era um tema freqüente na imprensa francesa, que procurava não falar demasiado do que naquele verão se passava na Argélia. Os *chansonniers* também tratavam do assunto até a exaustão.
35. Talvez seja significativa do difícil momento vivido por García Márquez a insistência em evocar fatos relacionados a comida.

ras sérias: nas suas crônicas sobre o caso dos vazamentos, referiu-se ao *France-Soir*, que ainda era quase legível, e ao *Le Monde*. Entre os semanários, forneceram-lhe material o *L'Express*, que iniciava sua melhor fase, e o *France-Observateur*. García Márquez cita-os em alguns casos. Mas em geral não menciona suas fontes, quando é claro que, a propósito dos grandes incidentes políticos do momento e nos perfis biográficos dos ministros e líderes ingleses, tinha de se servir das cronologias e biografias publicadas em *Le Monde* e em algumas publicações menos rigorosas (há que se admitir que ele retrabalhara tão bem os dados que no fim seu próprio relato não devia nada a ninguém). E para os artigos com temas leves, nos quais continuava uma linha pessoal iniciada em seu trabalho como cronista, usava as matérias menos recomendáveis do *Paris-Match*, e sobretudo as notícias do *jet-set* internacional que constituíam a matéria-prima (juntamente com formulações reacionárias sobre a Argélia) do semanário *Jours de France*, propriedade do industrial Dassault — o fabricante dos aviões Mirage —, que era ao mesmo tempo chefe de redação da inefável publicação. Para não falar muito de problemas explosivos, em 1956 esse tipo de imprensa evocava incansavelmente a fortuna e a vida de Onassis e dedicava artigos e reportagens ilustradas ao diplomata dominicano Rubirosa. Tanto Rubirosa como Onassis eram temas conhecidos, já que García Márquez lhes dedicara crônicas humorísticas na coluna "Día a día" de *El Espectador*.

Não apenas na reaparição de personagens familiares se manifestava a continuidade do seu trabalho como cronista. Se não voltam a ser citados alguns dos que interessaram a García Márquez para *La Jirafa* ou para "Día a día" (Ingrid Bergman, Rita Hayworth, por exemplo), outros novos aparecem, sempre em função da atualidade, e García Márquez os trata com procedimentos constantes: Eden, Bevan, MacMillan ingressam — brilhantemente — nessa já longa galeria de perfis de segunda mão. Mas de forma mais geral as características já conhecidas nos textos de Barranquilla e Bogotá se reencontram aqui, só que entrelaçadas num jogo novo: trata-se principalmente de contar, e esses textos são sobretudo descrições. São tão-somente descrições quando se trata de reconstruir um complexo episódio político, como em "Milhões de homens contra a França por cinco presos", ou "A cinco minutos da Terceira Guerra"; ou são descrições biográficas obtidas por meio da concatenação de diversos episódios, que por si só justificariam uma crônica, como "Rubirosa? Um pobre homem...", ou "Quando o mundo perde, só este homem ganha!"; ou são simplesmente relatos mais ou menos intensos de acordo com o tema. Em alguns casos, García Márquez consegue manter um verdadeiro suspense — quando se trata de fatos passados e bem conhecidos —, jogando apenas com uma densa cronologia de coincidências ou leves desajustes. Algumas destas falsas reportagens podem figurar dignamente entre os mais perfeitos textos de García Márquez.

Mas a atualidade nem sempre oferecia assuntos tão bons como a captura dos líderes da rebelião argelina ou a crise do Suez. Nem tudo se prestava à elaboração de um relato puro capaz de suportar a introdução de um leve toque fictício (o "solo sobressaltado" de Nasser em "A cinco minutos..."). Nem sempre havia situações bastante claras para facilitar a García Márquez aproximações eficientes entre situações distantes.[36] Nem tudo tinha tanto interesse humano para incutir no jornalista a vontade de realizar também um bom trabalho literário. Mas, apesar do predomínio do aspecto narrativo, as astúcias da análise davam densidade ao relato de segunda mão. Não faltam as aproximações arbitrárias que criam uma nova realidade e, precisamente aqui, uma realidade sobre a qual escrever. Por exemplo, em "27 de outubro, data trágica para estes dois apaixonados", García Márquez mistura o tema sentimental com problemas políticos que não interferiam na realidade.[37] Era no plano mais baixo, em observações breves, que García Márquez recorria

---

36. Como, por exemplo, a chuva miudinha de Paris e Londres em "A cinco minutos...". Ou, em "Trinta vidas devem ser arriscadas para salvar dois loucos?", quando disse: "Curiosamente, acima do Mont Blanc, os dois guias pensavam o mesmo que neste momento se pensava em Chamonix."
37. As revistas francesas, em especial *Jours de France*, dedicaram ilustrações e muitas páginas à evocação desse tema sentimental em setembro e outubro de 1956. Vinha a ser um tema fácil e quase obrigatório para quem, como García Márquez, precisava escrever sobre qualquer coisa. Mas as próprias convicções de García Márquez, afagadas pela recente nacionalização do canal de Suez, intervieram por meio de suas críticas dissimuladas à ocidentalização do império do Irã. Eram especulações pessoais, evidentemente discutíveis, mas que tentavam dar substância a um tema impalpável com o estabelecimento de uma relação entre fatos bem diferentes. Algo no gênero se passou, meses depois, com a nota sobre Onassis, que fora tema constante da imprensa francesa especializada em amenidades, naquele verão de 1956. Mas García Márquez só usou esse abundante material quando a crise petrolífera desencadeada pela batalha do Suez lhe permitiu dar outra dimensão à biografia do financista grego.

ao jogo das aproximações arbitrárias. Não é um dos menos divertidos o exemplo em que, para dar uma idéia do peso político do arcebispo de Canterbury, refere-se a uma intervenção do prelado anglicano em insignificantes questões sentimentais que apaixonaram a opinião pública alguns meses antes. As simplificações e os exageros a que sempre recorrera se fazem mais perceptíveis e mais divertidos precisamente no momento em que se vê obrigado a dar informações sobre a Europa. Algumas correspondem às suas convicções de latino-americano progressista: a mistura de problemas particulares e políticos na evocação do caso do xá do Irã, a importância dada a uma suposta onda de suicídios entre os adolescentes franceses (*L'Express* não dava ao problema cores tão apocalípticas, nem a opinião pública se preocupou tanto, mas García Márquez viu naquilo um sinal de esgotamento dos velhos modelos culturais e ideológicos). Outras simplificações, ainda que tenham a ver com as convicções políticas de García Márquez, obedecem mais claramente à necessidade de dizer coisas espetaculares, pouco importando que sejam ao mesmo tempo inverossímeis: esse é o caso da tranqüila afirmação de que, no verão, a Europa consome mais gasolina do que no resto do ano, e que "um em cada quatro franceses sofreu acidente automobilístico neste verão". Estes dados extravagantes, esse extermínio ideal de franceses, talvez sejam a manifestação inconsciente das convicções de García Márquez. Também há exageros na evocação do casamento real inglês. A dramatização de algo que não existia ou, se existiu, não interessaria a ninguém, faz parte das regras do jogo na imprensa sensacionalista. García Márquez respeita escrupulosamente essas regras num texto que só pode ser lido nas entrelinhas. O debate de idéias é outro jogo que usou quando era cronista e tornou a usar para apimentar o relato de algumas de suas crônicas para *Elite* (por exemplo em "Trinta vidas devem ser arriscadas para salvar dois loucos?" e em "Um filme abala o Japão").

Uma revisão superficial daquele período aparentemente tão heterogêneo permite observar pelo menos a constância do interesse por narrar o melhor possível qualquer matéria, adaptando o relato à natureza do assunto em questão, e o vigor dos conceitos ideológicos e culturais. Já é muito, dadas as circunstâncias em que García Márquez estava fazendo jornalismo.

Porém, há algo mais que aflora ao longo desses meses nos textos sobre grandes personagens e grandes episódios da atualidade: é o tema do poder e, mais especificamente, da solidão do poder.[38] Essa solidão a vivem o xá do Irã e a rainha da Inglaterra, Eden e os outros chefes de governo enredados com ele na crise do Suez, e é vislumbrada no texto sobre Onassis e nas diversas alusões feitas de passagem a respeito de todas as pessoas que têm de tomar decisões em nome dos povos. Talvez a crônica inicial sobre as memórias de De Gaulle seja o reflexo indecifrável da mesma obsessão. As insistentes cintilações do tema são uma notável continuação do que já palpitava em algumas "jirafas", em certos contos, em alguns dos textos de "Día a día", e uma prova antecipada de que a visão da múmia de Stalin, a derrubada de Pérez Jiménez e o julgamento de Sosa Blanco haveriam de cair num terreno fértil. Essas vivências só contribuiriam para dar uma forma mais precisa a algo que começara muitos anos antes.

*

Nos primeiros dias de maio de 1957, chegou novamente a Paris Plinio Apuleyo Mendoza, que acabara de renunciar à chefia de redação de *Elite*, e que tornou a se encontrar com García Márquez. Estavam juntos, em 11 de maio, quando chegou à França a notícia de que Gustavo Rojas Pinilla tivera de abandonar o poder e sair da Colômbia. Naquele dia, García Márquez se negou a visitar, no apartamento que este mantinha na avenida Fox, o ex-presidente Eduardo Santos, que proibira a publicação de suas notas em *Intermedio*, o substituto de *El Tiempo*, sob o pretexto de que o jornalista não fora saudá-lo quando de sua chegada a Paris. Plinio Apuleyo Mendoza vinha acompanhado de sua irmã Soledad.

Algumas semanas depois, García Márquez iniciou com eles uma viagem turística, e assim chegaram a Frankfurt, onde visitaram o poeta Eduardo Cote Lamus, que era cônsul da Colômbia naquela cidade. Foi ali, como conta

---

38. Talvez houvesse algo desses temas em alguns episódios de Genebra, particularmente o de Eisenhower rompendo o isolamento imposto pelas normas de segurança.

García Márquez em "Noventa dias na Cortina de Ferro", que se decidiu a viagem à Alemanha Oriental, e a data a que se refere deve ser exata: Plinio Apuleyo Mendoza pensa que foi efetivamente a 18 de junho de 1957. O carro comprado "para o verão" com que fizeram a viagem era um 4 CV Renault. Os dados sobre a Alemanha Oriental, salvo a inevitável dose funcional de ficção que García Márquez teve de introduzir em suas crônicas, são exatos na opinião de seu companheiro de viagem. Em Berlim Oriental, estiveram com estudantes colombianos — e não de outra nacionalidade latino-americana — que foram enviados pelo Partido Comunista de seu país. Com uma lógica muito colombiana, que faz com que um sacerdote se converta em guerrilheiro, esses jovens passariam a ser mais tarde eminentes figuras do liberalismo e ocupariam cargos ministeriais na Frente Nacional.

Depois de passar uns dias na Alemanha Oriental, os três viajantes voltaram a Paris. Soledad Mendoza seguiu para Caracas enquanto seu irmão e García Márquez preparavam os trâmites para assistir ao Festival Mundial da Juventude, que ia ser realizado em Moscou. Viajaram para Moscou e, terminado o festival, separaram-se em Kiev; García Márquez seguiu para a Hungria enquanto seu companheiro voltou para Paris. Não voltaram a se ver antes que, nos primeiros dias de setembro de 1957, Plinio Apuleyo Mendoza partisse para Caracas. Plinio se recorda, no entanto, que pouco antes de cruzar novamente o oceano teve uma conversa telefônica com García Márquez que, impressionado, contava-lhe algo do que vira na Hungria. García Márquez deve ter retornado a Paris poucos dias depois.

Tratando-se de "Noventa dias na Cortina de Ferro", a dispersão dos textos, suas variantes e a publicação tardia da maior parte da série podem chegar a despistar. Na realidade, esses textos, ainda que partam de experiências fragmentadas (1955, junho-julho-agosto de 1957), constituem um único período jornalístico, ele também muito dissimulado no tempo. Sua redação, admitindo inclusive que em parte retomava anotações feitas dois anos antes, constituiu um único esforço. García Márquez escreveu aqueles artigos, segundo recordou, imediatamente após seu regresso à França. Foi, disse, "no outono de 1957, numa *chambre de bonne* de Neuilly". Quanto a datas, algo se pode obter dos dados incluídos no texto e das próprias datas de publicação na Venezuela. Nos textos sobre a União Soviética, García Márquez se refere aos satélites artificiais e à morte do estilista francês Christian Dior, isto é, a fatos ocorridos em outubro de 1957. São elementos que introduziu ao datilografar a versão definitiva de suas crônicas. Como o texto sobre a Hungria e os dois textos sobre a URSS foram publicados em *Momento*, de Caracas, nos dias 15, 22 e 29 de novembro, deve-se admitir que pelo menos esses textos foram concluídos, o mais tardar, antes do final de outubro. Ainda que nada permita comprovar, pode-se pensar que, seguindo uma cronologia que sabemos ser fictícia, toda a série já estava escrita quando García Márquez pôs um ponto final no material que logo seria publicado em *Momento*. Refere-se à série completa quando recorda a *chambre de bonne* em Neuilly e apresenta o dado interessante de que a escreveu para os *El Independiente* de Bogotá.[39] Se a série não saiu foi porque, mesmo depois da queda de Rojas Pinilla, parecia demasiado favorável ao sistema socialista e ficou engavetada no escritório de Ulises. Ali a encontrou García Márquez, incompleta, quando quis vendê-la a *Cromos*, em 1959. Portanto, desde o princípio se tratou de uma série, que como tal foi concebida e escrita na ordem de publicação em *Cromos* (exceto a crônica da Hungria). Outro argumento é o de que, em novembro de 1957, García Márquez viajou a Londres, onde tinha intenção de viver vários meses, e é de supor que não viajaria e começaria a resolver novos problemas materiais sem antes concluir um trabalho tão extenso.

A publicação em *Momento* de uma parte da série se deveu ao fato de Plinio Apuleyo Mendoza ter lhe pedido a "parte mais atual", provavelmente antes de ingressar no semanário como chefe de redação.[40] Foi assim que lhe enviou as crônicas sobre a Hungria e a União Soviética. Quando retornou à Colômbia em 1959 e pensou em publicar a série completa, García Márquez foi a *El Espectador* e, no gabinete de Ulises, encontrou tudo, menos "a últi-

---

39. *El Independiente* voltou a circular em 2 de fevereiro de 1957, sob a direção de Guillermo Cano, isto é, antes da queda de Rojas Pinilla. O título de *El Espectador* só foi restabelecido em 1º de junho de 1958.
40. Bernadette Durney, *op. cit.*, p. 24.

ma reportagem sobre a URSS", que se perdera e nunca mais foi encontrada. Disse que teve de reconstituí-la de memória. Note-se que o que saíra em *Momento* constava de duas partes, enquanto na opinião de García Márquez eram três e se perdera somente a terceira. Não quis reeditar a crônica sobre a Hungria, mas reeditou, completando-a, a da URSS.

Quando, em janeiro de 1979, falei a García Márquez dos problemas suscitados por essas edições, reedições e variantes, afirmou que se lembrava apenas que em *Momento* saíra a crônica sobre a Hungria e por isso precisamente não a reeditou em *Cromos*. Nada disse, por outro lado, a propósito dos textos sobre a União Soviética que, no entanto, foram publicados tanto em *Momento* como em *Cromos*. É difícil admitir que pudesse ignorar essa publicação venezuelana ou que a tivesse esquecido em 1959. Pode-se pensar que as crônicas sobre Moscou lhe pareceram demasiado importantes para não republicá-las, chegando ao ponto de reescrever a parte extraviada por Ulises. Além disso, e talvez principalmente, as mutilações em seu texto original em *Momento* o incitariam a reeditar o texto, reconstruindo de memória a parte final.

Há outro ponto confuso: são as diferenças entre o que saiu em *Momento* e o que saiu em *Cromos* (além do final reescrito, demonstrando que García Márquez não tinha em mão um exemplar de *Momento*). Não apareceram em *Momento* passagens inteiras que dois anos depois foram publicadas em *Cromos*. Levando em conta os recursos de García Márquez, temos que descartar a hipótese de que reescreveu também, ampliando-a, a versão original encontrada na gaveta de Ulises. Vendo os textos de perto, pode-se pensar que a versão original, enviada a Plinio Apuleyo Mendoza para *Momento*, foi "reorganizada" em Caracas de modo a transformar dois capítulos em três. Mas a discutível reorganização não consistiu apenas em dividir a segunda crônica e reparti-la de forma mais ou menos equitativa e lógica para constituir as duas partes desejadas; também foram suprimidas algumas passagens. O resultado é de modo geral aceitável, mas há um caso pelo menos em que, pela completa falta de lógica, houve cortes drásticos na versão inicial (que, exceto o que foi perdido em Bogotá, seria a definitiva) e foram efetuados com excessiva pressa. Na primeira parte de "Estive na Rússia",[41] a frase "um rapaz nos explicou que eram as vendedoras das granjas coletivas" é totalmente incompreensível por não ter o menor vínculo com as frases anteriores. Só lendo o que saiu em *Cromos* é que se entende a coerência do trecho e qual foi o erro de quem usou a tesoura em *Momento*. Houve cortes, e aquele foi arbitrário e grosseiro.

Em suma, para conhecer a série completa sobre os países socialistas, é preciso considerar como válidas as nove primeiras partes de *Cromos*. Estabelece-se logo o problema da décima crônica, a última sobre a URSS, perdida em Bogotá e publicada em *Momento*. Sabemos que o texto que concluiu a série de *Cromos* era um trabalho reconstruído. Certamente houve esquecimentos e por outro lado foram incluídas situações a que García Márquez não se referiu na versão original (é interessante ver como, com dois anos de distância, García Márquez tenta escrever como pensa que o havia feito). Prova-o um cotejo com a parte final do segundo texto publicado em *Momento*; este sim se baseia no manuscrito inicial, mas até que ponto? Nada garante que ali não funcionou a tesoura que já havia cortado e em parte desfigurado o texto. Há no final do material publicado em *Momento* uma grande densidade narrativa, e não parece haver desajustes lógicos, mas a prosa de García Márquez bem poderia resistir aos cortes se não fossem totalmente arbitrários. Assim se chega à idéia de que o texto de *Momento* deve ser quase o original, e o último, de *Cromos*, abona-o, fornecendo também uma parte de suas vivências e deixando entrever de que forma García Márquez selecionou, para a redação inicial, o material acumulado em sua experiência recente. Sempre subsistirá dúvida sobre a parte extraviada na redação de *El Espectador*. No fim, somente no fim, aparece o texto sobre a Hungria, ainda que tenha sido o primeiro a ser publicado.[42]

---

41. Talvez se deva considerar que este título seja revelador de uma "reorganização". O de "Eu visitei a Hungria", da semana anterior, parece autêntico, devido às circunstâncias históricas do país: era espetacular em meio ao isolamento húngaro daquele ano. Seguramente, o título das duas crônicas sobre a URSS tinha como finalidade dar a impressão de uma série, mas se justifica muito menos. Em todo caso, "Estive na Rússia" parece não estar à altura do talento de García Márquez para colocar títulos em suas obras.
42. Essa parte, tal como saiu em *Momento*, é a única versão conhecida. É impossível saber se a edição era fiel ao manuscrito de García Márquez. A sua opção por não reeditar o texto em *Cromos* leva a pensar que a versão de *Momento* estava correta.

Para que a série completa saísse em *Cromos* em 1959, com exceção da crônica de Budapeste, era necessário que entrasse em jogo um interesse muito particular de García Márquez. Em primeiro lugar, devia existir certa frustração ao ver que permanecia em grande parte inédita uma reportagem que significou intenso esforço de redação e uma conquista jornalística e formal. Também interessava o tema político, por aquilo que sempre representou para García Márquez e pelo novo valor que ia adquirindo na situação da América Latina em 1959. Estavam caindo várias ditaduras e sobretudo o triunfo militar da Revolução Cubana e suas primeiras reformas anunciavam um novo ciclo histórico no continente. Com o que Cuba passou a representar em 1960 e 1961, essa grande reportagem-reflexão sobre o socialismo europeu chegava a ser mais atual para a América Latina em 1959 do que quando foi escrita numa água-furtada de Neuilly. Também tinha sua atualidade para o autor e para a Colômbia, já que naquela ocasião García Márquez estava trabalhando na sucursal de Bogotá da Prensa Latina; poucos meses depois, teria início a experiência de *Acción Liberal,* uma fugaz tentativa jornalística de forjar uma esquerda colombiana.

Quando evocamos as circunstâncias da edição em *Cromos,* o principal é que "Noventa dias na Cortina de Ferro", com suas leves incertezas textuais, expressa o estado de ânimo de García Márquez a poucos dias do regresso da Hungria, depois das experiências consecutivas da Alemanha Oriental, União Soviética e Hungria. Sua visão é crítica, mas positiva. Nesse sentido, vale levar em conta o artigo publicado em *Elite* em junho de 1958: "Nagy: herói ou traidor?" Em primeiro lugar, porque é como um epílogo ancorado pelos fatos (a notícia da morte de Nagy) às dúvidas que subsistiam no final da viagem efetuada no verão europeu de 1957, e também porque depois de vários meses García Márquez tivera todo o tempo necessário para decantar e avaliar serenamente as experiências postas no papel no outono daquele ano. Isto é, o texto "Nagy: herói ou traidor?", além de fazer um balanço da experiência, oferece uma síntese fidedigna das reflexões de García Márquez ao longo de vários meses. As coisas podem ser resumidas da seguinte maneira: é firme a convicção de que o socialismo é a única solução válida para os problemas da humanidade; é total a hostilidade à forma como os meios de comunicação ocidentais pretendem retratar a realidade dos países socialistas; não há indulgência com os excessos e os erros cometidos em nome do socialismo e de sua edificação. A fé política habilita García Márquez a expressar os mais severos reparos, porque têm uma base honrada.[43]

A organização geral da série inventa uma cronologia que na realidade não existiu. De um país a outro, monta-se um jogo de contrastes que demonstra a possível variedade do sistema de acordo com as diversas realidades nacionais, e, em conjunto, nota-se uma progressão da aparência lúgubre da Alemanha Oriental à situação cheia de esperança da União Soviética. A evocação do caso húngaro insinua que no socialismo tudo se pode corrigir, nada está fora do alcance da vontade humana, todo problema pode ser resolvido politicamente, apesar da sinistra impressão deixada por uma cidade arruinada pelos combates de 1956.

As críticas fundamentais querem ser críticas às taras do stalinismo: contra as pressões para criar uma indústria pesada, que leva a impor sacrifícios excessivos em detrimento dos bens de consumo; contra o autoritarismo, o sigilo, a censura. Em 1958, a nota sobre a morte de Nagy expressava desassossego precisamente diante da progressiva concentração de todos os poderes nas mãos de Kruschev, enquanto aquilo que fora visto por García Márquez na URSS de 1957, poucos dias depois da exclusão do "grupo antipartido", infundira-lhe otimismo. O que do lado de cá da cortina considerou-se e continua a se considerar uma hegemonia soviética sobre os países satélites não lhe inspira, pelo menos abertamente, críticas especiais: os militares soviéticos que ele viu na Alemanha Oriental lhe pareceram gente bondosa e simpática. Se a presença russa tem aspectos discutíveis, os tem na mesma medida do próprio sistema soviético. E é notável que García Márquez não faça reparos virulentos diante da intervenção na Hungria, ainda que as conseqüências saltem aos olhos e sejam terríveis. Dada a postura geral que desejou adotar, favorável e com críticas construtivas, não se sentiu à vontade para analisar o confronto entre Nagy e Kadar: vê méritos nos dois e é provável que, se soubesse o que seria a sorte de Nagy, não teria chegado, no entanto,

---

43. É uma preocupação reiterada nessas crônicas a de ser um turista honesto ou um jornalista honesto.

a condenar politicamente Kadar. Em 1957, Kadar pareceu-lhe ser o governante adequado para a Hungria, e García Márquez via-o com indiscutível simpatia; em 1958, conhecida a morte de Nagy, contém-se para não escrever nada contra Kadar. Só então o sistema soviético e seu predomínio sobre as democracias populares são postos em julgamento.[44] Apesar da vontade de não desprestigiar a idéia do socialismo, o desacordo e a denúncia são perceptíveis: "A execução de Imre Nagy, mais do que um ato de justiça, é um puro e simples assassinato político." E aqueles que, como García Márquez, "por questão de princípios", acreditam no socialismo, são levados a uma reflexão mais rigorosa e profunda diante de um fato novo e entristecedor. Na realidade é uma mesma reflexão que continua. Há uma atitude constante em 1957 e 1958 (e depois), que consiste em crer na validade da análise e da crítica. García Márquez pensava dar uma contribuição com sua crônica sobre a Hungria: "Mas talvez nos ajude a descer do cavalo", consta que lhe disse um responsável húngaro a propósito de seu projeto de reportagem.[45]

Por conseguinte, é um jornalismo comprometido o que escreveu García Márquez no outono de 1957, não apenas porque se dedica a uma temática pouco menos que intocável na América Latina (o que se demonstrará pela impossibilidade de publicar em *El Independiente*), mas também porque o texto aspira a modificar o curso das coisas e interferir criticamente num processo histórico. Há uma ambição talvez desmedida se se leva em conta a desproporção entre a magnitude do problema e a modéstia das possibilidades editoriais do momento, mas que deve ser considerada: aqui se alinha pela primeira vez um traço que será, ao lado do jornalismo e da vocação literá-

---

44. A resistência ao predomínio soviético e às intervenções políticas e militares é indiscutível, ainda que García Márquez não queira expressá-la direta e claramente, "por questão de princípios". Mas é digno de nota seu interesse pelo regresso de Gomulka à liderança do partido e do governo poloneses: García Márquez pensava seriamente na possibilidade de versões nacionais e autônomas do socialismo. A notícia da morte de Nagy o levou a exprimir as coisas mais abertamente do que nas crônicas do outono anterior.

45. Havia, indubitavelmente, a intenção de divulgar esses conceitos nas colunas de *El Independiente*, ou seja, intervir de alguma maneira no debate político do país que acabava de sair da ditadura e buscava uma forma de recriar uma vida institucional. Vê-se, portanto, que García Márquez de nenhuma maneira se esquecia da Colômbia em seus anos de exílio.

ria, um dos mais característicos da trajetória de García Márquez. Há um otimismo, uma fé na possibilidade de influir no rumo dos grandes feitos coletivos, de que a criação romanesca do momento é um reflexo inconfundível: já *Ninguém escreve ao coronel,* ainda inédito, sugeria a capacidade do povo de se sobrepor à adversidade histórica. Alguns dos contos de *Os funerais da Mamãe Grande* falariam da irredutibilidade da consciência e a rebeldia, como também aconteceria mais tarde em *O veneno da madrugada.*

"Noventa dias na Cortina de Ferro" assinala o retorno de García Márquez a um tipo de jornalismo semelhante ao que foi o seu nos primeiros meses vividos na Europa. Reaparece o *eu* que tivera de suprimir em suas crônicas para *Elite.* Talvez influísse então a intenção de escrever a série para *El Independiente,* isto é, para um público que o conhecia e o admirava como repórter, e para quem contara suas experiências com grande familiaridade. Mas também se tratava de usar um procedimento didático, devido à dificuldade do tema e a certa necessidade política: tinha de narrar o que vira concretamente, evitando assim falar no vazio, para conseguir que acreditassem nele ou pelo menos lhe prestassem mais atenção. Deste modo, a mensagem política contida naquelas páginas poderia ter algum impacto. As informações de tipo geral, as análises, as reflexões sobre o sistema, tudo devia partir da experiência pessoal. Essas crônicas deviam ser um testemunho. Tudo dependia em primeiro lugar da vivacidade e do rigor do relato; a eficácia de sua exploração — explicar as coisas, ampliá-las, relacioná-las — logo tornaram significativas as histórias que o compunham. De novo, García Márquez era um no meio da multidão, tentando chegar à essência dos fatos a partir do seu ponto de vista de testemunha modesta, voltando a empregar uma técnica aprendida em Genebra e Roma, ainda que a enriquecendo com uma maior intervenção da experiência pessoal. Era uma solução média, em que ele se conciliara com suas alegres crônicas vienenses.

O humor também intervém aqui, mas há uma grande diferença em relação a todas as crônicas, de primeira e de segunda mãos, sobre a Europa ocidental. Não é um humor iconoclasta. Funciona aqui como o estribo que permite alcançar as imprescindíveis explicações históricas. Um detalhe serve para reconstruir um processo e, por mais grotesco que seja, termina justificando-se, porque o situa num ponto determinado do caminho em direção ao socialismo. Nas crônicas do Ocidente, o humor serve para desqualificar os detalhes e o mundo que os incluía, porque qualquer detalhe era somente um absurdo, em vez de ser um momento na evolução de uma sociedade; na Itália, na Áustria e sobretudo na França e na Inglaterra (antes mesmo de conhecê-la), García Márquez via não uma história viva e sim uma agonia. Como via no socialismo um princípio histórico vivo e eficiente, capaz de fecundar o que viu germinar na América Latina, o humor chegou a assumir funções novas em "Noventa dias na Cortina de Ferro".

O tom didático ameno da série tinha de romper o rigor narrativo que García Márquez vinha cultivando em suas crônicas de 1955, 1956 e 1957. O relato foi objeto de grande atenção, incluindo a série que nos ocupa e pelo menos sugere a impressão de que se respeitou uma cronologia real, quando se sabe que interveio uma minuciosa reorganização das vivências, em busca de certos efeitos não propriamente narrativos. Vale dizer que, embora no plano de conteúdo ideológico seja clara a relação com os relatos de ficção daquela época, a semelhança formal não pode existir. Em compensação, de vez em quando se manifestam traços estilísticos que vão caracterizar as grandes obras posteriores, e não apenas na amplitude de certas crônicas, sobretudo em algumas da URSS. Há frases que anunciam as hipérboles de *Cem anos de solidão*, como por exemplo a evocação da chegada a Moscou.[46] No plano temático, as relações da obra literária ainda por fazer são mais perceptíveis. Algo de *Cem anos de solidão* se anuncia na evocação dos inventos soviéticos que, quando foram inventados, já eram coisas velhas no mundo capitalista. A diferença é que, no romance, devido à própria esterilidade histórica de Macondo, esses inventos não teriam nenhum outro significado que não o de ilustrar uma situação de irremediável dependência tecnológica. Mas talvez seja *O outono do patriarca* o livro que mais deve à observação dos estigmas do stalinismo; em alguns parágrafos de "Noventa dias na Cortina de Ferro", começam a se desenhar características típicas do romance. Fica claro

---

46. Semanas depois, em Caracas, ao escrever "O ano mais famoso do mundo", García Márquez voltou a usar de maneira fugaz um jogo verbal do mesmo tipo: "Um foguete dirigido com uma precisão inimaginável e impulsionado por uma força insuspeitada."

que a própria múmia de Stalin emprestou ao patriarca suas mãos de donzela, embora a breve contemplação do cadáver embalsamado que dormia sem remorsos tenha posto García Márquez diante de uma impressionante materialização do enigma do poder, cuja solidão começara a obcecá-lo havia algum tempo.[47] Muitos elementos da lenda de Stalin, como as dúvidas sobre sua idade e até sua existência real, passariam, anos mais tarde, para o romance. Parece mesmo que Kruschev, com suas maneiras tão diferentes das ações sigilosas de Stalin, inspirou outra característica do patriarca (mas é certo que os tiranos da América Latina também sabiam ordenhar vacas e outras artes rústicas, e alardearam esses conhecimentos em seus contatos com seus respectivos povos). Pelo menos o detalhe das mãos do patriarca é um subsídio indiscutível à obra futura. O resto, García Márquez captou porque estava disposto a captar.[48] A obra futura já estava amadurecendo.

A fase européia estava chegando ao seu final. Depois de terminar a redação de "Noventa dias na Cortina de Ferro", García Márquez viajou a Londres — onde queria viver um tempo, como fizera em Roma e Paris — para aprender inglês. Não há data precisa para situar a viagem, mas ela só pode ter ocorrido em novembro de 1957. Ali ficou menos tempo do que imaginara e, muitos anos depois, ainda lamentava ter ouvido Plinio Apuleyo Mendoza, que, disse, obrigou-o a regressar à América. Como já se viu, seu amigo assumira a chefia de redação do semanário *Momento*, de Caracas, e, depois de publicar as crônicas sobre a Hungria e a URSS, conseguiu convencer o diretor da publicação, Carlos Ramirez MacGregor, de que valia a pena trazer da Europa esse magnífico redator que podia prestar grandes serviços à revista. Foi assim que chegou a García Márquez uma passagem aérea para Caracas. Apesar de seu projeto de ficar em Londres ainda que passando mais priva-

---

[47]. Plinio Apuleyo Mendoza recorda precisamente que a delicada aparência das mãos de Stalin foi o que mais o emocionou, e comentou o fato com García Márquez à saída do mausoléu da Praça Vermelha.
[48]. É significativa a alusão a Kafka, porque demonstra o grau de maturidade que alcança em 1957 o romance do patriarca e porque confirma que um escritor deve às suas leituras talvez mais do que às suas próprias experiências.

ções, mas talvez aterrorizado pela perspectiva de viver logo outro Natal entre neve e solidão, optou por aproveitar a passagem e regressar à América. Plinio Apuleyo Mendoza recorda que o acolheu em Maiquetía a 23 de dezembro de 1957, cerca das cinco da tarde, deu com ele uma volta de carro por Caracas, para que visse rapidamente a cidade, e o alojou finalmente numa pequena pensão de San Bernardino. Celebraram o Natal na casa de Elvira Mendoza e, depois de uma semana de trabalho intenso, ali passaram também a noite de fim de ano. A 1º de janeiro de 1958, quando se dispunham a ir à praia, ouviram as primeiras explosões do golpe militar que, apesar do fracasso inicial, pôs o ponto final na ditadura de Pérez Jiménez, três semanas depois.

Os dois artigos de García Márquez publicados em seguida são na realidade as últimas manifestações jornalísticas de uma etapa vital já concluída. "O ano mais famoso do mundo" teve de ser escrito, com base na coleção da revista, durante a última semana de 1957.[49] É como uma síntese de tudo o que podia interessar a García Márquez no jornalismo, notícias leves e notícias políticas. E é um retorno ao jornalismo de segunda mão que praticou na difícil época de Paris em 1956 e 1957, para *Elite*: uma falsa reportagem habilmente escrita e de interesse sustentado, que recorre às técnicas aprendidas no colunismo: a progressão do relato parece não depender da cronologia, e deve tudo a relações que se estabelecem, com uma arbitrariedade total mas imperceptível, entre fatos heterogêneos. Ainda que o próprio gênero (é uma "história jornalística" do ano) impusesse misturar elementos díspares, as preocupações e os conceitos políticos de García Márquez dão ao conjunto uma tonalidade bastante pessoal. Os satélites artificiais tinham de aparecer, mas há alguma complacência na contraposição dos êxitos soviéticos e o fracasso norte-americano. O tema terceiro-mundista surge com insistência: para o latino-americano progressista que acabara de viver na

---

49. Saiu com um retrato borrado de García Márquez (foto da Europa?) e uma nota que dizia: "A partir deste número, García Márquez se incorpora à redação de *Momento*. Em sua qualidade de correspondente da revista na Europa, percorreu as principais capitais do Velho Mundo, de Londres até Moscou, durante o ano de 1957. Esta é a primeira reportagem escrita em Caracas e a primeira também de 1958. Nela descreve a história jornalística do ano que acaba de passar" (p. 28).

França, a guerra da Argélia tinha de ser um *leitmotiv* da evocação. A queda de Rojas Pinilla era outro tema que García Márquez podia tratar com mais profundidade. E há um interesse evidente por aquilo que se passa no Caribe, por motivos geográficos, por motivos pessoais e também por uma certa intuição política. Recém-chegado da Europa, onde o que se passava em Cuba não era notícia até o seqüestro de Fangio,[50] García Márquez reconhece as potencialidades da luta armada em Sierra Maestra, ainda que se equivoque — como sua fonte, provavelmente — sobre a data do desembarque do *Granma* e sobre o detalhe dos vinte dólares gastos por Fidel Castro na publicação de um discurso.[51]

Se "O ano mais famoso do mundo" foi escrito em Caracas, antes de García Márquez entrar realmente em contato com a realidade venezuelana (mas o contato se fez de forma espetacular a 1º de janeiro), "Um sábado em Londres" é, ao contrário, uma crônica escrita semanas antes na Europa, cuja publicação em janeiro de 1958 resulta algo inexplicável por ser tão tardia. Não há dúvidas a respeito dos acordos entre García Márquez e Plinio Apuleyo Mendoza. García Márquez remeteu, de Londres, o texto para Plínio Apuleyo Mendoza, para que tentasse publicá-lo no *El Nacional* de Caracas. Como García Márquez não tinha mais vínculos com o mundo jornalístico de Caracas, seu amigo era a única pessoa que podia fazer uma gestão nesse sentido. O texto não saiu durante várias semanas e quando García Márquez chegou à Venezuela pensou que por qualquer motivo fora recusado e jamais seria publicado. No entanto, *El Nacional* publicou-o, quando o autor era já colaborador fixo de *Momento*. A data que apareceria no final, 1958, é evidentemente um erro, outro absurdo no destino de um texto admirável de cuja qualidade aqueles que selecionavam o material de *El Nacional* custaram a se dar conta. "Um sábado em Londres" é outra síntese do que García Márquez fizera na Europa, uma mistura de observações e histórias pessoais

---

50. Mas quando vivia em Paris, Nicolás Guillén (que ainda não fora expulso da França) comunicava-lhe as notícias que recebia de Cuba sobre a luta anti-Batista (Plinio Apuleyo Mendoza, *op. cit.*).
51. Isto é, as circunstâncias, o conteúdo e a importância de *A história me absolverá* não eram ainda fatos conhecidos fora de Cuba. García Márquez corrigiu seu erro, alguns meses depois, na reportagem com Emma Castro.

com elementos de segunda mão, uma festiva folclorização dos comportamentos europeus; e é um sucesso formal com sua organização circular que dá lugar a um conjunto aparentemente heterogêneo e desordenado (é inevitável reconhecer aqui um reflexo de *Mrs. Dalloway*, de Virginia Woolf). Talvez esta seja a melhor reportagem escrita por García Márquez na Europa. Era o último vestígio de uma época que ia sendo apagada pelas urgências do momento vivido em Caracas.

Foi uma época difícil e palpitante no plano político, com a queda da ditadura e posteriormente a organização de um regime democrático; também foi intensa e ardente em matéria de atividades jornalísticas, que García Márquez e Plinio Apuleyo Mendoza compartilharam constantemente. Durante o mês de janeiro, viveram mergulhados na crise política, e no amanhecer do dia 23, quando Pérez Jiménez foi deposto, eles mesmos fizeram a revista. O diretor estava nos Estados Unidos (tudo indica que viajara antes da chegada de García Márquez). Uma batida policial nas dependências da revista levara para a cadeia todos os colaboradores presentes, os redatores e o gerente. Ficaram em liberdade García Márquez e Plinio Apuleyo Mendoza porque casualmente se encontravam fora no momento da prisão. Apesar de serem estrangeiros e apesar das circunstâncias, decidiram editar a revista e atuaram em cada momento como se fossem os donos. Eles próprios dirigiram a gráfica naquela noite (convocaram os operários pelo rádio). Dias mais tarde, o gerente condenou sua atuação, mas o diretor aprovou-a, ainda mais que o número de *Momento* se esgotou em poucas horas. Ambos, enquanto resolviam todos os problemas da edição, escreveram um editorial político ("Bom dia, Liberdade") e uma reportagem ("O povo na rua") juntamente com fotos tiradas pela equipe da própria revista; nos dois textos deve haver matéria dos dois redatores e na reportagem se reconhecem traços próprios do estilo de García Márquez.

O retorno de Carlos Ramírez MacGregor complicou-lhes a tarefa, porque surgiam freqüentes conflitos de autoridade, mas a solidariedade e a coesão da pequena equipe se manteve. Suas atividades prosseguiram com o mesmo entusiasmo e a mesma eficácia. Até o rompimento com Ramírez

MacGregor, trabalharam com persistência, como demonstram a quantidade e a amplidão dos artigos então escritos por García Márquez.

Além disso, deve-se atribuir a ele um pseudônimo que então aparecia com freqüência em *Momento*, o de Gastón Galdós. A atribuição, ainda que pareça fácil, não é tão convincente como é o caso de Septimus que escrevia *La Jirafa* em *El Heraldo* de Barranquilla. Nem Plinio Apuleyo Mendoza nem o próprio García Márquez tinham muitas certezas a respeito. À primeira vista, há dois pontos de contato entre Gastón Galdós e Gabriel García Márquez: as iniciais do nome e do primeiro sobrenome e o fato de que o pseudônimo aparece quando ele se incorpora à redação de *Momento* e desaparece quando se demite. Poder-se-ia pensar que García Márquez usava o pseudônimo para não aparecer assinando dois trabalhos num mesmo número do semanário, mas este não é o caso da maioria das aparições de Gastón Galdós. García Márquez formula a hipótese de que algumas vezes reescreveu crônicas de Ramírez MacGregor e que então recorria ao pseudônimo. Tampouco parece válida a explicação: em janeiro de 1958, quando o diretor de *Momento* estava fora da Venezuela, saíram três crônicas assinadas "Gastón Galdós".[52] Outro poderoso motivo, o principal, para atribuir essas notas a García Márquez é o estilo. À exceção talvez de "Eu, conspirador?", todas são reconhecíveis e levam sua marca: talvez não 100% (às vezes é possível imaginar que mais alguém escreveu algumas linhas), mas é verdade que, ao assinar como Gastón Galdós, García Márquez não sentia a obrigação de escrever tudo à maneira de García Márquez.

É de se notar que a primeira aparição do pseudônimo ocorra a 3 de janeiro com a nota "Karim entre a espada e a parede", que saiu ao mesmo tempo que "O ano mais famoso do mundo", assinado por García Márquez. Pode-se explicar o pseudônimo com o fato de que o nome do jornalista

---

52. O conteúdo de "Quatro anos amarrado a uma estaca" evoca fatos recentes (o Natal de 1957) sobre os quais Ramírez MacGregor, que já havia saído da Venezuela, poderia ter escrito. Além do estilo, há outro poderoso motivo que atribui a García Márquez a autoria total do texto: a semelhança da aventura com a do marinheiro Velasco e do engenheiro cartógrafo de "Três dias perdidos na selva" (não tanto pelo esquema de odisséia, que não pertence a ninguém em particular, como pelo tipo de perguntas feitas ao entrevistado).

saía em outras páginas desse número de *Momento*, mas também que se estabelecia uma hierarquia entre ambos os trabalhos. O que saiu assinado com o nome e os sobrenomes reais representava um trabalho sério de pesquisa de dados, de síntese, de organização e de redação. O outro era uma crônica sentimental em que se retomavam e retocavam notícias publicadas em revistas do mundo inteiro; García Márquez procedeu muito à sua maneira — a partir do título —, como fizera em *La Jirafa*, em "Día a día", em suas crônicas dos dias difíceis de Paris; fazia-o muito bem, mas era um virtuosismo rotineiro. Era ademais um tipo de jornalismo que pertencia a outros períodos seus, superados agora que tinha a oportunidade de exercer principalmente atividades de repórter. Deve ser errônea sua insegura afirmação de que reescrevia notas redigidas por outros, mas pense-se que em alguns casos estabelecia uma hierarquia, ainda que poucas vezes parecia se justificar. De qualquer maneira, nas notas de Gastón Galdós se esgota imediatamente a linha amena, de temas sentimentais, de que García Márquez se cansara, e continua a linha de perfis e de entrevistas, com uma exigência formal de que poucas vezes abre mão. Em quase todos os casos, ou não se explica o uso de pseudônimo ou se há de lamentar que a saída simultânea de duas crônicas imponha seu uso. Tendo de eliminar, devido às opiniões de García Márquez em 1958, alguns desses textos, por não se originarem de uma pesquisa original ou por qualquer outro motivo, também se deve extrair do conjunto muitos textos bons, e assinados, de 1956 a 1957.

Ao contrário do que se poderia pensar, a intensidade do trabalho jornalístico não impediu que García Márquez também dedicasse muito tempo à literatura. No último ano vivido na Europa, uma vez concluído *Ninguém escreve ao coronel*, apesar do longo intervalo da viagem pelos países socialistas e da redação de "Noventa dias na Cortina de Ferro", seguiu trabalhando na nebulosa de onde sairia a maioria dos contos de *Os funerais da Mamãe Grande* e *O veneno da madrugada*. De fato, Plinio Apuleyo Mendoza recorda que, em Caracas, García Márquez mantinha-o saciado contando as histórias e falando de como ia trabalhando em "A sesta da terça-feira", "Nesta terra não há ladrões" e "Um dia desses", e pensa que foram concluídos na época de *Momento*, ou logo depois.[53]

Naqueles meses de entusiasmo nos quais a Venezuela apagava as pegadas de dez anos de regime militar e assentava as bases de um regime de democracia representativa, García Márquez escreveu como se fosse um cidadão do país onde vivia e trabalhava. Como, apesar de tudo, continuava a ser colombiano — e dois de seus artigos o demonstram claramente —, chegou às vezes a usar fórmulas algo enfáticas que nunca fizeram parte de sua maneira pessoal.[54] Seus textos de *Momento* foram principalmente de conteúdo político,[55] com a única exceção de "Só 12 horas para salvá-lo". García Márquez

---

53. Trata-se de um dado interessante sobre a cronologia da redação dos contos que mais tarde fariam parte do livro *Os funerais da Mamãe Grande*. O conto "Um dia depois do sábado" tem de ser de 1954, já se sabe. O que dá título ao livro só pode ser de 1959, por motivos que se verão mais adiante. À segunda metade de 1958 deve corresponder a redação de "A viúva Montiel", "A prodigiosa tarde de Baltazar" e "As rosas artificiais". Sobre "Um dia desses", a publicação na *Revista del Atlántico*, de Barranquilla, fornece indicações extremamente úteis. García Márquez viajou para a Colômbia em março de 1958 e esteve então em Barranquilla, onde se casou dia 27 com Mercedes Barcha Pardo na igreja do Perpetuo Socorro (não se averiguou o dado na própria igreja, mas figura na frente do documento de batismo de "Gabriel José, filho legítimo de Gabriel E. García e Luisa S. Márquez de García" no caderno de batismo número 12, p. 126, conservado na casa rural de Aracataca, onde a consultei). O advogado e escritor Néstor Madrid Malo era o então governador do departamento do Atlântico e pensava em criar uma revista trimestral de cultura. O primeiro número saiu em dezembro de 1958. Num dia que não recorda com precisão, mas que acredita relacionado com o casamento de García Márquez, encontrou-se casualmente com ele numa rua de Barranquilla e pediu-lhe um texto para a futura revista. "Um dia desses" saiu no segundo número, publicado no primeiro trimestre de 1959, isto é, numa época em que García Márquez ainda não retornara à Colômbia. Tudo indica que a cessão do texto se realizou em março de 1958, isto é, foi nessa época que "Um dia desses" alcançou sua forma definitiva. O valioso testemunho de Néstor Madrid Malo (a quem devo por sinal a data inicial dessa primeira publicação do conto) confirma a exatidão da lembrança de Plinio Apuleyo Mendoza.
54. Não era apenas ele, e sim toda a equipe da revista. Havia três colombianos e dois bascos. A redação de *Momento* era conhecida nos meios jornalísticos venezuelanos como "Legião Estrangeira". Como a política era tema obrigatório naqueles meses, e considerando que o semanário era feito principalmente por redatores estrangeiros, Carlos Ramírez MacGregor contratou um venezuelano para escrever sobre política e orientar sem sectarismo a linha da revista. Era um destacado representante do Copei (partido social-cristão), que vinte anos depois triunfou na eleição presidencial: Luis Herrera Campíns. O conselho editorial de *Momento* era formado por Ramírez MacGregor, Herrera Campíns, Mendoza, García Márquez e o basco Paul de Garrat.
55. Em *Momento*, García Márquez nunca escreveu uma reportagem sobre o mordomo do palácio; teria sido, sem dúvida, um tema apropriado para o futuro autor de *O outono do patriarca*. Foi Plinio Apuleyo Mendoza quem escreveu uma crônica intitulada "A vida íntima de Miraflores", em cuja parte final se fala do mordomo e se recolhem algumas de suas histórias.

insinuou política até onde não havia, na reportagem fictícia de "Caracas sem água". A reconstituição da luta contra a ditadura e a denúncia de seus abusos ocupam quase inteiramente as páginas que então publicava. Além de retrospectivas e denúncias, há textos de orientação: García Márquez tenta transformar a realidade, intervindo no assunto dos imigrantes, procurando obter a revisão de uma injustiça que devia ser uma entre muitas. Trata-se de um jornalismo militante dentro da margem a que um estrangeiro podia se permitir, em nome da justiça e da democracia. A reivindicação dos direitos humanos, incluindo casos limitados, começa a caracterizar uma parte de sua atividade.[56] Uma das reportagens, das menos apelativas, "Senegal muda de dono", pelo menos do ponto de vista jornalístico, seguramente não interessou muito ao seu autor, e se vê que o autor não se interessou muito pela redação desta crônica sobre uma venda de cavalos, ainda que seja evidente que se documentou com seriedade sobre o mundo das corridas. É provável, em compensação, que o fato tenha impressionado o romancista: os triunfos hípicos suspeitos colhidos pelos amigos do ditador podem ser vistos como uma antecipação da constante boa sorte do patriarca na loteria nacional.

Também é a política o tema dominante das reportagens sobre personalidades e fatos do exterior. Kelly oferecia com certeza matéria extremamente jornalística com suas espetaculares aventuras, mas o motivo das aventuras era a ação política que ainda por cima se desenvolvia através de vários países latino-americanos, com solidariedades e cumplicidades que rompiam os esquemas da literatura ou da crônica policial e punham em jogo os critérios da gente do povo. Algo de mistério havia também na ação de Fidel Castro e alguns de seus parentes: mais uma vez García Márquez se interessava por fatos perfeitamente jornalísticos, mas tampouco perdia de vista — menos do que nunca, na realidade — a função política dos fatos nem o notável traço de uma solidariedade que começara a ultrapassar as fronteiras nacionais. A lembrança do 9 de abril de 1948 em Bogotá tem, na reportagem com Emma Castro, uma importância capital. Pouco antes de que a ação do exército re-

---

56. A nota de Gastón Galdós em favor de um agente da SN se situa evidentemente nessa linha de reportagens.

belde e do M-26-7 seja notícia internacional, García Márquez sabe valorizar o significado do que se passava em Cuba. Aí estão também as duas crônicas sobre o regresso da Colômbia à democracia representativa, na sua versão edulcorada da Frente Nacional. García Márquez estava havia três anos fora de seu país, mas se vê que nunca perdera contato com a situação e que está por dentro dos fatos. Sua visão do sistema político que então se organizava era de absoluta clareza. De comum acordo, os dirigentes liberais e os conservadores decidiram esquecer tudo e começar do zero: os liberais esqueceram a responsabilidade dos líderes conservadores nos desmandos da Violência e compartilharam com eles o poder, de tal maneira que ficaram frustradas as possibilidades do despertar do povo que se anunciava havia vários anos. Por intermédio da Frente Nacional não podiam se expressar novas forças e a classe política tradicional manteria seu poder com talvez maior facilidade do que antes da Violência. Nenhum novo Jorge Gaitán (liberal cujo assassinato em 1948 desencadeou o *bogotazo*) teria em muitos anos a possibilidade de perturbar o jogo. O absurdo evocado por García Márquez no final de sua longa reportagem de 21 de março (que Lleras Camargo assuma a direção de um governo de conservadores) é a espetacular mas exata definição do que ia ser a Frente Nacional. Os perfis dos políticos colombianos que apareceram nessa reportagem eram como que o amargo reencontro com uma realidade nacional que quase dez anos de Violência não modificaram, no fundo. A simpatia que García Márquez podia sentir pela pessoa e pelo talento literário de Alberto Lleras Camargo (há um regresso a fórmulas bem conhecidas nesse excelente perfil biográfico) não impedia que expressasse com notável clarividência os perigos representados para o país pela institucionalização de um pacto oligárquico. Era grande o contraste com o que se passava na Venezuela e o que se anunciava em Cuba. Naqueles tempos de tiranos derrubados e revoluções promissoras, a Colômbia dava marcha a ré e se afundava historicamente. Era enorme a discrepância entre as vivências e as esperanças da Europa e o regresso à América. Com mais maturidade política e mais experiência, García Márquez podia sentir a mesma impressão de estagnação e retrocesso que sentira dez anos antes diante do *bogotazo* e a generalização da Violência. Podia amadurecer para sua literatura a temática do escárnio e a da frustração na história circular da Colômbia.

A habilidade narrativa cultivada ao longo dos anos deu todos os seus frutos em *Momento*. Uma arte segura da narração se manifesta em quase todas essas reportagens, qualquer que seja o assunto, ações coletivas ou individuais, de poucas horas ou de muitos anos. É percebida tanto na crônica sobre a luta do clero como nas que evocam as injustiças e os crimes da ditadura. Mas chega à perfeição na reportagem "Só 12 horas para salvá-lo", em que torna a encontrar o mesmo rigor narrativo, sem defeitos nem momentos de respiração, que García Márquez ambicionou nas séries sobre o caso Montesi e no dos vazamentos, e alcançou plenamente em sua reconstituição da cronologia da crise do Suez. "Só 12 horas para salvá-lo" possui a mesma densidade narrativa que *Ninguém escreve ao coronel*, que logo sairia na revista *Mito* de Bogotá. É uma história minuciosamente elaborada a partir de fatos apurados pelo próprio García Márquez, um *suspense* perfeito, sem mais truques que a estrita vontade de ser fiel ao que aconteceu[57] e à sua complexa cronologia. García Márquez se vale às vezes de sutis processos introspectivos, que podem ser elementos acrescentados, mas dispostos com tal discrição que muitos trechos da reportagem são dignos da melhor literatura de ficção. A única coisa espetacular nessas páginas jornalísticas é sua depurada qualidade literária, quando o sensacionalismo tinha de ser uma tentação constante. As mesmas tendências e opções se observam no relato "Caracas sem água", mas de forma mais perceptível por se tratar de uma reportagem fictícia, projetada ademais em direção ao futuro. Também aqui tudo se resume em contar bem, com fundamentos reais ou totalmente previsíveis, ainda que com a intervenção da imaginação; amplia-se o que García Márquez começou a fazer na série sobre o caso dos segredos da França. O relato tem as caracte-

---

57. Naturalmente é impossível saber se se pode acreditar no relato ao pé da letra ou se o repórter tomou algumas liberdades em relação à história concreta. Pode haver detalhes alterados com o objetivo de obter uma narração mais eficiente. Acredita-se na *verdade* de "Só 12 horas para salvá-lo" como se crê na de *Ninguém escreve ao coronel*: sob efeito de uma técnica literária. Mas predomina a impressão de que a reportagem foi escrita sem trapacear em nenhum momento, com uma honradez constante tanto na apuração dos dados como na redação.

rísticas típicas dos contos daquela época e apresenta evidentes semelhanças (ou alusões) com *A peste* de Camus.[58]

Em todas essas reportagens se manifesta, até onde é possível, a preocupação de García Márquez com a autenticidade das ações e dos personagens. É significativo que na reportagem sobre Emma Castro ele busque "uma imagem mais humana" do revolucionário cubano. Permanecia fiel aos seus critérios de quando escrevia crítica de cinema e não há diferenças notáveis entre as formulações do jornalista e as do escritor.

Em matéria de redação jornalística, García Márquez já nada tem a aprender. Percorreu todo o circuito de seu ofício. Em *Momento* pode escrever com abundância, facilidade e rigor, vivendo num meio americano que aprende a conhecer em marcha e diante de uns casos concretos extremamente variados a que se adapta sem tropeços. Alcança a perfeição ainda que seja difícil afirmar que então escrevia melhor do que na Europa. É algo arbitrário estabelecer uma hierarquia entre as crônicas de segunda mão escritas em Paris, a série sobre os países socialistas e as informações originais de Caracas. São situações específicas, cada uma com exigências próprias, e, portanto, dificilmente comparáveis. A habilidade é tal, em *Momento*, que García Márquez renuncia por completo ao emprego do *eu* do narrador-testemunha; sua narração é impessoal, distante, quase fria, apesar de evocar e às vezes defender com ardor íntimo causas humanas. Como redator não podia aprender nem fazer nada novo. Em literatura, seguira uma evolução semelhante, só que a situação de seu país e o reencontro com uma mitologia própria lhe abriam novas perspectivas, que no fundo eram as de sempre.

*

---

58. Há uma característica muito jornalística, a fórmula segundo a qual o engenheiro alemão "*declarou definitivamente o estado de emergência e se barbeou com suco de pêssegos*" (itálico nosso). A preocupação pelo barbear diário é também, evidentemente, uma simplificação excessiva — do ponto de vista literário — dos problemas humanos. Nela se reconhece, contudo, a constância do humor de García Márquez. É mais uma manifestação, agora na América, da folclorização das atitudes européias. Um personagem metódico e disciplinado — daí a eleição da nacionalidade alemã, supõe-se — permite captar melhor os elementos da crise da água em Caracas.

García Márquez e Plinio Apuleyo Mendoza saíram ao mesmo tempo de *Momento*. Renunciaram por causa dos incidentes provocados em Caracas a 13 de maio de 1958, durante a visita de Richard Nixon, então vice-presidente dos Estados Unidos. O diretor da revista redigiu uma breve nota em que lamentava os acontecimentos e mandou publicá-la no próximo número de *Momento*. A nota se intitulava "O acontecido..." e começava assim:

> As minorias que com atos de violência receberam em Caracas o vice-presidente dos Estados Unidos, sr. Richard Nixon, não exprimem os sentimentos do povo venezuelano. Em nosso país há um interesse acentuado em discutir com representantes do governo dos Estados Unidos os múltiplos problemas que turvam nossas relações. Mas as maiorias nacionais reprovam os atos de violência contra o vice-presidente de uma nação amiga, com quem estamos ligados naturalmente.

Citava depois declarações de duas personalidades políticas do país (Rómulo Betancourt e Rafael Caldera) antes de reproduzir frases de Nixon relacionadas com o incidente. Foi infeliz a escolha da última frase, que também era a conclusão da nota. Quatro anos depois da intervenção na Guatemala, e antes de outros muitos atos de caráter igual, Nixon declarava: "Como homem público só uso a palavra e como homem civilizado repudio a violência."[59]

Como a nota parecia politicamente detestável e como, por outra parte, podia afetar gravemente a credibilidade da revista, Plinio Apuleyo Mendoza decidiu não estampá-la como editorial, e sim como uma nota entre outras (acompanhavam-na fotos do carro de Nixon, seriamente deteriorado pelas pedras lançadas pelos manifestantes) e acrescentou-lhe as iniciais C.R.M., de maneira a aparecer como a opinião pessoal do diretor. Antes de se iniciar a posterior reunião do conselho de redação, Carlos Ramírez MacGregor chamou a atenção de seu chefe de redação e ele renunciou ruidosamente.[60]

---

59. C.R.M., "O acontecido...", em *Momento*, 16 de maio de 1958, Caracas, p. 26.
60. Plinio Apuleyo Mendoza recorda que García Márquez e Paul de Garrat não haviam chegado. Herrera Campíns foi a única testemunha da discussão. Irritado pelo autoritarismo e pela cegueira política do diretor de *Momento*, Plinio Apuleyo Mendoza acabou dizendo-lhe: "Vá à merda!", e se retirou batendo a porta. Ao sair, encontrou-se com García Márquez, que decidiu se demitir imediatamente da revista e os dois desceram juntos as escadas.

Anos depois, Ramírez MacGregor lembrou o conflito numa breve nota publicada em *Momento*.[61] Essa nota, na realidade, confirma do começo ao fim a versão de Plinio Apuleyo Mendoza: perde-se em seguida em insinuações caluniosas contra ele, sem apresentar nenhuma base concreta.

A única possibilidade que restava então aos dois ex-colaboradores de *Momento* era voltar a trabalhar nas publicações da cadeia Capriles. Depois de uma breve colaboração em *Elite*, com um único texto identificado (a importante crônica sobre a morte de Nagy), García Márquez assumiu a chefia de redação de *Venezuela Gráfica*, outro dos semanários da cadeia Capriles, a partir de 27 de junho de 1958.[62] Era inevitável então a perda do entusiasmo e da liberdade — apesar de tudo, liberdade — com que trabalhara em *Momento*. É pouco aparentemente o que escreveu em *Venezuela Gráfica*, e só dois artigos levam suas iniciais. Algum trabalho anônimo pode ser atribuído a ele, com certeza. Os textos assinados "G.G.M." são de certo modo militantes, vinculados aos temas do subdesenvolvimento e dependência,[63] bem escritos, mas já sem grande empenho, como se não recebessem muita importância no momento mesmo de serem escritos. Os textos anônimos atribuídos a ele retomam fórmulas já usadas por García Márquez em épocas anteriores e não trazem nada de novo. Em *Venezuela Gráfica*, além disso, García Márquez se envolveu em tarefas diversificadas que lhe tiraram o prazer do trabalho de escrever reportagens, enquanto os contos que em seguida integrariam o livro *Os funerais da Mamãe Grande* requeriam maior atenção de sua parte.

*

García Márquez se encontrava nessa situação quando triunfou a insurreição fidelista em Cuba. Ele e Plinio Apuleyo Mendoza foram convidados a visitar

---

61. "García Márquez, Plinio Apuleyo Mendoza e Ramírez MacGregor", em *Momento*, 21 de janeiro de 1973.
62. Bernadette Durney, *op. cit.*, p. 55.
63. A reportagem sobre o nascimento de uma favela no lixão de Caracas faz pensar, certamente, no nascimento de Macondo — um Macondo sórdido alimentado pelos refugos de uma versão subdesenvolvida e dependente do que ainda não se chamava sociedade de consumo.

a ilha, por ocasião da Operação Verdade. Presenciaram em particular o julgamento de Sosa Blanco. Nenhum dos dois escreveu sobre o que viu, mas o fato os impressionou extraordinariamente.[64] Do julgamento disse García Márquez que tirou a idéia básica de *O outono do patriarca*: seria o processo de um ditador derrubado. No decorrer da redação, abandonou essa idéia, mas o resultado final não é tão diferente no fundo e, ao mesmo tempo, permanece fiel à estrutura de *A revoada*. Se então nasceu o projeto inicial de usar um julgamento como eixo do romance, é porque a idéia seguia progredindo desde os dias de Moscou, e particularmente em Caracas. Mas é certo que se trata aqui de afirmações sem nenhum apoio em texto da época. Em compensação, é evidente que o espetáculo da incipiente Revolução Cubana — ainda que não tivesse então uma orientação ideológica definida — deixou em García Márquez impressões indeléveis, tanto mais que era enorme o contraste com o que se passava na Colômbia.

García Márquez empreendeu o regresso a seu país, sem ainda saber, sob o signo da Revolução Cubana. Um dos passos mais hábeis do novo regime foi a criação, inspirada pelo jornalista argentino Jorge Ricardo Masetti, de uma agência nacional de notícias que permitisse romper uma grave forma de dependência: o monopólio de informações das grandes agências internacionais, principalmente as norte-americanas. Ao dispor da Prensa Latina, a imagem de Cuba e sua revolução deixariam de ser a que a ideologia e os interesses da metrópole gostariam que fosse e abriria caminho para a própria visão sem preconceitos dos cubanos. No mundo, e particularmente na América Latina, também se poderia divulgar uma imagem mais autêntica de Cuba.

Coube a Plinio Apuleyo Mendoza criar a sucursal da Prensa Latina em Bogotá. Decidira sair da Venezuela pouco depois de regressar de Cuba, provavelmente antes do fim de fevereiro de 1959. Sentia-se cada vez mais es-

---

64. Os detalhes contados em separado coincidem perfeitamente. As condições em que se estabeleceu a sentença de morte contra um dos mais terríveis criminosos da ditadura de Batista lhes pareceram discutíveis, até o ponto em que ambos, com outros jornalistas estrangeiros, assinaram um documento, que as filhas do réu fizeram circular, pedindo a organização de outro processo. Vinte anos depois, García Márquez afirmou que sempre acreditou que a sentença era justa, mas que, por falta de maturidade política, os dirigentes cubanos deram então de sua revolução uma imagem discutível.

trangeiro na cadeia Capriles e quando lhe ofereceram a direção técnica de *Elite* percebeu que já não podia fazer o jornalismo que o agradava. Então preferiu retornar à Colômbia, disposto a trabalhar fosse no que fosse. García Márquez permaneceu em Caracas, sempre como chefe de redação de *Venezuela Gráfica*. Mas, como recorda seu amigo, pensava que não ficaria ali muito mais tempo. Não o seduzia nada a idéia de voltar a ser jornalista em Bogotá e já falava de se mudar para o México. Tampouco a esse respeito existem documentos concretos, mas o testemunho coincide perfeitamente com o estado de ânimo que se adivinha nos escassos textos que García Márquez escreveu depois de sua saída de *Momento*.

Em Bogotá, por intermédio do fotógrafo Guillermo Angulo, Plinio Apuleyo Mendoza conheceu um mexicano que buscava um colombiano com experiência jornalística para criar a sucursal da Prensa Latina. Expôs a esse emissário as condições de orçamento inicial e aceitou ficar como diretor da agência com a condição de poder contratar um redator colombiano radicado na Venezuela e com o mesmo salário seu de diretor. Não teve nenhuma confirmação de sua proposta e trabalhava como *free-lance* para *Cromos* e *La Calle* quando do Royal Bank of Canada lhe avisou que chegara em seu nome uma vultosa quantia em dólares. Era o orçamento inicial da Prensa Latina. Enviou então um telegrama a García Márquez para que viajasse sem demora à Colômbia. Acontecia a mesma coisa de dezembro de 1957, quando o fez viajar de Londres para a Venezuela. García Márquez chegou a Bogotá, com a mulher grávida, sem saber exatamente do que se tratava. Deve ter sido nos primeiros dias de maio de 1959, porque constava como chefe de redação de *Venezuela Gráfica* até 1º de maio.[65]

Coube-lhes a tarefa de fazer tudo e inventar por conta própria como se monta uma agência, vender notícias, organizar turnos, cuidar dos teletipos, enviar a Havana dois relatórios diários. O núcleo das atividades de García Márquez em 1959 e 1960 se situou na Prensa Latina e assim se explica que existam na Colômbia tão poucos registros do que fez naqueles anos. O que se encontra, e em publicações muito dispersas, é como um reflexo tardio de

---
65. Bernadette Durney, *op. cit.*, p. 55.

épocas passadas, exceto talvez o que saiu em *Acción Liberal*. O mais volumoso e espetacular é a edição-reedição da série sobre os países socialistas, em *Cromos*; era a manifestação longamente retardada de um trabalho feito em outros tempos e em outras condições, pessoais e históricas.

As reportagens sobre o pintor Alejandro Obregón e o fotógrafo Guillermo Angulo são a continuação tardia do que García Márquez fez em muitas "jirafas" de sua já longínqua época de Barranquilla e em algumas reportagens da época de Bogotá. A matéria sobre Obregón tem tanto de reportagem como de "jirafa": impunha-se assim no tipo de publicação em que saiu, e ia ademais acompanhada de um abundante e muito bem feito serviço fotográfico de Angulo. A nota sobre Angulo, em compensação, era, acima de tudo, uma "jirafa" extensa, escrita sem o pretexto narrativo de uma visita ao artista e sem um cenário que servisse de gancho e pretexto da redação. Em ambos os casos os motivos básicos para escrever aqueles textos eram a amizade pessoal e a convicção de que se tratava de dois artistas autênticos. Estava em causa, além disso, como em outros muitos casos anteriores, a solidariedade de geração. A reportagem sobre Obregón saiu em *Cromos*[66] quando ia se realizar uma exposição de suas pinturas, e quando saiu em *El Tiempo* a nota sobre Angulo estava aberta ao público uma exposição de suas fotografias. García Márquez não se estende sobre a pintura de Obregón (a pintura nunca lhe inspirou comentários realmente críticos; parece ser uma arte sobre a qual pouco tem a dizer) e se interessa mais, em discretos apontamentos, pelo aspecto humano do pintor. Com Angulo, em compensação, se continua a haver o mesmo interesse pelo aspecto humano, ocorre um retorno desaforado a tempos passados, aos métodos de *La Jirafa*. É uma crônica calorosa, com uma interessante valorização da arte de Angulo, mas com uma exploração humorística de determinadas histórias e de alguns traços da personalidade do amigo fotógrafo, que García Márquez se diverte em

---

66. Parecem ser muito intensas nesse período as relações de García Márquez com *Cromos*. No final de 1958 o semanário reeditou *Ninguém escreve ao coronel* no número de Natal (*Cromos*, número 2.169, 22 de dezembro de 1958, Bogotá, páginas 55-56). Além de publicar a série sobre os países socialistas e a reportagem sobre Obregón, *Cromos* reeditou, com ilustração de B. Faganello, o conto "A noite das garças" (*Cromos*, número 2.209, 12 de outubro de 1959, páginas 62-63 e 71). Naquela ocasião também apareceram algumas crônicas estrangeiras compradas da Prensa Latina.

exagerar até o grotesco. Brincava com o costenho e o antioquenho. Daí resulta uma estupenda pirotecnia que é como que a última e mais desgrenhada das "jirafas". Com essa divertidíssima e fraternal troça,[67] concluía-se quase simbolicamente a atividade jornalística de García Márquez na Colômbia.

Também se pode ver como reflexo de outros tempos a crítica sobre *Os incompreendidos*, de Truffaut. O interesse de García Márquez pelo cinema se aprofundou ao longo dos anos, mas com esse texto também se dava um retorno a uma atividade crítica que abandonara havia muito. Havia, ademais, no fato de publicar o texto numa pequena revista de Barranquilla como que uma saudação solidária aos que permaneceram ali e continuavam a desenvolver um trabalho cultural.[68] O texto é importante, apesar da brevidade. Antes que se começasse a falar, algo estabanadamente, da Nouvelle Vague, García Márquez se dava conta de que havia ali novas perspectivas cinematográficas, um tipo novo de produção. Era um fato que seu antigo interesse por fazer cinema não podia deixar passar em brancas nuvens. Como autor tampouco podia ignorar as novas formulações estéticas que apareciam em *Os incompreendidos*, essa maneira nova de fazer um cinema "semelhante à vida", como dissera alguns anos antes. E, quando fala da "possibilidade de uma nova retórica", está na realidade fazendo o maior elogio possível, ele que dava os últimos passos no caminho para uma retórica própria.

O outro aspecto, e o mais chamativo, do escasso trabalho jornalístico de García Márquez fora da Prensa Latina é a luta e o sarcasmo contra a realidade que se solidificava em seu próprio país, contra as velhas taras que a Frente Nacional recuperava e institucionalizava. Obstruíra-se a possibilidade de uma

---

67. García Márquez recorda a esse propósito: "A mãe de Angulo nunca me perdoou por essa reportagem."
68. A revista *Cine-Club*, de circulação irregular como se pode deduzir das coleções incompletas conservadas em bibliotecas particulares de Barranquilla, era órgão do Centro Artístico da cidade. Foram seus criadores (aparentemente em 1957) e escreveram nela Alfonso Fuenmayor, Juan B. Fernández Renowitzky, Germán Vargas, Alejandro Obregón e Álvaro Cepeda Samudio. Isto é, o grupo de Barranquilla se expressou algo tardiamente e se limitou a um setor particular da arte e da cultura, em *Cine-Club*. Nota-se na revista a mesma curiosidade e a mesma informação séria reveladas pelos documentos dos anos 1940 e princípios dos anos 1950. Chama a atenção que no número de setembro de 1957 (o primeiro da revista?) já se publicava a tradução de um trabalho de Truffaut, quando era conhecido apenas como crítico e não como diretor.

renovação histórica que a Colômbia necessitava com urgência. E não se tratava apenas de questões políticas. Apesar de seu próprio sucesso (com a primeira reedição de *A revoada*) e do sucesso de Zalamea Borda no Festival do Livro de agosto de 1959, parecia a García Márquez que até em questões culturais o país submergia numa mediocridade passadista; não bastava o trabalho do grupo de *Mito* para mudar o curso das coisas. Existiam assim motivos de sobra para que García Márquez continuasse a ser o iconoclasta que fora desde seus primeiros passos no jornalismo e na literatura; ele mesmo sentia que havia algo irrelevante na vigência de sua velha luta depois de dez anos de violência.

Comportou-se como iconoclasta, quase discretamente para começar, num caso de censura ao cinema. O filme em questão, *Os trapaceiros*, de Marcel Carné, não merecia a honra de uma polêmica, mas essa vez, como em tantas outras, García Márquez manifestou uma indulgência excessiva pelo cinema francês. Era sem dúvida uma questão de princípio e naquele momento preciso era-lhe possível influir num debate de opinião pública e contribuir para que, pelo menos, não houvesse tanta hipocrisia na qualificação moral dos filmes. Naquelas semanas dispunha de bastante prestígio para desempenhar algum papel. *Cromos* publicava "Noventa dias na Cortina de Ferro", e o Festival do Livro fazia repercutir seu nome com insistência. Era o mais jovem dos autores reeditados; comentava-se seu livro[69] e os grandes diários da capital haviam publicado na primeira página fotos em que ele aparecia — às vezes ao lado de Ulises — autografando exemplares de *A revoada*.

Com a crônica sobre a literatura da Violência, García Márquez tocava num ponto de grande importância na vida cultural do país, que o interessava havia tempo,[70] aparentemente desde a época de Barranquilla.[71] Suas reflexões sobre essa literatura específica não necessitavam mais apoio do que

---

69. Em particular: Paco Alba, "Autores e obras do Festival. A grande trilogia do romance", em *El Tiempo*, de agosto de 1959, p. 12.
70. Algumas crônicas de "Día a día", ainda que fossem de Ulises, ou GOG, expressavam um ponto de vista que indiscutivelmente García Márquez compartilhava. A crônica sobre Arturo Laguado, que deve ser atribuída sem vacilação a García Márquez, exprime algo de suas reflexões sobre essa questão.
71. Em Barranquilla, bem no início dos anos 1950, os membros do grupo já discutiam sobre como deveria ser a literatura da Violência. O debate não podia se tornar público. Até mesmo porque a "ilhota da paz" que era a cidade não tinha muito sentido escrever sobre a Violência como tema literário.

sua certeza crítica — no que se referia ao romance, excetuando o caso de *Ninguém escreve ao coronel*, porque existiam bons contos. E ao longo de vinte anos, o vaticínio sobre a contribuição dos filhos da Violência resultava cada vez mais acertado, ainda que ninguém na Colômbia tenha superado o próprio García Márquez dentro desta estreita perspectiva temática. Na ocasião eram extremamente polêmicas as afirmações contidas na crônica de *La Calle*, ainda que o julgamento mais geral sobre a literatura nacional tocasse o problema em suas próprias raízes e anunciasse a demolidora crônica que sairia meses depois em *Acción Liberal*.[72] A publicação de "Duas ou três coisas sobre o romance da Violência" suscitou um debate nos suplementos literários, particularmente no de *El Tiempo*, de que participou um escritor e crítico muito respeitado por García Márquez, Hernando Téllez. A crônica, ademais, saíra em *La Calle*, órgão do grupo político de Alfonso López Michelsen, que passaria a se opor à Frente Nacional e se converteria no Movimento Revolucionário Liberal. Por ser colaborador da Prensa Latina, García Márquez era já um franco-atirador; e o era também ao escrever sobre temas polêmicos na imprensa nacional, escolhendo publicações dissidentes.

Também *Acción Liberal* foi uma publicação dissidente, onde publicou duas crônicas mais corrosivas do que as dedicadas à literatura da Violência. Eram além disso crônicas reveladoras de suas preocupações do momento: história e política colombianas, literatura nacional. Ambas eram de repúdio à norma imperante no país, repúdio à estagnação da Frente Nacional, repúdio ao conformismo tradicional em matéria de cultura. Eram heresias saudáveis, as mesmas que García Márquez vinha defendendo em todos os seus escritos.[73]

---

72. Mais do que um ponto de partida, a alusão a *A peste* na crônica sobre a narrativa da Violência tem de ser considerada como o auge de um processo. O aproveitamento do exemplo de Camus era percebido havia tempo nos escritos de García Márquez e deixara parte de suas pegadas em *Ninguém escreve ao coronel* e nos contos de *Os funerais da Mamãe Grande*. Como, provavelmente, o conto que deu título ao livro já estava escrito ou prestes a ser concluído, vê-se que García Márquez superara a etapa influenciada por Camus, quando o propôs como modelo. Certamente deveria estar pensando em *O veneno da madrugada*, romance em que se manifestaria pela última vez, e com um atraso notável, essa etapa intermediária da obra e a ascendência do autor francês.
73. García Márquez vem mantendo através dos anos os critérios que exprimiu em seus dois artigos da *Acción Liberal*. Em dezembro de 1977, em Paris, estando em companhia de Plinio Apuleyo Mendoza, ouvi deles os mesmos conceitos sobre a contribuição histórica do lopismo e sobre a utilidade das formulações piedracielistas (não se evocaram então as simpatias fascistas dos poetas de Piedra y Cielo).

O conteúdo das duas crônicas não necessita comentários.⁷⁴ Simplesmente se pode acrescentar que a crônica literária demonstra que García Márquez dominava perfeitamente seus critérios definitivos e chegava à maturidade. A velha ambição de se tornar um grande escritor, dentro e fora de seu país, podia então se realizar em bases claras e irremovíveis — porque, por outro lado, estava retornando à sua mitologia pessoal que o período de compromisso e otimismo histórico dentro da literatura o fizera deixar de lado por um tempo.⁷⁵

---

74. Apesar de sua virulência, a crônica sobre literatura nacional foi reproduzida na edição dominical de *El Espectador*, com outro título: "Exame da literatura colombiana. Uma frustração nacional. O pintor pinta oito horas por dia", por Gabriel García Márquez (para *El Espectador Dominical*). Outro título ocupava a parte central da página: "Uma literatura de cansaço" (12 de junho de 1960, seção Magazine, p. 2).

75. É indiscutível que, apesar da perfeição formal, *Ninguém escreve ao coronel* significou a abertura de um parêntese ou de um desvio na ficção de García Márquez. Ele disse mais tarde que abandonou sua maneira inicial e sua mitologia porque seus amigos o fizeram ver que não se podia escrever uma literatura complexa e nostálgica em tempos de Violência e fazia falta algo mais diretamente compreensível e mais comprometido. Quando se pede a ele para se expressar em termos concretos, refere-se a Plinio Apuleyo Mendoza, que fez críticas ásperas sobre *A revoada* (a excessiva influência de Faulkner; o episódio confuso das crianças no rio, supérfluo na estrutura do livro), quando se reencontraram em Paris em dezembro de 1955. Críticas semelhantes já fizera Roberto Prieto Sánchez, de Barranquilla, numa crônica que García Márquez provavelmente leu no mesmo dia em que saiu da Colômbia. Em primeiro lugar se pode duvidar que alguém fez a García Márquez críticas de orientação ético-ideológica de maneira muito direta. No máximo eram questões de ambiente: Plinio Apuleyo Mendoza, Arturo Laguado e Carlos Obregón discutiam esses problemas, antes mesmo de se encontrar com García Márquez, principalmente a propósito de um romance do tipo kafkiano que Obregón estava escrevendo. Misturavam-se discussões políticas e discussões estéticas. Quanto a García Márquez, choviam no molhado. Ele vinha buscando um novo caminho narrativo havia muito tempo e tentava se desfazer da influência faulkneriana, pelo menos em seus aspectos mais periféricos. O cinema teve nesse processo um papel básico. E havia além disso as preocupações políticas e as impressões da Violência. As reportagens de Bogotá já eram sinal de uma evolução estilística; a série sobre os veteranos e algumas críticas de cinema (*O capote*, *Umberto D.*) eram anúncios evidentes de *Ninguém escreve ao coronel*. Isto é, a busca de García Márquez estava atingindo sua meta quando se encontrou com os amigos colombianos em Paris; dos debates com eles retirou o que interessava e mencionou com rapidez o que aspirava. *Ninguém escreve ao coronel* deve muito à mitologia própria de García Márquez, muito mais — evidentemente — do que a maioria dos contos de *Os funerais da Mamãe Grande* e *O veneno da madrugada*, mas é um mundo já muito afastado de Macondo. No período que se abre em 1956 e se anunciava havia muito tempo, interferem, cada vez mais, elementos exteriores, mas se García Márquez os tratou tão intensamente era porque sentia que neles podia realizar experiências proveitosas. A grande atenção dedicada ao detalhe verdadeiro, "humano", "semelhante à vida", deu bons frutos até mesmo quando, esquecendo-se do realismo, do compromisso e da minuciosidade narrativa, regressou ao mundo de Macondo. Se se afastou por tanto tempo de seu universo original, era porque sentia necessidade; faltava-lhe experimentar mais, muito mais, sem esgotar o mundo próprio que tentara produzir no fracassado projeto de *La casa* e que retomaria, a tempo e a hora, em *Cem anos de solidão*.

A aparição de *Acción Liberal*, revista trimestral de excelente apresentação, cujo primeiro número saiu em janeiro de 1960, é outro aspecto notável — no ramo jornalístico — dessa vontade de combater as verdades oficiais. García Márquez e Plinio Apuleyo Mendoza assumiram juntamente a direção da revista. Era em verdade uma outra atividade que se desenvolvia no âmbito da Prensa Latina.[76] Retomava-se um título que nos anos 1930 fora criado por Plinio Mendoza Neira, pai do amigo de García Márquez e destacado líder liberal, além de incansável criador e animador de revistas, para fomentar debates ideológicos que enriqueceram o liberalismo dos tempos de Alfonso López Pumarejo. Tratava-se, em 1960, de criar condições para que começasse a existir e se estruturasse uma esquerda ampla afinada com os tempos vividos no continente. A solidariedade com a Revolução Cubana, ainda não definida ideologicamente, era uma das formulações básicas de *Acción Liberal*. Não se saía, sem dúvida, do critério liberal e os editoriais — escritos por Plinio Apuleyo Mendoza — continham afirmações de fidelidade à unidade do partido, uma unidade em que ninguém acreditava, usando ademais os recursos não tanto da retórica como da casuística tradicional nesse tipo de prosa. Era, com a convicção de que o liberalismo seguia sendo o mais amplo viveiro de inconformismos e aspirações populares, base imprescindível para a criação de uma esquerda com massa. Na realidade, as matérias da revista eram mais audazes e menos ambíguas do que seus editoriais. Um dos pontos-chave, além da vontade de suscitar um debate renovador, era a negativa de esquecer a Violência. Expressava-se no editorial de estréia e se concretizava numa excelente reportagem de Plinio Apuleyo Mendoza sobre o líder camponês Juan de la Cruz Varela, publicada em dois números sucessivos. Em matéria estética, García Márquez não era o único a atacar os valores bolorentos. Atacavam-no igualmente Marta Traba, nas artes plásticas, e Guillermo Angulo, no cinema.

---

76. Na sede da Prensa Latina, em Bogotá, funcionou por algum tempo um escritório de recrutamento de voluntários para desembarcar na República Dominicana e derrubar Trujillo. Ali também se organizaram as juventudes do MRL.

Não se pode dizer que *Acción Liberal* tenha sido propriamente outra etapa importante na trajetória jornalística de García Márquez, porque na realidade se fez juntamente com os trabalhos da Prensa Latina, mas assim ele seguia encarnando uma velha tendência de criar publicações diferentes, marginais, críticas, que é uma das constantes de sua vida, até a aparição de *Alternativa*.[77]

Naquele tempo ainda não se notavam relações com o Partido Comunista. É possível que a reflexão sobre os países socialistas, sobre a morte de Nagy e sobre a incipiente Revolução Cubana tenha levado García Márquez a questionar a linha do PC colombiano e seus próprios vínculos com ele. Alguma coisa, de qualquer maneira, produziu de 1955 a 1959 ou 1960 o distanciamento crítico, mas fraternal, que se observa até o fim dos anos 1970. Não impediu, no entanto, que o trabalho jornalístico de García Márquez na Colômbia, em 1959 e 1960, fosse um trabalho comprometido e militante. Esta atitude, em literatura, desaparece, porque o escritor se reencontrou com seus mitos na observação da realidade nacional. O país não se presta para o otimismo histórico e pode readquirir vida a velha convicção de que o tempo passa em vão, arruína e mata. Se há um texto literário arquetípico da Colômbia da Frente Nacional é indiscutivelmente o conto "Os funerais da Mamãe Grande".[78] É um relato desmedido — no sentido dado por Flaubert ao adjetivo —, uma farsa, uma festiva e grotesca balbúrdia da solenidade e da solidão, além de qualquer critério razoável. Por trás do texto está indiscutivelmente *El Gran Burundún-Burundá morreu*, de Jorge Zalamea, mas agora o tom não é constituído pelos horrores da Violência e sim o de uma

---

77. Essa série de *Acción Liberal* durou pouco tempo. Plinio Apuleyo Mendoza pensa que saíram três números (até 1978 pelo menos não havia nas bibliotecas públicas de Bogotá uma coleção que permitisse a averiguação). O título foi retomado um pouco depois por um setor oficial do Partido Liberal.
78. Não se falou ainda de uma geração literária da Frente Nacional (houve outras tentativas de definições generacionais de 1959 em diante, e pelo menos existiram grupos às vezes bem definidos), mas nos anos 1970 apareciam jovens narradores que, mais pelo ambiente da Violência (tema plenamente vivo na literatura e, infelizmente, na realidade do país), interessaram-se pela estagnação e pela inutilidade de tudo aquilo no qual cresceram e se formaram. É notável ver como, em certo número de casos, a organização temporal dos relatos deles assume uma forma circular. A grande diferença com García Márquez, e também um incipiente fator de renovação, é que são relatos da Frente Nacional sofridos (e não anunciados ou definidos de antemão) num meio predominantemente urbano.

imutável cotidianidade. Era um conto extenso e, todavia, nove anos depois de ser escrito, recebeu a aprovação da História: o papa viajou à República do Sagrado Coração, à Colômbia da Frente Nacional, sob a presidência de um liberal, sendo chanceler o próprio Alfonso López Michelsen que, depois de alguns anos de dissidência no MRL, retornou ao regaço do liberalismo oficial.

Cabe esclarecer datas. Tudo indica que quando trabalhava em *Momento*, García Márquez estava terminando três contos ("A sesta da terça-feira", "Um dia desses", "Nesta terra não há ladrões") e que pelo menos um deles, "Um dia desses", estava pronto em março de 1958. O mais provável é que na segunda metade daquele mesmo ano foram terminados mais três contos ("A prodigiosa tarde de Baltazar", "A viúva Montiel", "As rosas artificiais"), na medida em que pertenciam à nebulosa que já dera *Ninguém escreve ao coronel* e também daria *O veneno da madrugada*. Ao sair, *O veneno da madrugada* — que não agrada a García Márquez ("geométrico demais") e que ele não se sente seguro de havê-lo terminado realmente — representava o apêndice de um período já superado pelo escritor. Este período terminou em 1959, ainda que García Márquez tenha trabalhado no romance em 1960 e 1961. Não há dados fidedignos nem a favor nem contra a hipótese. Foi então que García Márquez se reencontrou com seus mitos autênticos e definiu, enfim, sua própria retórica de escritor. O conto "Os funerais da Mamãe Grande" só pode ter sido escrito em 1959. Foi o ano da reimersão na realidade colombiana, com o ambiente específico da Frente Nacional. Só com a comprovação de que as coisas estavam piores do que antes no país, e sob o efeito da desilusão e da frustração, podia ser concebido um conto semelhante. Apesar do rigor do trabalho formal (e, em conseqüência, apesar da provável lentidão da redação), deduz-se que o conto foi escrito num arrebatamento de amargura e escárnio. García Márquez adquirira plena consciência, sua consciência, do irrisório e trágico sentido da história colombiana. Uma história que não era história porque não permitia que houvesse progresso e o tempo fosse um tempo redentor. Era um sobressalto completo, depois de *Ninguém escreve ao coronel*, dos contos de 1958 e, digamos, depois de *O veneno da madrugada*, romance ainda não concluído. Desilusão histórica e forma narrativa popular: o conto condensava em uns poucos dias o que *Cem anos de solidão* esmiuçaria ao longo da uma morosa poetização da história circular da Colômbia. García Márquez dispunha de todas as chaves que utilizaria em sua obra posterior; porque a temática da casa não tinha segredos para ele havia anos. Estranha-se que tivesse demorado tanto, de 1959 em diante, para empreender a redação de *Cem anos de solidão*. Isto é, que de 1954 ("Um dia depois do sábado") a 1959 (o conto que dá o título), o livro *Os funerais da Mamãe Grande* recolhe a evolução do autor desde a emergente mitologia até sua fina decantação, com um giro pelos terrenos do compromisso e do realismo "humano".

Os textos e os fatos históricos permitem intuir o que foi o processo. Chegam a ser quase pitorescos os testemunhos e os documentos que permitem estabelecer com mais certeza a data de redação do conto decisivo que foi "Os funerais da Mamãe Grande". Plinio Apuleyo Mendoza recorda com segurança que foi escrito em 1959, porque a redação coincidiu com as primeiras atividades da Prensa Latina. A aparição de "A sesta da terça-feira" no suplemento literário de *El Tiempo* traz um dado talvez mais fidedigno — por ser documento da época — com o que fica demonstrado que o livro de contos já estava escrito e tinha o título que conhecemos; isto é, que já existia o conto que lhe dá o título e é pouco provável que seja uma versão diferente da definitiva. Uma nota de pé de página indica que "A sesta da terça-feira" faz parte do livro *Os funerais da Mamãe Grande* que será editado por ocasião do Festival do Livro e a reprodução do conto é portanto proibida.[79] O conto e a advertência saíram em janeiro de 1960, ou seja, o livro já estava pronto em 1959. A mesma proibição de reproduzir um conto de García Márquez, pelo mesmo motivo, apareceu novamente quando, meses mais tarde, a revista *Mito* publicou "Nesta terra não há ladrões".

Chega-se assim à convicção de que, a partir de 1959, o longo processo de *Cem anos de solidão* — só em aparência interrompido quando, por volta

---

79. Por ocasião do primeiro Festival do Livro, realizado em agosto de 1959, reeditou-se *A revoada*; a advertência aparecida em *El Tiempo* e a que depois saiu em *Mito* indicam que o livro de contos também seria editado pela Organização de Festivais do Livro. Mas não foi assim que aconteceu e o livro permaneceu inédito por mais dois anos.

de 1953, García Márquez desistiu de escrever *La casa* — podia entrar em sua fase de realização. As idéias literárias, as idéias políticas, a mitologia e as principais soluções formais, todas as condições — exceto talvez as materiais — estavam reunidas, já antes de que Jorge Ricardo Masetti, de passagem por Bogotá, comprovasse que ali sobrava um redator que fazia falta à Prensa Latina em outros lugares. Foi García Márquez quem viajou a Havana. Dali passou para Nova York e logo depois para o México, onde se dedicaria a atividades jornalísticas e cinematográficas, antes de escrever *Cem anos de solidão*. O cinema continuava a ser objeto de suas preocupações. Afirmou que, no momento em que ia para Havana, tinha na realidade o projeto de regressar a Barranquilla e criar ali uma escola de cinema como a que conheceu rapidamente em Roma. A passagem de Masetti por Bogotá provocou outras conseqüências, mas não no essencial, que era a literatura: os imprevistos daqueles anos não podiam afetar seriamente a trajetória do escritor. No máximo podia ocorrer o adiamento da redação de *Cem anos de solidão*, como parece que foi o caso. Teve possibilidade, na demora, de acumular mais leituras e revisar metodicamente suas formulações. A vocação de escritor e o universo próprio existiam desde o começo. García Márquez sempre foi coerente com eles e através dos anos andou criando obstinadamente as condições que lhe faziam falta para poder produzir seus grandes livros.[80]

Jacques Gilard

---

80. Embora haja motivos — de tipo afetivo — para que *Cem anos de solidão* se escrevesse primeiro, é difícil separar no processo geral da obra este romance e *O outono do patriarca* (há até motivos para pensar que pudessem formar um único livro). Sobre a proximidade de ambos, além de muitos elementos que foram aparecendo desde "A terceira renúncia", há que ver outro dado na redação do conto "O mar do tempo perdido" (1961 de acordo com o que aparece no livro *A incrível e triste história da Cândida Erêndira e sua avó desalmada*; o conto apareceu numa revista mexicana em 1962), que reúne uma vez mais a temática do povoado estagnado e a do falso profeta.

DA EUROPA E DA AMÉRICA
1955-1960
•

JULHO DE 1955

Genebra vê a reunião com indiferença

Os mil jornalistas internacionais que assistimos à conferência dos Quatro Grandes esperamos, sem informações, na sala de imprensa do Palácio das Nações, o momento da entrega dos boletins oficiais sobre o primeiro dia de deliberações de Eisenhower, Eden, Faure e Bulganin.

Nos corredores do Palácio, a polícia nos examina e examina também todas as câmaras fotográficas em poder dos repórteres.

A maior delegação de jornalistas sul-americanos é a de Bogotá, integrada pelo doutor Germán Arciniegas, de *El Tiempo*; dom Carlos Puyo Delgado, jornalista colombiano que está percorrendo a Europa, e este enviado especial de *El Espectador*.

Enquanto esperamos nervosamente, nós, jornalistas, travamos conhecimento e de passagem trocamos impressões sobre a conferência. Os egípcios se mostram céticos. Os indianos, em compensação, sentem-se seguros do triunfo da política de coexistência pacífica preconizada por Nehru. Os jornalistas chineses ficam quietos. E os russos, invisíveis, são nossa maior preocupação.

Genebra está hoje com uma temperatura de 30 graus. Pelas ruas não se vêem nem policiais nem soldados e sob este aspecto o viajante que chega da Colômbia fica desconcertado com a normalidade e a quietude numa cidade sobre a qual estão postos os olhos do mundo e, no entanto, tem menos movimento do que Manizales, por exemplo.

A quietude e a normalidade de Genebra só são quebradas pelo que mais diretamente interessa hoje à população da Suíça: a Volta da França. Nas bancas de jornais as pessoas se agrupam para olhar os jornais de Paris que chegaram esta manhã com manchetes de oito colunas na primeira página sobre a corrida dos ciclistas e apenas duas colunas para a conferência dos Grandes. Esse parece ser hoje o termômetro da importância que os homens da rua dão aos acontecimentos.

A população de Genebra, indiferente à conferência dos Quatro Grandes, prossegue sua vida absolutamente normal, incluindo os hotéis, que apresentam menos animação do que na Colômbia quando se reúne qualquer assembléia de rotarianos.

Calcula-se em 12 horas o total máximo de duração das conversações. Mas nos corredores do Palácio se atribui maior importância aos almoços em que os Quatro Grandes poderiam conversar aberta e francamente sobre os problemas que vieram tentar resolver.

Hoje em Genebra

Mister Anthony Eden, primeiro-ministro inglês, nadava tranqüilamente hoje ao meio-dia em sua residência, situada no lago de Genebra, enquanto o cabo e o rádio inundavam o mundo com as notícias do primeiro acordo dos Quatro Grandes que, esta manhã, num gesto de "coexistência pacífica", colocaram o problema da unificação alemã em primeiro lugar na pauta a ser discutida à tarde.

Mister Dwight Eisenhower, o mais protegido dos Quatro Grandes, dedicou o descanso do meio-dia a uma sesta no terraço de seu palácio. Centenas de olhos do FBI vigiavam o sono do presidente, enquanto no terraço vizinho estava sendo violada a impenetrável cortina estendida ao redor do mandatário: um fotógrafo, com teleobjetiva, instalara-se secretamente. Mas quando desfrutava seu furo mundial a polícia o prendeu.

Monsieur Faure tomava hoje o aperitivo fazendo brilhar uma vistosa camisa de flores estilo Truman. Entre os jornalistas que esperavam na residência do *premier* francês havia uma mulher de formas belíssimas. A polícia prendeu-a e a submeteu a uma revista que não excluiu nenhuma de suas saliências visíveis. Tentava-se descobrir se elas eram reais ou se se tratava de engenhosos contrapesos fotográficos. Os jornalistas não foram comunicados do resultado da interessante investigação.

A imprensa de Paris mudou hoje a forma de apresentação da primeira página. Ontem dava oito colunas aos ciclistas e duas aos Grandes. Hoje dá oito colunas aos Grandes e aos resultados da Volta da França dedicam um espaço sobre o cabeçalho do jornal. E nas bancas de jornais não diminuiu a aglomeração dos suíços, que parecem se mover no ritmo da importância dos fatos.

Hoje em Genebra

Sob violenta tempestade, que em nada afeta a animadíssima atividade diplomática, estão adiantando-se hoje os trabalhos decisivos dos Quatro Grandes em Genebra. Os diplomatas, atarefados com os grandes problemas mundiais nos tépidos salões do Palácio das Nações ou nos palácios em que residem, seguramente ignoram que sobre a cidade está caindo o mais forte aguaceiro da temporada, que pode ser histórico se, como parece ser possível, hoje for o dia decisivo da conferência.

O público não consegue receber os influxos dos problemas fundamentais que abarcarão as delegações das quatro potências na conferência de Genebra. Mas os jornais e seus leitores, e em geral a opinião pública, estão sumamente preocupados com os recentes acontecimentos sangrentos no Marrocos e a incompreensível "escapada" de um anônimo corredor holandês na etapa de ontem da Volta da França. O interesse das pessoas é certamente influenciado pela importância dada pelos jornais ao problema do Marrocos. Enquanto em Genebra se fala de paz, no Marrocos mouros e europeus se matam.

O correio leva o texto com a entrevista exclusiva concedida ao *El Espectador* pelo proprietário da loja de bonecas de Genebra onde se apresentou inesperadamente o presidente Dwight Eisenhower para comprar brinquedos para seus netos.

— Quase morri de susto — disse o comerciante, ao comentar o caso, que culminou com um fiado que fez para o presidente, que não portava moeda suíça.

Na porta do Palácio das Nações ocorreu ontem um fato curioso: um pavão ficou parado, muito satisfeito, enquanto numerosas pessoas lutavam para entrar. A polícia suíça, assim como age em relação às crianças, fez um forte cordão de isolamento e esperou que o pavão passasse, lentamente. Logo puderam entrar no Palácio os diplomatas e os jornalistas que tentavam se proteger da chuva.

Os Quatro Grandes em tecnicolor

O presidente Eisenhower e a mulher participaram de uma cerimônia religiosa esta manhã, às nove e meia. Duas horas depois, Anthony Eden e Edgar Faure foram saudá-los na vila de Creux de Genthod — sua residência em Genebra — e o presidente pediu-lhes que ficassem para almoçar. Os jornais desta tarde consideram que ali começou — com os três mandatários ocidentais — a conferência dos Quatro Grandes.

O primeiro personagem de grosso calibre a chegar a esta limpa e bonita cidade, onde há um estabelecimento que se chama Café Lyrique, foi o senhor Molotov. Chegou ontem às dez e meia da manhã num pequeno avião militar soviético, Ilichine 14, em companhia do senhor Gromyko, que suava a uma temperatura de 30 graus, com um pesado casaco de peles pendurado no braço.

Molotov é menor do que parece nas fotos e talvez apenas uns centímetros mais alto do que o doutor Silvio Villegas. Vestia um terno fino de verão, azul-claro, e um chapéu de abas moles que agitou sorridente ao passar diante da tribuna dos jornalistas.

"Primeiro a senhora"

Às cinco da tarde, em seu avião especial, chegou o senhor Eden. Quando se abriu a porta e o presidente da Suíça, o senhor Max Petitpierre, adiantou-se para saudar o primeiro-ministro inglês, trezentos operadores de câmera ficaram loucos preparando suas teleobjetivas na tribuna da imprensa. Mas não foi Eden quem saiu primeiro. Em primeiro lugar saiu sua mulher — que por nenhum motivo físico parece sobrinha de seu tio, o senhor Churchill — com um traje azul-escuro e um chapéu claro. A mulher do presidente suíço, com as luvas e o chapéu postos apesar do calor intenso, entregou à mulher do primeiro-ministro inglês um enorme ramalhete de rosas vermelhas. Foi então que Eden saiu, com um traje de flanela, cinza-claro, com o casaco enrugado sobre os bolsos da calça, como se tivesse viajado desde a Inglaterra, dormindo no assento do avião, com as mãos nos bolsos.

Rosas para a França

Os operadores de câmera tiveram de esperar três horas, suando copiosamente, até que chegasse o personagem seguinte, o senhor Edgar Faure, acompanhado de sua mulher, e do senhor Pinay, sem a mulher. A recepção foi exatamente igual à de Eden: um aperto de mãos do presidente suíço; um ramalhete de rosas, enorme, de sua mulher — sem que tirasse as luvas — para a senhora Faure e os acordes do hino nacional francês, interpretado pela banda militar do regimento 26. Um jornal de Paris dizia ontem que aquele conjunto dispunha com antecedência das partituras de todos os hinos, menos o soviético, que à última hora teve de ser transcrito apressadamente de um disco.

Como em Hollywood

Reservou-se o final do desfile de ontem ao presidente Eisenhower. Foi um espetáculo cinematográfico. Antes que a torre de controle anunciasse a iminente chegada do presidente, decolaram dois gigantescos helicópteros que durante todo o tempo estiveram ali, e ninguém sabia na tribuna de imprensa com que objetivo.

Às nove da noite — quando apenas começava a escurecer — soube-se que os helicópteros serviam para escoltar o impressionante Constellation presidencial, que aterrissou lançando relâmpagos metálicos, juntamente com os últimos raios solares. Quando o avião se deteve, desenrolou-se no aeroporto um espetacular episódio de filme norte-americano.

Um exército de agentes disfarçados de detetives de Hollywood — com gabardines claras sob a pressão do calor e o peito volumoso pelas pistolas e as metralhadoras — espalhou-se estrategicamente, num minuto, pelo aeroporto. Todas as entradas foram bloqueadas. Diante da tribuna da imprensa dois detetives surgiram da terra, segundo parece.

Em meio àquela movimentação sensacionalista, o presidente Eisenhower desceu serenamente do avião, vermelho como um tomate e tratando de proteger a vista do resplendor do crepúsculo com um chapéu de abas moles. A roupa do presidente era cinza. Ao contrário de Eden, saiu do avião antes de sua mulher.

Vinte e cinco Cadillacs esperavam o primeiro mandatário americano. *Le Journal du Dimanche* de Paris dizia esta manhã: "Foi um minuto histórico. Pela primeira vez um presidente em exercício dos Estados Unidos pousou o pé em solo helvético."

"Aqui não aconteceu nada"

Enquanto no aeroporto de Cointrin acontecia esse episódio histórico, ninguém podia suspeitá-lo na cidade de Genebra, onde o homem da rua — e com este calor todos os genebrinos se tornam necessariamente homens da rua — não parece muito interessado na conferência. Os jornais suíços, que publicaram esta tarde uma volumosa informação sobre a conferência, não a destacaram sob a forma em que suponho farão os jornais da Colômbia, dentro de seis horas. Se isto ocorre em Genebra, a coisa é mais notável em Paris. Há duas noites ninguém ali parecia se preocupar com a conferência: todo o interesse estava concentrado nas bicicletas da Volta da França.

"Um barranquillero *do Egito"*

Todos os jornais de Paris mandaram para cá seus enviados especiais. Alguns dispõem de canais de transmissão exclusivos, segundo entendo. O enorme edifício do Palácio da Imprensa parece um formigueiro, com formigas que falam todos os idiomas, mas com o espanhol em proporção escandalosamente baixa. Essas formigas vindas de todo o mundo são os únicos habitantes de Genebra que não parecem pensar em outra coisa que não seja a conferência.

Os outros passaram a tarde passeando de bicicleta, ou tomando ar fresco nos terraços cheios de mesas e espessas flores vermelhas, na orla do lago. Outros, talvez os mais céticos, levaram seus cachorros para passear. Em cada quadra desta cidade, que, na verdade, é apenas um pouco maior do que Manizales, viram-se pelo menos duas pessoas passeando com seus cachorros.

Mas há algo que não permite duvidar de que isto é hoje uma decisão na encruzilhada do mundo: o formigueiro do Palácio da Imprensa. Esgotado depois de dois dias de desbeiçar seu francês de aldrabada, este correspondente se aproximou de um colega alto e delgado, moreno e de bigode fino, exemplar típico do *camaján barranquillero*. Perguntou-lhe se falava espanhol. E o outro, sorrindo, disse que não. Era o enviado especial de um jornal egípcio.

Primeiro boletim pessoal

1º Sobre Ciudad Trujillo (17h45). A primeira tempestade: Estou assombrado com o poderio do Superconstellation. Como é possível que tenha sido concebido por Hughes, que concebeu filmes tão ruins?

2º Que alguém me explique por que há sobre Santo Domingo uma tormenta que possui exatamente o mesmo tamanho e a mesma forma da ilha.

3º A 450 quilômetros por hora, em direção ao oriente, ganha-se uma hora em cada cinco. Isto é como um cachorro dando voltas para morder o próprio rabo.

4º Estou envergonhado. Dormi nove horas sem interrupção. E como o doutor Bejarano: sem um trago! Depois desta humilhante rendição, de ter atirado pela amurada uma das poucas coisas nobres que me restavam — meu medo de avião — não estranharia me tornar inimigo do cinemascope.

5º Com dois motores desligados, o Superconstellation pode seguir voando: perde cem quilômetros por hora de velocidade e trezentos metros de altura durante o mesmo tempo.

6º O pulo foi Bermudas-Lisboa, e é algo estúpido: a capacidade dos depósitos do Superconstellation lhe permite voar 14 horas contínuas, até a última gota. E o vôo Bermudas-Lisboa dura dez horas em condições ideais! Com um atraso de quatro horas, isto vai para a...!

7º Há uma aeromoça com dois metros de altura e um de largura. Ulises me faz falta, mas me faz mais falta ainda a metáfora que ele criaria para esta aeromoça.

8º Esqueci que havia as Bermudas. É o aeroporto mais triste e solitário do mundo, com uma lojinha onde se vendem os mesmos suvenires típicos vendidos em Cartagena, fabricados nos EUA.

Meu amável cliente "Ike"

Se você deseja compreender como foi que o presidente Eisenhower comprou esta tarde uma boneca e um avião de brinquedo para seus netos em uma loja de Genebra, basta fazer uma composição do lugar: imagine que o Hotel do Rhône, onde se hospeda a delegação dos Estados Unidos, situa-se no governo de Cundinamarca. Num dos lados do hotel se constrói o centro residencial do Rhône, no lugar onde em Bogotá se constrói agora o prédio do Banco de la República: antigo Hotel Granada. Na construção do centro do Rhône há um guindaste Loro Parisino — uma gigantesca grua de braço metálico — nem um centímetro maior e nem um centímetro menor do que aquela que é usada em Bogotá, no prédio do Banco de la República.

Nem mais nem menos

Assim sendo, em frente ao Hotel do Rhône, passaria a rua Quinze. Imagine que a avenida Jiménez de Quesada não foi construída e que por ali passa ainda o rio San Francisco. Onde em Bogotá passava o rio San Francisco passa aqui em Genebra o rio Rhône, uma límpida e caudalosa corrente de água verde com duas pontes: uma, por exemplo, na rua Oito. A outra, também, por exemplo, na rua Sete. A larga avenida de cimento que separa a avenida Jiménez da rua Quinze, em Bogotá, também existe em Genebra. E aqui também se formam filas, só que não são filas de passageiros de ônibus, mas de silenciosos e pacientes pescadores aficionados que passam o dia esperando a mordida de uma truta. Ali, por trás dos pescadores que se apóiam num comprido parapeito de tubos oxidados, construiu-se uma galeria provisória de cartão-pedra e tetos de telhas de encaixe para acomodar os armazéns da frente, enquanto se termina a construção do prédio. Na calçada, como em todas as ruas de Genebra, há uma extensa fila de árvores.

Estamos?

Na primeira loja — e comece a contar a partir da sétima rua até a oitava — vendem-se comidas e bebidas. Na segunda se vendem meias e artigos para senhoras. Na terceira, artigos para senhoras e meias. Na penúltima, brinquedos e artigos para crianças. Na última, antigüidades. A penúltima loja tem um letreiro luminoso, quadrado, feito com vidros pintados de amarelo por dentro, e um letreiro em preto que diz: "Jouets, voitures d'enfants". Num canto do anúncio pintou-se uma leitoa vermelha, e, seguindo a curva do dorso, um letreiro quase invisível: "La Cochinelle". Foi nessa loja que Eisenhower comprou esta tarde uma boneca e um avião de brinquedo para seus netos.

Uma destas crianças você viu há dois meses no *El Espectador*, levantando a manga da camisa para que lhe aplicassem a vacina Salk.

As sirenes do acaso

Estou contando estas coisas por casualidade. Acabaram-se meus francos suíços e tive de ir ao hotel em busca de mais dólares. No regresso, entrei no Banque Populaire Suisse, na rua des Étuves, que, na composição do lugar que você está fazendo, poderia ser o café Automático, de Bogotá. Estava contando meus francos suíços quando ouvi as sirenes. No princípio pensei que eram motociclistas. Mas era um carro de bombeiros. Pensei que o hotel do Rhône estava pegando fogo — com toda a delegação americana dentro — e saí em disparada. A multidão se precipitava na mesma direção. Uma estudante de suéter amarelo, empurrada pela multidão, chocou-se contra uma seta indicadora: *Annecy*. Mas pelo aspecto da multidão percebi que não se tratava de nenhuma catástrofe. Era o presidente dos Estados Unidos comprando em *La Cochinelle* uma boneca e um aviãozinho para seus netos.

Aconteceu assim

De manhã o presidente trabalhou três horas, ditou muitas cartas, estudou uma infinidade de problemas e logo descansou no terraço. Um fotógrafo inglês tentou fotografá-lo com uma teleobjetiva e foi preso. Impedido pelo protocolo, por ser o único presidente da república, não pôde participar do almoço dos outros três grandes, que são apenas chefes de governo.

Depois do meio-dia, o presidente pensou que tinha tempo de ir até o hotel do Rhône, antes de se iniciar a segunda reunião, às três da tarde. Veio num Cadillac preto, mas não chegou nele até o hotel do Rhône. Fez o veículo parar no cais Turrettini — como quem diz: em La Cigarra — e seguiu andando sobre a sola de seus simples sapatos de pele de bezerro, pretos. Vestia um traje esporte cinza-claro, camisa branca e gravata azul-escura, e um chapéu marrom. Tudo muito apropriado para os 30 graus e o sol metálico deste verão ardente. Caminhava sem se apressar com seus passos largos e marciais. Quando atravessou a ponte, deve ter sentido um pouco de inveja dos melancólicos pescadores urbanos, porque o presidente também é entusiasta da pesca de trutas. Nos dois lados da ponte, também a pé, entre a multidão indiferente e as jovens ciclistas que passavam cantando, iam seus enormes anjos da guarda com o peito estufado pelas metralhadoras. Ao atingir o extremo da ponte, o presidente levantou a vista — como para olhar a hora na torre de San Francisco, em Bogotá — e viu na calçada da frente um letreiro com uma seta indicadora, pintado num pedaço de folha-de-flandres, com letras amarelas:

"La Cochinelle. Voitures d'enfants. Jouets."

Mexeu-se no vespeiro

Então o presidente se voltou para a esquerda, sem se apressar. Penetrou na sombra densa e fresca das árvores e se deteve na vitrina da primeira loja: comidas e bebidas. Neste momento chegou o vespeiro de fotógrafos. Desatou-se uma ofuscante tempestade de flashes. Sem saber o que se passava, as pessoas corriam atraídas pelos relâmpagos. Um carro de bombeiros, que nada tinha a ver com os clarões das câmeras, passou como um relâmpago vermelho e amarelo. E em meio à tempestade, sem se preocupar com os fotógrafos, o presidente seguia caminhando calmamente, com as mãos enlaçadas por trás. Ficou quase um minuto diante da loja de comidas e bebidas. Passou ao largo das duas lojas de meias e artigos de senhoras. A mulher do dono de La Cochinelle, Genoveva, uma mulher alta, branca e magra, que está de luto por um primo que morreu há um mês e meio, viu as pessoas e correu para ver o que se passava. Mas quando chegou à porta foi atropelada pela avalanche de fotógrafos que irrompeu na loja, arrastando consigo os carrinhos conversíveis exibidos na calçada. Quando o presidente se detém diante da primeira vitrine de La Cochinelle, onde há uma boneca de setenta centímetros, havia pelo menos vinte fotógrafos dentro da loja atulhada de bugigangas e não maior do que um quarto de dormir normal. Tentavam tirar uma foto como a que tirou Guillermo Sánchez, de uma criança desejando uma boneca com o nariz amassado contra a vitrine, publicada pelo *El Espectador* na edição de Natal.

De corpo inteiro

Dentro de La Cochinelle é impossível que cinco pessoas se possam mover ao mesmo tempo. É uma construção provisória, de teto baixo, cheia de carrinhos, cadeiras com babador, bolas de borracha, triciclos e brinquedos mecânicos, espalhados na sala de entrada e pendurados no teto e nas paredes. De fato, quando o presidente entrou na loja havia 32 fotógrafos pendurados como macacos numa selva de brinquedos. Por trás do balcão, com a boca aberta, em mangas de camisa e com um par de óculos escuros pendurados no pescoço por um cordão, o pequeno e moreno proprietário da loja, Albert Barbier, não sabia o que se passava.

— Tentei sair pela porta — disse Albert Barbier — quando vi as pessoas correndo. Mas nesse momento entraram os fotógrafos e me dei conta de que o presidente Eisenhower estava na vitrina. Não pude me mover do balcão porque, em um segundo, havia uns cem fotógrafos dentro da loja.

E ali estava, perplexo, vendo os fotógrafos que continuavam entrando como um terremoto, quando o presidente Eisenhower penetrou e perguntou em francês:

— Quem é o dono?

— Sou eu — respondeu Albert Barbier. E então o presidente lhe deu a mão.

O melhor dia de minha vida

Ao *El Espectador* Albert Barbier disse:

— Ele é extremamente simples e amável. Os jornais já haviam dito. Mas é incrível que um presidente seja tão simples e amável.

Depois, explicando o episódio aos jornalistas, Albert Barbier começou a tratar o presidente Eisenhower cheio das intimidades, como se fossem velhos amigos:

— Ike olhou muitas coisas — disse. — Logo pegou três bonecas folclóricas: uma grisonesa, outra vernoiesa e uma vaudoiesa (procedentes de três cantões da Suíça). Quando tinha na mão uma bonequinha vestida com o traje típico de Vaudois, pediu-me que procedesse como se estivesse mostrando-a, para que os jornalistas nos fotografassem.

E concluiu:

— Nunca em minha vida tive um dia mais agitado.

Um motivo para estar triste

La Cochinelle fecha às seis da tarde. Hoje ficou aberta até as nove, porque Albert Barbier, falando com os jornalistas, esqueceu-se de fechá-la. Tive de esperar até essa hora para falar com esse comerciante rico, nascido em Genebra, que agora parece pobre porque está metido numa barraca enquanto terminam as obras do prédio em frente. Quando lhe perguntei o que se esquecera de dizer aos outros jornalistas, disse sem pensar duas vezes, tentando dizer em espanhol:

— Que me morí de la susta.

À porta, pensativa, estava sua mulher, olhando sombriamente para as bandeiras do hotel do Rhône. Tinha razão para estar triste: quando tentou voltar para a loja, a multidão impediu-a. E não viu o presidente.

Como é o formigueiro da imprensa

Levantados desde muito cedo para cumprir o importante encontro das 9h30, os Quatro Grandes foram apanhados em suas residências por uma comprida caravana de automóveis oficiais, escoltados por motociclistas da polícia suíça, sem sirenes. A cidade nem se deu conta. E nem se daria conta mesmo que tivessem soado as sirenes dos motociclistas — o que se interpretou como medida de segurança — pois as residências dos mandatários e o Palácio das Nações Unidas se encontram fora do perímetro urbano. O comprido e tortuoso caminho cheio de flores, de um lado, e com a água verde e tranqüila do lago Léman, do outro, foi completamente bloqueado pela polícia suíça e pelos enormes detetives da Casa Branca.

"Diga-me onde vives..."

O presidente Eisenhower está hospedado numa residência lendária: a *maison* Seassure, desocupada por seu proprietário no último sábado, a pedido do governo suíço. Assegura-se que quase não pôde desocupá-la, porque seu cão favorito se arrojou na última hora numa poltrona e quase foi preciso recorrer à força pública para movê-lo.

Eden está hospedado em Le Reposoir, uma bela mansão com musgo entre as pedras, onde por longos anos Leopoldo III suportou o exílio. Quando o primeiro-ministro inglês chegou à sua residência, sábado, constatou que havia máquinas de escrever onde esperava achar um piano. Mas, em compensação, encontrou a adega cheia com os melhores vinhos da França e da Suíça. Foi uma alegria adicional, porque Eden teve a preocupação de despachar na frente, da Inglaterra, muitas caixas do melhor uísque escocês, para a eventualidade de ter tempo de receber visitas durante sua permanência em Genebra. Sua mulher contribuiu para o êxito da conferência da única maneira que lhe foi possível: recomendou um velho cozinheiro francês, de 72 anos, conhecido seu há vários meses, segundo dizem os que sabem das coisas, sem especificar quantos meses.

Serão os primeiros?

Os últimos a chegar a Genebra foram os delegados soviéticos. Chegaram domingo de manhã, o senhor Bulganin com um terno azul-claro, feito ao que parece do mesmo tecido do terno do senhor Molotov. No bolso do paletó, o marechal trazia seu discurso, escrito à máquina em duas laudas. Leu lentamente, em russo, mas era traduzido quase simultaneamente pelo intérprete de Molotov, que veio com ele na frente, no sábado de manhã, como o uísque de Eden.

Não era nada incomum que dentro do Zis preto que os conduziu à casa Molotov falasse a Bulganin da bela residência em que se hospedaram durante estes oito dias. Porque na realidade La Ville Blanche — que é a mais próxima de Genebra — parece feita expressamente para que falem dela dois grandes homens, dentro de um automóvel grande. Mas a delegação soviética é tão numerosa que nem todos os seus componentes podem desfrutar da bela mansão. No perímetro urbano, os russos que não couberam na vila tomaram, por inteiro, de alto a baixo, o hotel Metropol. Dizem que ainda estão mal acomodados, embora ninguém pudesse contá-los, pois não saem para lugar nenhum a não ser em função oficial, e sempre em seus automóveis Zis que, segundo me disse um jornalista francês, são iguais aos Packards de antes da guerra. O mesmo jornalista explicou a invisibilidade dos russos:

— Vieram a trabalho, não?

A casa do lado

Mas foi o pessoal daqui do lado, a delegação francesa, que escolheu a melhor residência: a vila Prevoisir, a mais distante de Genebra. A casa estava desocupada. Mas ao que parece os franceses consideraram essa circunstância uma sorte, pois lhes proporcionou a oportunidade de trazer para Genebra todo o interior de uma residência francesa: um tapete verde, vinte cadeiras douradas e milhares de coisas mais, como no poema da pobre velhinha.

Esta manhã, um pouco antes das nove, os Quatro Grandes abandonaram essas residências — nas quais estiveram se convidando a almoçar entre si — e se dirigiram a outro prédio maior: o das Nações Unidas, que tem do lado direito a residência de Bulganin e à esquerda a de Molotov. Talvez por isso os russos saiam menos à rua.

Aqui se deu a coisa

Durante os primeiros minutos permitiu-se a entrada dos cinegrafistas e dos fotógrafos, mas a polícia examinara as câmeras previamente, para se assegurar de que não eram armas secretas e nem continham pistolas camufladas. O salão de conferências é decorado com afrescos do pintor José María Sert, pintados sobre um material que impede absolutamente a passagem do som a outras peças. É uma peça do segundo andar, com portas tão estreitas que só passa uma pessoa de cada vez. Foi escolhida, depois de longas deliberações, pelas assessorias dos Quatro Grandes que aperfeiçoaram os detalhes das conferências.

"*O caubói desobediente*"

Os chefes de Estado não puderam se sentar onde queriam. Seus lugares estavam determinados de antemão. Escolheu-se, para Eisenhower, um lugar de costas para as grandes janelas. Mas como deve ter aprendido em sua juventude, nos filmes de faroeste, não se sentiria seguro se em muitas quadras ao redor não estivessem seus poderosos detetives guarda-costas. Assegura-se que esta posição não foi escolhida por motivos de segurança, mas porque Eisenhower já não enxerga bem, tem de usar óculos para ler. Bulganin, diante do presidente dos Estados Unidos, tem um estímulo a mais para não se desnortear: a visão do esplêndido céu do lago Léman, onde está o esguicho vertical mais alto do mundo: 120 metros de estonteante espuma.

O formigueiro

Enquanto os Quatro Grandes conferenciavam, o formigueiro dos 1.100 jornalistas de todo o mundo — credenciados até esta manhã — assistiram à cerimônia de inauguração, quase à mesma distância com que se presenciam as explosões atômicas: três quilômetros. Cinco receptores de televisão foram colocados com este objetivo no formigueiro do palácio da imprensa, onde se escreve esta matéria e outras seiscentas. As únicas máquinas de escrever desocupadas, neste salão tão grande como o teatro Columbia de Bogotá, são as de caracteres tipográficos russos. Em compensação, os chineses ficaram para trás, porque não há máquinas com caracteres chineses. O escritor Ling Yu Tang inventou uma poucos anos antes da Revolução, mas Mao Tsé-tung trocou a escrita simbólica pela fonética e, sem nenhuma má-fé, tirou toda a graça do invento. Por isso, os chineses são os únicos que estão escrevendo suas matérias à mão.

Os quatro alegres compadres

Tudo isto começou domingo, muito cedo, quando Molotov desceu do avião e agitou alegremente o chapéu ao passar diante da tribuna dos jornalistas. Foi o primeiro relâmpago nesta tempestade de sorrisos que caiu em Genebra. Poucas horas depois chegou Eden, sorrindo à inglesa: discretamente, por baixo de seu pequeno bigode cor de chumbo. Ao descer do avião, também Eisenhower sorria. Seu sorriso — todo mundo sabe — parece mais o de um jogador de beisebol saudando a multidão depois de um quadrangular de fundo do que o de um presidente. Eisenhower sorri sempre como se estivesse se dirigindo a uma multidão, mesmo que não haja mais de quatro pessoas em frente. Faure parece sorrir por cortesia, como se estivesse se deleitando com uma péssima piada apenas por boa educação.

Devia dizer antes!

Quando Bulganin chegou ao aeroporto de Genebra, provavelmente Molotov, que foi recebê-lo, não lhe dissera ainda que a coisa se passava com sorrisos. O marechal chegou mais sério do que um tijolo, e assim aparece nas fotos e nos filmes feitos no aeroporto. Mas no Zis que o conduziu do aeroporto à sua residência, Molotov deve ter contado a Bulganin de que forma as coisas se passavam, porque quando saíram do carro todos estavam sorrindo. A delegação soviética em massa e muitos de seus membros secundários sorriam no vazio, sorriam para o nada. Desde então ninguém deixou de sorrir em Genebra.

E as crianças?

Dos sorrisos passaram aos abraços. Começou quando Eisenhower e Zukov se encontraram pela primeira vez, na segunda-feira. Aquele foi realmente o encontro entre dois velhos amigos.

— Como vão as crianças? — perguntou Zukov a Eisenhower. E Eisenhower, falando como um compadre, disse:

— Muito bem. Você as verá esta noite no jantar.

E de fato comeram juntos naquele dia, enquanto em Moscou se casava a filha de Zukov, numa cerimônia a que o marechal não assistiu por estar presente em Genebra. Quando Eisenhower soube, providenciou que se mandasse imediatamente um presente de casamento para Moscou.

Como em Hollywood

Desde o início os observadores interpretaram aquela tempestade de sorrisos como um bom presságio. Os russos, em Londres, não sorriem nem por engano. No ano passado, aqui em Genebra, saíram em todas as fotos com uma sisudez que fez os observadores temerem seriamente pela sorte do mundo. Agora, em compensação, quando se preparavam, no pátio florido e ensolarado do Palácio das Nações, para entrar na primeira reunião, os fotógrafos deviam acreditar que estavam retratando Ava Gardner e não Molotov, pois bastava acenar para ele e dizer:

— Um sorriso, por favor.

Molotov deixava de conversar. Volvia o rosto com um sorriso mecânico e aparecia feliz nas fotos, com um rostinho de leãozinho amestrado. Apenas um homem necessitou de dois dias para aprender a sorrir: Dulles. Como todo o mundo pôde observar nas fotografias, Dulles tem cara de tigre. À primeira vista é assombrosamente semelhante a dom Daniel Lemaitre na cara, na estatura e no modo de caminhar como um plantígrado. Mas dom

Daniel é uma dessas pessoas que melhor sabem sorrir na Colômbia e, por isso, depois de poucos minutos de observar Dulles, a semelhança desaparece.

O conto do pavão

É provável que os Grandes tivessem começado sorrindo espontaneamente, por determinação de seu estado de ânimo. Mas desde terça-feira os jornais começaram a se ocupar demasiadamente dos sorrisos. E agora parece que os Quatro Grandes estão sorrindo para agradar os fotógrafos, com sorrisos profissionais que ultrapassam o limite do normal. Os russos, que, como eu disse, começaram a coisa, não se conformaram em rir eles próprios, e puseram a rir seus automóveis.

Dos severos Zis com cara de carros fúnebres, passaram aos automóveis conversíveis vistos em Genebra. Assim não têm necessidade de pôr a cabeça para fora da janela para que os fotógrafos se dêem conta de que estão rindo, e sim que sorriem ao ar livre, num incontrolável regozijo a céu aberto que desconcertou os profissionais do pessimismo. Nas últimas horas, a única vez em que os russos se movimentaram num carro não conversível foi na quarta-feira, porque chovia. E seis membros da delegação chegaram em um automóvel conversível, apesar da chuva. Na porta do Palácio das Nações, naquele dia, tiveram outra oportunidade de rir às gargalhadas: os automóveis tiveram de se deter, enquanto a polícia espantava um pavão que interrompia o trânsito. Esse pavão é o único sobrevivente dos 15 que foram soltos quando se inaugurou o Palácio.

Que maneira de comer!

Todo este ambiente de cordialidade, já um pouco cinematográfico, ao que parece mais exibicionista do que real, complicou-se com a maior quantidade de almoços de que se lembra a história da diplomacia dos últimos tempos. Perdeu-se a conta de quantas vezes quem almoçou com quem, e onde. Quando o sol desponta — às quatro da manhã — já todos os minutos de todos os delegados estão comprometidos. Preenchida a quota dos almoços e outras refeições, aos chefes de governo concentrados em Genebra não resta mais do que se convidarem para o desjejum. O único que não pode se dar o gosto de almoçar fora de sua casa, na casa de seus companheiros de beijos e abraços, é Eisenhower, impedido pelo protocolo.

Faure não chegou

O protocolo ficou tão elástico que Faure se deu o gosto de chegar tarde a uma reunião de fundo sem que eclodisse uma guerra. A coisa ocorreu nada menos do que na primeira reunião dos Quatro Grandes, na segunda-feira.

O presidente dos Estados Unidos e os chefes dos governos da França, Inglaterra e União Soviética combinaram encontrar-se do lado de fora, nos prados do Palácio das Nações. Eden saiu em primeiro lugar, às cinco para as seis. Depois saiu Bulganin. Mas Faure não saía. Por fim, cansados de esperá-lo, os três Grandes, pontuais, entraram em seus automóveis e foram para casa. Faure saiu apenas às oito e meia da noite, quando já começava a escurecer. A razão da demora é muito simples: Faure e Pinay estavam no bar do Palácio, falando de política e tomando vinho.

A democracia do uísque

O bar do Palácio das Nações não é nenhum lugar secreto. É um estabelecimento no qual podem entrar, desde terça-feira, todos os jornalistas credenciados, até aquele dia sitiados na Maison de la Presse, no centro da cidade. Como já são mais de mil, a pressão do descontentamento estava a ponto de explodir. Ao que parece, a polícia suíça chegou à conclusão de que era uma tolice que os Grandes estivessem sorrindo, abraçando-se e tomando vinho nos bares, como qualquer pedestre, e por outro lado os jornalistas ficassem encerrados, como se fossem os grandes. De maneira que a quarentena foi suspensa e, quando nós jornalistas entramos, quarta-feira de manhã, no bar das Nações Unidas, encontramos a primeira notícia: Zukov estava ali, à mesa com outros russos, tomando uísque escocês.

Os quatro alegres compadres

O cerimonial dos sorrisos ficou regulado terça-feira de tarde, quando se tirou a foto oficial da conferência, publicada em todos os jornais do mundo. A foto foi tirada por uma multidão de fotógrafos, às três da tarde, antes de se instalar a terceira sessão. O secretário-geral da conferência queria a foto para pendurar ao lado das já famosas de Yalta, Teerã e Potsdam. Muitos fotógrafos preferiram perder a foto do momento em que eles entraram, para se instalar num bom lugar, antes de tirar a que já se começa a considerar "a foto do ano". Nela aparecem, da esquerda para a direita, Bulganin, Eisenhower, Faure e Eden.

O formigueiro dos fotógrafos escalou as janelas, em busca de melhores ângulos. A colocação dos lugares não estava prevista no protocolo. E quando Eisenhower ofereceu a Bulganin a primeira cadeira da direita, Bulganin fez um gesto que se pode traduzir por:

— Não, meu velho. Era só o que faltava. Este lugar é para você.

Eisenhower insistiu. Bulganin ofereceu uma resistência cordial. Por último, Eisenhower pôs as mãos nos ombros de Bulganin e quase o obrigou a sentar-se na primeira cadeira. E ali ficou, embasbacado, enquanto Eisenhower ocupava a cadeira seguinte.

Uma vez sentado, Bulganin viu um fotógrafo da United Press pendurado por um braço na guarnição de uma janela, tratando de tirar a foto com a outra mão. Bulganin apontou-o com o dedo indicador, morrendo de riso, e Eisenhower, rindo também, voltou a olhá-lo. Nesse instante explodiu um ruidoso relâmpago de duzentos flashes. A foto do ano estava feita: a foto dos quatro alegres compadres.

O susto dos Quatro Grandes

Quando os diplomatas — que vieram a Genebra recompor um mundo que eles mesmos descompuseram — começaram a comer, ontem à noite, no palácio de Eynard, havia um lugar no globo que não se dava conta da importância desse acontecimento: a velha Genebra, a de Calvino, cujas pedras exalam cheiro de jasmim e ninguém sabe por quê, pois não se vêem jasmineiros em nenhuma parte. Enquanto Eisenhower mastigava um pedaço de truta à Brillat-Savarin e Zukov ajustava o guardanapo no pescoço para não sujar com pescado suas oito fileiras de condecorações, a catedral de Saint-Pierre ainda estava ali, onde a colocaram há quinhentos anos. Situa-se entre duas árvores que também têm quinhentos anos, a duas quadras da casa onde nasceu Jean-Jacques Rousseau; um velho casarão cheio de janelas que deve ter morrido há muito tempo e ninguém se deu conta.

Naquela mesma hora, as mulheres dos diplomatas comiam e falavam das senhoras ausentes, num hotel da rue des Granges. Enquanto a senhora Eisenhower elogiava o resplandecente traje branco acetinado da senhora Faure — um modelo exclusivo de Fath — num modesto canto do pátio de Saint-Pierre estava ainda, num pedestal de um metro e meio, o tremendo *Jeremias* de Auguste de Niederhauser Rodo (1863-1913), ao alcance das crianças. A senhora Dulles disse que não podia comer fruta cristalizada porque botava a perder a sua dieta. Nesse momento começava a escurecer no monstruoso monumento da Reforma, entre as quatro estátuas dos quatro grandes de Genebra: Calvino, Farel, Bèze e Knox.

Ordens são ordens

Ninguém olha as costas dos quatro grandes da velha Genebra. Em compensação, para que os Quatro Grandes do mundo moderno entrassem no palácio de Eynard, convidados pelo presidente Petitpierre, houve uma cinematográfica movimentação da segurança. Petitpierre, na qualidade de anfitrião, foi o primeiro a chegar. Surgiu no Buick preto, disposto a deixar a cabeça de fora para se deixar saudar pela multidão, como faz sempre. Mas não foi possível, impedido pelas fileiras de policiais, que tinham ordens estritas. De modo que o presidente da confederação helvética teve de apear do automóvel e caminhar cem metros a pé, enquanto a multidão composta em sua maioria de jornalistas estrangeiros não conseguia reconhecê-lo.

Eram oito da noite e a chegada dos convidados estava anunciada para as oito e meia.

Um conto inglês

Pontual como um inglês, Eden chegou às oito e meia cravadas. Aquilo parecia preparado pelo protocolo. Chegou com um *smoking* branco — o único *smoking* branco visto no banquete — e passou muito sério, e talvez demasiado britânico, pelos sorridentes policiais suíços. Um *smoking* branco se vê extraordinariamente bem à luz dos candelabros. Mas às nove da noite no verão europeu, quando o sol ainda está tão alto como se fossem quatro da tarde, um *smoking* branco como o de Eden ou um *smoking* preto como o de Eisenhower, simplesmente parece coisa de loucos. Quando Eden desceu do automóvel, uma mulher entusiasmada levantou a cabeça acima da multidão e gritou:

— Viva Eisenhower!

A única diferença

Com poucos minutos de diferença chegou Eisenhower, em seu comprido Cadillac preto. Seguramente a mulher nada disse, porque acreditou que era Eden. O presidente caminhou de forma marcial — com um passo largo exatamente igual ao de Johnny Walker — e sorriu dissimulada e demagogicamente aos policiais.

Depois chegou Faure, patrioticamente a bordo de um Citroën. E, por último, numa grande caravana de Zis, chegaram os russos alegres e alvoroçados, como se tivessem fugido da escola para ir ao banquete. Zukov se enredou na porta do automóvel quando tentou sair com um pulinho de colegial, e, ofuscado, voltou-se sorridente para a multidão.

— Aproveitem, camaradas! — gritou alguém, no meio da multidão, a quem nada aconteceu porque estamos em Genebra.

Só uma mulher assistiu ao banquete: a senhorita Frances Willis, embaixadora dos Estados Unidos em Berna. Como teria sido apropriado, a senhorita Willis não estava vestida de homem. Pusera um traje de tule, do mais feminino feito por Christian Dior.

O susto das senhoras

Enquanto no palácio de Eynard conversavam cinqüenta homens e uma mulher, no hotel da rue des Granges conversavam sete mulheres e um homem. Mesmo que fosse apropriado, o homem não estava vestido de mulher: era um correspondente diplomático que conseguira fazer-se convidar a uma festa de senhoras, só para publicar o que diziam. Mas até agora foram poucas as coisas publicadas ditas por elas.

Essa tarde, aquelas sete senhoras tiveram a idéia de passear de iate, aproveitando que seus maridos estavam extraordinariamente ocupados no Palácio das Nações Unidas. Desta vez a idéia foi da senhora Eisenhower, que assim respondeu à idéia tida dois dias antes pela senhora Faure, também de passear de iate.

Embarcaram no *Elna*, um enorme iate luxuoso emprestado por um jovem joalheiro francês, Cartier. Passaram um mau momento, as senhoras: às treze horas, o diáfano céu do lago começou a se pôr cor-de-formiga. Uma tempestade em cinemascope, com som quadrofônico, caiu sobre Genebra e provocou uma tremenda sensação na Maison de Presse, onde 1.143 jornalistas de todo o mundo estavam pensando nas senhoras navegantes dos Grandes. Mas não aconteceu nada: o experiente piloto do *Elna*, apesar dos gritos das senhoras, negou-se terminantemente a ancorar num porto particular de Genthod.

O curto-circuito

Enquanto as senhoras sofriam no lago, por causa da borrasca, Eisenhower, indiferente aos trovões e relâmpagos que explodiam na cara de Bulganin, apresentava no Palácio das Nações Unidas sua espetacular proposta. O presidente dos Estados Unidos explicava como os aviões russos podiam tirar fotos sobre os Estados Unidos, e vice-versa, quando um raio caiu em alguma parte e produziu um curto-circuito. Foi-se a luz. Na obscuridade, entre os clarões intermitentes dos relâmpagos, Eisenhower continuou explicando como era a coisa das fotos. Quando acabaram de consertar as instalações, Eisenhower ainda não acabara de explicar sua proposta, que nesse instante começava já a provocar outro curto-circuito nas conversações.

"*Ó, meu Deus*"

As senhoras apenas tiveram tempo de chegar em casa, depois da tormenta, e vestir os trajes que já estavam prontos para a festa oferecida a elas pela mulher do presidente da federação helvética, senhora Petitpierre. A senhora Eden pôs um traje de organza à Pompadour. Quando desceu de seu Rolls Royce essa noite na rue des Granges parecia uma formosa boneca sobre uma caixa de pó de arroz. A senhora Eisenhower pôs um vestido de cetim cinza com aplicações de renda preta. A senhora Faure, como complemento do já mencionado modelo de Fath, pôs umas luvas compridas cor-de-framboesa e, na cabeça, um diadema de ouro. Estavam alegres e haviam apagado com a maquiagem noturna o tremendo susto da tarde. O único homem presente à festa das senhoras disse que uma cantora contratada com exclusividade cantou uma canção apropriada que dizia num dos versos: "Ó, meu Deus, ajude-me nesta emergência!"

A dieta é para os homens

De todas as senhoras que vieram a Genebra acompanhando os Grandes e seus assessores, a única que mantém dieta especial é a senhora Dulles. Por isso não consumiu as frutas açucaradas de seu suco.

Em compensação, quase todos os homens são submetidos a um regime alimentar especial. Na comida de ontem, vinte cozinheiros especializados tiveram de cumprir ao pé da letra as ordens emanadas por alguém que sabe exatamente o que podem comer os Grandes:

> *Cantalop au porto*
> *Truite du lac Brillat-Savarin*
> *Aile de bresse Laperouse*
> *Beignet Parmentier*
> *Salade Bergère*
> *Fromages*
> *Mousseline aux framboises*
> *Friandises.*

E apesar de tantos esforços dos vinte cozinheiros, Bulganin não comeu a truta. Disse que peixe lhe faz mal depois das seis da tarde.

Onde come Dick Tracy?

Enquanto os senhores e senhoras comiam, cada qual a seu lado, os enormes policiais de Eisenhower, os severos da Scotland Yard e os membros do NKVD (polícia soviética) comiam em outro lugar da cidade, num desses refúgios secretos inventados pelos filmes de detetive.

 Alguém que tivesse notícia desta simples refeição entre ferozes guarda-costas não acreditaria que ela se efetuava na mesma cidade da catedral de Saint-Pierre, cuja única relação com esta conferência é que nela se rezou, há dois dias, uma missa pelo êxito das conversações. Em compensação, a festa dos alegres detetives era apropriada para a Genebra moderna, onde de madrugada sai um jorro de mambos pelas janelas, enquanto os turistas suam dentro de suas *guayaberas* (casaquinhos). Ninguém poderia acreditar — e é verdade, como se pode ver nos guias de turismo nos quais o endereço do consulado da Colômbia está errado — que na mesma Genebra de Calvino há um estabelecimento noturno cujo nome foi tirado de um mambo de Dámaso Pérez Prado:

> *Mimí Pinzón*
> *Rua du Rhône 80, telefone 54312*

Quem é quem?

Sem dúvida a festa dos detetives foi a mais alegre de todas. O anfitrião era o chefe da polícia de Genebra, o senhor Knecht. Dela participaram todos os guarda-costas das delegações, menos os que essa noite faziam seu turno e estavam no segundo andar do palácio de Eynard, comendo as trutas comunistas que Bulganin evitou, porque lhe faziam mal depois das seis.

Sem dúvida o incidente mais comentado na festa dos detetives foi o que ocorreu essa tarde, quando Eisenhower visitava o reator nuclear suíço instalado no Palácio das Nações Unidas. Um agente secreto norte-americano se infiltrou entre os fotógrafos que seguiam o presidente. Um dos agentes secretos suíços, ao perceber que um dos fotógrafos não tinha câmera fotográfica, seguiu-o durante algum momento e por fim pôs-lhe a mão para revistá-lo. Naturalmente, encontrou uma metralhadora.

— Ah! Então isso é uma câmera fotográfica? — disse o atento agente suíço. E como não falasse inglês, levaram preso o norte-americano. Na festa de ontem à noite, os dois estavam morrendo de rir. No *vestiaire* — suponho — com um inocente cartãozinho pendurado no gatilho para evitar confusões à saída, os detetives da festa haviam deposto suas pistolas e suas metralhadoras.

A autêntica torre de Babel

Depois da revolução radical de 1846, segundo li num guia turístico, os membros do Conselho Geral de Genebra ficaram tão contentes que decidiram construir um edifício para se reunir. Com dinheiro arrecadado junto à população, adquiriram um lote enorme, entre a rua de Carouge e a praça de Plain Palais. Ali construíram o sólido edifício de dois andares, com muitos escritórios e um imenso salão de reuniões, com capacidade para duas mil pessoas. Nesse edifício funcionou — durante esta semana — a Maison de la Presse, onde 1.143 jornalistas credenciados, vindos de todo o mundo, trabalharam durante vinte e quatro horas diárias, em oitocentas máquinas de escrever. Neste momento — enquanto os Quatro Grandes celebravam a última reunião — o formigueiro da Maison de la Presse está se desintegrando.

Resumo de Genebra

Para que os jornalistas não tivessem de sair para nenhum lugar, fez-se dentro da Maison de la Presse um resumo da cidade. Instalaram-se agências de correio, que enviaram para todo o mundo uma média de quinhentas cartas diárias. Instalou-se uma central telefônica, com dez cabinas, nas quais se transmitiam mensagens em todos os idiomas a qualquer hora do dia ou da noite, para qualquer parte do mundo. Nessa central telefônica instalou-se um microfone, com extensão para os banheiros — com a qual a simples e magricela Françoise Fazy, laboriosa locutora profissional de 19 anos nascida no condado de Grisson, pedia em dois idiomas a presença de seiscentos jornalistas todos os dias nas cabinas telefônicas. O maior número de chamadas telefônicas foi feito ou recebido pelos correspondentes das "democracias populares".

Quanto custou o disparate

Como todos os jornalistas trouxeram dólares, instalou-se também na Maison de la Presse uma sucursal do Banco da Suíça. Os correspondentes trocaram seus dólares em toda a cidade e alguns nem trocaram, pois em Genebra o dólar circula correntemente à taxa de 4,25 francos, que é quase exatamente o que vale um dólar no câmbio negro na Colômbia. Mesmo assim, hoje, à meia-noite, a agência bancária da Maison de la Presse havia transformado em francos suíços 22 mil dólares.

O preço da notícia

Para que os jornalistas não tivessem de sair à rua, instalou-se um restaurante com capacidade para quatrocentas pessoas. E um bar com capacidade para cem. Nesta semana, os jornalistas que preferiram comer na Maison de la Presse — não foi a maioria — devoraram uma tonelada de carne fria, três quartos de tonelada de presunto e cinco toneladas de salada de batata.

As simpáticas suíças que atenderam em dois idiomas à alvoroçada clientela serviram, desde domingo, sete mil xícaras de café, 5.516 garrafas de cerveja, 2.314 sucos de frutas e nove mil garrafas de água mineral suíça. Faça você a conta: uma cerveja vale 1,20 peso colombiano. Uma xícara de café vale oitenta centavos. Um suco de frutas vale 1,30 e uma garrafa de água mineral, noventa centavos. Um jornalista das Nações Unidas calculou que o dinheiro mobilizado nestes seis dias dentro da Maison de la Presse daria para construir outra vez o edifício.

Dez vezes a Bíblia

Durante todo o dia e toda a noite os escritórios das diferentes agências a cabo com sucursal em Genebra transmitiram a partir deste formigueiro mensagens para todo o mundo. Até meia hora antes de concluir a última reunião dos Grandes, esses escritórios transmitiram para todo o mundo 6.343.223 palavras. Só uma vez foi necessário aguardar em turnos de quatro minutos: depois da dramática proposta de Eisenhower.

Mas nem tudo o que se escreveu na Maison de la Presse foi transmitido por esses escritórios. As agências internacionais de notícias com instalações próprias em seus escritórios mobilizaram o maior volume de palavras. Cinqüenta e três jornais e agências de imprensa montaram duas próprias redações, de onde transmitiam suas mensagens por fio especial, a partir da Maison de la Presse. Duas agências — a UP e a AP — necessitaram de dois grandes escritórios cada para suas fabulosas operações.

O quarto escuro

Os fotógrafos, que andavam aos bandos e muitos dos quais instalaram seus laboratórios nos hotéis, dispuseram na Maison de la Presse de dez quartos escuros, perfeitamente equipados. Ainda assim, meio andar do hotel do

Rhône, onde se hospedou a delegação norte-americana, e meio andar do hotel Metropol, onde se hospedou a delegação soviética, foram reservados exclusivamente para laboratórios fotográficos.

O volume de informações transmitidas nestes dias de Genebra só é comparável à quantidade de documentos trazidos pela delegação norte-americana: vinte baús.

O mundo inteiro

Uma das maiores delegações de jornalistas vindos à Maison de la Presse foi a hindu.

— Somos os mais interessados na paz mundial — disse um deles.

Um dos egípcios, que também têm uma delegação numerosa, manifestou-se assim:

— Necessitamos de muito dinheiro para realizar projetos no interior. A guerra estragaria nossos planos. Por isso estamos aqui.

A América do Sul brilhou pela escassez de enviados especiais. Nenhuma cidade sul-americana teve mais de um enviado especial, exceto Bogotá, cujos jornais *El Tiempo* e *El Espectador* credenciaram redatores para a conferência. *El Espectador* foi o único jornal sul-americano que destacou um enviado especial a partir de sua sede, com a missão específica de acompanhar os acontecimentos de Genebra.

A torre de Babel

Nem todos os jornalistas credenciados falavam francês. A maioria — entre eles os orientais — falava inglês. Os outros falávamos um pouco de tudo. O espanhol foi língua minoritária: nenhum dos 263 empregados da Maison de la Presse — que falavam inglês e francês corretamente — falava espanhol.

Na verdade, na Maison de la Presse, não se falou nenhum idioma nos últimos dias. Os italianos decidiram que podem se entender perfeitamente com os espanhóis. Os espanhóis achavam que podiam se entender, falando cada um em seu idioma, com os franceses e os italianos. Ingleses e norte-americanos recorreram a seus escassos conhecimentos de todos os idiomas de origem latina. Os latinos decidiram que podiam se entender com os saxônicos, com as poucas palavras latinas conhecidas pelos ingleses e com as poucas palavras inglesas conhecidas pelos latinos. O resultado foi um quebra-cabeça geral, feito com pedacinhos de todos os idiomas do mundo, com o qual todos podíamos nos entender de alguma maneira. A agência da All American Cable em Genebra é atendida por um alemão, que também fala italiano e inglês. Tem uma secretária suíça que fala francês e alemão. Este correspondente se entendeu com a agência com pedacinhos de italiano, francês e espanhol. Em determinado momento, a secretária suíça teve de atuar como intérprete entre o francês deste correspondente e o espanhol do gerente alemão.

O grande oligarca

O Palácio das Nações Unidas, onde se desenvolveram as conferências, está situado a três quilômetros da Maison de la Presse. Cinqüenta e dois jornalistas dispunham de automóvel. Um deles trouxe diretamente de Nova York um Cadillac maior e mais luxuoso do que o do presidente Eisenhower. Era William Randolph Hearst, Jr.

Outro dos bons negócios da conferência foi o dos táxis. Em Genebra, um táxi marca um peso colombiano pela bandeirada e cinco centavos a cada cem metros. Os três quilômetros da Maison de la Presse ao Palácio das Nações Unidas custam de táxi cinco pesos colombianos.

Não deu tempo!

Em compensação, foi um mau negócio o das boates que se prepararam com antecipação para depenar os jornalistas. Os 1.143 correspondentes credenciados tiveram de assistir, diariamente, às conferências dos porta-vozes de imprensa das três delegações no fim de cada reunião dos Grandes. Nos últimos dias havia também entrevistas depois das reuniões dos chanceleres. Ontem à noite a última conferência de imprensa se realizou às duas da madrugada, a do porta-voz da delegação inglesa, que contou como foi que a última reunião durou apenas 15 minutos, quando se esperava que durasse quatro horas.

Cada porta-voz tem dois assessores nas conferências. Só uma delegação conta com os serviços de uma mulher: a soviética. É uma ruiva — ontem vestia uma blusa azul-marinho tão normal como a de qualquer rapariga ocidental da classe média — que usa cabelo curto e fala francês sem sotaque. Mas talvez fosse esta bela russa a razão pela qual as entrevistas dos porta-vozes soviéticos fossem sempre disputadas. Quando se anunciava a entrevista dos soviéticos, todo mundo deixava o que estivesse fazendo. A comida ficava pela metade.

"Good-bye"

Nestes momentos, o formigueiro da Maison de la Presse está em polvorosa. Está se desfazendo, lançando a enormes cestos de lixo meia tonelada de papel que ontem era uma das coisas mais valiosas para os jornalistas e hoje não serve para nada. A maioria dos jornalistas tem passagem marcada para esta tarde. Quando acabar a última sessão dos Grandes, o formigueiro sairá em disparada para transmitir o último despacho e se espalhará por todos os rincões da Terra. Entre eles estão muitos dos melhores jornalistas do mundo, e, entre os melhores, Margarete Higgins, a jornalista que esteve na Coréia e aqui mal teve tempo de trocar as grossas calças militares e o boné de beisebol. Também vão alguns que não são jornalistas: Rudolph Churchill, filho de Winston, que foi credenciado na Maison de la Presse para satisfazer seu desejo de se misturar aos jornalistas. Mas as coisas que ocorreram nos últimos dias se sucederam com tanta rapidez que ninguém teve tempo de conhecer a cidade. Para nós, Genebra será sempre esta casa de loucos da Maison de la Presse.

As três grandes damas de Genebra

Devem ter dito às senhoras: "Vamos para Genebra." E elas, encantadas, devem se ter preparado para passar oito dias de férias à margem do lago Léman, diante de seus brancos iates de recreio que parecem os maiores barcos de brinquedo do mundo. Talvez por isso todas trouxeram suas roupas de banho. Os vestidos tão sérios, tão de uma só peça, que basta vê-los de binóculos para saber que seus maridos são homens com muitas responsabilidades sobre os ombros.

Na manhã do dia 19, as três mulheres dos Grandes que não vieram desacompanhados descobriram que já estavam havia três dias em Genebra e ainda não começaram as férias. Mas Eden almoçava com Faure. Dulles, MacMillan, Molotov e Pinay estudavam a ordem do dia. Como também dois deles trouxeram suas mulheres a Genebra, elas estavam sozinhas, aborrecendo-se em suas enormes e floridas residências. A idéia de se reunirem ocorreu à senhora Faure, que parece ser uma boa agente de relações exteriores.

"Enfim, sós!"

Era a primeira vez que as mulheres dos governantes ocidentais se encontravam sozinhas em Genebra. Os fotógrafos tomaram conhecimento e se precipitaram para a residência de Faure. Graças a eles se sabe o que aconteceu ali, pois os cronistas tiveram de se conformar com uma distância mais do que prudente e um par de binóculos que ao que tudo indica são a única coisa barata em Genebra: trinta pesos colombianos.

Ao contrário do que todos pensamos, as senhoras não começaram falando do malogro das férias. Já haviam tido motivo, pois desde quando chegaram, domingo, só tiveram tempo para representar seu papel de primeiras-damas nos almoços oferecidos pelos maridos. A senhora Eisenhower, numa reunião de russos celebrada em sua casa, teve de entreter sozinha os únicos visitantes que não trouxeram as mulheres a Genebra, e não explicaram o motivo.

A batalha do traje

Às nove da manhã, automóveis oficiais deslizaram pela sinuosa estrada que costeia o lago Léman e liga as mansões dos Grandes, recolhendo esposas solitárias para reuni-las na casa de Faure. A senhora Eisenhower, que é o pólo oposto da senhora Faure em matéria de roupas, tinha um vestido cinza-pérola, de seda estampada como a pele de um tigre, com um enorme laço no peito, exatamente como uma enorme borboleta. A senhora Eden — *Lady* Clarissa — tinha um discreto traje azul-marinho, tão simples que proporcionará certamente às colunistas sociais oportunidade de escrever uma crônica de três laudas. Para decepção dos que estávamos de binóculos, a senhora Faure não saiu para recebê-las à porta. Mas se sabe que estava dentro, colocando no lugar um vaso de gerânios, vestida com um brilhante e alaranjado traje de duas peças, com o decote mais decotado que se pode permitir a esposa de um primeiro-ministro: quase nada.

Minutos depois, chegaram as senhoras Dulles, Berard e MacMillan. Um jornalista francês me dizia esta noite, na hora do jantar, enquanto se comia um frango assado, que é impossível, por não ser de bom-tom, que a residência de um primeiro-ministro cheire a frango assado. Mas os fotógrafos asseguram que a mansão de Faure cheirava a frango assado. O certo é que as senhoras comeram frango. Mas não assado.

Aquilo não é Genebra

Duas das senhoras têm como idioma original o francês. As outras quatro, o inglês. Mas não houve necessidade de intérprete, porque *Lady* Eden fala um francês tão correto como o inglês da senhora Faure. De maneira que ali se passou diretamente à conversação, como fazem seis senhoras juntas, em qualquer idioma. Talvez neste momento as seis tenham se alegrado com o fato de os russos não terem trazido suas mulheres.

Foi o único momento de férias. Em Genebra a temperatura está a 30 graus, há vinte dias. As pessoas se vestem como em Barranquilla, não só por causa da informalidade mas também pelas camisas coloridas, com barcos e papagaios, e essas sandálias que às vezes fazem pensar que alguém construiu um formoso lago com flores no bairro do Boliche. Nas calçadas ensolaradas, com um sol que desponta às quatro da madrugada e se oculta às nove da noite, há uma mesinha por trás de cada bosque de gerânios, em que se pode tomar, com muito prazer, uma Coca-Cola que custa noventa centavos colombianos e uma cerveja esplêndida que custa um e vinte. Há também cachorros pelas ruas como em Magangué. Talvez mais. Mas estes são cachorros civilizados que não latem para ninguém e obedecem aos sinais de trânsito. As mulheres dos Grandes poderiam falar de todas estas coisas se não estivessem, desde que chegaram a Genebra, vigiadas por um severo cordão de policiais armados até os dentes.

A diplomacia em roupa de banho

O enviado especial do *France-Soir*, Edgar Sneider, assegura que naquele almoço a única pessoa que tentou falar de política foi a sra. Eisenhower, que disse apenas:

— O tempo passa muito depressa na Casa Branca.

Mas imediatamente a sra. Faure pôs fim a esta conversação, exatamente com o recurso com que as norte-americanas começam: falando do tempo.

Quando se terminou o almoço, às 11h30, a sra. Faure ficou pensativa, contemplando os iates de brancas e infladas velas, e disse:

— Que bom seria passear pelo lago.

Poucos minutos depois, automóveis oficiais haviam ido e voltado, e as senhoras estavam metidas em seus trajes de banho. O menos severo era o da sra. Faure: verde-claro.

Foram passear num iate branco, enquanto seus maridos se preparavam para pôr o mundo em ordem. No decurso da semana cheia de abraços e sorrisos entre os Quatro Grandes, não se apresentou de novo a oportunidade em que as senhoras pudessem estar sozinhas numa casa e dar um passeio como o da manhã de 19. Este foi o princípio, mas também o final das férias.

AGOSTO DE 1955

S.S. sai de férias

O papa saiu de férias. Esta tarde, às cinco em ponto, instalou-se num Mercedes particular, com placa SCV-7, e saiu pela porta do Santo ofício, até o palácio de Castelgandolfo, a 28 quilômetros de Roma. Dois gigantescos guardas suíços o saudaram à entrada. Um deles, o mais alto e robusto, é um adolescente louro que tem o nariz achatado, como o de um boxeador, em consequência de um acidente de trânsito.

Poucos turistas esperavam a passagem do carro papal na praça de São Pedro. Discretamente, os jornais católicos anunciaram de manhã a viagem de Sua Santidade. Mas disseram que o automóvel sairia do pátio do Vaticano às seis e meia da tarde, e saiu às cinco. Como sempre, Pio XII ia adiantado: suas audiências coletivas, suas viagens e bênçãos aos turistas ocorrem sempre um pouco antes da hora anunciada.

35 graus à sombra

O viajante ia sozinho no carro, na parte de trás, naturalmente. Na frente, um motorista uniformizado parecia indiferente às manifestações de devoção e simpatia dos romanos e dos turistas, que saudaram o carro, ao passar por Gianicolo, onde estão as estátuas de Garibaldi — que parece um pirata de

Salgari — e a de sua mulher, que também parece um pirata de Salgari, montada como homem num cavalo.

Pela primeira vez no ano, esta tarde o papa esteve ao alcance das crianças, perfeitamente visível através do vidro fechado do carro. Dentro do veículo devia fazer um calor tremendo, porque o automóvel pontifício não tem ar-condicionado. O papa, contudo, não parecia incomodado com a temperatura, apesar de não vestir o que se poderia chamar de "roupa de férias". Enquanto pelas ruas de Roma os sólidos trabalhadores correm como loucos em suas vespas, sem camisa e com calças curtas, Sua Santidade ia de férias em seu automóvel hermeticamente fechado distribuindo bênçãos à direita e à esquerda, sem se preocupar com o calor.

A governanta

Outros dois carros, iguais ao de Sua Santidade, seguiam o automóvel pontifício. Num deles ia sor Pascualina, antiga e dinâmica administradora da vida particular de Sua Santidade. É uma freira alemã, forte de corpo e espírito, que se encarrega pessoalmente da roupa do papa, que vigia seus alimentos e exerce sobre ele domínio inflexível. Ela, mais do que ninguém — e mais ainda do que os médicos de cabeceira de Sua Santidade — pode dizer como amanheceu o papa. E foi ela quem o ajudou a se recuperar de seus achaques de há alguns meses, melhorando-o a um ponto tal que hoje o Sumo Pontífice está mais gordo, recuperou a espontaneidade dos movimentos dos braços. E voltou a trabalhar normalmente. Na primeira página do *L'Osservatore Romano* aparece hoje um anúncio:

> "O escritório do mestre de câmara de Sua Santidade faz saber que, durante sua permanência em Castelgandolfo, o Santo Padre se dignará a conceder audiência aos fiéis e peregrinos, duas vezes por semana. Estas audiências ocorrerão às quartas-feiras e sábados, às seis da tarde. Quem desejar participar destas audiências deverá retirar o costumeiro ingresso no escritório do mestre de câmara de Sua Santidade."

Este anúncio foi considerado um indício da boa saúde do papa. Sabe-se, além disso, que no terceiro automóvel viajavam funcionários da Cidade do Vaticano, com uma maleta cheia de papéis de negócios que Sua Santidade deve estudar durante as férias.

Acidentes de percurso

A última vez que o papa passou pela formosa estrada de Castelgandolfo pensou-se que seria na verdade a última. Foi no final do verão do ano passado e sua saúde estava assustadoramente debilitada. Hoje, contudo, voltou a passar, e aproximou várias vezes o azeitonado e seco rosto dos vidros do carro, para benzer os numerosos italianos que saíram disparados em suas vespas para esperar sua passagem pela estrada.

Mas nem todos o esperaram no caminho. A maioria estava concentrada na estreita pracinha de Castelgandolfo, uma pracinha rodeada de árvores e com lojas que exibem sua vistosa mercadoria na guarnição da porta, como em Girardot. O papa chegou ao palácio um pouco depois das seis. A viagem teve uma interrupção de dez minutos: um enorme caminhão carregado de tijolos atravancou a via Apia Nuova e o trânsito foi interrompido. Quando o carro do papa chegou ao local, um colossal motorista em calça curta distribuía palavrões no meio do caminho.

Sábado em Tolima

Ninguém se deu conta em Castelgandolfo de que lado o papa entrou em seu palácio de férias. Entrou pelo oeste, num jardim com uma avenida costeada por árvores centenárias. A pracinha do povoado estava cheia de bandeiras, como a pracinha do Espinal em dia de São Pedro. Exatamente como no Espinal, antes de começar a corrida de touros, num estrado de madeira estavam as autoridades, e em outro estrado de madeira, a banda de músicos. Quando se soube que Sua Santidade estava no palácio, a banda — uma típica formação rural — se pôs a tocar a plenos pulmões. Só que não tocou uma música tolimense, mas um hino emocionante: "Branco pai". As crianças das escolas, esforçando-se dentro de seus uniformes de lã, agitavam as bandeirinhas amarelas e brancas — as cores do Vaticano — numa tarde de sábado que não foi de férias para eles porque tiveram de assistir às férias do papa.

A cabeça de uma mulher

Sua Santidade, tradicionalmente, inicia seu período de repouso nos primeiros dias de julho. Esta vez está com quase um mês de atraso, e são muitas e diversas as interpretações feitas sobre o atraso. Uma das interpretações tem muito a ver com a crônica policial. Vinte dias antes apareceu o corpo decapitado de uma mulher na margem do lago de Castelgandolfo. A polícia levou o corpo para um frigorífico. Examinaram-no milímetro a milímetro e estudaram os dados a respeito de trezentas mulheres desaparecidas nos últimos dias. Uma a uma as trezentas mulheres foram aparecendo. A polícia deslindou, sem se propor especificamente, muitas coisas, com ganhos adicionais na atividade investigativa: adultérios, violações, fugas sem importância. Mas a cabeça da decapitada de Castelgandolfo não apareceu em nenhum lugar, embora os mergulhadores do governo, trabalhando 24 horas todos os dias, tenham sondado o lago milímetro a milímetro.

Amanhã, em seu primeiro dia de férias, o papa assomará à janela de seu palácio de verão para contemplar a superfície azul do formoso lago de Castelgandolfo. E ainda que não se saiba se Sua Santidade se interessa pela fecunda e escandalosa crônica policial dos jornais de Roma, não poderá evitar a visão dos mergulhadores e das lanchas da polícia. E talvez seja a única pessoa que possa ver — de uma janela que domina toda a superfície do lago — aquilo que todos os romanos estão desesperados por conhecer: a cabeça que, cedo ou tarde, os mergulhadores resgatarão das águas de Castelgandolfo.

Preparando-se para o fim do mundo

Há um bonde que vai direto da praça de São Pedro à estação Termini. A viagem custa 25 liras. Nos últimos dias, esse bonde, que parece ser para uso exclusivo dos turistas, esteve ocupado por uns viajantes silenciosos de todas as cores, que só abriam a boca, em numerosos idiomas, para convencer seus vizinhos de banco que o mundo se acabará antes que termine o século atual. Eram as oito mil testemunhas de Jeová cujo congresso mundial se realizou em Roma, no imenso coliseu construído por Mussolini para a mostra mundial, na meca do catolicismo e a um lance de bonde da praça de São Pedro.

Quem é quem

Turistas não têm marca de fábrica. Mas como as oito mil testemunhas de Jeová têm cara de turistas comuns e correntes, decidiram se distinguir dos outros pendurando no peito um crachá colorido com o nome e o país de origem. Por isso foram vistos nas ruas de Roma, nos últimos dias, tantos negros com espelhinhos e crachás pendurados no peito. A maioria deles vinha dos Estados Unidos, onde o advogado Charles Roussel, da Pensilvânia, fundou a religião em 1879. Os outros vinham de todos os lugares do mundo, e especialmente da África.

Em seus momentos de descanso, os delegados deste congresso que os católicos olharam com olímpica indiferença iam disputar fiéis no campo inimigo. Tomavam o bonde na estação Termini e se dirigiam à praça de São Pedro, onde, contudo, não puderam ver o papa benzendo os turistas porque o papa está de férias. Para não perder a viagem de regresso, explicavam ao vizinho de banco que "assim como o templo de Jeová estava a 1.138 metros acima do nível do Mediterrâneo, assim o culto de Jeová é superior a todas as nações do mundo".

O burro e o leopardo

Durante quatro dias, os intermináveis salões do EUR ficaram lotados por estes delegados de todas as cores, vestidos de todas as cores e até com camisas de papagaios e calças curtas. Suculentas e estrábicas negras norte-americanas, fugidas da cabana do pai Tomás, tinham tanto dinheiro na carteira que fizeram cair dois pontos a cotação do dólar livre.

Um advogado norte-americano, vestido com uma túnica bíblica, pronunciou o discurso de encerramento. Falou em inglês, por um complicado sistema de alto-falantes, mas precisou de duas horas para pronunciar uma breve oração de vinte minutos: após cada frase, fazia uma pausa, e uma voz italiana transmitia a tradução.

— Jeová fez saber — disse o advogado Nathan H. Knorr, presidente do congresso — que centenas de milhares de pessoas vivas na atualidade nunca morrerão.

Supõe-se que essas pessoas sejam 144 mil, que fazem parte de sua religião e que esperam para breve um grande espetáculo de terremotos e cataclismos, anunciados pelo Apocalipse. Depois desses enormes transtornos telúricos, o homem retornará ao paraíso de Adão, "onde o lobo viverá junto com o cordeiro e o leopardo será companheiro do burro".

Questão de cálculo

As testemunhas de Jeová fazem seus cálculos retificando a matemática dos católicos e dos protestantes. Segundo eles, Adão não apareceu na Terra há meio milhão de anos, e sim 4.025 anos antes de Cristo, e no outono, de acordo com os sinais. E negam a sobrevivência da alma sobre o corpo, pela simples razão de que também o corpo é eterno.

— Deus não terá necessidade de transportar os homens a outros planetas e nem povoar com eles o céu — disse o presidente em seu discurso de encerramento.

E ainda que não dissesse, é fácil supor que o oradores estava pensando no satélite artificial ao qual os vespertinos dedicaram seis colunas, enquanto que só dedicaram uma modesta coluna ao congresso.

Anjinhos brancos

Assim como havia delegados de todas as cores, havia-os também de todas as idades. E especialmente velhos, negros enfermiços da África que fizeram a penosa viagem em toda a sorte de embarcações, para se pôr de acordo em relação à série de profecias que definem a testemunha de Jeová. Não se disse, contudo, que idade teriam os ressuscitados e os atuais viventes que jamais morrerão. Mas há um indício. Nos salões do congresso se fixou um cartaz ilustrado: dois velhos cônjuges, enrugados e míopes, aparecem no primeiro quadro. No segundo quadro, os mesmos cônjuges aparecem jovens, louros e sorridentes. Isto permite pensar que as testemunhas de Jeová recobrarão a eterna juventude e que aos negros — que parecem ser maioria — se oferece a tentadora possibilidade de ser louros depois do cataclismo universal.

As vinhas do Senhor

O congresso durou quatro dias. Realizaram-se duas sessões diárias, em cada uma das quais se pronunciou um discurso, e um desses discursos tratou do "uso de armas a serviço dos poderes terrestres". As testemunhas de Jeová se opõem à agressão e à defesa armadas, e se opõem por princípio ao serviço militar obrigatório. Proclamam também a superioridade do homem sobre a mulher, de acordo com a epístola de São Paulo. No entanto, a maioria dos delegados do congresso era de mulheres.

A importante sessão final culminou com um hino interpretado por uma orquestra de negros, mas foram eliminados os cantos corais, pois os congressistas não tiveram tempo de se pôr de acordo na escolha de um idioma oficial. Cada um conhecia o hino em seu próprio idioma, e a experiência bíblica ensina que o homem nada pode fazer contra a confusão das línguas na torre de Babel.

Finalmente, espalharam-se por toda a cidade. A testemunha de Jeová se opõe ao uso do tabaco, impugnado pela Bíblia. Mas recomenda o uso do vinho, de acordo com o exemplo de Noé.

À meia-noite, viam-se negros e negras com espelhinhos e crachás no peito, cantando canções profanas pelas ruas de Roma.

SETEMBRO DE 1955

Dia e noite vendo bom cinema

Com o comparecimento de quase todos os países — do ocidente e do outro lado — está se realizando a XVI Mostra de Arte Cinematográfica de Veneza; muitos filmes, bons e maus, mas uma alarmante escassez de personalidades conhecidas, que decepcionou os fotógrafos e os turistas. É incrível, porém verdadeiro, que uma velha senhora tenha comprado em Estocolmo um enorme chapéu de palha e uma calça de flores vermelhas só para vir a Veneza conhecer Gregory Peck.

Mas na segunda semana da mostra Gregory Peck ainda não veio, e nem pensa em vir. Apenas para cumprir um compromisso com seus empresários, veio, de avião, Sofia Loren, com 11 roupas de banho bem decotadas. Por ser a única, Sofia roubou o festival: todas as manhãs faz a displicente e calculada aparição na praia, com a cara de quem pretende passar incógnita. Os turistas que não entram na água, para não estragar o caderninho de autógrafos, disparam em direção do elástico vestido de banho que leva Sofia Loren por dentro. Esta manhã, contudo, os fotógrafos decidiram não gastar um só flash para a quinta roupa de banho da atriz. Gina Lollobrigida, a rival, não pôde vir: está em Montecarlo, cantando com Kirk Douglas, em benefício da campanha contra a poliomelite.

Com sua música em outra parte

No dia da inauguração, o único ator conhecido era o cômico Walter Chiari, o grande amor de infância de Lucía Bosé, de quem se diz que ainda não se recompôs de sua tremenda ingestão de abóboras. Chegou ao aeroporto, comprido e despenteado, e disse ao microfone:

— Todo mundo sabe que sou um tipo simpático.

Os turistas ficaram felizes e ficaram ainda mais felizes no dia seguinte, quando os jornais amanheceram com a mentira de que Lucía Bosé vinha a Veneza. Ia ser o grande tema de maledicência da mostra. Mas não era certo. Lucía Bosé anunciou que vem para a Itália, para passar férias com seu marido, mas ainda não disse quando chega, nem se pensa vir a Veneza. Todavia, parece que os jornais assustaram Walter Chiari: no dia seguinte, carregou as malas outra vez para Roma, e a mostra ficou sem atores. Até ontem não havia esperança de que as malas se encontrassem no caminho. Mas às cinco da tarde Ava Gardner telefonou diretamente de Nova York e reservou um apartamento no hotel Excelsior.

Ali estamos

No palácio do cinema, onde estão as bandeiras de numerosos países, está também a bandeira da Colômbia, porque o encarregado de lidar com os jornalistas, Pier Paolo Pineschi, disse aos organizadores da mostra que havia jornalistas colombianos credenciados em Veneza. Dentro do palácio estão os grandes espetáculos cinematográficos. Fora, quem dá o espetáculo são os turistas disfarçados de papagaios, e a delegação japonesa, com sete atrizes disfarçadas de bonecas de porcelana. Só uma é conhecida do público: Machiko Kio, a beleza de *Rashomon*. Quando uma das sete atrizes sai sozinha para a praia, todo mundo acredita que é Machiko Kio, porque todas são iguais. E, quando pedem autógrafos, dá exatamente no mesmo que seja ou não o autógrafo de Machiko Kio, porque todas fazem as mesmas indecifráveis garatujas.

"Os pobrezinhos japoneses"

Desde que *Rashomon*, há quatro anos, ganhou todos os prêmios, o cinema japonês vem conquistando sistematicamente os grandes prêmios dos festivais. As atrizes então não vinham. Vinha um representante da indústria cinematográfica japonesa, que regressava a Tóquio carregado de prêmios e medalhas, como os melhores alunos nos colégios dos jesuítas. Este ano decidiram trazer uma delegação maior, e dois filmes: um em preto e branco, e outro colorido. O primeiro é um bom filme japonês; o segundo é uma indigesta empada de aniversário, semelhante aos filmes norte-americanos de Ivonne de Carlo. Provavelmente o cinema japonês não levará nenhum prêmio este ano, apesar de trazer uma numerosa delegação, talvez com a secreta esperança de poder carregar todos os prêmios e condecorações.

Há alguns dias circulou um boato: os japoneses estavam fazendo um esforço incrível para vir a Veneza, porque não tinham nenhuma lira. Não se sabe se foi porque os japoneses se inteiraram do boato, mas a verdade é que há dois dias, intempestivamente, convidaram os jornalistas para um coquetel no Excelsior. E dissiparam dinheiro para valer.

"Vende-se um diretor"

Todos os anos os jornalistas buscam e encontram um nome nos festivais cinematográficos. O de Veneza, 1955, já tem seu nome: "A mostra dos diretores emprestados". De fato, a Argentina se apresenta com *La Tierra del Fuego se apaga* [A Terra do Fogo se apaga], dirigida por Emilio Fernández, que é mexicano. O Brasil se apresenta com um filme de Carlos Hugo Christiansen, de origem dinamarquesa; a Inglaterra apresenta *Doctor at sea* [Médico ao mar], de Anatole Litvak, americano de origem russa; a Holanda, que se apresenta pela primeira vez, mandou um filme dirigido pelo alemão Wolfgang Staudte. Os Estados Unidos se apresentaram, de entrada, com um filme policial de Alfred Hitchcock, que é inglês, e a Iugoslávia, com um filme de Frantisek Cap, que é da Boêmia.

Indigestão de cinema

As apresentações de retrospectivas ficaram a cargo do Japão: todas as manhãs, depois do desjejum, quem quiser ver cinema japonês antigo pode entrar no palácio do cinema, por cem liras. Mas se se assiste a um velho filme japonês se corre o risco de ter de se assistir às 11 a um filme fora do programa e depois aos do programa oficial, cada um precedido de dois documentários. É uma jornada demasiadamente puxada para qualquer cinéfilo e até para os jornalistas que mal têm tempo de ver o filme e sair às pressas para escrever suas crônicas.

A epopéia do ouro, do Brasil, é um dos melhores documentários apresentados até agora. Provocou um terremoto entre os jornalistas a exploração das minas de ouro no Brasil, expostas neste documentário. Mas na verdade tudo isso é um paraíso ao lado de Chocó, e tampouco este ano a Colômbia mandou seu velho e nunca bem realizado documentário sobre o ouro.

"L'enfant terrible"

Até a última hora não se sabia se *Gli sbandati* [Os revoltados], do italiano Francesco Maselli, seria incluído na mostra. Maselli é um rapaz de 24 anos, de família aristocrática, que foi assistente de Luchino Visconti e é uma espécie de filho mimado dos melhores diretores italianos. Consideram-no o *enfant terrible* da Cinecittà, porque tem a cabeça cheia de idéias revolucionárias, pensa o contrário do que pensam seus pais e os amigos de seus pais e, no entanto, conseguiu com eles milhões de liras para fazer um filme. Filmou com Lucía Bosé e seus companheiros de colégio, e resultou uma coisa corajosa, tremenda e sincera. O governo italiano disse: "É um filme que ofende a juventude italiana." E se opôs à sua inclusão na mostra. Mas Maselli continuou a fazer gestões, porque na segunda-feira da segunda semana, intempestivamente, *Gli sbandati* apareceu na programação oficial, para a projeção da tarde. Não sobrou um só lugar desocupado.

Que idade tem um filme?

Gli sbandati, feito por um rapaz de 24 anos, é exatamente isso: um filme feito por um rapaz de 24 anos. Falta habilidade na direção de atores, na condução da história e especialmente em sua organização. Como Maselli quer fazer tudo, ficou ao lado dos montadores, e a montagem tem também 24 anos. Mas é um filme valente e diferente, que diz as coisas como devem ser ditas. Lucía Bosé, num final inesquecível, demonstrou suas extraordinárias qualidades de atriz neste filme que é o último que fez na Itália, antes de voar para os Estados Unidos, para se casar com Luis Miguel Dominguín.

Também chove em Veneza

Terça-feira, às nove da manhã, começou a chover. A delegação espanhola decidiu então apresentar fora da programação *Marcelino, pão e vinho*, de Ladislao Vajda, um judeu católico e anti-semita que está fazendo cinema na Espanha. O ator principal, Pablito Calvo, está em Veneza, passeando pelas praias, ostensivamente vestido de criança, como Robertico Benzi em Bogotá. Tem agora sete anos e a única coisa que sabe escrever é o autógrafo, mas não foi um professor que o ensinou a escrever, e sim seus empresários. Pablito Calvo não desce a escada pelos degraus e sim pelo corrimão, de pernas abertas, e está sempre à disposição dos fotógrafos. Talvez tenha sido a pessoa mais fotografada da mostra, porque está disposto a plantar bananeira a qualquer hora do dia ou da noite, a pedido dos fotógrafos.

Como chovia, os turistas se refugiaram no palácio do cinema, com qualquer peça do vestuário sobre o traje de banho. E como o ingresso não custava nem uma lira, puseram-se a ver *Marcelino, pão e vinho*. Duas horas depois, dentro de suas escandalosas camisas floridas, todos — homens, mulheres e crianças — saíram chorando como viúvas inconsoláveis.

O chiclete engasgado

O motivo para as lágrimas é bem simples: Ladislao Vajda fez um filme diabolicamente magistral, e Pablito Calvo é um ator inteligente, seguro e maravilhosamente infantil. *Marcelino, pão e vinho*, que teve de ser apresentado fora da programação porque já fora exibido e premiado em Cannes, tem a mesma qualidade de *Bienvenido, Mr. Marshall* [Bem-vindo, sr. Marshall], mas é feito sob um ponto de vista diferente: é uma fábula católica, com toda a demagogia e toda a fé de um auto sacramental dos tempos modernos. Tem, naturalmente, porque é um filme espanhol no final das contas, muito material de recheio e rastros da tradicional grandiloqüência do cinema ibérico. Mas a história, como criação, é impressionantemente bela: a história do menino que leva comida ao Cristo da água-furtada porque o vê magro e cravado numa madeira.

Entende-se perfeitamente por que um filme conseguiu fazer com que os turistas se engasgassem com os chicletes.

A democracia em smoking

Os turistas entraram de *guayaberas* em *Marcelino, pão e vinho* porque, como se disse, o filme ficou fora da programação. As sessões oficiais são outra coisa: devem ser assistidas de *smoking*. Os estrangeiros que suportam 35 graus de temperatura em trajes de banho saem correndo às seis da tarde para comer alguma coisa e se vestir de acordo com a etiqueta. Quase todos com *smokings* alugados a mil liras por noite.

Depois das sessões, os pacientes cidadãos normais que vieram a Veneza para ver cinema entram nos ônibus como se fossem para o escritório. É curioso ver esta gente de todo o mundo, que originariamente vive em barracas nos arrabaldes da cidade, democraticamente vestida de *smoking* nos ônibus.

Um cineasta francês em Veneza se interessa por fazer cinema na Colômbia

Pode ser casualidade, mas os europeus estão convencidos de que as estações se acabaram quando os cientistas começaram a brincar com bombas atômicas. Foi assim que os alquimistas nucleares, que nada têm a ver com o cinema, transtornaram a XVI Mostra de Arte Cinematográfica de Veneza: o verão acabou, de forma brutal, um mês antes de começar oficialmente o outono. Quando se projetava o filme polonês *Os homens da cruz azul* — um longo e solene documentário sobre a neve — a tempestade provocou um curto-circuito e tiveram que suspender a projeção. Quando os espectadores abandonaram a sala, deram-se conta de que haviam esquecido em casa algo essencial: os agasalhos. O interessante filme holandês *Ciske de Rat* [Cara de rato] só foi visto por cinqüenta pessoas. Dispensou-se o ar-condicionado, pois dentro da sala a temperatura era de 18 graus.

Perón em cena

Na mesma noite em que se apresentou o filme argentino *La Tierra del Fuego se apaga*, os jornais publicaram a notícia de que o general Perón renunciara. Os jornalistas se puseram em movimento, porque na sala estava Ana María Linch, a atriz do filme, que indiretamente tinha muito a ver com a queda de Perón: para conceder a ela o divórcio, o general desempoeirou uma velha lei contra a indissolubilidade do casamento e criou o problema com a Igreja católica.

Os jornalistas mostraram os jornais à atriz, para ver o que opinava, mas ela disse que não estava disposta a opinar sobre política. Em compensação, estava interessada na opinião dos jornalistas sobre o filme, dirigido pelo mexicano Emilio Fernández.

Um idioma estranho

Os críticos foram discretos essa noite, mas no dia seguinte disseram nos jornais o que pensavam: *La Tierra del Fuego se apaga* é um dos piores filmes apresentados na mostra. A fotografia de Gabriel Figueroa é excelente, mas nada tem a ver com a história. Corre por conta própria, enquanto Emilio Fernández relata um pesado drama de amor e morte, uma variação em torno do mesmo tema de *A rede*.

"Apresentado indecorosamente na sessão noturna", escreveu um jornalista, "o filme argentino dividiu em dois os espectadores: os que desejavam sair e os que choravam de raiva." Outro, referindo-se aos diálogos pomposos e intoleravelmente retóricos, disse: "O espanhol é um idioma estranho: quando um ator pede um copo de água, parece que está recitando Corneille."

O ator principal

O ator principal de *La Tierra del Fuego se apaga*, o siciliano Erno Crisa, também estava na sala. Tem o cabelo oxigenado, porque o diretor francês Marc Allégret decidiu torná-lo inglês, e em conseqüência louro, para desempenhar seu papel em *O amante de Lady Chatterley*, que está rodando com Danielle Darrieux como atriz principal.

Erno Crisa, que nada faz no filme argentino, tem uma vida interessante: graduou-se bacharel em Casablanca. Posteriormente foi mecânico e representante de perfumes em Paris. Mais tarde se matriculou numa escola de dança e se tornou bailarino. Dali passou para o cinema, durante a guerra, até que Emilio Fernández o levou para a Argentina. "Ali morreu", diz um jornal.

Um mago da teoria

A entrevista coletiva de Emilio Fernández despertou formidável interesse entre os jornalistas. Ainda que seu filme seja medíocre, os jornalistas pensam que o Índio tem muito a dizer, pois parece certo que é melhor quando fala do que quando faz cinema. É um mago da teoria.

A entrevista coletiva deveria se realizar terça-feira, ao meio-dia. A essa mesma hora havia um almoço oferecido pelos poloneses, mas a maioria dos jornalistas não participou dele, para não perder a entrevista de Fernández. Mas às 12 em ponto houve uma mudança no tabuleiro: Emilio Fernández, por indisposição de última hora, cancelou seu encontro com os jornalistas. Na realidade, o Índio não chegara a Veneza. Ficou em Roma, trabalhando no roteiro de um filme que pensa fazer na Itália. Até o momento, só três filmes são mencionados como possíveis vencedores na competição: *Ordet* [Palavra] de Dreyer; *A cigarra*, soviético; e *A máscara do destino*, japonês. O restante tem sido bastante medíocre, incluindo *Ladrão de casaca*, de Hitchcock, no qual, numa das cenas — um solitário piquenique — Grace Kelly diz a Cary Grant, enquanto esquarteja um frango:

— O que você prefere, coxa ou asa?

E Cary Grant responde:

— O que você quiser.

Cinema colombiano emprestado

Entre os decepcionados com *La Tierra del Fuego se apaga*, encontrei Jean-Pierre Mocky, um jovem diretor francês que colaborou com Francesco Maselli em *Gli sbandati*, e a quem os turistas deixam louco, pedindo-lhe autógrafos, porque é idêntico a Gérard Philipe. Mocky não gostou do filme argentino, mas está interessado em rodar um filme na América do Sul, porque é apaixonado pelo ambiente. Prefere que seja na Colômbia, porque de acordo com o que disseram a ele, há um ambiente semelhante ao que Yves Allégret conseguiu no México para *Les orgueilleux*. Disse-lhe que é verdade. E disse uma mentira que talvez dê resultado. Disse-lhe que na Colômbia há capitais interessados em realizar co-produções com a França e a Itália, se os filmes tiverem ambiente colombiano autêntico e contribuírem para a formação de atores e técnicos colombianos. Jean-Pierre Mocky prometeu falar com seus amigos da França, com a esperança de que na próxima mostra de diretores emprestados se apresente um bom filme colombiano feito por franceses.

El canto del gallo [O canto do galo]

Há um pavilhão que não funciona: o dos espanhóis. Durante três dias esteve absolutamente vazio. No quarto dia era atendido por uma francesa encantadora que não sabe espanhol. Quando chegou alguém que podia se entender com seus compatriotas, que são muitos, esteve o dia inteiro atrás do balcão, dizendo:

— Talvez amanhã nos chegue material para os jornalistas.

Enquanto isto, anunciava-se com muito estardalhaço a apresentação, quinta-feira, de *El canto del gallo*, de Rafael Gil. Os jornalistas espanhóis se encarregaram de dizer aos outros jornalistas que essa seria a revelação do festival. Mas seis horas antes da projeção anunciada houve uma substituição: em lugar de *El canto del gallo* se exibiu o filme inglês de Anatole Litvak. A explicação é muito espanhola: *El canto del gallo* não pôde ser apresentado porque ainda não chegara a cópia.

Confusão na Babel do cinema

Veneza, setembro de 1955

A participação da América do Sul na XVI Mostra de Arte Cinematográfica de Veneza terminou com a projeção do filme brasileiro *Mãos sangrentas*, de Carlos Hugo Christiansen, que deixou os europeus pasmos. *Mãos sangrentas* é a história de uma fuga: duzentos presos abrindo caminho, com fuzis e metralhadoras, numa ilha. O diretor não economizou um só disparo. Um jornal italiano fez o inventário da matança: dois mortos por minuto. Daquela desumana carnificina entre fugitivos e guardas só sobrevive no final o personagem interpretado por Arturo de Córdova. Ao longo dos noventa minutos de projeção não restou mais do que um sangrento rastro de cadáveres.

Os europeus não entendem que se possa matar dessa maneira. Segundo eles, é uma maneira de matar que não se usa nem na guerra. Até os criminosos têm suas regras, parecem dizer. E quando viram que em *La Tierra del Fuego se apaga* o personagem principal caminha para todos os lados com uma carabina, como os suíços andam com seu cachorro, e que em *Mãos sangrentas* cada fugitivo tem uma metralhadora que dispara contra seus companheiros quando já tinham exterminado todos os guardas, os europeus pensam que não se deve levar ao cinema tanta selvageria.

> O júri de seleção fez todo o possível para evitar mais derramamento de sangue: cortou cinqüenta metros de filme, especialmente na cena em que um fugitivo arranca os olhos de um guarda com espinhos. Ainda assim, os europeus saíram da sala de projeção aterrorizados e escreveram comentários de protesto e incredulidade. "Assim é a América do Sul", disseram-lhe os brasileiros. Mas os europeus se empenham em não acreditar.

Mãos sangrentas não é só o melhor dos três filmes sul-americanos apresentados em Veneza, mas ainda tem algumas das melhores coisas vistas na sala principal. Christiansen se propôs a fazer um filme violento, cru, de um barbarismo descoberto, e o conseguiu com autenticidade e nobreza nas cenas da fuga. O movimento de massa é emocionante e o tratamento dos personagens tem uma modulação máscula e convincente. Mas no final, quando aquele drama de homens se converte num problema psicológico de Arturo de Córdova, toda a armação do filme vem abaixo e se precipita de cabeça pelos despenhadeiro do pior melodrama.

Os europeus, todavia, não se esqueceram de *O cangaceiro*, e estão esperando que o Brasil continue a fazer aquele tipo de filme. Por isso foram impiedosos com *Mãos sangrentas* e não perdoaram a desastrosa trilha sonora e, sobretudo, o assustador ambiente de carnificina.

Concluída a projeção, os fotógrafos se encontraram pela primeira vez sem ninguém a quem retratar. Cada delegação trouxe sua estrela, para que os fotógrafos tivessem algo para fazer depois do filme. O Brasil não a trouxe. Mas os fotógrafos descobriram que esse senhor alto e robusto — uma espécie de Clark Gable calvo — era o cônsul do Brasil em Veneza. E o senhor cônsul teve de posar para os fotógrafos, como se fosse Arturo de Córdova.

Lucía Banti é uma jovem atriz italiana que até agora teve pouca sorte nos festivais. Sempre a convidam a Cannes ou a Veneza, mas quase sempre com Gina Lollobrigida. Este ano era sua oportunidade: Gina faltou por não ter podido cancelar outros compromissos e Sofia Loren tem horror da multidão de jovens turistas que tentam desnudá-la no momento em que a encontram sozinha. Nas recepções, nas praias, Sofia Loren anda com dois garbosos guarda-costas, como o presidente Eisenhower. Lucía Banti soube da notícia e veio disposta a se fazer desnudar pelos turistas, para se impor ao festival.

> Na sala de recepção do hotel Excelsior, onde habitualmente se rasga a roupa das atrizes, Lucía Banti se certificou primeiro de que não havia concorrência à vista e fez sua entrada espetacular. Parecia uma constelação austral, com toda a vitrine à vista. Os fotógrafos a viram entrar e prepararam a artilharia. Mas nesse instante — simples, sem pintura, com um desordenado corte existencialista — chegou ao hotel, vinda de Paris e em companhia de Jean-Claude Pascal, a antiga cunhada de Ali Khan: a francesa Anouk Aimée. Num segundo a tempestade foi roubada.

Anouk Aimée e Jean-Claude Pascal vieram para a apresentação do filme de Alexandre Astruc, *Les mauvaises rencontres* [Os maus encontros], que se oferecia como o prato forte dos franceses. Anouk Aimée preparou bem o terreno com 24 horas de antecedência: em meio a uma constelação de estrelas pintadas até os dentes, ela veio disfarçada de moça simples e cordial. Assistiu à projeção com mocassins e um traje branco, modestinho, e com esse penteado despenteado das mocinhas de Paris que admiram Jean-Paul Sartre sem tê-lo lido. Fez o contrário do que fazem todas: não se escondeu e sim saiu à rua para procurar os admiradores. À porta do palácio do cinema assinou autógrafos durante duas horas. Depois entrou, de braço com Jean-Claude Pascal, que deixou crescer as suíças, para ver o filme de Alexandre Astruc.

Les mauvaises rencontres é um filme demasiado intelectual. De uma leitura irrepreensível e narrado numa prosa esquemática, embelezado pela prodigiosa caligrafia de Robert Lefebvre, o veterano e infalível fotógrafo francês. Mas a história decepcionou os críticos: é excessivamente pretensiosa, com diálogos que parecem escritos por Félix B. Caignet.

Em geral, considerou-se que a perfeição formal de *Les mauvaises rencontres* é absolutamente inútil. Realizou-se um trabalho estupendo, prodigioso, para não dizer nada que valha a pena. Na entrevista coletiva depois da projeção, perguntou-se a Alexandre Astruc se aquela prosa esquemática fora utilizada por ele naquele filme porque era a que mais convinha à história ou se ela é, em geral, o resultado de sua teoria pessoal sobre o cinema. Astruc disse que, na verdade, essa é sua teoria: um cinema despojado, direto e rápido. No entanto, a teoria não se aplicou aos diálogos.

Os diretores da mostra tropeçaram este ano com sérios problemas. Entre eles, a programação: *El canto del gallo*, do espanhol Rafael Gil — um homem alto, alegre e cordial, extraordinariamente parecido com nosso companheiro Alfonso Castillo Gómez — não chegou a tempo para a projeção. E foi rapidamente trocado por um filme inglês, *Deep Blue Sea* [Profundo mar azul]. Mas a delegação inglesa, que aguardava um avião carregado de estrelas para dar um golpe espetacular, opôs-se na última hora que seu primeiro filme fosse exibido como tapa-buraco. Às nove e meia da noite, quando a sala estava transbordando de gente à espera do filme inglês, anunciou-se nova troca: em lugar de *Deep Blue Sea* seria apresentado, fora da programação, um filme norte-americano: *Madrugada de traição*, do veterano Edgar G. Ulmer.

> O filme substituto calhou de ser um faroeste de baixa qualidade, que estava em Veneza ninguém sabia dizer por quê, recolhido num depósito. A única coisa que o diferenciava de um péssimo filme de caubóis era sua lentidão, um tanto oriental. O público assistiu à projeção, decepcionado, e não abandonou a sala porque lá fora não havia o que fazer. Apenas uma pessoa abandonou a sala: o ator italiano Renato Rascel, que foi ao cassino e perdeu três milhões de liras.

Octavio Croze, o diretor da mostra, saiu correndo no instante em que se acendiam as luzes. Suava dentro de seu reluzente *smoking* tropical, depois de ter sobrevivido àquele dia terrível, cheio de telegramas e chamadas telefônicas que, sem dúvida, foi um dia fracassado. Alguém tentou detê-lo na porta. Croze apartou-o de si, dizendo:

— Vou ao bar para me desintoxicar.

E ali, no bar, tomou um conhaque duplo, ao lado de uma mulher madura, vestida de branco, que comia um prato de carne fria, com ar melancólico.

> Quando viu Croze, a mulher lhe dirigiu um olhar fulminante. Não se acabaram, portanto, os problemas do dia: aquela mulher era Hedy Lamarr, disposta a reclamar de Croze que ninguém se dera conta de que ela estava em Veneza.

Mas na realidade a culpa de tudo se deve a Hedy Lamarr: chegara incógnita ao Lido, seguramente com a secreta esperança de que os fotógrafos a descobrissem. Mas os fotógrafos não a reconheceram, simplesmente porque Hedy Lamarr não se parece com ela mesma: é uma mulher outonal, de pele tostada e intensos olhos verdes, que passa despercebida entre as formosas turistas que vêm a Veneza com a esperança de pescar um produtor. Soube-se que estava aqui havia cinco dias. Assistiu a todas as sessões de gala em companhia de uma velha senhora e de seu secretário inglês e pagaram três mil liras pelas poltronas. No hotel Excelsior se inscreveu com nome falso. É uma história triste, porque há vinte anos Hedy Lamarr foi a estrela número 1 da mostra de Veneza quando se apresentou *Êxtase*, o filme em que ela aparece como sua mãe a pôs no mundo. Na atualidade, não chamaria a atenção de ninguém, nem mesmo naquele estado.

À medida que progredia a mostra, os fotógrafos iam se dando conta de que em Veneza havia mais atores incógnitos do que eles acreditavam. É difícil identificá-los numa praia e num hotel e um teatro em que a maioria dos homens e mulheres que não são jornalistas estão disfarçados de atores de cinema. Em compensação, as duas atrizes soviéticas, bem vestidas mas sem dar muito espetáculo, não chamariam a atenção se não estivessem na mesa de honra. As russas vieram a Veneza como profissionais, não como atrações de bilheteria, e por isso dá trabalho reconhecê-las.

> Outro problema para os fotógrafos é que numerosas personalidades que nada têm a ver com cinema vêm também a Veneza por esta época. Os duques de Windsor estiveram toda uma tarde no terraço do hotel Excelsior e ninguém teve a sorte de identificá-los.

Os fotógrafos estavam nesse momento ocupados com outra personalidade: a condessa Bellentani que fora descoberta na sala de jantar de verão e se deixava fotografar em silêncio, com uma expressão de perplexidade. Um fotógrafo a descobrira e passou à frente dos outros. Mas os outros se deram conta e num segundo se desencadeou uma tempestade de flashes. Nem sequer perguntaram quem era. Pouco depois, quando o chefe de relações públicas do hotel se aproximou dos fotógrafos para perguntar-lhes quem era essa senhora, um dos fotógrafos, orgulhoso, explicou:

— É a condessa Bellentani.

Morto de riso, o chefe de relações públicas do hotel, um homem bem informado, deu-lhes a notícia ignorada pelos jornalistas: a condessa Bellentani está atualmente, e há um ano, no manicômio de Pozzuoli.

No "avião das estrelas", os ingleses trouxeram a melhor safra do cinema britânico. Mas quando os câmeras se precipitaram para a pista para retratar Diana Dors, anunciada como "a Marilyn Monroe da Inglaterra", seu representante passou pelo incômodo de dizer-lhes que Diana Dors chegaria mais tarde. De fato, Diana Dors desaparecera de Londres dois dias antes e fora procurada em vão na casa de seus amigos, em restaurantes e locais noturnos. Iam recorrer à Scotland Yard quando o representante recebeu um telegrama da atriz: "Não se preocupe. Vou para Veneza de automóvel, porque passo mal em avião."

Foi uma pena que Diana Dors não tivesse vindo no avião. Porque, além dos trezentos jornalistas, alguém mais a esperava: Joe Di Maggio, o recente marido de Marilyn Monroe. Di Maggio chegou de Roma e um jornalista amigo lhe disse que poucos minutos depois chegaria "a Marilyn Monroe da Inglaterra". Joe ficou duas horas no aeroporto de Treviso, esperando.

Indiscutivelmente, o ciclo dos grandes filmes começou com *Amici per la pelle* [Amigos do peito], do italiano Franco Rossi, um rapaz despenteado de 29 anos com cara de jogador de futebol, que se pôs de pé e recebeu, como jogador de futebol, a maior ovação tributada no palácio do cinema. *Amici per la pelle* é a história da amizade íntima de dois meninos: um rico e um pobre. É uma história contada à maneira de De Sica, cheia de poesia e verdade. Franco Rossi — que em seu próprio filme desempenha o papel de um pai de família — é um diretor maravilhosamente hábil, seguro, discreto e com um profundo conhecimento do coração dos meninos. O final de *Amici per la pelle*, que fez a multidão delirar, é terrivelmente verdadeiro: depois de uma altercação, o menino rico vai embora de avião para a África, onde seu pai foi nomeado cônsul. O menino pobre tenta chegar a tempo para se despedir, para fazer as pazes, mas não consegue: o avião acabou de decolar. Numa sala cheia de especialistas, aquele final sem concessões provocou uma estrondosa ovação.

> Mas à saída do teatro estava sendo distribuído um folheto oficial em que se dava uma explicação: Franco Rossi — se dizia — filmou dois finais para *Amici per la pelle*. Um filme tremendo, sem concessões, para a mostra de Veneza. E outro final para o circuito comercial, no qual os dois meninos se encontram e se prometem fidelidade imorredoura.
> Franco Rossi convocou uma entrevista urgente no palácio do cinema. Os jornalistas chegaram escandalizados. Do lado de fora, os críticos estavam soltando impropérios contra o diretor. Excitado, verde de raiva e com o nó da gravata na nuca, Franco Rossi entrou na sala e foi recebido por uma estrepitosa vaia.

Disse que de fato filmou cinqüenta metros duplos do final, mas não para substituir o final verdadeiro por um final comercial. Foi uma simples questão administrativa, para logo escolher, durante a montagem, devidamente estudado, o final mais conveniente.

— Dou-lhes minha palavra de honra — disse Franco Rossi — de que o único final do filme é o que foi visto esta noite.

Antes de cada filme se apresenta um documentário. Durante a projeção de um comprido documentário inglês, que dura mais de uma hora, uma senhora francesa exclamou em voz alta:

— Meu Deus, quando acabará este terrível filme japonês?

Essa exclamação permitiu lembrar a confusão de nacionalidades da mostra deste ano, com filmes ingleses interpretados por franceses, e italianos interpretados por ingleses, etc. Talvez para não romper essa linha de conduta, os norte-americanos apresentaram um documentário, *As origens do cinema,* no qual não se dá nenhum crédito aos irmãos Lumière. E, em conseqüência, numa retrospectiva do cinema dos Estados Unidos, organizada pelo Museu de Arte Moderna de Nova York, apresentou-se nada menos do que *A viagem à Lua,* do francês Méliès.

Um festival sem cinema e sem atores

Veneza, setembro de 1955

Alguém deve ter dito a Silvana Pampanini que Sofia Loren não queria sair à rua por temor de que os entusiastas a despissem, porque intempestivamente tomou um trem expresso em Roma e veio a Veneza. Foi uma viagem comprida e cansativa, mas Silvana Pampanini tem horror de avião. Além disso, os jornalistas tiveram tempo de se preparar: às três da tarde, quando a desconcertante atriz chegou à estação ferroviária, com o cabelo cortado quase como se fosse de homem e um resplandecente vestido cheio de flores, os fotógrafos estavam à espera.

Desde o momento em que pisou a escassa terra de Veneza, Silvana começou a desenvolver a extraordinária demagogia dos beijos. O primeiro foi para o maquinista do trem ("por me haver trazido sem me cansar"). O segundo para o ruborizado policial que a acompanhou do trem até a gôndola que a esperava. E no breve trajeto de 200 metros, cheio de vendedores de jornais, de vendedores de frutas e cartões-postais, Silvana distribuiu beijos para todo mundo. Beijou até as pombas que pousaram em seus ombros, na cabeça, nas mãos, como fazem com todos. Era uma oportunidade que não se podia desperdiçar, sabendo que Sofia Loren — a atriz mais publicada nas capas de revistas neste ano — resolvera se meter em sua grossa casca de clandestinidade. *La Notte*, um jornal de Milão, dado a fazer estatística dos mexericos que publica, assegurou esta tarde que Silvana distribuiu, em duzentos metros, exatamente 77 beijos. Mas chegou ao Lido ardendo de raiva: ao longo dos canais, os entusiastas de Veneza que viram passar o barquinho carregado de fotógrafos e com uma linda mulher lançando beijos, gritaram emocionados:

— Viva Sofia! Viva Sofia!

Não é estranho que o público confunda os atores. E confunda atores com quem não é ator. O melhor que se pode fazer nestes dias, para se divertir um pouco, é se parecer com alguém. Desse modo, cinco dias antes chegara Joe Di Maggio e ninguém se interessou por ele, pois cometeu o erro de vir divorciado. Dois dias depois chegou Yves Montand — o valentão de *O salário do medo* — e o pobre Joe Di Maggio teve de dar numerosos autógrafos. Os turistas acreditaram que Joe Di Maggio era Yves Montand.

Ao famoso jogador norte-americano — que fala um italiano perfeito e qualquer um pode adivinhar por quê — coube desempenhar o triste papel de ser "o marido de Marilyn Monroe". Andou um pouco solitário e triste pelas praias do Lido e logo tomou uma gôndola e foi para a praça de San Marcos, misturando-se aos outros turistas. Às seis da tarde estava sentado num dos aprazíveis cafés ao ar livre, depois de se deixar fotografar com os ombros cheios de pombas. No café, enquanto tomava uma garrafa de água mineral, deu cem liras a um auxiliar de garçom para que lhe comprasse quatro cartões-postais. Solitário em sua mesa, preencheu os cartões-postais e depois entregou-os ao auxiliar de garçom para que os pusesse no correio. Por 1.000 liras, o auxiliar disse aos jornalistas aquilo que devia dizer: um dos cartões-postais era para Marilyn Monroe. Dizia: "Lembranças da lagoa. Joe."

Apesar de tudo, houve tempo para pensar na filosofia. A culpa foi de Anouk Aimée, a extravagante atriz francesa que tem algo de dama das camélias último modelo, com sua esmaecida maneira de andar triste e desolada pelo Lido. Anouk Aimée veio com Jean-Claude Pascal, para a exibição de *Les mauvaises rencontres*. Sua maquiagem dessa noite consistiu simplesmente em lavar a cara duas vezes com água e sabão. Fez sua primeira aparição pública como uma beleza moribunda, como se aquilo que aconteceu no filme — no qual um homem se suicidou por culpa dela — houvesse ocorrido na realidade. Essa noite, no hotel Excelsior, dançou uma música com Jean-Claude Pascal de uma forma em que não cabia um fio de náilon entre os dois. Os caçadores de mexericos abriram os olhos e viram que quando a música terminou, Anouk Aimée se desprendeu um pouco violentamente dos braços de seu acompanhante e se dirigiu para o quarto, visivelmente ruborizada. Quando lhe perguntaram o que se passara, saiu pela tangente:

— Pena que seja tão bonito. E que saiba disso.

Jean-Claude Pascal viajou no dia seguinte para Paris. Anouk Aimée ficou sozinha e solitária em Veneza. Assistiu às projeções de gala com um simples vestido preto, despenteada e sem pintura. Parecia que ia morrer de repente, mas naturalmente não morreu. Dizem que essa simplicidade, essa tristeza, esse ambiente de desolada amargura que trouxe a Veneza é a maneira mais rebuscada e astuta de ser espetacular. Mas há outros pontos de vista: uma jovenzinha brasileira que estuda filosofia em Paris, faz crítica de cinema e está escrevendo uma "metafísica cinematográfica", disse-me, vendo Anouk Aimée, à saída de *Les mauvaises rencontres*:

— Tudo isto não passa de reivindicações aristotélicas.

Na realidade, para poder falar de auto-suficiência há que ir primeiro a uma mostra de cinema em Veneza.

Os Estados Unidos soltaram a bomba do cinemascope com *O aventureiro* (*The Kentuckian*, título original), um filme produzido, interpretado e dirigido por Burt Lancaster. Soltaram-no com uma festa estrondosa em Luna

Park, para a qual foram convidadas quinhentas pessoas mas compareceram 1.200 e ninguém sabe como e, no entanto, sobrou comida e todo mundo ficou de porre. A recepção custou dez milhões de liras. Havia duas orquestras: uma de música popular corrente e outra de música kentuckiana, para quatro pistas de baile. Cinqüenta camareiros vestidos de caubói se encarregaram de nunca deixar vazios os copos dos convidados. Na porta de entrada, dois porteiros distribuíram chapéus de vaqueiros, por cortesia da United Artists.

Essa noite se soube que algo ocorreu em Genebra há dois meses: os membros da delegação soviética puseram chapéus de caubói e dançaram alegremente toda a noite, ao som de uma típica orquestra kentuckiana. Foi um espetáculo interessante, escutar o som cadenciado do banjo enquanto os bailarinos davam gritos e saltos, como os cossacos do Volga.

Como acontece sempre, o menos importante daquela ruidosa recepção foi o pretexto: o filme, uma coisa comprida e aborrecida, com que o produtor-diretor-ator gastou um montão de dinheiro para se fazer justiça. O formidável ator que é Burt Lancaster se comportou como sempre, seguro e inteligente diante das câmeras. Mas faltou-lhe muito para desempenhar com êxito seu papel de pau-para-toda-obra à Charlie Chaplin: dirigiu-se a si mesmo magistralmente, mas os personagens ao redor ficaram sem direção, um pouco perdidos.

O público, que cada dia era mais exigente diante da avalanche de filmes medíocres, soltou ao final aplausos comedidos e convencionais. O prato principal da noite estava a cargo de Burt Lancaster, mas na última hora o mais anunciado dos visitantes não chegou a Veneza. Foi o anfitrião ausente. Depois de ver *O aventureiro*, os críticos se deram conta de que, na realidade, Burt Lancaster nunca pensara em assistir à sessão: teria passado piores momentos do que os espectadores.

A Alemanha Ocidental entrou na sala com *Des Teufels General* [O general do diabo], de Helmut Kautner, baseado numa peça teatral escrita nos Estados Unidos por Carl Zuckmayer, um alemão furiosamente antinazista. O filme é a história íntima de um vigoroso general de aviação que durante a guerra não estava de acordo com Hitler e por essa razão foi um dos fichados pela Gestapo.

Há algum tempo os alemães aproveitam o cinema para fazer confissões de fé antinazista. Ao que parece, o único culpado pela guerra foi Hitler, e só Hitler, com a eficaz mas não muito decidida cooperação de Goebbels. No exterior se ajudou os alemães a divulgar essa tese: *A raposa do deserto* não passa de uma absolvição do marechal Rommel.

Des Teufels General foi visto, contudo, com um critério mais transcendental em Veneza: os alemães estão tentando demonstrar que seu exército era um coro de inocentes arcanjos, e buscam por este meio conseguir o rearmamento. Sob este aspecto, o filme foi olhado com inquietude. Em compensação, admirou-se a formidável, direta e sóbria direção. A fotografia irrepreensível e a atuação de Kurt Jurgens, vigorosa, severa, seca, insere-se na mais pura tradição do bom cinema alemão. *Des Teufels General*, do ponto de vista da realização, foi um dos melhores filmes apresentados em Veneza.

O melhor filme de animação que veio a Veneza foi sem dúvida o de Robert Cannon. Naturalmente, é um filme UPA. *Dance of Shiva* [Dança de Shiva], do hindu V. Shantaranj, despertou a maior curiosidade, pois a Índia não costuma freqüentar festivais, apesar de ser o maior produtor de cinema do mundo, do ponto de vista da quantidade: quase um filme por dia. *Dance of Shiva* acabou sendo uma revista da dança clássica hindu, sobre uma história ocidentalizada, tão ultrapassada e de mau gosto como a cor — tecnicolor — e os cenários de *papier mâché*. Mas as danças esquentaram a temperatura da sala. Uma delas, *A dança do amor*, provocou o delírio dos espectadores.

A Inglaterra, em compensação, iniciou sua participação com uma comédia divertida, mas sem nenhuma importância: a história de duas crianças que assistem, contra a vontade dos pais, à coroação da rainha. Tudo muito bem-feito, tudo muito bem contado, mas de modo algum à altura de uma mostra internacional.

Enquanto isto — e antes de terminar a mostra — começaram os litígios judiciais. Francesco Maselli, o rapaz que dirigiu *Gli sbandati*, estava comendo um sanduíche no bar do Excelsior, quando recebeu um telegrama de Paris, assinado pelo editor Franquelle. O telegrama dizia:

"O autor do romance *Les égarés*, posto à venda em 1954, cujos direitos de adaptação cinematográfica foram cedidos a Renée Saint Cyr, reclama os direitos de propriedade do título para todos os países."

Maselli se engasgou com o sanduíche. Saiu precipitadamente em busca do autor do roteiro, Prandino Visconti, irmão do diretor Luchino Visconti, e ambos chamaram por telefone um advogado de Roma. Depois de três conversações concluíram um plano de defesa: *Les égarés*, em sua tradução literal para o italiano, significa *Gli sperduti* e não *Gli sbandati*. A expressão francesa tem um valor mais moral do que material. Por outro lado, na sociedade dos autores italianos — onde está registrado *Gli sbandati* — não se registrou até agora título semelhante de romance nenhum.

Terça-feira, 6 de setembro, realizou-se, na igreja de Santa Maria Elisabete, do Lido, com a presença do cardeal Angelo Giuseppe Roncalli, uma missa solene, para convidados escolhidos, por ocasião da XVI Mostra Internacional de Arte Cinematográfica. Missa com nome próprio, como se pode ler nos convites: a Missa do Cinema.

Naturalmente, os católicos participaram da cerimônia. Mas também os russos, os poloneses e os tchecos receberam o convite. Assim como o diretor Dreyer, autor de um filme que seguramente ganhará o prêmio e que é de forte sabor protestante: *Ordet*.

Um jornal local sintetizou a XVI Mostra numa carta escrita por um menino do Lido ao pai, que está em Roma. A carta diz assim:

> Querido papai. Aqui, no Lido, chove todos os dias. Só parou de chover hoje e faz um pouco de sol, mas a mamãe diz que não se deixa enganar pelo tempo e esta noite irá ao palácio do cinema com a capa impermeável, porque ontem à noite regressou ensopada e teve o traje estragado. Está muito excitada, porque parece que haverá uma festa chamada Kentuckiana, ou algo assim, uma festa à americana, e isto quer dizer que haverá muito para comer. Estas coisas não têm importância para mim, porque não irei, mas, para

me consolar, mamãe me disse que tentará roubar, para mim, alguns biscoitos e um punhado de azeitonas. É o que veremos. Ava Gardner não chegou ainda e todos estamos esperando-a, porque depois de Loren não foram vistos grandes personagens. Mamãe me conta um monte de histórias tolas sobre pessoas que não conheço, mas a pobrezinha tem de ser ouvida, porque senão fica ressentida. Agora te mando saudações e também da parte de mamãe, que não escreve por estar fazendo a maquiagem.

Com o amor de sempre, Lio.

Essa carta é, na realidade, uma síntese dos protestos da imprensa italiana pela qualidade dos filmes apresentados na mostra. Diante do palácio do cinema, onde todos os dias são instalados grandes cartazes anunciando novos filmes, apareceu ontem um gigantesco retrato de Amadeo Nazzari, com o título de seu último filme, em enormes letras vermelhas. Alguém comentou:

— Enfim começamos a dizer a verdade.

O título do filme de Amadeo Nazzari é: *Esta noite nada de novo*.

Um tremendo drama de ricos e pobres

Veneza, setembro de 1955

"Onde há um rico e há um pobre, há sempre um bom filme", disse Cesare Zavattini, um dos três grandes do cinema italiano. De acordo com esse critério, no Lido de Veneza e especialmente aos domingos, há nas praias mil bons argumentos para mil filmes bons, melhores do que os projetados no Palácio do Cinema.

Há sessenta anos não vivia ninguém no Lido. Era uma ilha deserta e nua entre o grande canal de São Marcos e o mar Adriático. Aos pobres de Veneza, que já não cabiam numa cidade mergulhada na água, ocorreu vir ao Lido nos domingos de verão, para pegar um sol sem gastar uma lira. Mas os ricos souberam que nem o sol e nem a terra custavam uma lira no Lido e construíram ali uma cidade para convidar seus amigos, que são todos os ricos mais ricos do mundo.

Como nos filmes de Zavattini, os pobres saíram perdendo. Mas perderam de uma maneira alegre e diferente. Essa maneira italiana de os pobres perderem se chama o realismo do cinema italiano, que é o realismo da vida na Itália e especialmente no Lido, onde os ricos são tão exageradamente ricos que não se necessita ser pobre demais para se ser pobre de solenidade.

Nos 12 domingos de verão há 12 revoluções sociais, sem disparos nem derramamento de sangue, no Lido de Veneza. Uma revolução a cada domingo, da qual os ricos não se dão conta porque estão ocupados assando-se como jacarés no sol da praia, ou perdendo cinco milhões de liras na roleta.

Um milionário de Manhattan deve ter dito na semana passada: "Vou passar um domingo em Veneza." Um mordomo de luvas, cumprindo ordens estritas, abriu uma gaveta do escritório e tirou dela esse enorme iate branco ancorado em frente à janela, na água verde do Adriático. É domingo, e o milionário de Manhattan, que percorreu meio mundo para se meter na mesma salmoura onde estão metidos os duques de Windsor e Ali Khan, sequer se dá conta de que está rodeado por todos os pobres de Veneza, que atravessaram o canal de São Marcos por cinqüenta liras. Se soubesse, talvez o milionário não estivesse tão tranqüilo, com sua peruca e a redonda barriga exposta ao sol. Porque a segunda condição para ser milionário — depois de ter vários milhões de dólares e um iate — é acreditar que os comunistas convenceram os pobres a assassinar os milionários.

A graça deste filme que se vê todos os domingos de verão nas praias do Lido é que os pobres se dão conta de que ali estão os ricos, mas não se importam nem um pouquinho, e em compensação os ricos acreditam que todos os que se banham no Adriático são tão ricos como eles. Do contrário, não gastariam um caixote de dólares para percorrer meio mundo, depois de ter o trabalho de se tornarem ricos, para se banhar na mesma água em que se banham, por cinqüenta liras, os pobres. É uma zombaria dos pobres, uma zombaria da sociedade, uma zombaria do capitalismo aos capitalistas. Porque é mais fácil e mais agradável ter de conseguir apenas cinqüenta liras, e não um milhão de dólares e um iate, para ir exatamente ao mesmo lugar e fazer exatamente a mesma coisa.

Durante toda a semana, enquanto os milionários cultivam uma úlcera gástrica para poder ir ao Lido no domingo, os pobres de Veneza vendem quinquilharias aos turistas. Jogam limpo: compram um chapéu de palha, fabricado em Milão, e põem nele uma faixa vermelha, fabricada em Turim. "É um chapéu igual aos que usavam os venezianos da República de Veneza", dizem, e os turistas os compram com uma cédula fabricada em Nova York. Depois se vão com o chapéu posto, ridiculamente, por entre um endiabrado despenhadeiro de pontes, pondo por cima do corpo um monte de coisas fabricadas em todas as partes. Sábado à noite, quando os turistas já não têm onde meter seus três quilos de recordações da República de Veneza, os pobres contam seu dinheiro, comem um prato de macarrão com um litro de vinho e reservam cinqüenta liras para passar o domingo no Lido. Se o milionário de Manhattan soubesse que a vida é assim tão simples e fácil, seguramente iria para Veneza vender chapéus, em vez de beber leite de magnésia no 183º andar. Mas então não poderia se realizar, todos os domingos, este filme de pobres e ricos que é um tremendo drama de morrer de riso.

Às oito da manhã o Lido começa a se encher de pobres. É um terremoto feito de gente gorda, conversadora e suarenta, entre a qual se pode ver, misturados com os gondoleiros e os filhos dos gondoleiros, três ou quatro das mais belas mulheres do mundo. Todos vêm vestidos de pobres: com a roupa remendada e os sapatos gastos, falando esse dialeto veneziano, intrincado e excessivo, que talvez eles próprios tenham inventado para poder zombar dos ricos sem que os ricos percebam. Cada barraca, na praia urbanizada pelos ricos, custa mil liras. É o que ganha um pobre por um dia de trabalho. E como os pobres não são bobos como os ricos, metem-se nas estreitas transversais e começam a tirar a roupa. É outra burla: sob os trajes remendados, vestem, também remendadas, as roupas de banho. Deixam uma pilha de roupa sob uma árvore e caminham 200 metros até a praia. Ali se deitam, de cara para cima, enquanto os pobrezinhos — que são os filhos dos pobres — ensinam palavrões aos filhos dos ricos. Talvez à noite as duas crianças repitam as mesmas palavras diante dos pais. Às crianças pobres, o papai lhes dá uma bofetada na boca e lhes arrancam os dentes, para não gastar dinheiro com o dentista. Ao filho rico, o papai manda a um psiquiatra. Essa é a diferença.

Para entender o neo-realismo italiano, para saber que Cesare Zavattini é um dos grandes homens do século, deve-se assistir a um almoço dos pobres em Veneza, um domingo, nas ruas transversais do Lido. Sob árvores enormes, eles abrem uma toalha remendada e logo aparecem um pacote com um quilo de macarrão frio, um pedaço de pão e um litro de vinho. Em torno da toalha está a típica família italiana: o pai, gordo e peludo, e a mãe, gorda e ditatorial, com nove filhos e um cachorro. Na Itália, como na América, impera o matriarcado. O pai não bate nas criancinhas: solta-lhes um palavrão, enquanto se entope com vinho e macarrão. A mãe, em compensação, que é a última a comer, com o cachorro, dá-lhes uns tabefes como os que só se podem ver nos bons filmes italianos.

Mas não se criem ilusões: os pobres levam um quilo de macarrão ao Lido e comem um quilo de macarrão. Mas não é o mesmo macarrão que levaram: é um quilo de macarrão de cada um dos vizinhos. Quando abre seu pacote, a mãe daqui dá um pouco de macarrão à mãe de lá. E a de lá dá para a de cá outro pouco de macarrão. Assim, enquanto se abrem os pacotes, há um intercâmbio geral de pedaços de pão e macarrão. No final, todos comeram bem. Mas ninguém comeu seu próprio macarrão, e sim o dos vizinhos. É uma característica do povo italiano: nos trens, mas somente nos vagões de terceira, as pessoas têm de se entupir com a comida dada por todos os vizinhos.

Os ricos vêm ao Lido com suas mulheres, que lhes custam mais do que o iate. Ou com suas amantes, que lhes custam pelo menos cinco vezes mais do que a mulher. Os pobres vêm com a mulher ou com a noiva. E é provável que em nenhuma parte do mundo os enamorados se queiram mais, mais afetuosamente e mais em público do que na Itália. Em Paris — todo mundo sabe — os namorados se beijam na rua. Na Itália, não se beijam, mas se querem na rua de uma forma tão convincente, tão íntima e natural, que talvez por isso não tenham necessidade de se beijar.

Há que prestar atenção às mãos dos namorados na Itália. Porque não se dizem nada, mas inventaram a quantidade de manobras carinhosas e secretas, que ninguém, na realidade, sabe que coisas estão se dizendo e que coisas estão fazendo os apaixonados nas ruas. O segredo consiste em não soltar as mãos, aconteça o que acontecer. Aos domingos, quando os enamorados pobres vêm ao Lido, trazem uma pequena maleta com a roupa e a comida. Essa maleta poderia ser carregada por uma criança de três anos. Mas os enamorados a trazem juntos, para agarrar as mãos, enredadas na alça. Nos tempos atuais ninguém acredita que alguém possa morrer de amor. Mas vendo os enamorados italianos, que constituem um problema de trânsito porque ficam atravessados em todos os lugares, e até nos cruzamentos, começa-se a acreditar que realmente se possa morrer de amor. O bom da história é que não morrem. Um dia qualquer se pegam pelos cabelos na metade da rua, paralisam o trânsito, dão-se 16 tapas e vai cada um para sua casa. E não morrem, naturalmente.

Censura política no cinema

Veneza, setembro de 1955

Há dois meses Molotov chegou a Genebra, distribuindo sorrisos e autógrafos, como um ator de cinema. Eisenhower, que necessitava de extensa publicidade não apenas nos Estados Unidos e sim no mundo inteiro, aproveitou o cenário de Genebra para representar, às mil maravilhas, o papel de homem simpático e descomplicado. Aquele foi o mais importante festival cinematográfico dos últimos anos. Uma pândega entre quatro grandes atores que até então se mostravam as unhas e nesse dia começaram a se mostrar os dentes. E a mostrá-los de maneira especial aos fotógrafos de cinema.

Os jornalistas, que conhecem o íntimo e arisco segredo da prosa transcendental, construíram e guardaram em seus arquivos uma expressão que há dois meses usam para tudo, besuntando-a em qualquer coisa como um ungüento milagroso: "O espírito de Genebra". Se Bulganin e Eisenhower se abraçaram, ninguém tem direito a não se abraçar e menos ainda de quebrar pratos na cabeça um do outro, porque isso contradiz "o espírito de Genebra". Os donos da frase, pelo menos esta vez, saíram com a sua: a mostra internacional de Veneza foi uma das primeiras coisas concretas com que se pôde constatar que algo mudou no mundo, depois da festa de Genebra.

Em nenhum momento, depois da guerra, assistiu-se a uma mostra cinematográfica ocidental com maior quantidade de representantes e personalidades da órbita soviética. Iugoslávia, Bulgária, Polônia, Tchecoslováquia mandaram seus filmes a Veneza com uma carga de diretores, atores, técnicos, relações-públicas, material publicitário e sorrisos e autógrafos suficientes para encher um trem. Ao lado do pavilhão da Espanha está o pavilhão da União Soviética; ao lado do pavilhão dos Estados Unidos, o pavilhão da Tchecoslováquia. No terraço do hotel Excelsior, os cineastas norte-americanos falaram do cinema soviético e de Hollywood com os cineastas da Rússia. O diretor Lucov, com corpo e cara de camponês indomável, vestia todas as noites uma roupa preta, folgada e mal cortada, para presenciar o carregamento de filmes de todo o mundo exibido na mostra. Na festa de *O aventureiro*, com todos seus companheiros, pôs um chapéu de caubói e dançou ao redor de uma fogueira capitalista, na cadência do banjo.

Croze, o diretor da mostra, se mostrou sempre severo no cumprimento do regulamento, mas especialmente do artigo II, segundo o qual os organizadores estavam autorizados a retirar, sem consentimento das partes, qualquer filme que pudesse ofender outro dos países participantes. Mas este ano — inspirado talvez pelo "espírito de Genebra" — foi mais estrito do que nunca nesse sentido. O artigo II do regulamento foi submetido a uma intensa ginástica, para evitar que em Veneza se descompusesse o que com tanto uísque e tanta vodca se compôs em Genebra. O primeiro caso foi o do filme *Sementes da violência*, da MGM, no qual se apresenta uma análise crua da delinqüência infantil nos Estados Unidos. É, naturalmente, um filme dos

Estados Unidos. Mas a embaixadora norte-americana em Roma, a enérgica católica e beligerante Clara Luce, considerou que o filme ofendia os Estados Unidos. E foi retirado da programação.

Os jornalistas nunca conseguiram saber o que aconteceu na realidade com *Sementes da violência* (filme prestes a estrear no Metro de Bogotá). A versão popular é espetacular: a embaixadora foi ao depósito da mostra, disse a um funcionário que ia transportar os nove rolos e os levou para seu quarto do hotel Excelsior. Por isso não foi possível ver o filme em nenhuma das salas menores exclusivas para a imprensa. Ninguém sabe dizer onde está a cópia.

Mas a versão oficial é diferente. Diz-se que a senhora Luce viu o filme em exibição privada e manifestou aos organizadores da mostra que se retiraria para Roma, em manifestação de protesto pessoal, se o filme fosse exibido para o público. A Metro Goldwyn Mayer, cujos representantes se encontravam em Veneza, só soube que o filme fora retirado muito tempo depois. Em Nova York, o presidente da MGM, Arthur Loew, leu os jornais e imediatamente ditou para sua secretária uma carta, dirigida ao secretário de Estado, Foster Dulles, um dos homens que sorriram em Genebra:

"A direção da mostra internacional de Veneza", dizia a carta de Arthur Loew, "aderiu ao pedido da embaixadora Clara Boothe Luce de retirar, sem consentimento da MGM, o convite feito a *Sementes da violência*. Não quisemos acreditar na informação dos jornais de que a senhora Luce impôs às autoridades da mostra a retirada de *Sementes da violência*. A senhora Luce disse que caso não fosse atendida se retiraria do festival do qual era hóspede, e ameaçou criar com esse caso o maior escândalo da história cinematográfica. A situação assim criada pela senhora Luce abre uma importante discussão que nada tem a ver com a qualidade artística e intrínseca do filme. Nós, da MGM, estamos orgulhosos com o filme, que foi aclamado pela crítica e se tornou um dos maiores êxitos do ano. O filme foi aprovado sem nenhum corte pela censura de vários estados dos Estados Unidos, à exceção de Massachusetts, que eliminou três palavras. A pergunta fundamental suscitada por esse caso é se um representante dos Estados Unidos no exterior pode influir na censura com ameaça e exercício do poder derivado de seu cargo político."

Ao tomar conhecimento dessa carta, os jornalistas convidaram a senhora Luce para uma entrevista coletiva sobre o incidente. Mas a embaixadora não se deu por vencida: seguiu assistindo às sessões noturnas, em trajes bem femininos e em companhia do marido.

Lamentavelmente, *Sementes da violência* era o mais forte concorrente dos Estados Unidos. Em seu lugar, foi exibida uma fita sem importância, *Madrugada da traição*, de Edgard G. Ulmer. Logo depois foram apresentados dois filmes leves, indignos de uma mostra, e um enorme peixe que empesteava a bilheteria: *O aventureiro*. Em geral essa tem sido a política de todos os países — à exceção da Dinamarca, que enviou unicamente *Ordet*, de Carl Dreyer — de apresentar um filme de qualidade, com aspirações ao primeiro prêmio; um filme leve, que nada perderia se não fosse enviado a uma mostra; e um filme agressivo abertamente comercial. A embaixadora Luce tirou dos Estados Unidos a única oportunidade de disputar os prêmios.

Na delicada tarefa de estudar cada filme para saber que não era contrário ao "espírito de Genebra", os diretores da mostra se depararam com um único caso, na representação das democracias populares: um filme tcheco. Os representantes do filme foram notificados da medida e aceitaram cordialmente uma substituição. Por outro lado, a Tchecoslováquia já ganhara metade da disputa: quinze dos prêmios para documentários foram ganhos por ela. A delegação tcheca reconheceu o direito da mostra de aplicar o regulamento, disseram que não queriam ofender ninguém com o filme e aproveitaram a oportunidade para sair à rua e bombardear os fotógrafos com um arsenal de sorrisos à "genebrina".

> A União Soviética, por sua parte, não teve problemas com o artigo II. Um único de seus filmes, intitulado em italiano *Verso la nuova sponda* [Em direção à nova margem], de L. Lucov, tinha sabor político. Mas não era uma política contra ninguém. Era uma exaltação dos valores nacionais, semelhante, sob esse ponto de vista, a de *O aventureiro*. De modo que a União Soviética disse com seu filme que não há nada melhor do que o comunismo e os Estados Unidos disseram com o seu que não há nada melhor do que o capitalismo. As pessoas aplaudiram e nada ocorreu que pudesse derrubar o castelo de cartas de Genebra.

Em compensação, a Espanha mostrou-se mais realista do que o rei. A delegação mais desorganizada da mostra chegou tarde com *El canto del gallo*, de Rafael Gil. No entanto, os organizadores lhes deram uma nova data e quando o diretor e seus companheiros espanhóis chegaram para exibir o filme, viram que *El canto del gallo* batia de frente com o artigo II. É a história da perseguição dos padres católicos, mas não na zona comunista da Espanha, como se poderia supor, e sim num país não identificado, mas no qual são vendidos jornais escritos em húngaro, há cartazes escritos em húngaro e os soldados usam uniformes russos.

Num dos cafés do Gran Vial, o diretor Rafael Gil, esfregando as mãos de felicidade, disse que a retirada do filme era a melhor propaganda que podia acontecer em Veneza. E em meio ao entusiasmo confessou que fotografara os uniformes dos soldados russos e mandara fazer uniformes precisos para seu filme.

Nos dias que se seguiram à notificação de retirada de *El canto del gallo*, os espanhóis planejaram uma chicanice, para apelar contra a determinação da organização. Apresentaram sua carta, com efeito. Mas a determinação continuou de pé, pois o recurso foi derrubado com base no regulamento.

Então — numa manobra espalhafatosa — a delegação espanhola se retirou da mostra. O outro filme espanhol que figurava na programação, *Orgullo* [Orgulho], de Manuel Mur Oti, ia ser exibido duas horas depois. Em seu lugar, imprimiu-se às pressas um novo programa para anunciar um filme italiano, fora da competição: *Il padrone sono me* [O padrinho sou eu]. Dois protagonistas de *Orgullo* haviam chegado a Veneza e ficaram com a cara no chão: Marisa Prado e Alberto Ruschell. Ambos são brasileiros. Ela era a professorinha de *O cangaceiro* e ele o bandido que a retirou do acampamento.

Ainda que não possam ser considerados filmes rigorosamente políticos, alguns outros tiveram que se ver com o "espírito de Genebra". Em especial: *Gli sbandati*, do italiano Francesco Maselli, e *Os heróis estão cansados*, do francês Yves Ciampi. Esses dois filmes marcam uma posição contra a guerra.

Os heróis estão cansados conta a dramática história de um grupo de veteranos de guerra que foram tentar a sorte numa escaldante cidade africana. São homens sem futuro, desalentados pelo pessimismo, que apenas dez anos antes haviam sido aclamados como heróis em seus próprios países. Curiosamente, Kurt Jurgens, o ator alemão que no dia anterior fora visto em *Des Teufels General*, filme alemão, fazendo o papel de um general da aviação que odiava Hitler e detestava a guerra, foi visto em *Os heróis estão cansados* fazendo o papel de um antigo general da aviação alemã. Também neste filme o general odeia Hitler e detesta a guerra. Quase a única coisa que teve de fazer foi tirar o uniforme.

O que fizeram os Grandes, em Genebra, fizeram agora os grandes do cinema em Veneza. Começou-se a falar de co-produções entre os países deste lado e do outro da Cortina de Ferro, que sem perceber vai se transformando numa cortina de cristal.

Os norte-americanos tiveram a oportunidade de ver que os russos não são tão ferozes como os pintam. No coquetel oferecido pela delegação soviética, os convidados não se sentiram obrigados a se vestir como gente decente e se apresentaram com camisas quadriculadas e calças curtas. "Abaixo os preconceitos burgueses", diziam, nos corredores do Excelsior, enquanto preparavam o estômago para a vodca e os bocados de caviar. Mas na entrada tiveram uma surpresa: um porteiro de libré impediu-os de entrar por falta de paletó e gravata. Os russos explicaram a postura: "Somos hóspedes de Veneza e não podemos fazer nada que desagrade nossos anfitriões." De maneira que todo mundo teve de pôr paletó e gravata para comer caviar.

No final da história, o último filme de René Clair, *As grandes manobras*, anunciado pela França para ser apresentado fora de competição, não pôde ser exibido. A culpa por essa mudança na programação também foi do "espírito de Genebra": a última cópia do filme de René Clair não teve tempo de chegar a Veneza. Estava sendo exibida em Moscou.

Uma entrevista coletiva com René Clair*

René Clair é um francês pontual como um inglês. Sua entrevista coletiva estava anunciada para o meio-dia. Ele chegou em ponto. Na silenciosa sala cheia de cadeiras, com paredes de papelão acolchoado, só havia duas pessoas: dois jornalistas ingleses.

Quando se deu conta de que a sala estava vazia, René Clair tratou de se retirar, com cara de quem está pensando: "Caramba, me enganei de sala." Mas em seguida se deu conta de que não estava equivocado: um tropel de jornalistas de todos os países, de todas as idades e também de todos os sexos, desembocou como uma tromba-d'água na sala de imprensa. Então René Clair se instalou perto do microfone, fitando o teto liso e branco. Tinha as mãos enlaçadas por trás e o queixo estirado para a frente, com os ouvidos atentos ao ruído das cadeiras e os empurrões que os jornalistas se davam em vários idiomas. Se não se soubesse que René Clair ia dar uma entrevista coletiva se pensaria em outra coisa: parecia o homem que nos circos engole espadas.

Comecemos com uma tolice

Todas as entrevistas coletivas começam com uma tolice:

— Senhor Clair — perguntou uma jornalista alemã — quais são os atores de seu último filme?

As paredes do palácio do cinema estão forradas com os cartazes de *As grandes manobras*, o último filme de René Clair. Mas o diretor estava ali para responder às perguntas. Com uma voz clara, marteladora, penetrante, disse:

— Gérard Philipe e Michèle Morgan.

Houve um breve silêncio. A mesma jornalista voltou a perguntar:

— E qual é o argumento?

---

*Na edição da Grijalbo Mondadori, da Espanha, utilizada nesta tradução, a entrevista que se segue apareceu mais adiante, no meio da série sobre o caso Montesi. Para facilitar a vida do leitor, julgamos melhor colocá-la aqui, na série sobre Veneza, logo após a deixa do próprio García Márquez sobre a não exibição do filme de René Clair, *As grandes manobras*, na mostra de cinema. (N. do T.)

— É uma história de amor — respondeu René Clair, com uma inflexão cortante.

A partir deste momento se teve a impressão de que ninguém voltaria a perguntar uma tolice.

O revés de Curzio

É um homem de estatura mediana que parece envolto na mesma atmosfera de calculado mistério que envolve os prestidigitadores. Vestia uma límpida e bem engomada *guayuabera* cor de creme, e uma camisa branca, de colarinho duro, sem gravata. Acabara de se pentear.

Durante vinte minutos não fez um gesto violento, um movimento brusco. Vê-se que sua inteligência é metódica, fria, calculada. Parece de estatura pequena, ainda que não seja. Produz exatamente a sensação contrária daquela de Malaparte, que sempre parece estar montado num potro selvagem.

— Senhor Clair — perguntou um jornalista. — Por que *As grandes manobras* não foi apresentado em Veneza?

— Por impedimentos puramente técnicos — respondeu.

Mas via-se que aquela não era uma resposta sincera.

A cor no cinema

Pela primeira vez, desde que começou a trabalhar no cinema, o diretor francês veio disposto a falar diante dos jornalistas, oficialmente, de seus conceitos sobre a cor. Quando o mercado mundial começava a se encher de filmes falados, René Clair rodava ainda um filme mudo. A invenção do cinema falado surpreendeu-o quando já tinha preparado com exatidão o roteiro de *Os dois tímidos*, e basta olhar para sua cara para saber que não é um homem que embarca em aventuras. Ele mesmo escreve seus roteiros. Depois de cada filme vai viver numa suntuosa residência de verão na Côte d'Azur e ali escreve até o último detalhe seu próximo filme: um a cada ano. Quando chega aos estúdios quase todo o trabalho já está feito. Disse em certa ocasião:

— Já tenho o filme pronto, só me falta filmá-lo.

Quando o cinema falado foi inventado, René Clair ficou três anos sem trabalhar, estudando as possibilidades do invento. Agora, 15 anos depois de a cor no cinema ter sido admitida comercialmente, decidiu utilizá-la.

Um dos jornalistas ingleses fez a pergunta:
— Por que decidiu filmar em cor?

"Chi va piano..."

— Quando o cinema falado foi inventado — respondeu — passaram-se alguns antes que o som e a voz humana tivessem no cinema uma função estética. A mesma coisa aconteceu com a cor: vejo todas as experiências com interesse e creio que chegou o momento em que é possível aproveitar no cinema a cor como função estética.

Ao meu lado, o ardente e irrequieto venezuelano universal Amy B. Courvoisier tentou interromper o discurso com uma pergunta que no meu modo de ver foi a mais importante da conferência:
— Qual é sua opinião sobre o cinemascope?

Mas René Clair, talvez diplomaticamente, esquivou-se da pergunta. Voltou-se com seus redondos e brilhantes olhinhos de morcego em direção a um jornalista que agitava a mão ansiosamente.
— Convém usar pintores no cinema em cor?
— Não — respondeu René Clair. — Os pintores manejam a cor como valor especial. No cinema temos de pensar na cor em função do espaço e do tempo.

Quem é o público?

— De modo, senhor Clair, que o senhor fez algo novo em *As grandes manobras*? — perguntou uma velha jornalista francesa, com as pernas cheias de papéis, notas e revistas. Depois de fazer a pergunta, sofreu uma crise de nervos: os papéis e as revistas caíram no chão. Caíram-lhe os óculos. Provavelmente, enquanto tentava se pôr em ordem, e recobrar a calma, não ouviu a resposta fria, espaçada, direta:

— Isso só o público pode dizer. Nós, autores, só sabemos ter feito algo novo quando o público nos diz.

Pela primeira vez se referiu ao público. Do canto mais afastado da sala se ouviu uma pergunta em espanhol:

— O senhor acredita na influência do cinema nas massas?

— Sim, creio — respondeu René Clair, em francês. — A prova é que os governos dão mais atenção ao cinema do que à literatura. Não existe país em que não haja censura no cinema. Em muitos deles não há censura para os livros, mas há para os filmes.

Naturalmente, René Clair não sabia ao certo, mas talvez suspeitasse: a pergunta fora feita por um jornalista da Espanha, onde existe a mais curiosa e ridícula censura cinematográfica. Este jornalista me contou um exemplo: quando num filme ocorre adultério, a censura modifica os diálogos com dublagem, de tal maneira que o amante fica convertido em irmão.

— Mas então é um incesto — eu lhe disse.

Ele me respondeu:

— Para a censura é mais grave um adultério do que um incesto.

O conto da espiã

Ao falar do público, René Clair chegou inevitavelmente ao problema da dublagem, das mudanças de título para cada país e o intercâmbio de atores, imposto pelas co-produções. Contou a história do título posto nos Estados Unidos a seu filme *O silêncio é de ouro*.

Os distribuidores norte-americanos pensaram em dois títulos: *The silence is gold* e *The golden silence*. Tentando se antecipar à reação do público perante os dois títulos, encomendaram uma pergunta ao Gallup.

— Que lhe sugere o título *The golden silence*? — foi a pergunta chave da pesquisa.

A unanimidade foi esmagadora: "A história de uma espiã que assassina seus amantes com um punhal envenenado." Como todos sabem, *O silêncio é de ouro* é uma comédia musical com Maurice Chevalier.

Há que buscar Gina

René Clair discorda do obrigatório intercâmbio de atores imposto pela co-produção. Considera que é importante a cooperação dos capitais e a abolição de certas restrições aduaneiras para os filmes.

— Mas não entendo — disse — que obrigatoriamente um napolitano tenha de fazer o papel de um parisiense e um marselhês o papel de um veneziano.

— Por que não entende? — alguém perguntou.

— Porque a alma de um país não pode ser interpretada por um estrangeiro. É estúpido. E por natureza sou inimigo da estupidez.

No entanto, na sala ninguém se esqueceu que René Clair utilizou Gina Lollobrigida em *Essa noite é minha* sem ser forçado pela co-produção. Coube a um jornalista italiano fazer a pergunta.

— Utilizei a senhora Lollobrigida — disse René Clair — porque era a atriz apropriada para essa personagem. Se amanhã tiver de desenvolver outra personagem semelhante, terei o prazer de chamar de novo a senhora Lollobrigida.

O fim da festa

O que veio depois foi uma saraivada. A filosofia saiu abertamente de sua cobertura de timidez. [...] te,* uma pergunta isolada:

— Aceitaria entrar na Academia Francesa como representante do cinema?

— Quando me propuserem, responderei — disse, fez uma vênia e desapareceu da sala como um fantasma.

---
*Texto incompleto em *El Espectador*.

Um tropel de potros o alcançou na porta. Os jornalistas o rodearam.

— Necessitamos falar com o senhor — disse um deles.

René Clair perguntou:

— Para quê?

E o jornalista respondeu:

— Para fazer uma entrevista.

Então o diretor, com uma cara de aflição infinita, abriu-se em cruz contra a parede e voltou os olhos para o céu. É estranho que ninguém lhe tenha proposto o papel de Cristo num filme. É rigorosamente igual.

Como foram dados os prêmios em Veneza

Veneza, setembro de 1955

Coincidindo com nosso prognóstico, a comissão julgadora da XVI Mostra de Arte Cinematográfica de Veneza concedeu o Grande Leão de Ouro a *Ordet*, o monumento cinematográfico do dinamarquês Carl Th. Dreyer; e o Leão de Prata para *A cigarra*, do soviético Samsonov. Pela primeira vez nos últimos quatro anos, o Japão — que apresentou dois filmes — não obteve nenhum prêmio.

O júri era composto por Antonin M. Brousil, da Tchecoslováquia, reitor da Academia de Belas-Artes de Praga; Jacques Doniol-Valcroze, da França, crítico cinematográfico; Roger Manvelle, da Inglaterra, diretor da Academia Britânica do Filme, e pelos críticos de cinema italiano Giuseppe Gadda Conti, Mario Cromo, Domenico Meccoli, Carlo Ludovico Ragghianti e Gian Luigi Rondi. Os prêmios para *Ordet* e *A cigarra* foram concedidos por unanimidade.

Ao se encerrar a mostra, sábado, 10 de setembro, haviam sido gastos um milhão de liras no Leão de Ouro e outro milhão nos quatro Leões de Prata. A hospedagem para dois atores por cada filme, os 51 delegados das nações participantes e os membros do júri custou 12 milhões de liras. Os jornalistas tiveram desconto de 50% nos hotéis. Doze empregados ganharam 650 mil liras mensais. Vinte e sete operadores de cabines custaram dois milhões, e os 44 porteiros um milhão e trezentos mil. O pessoal de apoio foi composto por 11 mulheres que ganharam 120 liras por hora cada uma. A conta de energia elétrica chegou à casa dos três milhões; a de publicidade, dois milhões, e a de limpeza e conservação do palácio, um milhão.

Nos 16 dias de duração da mostra foram projetados 750 mil metros de filme, por sessenta horas de projeção na sala principal. Cada hora de projeção custou, com todos os seus gastos, 60 mil liras.

Na realidade, os prêmios principais fizeram justiça à qualidade dos filmes. Mas os prêmios secundários — medalhas e menções — foram distribuídos proporcionalmente entre quase todos os países participantes. Criou-se certo embaraço por não se conceder nenhum prêmio a *Chiens perdus sans colliers* [Cachorros perdidos e sem coleira], de Jean Delannoy. Em compensação deu-se uma medalha a Alexandre Astruc, também da França, por *Les mauvaises rencontres*. Produziu certo mal-estar que *Amici per la pelle*, de Franco Rossi, saísse de mãos abanando, mas, em compensação, o instituto católico de cinema o considerou o melhor filme. Quase todas as democracias populares e a Inglaterra receberam menção. Só três delegações nada levaram: o Japão e os países sul-americanos. Sobre esta partilha proporcional alguém comentou:

— Este não foi o festival de Veneza, e sim o festival de Genebra.

ORDET. Dinamarca. *Produção*: A:S Film-Centralen Palladium. *Direção*: Carl Th. Dreyer. *Roteiro*: Kaj Munk e Carl Th. Dreyer. *Fotografia*: Henning Bendsten. *Música*: Paul Schierbeck. *Elenco*: Henrik Malberg, Emil Malberg. Emil Hass Christensen, Preben Lendorff.

Ordet, o Leão de Ouro, está muitos metros acima dos outros filmes premiados. É o décimo terceiro filme do diretor dinamarquês Carl Th. Dreyer, autor de uma obra fundamental na história da arte cinematográfica: *A paixão de Joana d'Arc*. Antecipadamente já é um fracasso comercial; mas é, em compensação, uma obra de arte, destinada a perdurar, a ser recordada muitas vezes, durante muitos anos, cada vez que se falar de cinema. *Ordet* — que provavelmente se chamará *La palabra* em espanhol — é um drama simbólico, com forte sabor de tragédia primitiva. Do ponto de vista técnico, Dreyer teve a fortuna de não progredir. Continua contando sua história com a gramática do cinema mudo, fundamentando o relato na expressividade da imagem, na força comunicativa da luz e da sombra e da expressão dos seres humanos. Há em *Ordet* um ambiente sombrio. A história de Johannes, o estudante de teologia que acredita ser Jesus Cristo; e de Anders, que se apaixona pela filha de um deficiente físico fanático religioso, é uma história extrema e obscura, construída realmente com misteriosos elementos teológicos. Johannes, o homem que acredita ser Jesus Cristo, ressuscitou Lázaro. E, num ambiente que não se sabe se é de vida ou de morte, de realidade ou lenda, vai pronunciar as palavras mencionadas no título diante de uma pedra sepulcral para ressuscitar Inger, a mulher de Mikkel.

Dever-se-ia admitir que Dreyer é um teólogo do cinema, e se chegaria então a um dos grandes momentos da arte cinematográfica. Mas em sua entrevista coletiva, o grande dinamarquês arrasou essa possibilidade.

— Isto não é nada de novo — disse. — Tudo isso já foi inventado por Eisenstein, em *O encouraçado Potemkin*, e Griffith, no episódio moderno de *Intolerância*.

Numa mostra na qual se tenta impor oficialmente todo o arsenal das inovações técnicas, Dreyer se apresentou com um exemplo de cinema primitivo e levou o grande prêmio. É um filme lento, solene, carregado de uma densa força interior que formula outra vez o grande mistério do homem na Terra. Bastaria a realização de *Ordet* para que este ano não fosse um ano em branco na história do cinema. O prêmio que lhe foi concedido é um reconhecimento justo, e ao mesmo tempo um prêmio devido há muitos anos a Carl Th. Dreyer, um dos últimos sobreviventes dos tempos mais gloriosos da arte cinematográfica.

*

CISKE DE RAT. Holanda. *Produção*: Filmo-productie. Maattschappij "Amsterdam". N. V. *Direção*: Wolfgang Staudte. *Fotografia*: Otto Blacker. *Música*: Steye van Branderburg. *Elenco*: Dick van der Velde, Kees Brusse. 1955.

Pela primeira vez presente em Veneza, na mostra de filmes de longa-metragem, a Holanda deu uma nota de discrição, densidade humana e habilidade técnica com um filme concebido e dirigido pelo alemão Wolfgang Staudte. *Ciske de rat* — que provavelmente se chamará em espanhol *Cara de rato* — é a história de um menino de rua que mata sua mãe. Mas não é a história a serviço do espetáculo grandiloqüente, da dramaticidade gratuita, e sim um estudo sério e humano da delinqüência infantil na Holanda.

Três filmes vieram a Veneza com a mesma problemática. Um deles, *Sementes da violência*, dos Estados Unidos, foi retirado pela embaixadora Clara Boothe Luce, que o considerou inconveniente para o prestígio internacional de seu país. O outro, *Chiens perdus sans colliers*, do francês Jean Delannoy, foi um dos melhores espetáculos apresentados na mostra, apesar de não receber nenhum prêmio.

Ciske de rat e *Chiens perdus* apresentam notáveis pontos de coincidência. Em ambos o autor é insubornavelmente solidário com a criança. Nenhum dos dois particulariza a responsabilidade do Estado, da sociedade ou da família. Não se propõem soluções. Mas se propõe em compensação um debate transcendental sobre a delinqüência infantil, ao expor cruamente, com os elementos do melhor cinema, um problema que preocupa igualmente todas as nações modernas.

Wolfgang Staudte faz uma análise profunda do ambiente que coube a Jantje Verkerk viver — o menino que mata sua mãe. E indiretamente faz uma análise da família holandesa, da educação holandesa e dos métodos oficiais para combater a delinqüência infantil. E faz sem assumir em nenhum momento um tom pretensioso, e sim narrando uma história válida como obra de arte verdadeira e duradoura.

O filme é conduzido em todos os momentos pelo coração, como ocorre com o de Jean Delannoy, no qual Jean Gabin, em seu papel de juiz de menores, confirma mais uma vez — até quando? — suas assombrosas possibilidades de ator. A fotografia de *Ciske de rat* tira proveito das prodigiosas qualidades da fotografia alemã, evidente até mesmo nos filmes abertamente comerciais. Desta vez é uma fotografia que funciona, que participa da unidade da história, e que contribuiu para fazer de *Ciske de rat* um filme amargo e bonito, inquietador e inesquecível.

AS AMIGAS. *Produção*: "Trionfalcine". *Direção*: Michelangelo Antonioni. *Roteiro*: Suso Cecchi d'Amico, Alba de Céspedes e Michelangelo Antonioni. *Música*: Giovanni Fusco. *Fotografia*: Gianni di Venanzo. *Elenco*: Eleonora Rossi Drago, Valentina Cortese, Gabriele Ferzetti, Magdalena Fischer e Franco Fabrizi. 1955.

Michelangelo Antonioni é o diretor de *Crimes d'alma*, um excelente filme com Lucía Bosé, apresentado há poucos anos na Colômbia sem a promoção merecida. Giovanni Fusco é o autor daqueles inesquecíveis comentários musicais, esquematizados por um saxofone. Gianni di Venanzo é o autor da fotografia segura e expressiva, dos enquadramentos simples, dos movimentos de câmera que fazem as imagens falar mais do que a trilha sonora. Essa mesma equipe fez agora *As amigas*. É o drama das mulheres solitárias na sociedade burguesa de Turim, como *A casa de Bernarda Alba* é o drama das mulheres solitárias dos povoados da Espanha.

Evidentemente, Michelangelo Antonioni, que não é o mais jovem dos diretores europeus vindos a Veneza, mas que tem apenas trinta anos, tem no entanto muito a dizer sobre a burguesia. *Crimes d'alma* era isso: um drama da burguesia. *As amigas* é o drama de três mulheres que costuram para as burguesas de Turim, considerada a mais burguesa das cidades italianas.

Não se trata neste caso de uma história que começa na primeira cena e termina na última. A história começou há muitos anos em outros ateliês de costura de Turim, e no entanto ainda não terminou. Antonioni capta um instante qualquer: o instante em que uma costureira de Roma estabelece um ateliê. A costureira romana é Eleonora Rossi Drago, que, na cidade desconhecida, vai abrindo caminho lentamente, aderindo ao drama íntimo de suas companheiras de trabalho. É um ambiente sombrio, num inverno carregado de nuvens, e triste.

Por não ser uma história clássica, com princípio, trama, desenvolvimento e fim, *As amigas* era um drama difícil de armar e de contar. Por isso, Antonioni não afrouxa a pressão em nenhum momento e dirige os atores quase com mão de ferro, de modo que o que deveria ser um filme de atores se torna um filme de diretor. Há momentos em que se vê mais Antonioni do que os protagonistas, porque Eleonora Rossi Drago — que mudou o nariz pela terceira vez, numa terceira intervenção cirúrgica — está sempre prestes a representar o papel de Eleonora Rossi Drago, que sempre a torna parecida consigo mesma. O prêmio de melhor atriz feminina ficou vago. Mas é provável que nenhuma mereça tanto como Valentina Cortese neste filme: é a única que evolui, por sua conta, num papel difícil e demasiado limitado.

As amigas não é um filme de grande público. Tampouco é um filme de primeira classe. Mas o Leão de Prata concedido a ele é uma distinção merecida pela inteligência e pela discreta habilidade de Antonioni.

A GRANDE CHANTAGEM. EUA. *Produção*: Aldrich Company. *Direção*: Robert Aldrich. *Elenco*: Jack Palance, Ida Lupino, Shelley Winters.

No último instante, quando os Estados Unidos pareciam ter sido descartados da premiação, apresentou-se modestamente — na sessão da tarde — *A grande chantagem*, uma peça de teatro filmada que chamou poderosamente a atenção do público por sua franqueza e dignidade. É muito do que se diz contra Hollywood fora de Hollywood. Huston, em *O diabo riu por último*, fez sem dúvida a mais sangrenta sátira aos métodos da indústria cinematográfica dos Estados Unidos. Mankiewicz procedeu de igual forma em *A condessa descalça*. Mas *A grande chantagem* — queira Deus que não se chame *El gran cuchillo* em espanhol — também é parecido, ainda que na essência diferente: esta é a história de tudo o que acontece dentro de Hollywood, as intrigas, a coação e toda a engrenagem dessa tremenda máquina de fazer estrelas. A embaixadora dos Estados Unidos retirou um filme, mas, em compensação, permitiu que se exibisse este, que é um tremendo panfleto contra a indústria cinematográfica e contra a imprensa dos Estados Unidos: uma jornalista de *A grande chantagem*, que parece ter nome próprio, é um dos seres mais sórdidos e detestáveis que se possa conceber num país civilizado.

A grande chantagem não é uma sátira. É um drama em que as coisas são ditas sem eufemismos. E o público, que ignora muitas coisas, entende menos ainda como é possível que Hollywood tenha fornecido dinheiro para fazer um filme contra Hollywood, dirigido e interpretado por gente que vive de Hollywood. A grande faca de Hollywood é na realidade uma faca em sua própria garganta.

Ao contrário do que ocorre em *A cigarra*, em *A grande chantagem* não há economia de nada. É uma peça de teatro, e como peça de teatro se apresenta, com suas longas falas e o desenrolar da ação fundamentado exclusivamente na atração dos diálogos. Naturalmente, cabe ao fotógrafo fazer milagres para que o espectador não se aborreça com o mesmo cenário. E o resultado é uma fotografia viva, dinâmica, captada por uma câmera que não aceita em nenhum instante ficar quieta no tripé.

Talvez seja preciso refletir um pouco sobre o prêmio dado a este filme. Na realidade, seu mérito mais notável é sua franqueza. E um prêmio a essa classe de franqueza é um voto de censura contra os métodos de Hollywood. O único prêmio levado pelos Estados Unidos em Veneza foi um prêmio para Hollywood. Mas também um prêmio contra Hollywood.

A CIGARRA. URSS. *Produção*: Nosefilm. *Roteiro*: S. Samsonov, de um conto de A. P. Tchekcov. *Direção*: S. Samsonov e F. Dobronrarov. *Música*: N. Kriukov. *Elenco*: L. Zeliokovskaia, S. Bondarciuk, V. Drujnikov.

Duas das melhores coisas vistas na XVI Mostra de Arte Cinematográfica de Veneza foram feitas pelos russos: *A cigarra* — que provavelmente se chamará assim mesmo em espanhol — e a superprodução *Boris Godunov*. Necessariamente um desses dois filmes devia ser premiado. E, de fato, concedeu-se o primeiro Leão de Prata a *A cigarra*, de S. Samsonov, porque afinal de contas o assombroso *Boris Godunov* é uma ópera filmada ao pé da letra e o outro é um conto de Tchekhov, também filmado ao pé da letra, mas traduzido para um límpido idioma cinematográfico.

O conto de Tchekhov não ocupa mais de duas páginas de um livro. É a história de Olga Ivanovna Dymova, a mulher de um médico que reúne os amigos em casa. É uma mulher aficionada às belas-artes, às grandes recepções, que termina — como sempre — apaixonada por um de seus convidados. Não há nada de especial na história, salvo a maneira de contá-la. Tchekhov contou-a literalmente de um ponto de vista original, com uma graça e uma legitimidade sentimental que a tornou diferente das dez milhões de histórias sobre um triângulo amoroso. Samsonov, discípulo de Gherasimov, decidiu contá-la da mesma maneira e em cores discretas, esfumadas, num filme que é, na verdade, seu primeiro longa-metragem.

A história de Tchekhov está intacta. Além disso, Samsonov reconstruiu o ambiente da época com pinceladas suaves, finíssimas, a fim de não distrair a atenção do drama central. Há economia em tudo: nas histórias paralelas, na intenção satírica, mas especialmente nos diálogos. A voz humana, em *A cigarra*, foi reduzida à sua expressão mínima, o que é algo mais que uma proeza num filme rodado quase por inteiro numa pista de dança.

Poucos filmes proporcionam esta sensação de autenticidade. Talvez isso se deva à prodigiosa habilidade de Samsonov para se deter a tempo, para conhecer exatamente o limite em que o sentimentalismo começa a se converter em afetação, ou a graça em palhaçada. Essa obra-prima da discrição contou com a extraordinária sensibilidade de uma atriz de teatro que conhece exatamente as diferenças entre teatro e cinema, Ludmila Zeliokovskaia. Ela sabe querer sem se derramar, sabe sofrer com dor autêntica, mas sem estardalhaço. Seu companheiro de atuação, Vladimir Drujnikov, complementa esse par ideal que poderia permanecer como exemplo de um dos grandes amores da história do cinema.

O escândalo do século

MORTA, WILMA MONTESI PASSEIA PELO MUNDO

Na noite de quinta-feira, 9 de abril de 1953, o carpinteiro Rodolfo Montesi esperava em casa o retorno de sua filha Wilma. O carpinteiro vivia com a mulher, Petti María; o filho Sergio, de 17 anos, e outra filha solteira, Wanda, de 25 anos, na rua Tagliamento, 76, em Roma. É um enorme edifício de três andares, do princípio do século, com quatrocentos apartamentos construídos em torno de um aprazível pátio circular, cheio de flores e uma pequena fonte no centro. Só há uma entrada para o edifício: um gigantesco portão com abóbadas de vidros quebrados e poeirentos. Do lado esquerdo do portão de entrada está o quarto da porteira e, acima da portaria, uma imagem do Coração de Jesus, iluminado por uma lâmpada elétrica. Desde as seis da manhã até as 11 da noite a porteira controla rigorosamente a entrada do edifício.

A primeira providência

Rodolfo Montesi esperou a filha, de 21 anos, até as 8h30. A prolongada ausência era alarmante, porque a moça saíra na parte da tarde. Cansado de esperar, o carpinteiro se dirigiu em primeiro lugar ao hospital mais próximo, onde não se tinha notícia de nenhuma desgraça ocorrida naquele dia. Depois, a pé, dirigiu-se ao Lungotevere, onde procurou a filha durante duas horas. Às 10h30, cansado da busca infrutífera e temendo uma desgraça, Rodolfo Montesi se apresentou à delegacia de polícia, na rua Salaria, a poucas quadras de sua casa, para pedir ajuda na localização de Wilma.

"Não me agrada esse filme"

Ao oficial de plantão, Andrea Lomanto, o carpinteiro informou que naquele dia, depois do almoço, e aproximadamente às 13 horas, regressara como de costume de sua oficina de carpintaria, na rua de Sebino, 16. Disse que deixara em casa toda a família e, ao retornar, sua mulher e a filha Wanda lhe informaram que Wilma ainda não regressara. As duas, segundo o carpinteiro, disseram-lhe que foram ao cinema Excelsior, no vizinho vale Legi, para ver o filme intitulado *A carruagem de ouro*. Saíram de casa às 4h30, mas Wilma não quis acompanhá-las porque, segundo disse, não gostava desse tipo de filmes.

Às 5h30 — segundo disse Rodolfo Montesi na delegacia — a porteira do edifício viu Wilma sair, sozinha, com uma bolsa preta de couro. Contrariamente ao habitual, Wilma não portava os brincos e o colar de pérolas que poucos meses antes ganhara do noivo. O noivo de Wilma era Angelo Giuliani, investigador da polícia de Potenza.

Chamada de um estranho

Como a filha saíra sem se arrumar, contrariando seus hábitos, e também desprovida de dinheiro e do documento de identidade, Rodolfo Montesi formulou na delegacia a hipótese de que Wilma se suicidara. A moça tinha, segundo seu pai, motivo para se suicidar: estava desesperada pela perspectiva de ter de abandonar a família e se mudar para Potenza, depois de seu iminente casamento com o investigador de polícia.

No entanto, Wanda, a irmã de Wilma, tinha outra idéia: declarou que ela saíra sem se arrumar simplesmente porque não tivera tempo. Talvez, pensava, tivera de sair de casa às pressas, depois de um telefonema urgente.

Havia, contudo, uma terceira hipótese: Wilma fugira com o noivo e viajara a Potenza na mesma noite. Para checar este fato, Rodolfo Montesi telefonou para Giuliani, sexta-feira, 10 de abril, às sete da manhã. Mas o desconcertado carpinteiro só recebeu a resposta estupefata do futuro genro. Giuliani não tinha qualquer notícia de Wilma, salvo uma carta que recebera na tarde anterior. Essa carta não oferecia nenhuma pista. Era uma carta de amor convencional.

Preocupado com o desaparecimento da noiva, Giuliani se dispôs a viajar imediatamente para Roma. Mas necessitava uma desculpa urgente para dar aos superiores. Por isso pediu a Rodolfo Montesi que lhe mandasse um telegrama. Rodolfo Montesi lhe mandou ao meio-dia um telegrama dramático. Em quatro palavras lhe disse que Wilma se suicidara.

Um cadáver na praia

Na noite do dia 10, a família Montesi e a polícia de Roma prosseguiram na busca. Foi uma busca inútil, à qual se uniu depois da meia-noite o noivo de Wilma, que veio imediatamente de Potenza. Nada se averiguou até as sete da manhã do dia seguinte, sábado, quando o pedreiro Fortunato Bettini se apresentou, com sua bicicleta, no posto de polícia, para dizer que havia uma mulher morta na praia de Torvajanica, a 42 quilômetros de Roma.

Bettini contou à polícia que quando se dirigia para o trabalho vira o corpo na praia em posição quase paralela à margem, com a cabeça inclinada sobre o ombro direito, e o braço também direito levantado e com a mão à altura do queixo. O braço esquerdo estava estendido ao longo do corpo. Do corpo faltavam a saia, os sapatos e as meias. O corpo estava vestido apenas com uma combinação de malha cor marfim, calcinha justa, de piquê branco com pequenos bordados, e uma suéter leve. Atado ao pescoço, por um pequeno botão, tinha um casaco amarelo-escuro com hexágonos verdes. O casaco estava quase totalmente coberto de areia, aberto como uma asa em direção das ondas.

Os mortos mudam de posição

A informação de Bettini foi recebida pelo agente de plantão, Andreozzi Gino. Às 9h30 da manhã se encontravam no local do macabro achado o carabineiro Amadeo Tondi, o sargento Alessandro Carducci e o médico da região Agostino di Georgio. Perceberam que o cadáver não estava na mesma posição em que o pedreiro disse que o achara: estava quase perpendicular à margem, com a cabeça virada para o mar e os pés na direção da praia. Mas ninguém pensou que o pedreiro mentira e sim que as ondas o fizeram mudar de posição.

Depois de um exame sumário do cadáver, o doutor Di Giorgio comprovou:

a) que se encontrava em estado de semi-rigidez progressiva;

b) que suas características externas permitiam pensar que a morte se devia a afogamento, ocorrido aproximadamente 18 horas antes do achado;

c) que a conservação da roupa e o aspecto exterior do corpo permitiam descartar a possibilidade de uma longa permanência na água.

"É ela!"

Às 11h30, o sargento Carducci enviou um telegrama ao procurador-geral da República, informando-o sobre o achado. Mas às sete da noite, como não havia recebido nenhuma resposta, decidiu dar um telefonema. Meia hora depois veio a ordem de recolher o cadáver e conduzi-lo ao anfiteatro de Roma. Ali chegou à meia-noite.

No dia seguinte, domingo, às dez da manhã, Rodolfo Montesi e Angelo Giuliani foram ao anfiteatro ver o cadáver. O reconhecimento foi imediato: era o cadáver de Wilma Montesi.

O LEITOR DEVE RECORDAR

a) Que a porteira viu Wilma sair às 5h30, segundo disse a Rodolfo Montesi e ele informou à polícia.

b) Que na noite de 9 de abril ninguém falou na casa da família Montesi de uma provável viagem da moça a Ostia.

c) Que Wanda Montesi falou de um misterioso telefonema.

Em seu informe de 12 de abril, o sargento Carducci expressou a opinião, com base nas conclusões do médico Di Giorgio, de que a morte de Wilma Montesi fora ocasionada por asfixia de afogamento e não se encontraram lesões causadas por atos de violência. Expressou que podiam ser estabelecidas três hipóteses: acidente, suicídio ou homicídio. Formulou a crença de que o cadáver, proveniente do setor de Ostia, fora arrastado pelo mar e restituído à praia nas primeiras horas da noite de 10 de abril. Disse ainda que na noite de 10 de abril se desencadeou um violento temporal no setor e posteriormente o mar se mantivera agitado por causa do vento que continuou a soprar em direção noroeste.

Meia hora essencial

Por seu turno, a 14 de abril, a delegacia de polícia de Salaria entregou seu relatório sobre a família Montesi. De acordo com esse relatório, a família do carpinteiro gozava de boa reputação. Wilma era conhecida como jovem séria, de índole reservada e sem amizades, e estava oficialmente comprometida, desde setembro de 1952, com o investigador Giuliani, transferido, poucos meses antes da morte da noiva, de Marino para Potenza.

De acordo com esse relatório, o relacionamento de Wilma com a família sempre fora excelente. Escrevia com freqüência ao noivo, e a última das cartas, de 8 de abril, copiada por ela num caderno requisitado pela polícia, revelava um afeto tranqüilo e assentado.

A porteira do edifício dizia ter visto Wilma Montesi na tarde de 9 de abril no trem de Ostia. E a 9 de abril o trem de Ostia saiu exatamente às 5h30.

As chaves da casa

A doutora Passarelli, tendo visto nos jornais a notícia da morte e as fotografias de Wilma Montesi, apresentou-se sexta-feira, dia 13, muito cedo, na casa da família, para contar o que vira na quinta-feira. Disse que Wilma viajara com ela a Ostia, no mesmo compartimento do trem, e não tinha nenhum acompanhante. Ninguém se aproximara ou conversara com ela durante a viagem. Segundo a doutora Passarelli, Wilma desceu em Ostia, sem se apressar, logo que o trem parou.

A polícia indagou da família quais eram as outras peças de vestuário que Wilma levava quando saiu de casa, além das que foram encontradas no cadáver. Tinha meias e sapatos de couro de cervo com saltos altos. Tinha também uma saia curta, de lã, do mesmo tecido do casaco achado no cadáver, e ligas de elástico. A família confirmou que ao sair de casa deixara não apenas todos os objetos de ouro presenteados pelo noivo, mas também a fotografia dele. Confirmou também o que a porteira dissera: Wilma levava uma carteira de couro preta em forma de cubo, com cabo de metal dourado. Dentro da carteira levava um pentinho branco, um espelhinho e um lencinho branco. Também levava a chave da casa.

Ninguém sabe nada

Este primeiro relatório da polícia opinou que não se podia supor nenhuma razão para suicídio. Por outro lado, na carta que escrevera ao noivo no dia anterior, não havia qualquer indício de que pensara em tomar determinação semelhante. Estabeleceu-se também que nenhum membro da família, nem pelo lado da mãe e nem pelo lado do pai, sofrera transtornos mentais. Wilma gozava de boa saúde. Mas fornecia um dado que podia ser de extraordinária importância na investigação: a 9 de abril, Wilma acabara de sair do período menstrual.

Apesar das numerosas investigações não se pôde estabelecer que a família de Wilma tivesse conhecimento de uma possível viagem sua a Ostia. Seu pai a buscara com insistência no Lungotevere, acreditando que se jogara no rio, mas não pôde dar outra explicação além de um presságio. Estabeleceu-se claramente que a família ignorava que a moça conhecesse alguém em Ostia. Assegurou-se até que ignorava o caminho e as conexões de ônibus ou bondes que devia tomar para se dirigir à estação de São Paulo, de onde partem os trens de Ostia.

Enigma para peritos

Na tarde de 14 de abril, no Instituto de Medicina Legal de Roma, os professores Frache e Carella realizaram a necrópsia de Wilma Montesi. A polícia apresentou aos peritos um questionário, com o propósito de estabelecer a data e as causas precisas da morte. E, em especial, encomendou-lhes a missão de determinar se o passamento fora ocasionado efetivamente pelo afogamento ou se a moça estava morta ao ser lançada à água. Devia se estabelecer, também, a natureza das irregularidades anatômicas descobertas no cadáver, e a presença eventual, nas vísceras, de substâncias venenosas ou narcóticas.

Solicitou-se também aos peritos precisar, caso a morte tivesse ocorrido em realidade por causa de afogamento, a distância da praia em que Wilma caiu na água. Pediu-se para estabelecer se a morte pôde ser uma conseqüência de condicionamentos fisiológicos especiais, ou do estado da digestão. Esta averiguação era importante, pois podia se relacionar com o fato de que Wilma desejasse lavar os pés no mar durante o processo de digestão.

Seis coisas para lembrar

A 2 de outubro de 1953 os peritos responderam ao questionário da seguinte forma:

1º A morte de Wilma Montesi ocorreu a "9 de abril", de quatro a seis horas depois da última refeição. De acordo com o exame, a última refeição (que deve ter sido o almoço em sua casa) se verificara entre as 14h e as 15h30. De maneira que a morte deve ter ocorrido entre as seis e as oito da noite, pois o processo de digestão estava completamente concluído. A perícia estabeleceu que pouco antes de morrer Wilma Montesi tomou um sorvete.

2º A morte foi provocada por asfixia da imersão total e não por síncope dentro da água. Não se encontraram nas vísceras vestígios de substâncias venenosas ou narcóticas.

3º No momento da morte, Wilma Montesi se encontrava no período imediatamente posterior à menstruação, isto é, em circunstâncias de maior sensibilidade a um banho imprevisto de água fria nas extremidades inferiores.

4º A presença de areia nos pulmões, no aparelho gastrointestinal, devia ser interpretada como uma prova de que a asfixia ocorrera nas proximidades da praia, onde a água marinha tem uma notável quantidade de areia em suspensão. Mas, ao mesmo tempo, o conteúdo ferruginoso desta areia não era o mesmo da areia da praia de Torvajanica, e sim da areia de outro ponto das imediações.

5º Observou-se, entre outras coisas, a presença de pequenas equimoses, de forma quase redonda, na superfície lateral da coxa direita e no terço superior da parte da frente da perna esquerda. Considerou-se que aquelas equimoses foram causadas antes da morte, mas não se atribuiu a elas nenhuma importância médico-legal.

6º Não foram encontrados elementos que permitissem determinar se se tratou de "uma desgraça acidental, um suicídio ou um homicídio". A hipótese de acidente foi fundamentada exclusivamente na possibilidade de que Wilma Montesi tivesse sofrido um desmaio quando lavava os pés nas condições fisiológicas em que se encontrava naquele dia.

A imprensa dá o sinal de alarme

Quatro dias depois de identificado o cadáver de Wilma Montesi — 16 de abril — considerou-se definitivamente concluída a investigação, e o fato qualificado de "infeliz acidente". A família da vítima, que no dia do desaparecimento apresentou à polícia argumentos suficientes para sustentar a hipótese de suicídio, contribuiu para destruir esta hipótese nos dias seguintes à identificação do cadáver.

Em contradição com tudo o que dissera no primeiro dia, Wanda Montesi disse aos instrutores do sumário que sua irmã a convidara para ir a Ostia na manhã de 9, "unicamente para tomar um banho de pés". Tratava-se, segundo disse Wanda, de submeter à ação da água do mar uma irritação provocada pelos sapatos nos calcanhares. Para confirmar essa declaração, Wanda se lembrou à última hora que naquela manhã fora à oficina de seu pai, a pedido de Wilma, para buscar um par de sapatos mais confortáveis. Disse que anteriormente ambas haviam sofrido a mesma irritação e tentaram curá-la com tintura de iodo. Depois, tendo se revelado inútil o álcool iodado, resolveram viajar "um dia destes" às praias de Ostia, com a esperança de que o iodo natural da água do mar lhes proporcionasse a desejada melhora. Mas não voltaram a falar da viagem. Só na manhã do dia 9, segundo disse Wanda, sua irmã voltou a se recordar da viagem. Mas Wanda se negou a ir porque estava interessada em ver *A carruagem de ouro*.

Tivesse dito antes

Diante de sua negativa, disse Wanda que Wilma não voltou a falar da viagem a Ostia e preferiu ficar em casa enquanto ela ia ao cinema com a mãe. E, ao contrário do que disse a primeira vez, Wanda explicou à polícia que sua irmã deixou em casa os objetos de ouro porque sua mãe assim suplicou reiteradamente, para evitar que se perdessem ou se deteriorassem. Declarou também que não levara o retrato do noivo porque não era seu costume levá-lo à rua. Por último, forneceu dois dados importantes para descartar a hipótese de suicídio: em primeiro lugar, Wilma se mostrara muito tranqüila na manhã do dia 9. E, em segundo, antes de sair, lavara sua roupa íntima, depois de trocá-la por uma muda limpa.

O mistério da liga

Na investigação realizada entre os parentes, vizinhos e conhecidos de Wilma, estabeleceu-se outra verdade importante: Wilma não sabia nadar. Por isso, no ano anterior, quando esteve com a família em Ostia, durante as férias, limitara-se a permanecer na praia com seu traje de banho e a lavar os pés no mar.

Também o pai de Wilma voltou atrás em sua versão original de que a moça se suicidara. Rodolfo Montesi justificou sua primeira impressão de que Wilma se suicidara com uma explicação cômoda: disse que quando saiu para procurá-la, na noite de 9, não sabia que ela convidara a irmã para ir a Ostia tomar banho de pés. E explicou que o dramático telegrama que enviara a Giuliani fora sugerido por ele no telefonema: só desta forma espetacular podia conseguir permissão rápida para viajar a Roma naquela mesma noite.

Faltava uma coisa por estabelecer: a opinião de Rodolfo Montesi sobre o fato de que o cadáver da filha fora encontrado sem a liga, que é uma prenda íntima, e da qual não era indispensável se desfazer para tomar um banho de pés. Rodolfo Montesi explicou: Wilma era uma moça de formas exuberantes e não tinha suficiente liberdade de movimentos quando submetida à pressão da liga.

Um par de luvas

A senhora Montesi também descartou a hipótese de suicídio de sua filha. E expôs um argumento forte: Wilma levara consigo as chaves da casa, o que demonstrava que estava disposta a retornar. Mas, em compensação, não se mostrou favorável à hipótese do acidente e tratou de reforçar a do homicídio. Segundo a senhora Montesi, sua filha fora vítima de um sedutor que se sentiu forçado a despojá-la da liga para poder levar a cabo seus brutais propósitos. E, para demonstrar como é difícil tirar a liga de uma mulher, exibiu diante do investigador uma liga de Wanda, semelhante à que levava Wilma e que não foi encontrada com o cadáver. Era uma liga de tecido preto, com vinte centímetros de altura no lado de trás, decrescente até o lado da frente, com uma abotoadura metálica de gancho a pressão. E fez a polícia se dar conta de que não apenas a liga, a saia e os sapatos haviam desaparecido. Também desaparecera a carteira preta de couro.

O LEITOR DEVE RECORDAR

   a) Que o caderno no qual Wilma transcreveu a carta enviada ao seu noivo foi requisitado.
   b) Que no relatório da delegacia de Salaria se afirmou que a porteira viu Wilma sair às cinco, e não às 5h30 como dissera Rodolfo Montesi.
   c) Que os peritos observaram as pequenas equimoses, mas não consideraram a hipótese de que Wilma teria sido agarrada à força.
   d) Que a análise para estabelecer a presença de substâncias venenosas ou narcóticas só foi feita nas vísceras.
   e) A declaração da doutora Passarelli.

Nessa ocasião, a senhora Montesi enriqueceu o inventário da roupa da filha com outros objetos. Segundo ela, Wilma tinha um par de luvas na frasqueira e um relógio com pulseira de metal dourado.

O admirador silencioso

No entanto, não se deu força suficiente aos argumentos da senhora Montesi e se deu maior importância às razões expostas por Wanda para descartar a hipótese de homicídio. Wanda explicou que, quando disse à polícia que sua irmã saíra depois de um telefonema urgente, esquecera duas coisas: a conversação sobre a viagem a Ostia e a circunstância de que não havia nada a respeito de Wilma que não fosse de seu conhecimento. E, a propósito, recordou um caso recente, de cinco dias antes da morte. Wilma contou que um jovem a seguira em seu automóvel desde a praça Quadrata até sua casa, mas sem lhe dirigir a palavra. Segundo pensava Wanda, sua irmã não voltara a ver o admirador silencioso, pois certamente teria contado.

Ninguém lhe mandava flores

Depois dessa investigação, adiantada em quatro dias, a polícia chegou à conclusão de que Wilma era uma moça excepcionalmente séria e retraída que não tivera na vida outro amor senão o de Giuliani. Aceitou-se que só saía à rua em companhia da mãe e da irmã, embora estas tenham admitido que nos últimos meses — depois que seu noivo foi transferido para Potenza — Wilma adquirira o hábito de sair sozinha quase todos os dias, e sempre à mesma hora, das cinco e meia às sete e meia da noite.

Aqui não aconteceu nada

Com base nessas declarações se concluiu — num relatório datado de 16 de abril — que não havendo motivos para pôr em dúvida as declarações da família Montesi, devia-se dar por certo que, de fato, Wilma fora a Ostia para se dar um banho de pés. Supunha-se que a moça escolhera um lugar da praia que conhecia por ter estado no ano anterior e começara a se desnudar, segura de que não havia ninguém à vista. A moça perdera o equilíbrio por causa de uma depressão no fundo arenoso, e se afogara acidentalmente. O relatório terminava dizendo que a morte devia ter ocorrido entre as 18h15 e as 18h30 pois Wilma — que nunca chegava em casa depois das oito — pretendia tomar o trem das 19h30.

"O escândalo do século"

Esse teria sido o melancólico final do caso Montesi se, na rua, não estivessem circulando os jornais, dizendo às pessoas que havia alguma causa oculta naquele acontecimento. A coisa começou no mesmo dia do reconhecimento do cadáver, quando Angelo Giuliani, o noivo de Wilma, observou no corpo as pequenas equimoses que os jornais mencionaram posteriormente, sem atribuir-lhes importância. Ao sair do anfiteatro, Giuliani contou sua observação a um jornalista e manifestou-lhe a certeza de que Wilma fora assassinada.

> Enquanto a polícia considerava que Wilma Montesi morrera por acidente, a imprensa seguia clamando por justiça. E no dia 4 de maio *Il Roma*, jornal de Nápoles, soltou a bomba de dinamite que daria início ao "escândalo do século". Segundo artigo publicado pelo jornal, as peças do vestuário que faltavam no corpo de Wilma Montesi haviam sido depositadas na central de polícia de Roma, onde foram destruídas. Foram levadas ali por um jovem em companhia do qual Wilma Montesi fora vista nos primeiros dez dias de março, num automóvel que se deteve na areia, perto das praias de Ostia. O nome do jovem estava publicado: Gian Piero Piccioni. Era nada menos que o filho do chanceler da Itália.

Entra em ação a opinião pública

A espetacular publicação do *Il Roma*, jornal raivosamente monarquista, foi acolhida, enfeitada e aumentada por todos os jornais do país. Mas a polícia seguia um outro caminho. A 15 de maio, os carabineiros da praia de Ostia divulgaram um relatório sobre os únicos indícios encontrados para estabelecer a presença de Wilma Montesi em Ostia, na tarde de 9 de abril.

Tratava-se das declarações de uma babá, Giovanna Capra, e da responsável pela banca de jornais da estação de Ostia, Pierina Schiano.

A babá, às seis da tarde de 9 de abril, vira se dirigir, até o estabelecimento Marechiaro, uma moça que se parecia com Wilma Montesi, de acordo com as fotos publicadas pelos jornais. Mas não se fixara na cor do casaco.

A responsável pela banca de jornais disse à polícia, sem vacilar, que Wilma Montesi comprou um cartão-postal na estação de Ostia, preencheu-o ali mesmo e o pôs na caixa do correio. Logo, segundo esta declaração, Wilma se dirigiu, sempre sozinha, ao canal do pântano. O cartão escrito por Wilma era dirigido a "um militar de Potenza".

O postal nunca chegou

Os investigadores interrogaram as duas testemunhas e jogaram por terra seus depoimentos. Mas enquanto a primeira não se recordou de nenhuma das características pessoais da moça que viu nas praias de Ostia, a outra afirmou sem vacilar que ela tinha um suéter branco. A responsável pela banca de jornais confirmou que o postal era dirigido a um "militar de Potenza", mas não pôde dar nenhuma informação sobre o endereço.

Em novo interrogatório, Giuliani confirmou que não recebeu nenhum postal. A mãe e a irmã de Wilma comprovaram que a moça não levava caneta na carteira. Enfim, estabeleceu-se que de onde a babá dizia ter visto Wilma às seis até a banca de jornais da estação de Ostia há três quilômetros e meio de distância.

A moça do automóvel

Mas, enquanto a polícia seguia destruindo testemunhos, os jornais continuavam a atiçar o escândalo. Averiguou-se que a 14 de abril, dois dias depois do achado do cadáver de Wilma, um mecânico de Ostia se apresentou à polícia para contar a história do automóvel atolado na areia, de que falou *Il Roma* em sua sensacional publicação. O mecânico se chamava Mario Piccini. Contou à polícia que no primeiro terço de março, quando se encontrava a serviço da ferrovia de Ostia, fora chamado por um jovem, um pouco antes do amanhecer, para ajudar a rebocar seu automóvel. Piccini disse que foi com boa vontade e durante a manobra notou a presença de uma jovem dentro do automóvel atolado. Esta moça se parecia muito com as fotos de Wilma Montesi publicadas nos jornais.

A coisa é com príncipes

A polícia de Roma não manifestou o menor interesse na declaração espontânea do mecânico. Mas a polícia judicial fez uma investigação rápida e descobriu uma coisa diferente. Descobriu que pelo mesmo lugar passara, às seis da tarde de 9 ou 10 de abril, um automóvel conduzido por um conhecido jovem da aristocracia italiana, o príncipe Maurizio D'Assia. Segundo essa investigação, o distinto cavalheiro ia em companhia de uma jovem, que não era Wilma Montesi. O automóvel foi visto pelo guarda Anastasio Lilli, o carabineiro Lituri e o operário Ziliante Triffelli.

A bomba!

A polícia de Ostia se declarou vencida na busca das peças do vestuário que faltavam no cadáver. O advogado Scapucci e um filho seu, que passeavam nos arredores de Castelporziano, encontraram um par de sapatilhas de mulher, a 30 de abril. Acreditando que se tratava das sapatilhas de Wilma Montesi, apresentaram-se com elas à polícia. Mas os parentes da vítima disseram que não eram essas as sapatilhas calçadas pela moça na última vez que saiu de casa.

> Considerando que ali não havia mais nada a fazer, a procuradoria-geral da República se dispunha a arquivar o sumário, confirmada a hipótese da morte acidental. Então a pequena e escandalosa revista mensal *Attualità*, em seu número de outubro, pôs outra banana de dinamite na investigação. Com a assinatura de seu diretor, a revista publicou uma matéria sensacional: "A verdade sobre a morte de Wilma Montesi".

O diretor de *Attualità* é Silvano Muto, um ousado jornalista de trinta anos, com cara de artista de cinema e vestido como artista de cinema, com cachecol de seda e óculos escuros. Sua revista, segundo se diz, era a menos lida da Itália e, em conseqüência, a mais pobre. Muto a escrevia da primeira à última página. Ele mesmo conseguia os anúncios e a sustentava com unhas e dentes, pelo puro desejo de ter uma revista.

O LEITOR DEVE RECORDAR

    a) Que Wanda Montesi só se lembrou de que Wilma a convidara a ir a Ostia vários dias depois do dia do desaparecimento.
    b) Que a polícia não interrogou o mecânico Mario Piccini.
    c) O testemunho do carabineiro Lituri relativo à passagem do automóvel do príncipe D'Assia.
    d) O nome de Andrea Bisaccia.

Mas, depois do número de outubro de 1953, *Attualità* se converteu num monstro enorme. Os leitores se davam trombadas todos os meses à porta de sua sede para conseguir um exemplar.

Essa inesperada popularidade se deveu ao escandaloso artigo sobre o caso Montesi, o primeiro passo firme dado pela opinião pública para a averiguação da verdade.

Sem nome próprio

Em seu artigo, Muto afirmava:

    a) O responsável pela morte de Wilma Montesi era um jovem músico da rádio italiana, filho de proeminente personalidade política.
    b) Por influências políticas, a investigação caminhava de maneira a que pouco a pouco caísse sobre ela o silêncio.
    c) Destacava a reserva mantida em torno dos resultados da necrópsia.
    d) Acusava as autoridades por não querer identificar o culpado.

e) Relacionava a morte de Wilma Montesi ao tráfico de entorpecentes, a que se achava vinculada; falava-se também das orgias na região, de Castelporziano e Capacotta, com uso abusivo de entorpecentes, numa das quais morrera Wilma Montesi, por não estar habituada ao consumo de narcóticos.

f) As pessoas presentes no festim transportaram o corpo às vizinhas praias de Torvajanica, para evitar um escândalo.

Caso arquivado

A 24 de outubro de 1953, Silvano Muto foi chamado pela procuradoria de Roma para prestar contas pelo seu artigo. Muto declarou tranqüilamente que tudo o que afirmara era mentira, que escrevera o artigo apenas para aumentar a tiragem de sua revista e reconhecia ter procedido com leviandade. Em vista desta impressionante retratação, Muto foi processado por "divulgação de notícias falsas e tendenciosas e perturbação da ordem pública". E o processo da Wilma Montesi foi arquivado em janeiro de 1954, por ordem da procuradoria.

Outra vez?

Contudo, quando Silvano Muto se apresentou diante da justiça por causa de seu escandaloso artigo confirmou tudo o que escrevera e acrescentou novos dados. E pela primeira vez forneceu nomes próprios. Disse que o material do artigo lhe fora fornecido por Orlando Trifelli, para quem seu irmão reconhecera Wilma Montesi num automóvel atolado no dia 9 ou 10 de abril de 1953, na frente da casa do guardião da Capacotta. Além disso, disse que recebera a revelação confidencial de dois participantes das orgias de bebidas e entorpecentes: Andrea Bisaccia e a atriz de televisão Ana María Caglio.

O baile começa

Andrea Bisaccia foi chamada a depor. Num estado de nervos alarmante negou haver dito alguma coisa a Silvano Muto. Disse que era uma história fantasiosa, inventada com o objetivo de estragar sua íntima amizade com Gian Piero Piccioni, o filho do chanceler e conhecido autor de música popular. Concluiu dizendo que a manipulação fantasiosa de Silvano Muto a impressionou de tal forma que no dia 9 de janeiro tentou se suicidar.

> A Muto não sobrava outro caminho senão a prisão e, ao processo de Wilma Montesi, uma permanência definitiva nos poeirentos arquivos judiciais de Roma. Mas a 9 de fevereiro Ana María Caglio se apresentou à polícia e serenamente, com sua voz de locutora profissional, contou a dramática história de sua vida.

Encontro secreto no Ministério de Governo

Ana María Caglio era a amante de Ugo Montagna, cavalheiro endinheirado, amigo de personalidades notáveis e famoso por suas aventuras amorosas. Fazia-se chamar de "marquês de Montagna" e era conhecido e tratado por marquês em todos os círculos. Ana María Caglio disse à polícia que não conhecia Wilma Montesi. Mas, como viu sua foto nos jornais, identificou-a como a moça morena, robusta e elegante que, na tarde de 7 de janeiro de 1953, saíra de um dos apartamentos de Montagna em Roma, em companhia dele. Ambos entraram no automóvel conduzido pelo marquês.

Naquela noite, Ana María Caglio — segundo contou à polícia — protagonizou uma violenta cena de ciúmes quando seu amante regressou à casa.

"Aqui tem gato escondido"

Ao ler o artigo de *Attualità*, Ana María Caglio acreditou identificar o senhor X de quem se falava como sendo seu próprio amante, o marquês de

Montagna. Por isso fez contato com o jornalista e lhe disse que tudo quanto dizia em seu artigo era verdade. Na noite de 26 de outubro estava com seu amante dentro de um automóvel. Pediu-lhe explicações, segundo disse à polícia. E o marquês, irritado, e um pouco nervoso, ameaçou jogá-la fora do automóvel.

Para acalmar o amante, Ana María Caglio convidou-o a ir à sua casa, para ler com calma o artigo de Muto; Montagna leu o artigo e nada disse. Mas quando Ana María Caglio foi guardar a revista na gaveta da mesinha-de-cabeceira, viu ali um pacote com dois cigarros dourados e um cinzeiro de pedras preciosas. Essa descoberta reforçou na moça a suspeita de que seu amante estava envolvido com alguma quadrilha de traficantes de entorpecentes.

Um encontro misterioso

Caglio insistiu, na polícia, que viajara a Milão, sua terra natal, a 7 de abril e regressara dia 10. Quando chegou a Roma, o amante ficou visivelmente nervoso e contrariado por seu intempestivo retorno. Ainda assim, levou-a à sua casa, onde aquela noite ele recebeu um telefonema do filho do chanceler, Gian Piero Piccioni, que se preparava para uma viagem.

Posteriormente, Ana María Caglio soube que em novembro do ano anterior uma certa Gioben Jo perdera 13 milhões de liras jogando cartas em Capacotta, com Montagna, Piccioni e um alto funcionário da polícia.

Dia 29 de abril, à noite

Ana María Caglio ceava com o amante no luxuoso apartamento dele e se dispunham a ir ao cinema, o Supercinema. Poucos dias antes, disse a Caglio que Montagna lhe dissera que Piccioni era "um pobre rapaz a quem se devia ajudar, porque se metera em confusão". Naquela noite, quando punha o agasalho para sair, Ana María Caglio se deu conta de que Piccioni chamou Montagna pelo telefone e lhe disse que devia ir imediatamente falar com o chefe da polícia de Roma. Montagna saiu às pressas e se encontrou com Piccioni no ministério de Governo.

O LEITOR DEVE RECORDAR

    a) A declaração de Ana María Caglio, de que Montagna e Piccioni visitaram o Ministério de Governo, a 29 de abril de 1953.
    b) O bilhetinho que diz: "Vou para Capacotta e passarei a noite lá. Como terminarei?"
    c) Gioben Jo, que perdeu 13 milhões de liras jogando cartas.

"Para voar"

Uma hora e meia depois, quando Montagna regressou ao automóvel em que o esperava Ana María Caglio, disse que estivera tentando suspender a investigação sobre a morte de Wilma Montesi. Ana María Caglio lhe disse que aquilo era uma infâmia, pois o autor do crime devia pagar, ainda que fosse filho de um ministro. Montagna lhe respondeu que Piccioni era inocente, já que no dia do crime se encontrava em Amalfi. Então a moça perguntou a Montagna:

— E quando Piccioni voltou a Roma?

Montagna, indignado, não respondeu. Fitou-a nos olhos e disse:

— Boneca, você sabe demais. É melhor trocar de ares.

"Te jogo no mar"

De fato, Ana María Caglio demonstrou que no dia seguinte fora enviada outra vez a Milão, com uma carta especial para o diretor da televisão. Regressou a Roma dia 22 do mesmo mês, para comemorar o primeiro aniversário de seu namoro com Montagna. No dia 27 de julho foram viver cada um para seu lado, mas continuaram a se ver no apartamento da rua Gennargentu. No final de novembro romperam definitivamente, depois dos incidentes provocados pelo artigo de Muto.

Ana María Caglio revelou à polícia que aqueles foram dias de terror para ela. O amante se tornava cada vez mais misterioso. Recebia estranhos telefonemas e parecia comprometido em obscuros negócios. Uma noite, esgotada pela tensão nervosa, Ana María Caglio fez ao amante uma pergunta relacionada com seus negócios e Montagna respondeu em tom ameaçador:

— Se não se comportar, jogo você no mar.

O testamento

Ana María Caglio, em seu dramático depoimento à polícia, disse que desde aquela noite adquiriu a certeza de que seria assassinada. A 22 de novembro, depois de jantar com Montagna no Restaurante Matriciana, na rua Gracchi, teve a sensação de que a envenenaram. Sozinha em seu apartamento, lembrou que o amante fora pessoalmente à cozinha para colaborar no preparo da refeição.

Aterrorizada, Ana María Caglio partiu no dia seguinte para Milão. Estava com os nervos em frangalhos. Não sabia o que fazer, mas tinha a certeza de que era preciso fazer algo. Por isso fez uma visita ao padre jesuíta Dall'Olio e lhe contou toda a história de sua vida com Montagna. O sacerdote, tremendamente impressionado com o relato da moça, repetiu a história ao ministro de Governo. Ana María Caglio, atormentada pelo sentimento de perseguição, refugiou-se no convento da rua Lucchesi. Mas havia algo que não disse à polícia: antes de ir para Milão entregou à dona da pensão em que vivia em Roma uma carta fechada com a seguinte recomendação:

— Na eventualidade de minha morte, faça chegar esta carta ao procurador-geral da República.

"Como terminarei?"

A dona da pensão, Adelmira Biaggioni, em cujas mãos Ana María Caglio depositara a carta, foi chamada a depor. Apresentou-se à polícia com três cartas escritas por Caglio e um bilhete que a moça jogou por baixo da porta antes de sair para a rua, a 29 de outubro de 1953. O bilhetinho dizia: "Vou para Capacotta e passarei a noite lá. Como terminarei?"

Por Adelmira Biaggioni se soube que Ana María Caglio escreveu a carta-testamento na noite que acreditou que fora envenenada e a entregou no dia seguinte, antes de partir para Milão, com a promessa de que seria entregue ao procurador da República caso fosse encontrada morta. A dona da pensão reteve a carta por vários dias. Logo, não querendo carregar aquela responsabilidade, colocou-a dentro de outro envelope e a enviou para Ana María Caglio, no convento onde se refugiara.

A polícia ordenou o seqüestro dessa carta e chamou de novo Ana María Caglio para que a reconhecesse como sua. Entre outras coisas a carta dizia:

> "Desejo que todo mundo saiba que nunca estive a par dos negócios de Ugo Montagna... Mas estou convencida de que o responsável é Ugo Montagna (com a colaboração de muitas mulheres...). Ele é o cérebro da organização enquanto que Piero Piccioni é o assassino."

Os ruidosos festivais com Alida Valli

O dramático testamento de Ana María Caglio deu origem a um terremoto na opinião pública. A imprensa — especialmente os jornais de oposição — iniciou uma carga de artilharia pesada contra a organização judicial, contra a polícia, contra tudo que tivesse algo a ver com o governo. Entre as detonações, Ugo Montagna e Gian Piero Piccioni foram chamados a depor.

Bem vestido, com um escuro traje de riscas e uma sorridente seriedade, Ugo Montagna respondeu ao interrogatório. Disse que nunca conhecera Wilma Montesi. Negou que fosse ela a senhora com quem Ana María Caglio disse tê-lo visto em 7 de janeiro de 1953 dentro de um automóvel, na porta de seu apartamento. Negou enfaticamente que em Capacotta se tenham realizado as mencionadas "festas de prazer". Disse que não era certo que Piccioni o chamara por telefone na noite de 10 de abril. Concluiu dizendo, sem perder a calma, com voz segura e convincente, que não se recordava de ter falado com o chefe da polícia de Roma no Ministério de Governo, como afirmava Ana María Caglio, e era absolutamente falso que alguma vez tivesse entrado em contato com traficantes de entorpecentes. Observou também que Piccioni e o chefe da polícia eram velhos amigos e que não era necessário nem razoável, portanto, que tivesse de servir de intermediário entre eles.

A data mortal

Menos sereno do que Montagna, vestido esportivamente e num sonoro italiano com inflexão romanesca, Gian Piero Piccioni se declarou absolutamente estranho ao caso Montesi. No dia da morte, disse, fazia um breve repouso em Amalfi, de onde regressou a Roma, de automóvel, às 15h30 do dia 10 de abril. Afirmou que naquela mesma tarde se meteu na cama com uma forte amigdalite. Prometeu mostrar a receita do professor Di Filipe, o médico que o visitara à tarde.

> Em relação à suposta visita ao chefe da polícia de Roma em companhia de Montagna, disse que não se realizara na forma maliciosa contada por Ana María Caglio. Várias vezes o visitara sozinho ou em companhia de Montagna, mas unicamente com o objetivo de solicitar sua intervenção na forma com que a imprensa estava comprometendo seu nome no caso Montesi.
> — Os ataques da imprensa — disse — só têm uma finalidade política: desprestigiar meu pai.

Arquive-se!

Considerando que as acusações não ofereciam nenhuma perspectiva e nem pareciam suficientemente válidas para destruir a hipótese de morte acidental quando ela tomava um banho de pés, o processo de Wilma Montesi foi pela segunda vez arquivado a 2 de março de 1954. Mas a imprensa não arquivou sua campanha. O processo contra o jornalista Muto seguia adiante e, cada vez que alguém se apresentava para depor, o caso Montesi voltava a se agitar.

O LEITOR DEVE RECORDAR

    a) A data em que Piero Piccioni disse ter regressado de Amalfi.

    b) A receita do professor Di Filippo, que Piero Piccioni prometeu mostrar à polícia.

Entre outros, depôs um pintor, Franccimei, que convivera uma semana com Andrea Bisaccia, uma das duas mulheres que Muto assinalou como fonte de suas informações. Franccimei contou à polícia uma história apaixonante. Andrea Bisaccia — disse — sofria de pesadelos. Falava agoniada enquanto dormia. Num dos pesadelos, começou a gritar aterrorizada:

— Água...! Não... Não quero me afogar... Não quero morrer da mesma maneira... Solte-me!

Enquanto o pintor dava seu dramático depoimento, uma mulher enlouquecida pelo uso abusivo de entorpecentes se atirou do terceiro andar de um hotel de Alexandria. A polícia encontrou em sua carteira, anotados num pequeno papel, dois telefones que não figuravam na lista de Roma. Ambos eram telefones privados. Um pertencia a Ugo Montagna. O outro, a Piero Piccioni.

Toda uma vida

A mulher que se jogou do terceiro andar era Corinna Versolatto, uma aventureira que em menos de um ano exercera toda espécie de profissões. Foi enfermeira numa clínica respeitável, responsável pela chapelaria do clube noturno Piccolo Slam, fechado posteriormente pela polícia; e, em seus momentos de ócio, prostituta clandestina.

Por ocasião da tentativa de suicídio, Corinna Versolatto era secretária particular de Mario Amelotti, um andarilho venezuelano suspeito de exercer o tráfico de entorpecentes e tráfico de mulheres. Num momento de lucidez, Corinna declarou aos jornalistas, na presença do médico da clínica para onde foi conduzida e de um funcionário da polícia de Alexandria que nos últimos meses caíra em desgraça com Amelotti, seu chefe, porque se negara a colaborar com seus negócios ilícitos. Disse:

— É tudo o que posso dizer. Mario é um homem sem escrúpulos. Comprou a polícia e é amigo de pessoas influentes.

Por último, Corinna revelou que seu chefe era amigo de alguém que fumava cigarros de maconha. E que juntamente com um fotógrafo amigo dirigia uma firma de postais pornográficos.

Isto parece um filme

Enquanto isto ocorria, a imprensa continuava a gritar. E a polícia continuava a receber informações anônimas. Quando se arquivou pela segunda vez o processo de Wilma Montesi, chegaram mais de 600 denúncias anônimas. Uma delas, assinada por "Gianna la Rossa", dizia textualmente:

> Estou a par dos fatos ocorridos em abril de 1953, relacionados com a morte de Wilma Montesi. Sinto-me apavorada pela crueldade de Montagna e Piccioni, que tentaram colocá-la em contato com os traficantes de entorpecentes da província de Parma, precisamente de Traversetolo. Fiz a correspondente denúncia à polícia de Parma, na oportunidade. Mas a jogaram fora.
>
> Há alguns meses, depositei uma segunda carta no escritório de um pároco num povoado da região de Traversetolo. Mandei aquela carta porque estava convencida de que sofreria a mesma sorte de Wilma Montesi.
>
> O pároco entregará a carta a quem lhe apresentar o meu bilhete em anexo. A outra metade está em seu poder.

Gianna la Rossa prosseguia sua carta explicando as razões pelas quais preferia se escudar num pseudônimo. A carta terminava: "Minha pele não vale nada, mas por casualidade é a única que tenho."

Por onde chega a água?

A polícia fez uma rápida investigação dos dois casos anteriores. Em relação aos antecedentes da suicida, estabeleceu-se que em Roma freqüentava o clube Victor e no hotel onde morava organizava estrondosos festivais de prazer de que participavam personalidades notáveis e duas artistas de cinema. Uma delas era Alida Valli.

O hotel onde Corinna vivia em Alexandria — de uma de suas janelas se jogou na rua — foi interditado pela polícia. No quarto da suicida se encontraram dois recortes de jornais. Um era a notícia do fechamento do Piccolo Slam. O outro era sobre o caso Montesi.

"Vejamos, padre"

Em relação à carta de Gianna la Rossa, a polícia averiguou que o pároco era Tonnino Onnis, cura de Bannone di Traversetolo e estudante de engenharia. Os policiais procuraram o cura, com a metade do bilhete incluído na carta, uma entrada de cinqüenta liras do departamento geral de Antigüidades e Belas-artes do Ministério da Educação. O pároco mostrou a carta em que escrevera com seu próprio punho: "Depositada em minha mão a 16 de maio de 1953, para ser entregue apenas a quem apresentar a outra metade do ingresso anexo, e que deve ter o número A.N.629190." No verso do envelope fizera uma segunda anotação: "Selada por mim. Não conheço o nome nem o endereço da pessoa que a escreveu."

Aberta a carta, foi lido seu texto sensacional.

As histórias sombrias das testemunhas

A carta entregue pelo pároco à polícia era datada de 16 de maio e dizia, entre outras coisas:

> Quando esta carta for lida estarei morta. Quero que se saiba que não morri de morte natural. Fui posta fora de combate pelo marquês Montagna e Piero Piccioni... Vivi os últimos meses com o pesadelo de sofrer a mesma morte de Wilma Montesi... Estou pondo em prática um plano para desmascarar a quadrilha dos traficantes de entorpecentes... Se este plano fracassar, sofrerei a mesma sorte de Wilma... Esta carta só será entregue a quem estiver de posse de uma contra-senha especial...

A armadilha

Mas o padre Onnis não se conformou em apenas mostrar a carta à polícia e aproveitou a oportunidade para contar uma história que parece filme de bandidos. Disse que em agosto ou setembro de 1953, uma sexta-feira, quando se dispunha a abandonar Parma em sua motocicleta, aproximaram-se dois indivíduos que desceram de um automóvel com placa da França. Com um simulado sotaque estrangeiro, por intermédio do qual o pároco acreditou descobrir a pronúncia da Itália meridional, os dois indivíduos lhe suplicaram que levasse um embrulho. Ele se negou, ligou a motocicleta e arrancou a toda velocidade. Mas ao chegar ao povoado vizinho foi detido pela polícia e conduzido à delegacia. Os funcionários de plantão requisitaram o embrulho que o pároco levava no assento traseiro. Era um rádio para consertar.

Então a polícia lhe mostrou um bilhete anônimo que recebera poucas horas antes no qual se assinalava o número de sua motocicleta, a hora em que passaria pelo povoado e se formulava a acusação de que estava em contato com uma quadrilha de traficantes de entorpecentes.

Alida Valli ao telefone

Os investigadores perceberam logo algo muito importante: a carta apresentada pelo padre Onnis era datada de 16 de maio, uma época em que o nome de Piero Piccioni ainda não tinha sido associado ao de Montagna. Os depoimentos de Ana María Caglio foram feitos em outubro.

Naquela mesma época, os jornais estavam empenhados em outro acontecimento importante do caso Montesi: o telefonema feito de Veneza pela atriz Alida Valli para Piero Piccioni, com quem mantinha uma amizade íntima. Alida Valli estivera com Piccioni em Amalfi, na viagem que ele mencionou à polícia para diminuir as suspeitas. Logo a atriz viajou a Veneza para trabalhar na filmagem de *A mão do estrangeiro*. Dois dias depois que Alida Valli chegou a Veneza se armou o escândalo Montesi. Um jornalista, um ator e um diretor de cinema e um deputado afirmaram que a atriz telefonara a Piccioni de uma tabacaria veneziana. A atriz negou a conversa.

Sem margem a dúvida

Segundo os depoentes, Alida Valli, num evidente estado de excitação, disse a Piccioni:
— Que diabo você fez? O que houve entre você e aquela moça?
A atriz sustentou o diálogo em voz alta, porque era uma chamada de longa distância. Era um lugar público. Ao terminar, estava tão excitada que disse em voz alta, como se ainda estivesse falando a longa distância:
— Veja você em que confusão se meteu aquele imbecil.

O LEITOR DEVE RECORDAR

a) O telefonema, de Veneza, de Alida Valli a Piero Piccioni.
b) Os resultados da primeira necrópsia feita em Wilma Montesi, publicados na segunda matéria desta série.
c) As declarações da família de Wilma Montesi depois de encontrado o cadáver nas praias de Torvajanica.
d) As peças do vestuário encontradas no cadáver.

O órgão do Partido Comunista Italiano, *L'Unità*, enfatizou o escândalo do telefonema. Segundo o jornal, a chamada se realizara a 29 de abril de 1953. A atriz escreveu uma carta à redação protestando pela "leviandade" com que se divulgavam "notícias fantásticas e tendenciosas". E afirmou que no dia 29 de abril estava em Roma. Mas a polícia seqüestrou sua caderneta de telefonemas e estabeleceu que, de fato, a chamada fora feita.

Histórias obscuras

Outro depoimento foi incorporado ao processo contra o jornalista Muto: o de Gioben Jo, que, segundo Ana María Caglio, perdera 13 milhões de liras jogando cartas em Capacotta, em companhia de Montagna, Piccioni e um alto funcionário da polícia. Ela declarou que um conhecido seu, Gianni Cortesse, emigrado para o Brasil, escreveu-lhe para dizer que estava "muito bem instalado". Era "comissário de bordo" em Gênova, havia alguns anos, e um notório traficante de entorpecentes. Disse que Cortesse abastecia um dentista amigo seu com grandes quantidades de cocaína. Esse amigo seu apresentou-a a Montagna, de quem era amigo íntimo.

Outra testemunha declarou finalmente que havia alguns anos fora hóspede de Montagna. Havia um advogado, amigo de ambos, conhecido por seu vício, que até sofria de *delirium tremens* em conseqüência do uso abusivo de entorpecentes. Em abril ou junho de 1947, segundo a testemunha, Montagna, o advogado amigo e uma mulher entraram nus em seu quarto e o despertaram com frases vulgares e palavras obscuras.

Em quem acreditar?

O processo do jornalista Muto se converteu realmente num processo de muitas ramificações. Cada vez que alguém era chamado a depor, era preciso chamar outros depoentes, para estabelecer a verdade dos testemunhos. Aquilo parecia um jogo de toma-lá-dá-cá. De fato, novos nomes iam aparecendo. E a imprensa, por seu turno, fazia investigações espontâneas e amanhecia com novas revelações. Entre as pessoas que depuseram no processo de Muto estava Vittorio Feroldi de Rosa, que disse ter feito, em julho ou agosto de 1953, uma viagem de automóvel de Roma a Ostia, em companhia de várias pessoas, entre as quais se encontrava Andrea Bisaccia. Segundo Feroldi, Bisaccia lhe dissera que no litoral de Ostia-Torva se traficavam entorpecentes; que conhecera Wilma Montesi; participara de algumas das "reuniões de prazer" de Castelporziano; e vira a liga da Montesi "nas mãos de uma pessoa".

> Chamados a depor os outros passageiros do automóvel, um deles, Silvana Isola, declarou que nada ouvira, porque dormiu profundamente durante a viagem. Mas outro dos passageiros, Gastone Prettenati, admitiu que, de fato, Andrea Bisaccia lhe fez algumas confidências durante a viagem. Disse-lhe, entre outras coisas, que Montesi, numa "reunião de prazer" de que participara e na qual fumaram "certos cigarros", sofrera um colapso. Então fora abandonada na praia, porque os outros participantes acreditaram que estava morta.

Outra testemunha, Franco Marramei, declarou finalmente que uma noite se encontrava num barzinho da rua do Babuino e ouviu Andrea Bisaccia dizer em voz alta:

— Montesi não pode ter morrido por acidente. Eu a conhecia muito bem.

Outra vez o começo

Ante a tremenda gritaria da imprensa e o evidente inconformismo da opinião pública, a Corte de Apelação de Roma solicitou à procuradoria-geral da República o sumário duas vezes arquivado. A 29 de março de 1954 — quase um ano depois da morte da Montesi — a seção de instrução assumiu o confuso cartapácio e iniciou a instrução formal do caso Montesi.

Durante um ano, o volumoso e sorridente presidente da seção, Rafaelle Sepe, trabalhando dia e noite, botou ordem naquele monte de contradições, erros e falsos testemunhas. Teve de começar outra vez pelo princípio. O cadáver de Wilma Montesi foi exumado para uma nova necrópsia. O trabalho do presidente Sepe foi colocar as cartas do baralho em ordem.

Vinte e quatro horas perdidas na vida de Wilma

Como se tratava de começar pelo princípio, o presidente Sepe começou por tentar estabelecer a hora precisa em que Wilma Montesi saiu de sua casa na tarde de 9 de abril. Até então havia dois testemunhos diferentes: o do pai da vítima, que na noite de 9 disse à polícia que a porteira Adalgisa Roscini dissera que Wilma saiu às 5h30; e o do investigador de polícia de Salabria que, em seu primeiro relatório de 14 de abril, segunda-feira, informou que a mesma porteira lhe falara de outra hora: cinco em ponto.

O investigador chamou Adalgisa Roscini e ela afirmou sem vacilar que Wilma não saiu de casa antes das 5h15. A porteira tinha um motivo para fazer aquela afirmação categórica. Durante os dias em que ocorreram os fatos, trabalhava no edifício um grupo de operários que suspendiam o trabalho às cinco em ponto. Então iam se lavar na pia do pátio, na qual não ficavam menos de dez minutos. Quando os operários terminaram seu trabalho, no dia 9 de abril, Wilma não havia saído. Quando acabaram de se lavar e abandonaram o edifício, ela ainda não saíra. Adalgisa Roscini a viu sair poucos minutos depois que os operários. Um pouco depois das 5h15.

"Um osso duro"

Neste interrogatório, a porteira do número 76 de Tagliamento fez outra revelação que lançou sombras de dúvidas sobre o comportamento da família Montesi. Na realidade, a atitude dos parentes da vítima mudou fundamentalmente desde o dia em que o cadáver foi reconhecido. Adalgisa revelou que poucos dias depois da morte de Wilma a mãe dela lhe pediu para modificar a declaração original, segundo a qual a moça havia saído às 5h30. A porteira se negou. E então a mãe de Wilma lhe disse:

— E então como fez a doutora Passarelli para viajar com ela no trem a essa mesma hora?

A porteira disse que respondeu:

— Terá olhado mal o relógio.

Em seguida, indignada pela pressão sobre ela exercida, exclamou:

— Vocês toparam com um osso duro de roer, porque não modifico a hora.

A doutora Passarelli

Para começar bem pelo princípio, a doutora Passarelli foi chamada de novo. Apresentou-se num estado de inquietante excitação. Desta vez não se mostrou tão segura de ter visto Wilma Montesi no trem.

— Pareceu-me que a vi — foi tudo o que disse. E voltou a descrever a moça. Era uma jovem entre 28 e 30 anos. Tinha um penteado "alto sobre a fronte, puxado dos lados e um topete enorme no osso occipital". Não tinha luvas. Usava mocassins e um casaco cuja cor predominante era o verde.

Na verdade, Wilma completara 21 anos havia poucos meses e, segundo o testemunho de muitos que a conheciam, aparentava menos idade. E, na tarde em que saiu de casa pela última vez, não calçava mocassins e sim umas sapatilhas muito vistosas, com tecidos dourados. O penteado não era o mesmo descrito por Passarelli, porque Wilma tinha o cabelo curto havia vários meses.

Salva por um fio

O investigador mostrou à doutora Passarelli o casaco encontrado no cadáver. Ao vê-lo, a doutora se desconcertou. Era um casaco amarelo, vistoso e inconfundível. Virou-o, como para ver se era verde do outro lado. Então negou redondamente que fosse este o casaco que a moça do trem vestia.

O presidente Sepe teve certeza de que o cadáver de Wilma Montesi não fora visto pela doutora. O reconhecimento se limitou a examinar um pedaço de roupa. Considerou-se, portanto, investigar o modo de viver da doutora. Estabeleceu-se que se tratava de uma graduada em letras, empregada do Ministério da Defesa, filha de alto oficial do exército e pertencente a uma ilustre família de Roma. Mas se estabeleceu ao mesmo tempo que sofre uma leve miopia e não usa óculos e tem um temperamento impulsivo, pouco reflexivo, com tendências à fantasia. Salvou-se por um fio. Conseguiu provar de onde tirou o dinheiro com que comprou, poucos dias depois de seu primeiro e espontâneo depoimento, um apartamento que lhe custou 5,6 milhões de liras.

"A um passo da eternidade"

Demolido o testemunho da doutora Passarelli, o investigador se propôs estabelecer quanto tempo gasta uma pessoa para ir da rua Tagliamento número 76 até a estação de trens de Ostia. Colaboraram, na investigação, carabineiros, empresários do transporte e o Ministério da Defesa.

O LEITOR DEVE SABER

A partir desta crônica se encontrarão no texto as respostas àqueles pontos que "o leitor deve recordar", e que foram publicadas nas crônicas anteriores.
    a) A alegada viagem de Wilma Montesi a Ostia.
    b) Tempo e lugar de sua morte.
    c) Causa da morte e definição jurídica do fato.
    d) Hábitos, moralidade e ambiente familial reais de Wilma Montesi.
    e) Tráfico de entorpecentes.
    f) Reuniões na Capacotta.
    g) Denúncia contra o príncipe D'Assia.
    h) Elementos contra Ugo Montagna e Piero Piccioni e contra o ex-chefe da polícia de Roma, Severo Polito.

Do número 76 da rua Tagliamento até a porta da estação há 6.301 metros, pelo caminho mais curto. Para percorrer essa distância, em condições ideais de trânsito e descontando os sinais, um táxi demora exatamente 13 minutos. A pé, a passo normal, demora-se entre uma hora e quinze e uma hora e vinte e um minutos. A passo acelerado, cinqüenta minutos. O trajeto é servido por uma linha de bonde (o rápido B), que demora normalmente vinte e quatro minutos. Supondo que Wilma Montesi tivesse utilizado aquele transporte, há que acrescentar pelo menos três minutos, tempo necessário para a moça ir do portão de sua moradia até a parada do ônibus, situada a 200 metros.

E ainda é preciso tempo para comprar o bilhete na estação e alcançar o trem, numa plataforma situada a 300 metros da entrada. Foi uma conclusão importante. Wilma Montesi não viajou a Ostia no trem das 5h30. Provavelmente não viajaria mesmo se realmente tivesse saído de sua residência às cinco.

A hora da morte

Aqueles que forneceram os primeiros relatórios não se deram conta de algo essencial: o doutor Di Giorgio, primeiro médico a examinar o cadáver nas praias de Torvajanica, declarou que estava em processo de endurecimento progressivo. Depois de certo tempo, um cadáver começa a endurecer: é o período de invasão da rigidez. Posteriormente, opera-se o fenômeno contrário. O doutor Di Georgio estabeleceu que o cadáver de Wilma Montesi estava "parcialmente rígido". Mas tinha um motivo para afirmar que era o processo de "endurecimento progressivo": a rigidez se apresentava na mandíbula, no pescoço e nas extremidades superiores. A lei de Neysten, devidamente comprovada, explica: "A rigidez cadavérica se inicia nos músculos da mandíbula, continua nos do pescoço e nas extremidades superiores." Com base nessa lei, o doutor Di Giorgio entregou seu relatório: a morte ocorreu cerca de dezoito horas antes do exame. E o exame se verificou sábado, 11 de abril, às 9h30 da manhã.

Aqui começou o erro

O cadáver ficou exposto ao sol durante todo o dia, enquanto chegavam instruções de Roma. Essas instruções vieram ao anoitecer. Poucas horas depois o cadáver foi transferido para o anfiteatro. Quando Rodolfo Montesi e Angelo Giuliani chegaram para reconhecê-lo haviam transcorrido mais de vinte e quatro horas do momento do achado. Quando se fez a necrópsia e se emitiu o relatório se disse que a morte ocorrera na noite de 9 de abril, porque o cadáver apresentava um primeiro ponto de putrefação e pelo fenômeno da "pele rugosa". Um ano depois da morte, um grupo de professores da Faculdade de Medicina realizou nova perícia, depois de cuidadoso exame do cadáver, e estabeleceu que a invasão putrefativa pode ter sido precipitada pela longa exposição do cadáver ao sol e à umidade, nas praias de Torvajanica, durante todo o dia 11 de abril.

Em relação ao fenômeno da "pele rugosa", demonstraram que o fenômeno é comum nos cadáveres dos afogados, mas que também pode se apresentar antes da morte, por causa do terror ou da agonia prolongada. Mas no caso de Wilma Montesi pôde ter sido ocasionado também pela longa permanência do cadáver no frigorífico, antes da realização da necrópsia. O primeiro relatório, o do doutor Di Giorgio, era fundamental: a rigidez era parcial. E a conclusão indiscutível: Wilma Montesi morrera na noite de 10 de abril, 24 horas depois que a porteira a viu sair de sua casa.

O que fez nessas 24 horas?

Vinte e quatro horas perdidas na vida de Wilma
(Continuação)

Tratava-se de estabelecer outra verdade importante: o local em que morreu Wilma Montesi. Pois se deu como certo que a moça tomava um banho de pés nas praias de Ostia quando sofreu um colapso e logo depois, afogada, foi transportada pelas ondas às praias de Torvajanica, vinte quilômetros adiante.

Para reforçar esta hipótese, a polícia de Ostia informou que na noite de 10 de abril desabou naquele setor um violento temporal, com fortes ventos na direção noroeste. O instrutor do sumário, o doutor Sepe, pediu aos professores de meteorologia e ao instituto meteorológico que verificassem esse dado. A informação, com boletins meteorológicos de todo o mês de abril de 1953, dizia que no setor Ostia-Torvajanica não se registrou o pretenso temporal. O fenômeno mais notável ocorrera a 11 de abril e precisamente na hora em que se encontrou o cadáver de Wilma Montesi: um vento nordeste, de 13 quilômetros por hora.

O esmalte revelador

A necrópsia dos superperitos deixou claro que o cadáver não apresentava nenhum vestígio de mordedura de animais marinhos e nem de picadas de insetos, muito abundantes na praia de Torvajanica. O instrutor concluiu, a partir desse dado, que o cadáver não permaneceu muito tempo na água e tampouco muito tempo na praia, antes do achado. A primeira dedução foi já um princípio de certeza para descartar a hipótese de que o corpo fora transportado por vinte quilômetros pelas ondas.

Mas foram encontrados indícios mais importantes. O esmalte das unhas de Wilma Montesi estava intacto. Os peritos comprovaram que essa substância era resistente à água do mar. Mas averiguaram a densidade de areia em suspensão no trajeto marinho Ostia-Torvajanica. E concluíram que dificilmente o esmalte poderia resistir à fricção da areia, na longa e rápida viagem de vinte quilômetros.

Um botão como modelo

O presidente Sepe foi o único a se interessar pelo casaco que estava preso por um botão no pescoço do cadáver. Quando o corpo de Wilma Montesi foi achado na praia, o carabineiro Augusto Tondi compreendeu que o casaco era um obstáculo para transportá-lo, de maneira que puxou o botão e o arrancou sem dificuldade.

O instrutor Sepe contou os fios com que estava costurado o botão: eram 17. Os peritos demonstraram que esses 17 fios não resistiriam à água marinha, com o casaco batido pelas ondas, se um carabineiro só precisou dar um puxão para arrancá-lo.

Esta conclusão e outras de caráter indigestamente científicos permitiram descartar a hipótese de uma longa viagem do cadáver das praias de Ostia até as de Torvajanica. Novos peritos demonstraram que a densidade ferruginosa da areia encontrada nos pulmões do cadáver não era uma prova concludente para estabelecer o local onde perdeu a vida. Wilma Montesi se afogou a poucos metros do lugar em que foi encontrado seu corpo.

Além disso

No entanto, a cinco metros da praia não há em Torvajanica meio metro de profundidade. É certo que Wilma não sabia nadar. Mas não é provável que uma pessoa que não sabe nadar se afogue, só porque não sabe nadar, a meio metro de profundidade. As causas deveriam ser outras. E o presidente Sepe se dispôs a investigá-las.

Ordenou-se a superperícia. Um médico de conduta irrepreensível e cinco professores universitários de medicina legal devidamente investigados estudaram a presença de areia e plâncton nos pulmões e no intestino do cadáver. Pela quantidade e profundidade concluíram que a morte não se produzira em circunstâncias normais. Desde a primeira ingestão de água até o instante da morte transcorreram, no máximo, quatro minutos.

A superperícia demonstrou que Wilma Montesi morreu num lento e prolongado afogamento, de dez a vinte minutos depois de seu primeiro contato com a água. Assim se explicava que tivesse se afogado a meio metro de profundidade. Wilma Montesi estava exausta quando começou a se afogar.

Suicidar-se não custa nada

Uma vez obtida esta importante conclusão, o presidente Sepe se dispôs a analisar as três hipóteses:

a) Suicídio.
b) Acidente.
c) Homicídio.

Só se falou de um possível suicídio de Wilma na noite de 9 de abril, quando o pai foi buscá-la em Lungotevere e, depois, quando se apresentou à polícia e mandou o telegrama a Giuliani. Rodolfo Montesi disse que a filha queria se suicidar ante a iminência do casamento e a posterior separação da família por causa da viagem a Potenza, onde trabalhava o noivo. Mas o casamento de Wilma não fora imposto pela família. Ela tinha suficiente independência, era maior de idade e poderia cancelar seu compromisso com Giuliani quando quisesse. Era uma hipótese fraca.

Em compensação, considerou-se de muito peso para destruir a hipótese do suicídio o argumento da mãe: Wilma levara consigo a chave da casa, coisa que nem sempre acontecia. E o raciocínio da irmã: antes de sair, Wilma deixou no lavatório, em água e sabão, a roupa interior que acabara de tirar.

Por último, alguém que examinou as verdadeiras circunstâncias em que morreu Wilma Montesi ponderou: "Seria preciso violentar a extremos sobre-humanos o instinto de conservação para permanecer se afogando durante um quarto de hora, a um metro de profundidade." Suicidar-se não dá tanto trabalho.

Passos de animal grande

O presidente Sepe descartou o suicídio e se pôs a estudar a morte por acidente. Aceitou como válida a explicação da primeira necrópsia: Wilma não morreu por ter entrado na água durante o processo digestivo, porque o processo estava concluído. E, mesmo que não estivesse, é improvável que sofresse um colapso por submergir os pés na água depois da comida.

Também não se considerou válida, para explicar o colapso, a circunstância de que Wilma se encontrava em fase pós-menstrual imediata. Qualquer transtorno que pudesse ter sofrido devido a esta circunstância especial não a teria impedido de se arrastar até a praia, segundo os peritos que, por último, depois da nova necrópsia, descartaram a hipótese de qualquer transtorno de outra índole: Wilma gozava de boa saúde. Em compensação, o coração era pequeno em relação à sua estatura, assim como o diâmetro da aorta.

O presidente Sepe considerou conveniente estabelecer com precisão a origem da hipótese do banho de pés. Ela surgiu muitos dias depois da morte, quando Wanda Montesi "se recordou" de que sua irmã lhe falara da viagem a Ostia. Isso foi depois do funeral, quando toda a família começou a buscar uma explicação para a morte. A atitude foi considerada suspeita: a família de Wilma Montesi manifestou em todos os momentos um desmedido interesse de que se desse crédito à versão de Wanda. Com base nessa declaração se arquivou pela primeira vez o sumário, com a definição de "morte por acidente". No entanto, todos os elementos contribuíam para se admitir a verdade: a família de Wilma não tinha notícias da viagem a Ostia, nem do pretendido banho de pés.

"Vamos por aqui"

Os peritos estabeleceram, por outra parte, que Wilma Montesi não tinha qualquer lesão, irritação ou eczema nos calcanhares. Não tinha marcas de calos ou rachaduras produzidos pelos sapatos. Essa atitude suspeita da família foi minuciosamente analisada pelo presidente Sepe. O pai de Wilma, que intempestivamente adotou a hipótese de "morte por acidente", explicou que a moça tirara a liga para maior liberdade de movimento durante o banho de pés. Mas em compensação não despiu o casaco. Deve-se supor que uma pessoa que deseja liberdade de movimento para lavar os pés tira o casaco antes da liga. E até tira o casaco para ter mais liberdade de movimento ao tirar a liga.

Finalmente, é inconcebível que para tomar um banho de pés Wilma Montesi tivesse caminhado vinte quilômetros da estação de Ostia até as praias de Torvajanica, quando o mar começa a poucos metros da estação. O presidente Sepe não engoliu a pílula da morte por acidente e o banho de pés, e seguiu investigando.

Agora tinha nas mãos um dado mais importante: o tamanho do coração de Wilma Montesi. Isso podia ter alguma relação com os entorpecentes.

Inconsciente, foi jogada no mar

Quando Angelo Giuliani viu o cadáver da noiva, observou certas marcas nos braços e nas pernas que o fizeram pensar em homicídio. Foi ele quem disse a um jornalista, à saída do anfiteatro. A primeira necrópsia confirmou a existência dessas cinco equimoses, mas não lhe foram atribuídas importância médico-legal.

A superperícia mandada fazer pelo presidente Sepe, ao examinar o cadáver de novo, minuciosamente, e efetuar até uma detalhada exploração radiográfica, revelou que não existia nenhuma lesão óssea. Observaram-se alguns arranhões no rosto, especialmente no nariz e nas sobrancelhas: resultantes da fricção do cadáver contra a areia. Em compensação, o exame confirmou que as cinco equimoses eram de origem vital. Os superperitos consideraram que poderiam ter sido produzidas entre o começo da agonia e cinco ou seis horas antes da morte.

Não houve violência carnal

Considerando a sua situação particular e a ausência de outras marcas características se descartou a hipótese de que as cinco equimoses fossem o produto de um ato de violência sexual. Havia duas no braço esquerdo, duas na coxa esquerda e uma na perna direita. Essas equimoses, segundo os superperitos, por sua localização, quantidade e superficialidade, tinham as características de um "aferramento" sobre um corpo inerte.

Não eram marcas de luta ou resistência, pois se podia estabelecer claramente que quando elas foram produzidas o corpo não opôs resistência. Num ato de violência carnal, as características teriam sido diferentes. Outra teria sido a quantidade e diferente a localização.

Não bastam as vísceras

O leitor há de lembrar que, depois da primeira necrópsia, se procedeu a um exame químico das vísceras para estabelecer a presença de entorpecentes. O resultado do exame foi negativo. Um ano depois, os superperitos afirmaram que o "estado de inconsciência preexistente à morte não era incompatível com a ausência de vestígios de entorpecentes nas vísceras". A investigação original fora incompleta, pois não se pesquisou a presença de entorpecentes no sangue, no cérebro ou na medula espinhal. Portanto, o caráter negativo do exame químico das vísceras não podia ser considerado absoluto. Wilma Montesi poderia ter sido vítima de entorpecentes sem que o exame químico de suas vísceras revelasse a presença deles.

Abrindo caminho

Mas podia se tratar de um alcalóide que não deixou vestígio nas vísceras. Isso poderia ocorrer por causa da eliminação, em vida ou depois da morte, ou de transformações oriundas depois do óbito. Essa afirmação é muito mais válida no campo das substâncias voláteis ou degeneráveis.

Diante destas circunstâncias, os superiores consideraram que não se estabeleceu, com resolução médico-legal, se Wilma Montesi utilizou certas doses de entorpecentes. O exame, no entanto, não era negativo e sim inútil, já que se limitara a comprovar que não havia vestígios nas vísceras no momento da investigação. Esses vestígios poderiam ter sido encontrados em outros órgãos e até nas próprias vísceras, em momento anterior.

"Teu pequeno coração"

O presidente Sepe teve a atenção despertada pela reduzida dimensão do coração de Wilma Montesi. Perguntou aos superperitos se essa circunstância teria podido ocasionar uma síncope quando a moça lavava os pés. Os superperitos responderam que não: era absolutamente impossível demonstrar a hipótese de que as condições fisiológicas particulares em que Wilma se encontrava teriam ocasionado um colapso por causa do reduzido tamanho do coração. Em compensação, disseram outra coisa:

> O reduzido tamanho do coração pode ter produzido um colapso por causa da aplicação de entorpecentes.

O exame detalhado do corpo permitiu estabelecer que Wilma tinha uma sensibilidade sexual inferior à normal. O presidente Sepe considerou que essa podia ser uma explicação para aplicação de entorpecentes, pois qualquer pessoa poderia pôr em prática esse recurso para provocar uma excitação que não se apresentaria em circunstâncias normais. Ou para enfraquecer a resistência da vítima.

Avesso e direito

Estava definitivamente descartada a hipótese de que o mar despojara Wilma de peças de roupa. Para que ocorresse seria necessário que o corpo fosse submetido a uma violenta ação das ondas, a que os 17 fios do botão do casaco não teriam resistido. O cadáver, no entanto, estava sem a liga, uma peça tão fortemente fixada ao corpo que uma antiga criada da família Montesi declarou que em várias ocasiões, para tirá-la ou colocá-la, Wilma pedira sua ajuda.

Era preciso admitir que uma outra pessoa despojara Wilma de algumas peças de seu vestuário, provavelmente à força, ou provavelmente quando se encontrava sob ação dos entorpecentes. Em compensação, o casaco continuava a ser um enigma: é curioso que a tenha despojado da liga e não da peça mais fácil de tirar: o casaco.

> Por que não pensar numa coisa mais lógica? Por exemplo: Wilma estava completamente despida quando sofreu o colapso. Em seu nervosismo, o acompanhante desconhecido, tentando destruir os rastros de sua ação, tentara vesti-la às pressas. Por isso o casaco estava ali. Porque era a peça mais fácil de tirar, mas também a mais fácil de repor. E por isso a liga não estava.

A definição

O presidente Sepe, examinados estes detalhes e outros que não é indispensável particularizar, chegou à conclusão de que o estado de inconsciência em que se encontrava Wilma Montesi antes da morte era resultante de uma ação culposa ou dolosa. Era a alternativa. O homicídio culposo se demonstrava com a comprovação de que o responsável ignorava que Wilma ainda vivia quando, para se desfazer do corpo, abandonou-a na praia. Curiosamente, uma das primeiras testemunhas dissera que Wilma participara de um bacanal, sofrera um colapso por causa dos entorpecentes e fora abandonada na praia.

Duas perguntas encadeadas

Diante de uma alternativa como essa, existe no direito italiano o que se chama *favore*. O benefício consiste em que, diante da dúvida entre um delito grave e um menos grave, o suspeito deve ser processado pelo delito menos grave. A primeira parte do artigo 83 do código penal italiano diz: "Se por erro no meio de execução do delito, ou por outra causa, ocorre um acontecimento diferente do desejado (ocultação de um presumível cadáver, neste caso), o culpado responde, a título de culpa, do evento não desejado, quando o fato foi previsto pela lei, como delito culposo." Com base neste artigo, o presidente Sepe definiu a morte de Wilma Montesi como homicídio culposo. Quem cometeu esse homicídio?

O personagem central

O presidente Sepe não podia, de repente, falar de nomes próprios. Mas havia algumas coisas importantes: das cinco equimoses se deduz que a colocação do corpo na água, nas praias de Torvajanica, pôde ser uma operação realizada quando Wilma se encontrava inconsciente. Isto é, o acidente ocorrera em outro lugar e a vítima fora transportada até o local descampado. Naquele lugar, a orla do mar dista mais de 12 metros da estrada asfaltada, onde se deteve o automóvel em que Wilma Montesi foi transportada. Entre a estrada e o mar há uma zona arenosa, de trânsito difícil. Considerando o peso da vítima e a localização das cinco equimoses, o presidente Sepe concluiu que Wilma Montesi foi levada de automóvel à praia pelo menos por duas pessoas.

"Quem são essas duas pessoas?", deve ter se perguntado o presidente Sepe, coçando a cabeça calva e reluzente. Até agora só tinha nas mãos uma pista: a possibilidade de que Wilma Montesi estivesse em contato com traficantes de entorpecentes. Foi aí que o investigador, talvez dando um pulo na cadeira como fazem os detetives nos filmes, fez-se a surpreendente pergunta que ninguém fizera antes: "Quem era Wilma Montesi?"

Cai o mito da menina ingênua

Desde os primeiros relatórios da polícia criou-se no público a impressão de que a família Montesi era um exemplo de modéstia, delicadeza e candura. Os próprios jornais contribuíram para criar essa impressão, elaborando a imagem ideal de Wilma Montesi: moça ingênua, isenta de malícia e de culpa, vítima dos monstruosos traficantes de entorpecentes. Havia, no entanto, uma contradição evidente: não se concebia que uma moça com tão sublimes atributos tivesse conexão com aquela classe de pessoas, participando, como se dizia, de uma "festa de prazer" que lhe custou a vida.

O presidente Sepe se deu conta de que a personagem estava mal construída e se dispôs a efetuar uma investigação a fundo sobre o ambiente familiar verdadeiro e a vida secreta de Wilma Montesi.

O ídolo caído

"A mãe de Wilma", escreveu o instrutor depois de terminar a investigação, "não gozava de boa reputação na vizinhança e imprimira à sua filha, desde os primeiros anos da infância, uma educação pouco severa, habituando-a a não se lavar e acostumando-a a um luxo vistoso e desproporcional à sua condição econômica e social." A imagem de Wilma Montesi, a pobre menina ingênua, vítima dos traficantes de entorpecentes, começou a se desmoronar diante da investida de uma investigação fria e imparcial. A própria mãe de Wilma Montesi dava em casa o mau exemplo de uma elegância pomposa e de mau gosto. "Mostrava-se", disse o sumário, "autoritária com o marido, despótica com toda a família e até violenta com sua própria mãe, pronunciando nas freqüentes cenas familiares palavras vulgares e termos grosseiros."

O mistério da carteira

Aquele comportamento influiu de tal maneira na formação de Wilma que, em disputa recente com uma vizinha, pronunciou uma enfiada de palavrões impublicáveis, literalmente transcritos no sumário. Pouco depois de sua morte, o proprietário do armazém Di Crema, na rua Nazionale, ouviu que moças conhecidas de Wilma, mas não identificadas posteriormente, disseram, referindo-se à vítima:

— É natural. Com a vida que levava não podia ter outro fim.

A diária de Rodolfo Montesi não era superior a 1.500 liras. No entanto, nos últimos dias de vida, Wilma Montesi possuía uma carteira de couro de crocodilo, legítimo, avaliada pelos peritos em oitenta mil liras. Não se pôde levantar a origem dessa carteira.

Palavras sonoras

Parece que esqueceram uma das primeiras coisas que a polícia comprovou: depois que seu noivo foi transferido para Potenza, a moça adquiriu o hábito de sair à rua todos os dias, de tarde. Nunca voltou para casa antes das sete e meia, assegurava-se. Um médico não identificado, que vivia no último prédio da Tagliamento número 76, afirmou a um farmacêutico da rua Sebazio — e este revelou à polícia — que em certa ocasião teve de abrir o portão para Wilma depois da meia-noite.

Durante cinco meses Annunciata Gionni trabalhou na casa da família Montesi. A criada contou à polícia o contrário do que a própria família afirmara: as discussões em voz alta eram freqüentes na ausência de Rodolfo Montesi e numa ocasião a mãe gritara para Wilma dois adjetivos de forte valor expressivo que, um pouco atenuados, poderiam se traduzir em "prostituta e desgraçada".

As duas irmãzinhas

Também ficou claro que todas as manhãs, por volta das oito, depois que o pai deixava a casa, as duas irmãs saíam à rua, até as duas da tarde. A antiga criada confirmou este fato, mas advertiu que não dera importância porque acreditava que as duas moças estavam empregadas.

À tarde, inclusive depois de seu comprometimento com Giuliani, Wilma Montesi recebia numerosos telefonemas. Antes de atender, fechava a porta do quarto e continuava a conversa em voz baixa e cautelosa. Mas ninguém pôde precisar se se tratava sempre de um mesmo interlocutor telefônico, nem se as chamadas eram interurbanas. Neste último caso não podiam ser de Giuliani, nos últimos meses, porque no momento da morte de Wilma Montesi não existia comunicação telefônica direta entre Roma e Potenza.

A atitude suspeita

Em relação ao comportamento da família depois da morte de Wilma, o instrutor comprovou, por meio telefônico, que a mãe de Wilma tirava vantagem da publicidade dada pelos jornais à morte da filha. Ela própria cobrou várias centenas de liras por suas informações e "em certa ocasião", diz o sumário, "deplorou a escassez da recompensa e exortou os jornais a que escrevessem algum artigo mais picante". Desta e outras investigações a seção instrutora do sumário chegou à conclusão de que Wilma Montesi levava uma "vida dupla". Habituada desde pequena a um luxo desproporcional à sua condição social, criada num ambiente familiar não propriamente caracterizado por uma severidade excessiva nos hábitos e costumes, Wilma sonhava com um futuro melhor e gozava de inteira liberdade para sair à rua, de manhã ou de tarde.

> Não era portanto inverossímil que esta Wilma Montesi verdadeira — tão diferente daquela construída pelos jornais — estivesse em contato com traficantes de entorpecentes e tivesse participado de uma "festa de prazer".

O telefone

O instrutor olhou então para trás e se recordou do primeiro depoimento de Wanda Montesi, posteriormente retificado: "Wilma saíra à rua sem se arrumar, simplesmente porque não tivera tempo. Certamente saíra de casa às pressas, depois de um telefonema urgente." Essa declaração permite pensar que Wanda estava segura de que sua irmã podia receber telefonemas urgentes e sair à rua sem avisar ninguém e até tinha relações secretas, nunca reveladas pela família à polícia.

Rodolfo Montesi, única pessoa que poderia impor um clima de severidade em casa, não tinha tempo para cuidar de suas obrigações familiares. O trabalho absorvia quase todas as suas horas e apenas tinha tempo de ir em casa almoçar.

O que fez o príncipe?

Mas antes de ir em frente, um testemunho tinha de ser analisado: alguém disse ter visto o príncipe D'Assia num automóvel claro, em companhia de uma moça, na tarde de 9 de abril e no setor onde se cometeu o crime. Um advogado que se inteirou deste fato contou-o ao advogado de Ugo Montagna, que armou o grande escândalo: falou com a testemunha, que lhe confirmou o depoimento. Quando a mulher da testemunha soube que ele falara, exclamou:

— Desgraçado. Mandei você calar a boca. Essa moça era Wilma Montesi.

O príncipe D'Assia, um jovem aristocrata italiano, de um metro e oitenta e seis de altura, e magro como um graveto, foi chamado a depor. Negou que sua acompanhante fosse Wilma Montesi. Mas se negou a revelar o nome da moça, porque o príncipe D'Assia é um cavalheiro.

Vejamos

No entanto, o cavalheirismo devia ser posto de lado, porque aquela classe de alegações não valia para o presidente Sepe. Revelou-se o nome de uma ilustre senhorita da alta sociedade de Roma que, chamada a depor, confirmou a versão do príncipe sobre sua viagem a Capacotta a 9 de abril. Além disso, a nota da gasolina demonstrava que naquela tarde o príncipe se munira de vinte litros de combustível para fazer a viagem.

As acusações contra o príncipe D'Assia se mostraram inconsistentes. Em compensação, havia acusações concretas que era necessário examinar: as formuladas contra Ugo Montagna e Piero Piccioni. Mas antes de ir adiante é preciso informar o leitor de algo que sem dúvida deseja saber há vários dias, mas que só agora é oportuno revelar: Wilma Montesi era virgem.

Revelações sobre Piccioni e Montagna

O instrutor do sumário do caso Montesi estabeleceu vários fatos sobre a vida de Piero Piccioni:

Tinha um apartamento de solteiro na rua Acherusio, 20, para uso exclusivo, no qual organizava festas em companhia de amigos e mulheres. Esse apartamento não estava registrado na portaria do prédio. A atriz Alida Valli admitiu ter estado várias vezes naquele local "para ouvir alguns discos".

Segundo diversas testemunhas, Piero Piccioni é um homem "de gosto refinado em amor". Revelou-se que recorria ao estímulo dos entorpecentes.

Demonstrou-se que, em companhia de Montagna, era cliente do barzinho da rua do Babuino, onde, como se recorda, alguém ouviu Andrea Bisaccia dizer: "Wilma Montesi não pode ter morrido por acidente. Eu a conhecia muito bem." O estabelecimento foi fechado pela polícia, sob a alegação de que ali se encontravam "juntamente com existencialistas, pessoas dedicadas ao uso de entorpecentes ou pelo menos de moralidade duvidosa".

"O marquês"

Sobre a vida de Ugo Montagna, conhecido como "marquês de San Bartolomeo", homem elegante e bem relacionado, estabeleceu-se, de acordo com os termos literais do sumário:

"Nasceu em Grotte, província de Palermo, a 16 de novembro de 1910, de uma família de modestíssima condição social e econômica, não isentos alguns de seus membros de antecedentes penais e de polícia. Seu pai, Diego, foi detido a 1º de abril de 1931, 'por ordem superior', em Pistoia, e expatriado a 27 do mesmo mês. Um irmão seu foi condenado a vários anos de prisão por fraude e receptação.

"Em 1930, de seu povoado de origem, Ugo Montagna se mudou para Pistoia e posteriormente regressou a Palermo, onde foi preso pela primeira vez por falsificação de letras de câmbio. Solto, com liberdade condicional, a 23 de maio de 1936, foi desterrado para Roma, a 28 do mesmo mês."

Casado e com filhos

"Ugo Montagna", continua o sumário, "casou-se em Roma, em 1935, com Elsa Anibaldi. Novamente preso, foi solto, por anistia, em 1937, quando cumpria pena por usurpação do título de contador público.

"Depois de um breve período de convivência com a esposa, com a qual teve um filho, separou-se dela por motivos de ciúmes e de interesses e, sobretudo, porque, dissipando todos os ganhos com mulheres de costumes fáceis e em viagens de prazer, não lhe proporcionava sequer os meios de subsistência.

"Em maio de 1941, devido às reclamações de um vizinho, a polícia recomendou-lhe que se abstivesse das festas noturnas que, com danças, cantos e tumultos, promovia em sua residência, para divertir o enorme bando de convidados de ambos os sexos." Atualmente, é multimilionário.

Testemunhas

O mecânico Piccini, que no ano anterior se apresentara para manifestar à polícia sua certeza de que Wilma Montesi estivera com um homem, num automóvel atolado perto da Capacotta, no primeiro terço de março, foi esta vez chamado a depor formalmente. Piccini declarou o que vira: o homem era aproximadamente de sua altura, um metro e sessenta e nove centímetros, semicalvo, elegante, sem chapéu, e falava italiano corretamente, com ligeiro sotaque românico.

> Desta vez, no entanto, revelou-se que Piccini não fora sozinho ajudar o desconhecido. Fora com um companheiro de trabalho de sobrenome De Francesco, que se mostrou de acordo com tudo, menos que o homem falas-

se italiano corretamente. Segundo De Francesco, o homem do automóvel tinha um leve sotaque estrangeiro. As duas testemunhas foram acareadas, Piccini se manteve firme e num reconhecimento formal identificou Piero Piccioni entre outros três indivíduos de características físicas semelhantes. Não se podia, no entanto, descartar o fato de que, naquele tempo, a fotografia de Piero Piccioni aparecera em inumeráveis ocasiões em todos os jornais.

O homem que falou por telefone

Entre as coisas que Piccini disse no depoimento estava que o homem do automóvel manifestara urgência suspeita de telefonar. Àquela hora não é freqüente que alguém fale por telefone. O investigador chamou o administrador da tabacaria da estação de Ostia, Remo Bigliozzi, para que descrevesse o homem que falou ao telefone. Até onde podia se recordar, Bigliozzi descreveu-o como homem moreno, de rosto ovalado, cabelo escuro, semicalvo e com uma incrível urgência de fazer a chamada. A testemunha disse que logo que viu as fotos de Piero Piccioni o identificara como o homem que telefonou em sua tabacaria, no primeiro terço de março.

Aceitar que Wilma Montesi era a moça do automóvel — e as testemunhas coincidiam na descrição — era o mesmo que pôr em dúvida a afirmação da família Montesi de que ela nunca ficara até muito tarde fora de casa. Mas a verdadeira conduta da família, perfeitamente comprovada pelo investigador, e a não esquecida circunstância de que a mãe Montesi tentou convencer a porteira a modificar seu depoimento, permitem pensar que sabia de alguma coisa, um vínculo secreto da filha que queria manter oculto a qualquer custo. Por isso não se levaram em conta suas afirmações para descartar a possibilidade de que a moça do automóvel fosse Wilma Montesi.

Não havia curiosos?

Por outra parte, o investigador resolveu chamar para depor algumas pessoas que não foram levadas em conta antes dos dois arquivamentos, e que seguramente teriam algo a dizer: os curiosos que foram à praia de Torvajanica, para ver o cadáver. Ninguém se lembrara deles, em especial Anna Salvi e Jole Balleli. Chamadas a depor, concordaram ter reconhecido no cadáver de Wilma Montesi a moça que às 5h30 de 10 de abril de 1953 passara em frente de suas casas, no setor de Torvajanica, num automóvel escuro e em companhia de um homem. Coincidiram também na descrição do homem. Disseram que estiveram na praia vendo o cadáver, mas que depois souberam pela imprensa que a moça morrera dia 9, afogada nas praias de Ostia, e não voltaram a se interessar pelo caso.

Fios soltos

Havia ainda uma confusa quantidade de fios soltos. Havia o duvidoso depoimento de outro homem que esteve vendo o cadáver na praia. Na tarde anterior, esse homem passara com sua mulher por um automóvel preto, perto de Capacotta, e se pusera a fitar a moça que ia dentro. Sua mulher lhe disse:

— Sem-vergonha, olhando para a moça...

No dia seguinte, depois de ter estado na praia vendo o cadáver, o homem disse que se dirigiu à mulher e lhe disse:

— Sabes de uma coisa? A moça que vimos ontem à tarde amanheceu morta na praia.

A mulher, diante do investigador, não quis confirmar sua declaração. Mas o presidente Sepe não desanimou um só momento. Disposto a levar adiante seu trabalho, resolveu dar o passo seguinte. Um passo decisivo: uma acareação entre Ana María Caglio e Ugo Montagna.

A polícia destruiu as roupas de Wilma

Ana María Caglio se apresentou com um grande domínio sobre si mesma na acareação. Confirmou todas as acusações formuladas em seu testamento. E acrescentou alguns dados novos, para ampliá-las. Disse que em função de algumas publicações sobre o automóvel preto atolado na areia no primeiro terço de março (testemunho de Piccini), vira um Alfa 1.900 na porta do apartamento de Piero Piccioni. Disse que ao ver o automóvel se lembrara das publicações na imprensa e tentara ver o número da placa, mas que Montagna descobrira seu propósito e a impedira com muita habilidade. Manteve-se firme em sua afirmação de que Piccioni e Montagna visitaram o chefe da polícia enquanto ela esperava no automóvel. A afirmação foi negada por Piccioni. Mas posteriormente se comprovou que, de fato, aquela visita se realizara.

Apesar do rancor

Depois de examinadas todas as acusações de Ana María Caglio e comprovadas muitas de suas afirmações, o instrutor do sumário chegou à seguinte conclusão: "É preciso considerar merecedoras de atenção as diferentes declarações de Ana María Caglio no curso da instrução formal, assim como as anteriores ao segundo arquivamento, e as do processo Muto, em virtude da substancial uniformidade de suas afirmações, mantidas firmes com extrema vivacidade, reveladora de um convencimento radical, incluindo as dramáticas acareações com Montagna e Piccioni."

"É verdade que Caglio", continua dizendo o instrutor, "era inspirada por sentimentos de rancor contra Montagna, por ter sido abandonada por ele depois de um breve período de vida íntima, que suscitara e radicara no íntimo da moça um profundo afeto, constantemente manifestado em sua correspondência." Mas concluiu que esse sentimento podia ser a explicação de sua conduta, que não se devia considerar como infundado fruto de ciúmes ou vingança.

Um filme ruim

Chamada a depor sobre seu telefonema de Veneza, negado por ela própria à imprensa, a atriz Alida Valli, admitiu que, com efeito, a chamada se realizara, mas que fora completamente diferente de como a descreveram as testemunhas. Disse que essa conversa tivera como motivação a leitura de alguns recortes de jornais nos quais se falava de Piccioni. Esses recortes, disse a atriz, foram enviados à sua casa pela agência L'Eco della Stampa, de Milão. Para comprová-lo, mostrou os recortes: um de *La Notte*, de 6 de maio; outro de *Milano Sera*, do mesmo dia; outro de *Il Momento Sera*, do dia 5, e outro de *L'Unità*, de Milão, do mesmo dia. No entanto, Alida Valli se esquecera de algo fundamental: o telefonema fora feito a 29 de abril — uma semana antes que aparecessem na imprensa os recortes que apresentou como álibi.

A *"tonsilitis amalfitana"*

Faltava ainda examinar outra coisa: a "tonsilitis amalfitana" de Piccioni. Como se disse, o jovem compositor de música popular assegurou que estivera em Amalfi, com a atriz Alida Valli e regressara a Roma na tarde do dia 10 de abril. À noite, ambos deviam comparecer a uma reunião. No entanto, averiguou-se que Piccioni não fora. Mas havia uma explicação: ficara preso ao leito devido a uma amigdalite, aquela mesma tarde, e para comprová-lo apresentou a receita do doutor Di Fillippo, zelosamente guardada durante um ano. E apresentou também o certificado de um exame de urina.

Passara-se tanto tempo que o doutor Di Fillippo não se lembrava da data exata em que expediu a receita. Mas o investigador fez um exame minucioso nos livros do médico e descobriu que a relação de consultas dele não estava de acordo com a data da receita de Piccioni.

Em vista desta diferença suspeita, submeteu-se a receita apresentada por Piccioni a um exame técnico e os grafólogos concordaram em que a data da receita fora alterada.

Outra queda

Procedeu-se então à investigação da autenticidade do certificado do exame de urina. O professor Salvattorelli, encarregado do instituto bacteriológico que presumivelmente fizera o exame, declarou que desconhecia a assinatura no certificado. Além disso, procurou em sua agenda-calendário e comprovou que nem nela nem em nenhuma das relações de exames do instituto figurava o nome de Piero Piccioni. Tentando identificar a assinatura, os especialistas em grafologia a atribuíram ao doutor Carducci, funcionário do instituto. O doutor Carducci, com efeito, reconheceu como sua a assinatura, mas não encontrou em seus livros, nem na memória, o registro de um exame de urina em nome de Piero Piccioni. O próprio Carducci formulou a hipótese de que o certificado falso fora escrito acima de sua assinatura numa folha em branco, ou depois de apagar um certificado autêntico.

"As festas de prazer"

Por último, o instrutor do sumário fez uma visita à casa da Capacotta onde a Gioben Jo perdeu, segundo se declarou, os 13 milhões de liras. De acordo com várias testemunhas, ali se organizavam as famosas "festas de prazer". É uma casa situada a pouca distância do local onde se encontrou o cadáver da Montesi.

O investigador conseguiu estabelecer que nessa casa se reuniam Montagna e alguns de seus amigos e ocasionalmente tomavam banho de mar, nus, na praia vizinha. E estabeleceu, como escreveu no sumário, que nessa casa estiveram "seguramente mais de uma vez Montagna e Ana María Caglio; uma vez pelo menos Montagna e a Gioben Jo, e em outra ocasião Montagna, um amigo seu e duas moças.

Fantoches sem cabeça

Na árdua tarefa de pôr ordem no baralho, o presidente examinou então uma das acusações mais graves feitas no caso Montesi: a destruição da roupa de Wilma pela polícia. Quando se desenrolava o processo Muto, realizou-se uma revista na redação de *Attualità* e se encontrou uma caderneta de apontamentos do redator Giuseppe Parlato. Dizia-se, num dos apontamentos, que no decurso de uma conversação o senhor de Duca revelou que um policial lhe dissera em maio de 1953 que, no dia em que se encontrou o cadáver de Wilma Montesi, Piero Piccioni se apresentou ao chefe da polícia e lhe entregara as roupas que faltavam no cadáver. Depois de uma árdua investigação, o investigador conseguiu identificar "o senhor de Duca". Chamava-se exatamente Natal del Duca.

Natal del Duca não apenas confirmou o que dissera, mas acrescentou ainda algo mais: as roupas de Wilma Montesi permaneceram escondidas durante um tempo e logo foram destruídas com o consentimento da família Montesi. Del Duca nomeou então o policial que lhe fizera a revelação. O agente foi chamado a depor. E, no final das contas, em virtude de novas testemunhas, outra acusação ficou flutuando no ambiente: não só as roupas foram destruídas, mas também as peças encontradas no cadáver foram substituídas posteriormente, com o consentimento da família, para dar a entender que Wilma não saíra arrumada como para um encontro.

"Tu também?"

Em vista dessa tremenda informação, o instrutor ordenou uma análise da roupa conservada com a certeza de que era a roupa encontrada no cadáver. A análise demonstrou que o conteúdo do cloreto de sódio encontrado no casaco era consideravelmente superior ao encontrado em outras peças. E se concluiu: à exceção do casaco, nenhuma das outras peças sofrera um processo de encharcamento em água marinha, a menos que tivessem sido lavadas ou submetidas a qualquer outro processo que eliminasse o cloreto de sódio. Por outro lado, demonstrou-se que eram peças gastas pelo uso, visivelmente deterioradas e em parte manchadas. O instrutor achou estranho que Wilma Montesi se houvesse trocado antes de sair de casa, para pôr uma roupa íntima deteriorada. Por isso, chamou de novo as pessoas que viram o cadáver na praia e perguntou-lhes: "Como era a roupa que tinha o cadáver de Wilma Montesi?" Todas responderam a mesma coisa. As descrições da roupa vista no cadáver não coincidiam com as características da roupa então em poder do instrutor e analisada pelos peritos.

O instrutor Sepe avançou a hipótese de que realmente o cadáver foi despido e as roupas substituídas, em concordância com alguns membros da família Montesi. O magistrado romano Severo Polito foi convocado para responder a essa acusação. E posteriormente por outras.

32 intimados a depor

O ex-magistrado romano Severo Polito começou sua defesa dizendo que, na verdade, nunca prestara maior atenção ao caso Montesi. O instrutor do sumário fez uma revista dos arquivos da magistratura e encontrou algumas coisas que desmentiam esta afirmação: entre elas, uma cópia do boletim de imprensa assinado por Severo Polito, datado de 5 de maio de 1953. Nesse boletim, nunca publicado pelos jornais, o magistrado dizia:

> "A notícia sobre o filho de uma alta personalidade política não nomeada mas claramente insinuada é desprovida de fundamento." No mesmo dia entregou outro comunicado à imprensa, no qual afirmava: "Nenhuma investigação realizada depois do achado do cadáver tem suficiente validade para modificar o resultado das primeiras investigações e constatações feitas pela justiça." Foi a época em que se defendeu a todo custo a hipótese de que Wilma Montesi morrera acidentalmente quando tomava um banho de pés.

Mais provas

Além disso, havia outra prova de que Severo Polito se interessara pelo caso pessoalmente. Comprovou-se que no dia 15 de abril dirigiu ao chefe da polícia um requerimento em que confirmava mais uma vez a hipótese do banho de pés. Neste requerimento dava por assentado que a moça saíra de casa às cinco em ponto e fora vista no trem, onde "se comportou como uma pessoa tranqüila e perfeitamente normal". Ali mesmo explicava o desaparecimento de algumas peças de roupa: "A moça deve ter se despido para dar alguns passos dentro da água até que lhe chegasse à altura do joelho, como costumava fazer no passado." O instrutor demonstrou que esse requerimento tinha três afirmações falsas: "no passado" Wilma não tirava peças íntimas para lavar os pés, fazendo-o com roupa de banho. Não penetrava no mar até que a água chegasse aos joelhos: limitava-se a lavar as pernas na praia. E por último: não saiu de casa às cinco em ponto.

Em Milão?

Nesta etapa da instrução, o jornalista Valerio Valeriani, do *Il Giornale d'Italia*, foi convocado para garantir a autenticidade de uma entrevista de Severo Polito, publicada em seu jornal. Nessa entrevista, o magistrado afirmava:

    a) Depois do achado do cadáver assumiu pessoalmente a direção da investigação.

    b) O resultado dessa investigação confirmara a hipótese de acidentes, baseada em elementos sólidos.

    c) A Montesi sofria de eczema nos calcanhares, motivo pelo qual decidira submergir os pés na água marinha.

    d) As acusações contra Piero Piccioni eram inaceitáveis, porque ele comprovou que no dia em que ocorreram os fatos se encontrava em Milão.

"Não conheço esse homem"

Interrogado sobre suas relações com Ugo Montagna, o ex-magistrado Polito declarou que o conhecera depois da morte de Wilma Montesi. No entanto, diversas testemunhas revelaram que aquela era uma amizade antiga. Além disso, o ex-magistrado não sabia de uma coisa: em certa época em que tinha as chamadas telefônicas grampeadas, Montagna manteve com ele uma conversação que não era por certo o indício de amizade recente. Essa chamada foi feita a 3 de julho de 1953, exatamente depois que Montagna foi instado pela primeira vez a depor. No decurso da conversa, Severo Polito disse a Montagna, segundo consta textualmente do sumário:

— Você é um cidadão livre e pode fazer o que desejar. Já viu que o próprio Pompei excluiu duas coisas: a questão dos entorpecentes e a do apartamento. Você verá que...

Então Montagna, talvez mais astuto do que o magistrado, disse-lhe:

— Está bem, está bem. Podemos nos encontrar esta noite às vinte e três? Ou não, façamos melhor assim: nos encontramos às vinte e uma e jantaremos juntos.

E Severo Polito respondeu:
— Magnífico.

Acabou-se

O instrutor revelou também que no caderno requisitado pela polícia, no qual Wilma Montesi transcreveu a carta enviada ao noivo no dia 8 de abril, faltavam algumas folhas, evidentemente arrancadas depois da requisição. Não foi possível estabelecer, no entanto, quem arrancou aquelas folhas, nem quando e nem com que objetivo.

Severo Polito não pôde dar nenhuma explicação para suas declarações relacionadas com a permanência de Piccioni em Milão. Piccioni não estivera em Milão, e o que é pior: nunca tentara aliviar a pressão contra ele dizendo que se encontrava em Milão.

"A tais atos originais", diz o sumário, "seguiram-se muitos outros: omissões graves, falsas comprovações de circunstâncias inexistentes, tergiversação de circunstâncias inexistentes, tergiversação de circunstâncias graves, equívocos voluntariamente criados, tudo dirigido a frustrar a comprovação da causa e a verdadeira modalidade da morte da Montesi e a afastar qualquer suspeita e evitar qualquer investigação relacionada com a pessoa que desde o primeiro momento foi indicada como o autor principal do delito..."

Este não é o fim

No dia 11 de junho de 1955, dois anos depois que Wilma Montesi saiu de casa para nunca mais voltar, Piero Piccioni e Ugo Montagna foram chamados a julgamento. O primeiro deve responder por homicídio culposo. O segundo, por favorecimento. O magistrado Severo Polito deve responder pelas acusações anteriormente transcritas textualmente.

Mas no correr de dois anos de investigações, de obstáculos, de arquivamentos e desarquivamentos, novos nomes se somaram à lista: outras vinte pessoas foram chamadas ao tribunal, especialmente por falso testemunho.

A árdua tarefa de investigações do presidente Sepe estabeleceu claramente que Wilma Montesi ficou 24 horas fora de sua casa. O que fez durante essas 24 horas? Essa é a grande lacuna do sumário. Apesar de que vinte pessoas serão julgadas por falso testemunho, nenhuma delas se dispôs a esclarecer esse mistério; ninguém falou de ter estado ou saber que alguém esteve com Wilma Montesi durante a noite de 9 de abril, enquanto seu pai a buscava desesperadamente no Lungotevere. No dia seguinte, quando Angelo Giuliani recebeu o telegrama em que se dizia a ele que sua noiva se suicidara, Wilma Montesi estava viva. Comeu pelo menos duas vezes antes de morrer. Mas ninguém soube dizer onde fez as refeições. Nem sequer surgiu alguém que se atrevesse a insinuar que a viu ao entardecer de 10 de abril tomando um sorvete. É possível que no próximo mês, durante as audiências, conheça-se o reverso do mistério. Mas também é possível que jamais seja conhecido.

NOVEMBRO DE 1955

Um trem que leva a Viena

Há uma coisa mais divertida do que saber alemão: não saber alemão. Nós, os que falamos essa língua morta que é o espanhol na Europa, sempre encontramos uma maneira de nos enterdemos com os franceses ou os italianos. Ou com os romenos, que têm uma assombrosa semelhança com todos os nossos tios e falam uma coisa extraordinariamente humana: um espanhol sem preposições. Se se admite, para efeito de discussão, que o português, o francês e o italiano são contrafações do espanhol, tiram-se algumas conclusões muito úteis num trem europeu: o português é um espanhol falado com o nariz; o francês, um espanhol falado para dentro; e o italiano um espanhol falado com as mãos.

Creio que é absolutamente impossível que o idioma italiano tenha tantos matizes como os que podem ser expressos com as mãos pelos italianos. Por isso é um idioma enganosamente fácil para nós, mas na realidade é extremamente difícil. Com pouco tempo de Itália se fica convencido de entender o italiano. Mas basta ouvir o rádio ou sentar-se no bonde ao lado de um mutilado de guerra para se dar conta de que o que se entende é o idioma das gesticulações.

Onde começa o problema

Se alguém se encontra num trem com um francês ou um italiano, é provável que não possa conversar sobre muitas coisas, mas é certo que não há problema insolúvel entre eles. Em última instância, consegue-se um acordo por gestos. Por esse caminho, em compensação, há dificuldades até com os romenos, porque os romenos movem a cabeça de cima para baixo para dizer não. E da esquerda à direita para dizer sim. Viajando de Trieste para Viena necessitei de meia hora para me dar conta disto, quando já começava a acreditar que o amável e cordialíssimo romeno que viajava comigo era um homem com o qual não conseguiria jamais me pôr de acordo.

O problema verdadeiro começa quando os guardas da aduana de Tarvisio dão as últimas instruções num italiano inflexível, já bastante depurado de gesticulações, e o trem penetra na formosa planície da Áustria, onde a única coisa que se entende é a paisagem.

Dois e dois não são quatro

Essa é a dificuldade com os alemães e os austríacos: gesticulam pouco. Pior ainda: os gestos, os sinais manuais, são inteiramente diferentes dos latinos. Incluindo algo tão elementar e aparentemente ecumênico como os números de um dígito. Nós começamos a contar com o indicador: um. Juntamente com o médio, o anular e o mínimo: quatro. Para dizer cinco, tiramos para fora o polegar, que estava estrategicamente dobrado na palma da mão. Os alemães — e parece que com eles todos os povos eslavos — começam a contar com o polegar. "Isso não tem nenhuma importância", pensa-se. Mas depois de estar duas horas em Viena se descobre que a diferença é mais importante do que parece. Quando se sobe de elevador, o ascensorista mastiga uma palavra; e a gente, que vai para o terceiro andar, faz o número três com os dedos, à nossa maneira: índice, médio e anular. Naturalmente, o elevador se detém no quarto andar, porque os alemães supõem que o número do polegar se dá por contado. Assim, compram-se dois maços de cigarros quando se quer um, ou cinco maçãs quando se pensa comprar quatro.

Como são os alemães?

Há poucos instantes terminou minha primeira aula de alemão. Uma aula de 24 horas, num vagão de trem, de Trieste a Viena. Como é natural, não aprendi uma única palavra alemã, mas em compensação aprendi muitas coisas interessantes sobre os germanos. Desde o momento em que penetram em território austríaco as pessoas têm uma maneira diferente de subir ao trem. As estações da Áustria são silenciosas. As da Itália parecem um mercado público. Parece sempre que um ministro viajou no trem e todo mundo saiu para recebê-lo. Há um terrível drama de dois minutos em cada estação italiana. As pessoas se despedem chorando, aos gritos. Um esguicho de vozes e de coisas disformes, um pouco indefinivelmente monstruosas, penetra como um terremoto no compartimento. Há uma tremenda e enlouquecedora gritaria. As crianças choram aterrorizadas, com essa aterrorizada maneira de chorar das crianças italianas. "Que horror, todo mundo vai viajar", pensa-se, protegendo a cabeça dos enormes baús que se amontoam por todos os lados. Em meio minuto o compartimento muda três vezes de aroma. Mas aquilo é uma tempestade de um minuto. Quando o trem retoma a marcha, através de uma multidão que recomenda coisas a plenos pulmões (que "non dimenticare quella roba", que "abbiate cura dei bambini perchè ci sono tante macchine"), a paz retorna inesperadamente ao vagão e as gordas e cordiais senhoras secam as lágrimas no vestido. Depois desembrulham um pacote de pão com presunto e queijo e começam a repartir comida com todos, sem conhecer ninguém.

Toda a casa nas bolsas

Na Áustria, em compensação, só descem à estação os viajantes, normalmente sem levar as malas de mão. Levam uma enorme mochila, nas costas. Uma mochila na qual cabe tudo: desde a escova de dentes até uma cama dobradiça. Curiosamente, essas austríacas transportam a mochila da mesma maneira que as índias de Boyacá transportam os bebês.

Antes de entrar no vagão, os germanos perguntam se o lugar está desocupado. É elementar, mas a diferença é que os italianos fazem a pergunta depois de estar sentados. Então têm de carregar outra vez as maletas, seus enormes embrulhos e passar para outro compartimento. Os germanos não perdem tempo: pode haver uma só pessoa, mas eles sempre perguntam se os outros sete lugares estão desocupados. Só então descarregam a mochila e seguem tirando as coisas que trazem no próprio corpo. O trem percorre pelo menos um quilômetro antes que os germanos se acomodem, porque necessitam muito tempo para aliviar os bolsos. Ao fim desse complicado processo, entende-se por que não levam bagagem: porque já não sobra nada para levar na maleta, pois já haviam enganchado sobre si mesmos e posto nos bolsos todas as coisas úteis que tinham em casa.

A pele que nos rodeia

Há outra razão para que os germanos viajem sem bagagem: as roupas de couro. Os italianos, que tanto se parecem conosco, fazem da viagem um acontecimento. É provável que não haja no mundo uma coletividade mais bem-vestida do que os italianos num trem. Como dizemos, "põem toda a vitrina por cima". E calçam os melhores sapatos, coisa que é de uma importância quase patriótica, pois os sapatos — e em especial os sapatos dos homens — são na Itália uma instituição nacional. Alguém pode discordar do conceito de beleza do sapato masculino, mas os italianos sempre estão convencidos e terão argumentos para convencer qualquer um de que os sapatos italianos são os mais bonitos do mundo. Não os melhores, que isso não lhes importa: os mais bonitos.

Os sapatos italianos têm um corte melancolicamente romântico. Só se parecem, na forma, a outra coisa igualmente italiana: as gôndolas de Veneza. É possível que um italiano não use seus melhores sapatos e suas melhores roupas para ir a uma festa, mas é indiscutível que por nada do mundo deixará de usá-los para viajar de trem.

Os germanos, em compensação, usam essa coisa barbaramente prática que é a roupa de couro. Não é couro sintético: é legítimo couro cru, no qual parece como se ainda se sentisse o touro mugir. Calça de couro, camisa de couro e sapatos de couro. E, para se proteger da chuva, um terrível impermeável de couro feito seguramente com um touro inteiro. As criancinhas germânicas, que aos dez anos já têm a cara de quando forem adultas, usam suas curtas calças de couro. Os adultos que, mesmo depois de velhos têm a mesma cara de quando eram crianças, também usam calças curtas de couro. É inevitável então lembrar a túnica do Menino Jesus, da qual se diz que cresceu junto com o dono.

O conto do cachorro

Sempre acreditei que o sono é uma coisa absolutamente pessoal. Isto é: se você está com vontade de dormir, tem de adormecer sozinho. Dorme-se sozinho. No compartimento de um trem onde cabem justamente oito pessoas e viajam oito, justamente, o sono é uma função coletiva difícil de conceber. O caso é que a gente deve ajudar os outros a dormir para poder dormir. Mas ao mesmo tempo se tem a estranha sensação de que as outras sete pessoas, para poder dormir, estão tentando ajudar o oitavo a dormir. Cada qual se acomoda como pode, no momento em que cessa a conversação e só se ouve o zumbido metálico do trem pelo campo escuro. Logo há um momento de fastio, de incômodo e também um pouco de ódio pelo próximo, mas depois os oito passageiros dormem e se tem a inconcebível sensação de que um dorme um pouco com o sono dos demais.

Antes do amanhecer, depois de quase vinte horas de viagem e apenas quatro ou cinco de sono, a história do compartimento volta a começar do princípio, como no dia anterior. Mas nesta viagem houve uma variação. A poucas horas de Viena subiu ao trem uma senhora fresca, radiante, com a inconfundível expressão de quem dormiu honradamente. Carregava um cãozinho no colo, limpo e um tanto inverossímil, como um brinquedo de algodão. Não sei se foi pelo cãozinho ou pela exuberância da dona, ou por um gracejo da minha má estrela, ocorreu-me que aquela senhora era italiana. Mimava o cão de tal maneira e de tal maneira o cão se deixava mimar que na primeira oportunidade lhe disse apenas para ver se falava italiano:

— *Sembra proprio un bambino.*

O peixe morre pela boca. A senhora se iluminou com um singular esplendor, soltou uma hieroglífica frase alemã, pôs o cão em minhas pernas e se pôs a dormir. Eu nunca sonhara em chegar a Viena. Mas se alguém, diante de uma bola de cristal, me tivesse dito que cedo ou tarde chegaria a Viena com um cãozinho fraldiqueiro, teria pensado simplesmente que essa pessoa era louca de pedra. Por isso dizia eu no princípio que não há nada mais divertido do que não saber alemão.

O hotel do anão corcunda

A culpa é de Carol Reed por ter feito o filme *O terceiro homem*, com base na imaginação policialesca de Graham Greene. Mas parte da culpa tiveram as circunstâncias de que fossem 12 da noite, de que chovesse surdamente e de que nenhum dos motoristas da estação de Viena entendesse uma palavra de inglês. Os trens da Itália chegam a Sudbanhoff, uma estação que cheira a catástrofe, um depósito de vagões fantasmas que faz parecer que a guerra ainda não acabou. É uma estação bombardeada, desbeiçada, sustentada à força por um confuso esqueleto de madeira. "Esta é a cidade do terceiro homem", pensei, enquanto arrastava a maleta até o depósito de bagagens e me dispunha a ler a lista de hotéis, na sala de espera. Essa foi a primeira falha: não há lista de hotéis na sala de espera da estação de Viena simplesmente porque não há sala de espera. Era justamente 21 de setembro, o primeiro dia de outono, com a primeira tormenta de outono e o primeiro vento gelado que entrava uivando pelas paredes esburacadas. Durante cinco minutos houve encontrões de viajantes nas escadas e no labirinto de corredores sombrios. Depois não houve mais nada além do surdo ruído da chuva. Então fiz o que se faz sempre: dirigi-me à plataforma da estação em busca de um táxi que me levasse a um hotel.

Inglês de emergência

É corrente em Genebra que os motoristas do serviço público falem quatro idiomas. Em Paris falam pelo menos dois. Em Roma, falam um italiano que só é entendido pelos "romanos de Roma" e as quatro palavras de inglês que todo mundo sabe. Em geral, todos na Europa, depois da guerra, sabem essas quatro palavras de inglês que não servem para falar, mas em compensação servem para comer.

Creio que um acadêmico não chegaria nem à outra esquina tentando se entender com um motorista de táxi. Porque o segredo não é saber inglês, mas saber tão pouco inglês como eles e falá-lo igualmente mal. Se a gente fala um inglês perfeito, ou pelo menos aceitável, os motoristas não entendem. E a gente também não os entenderia, porque ao fim e ao cabo isso não é inglês e sim uma língua internacional inventada especialmente pelas pessoas que também não o sabem. Esse é exatamente o inglês que eu falo e entendo. E por isso, até a noite de 21 de setembro, não tivera problemas de nenhuma classe com os motoristas de qualquer parte. Naquela noite eu os tive, porque os motoristas da estação de Viena só sabem alemão. Um alemão severo e impenetrável com o qual me disseram cinqüenta vezes que todos os hotéis estavam cheios porque se celebrava uma feira internacional.

Mensagem para Escalona

Um quarto de hora depois de ficar fazendo palhaçadas diante dos motoristas me dei conta de que não havia salvação. Chovia implacavelmente, o vento era cada vez mais cortante e gelado e a estação estava deserta. À diferença de todas as cidades da Europa, em Sudbanhoff não há bancos com espaldar para que durmam os mendigos disfarçados de pessoa que espera a partida de um trem. Num momento como esse, só há duas soluções recomendáveis: pôr-se a chorar ou meter as mãos nos bolsos. Eu meti as mãos nos bolsos e depois fiz exatamente a mesma coisa que se me pusesse a chorar: comecei a assobiar um merengue *vallenato*, no estilo de Escalona. Um merengue *vallenato* na estação de Viena, na primeira hora da madrugada e com um aguaceiro dos diabos!

Fritz e Franz

Naquele momento me dei conta de que um tchecoslovaco tentava explicar a um alemão como se podia conseguir um hotel. Se agora me perguntarem como fiz para saber que o homem que falava era um tchecoslovaco e o que escutava era um alemão, não saberia como explicar. Mas a combinação era exatamente como estou contando: o tchecoslovaco, com uma capa amarela e uma maleta de lona na mão, falava ao alemão em tcheco. O alemão, com um casaco de couro cru, uma mochila, um chapéu verde-periquito e uns óculos de fundo de garrafa, escutava-o atentamente em alemão. Ao cabo de dois minutos estavam de acordo. O alemão — baixo, gordo, com cara de tomate — chamou um dos motoristas e lhe disse em alemão o que o tcheco lhe dissera em tcheco. Essa não é uma situação apropriada para fazer provérbios. No entanto, naquele instante eu estava disposto a cometer qualquer disparate e mentalmente fiz um provérbio absurdo, mas efetivo: "Onde dormem dois, dormem três."

O balé do desespero

Para uma situação extrema só servem os recursos extremos. E por aquelas bandas a mais extrema das situações é falar espanhol. De maneira que agarrei o alemão pela manga e lhe disse, num espanhol que, modéstia à parte, era um espanhol perfeito:

— Peço-lhe o favor de me levar também.

O natural é que me tivesse perguntado:

— Para onde?

Mas como não entendeu uma só palavra, fitou-me um segundo, estupefato, e logo soltou uma frase em alemão. Depois gritou para o motorista, gritou para o tcheco e gritou para mim novamente, como se estivesse dando instruções para fazer uma revolução. Obedecemos ao pé da letra, formamos um grupo férreo, invulnerável, solidário, e nos dirigimos resolutamente para o interior da estação. Eu estava convencido naquele momento de que o alemão ia puxar uma metralhadora, ia crivar de balas o caixa da ferrovia austríaca e estourar a caixa de dinheiro com uma carga de dinamite. Mas sofri uma desilusão: o motorista se meteu numa cabina e começou a ladrar por telefone.

Somos todos gringos

Uma coisa é falar alemão e outra bem diferente é falar alemão por telefone. Todo mundo concorda que os telefones não têm fígado. Eu também concordava. Mas agora estou convencido do contrário, porque naquele bombardeado telefone da estação de Viena doía terrivelmente o fígado enquanto o motorista falava. Além disso, era de uma crueldade gratuita, um sacrifício desnecessário, porque em qualquer extremo da cidade em que se encontrava o interlocutor podia ouvir os gritos. Sem necessidade do telefone. Gritava de tal modo que só um cretino não entenderia o que dizia. Dizia simplesmente que encontrara três gringos ordinários que estavam dispostos a pagar o que lhes pedissem por uma cama.

Assim começam as tragédias

Meti-me no táxi, em primeiro lugar, porque estava disposto a dormir em qualquer parte. Mas em segundo lugar me meti porque esquecera aquela cena de *O terceiro homem* em que um táxi conduz Joseph Cotten para fazer uma conferência. É uma cena de um realismo que dá calafrios: digo-o por experiência própria.

Quando o motorista saiu da cabina telefônica, suava em bicas. A chuva se filtrava pelo teto de tábuas desbeiçadas. Então agarrou o tchecoslovaco por um braço e a mim pelo outro, arrastou-nos, sacudiu-nos ao longo do labirinto de madeira e nos jogou de cabeça dentro do táxi. Sei que era um táxi pelo barulho do motor. Ainda não me sentara quando voávamos a cem quilômetros por hora. O tcheco se foi de bruços contra o assento da frente e me agarrou pelo pescoço. Senti que meu estômago me pôs cor de gelo. Logo me disse alguma coisa com cortesia e me dei conta, suspirando, que me apresentava desculpas. Só então o alemão, que estava do outro lado do assento, fechou a portinhola com um golpe seco que soou como um tiro de pistola. Voando através do dilúvio, num automóvel que parecia se desmanchar aos pedaços a cem quilômetros por hora, tomei então a única precaução sensata: inclinei-me para a frente a fim de me convencer de que realmente alguém dirigia o automóvel.

A rua sem chuva

Corríamos por uma rua interminável, com obscuros edifícios cinzentos. Parecia uma cidade evacuada. Eu não me mexia, sentado com juízo, como uma criança na escola, nem tanto por ter medo do tchecoslovaco, mas porque pensava que o tchecoslovaco devia ter medo do alemão e o alemão, por sua vez, devia ter medo de nós dois. Esse era o momento preciso em que três honrados e inofensivos cidadãos podem sacar as pistolas e se massacrar mutuamente dentro de um táxi, sem pronunciar uma palavra.

A coisa foi ainda mais truculenta, porque o gênio de Graham Greene imaginou que em Viena havia uns túneis intermináveis nos quais os automóveis penetram delirando. Não me dava conta dos túneis e por isso acreditei que chegara ao limite em que a realidade é mais fantástica do que a imaginação. Por um momento sentia a chuva que golpeava furiosamente os vidros. De repente, como que interrompida por uma comporta automática, a chuva cessou de golpear. Foi então que me ocorreu que em Viena havia ruas especiais, nas quais nunca chovia.

A verdade antes de tudo

O hotel para onde fomos levados está situado exatamente debaixo de uma ponte em que passa um trem elevado a cada cinco minutos. O alemão desferiu duas aldrabadas e a porta se abriu, com ele chamando aos gritos. E é precisamente nesse instante que não quero continuar a contar esta história, porque todos os meus amigos sabem que sou um embusteiro capaz de dizer que a porta foi aberta por um anão corcunda. No entanto, correndo o risco de que meus amigos se convençam de uma vez por todas de que ninguém tem a menor dúvida de que sou um embusteiro, estou disposto a contar a verdade a qualquer preço. E a verdade é essa: a porta foi aberta por um anão corcunda.

Não se parecia com Quasímodo. Era um anão comum e corrente, comum e correntemente corcunda, mas sem nada de particular. Um administrador metódico, muito formal, que cobrou de cada um de nós 25 xelins, conduziu-nos por uma escada, abriu um cadeado, correu o ferrolho e nos fez passar à frente. Depois voltou a fechar a porta e voltou a pôr o cadeado por fora.

O pátio dos milagres

Era um salão de cinqüenta metros de comprimento por dez de largura, com uma dupla fileira de camas, como nos hospitais. A maioria das camas estava ocupada. Duvido que os mendigos de Viena possam pagar 25 xelins (exatamente um dólar) por uma cama num dormitório coletivo. Mas de qualquer forma os homens desventurados, esfarrapados e malcheirosos que ali dormiam eram os mendigos, todos os mendigos de Viena. No centro do salão havia uma lâmpada pálida e poeirenta. Sem pronunciar uma palavra, dignamente, o alemão tirou o casaco de couro, enrolou-o e o colocou sob a cabeça, à maneira de travesseiro. Sentei-me na beira de outra cama desocupada e acendi um cigarro. O tchecoslovaco acendeu outro cigarro, fitou enigmaticamente a dupla fileira de refugos humanos e logo, tão dignamente como o alemão, deu meia-volta, fez abrir a porta e desapareceu para sempre.

Continuei a fumar na beira da cama, sentado, mas sem pensar em nada. A cada cinco minutos o prédio tremia à passagem do trem elevado. Às cinco da manhã se acabaram os cigarros. Então acendi uma guimba. Nesse momento a claridade começou a penetrar através da janela e o primeiro raio de luz deu exatamente sobre o rosto de um homem de dentes ferozes que me fitava com olhos ameaçadores e exorbitados. A cada cinco minutos o prédio estremecia de cima a baixo à passagem do trem elevado. Mas o homem não piscava. Era duas vezes maior do que um homem normal, pendurado no outro extremo do corredor. Pareceu-me perfeitamente normal que tivesse sido enforcado, que um dos mendigos tivesse pago 25 xelins por uma viga onde se pendurar. Mas quando o sol saiu me dei conta que não era um enforcado: era um retrato monumental, pintado a óleo, do imperador Francisco I.

Viena é um bosque enorme

Viena, outubro

De fato, a culpa foi de Carol Reed, por seguir fielmente a imaginação de Graham Greene. Porque neste outono que principia, através do ar vidrento, Viena não é, sob nenhum aspecto, a cidade de *O terceiro homem*. A guerra, o mercado negro e o assassínio de crianças com penicilina adulterada são coisas completamente diversas dos vienenses. À luz do sol, com umas profundas avenidas onde as árvores começam a se tornar amarelas, Viena é uma cidade alegre, extrovertida, onde ninguém quer recordar o massacre.

Depois de estar em Veneza há que vir a Viena para descobrir as árvores. Veneza é um labiríntico e fabuloso armazém de antigüidades. A imensa sala de jantar de San Marcos, onde a luz carregada de pombas se torna arroxeada ao entardecer, continuará a ser por muitos séculos a praça mais bela do mundo. Mas existe uma coisa dramática em Veneza: só há uma árvore em toda a cidade. Uma árvore colossal, inverossímil, no sombrio patiozinho de San Giaccomo dell'Orio. Por ser a única num labirinto de ruas que não conduzem a alguma parte, mesmo essa árvore parece uma árvore de museu.

Viena é o contrário: há lugares em que as árvores não deixam ver a cidade. É um bosque enorme, onde vivem um milhão de pessoas diligentes. Esta manhã pedi ao motorneiro de um bonde que me deixasse em Lerchenfelder Strasse, 14. O motorneiro se distraiu e passou do ponto. Mas quando se deu conta de seu erro, deu meia-volta no bonde e retrocedeu três quadras, com 150 pessoas, para deixar-me no endereço indicado.

O sabão humano

Viena vive um momento transcendente: há dois meses terminou a guerra da Áustria. Os cinco pedaços da cidade dividida entre as potências vencedoras voltaram a se consolidar depois da retirada das tropas de liberação. Mas os soldados — e especialmente os soldados americanos — não querem deixar Viena. Querem continuar ali, com seus amigos austríacos e, sobretudo, com suas excelentes amigas austríacas, que falam inglês com sotaque do Brooklyn e dançam boogie-woogie como profissionais.

Dez anos depois de terminada a guerra, mas apenas dois meses depois de recobrar sua autonomia, os austríacos se distraem com adivinhações dialéticas, tentando precisar qual foi sua posição no conflito. Ainda não se puseram de acordo. Na realidade, quando a guerra começou os austríacos já a tinham perdido. Hitler anexou a Áustria, com uma nova patada, ao território alemão. Viena passou a ser uma remota cidade de província, onde os nazistas construíram — a três horas de trem — o matadouro de Mauthausen, campo de concentração edificado em granito com uma escada de dois mil degraus que os prisioneiros de guerra eram obrigados a subir com uma pedra enorme nas costas. Três milhões de pessoas morreram em Mauthausen, em inocentes banheiros nos quais das duchas não saía água e sim gás carbônico.

No mercado negro de Viena se vendia sabão fabricado em Mauthausen com a banha extraída dos judeus. Vi um daqueles sabões — em si mesmo um monumento — e não pude explicar-me como é possível que cheire a sabão um sabão fabricado com gordura humana.

O problema do tanque

Quando os nazistas foram expulsos da Áustria, o campo de concentração de Mauthausen se converteu em museu, em monumento nacional. Esse é outro problema para os austríacos: não se sentem tranqüilos com um monumento com o qual nada tiveram a ver e agora serve exclusivamente para deixar em pé os cabelos dos turistas.

O outro problema é o tanque soviético. No território de Viena os russos ergueram um belo monumento: a estátua do soldado vermelho, na Stalin Platz. Mas também fizeram uma coisa para esfregar na cara do nazismo: colocaram sobre uma plataforma de cimento armado o primeiro tanque soviético que entrou em Viena, vomitando fogo contra os alemães. É um tanque pintado de verde construído quase a bordoada com quatro lâminas de aço tosco. Diante do tanque, entre quatro pinheiros anões e sob três lápides simples, estão enterrados três militares soviéticos.

Agora que os libertadores foram embora, os vienenses não sabem o que fazer com o tanque. "É um monumento à liberação austríaca", diz-se. Mas nem todos têm esse ponto de vista. A Áustria foi tratada como uma nação que perdeu a guerra contra os aliados e os vienenses acreditam que a perderam realmente, mas contra os alemães. Por isso não entendem o problema do tanque, que é já quase um problema filosófico.

Também os tíquetes são mortais

Em Viena não se vê a guerra em nenhuma parte, salvo em Sudbanhoff, onde os alemães tinham importantes instalações militares. A estação foi devastada. A poucos metros dali estão os refúgios antiaéreos, com beliches de três andares convertidos agora em dormitórios públicos de dez xelins. Mas não há ruínas na cidade, à exceção das ruínas que em todas as cidades do mundo as empresas públicas municipais fazem para reparar o sistema de esgoto.

Pelas ruas castigadas os vienenses correm como demônios para alcançar os bondes. Nunca vi se esforçar tanto para alcançar um bonde. Mas a razão é simples: quando se compra o tíquete, o motorneiro assinala no reverso o horário e o sentido da viagem. Este tíquete tem validade por uma hora e dentro dessa hora se fazem todas as trocas indispensáveis de bondes, com o mesmo tíquete. O serviço é caro, rápido e pontual. Mas os passageiros são submetidos a um prazo angustiante. Enquanto espera uma conexão no ponto, o passageiro está perdendo dinheiro. O tíquete morre minuto a minuto como um ser vivo, mas desenganado.

O maior espetáculo do mundo

Fiquei toda a manhã observando os vienenses, sentado num banco da Stuben Ring. A diferença está nas mulheres, que usam gabardinas de homem e sapatos masculinos. Enquanto esperam alguém, estacionam o carrinho do bebê junto a uma árvore e se sentam para ler na sombra. Ninguém pôde me explicar por quê, em menos de duas horas, duas mulheres se sentaram no mesmo banco, lendo dois romances diferentes de um mesmo autor: Jack London.

Nas vitrinas das lojas há retratos de artistas de Hollywood. Elizabeth Taylor também faz confidências às vienenses, sobre os artigos de toucador que prefere. Os cinemas projetam os mesmos filmes maus e os mesmos filmes bons que em Bogotá. Admira-se Gina Lollobrigida pelos mesmos motivos pelos quais é admirada em todo o mundo. Mas as preferências do público têm 12 anos de atraso. Os filmes que lotam os cinemas são os de Walter Pidgeon e Greer Garson.

Mas em matéria de grandes espetáculos Viena está preparando um golpe sensacional. O Teatro da Ópera, que esteve fechado desde a guerra, foi reinaugurado a 5 de novembro, com *Fidélio*, de Beethoven. Os andaimes dos operários ainda nem foram retirados, e os ingressos estão esgotados há dois anos. Foram reservados pelo Aga Khan, o xá da Pérsia, a duquesa de Windsor e todos os personagens internacionais das colunas de fofocas.

"Que sorte tem o cubano"

Para dar uma idéia da hospitalidade e o espírito dos vienenses, numa cidade em que se almoça bem por meio dólar, tenho de contar a história de meu primeiro desjejum. Em Wiedner Gurtei há um letreiro que diz: "Milch". Como eu tinha fome, entendi imediatamente o que queria dizer o aviso. De maneira que entrei e disse:

— Milch.

Serviram-me um copo de leite, da mesma maneira como podiam me vender um litro de gasolina. Mas se deu o acaso de que o proprietário tinha um filho que estudava línguas na universidade e não tinha com quem praticar o espanhol. A senhora mandou buscar o filho. O filho veio, mas como não lhe disseram para que precisavam dele, deixou o espanhol em casa. Arranjando-se como podia com seus quatro verbos me deu a entender: "Essa maçada de estudar línguas é para despistar os velhos." Mas em compensação há duas coisas que sabia fazer perfeitamente: mostrar Viena aos estrangeiros e conduzir um Chevrolet que seus pais lhe deram de presente no Natal do ano passado.

Em ritmo de cumbia

No terceiro dia fomos conhecer a enorme roda-gigante. Cada cesta é literalmente um vagão de trem. Num deles Orson Welles quase acertou um tiro em Joseph Cotten, em *O terceiro homem*. Mas o interessante não é isso. O interessante é que ao redor daquele gigantesco parque de diversões há mesas para refeições ao ar livre, onde se vendem empadas, garapa, chouriços de Soledad e pamonha afervenatada. Aprendi a dizer milho em alemão: se diz *maiz* com sotaque antioquenho.

Ali mesmo há um salão, aberto, onde se dança por cinqüenta centavos, com uma orquestra buliçosa que interpreta música sul-americana. Depois do segundo copo triplo, estava tocando *La molinera*, de Rafael Escalona. Pela madrugada tocaram a *Cumbia cienaguera*. Em meia hora de descanso são capazes de orquestrar qualquer peça colombiana.

Naquele enorme salão cheio de fumaça, dançando *cumbias* com o erotismo à flor da pele e comendo chouriços, pareceu-me que não valera a pena atravessar o oceano Atlântico para retornar às festas de San Roque, em Barranquilla. Só faltava o negro Adán. O resto é literatura barata.

DEZEMBRO DE 1955

*Como não havia dinheiro, De Sica se dedicou
a descobrir atores*

Roma, novembro

Num jornal de Roma apareceu um anúncio há poucos dias. O diretor de cinema Vittorio de Sica precisava de uma moça sem antecedentes cinematográficos para desempenhar o papel principal num filme. O anúncio dava o endereço e a hora precisa em que as candidatas deviam se apresentar para o primeiro teste. Em princípio, era um anúncio dirigido exclusivamente às jovens de 16 anos que quisessem ser atrizes. Mas alguém chegou antes que as candidatas: os repórteres e os fotógrafos.

Às dez da manhã o local do encontro era um mercado público. Mais de 150 mocinhas, entre os 15 e os 35 anos, apresentaram-se para o teste. A maioria se disfarçara de Gina Lollobrigida e Sofia Loren, e esperava impaciente, na sala de recepção, olhando os flashes dos fotógrafos, com falsos olhos de mulher fatal. Uma a uma foram saindo desiludidas. Depois se soube que nem todas foram com a esperança de atuar num filme: uma jovem alemã, que morava em Roma havia um ano, foi com o exclusivo objetivo de propor casamento a Vittorio de Sica. Outras disseram com franqueza que não tinham interesse de ser atrizes, e sim que aproveitaram a ocasião para conhecer seu ator preferido. Os jornalistas comprovaram que poucas das moças que acorreram ao encontro sabiam que Vittorio de Sica é um dos melhores diretores do mundo. Mas todas sabiam que é um magnífico ator.

Alguém que não foi para a Austrália

Dois dias depois, a filha mais nova do proprietário de um bar, professora, Gabriella Pallotta, recebeu um telefonema de Vittorio de Sica. A moça participara do teste sem alimentar ilusões e, segundo disse, por pura curiosidade, e voltara para casa convencida de que era uma das 150 reprovadas. Mas, depois de examinar as provas fotográficas, De Sica descobriu nela a romana que necessitava para interpretar o papel de Luísa em *O teto,* uma nova história de Cesare Zavattini. Precisamente naquela semana o protagonista masculino fora localizado em Trieste, quando já estava fazendo a mala para procurar trabalho na Austrália.

Dessa forma se concluiu uma minuciosa busca que se prolongou por um ano. Durante esse tempo, enquanto De Sica trabalhava como ator ao lado de Sofia Loren, para juntar o dinheiro necessário para o seu novo filme, três homens com instruções precisas procuravam um rapaz de vinte anos nas cidades e nos povoados da região do Vêneto. Zavattini e De Sica fizeram uma minuciosa descrição do personagem desejado; e os três homens encarregados de localizá-lo — entre eles o assistente de direção de De Sica, Piero Montemuro — fotografaram 2.655 venezianos antes que os autores do filme se declarassem satisfeitos.

Todos os caminhos levam a Roma

— Um dia do mês passado — contou aos jornalistas Giorgio Listuzzi, o escolhido, um triestino de 22 anos — eu estava com um grupo de rapazes também desempregados na porta da Oficina de Trabalho, em Trieste, quando um homem de aspecto distinto se aproximou de mim e me perguntou quantos anos eu tinha.

O homem lhe pediu nome e endereço e lhe disse que esperasse uma surpresa. Giorgio Listuzzi se esqueceu naquele mesmo dia do estranho encontro e se inscreveu num grupo de imigrantes que devia viajar para a Austrália no mês seguinte. Enquanto isso, continuou a jogar suas peladas, pois teve de abandonar Ponziano, time da terceira divisão, depois de fraturar a perna em um choque com um companheiro de time. De maneira que, não podendo jogar futebol, resolveu embarcar para a Austrália. Dois dias depois de ter sido marcada a data da viagem, recebeu um telegrama de Vittorio de Sica. Dizia o telegrama que viesse a Roma.

A bomba

Quando Giorgio Listuzzi chegou a Trieste, mais assustado do que otimista, num vagão de terceira, não sabia que por sua culpa se armara um escândalo no meio cinematográfico. O sindicato de atores protestou energicamente contra a atitude de De Sica, que não se cura de suas velhas manhas neo-realistas e insiste em escolher atores da rua em vez de procurá-los no sindicato.

O inconformismo dos atores profissionais vem de muito tempo: desde que De Sica fez um arrastão nos bairros populares de Milão e converteu em excelentes atores um punhado de varredores da via pública. Assim se fez *Milagre em Milão*, um filme em que intervieram, no entanto, dois atores profissionais. Aquele foi o caso mais alarmante, mas não por certo o que despertou mais interesse. Porque na verdade um caso inesquecível é o de *Umberto D.*, em que Vittorio de Sica converteu em ator ninguém menos do que um professor de história da arte da Universidade de Roma.

O problema do cachorrinho

Umberto D. é um personagem que nada tem a ver com o professor universitário. Mas, à semelhança do caso atual, Vittorio de Sica e todos os seus ajudantes procuraram durante um ano um italiano que se parecesse fisicamente com o personagem concebido por Cesare Zavattini. Devia ser um personagem com um cachorrinho. Naquela ocasião, poucos italianos maiores de cinqüenta anos ficaram sem ser fotografados ao lado de um cachorrinho de estúdio, para ver se podia ser o intérprete do filme.

De Sica estava a ponto de se decidir por qualquer um, quando se encontrou na rua com o personagem de sua história. Perguntou quem era e lhe responderam: "Carlo Battisti, professor de história da Universidade de Roma." Basta ver a cara do professor para imaginar como ficou quando De Sica, sem rodeio, propôs que se deixasse fotografar com seu cachorrinho. Parecia uma brincadeira, mas era a coisa mais séria do mundo. Foram necessários três meses para convencer o professor Battisti a se deixar fotografar com o cachorrinho.

Com licença, professor

Aquele foi todo um movimento universitário destinado a convencer o professor de que não havia incompatibilidade entre sua grave profissão e sua participação ocasional num filme. Quase todos os dias o professor era abordado por uma delegação diferente. Todos os centros literários, círculos cinematográficos e entidades culturais compostos por jovens apresentaram-lhe argumentos destinados a provocar sua aprovação. Diante da pressão da opinião pública, manifestada por todos os meios, o professor se deixou fotografar com o cachorrinho e se fez então um dos grandes filmes da história do cinema. Poucas pessoas, contudo, sabem quantas dores de cabeça custou a De Sica dirigir o grave e rabugento professor, que em cada cena dava um passo atrás para dizer que era uma galhofa isso de colocar um professor de história a passear pelas ruas de Roma com um cachorrinho.

História de um acaso

Na verdade, o sistema de apanhar atores na rua ocorreu a De Sica porque sua situação econômica não lhe permitia fazer outra coisa. Quando Cesare Zavattini escreveu a história de *Ladrões de bicicletas*, De Sica se dispôs a produzi-la recorrendo às suas economias e às economias dos amigos. A guerra terminara três anos antes. Na Itália não havia ninguém disposto a gastar em filmes o dinheiro que não tinha. Mas De Sica estava disposto a fazer seu filme e já tinha tudo pronto. Só faltava a concordância do protagonista central: Henry Fonda. Segundo o diretor, nenhum outro ator desempenharia melhor esse papel do que o norte-americano. Escreveu-lhe uma carta. Poucas semanas depois, quando já iam adiantados os preparativos do filme, recebeu a resposta: Henry Fonda cobrava por sua participação exatamente o dobro do dinheiro que havia para fazer todo o filme.

Assim começaram as coisas. Entre os atores italianos daquela época não havia nenhum apropriado. Mas como De Sica não estava disposto a arquivar seu projeto por uma coisa secundária, saiu a procurar um homem na rua. E o encontrou colando ladrilhos em San Giovanni. Todo o mundo sabe o que esse pedreiro fez em *Ladrões de bicicletas*. Mas nem todos sabem que um produtor de Hollywood se apressou a contratá-lo, quando viu o filme, e o negócio lhe resultou uma dor de cabeça. Fora da influência de De Sica, o pedreiro não serviu para interpretar nem um metro de filme.

Explicação sem explicações

Devendo se preocupar ao mesmo tempo com o protesto dos atores e os preparativos de seu novo filme, que deve estar concluído em janeiro, De Sica convocou uma entrevista coletiva para responder ao sindicato de atores por intermédio dos jornalistas. Foi uma entrevista breve e clara.

— Não são muitos em um ano — disse De Sica — os filmes neo-realistas, para os quais se necessita um critério artístico preciso na escolha do ator. O cinema italiano oferece aos atores profissionais infinitas possibilidades de trabalho em filmes que requerem uma grande experiência e uma profunda cultura cinematográfica ou teatral.

Um jornalista observou que, segundo se dizia, o hábito de recrutar atores na rua tinha exclusivamente o propósito de gastar menos dinheiro.

— Não é certo — respondeu De Sica. E explicou em seguida que para encontrar Luísa e Natale, os protagonistas de *O teto*, gastaram-se durante quase um ano quase dez milhões de liras. — Por outra parte — acrescentou — para filmar com atores não profissionais se gasta uma grande quantidade de película, pois quase todas as cenas devem ser repetidas muitas vezes, com incrível gasto de tempo e dinheiro.

No fim das contas, De Sica nada respondeu de concreto aos atores. Mas a coisa ficou desse tamanho. *O teto* está sendo rodado desde a semana passada numa aldeia de pescadores perto de Roma. Além dos dois moços tão dispendiosamente encontrados, no filme intervêm outros atores: os pescadores da aldeia.

Triunfo lírico em Genebra

Roma, novembro

Há poucas semanas se realizou em Genebra o Concurso Internacional de Interpretação Musical. Em seu gênero, é o mais importante certame do mundo. À competição do canto lírico enviaram seus representantes quase todos os países do mundo: 153 concorrentes, de ambos os lados da Cortina de Ferro. Vinte deles se classificaram para a seleção final diante de um júri composto por cinco especialistas internacionais. E entre os vinte finalistas estava representado só um país da América do Sul: a extensa, lendária e desabitada república da Colômbia. Na última eliminatória, o representante dessa república ocupou o oitavo lugar, por sua conta e risco. Porque o caso é que a Colômbia não sabia que estava representada em Genebra.

O homem que cometeu o desplante de representar seu país sem autorização de ninguém, de glorificá-lo diante de quase todos os países da Terra e de gastar no empreendimento seu próprio dinheiro porque o Ministério de Educação não tinha nem um centavo, chama-se Rafael Ribero Silva e nasceu em San Gil, Santander, há 28 anos. Este tenor, a quem doravante chamarei confiadamente de Rafael, porque sei que não ficará aborrecido, é um homem sério e, além de sério, solteiro. Seis meses atrás começou a deixar crescer a barba, não para despistar a polícia e sim porque há um ano e meio caiu-lhe a barba postiça quando interpretava *La bohème*.

Um tenor a domicílio

O triunfo de Genebra, que foi um triunfo para a Colômbia, não foi, no entanto, um triunfo na carreira de Rafael. Foi um acidente, porque seu professor de canto lírico na Itália esperava que conquistasse o primeiro lugar.

Mas Rafael não desanimou. Podem atestar todos os habitantes do moderno bairro de Parioli, em Roma, que há seis anos não usam despertador. Às sete em ponto, Rafael se levanta para fazer seus exercícios de canto. As notas abrem caminho como pedras contra as vidraças das janelas e os vizinhos sabem então que é hora de levantar. Em outro lugar se constituiria uma associação de moradores para atirar o tenor pela janela. Mas nisso Roma se diferencia das outras cidades do mundo. Mais do que um telefone branco ou um automóvel último modelo, para os romanos é um luxo ter um tenor de carne e osso como um serviço a domicílio.

Defeito de família

O costume de acordar vizinhos não começou com Rafael, o penúltimo dos cinco filhos de Rafael Ribero Barrera e dona Eva Silva de Ribero. É um defeito de família. Um tio dele, dom Fabián Ribero, foi assassinado em San Gil porque estava cansado e não quis cantar uma serenata. Seu pai, em compensação, nunca se cansava de cantar. Dizem que quando cantava toadas de *bambucos* e *passillos* (estilos musicais típicos da Colômbia), acompanhado pelo tiple El Gallineral, despertava com sua voz os que dormiam na praça de San Gil, a um quilômetro de distância. Dom Rafael podia cantar toda a noite e às seis da manhã chegava em casa, trocava de roupa e ia cantar na igreja.

Nas festas de família o quadro era completo. Então era acompanhado ao piano por dona Eva, sua mulher, que ademais tinha inclinação pelo teatro e a demonstrava montando peças simples nas festas beneficentes. Uma das atrizes preferidas para ingênuos papéis infantis era a graciosa e esperta Esperanza Gallón, a atual rainha da beleza da Colômbia.

De modo que Rafael encontrou o exemplo em casa. No pai, na mãe e no velho e poeirento gramofone de cilindro, com o qual aprendeu a primeira canção: *A filha do preso*. Era um tango triste, que as visitas tinham de engolir à força, lambuzado com doce de goiaba.

Por que as pontes não caem

Quanto tinha dez anos, Rafael viu um homem que tocava flauta num casamento. Aos vinte, mandaram-no estudar engenharia na Escola de Minas de Medellín. Os deuses tutelares da república, de que falava o doutor Alfonso López em seus discursos, dispuseram que ocorreria então uma casualidade: Rafael voltou a se encontrar com o homem que tocava flauta nos casamentos. O homem se chamava Gil Díaz e esse é um nome que se deve recordar com gratidão, porque a ele se deve que não estejam caindo as pontes na Colômbia. De tanto passar em claro as noites de sábados e domingos com Gil Díaz, então diretor da orquestra de A Voz de Antioquia, Rafael foi reprovado na Escola de Minas.

"Este menino é um caso perdido", disseram em casa quando regressou a Bucaramanga com uma única nota boa: a mais alta nota de *Granada*, a conhecida canção de Agustín Lara. Então dom Alfonso Silva, encarregado de resolver o problema, decidiu que o rapaz seria contador. "Os números me perseguiam", diz Rafael, sem duplo sentido, quando se lembra daquela época sem perspectivas. Mas a contabilidade durou menos que a engenharia.

Desesperado, dom Alfonso Silva Silva mandou o sobrinho ao maestro Manuel Grajales para provar que não servia para o canto. Mas o maestro Grajales fez o tiro disparar pela culatra: opinou que Rafael deveria ser mandado urgentemente a Milão, para educar a voz, pois tinha "100% de probabilidades de fazer uma carreira brilhante". Diante de um diagnóstico tão alarmante, não havia outro remédio: puseram Rafael num avião para que fosse diretamente a Milão. Isso aconteceu há seis anos e ele ainda não chegou a Milão.

Conto chinês

— Fiquei em Roma porque no avião viajei com um árabe vestido de árabe — diz Rafael, que sempre busca uma maneira de justificar seu velho costume de fazer o que dá na veneta. E para justificar recorre aos argumentos mais arbitrários, como esse do árabe vestido de árabe, ou o do chinês vestido de chinês, com quem viajou a Sassari, onde triunfou pela primeira vez; ou o do escocês vestido de escocês, que encontrou no compartimento do trem há três semanas, quando ia para Genebra.

Mas a verdade é que Rafael ficou em Roma porque soube que aqui vive o melhor professor de canto da Itália: o comendador, conde Carlo Calcagni. Quarenta e oito horas depois de chegar a Roma, Rafael se encontrou com o conde e o conde lhe deu imediatamente a lição mais importante de sua vida: disse-lhe que não sabia cantar, que a voz não era boa e que não podia aceitá-lo como aluno, porque não queria roubar-lhe o dinheiro.

Mas Rafael insistiu, e o conde resolveu admiti-lo, "para ver se se pode fazer alguma coisa".

— Foi o único equívoco que cometi em minha vida — diz agora a antiga mulher do conde, condessa Beatrice Calcagni Soldini, confessando que foi ela, com sua grande experiência de soprano e de professora, quem reprovou Rafael há seis anos.

O exemplo do galo

Mas aqueles que conhecem Rafael e seguiram de perto seus estudos pensam que o conde tinha razão. O seu triunfo é o da disciplina, do estudo metódico e infatigável da vocação e dessa obstinação de santanderiano bicho-do-mato que não fora quebrantada por sua longa permanência na Europa. Durante seis anos, Rafael se fez a si mesmo, todos os dias às sete da manhã, despertando os vizinhos. Torceu o pescoço de seu instinto de alegre tocador de tiple, de viciado em serestas, e aprendeu a se deitar às 11 da noite, quando não vai à ópera, seja de camarote ou no palco. Para sermos justos, Rafael atribui o sucesso a outra coisa: ao refresco de maçã que bebe supersticiosamente antes de cantar. Em Genebra, quando subiu ao palco na noite decisiva, Rafael sabia que não obteria o primeiro lugar: em vez de refresco de maçã, deram-lhe, por um erro de tradução, um refresco de pêssego.

Adivinha, adivinhador

Rafael, atualmente, pode cantar, em qualquer momento, um programa de dez óperas, que conhece a fundo. Tecnicamente, seus estudos de canto terminaram, mas continua a visitar duas vezes por semana seu professor, com quem discute alguns problemas de matiz. Os estudos agora são de outra índole: aperfeiçoamento teatral, porque há vinte meses, quando interpretou a *Tosca*, na Sardenha, alguém lhe disse que tinha dificuldade de caminhar no palco. Rafael iniciou o curso imediatamente, apesar de que o policial que o esperou à saída do teatro e lhe pediu o primeiro autógrafo de sua vida, era de outro parecer.

— *Lei è un cannone* — disse o policial. — *Si lo dico io che me ne entendo molto.*

Quando esteve em Genebra, há três semanas, já sabia caminhar no palco. Mas isso de nada lhe serviu, nem a favor nem contra, porque os membros do júri não lhe viram o rosto. Nem sequer conheceram seu nome. De fato, como garantia de imparcialidade absoluta, os concorrentes são identificados por um número (Rafael foi o 120) e os membros do júri o escutam por trás de um biombo. Qualquer som estranho emitido por um concorrente que possa ser considerado como uma chave identificadora o desclassifica. Rafael, para cantar com mais comodidade e descarregar o sistema nervoso, apresentou-se em mangas de camisa. Mas muitos se apresentaram de fraque, apesar de saberem que ninguém os estava vendo. Era uma questão de princípio.

O que é importante?

Na primeira vez que cantou em público profissionalmente, Rafael esteve perto de dar um peteleco em sua carreira. Tinha de interpretar Rodolfo, em

La bohème, e no momento de se vestir, no camarim, descobriu que se esquecera da camisa. Em dez minutos, dentro de um velho automóvel no enlouquecido trânsito de Roma, trasladou-se do Teatro dei Satiri ao bairro Parioli, e conseguiu chegar a tempo no palco sem que o diretor da companhia se desse conta do incidente, e sem que a autoridade do trânsito romano se desse conta de que havia avançado dois sinais vermelhos. Sua atuação naquela noite lhe valeu o primeiro contrato, com a companhia de ópera Città di Roma, na qual interpretou Pinkerton, de *Madame Butterfly*. Posteriormente foi intérprete de *Lucia*, de Donizetti, no Instituto de Cultura Hispânica, no teatro Calderón e na Rádio Nacional, de Madri. Deu recitais de música clássica, de câmara e de concerto, no Victoria Hall, de Genebra, e em Estrasburgo.

— Não é nada raro que, por acréscimo, a arte acabe sendo para mim um bom negócio — diz Rafael, fazendo contas. E isso deve ser para ele, na realidade, uma surpresa, pois é um homem um pouco perdido no mecanismo da vida prática. Acredita na arte pela arte e no efeito que pode causar numa mulher um ramalhete de 15 rosas. Os que o conhecemos um pouco sabemos que chegará talvez até onde ele mesmo nem imagina. Sabemos que sempre sairá dos apuros mais dramáticos repetindo uma frase que aprendeu em San Gil, que não esqueceu nunca, e que é a chave mestra que lhe abriu muitas portas. Em situações que outro homem de vontade menos firme teria recuado, Rafael avançou, apertando os punhos e dizendo essa frase: "O importante é não se perturbar."

Recolhem-se provas para a beatificação de Pio XII

Roma, dezembro de 1955

Um ano atrás a imprensa se ocupou intensamente de Sua Santidade Pio XII, cuja morte parecia inevitável. Os especialistas do delicado mecanismo do Vaticano formulavam prognósticos sobre a sucessão, e um endocrinologista suíço, o doutor Paul Niehans, ensaiava um recurso heterodoxo para salvar a vida do ilustre doente. Da praça de São Pedro podem ser vistas duas fileiras de dez janelas do palácio do Vaticano. Por trás da segunda janela do andar de cima, contando da direita para a esquerda, transcorreram as dramáticas horas da crise. É um aposento austero, onde antes nunca entrou uma mulher, até que Pio XII suspendeu a clausura para que sor Pascualina Lehar, a monja alemã que o cardeal Eugenio Pacelli conheceu em Berlim havia muitos anos, pudesse se ocupar de suas coisas, do cuidado de seus aposentos privados. Sor Pascualina foi uma das poucas testemunhas daquelas horas dramáticas. Os outros foram os quatro médicos papais e o camareiro pessoal de Sua Santidade, Mario Stoppa, que é além disso seu acólito.

Contra o parecer de seus colegas mais ilustres, o doutor Niehans levou adiante o tratamento e poucas semanas mais tarde os especialistas das revistas ilustradas tiveram de arquivar seus prognósticos. Pio XII recuperou a saúde, voltou a abençoar, de sua janela cheia de pombas, a multidão que todos os dias, às 12, se concentrava na praça de São Pedro, e paulatinamente recuperou seu ritmo habitual de trabalho.

Mudança de ares

O assombroso é que este pontífice, que ficará na história da humanidade como um de seus políticos mais hábeis, inteligentes e discretos, saiu de seu leito de doente com um dinamismo insólito. Ao contrário do que se esperava de um ancião de 79 anos, as audiências se tornaram mais freqüentes, e a atividade geral do pontífice, mais apaixonada e febril. A pesada carga de trabalho obrigou-o a adiar em quase trinta dias suas férias de verão no formoso castelo de Castelgandolfo. As férias terminaram pontualmente a 26 de novembro. Mas no caso de Pio XII há que entender como férias não uma periódica suspensão de trabalhos, e sim apenas uma mudança de escritório.

Na realidade, em Castelgandolfo continuou a trabalhar como de hábito, desde as 6h15 da manhã, hora em que toca seu despertador, até um pouco depois da meia-noite. Seu regresso ao palácio do Vaticano, a 26 de novembro, foi o "regresso oficial", porque na realidade Pio XII estivera várias vezes em Roma nos últimos três meses. Instalava-se secretamente em seu grande automóvel preto e vinha receber em audiências especiais representantes de diversas e importantes atividades. Nunca, como nos 365 dias que se seguiram à sua crise do outono passado, Pio XII trabalhara com tanto afinco.

Considera-se que este foi o ano decisivo de sua vida. Ao final dele, divulgou-se a notícia de que é o segundo papa na história da Igreja que viu Jesus Cristo e que há algum tempo devolveu a visão a um menino cego. Um semanário garantiu que já estão sendo recolhidas provas para sua beatificação.

"O maior espetáculo do mundo"

Em Castelgandolfo, Pio XII compareceu a audiências coletivas duas vezes por semana, às quartas-feiras e aos sábados. Não é difícil conseguir ingresso para essas audiências: qualquer agência romana de turismo dispõe de uma quantidade suficiente para satisfazer a clientela. Numa visita a Roma, uma audiência papal será sempre uma coisa a que se deve comparecer, mesmo que não se comungue das crenças católicas. Assim pensam os turistas norte-americanos, em sua maioria protestantes, que participam das audiências com as câmeras filmadoras carregadas de filme virgem e sobem pelas janelas, com suas poderosas teleobjetivas, em busca de um bom ângulo para captar a imagem de Pio XII. Certamente o papa sabe que nem todos os peregrinos são verdadeiros peregrinos. Sabe que alguns vão realmente pelo desejo de vê-lo, escutar sua palavra, receber sua bênção. Mas sabe também que muitos vão por curiosidade. Por isso não se proíbe a entrada das câmeras fotográficas nem se impede os ouvintes de se pendurar nas janelas para obter uma boa foto, porque talvez o próprio Pio XII, com seu profundo conhecimento do coração humano, sabe que ele é um dos grandes espetáculos do mundo moderno.

Ovelhas desgarradas

Assisti a duas audiências em Castelgandolfo. Fui a segunda vez pela curiosidade jornalística de saber até onde o programa era sempre igual. Foi uma experiência interessante: ponto por ponto, minuto a minuto, a audiência é assombrosamente igual à anterior.

O balcão em que o papa aparece tem dez metros de altura. Ele pode ser visto perfeitamente, sob um enorme relógio que controla a duração da audiência. Os arredores do castelo, fervendo sob o peso do verão, convertem-se numa buliçosa feira rural. Ali se vende tudo o que os italianos sabem que os turistas gostam de comprar. Vendem-se bebidas geladas, alimentos fritos, objetos folclóricos e cartões-postais. Um velho monge rabelaisiano, com um enorme nariz de tomate, recolhe esmolas num enorme jarro que é o mesmo jarro em que se bebe o vinho.

> Do outro lado do castelo, diante do profundo e formoso lago vulcânico, os pequenos restaurantes esperam o fim da audiência para que a nova clientela vá beber um copo de vinho ou dançar boleros até a madrugada. Num desses restaurantes, alguém dançou em julho com a noiva e depois cortou-lhe a cabeça e a lançou no fundo do lago. Mas ninguém se recorda mais, em parte porque as pessoas que vão ver o papa não querem se lembrar desses tremendos dramas da vida real e em parte porque o corpo nunca foi identificado pela polícia.

As vinhas do Senhor

No pátio de pedra com capacidade para duas mil pessoas enlatadas, os funcionários do castelo acomodam os visitantes como sardinhas. Ali chegam, atropelando-se, os mais diversos e estranhos gêneros de produtos das vinhas do Senhor. Chegam os alemães com suas mochilas e suas calças de couro. Chegam os norte-americanos com sua parafernália de instrumentos fotográficos e o livro para conhecer Roma em sete dias. Chegam os vigários de aldeia de todo o mundo, os mais remotos franco-atiradores da religião, que nunca poderão ver o pontífice a menos de vinte metros de distância. Todos entram atropeladamente como os cordeiros de Deus num estreito curral de pedras fechado pelos quatro costados.

A audiência está anunciada para a seis. Às 5h45 o pátio está repleto e dois gigantescos guardas suíços, com uniformes fulgurantes que parecem uma fantasia de caramelo, fecham o enorme portão de madeira. O relógio começa então a caminhar com uma lentidão desesperadora. Quatro mil olhos se concentram na pequena janela, que só se diferencia das outras por ter uma cortina de seda branca. Como é verão e o patiozinho está cercado pelos quatro costados, em cinco minutos o calor se torna asfixiante. Quando Pio XII aparece, às 5h55, deve sentir esse espesso e ácido vapor humano que sobe do pátio, agitado pelas ovações e os aplausos. Nesse momento, o papa sabe a que cheira a humanidade.

Ecce homo

É um homem de baixa estatura, magro, de pele mortiça, que irradia uma assombrosa sensação de limpeza. Durante toda a audiência, não sei por que estranha associação, tive a clara impressão de que exalava um discreto odor de lavanda. Um ano atrás tinha dificuldade de mover o braço direito, que é exatamente o braço das bênçãos. Agora essa dificuldade desapareceu e recebe as saudações com um coordenado gesto da cabeça, que é exatamente o mesmo movimento que uma pessoa faz quando lava o rosto numa pia. Mas embora se veja nele uma aura de boa saúde, falta aos seus movimentos a flexibilidade que deviam ter em outro tempo.

Na plenitude das ovações, vai percorrendo lentamente com o olhar os diferentes setores do pátio. Alguém que esteve numa audiência anterior me dissera que, quando o papa olhava, tinha-se a sensação de que estava olhando todos e cada um dos presentes. É uma observação autêntica. Pio XII se compraz em percorrer com o olhar, calculadamente, cada setor do pátio, como se estivesse respondendo pessoalmente a cada um dos aplausos. Para olhar os que tiveram o infortúnio de se situar debaixo do balcão tem que se inclinar profundamente para fora do parapeito. É realmente um movimento arriscado para um homem de sua idade.

Deve ter sido o diabo quem me inspirou então esse pensamento: se por vontade de Deus o papa tivesse perdido nesse movimento o equilíbrio, eu teria uma crônica triste e indesejável. Mas de qualquer maneira uma crônica com exclusividade mundial.

O poder e a glória

A ovação cessa exatamente quando a pessoa se dá conta de que o homem que está subindo ao balcão é um ser humano. Toda a atmosfera de distante e inalcançável divindade desaparece por completo em presença de Pio XII. Parece um simples curinha de província, dirigindo-se aos fiéis concentrados na praça pública. Parece-me que essa é a essência de seu êxito estrondoso em cada audiência. Todos os espectadores têm a sensação de que conversaram com ele, que começaram a ser seus amigos pessoais, e que se amanhã ou depois o encontrarem na rua o papa vai se deter para conversar um instante sobre o mau tempo, sobre a família e sobre a maneira mais adequada de preparar o macarrão.

Nessas audiências, Pio XII, notável poliglota, fala em italiano, inglês, alemão, francês e espanhol. Na realidade repete o mesmo discurso em cada idioma, e nas duas ocasiões em que o ouvi era sempre o mesmo discurso, repetido de memória quase textualmente. Porque é um discurso que não se pode modificar: é uma peça magistral de dois minutos, em que se recordam os mortos, os doentes e as pessoas amadas. Todas as frentes da vida familiar, da religião e da pátria estão cobertas nesse bloco de palavras compactas. Dizem que fala alemão tão bem como o italiano. Pronuncia o espanhol corretamente, mas arrastando os erres.

> Para concluir, abençoa todos os objetos: medalhas, relicários, crucifixos, rosários, em poder dos presentes. É na verdade um momento emocionante. Friamente se compreende nesse instante porque naquela mesma hora, nos mais remotos rincões da Terra, há seres que largam tudo para assistir à missa das cinco.

O papa recebeu Sofia Loren em audiência. Proibiram-se as fotos

Roma, dezembro de 1955

É evidente que nos meses posteriores à sua doença e, de maneira especial, nas últimas semanas, Pio XII desenvolveu imensa atividade, orientada no sentido de se converter num pontífice popular. Todos os setores da vida moderna começaram a se interessar igualmente. Os jornais de esquerda, que não separam um só milímetro a atividade do papa com a política italiana, interpretam o fato politicamente: dizem que Sua Santidade persegue uma popularidade insólita, para garantir o triunfo da democracia-cristã na iminente eleição municipal italiana. Pelo menos é assim que entende o comunismo que, com a ajuda do socialismo de Nenni, está seguro de tomar esta vez a comuna de Roma.

Há poucos dias, esse ponto de vista teve uma escandalosa repercussão no Parlamento. No início do outono, Pio XII pronunciou um discurso em audiência especial para um grupo de funcionários públicos italianos. Entre outras coisas, disse-lhes como deviam cumprir seus deveres. Pouco tempo depois, o presidente da República, que é democrata-cristão mas foi eleito com votos da esquerda, concedeu por sua vez uma audiência especial aos funcionários públicos e lhes disse também como deviam cumprir seus deveres constitucionais. Um senador, o padre jesuíta Sturezo, pôs a boca no mundo dizendo que o presidente da República não tinha atribuições para dar esse tipo de instrução aos empregados públicos.

> Armou-se um escândalo no Parlamento porque se recordou a audiência do papa. Foi dito que se o presidente da República não podia instruir os funcionários públicos da Itália muito menos podia fazê-lo o dirigente de um estado independente, como é o Vaticano.

As pedras do caminho

O papa, discretamente, passa por cima das indiscrições de seus adeptos. Mas esta vez se pensava que algo podia acontecer. E algo aconteceu, com efeito: o papa concedeu ao presidente Gronchi uma impressionante condecoração, o Speron d'Oro; e organizou uma solene e espetacular audiência para receber sua visita, no dia 6 deste mês. Nesse dia o trânsito de Roma se voltou para o lado contrário e quase toda a cidade se inclinou entre o Quirinal e o Vaticano, primeiro para ver passar o presidente Gronchi e depois para ver passar o papa, quando devolveu a visita. Pio XII está bem de saúde, fez várias vezes a longa viagem a Castelgandolfo e se esperava, portanto, que fizesse a viagem ao Quirinal num automóvel descoberto. Quando o presidente Einaudi o visitou, o papa não restituiu pessoalmente a visita, porque não gozava de boa saúde. Mas em compensação restituíra a visita ao rei Vittòrio Emanuèle III.

> Mas a multidão, que aplaudiu freneticamente o presidente Gronchi, ficou com o aplauso ao papa no estômago. A visita foi feita pelo cardeal Tedeschini, enquanto um jornal se perguntava se Sua Santidade tinha mais consideração pela monarquia do que pela República italiana.

Assim, com seus inevitáveis tropeços, em meio das mais acaloradas controvérsias, acentua-se cada dia mais a atividade de um ancião que consideravam ter chegado ao fim há 12 meses e na realidade está vivendo uma segunda e dinâmica juventude. Provavelmente nenhum chefe de Estado desenvolve neste momento uma atividade pública mais intensa, mais inteligente e definida do que Sua Santidade Pio XII.

Sobre rodas

Outra das frentes a que se dedica quase pessoalmente é o esporte. Quando o ciclista Gino Bartalli cruzou a linha de chegada do campeonato mundial, um enviado especial de Pio XII lhe deu as boas-vindas. Agora se revelou que o papa é um apaixonado por esporte e lê os jornais esportivos, como qualquer romano comum.

O que se diz é que Sua Santidade tem o esporte no sangue. É um italiano, um romano do Trastevere que desde criança experimentou a febre do esporte nas discussões acaloradas protagonizadas pelos operários na rua da Vetrina. Naquela romaníssima rua — a poucos metros de onde se incubou o prestígio de Lina Cavallieri e onde vivem amontoados os romanos mais romanos de Roma — nasceu e se criou Eugenio Pacelli. No entanto, naquela rua, como há setenta anos, o buliçoso povo de Roma quebra copos e garrafas em nome de um campeão de ciclismo ou de uma partida de futebol. Por isto, a nenhum romano pareceu insólita nem irreverente a notícia de que Sua Santidade abre todos os dias um parêntese em suas delicadas atividades para ler os jornais esportivos.

Sofia não é tão feroz

O povo italiano é o segundo consumidor de filmes do mundo. O primeiro é o inglês. A estatística indica que cada italiano vai ao cinema 16 vezes por ano, o que significa que o povo da Itália investe nesse entretenimento 11% de seu orçamento anual. Ao longo de toda a sua vida, Pio XII acompanhou de perto o desenvolvimento do cinema, um divertimento que é quase 15 anos mais moço do que ele próprio. Mas nunca, como no último ano, interessou-se de maneira tão direta pelo futuro do espetáculo cinematográfico. Na recente mostra de Veneza, entre as fotos de Marilyn Monroe e os boletins litografados de todas as empresas produtoras do mundo, distribuiu-se aos jornais um discurso de Pio XII sobre o cinema.

Há um mês, o pontífice conheceu pessoalmente uma mulher que fez metade da humanidade pensar no diabo: Sofia Loren. Foi uma audiência especial que os empresários da atriz, dentro de seus negócios, trataram de capitalizar. Pio XII se deslocou de Castelgandolfo para uma sala de audiências do palácio do Vaticano. Sofia Loren teve de mandar fazer expressamente um vestido preto sem um milímetro de decote, e se apresentou à audiência sem maquiagem em meio a um estrondoso bombardeio de flashes.

Os jornalistas que presenciaram a audiência fariam qualquer coisa por uma opinião do pontífice sobre a atriz. Mas nem puderam publicar suas fotos os repórteres dos noticiosos que se esmeraram em filmar até a última gota o brevíssimo instante; tiveram de jogar no caixote de lixo esse precioso fragmento de atualidade porque sua divulgação foi proibida. Teria sido não apenas a única oportunidade dos admiradores de Sua Santidade e os admiradores de Sofia Loren de vê-los juntos, mas também a primeira e última em que se poderia ver a atriz vestida até o pescoço.

O lado humano

A intensidade da vida pública está fazendo até demasiado pública a vida particular de Pio XII. Há dois anos se considerou como furos sensacionais uma série de fotos do papa passeando pelos jardins de Castelgandolfo. Foram captadas clandestinamente por um repórter armado de poderosa teleobjetiva. Essas fotos não teriam hoje em dia nenhum valor; antes de regressar, este ano, definitivamente, ao palácio do Vaticano, o papa recebeu um fotógrafo da revista *Oggi* na audiência especial mais especial que jamais se concedeu a um jornalista, e ficou à sua disposição durante várias horas. Numa das fotos, o papa brinca com um par de cordeirinhos. Em outra, ensina crianças a rezar. Em outra, diverte-se com um grupo de pombas. A série do jardim durou quase uma hora. Depois, Sua Santidade foi à capela silenciosa onde reza sua missa solitária todas as manhãs e permitiu que o retratassem orando. A última foto, na qual Pio XII aparece escrevendo à máquina, é um involuntário golpe publicitário para uma das mais prósperas indústrias italianas: a máquina de Sua Santidade, em que escreveu seus discursos mais transcendentais, é uma Olivetti portátil. Pio XII escreve nela pessoalmente seguindo em minúcias todas as regras da datilografia.

Que número calça o papa?

Essa determinação de permitir até onde seja possível o ingresso da opinião pública em sua vida particular permitiu que agora se saibam muitas coisas que até há pouco eram pouco menos que mistérios da fé para os leitores dos jornais. Em agosto, um jornalista italiano me dizia na Associação da Imprensa Estrangeira que sua maior aspiração era entrevistar sor Pascualina, a única pessoa que poderia dizer com exatidão quantos pares de sapato tem o papa, que número calça e quem é seu sapateiro. Mas falar com sor Pascualina, que se comunica em latim com os funcionários da Cidade do Vaticano, é mais difícil do que falar com Pio XII. É um ser misterioso, quase lendário, com quem sonham os jornalistas como se fosse um fantasma remoto e vago.

> Agora, sem necessidade de ter falado em latim com sor Pascualina, os jornalistas falam normalmente de algumas coisas que há um ano eram consideradas mistério impenetrável. Sabe-se que o papa almoça às treze horas, que nunca tem convidados à mesa e que o almoço se compõe de uma típica dieta italiana: sopa, um pedaço de carne com salada cozida, uma maçã fervida e um copo de vinho. É um almoço insípido, porque o doutor Niehans, que periodicamente vem a Roma visitar o pontífice, proibiu-lhe o sal na comida.

O chocolate espesso

Em vista dessa mudança radical em seus costumes, os jornalistas de Roma não perdem nunca Pio XII de vista. Não considerariam surpresa muito grande se um dia o encontrassem passeando pelas ruas da cidade. Desde as cinco da manhã, com esse outono gelado em que os dias começam às nove, há vários fotógrafos de plantão na praça de São Pedro, à espera de que ocorra algo. Esses vigilantes madrugadores descobriram já uma novidade na vida do pontífice: todos os dias, às seis horas e dois minutos, Pio XII aparece na janela, respira o ar vivo e gelado da deserta praça de São Pedro e dois minutos depois desaparece no interior do aposento.

O otimismo dos jornalistas, no entanto, pode ser o mesmo dos humildes monges trapistas que, na estrada de Castelgandolfo, fabricam licores finos e chocolates. Todos os anos, os monges saem à estrada para ver passar o automóvel do papa quando retorna ao palácio do Vaticano. Este ano não se conformaram com sair à estrada e prepararam uma xícara do melhor chocolate, com a esperança de que Sua Santidade se detivesse um instante, para sentar-se com eles à mesa. A xícara continuou cheia, porque Pio XII, como sempre, passou ao largo. De qualquer maneira, se os diligentes monges lessem os jornais saberiam que o papa não pode beber chocolate, porque lhe faz mal ao fígado.

Como surgiu a notícia

Roma, dezembro de 1955

No instante em que alguns jornais de grande influência na Itália associavam a atividade de Pio XII às iminentes eleições municipais, alguém estreitamente ligado ao Vaticano permitiu que vazasse a notícia que comoveu o catolicismo: durante a crise do ano passado, o papa viu Jesus ao lado de sua cama. No estrondo da revelação, pensou-se que, com efeito, o momento para divulgar o milagre fora sábia e habilmente escolhido.

Mas tudo parece indicar agora que se tratou de uma imprudência, de uma indiscrição de alguém que quis pôr seu grão de areia, espontaneamente, no programa de popularização de Sua Santidade.

A notícia apareceu modestamente sem destaque no correr de uma crônica que o jornalista católico Luigi Cavicchioli publicou no semanário de variedades *Oggi*, editado em Milão como todas as boas revistas italianas. Essa foi não apenas a reportagem mais completa e documentada que se publicou sobre a vida pessoal de Pio XII, mas era ilustrada por uma dezena de fotos exclusivas. A revista foi distribuída e esgotou no mundo inteiro, numa semana, meio milhão de exemplares.

> Mas antes de sair à rua, quase todos os jornais da Itália e as agências internacionais haviam reproduzido o parágrafo relativo ao milagre. A notícia é de uma transcendência incalculável para os católicos: em toda a história da Igreja somente uma vez Jesus foi visto por um papa, São Silvestre.

Em seu desenfreado e fervoroso entusiasmo, um jornalista católico pôs na notícia um título de uma objetividade de dar calafrios: "Cristo no Vaticano". A revista apareceu numa sexta-feira. Domingo, um semanário editado no Vaticano, *L'Osservatore della Domenica*, confirmou plenamente a notícia.

O terremoto

A revelação provocou um terremoto jornalístico. Mas as reações foram diferentes. Em primeiro lugar, os círculos mais prudentes esperaram que o Vaticano desse uma explicação mais detalhada em seu órgão oficial, *L'Osservatore Romano*, que não se ocupara do caso, apesar de ter dois dias de vantagem sobre *L'Osservatore della Domenica* para publicar a confirmação.

> Acreditava-se que a forma como estava sendo administrado aquele delicadíssimo material poderia provocar uma perigosa onda de incredulidade. Alguns jornais julgaram confirmada sua tese: uma revelação dessa índole era um instrumento decisivo para a democracia-cristã. Mas em outros produziu um sentimento de ciúme profissional a extraordinária matéria em primeira mão de *Oggi*, e começaram a buscar novos milagres. A revista *Época* anunciou uma semana mais tarde que Pio XII curara um menino cego. Mas desta vez não houve confirmação. Na realidade, o problema já era grande para complicá-lo ainda mais.

L'Osservatore Romano não comentou o caso, apesar da pressão da opinião pública e especialmente do mundo católico, que esperava que o delicado material fosse controlado pelo Vaticano e não pelos redatores dos jornais. Mas o Vaticano se fechou em copas. Foi quando se chegou à conclusão de que se tratara, no caso da revelação, de uma imprudente indiscrição. E, em caso de confirmação, de interpretação não muito exata de uma ordem cuja origem não se podia definir.

Passos em falso

Os católicos, todavia, continuam a acreditar que a atitude inteiramente fechada do Vaticano não foi oportuna, pois permitiu que os jornais dessem rédea larga à imaginação e ao sarcasmo. A 22 de novembro, o *Paese* perguntava desrespeitosamente: "Foi a Madona ou o Filho?" Outros mais ousados insistiram em que se determinasse o dia da aparição, para demonstrar que Pio XII não estava sozinho em sua alcova em nenhum momento da crise.

A atitude dos setores mais respeitosos parece coincidir com a que assumiu o escritor e jornalista Curzio Malaparte, que não é propriamente católico nem propriamente nada. Em sua coluna *Battibacco*, da revista *Tempo*, Malaparte dizia:

> Que o Santo Padre tenha visto Jesus, ou melhor, que Cristo em pessoa se tenha dignado a visitar o Santo Padre durante sua grave doença, é coisa possível e não serei eu certamente quem a ponha em dúvida. Não farei como esses intelectuais estrangeiros, de grande fama e grande autoridade em matéria de fé, que, com o ar de acolher a notícia com profundo respeito, deixaram escapar declarações que são tudo, menos respeitosas.

"Malaparteando"

Malaparte se referia, evidentemente, a François Mauriac, que disse:

— Minha reação é de profunda emoção e respeito. Mas, como cristão, não me sinto demasiado impressionado pela notícia.

Referiu-se também à declaração do existencialista católico Gabriel Marcel:

— O que mais me impressionou é que um homem cujo discernimento não foi afetado pela idade tenha declarado que a visão de Cristo se apresentou a ele em estado de vigília e não teve portanto caráter alucinatório.

Por sua parte, um dos mais autorizados teólogos da cúria romana, o padre Raimondo Spiazzi, manifestou:

— Este fato não proporciona mais motivação à nossa fé, nem concede ao papa mais autoridade como papa.

A esta última declaração, Malaparte respondeu concretamente:

Parece-me, padre Spiazzi, que nisto há um erro: porque um papa que vê Cristo tem sem dúvida mais autoridade do que um papa que não o vê. Declarações do gênero, embora legítimas em matéria como esta, parecem-me sutilmente indecisas. E por isso as refuto. Todavia, teria sido melhor que uma notícia de semelhante importância (e importante não só para o papa, mas para os católicos em geral, e este é seu ponto fraco) fosse comunicada ao mundo não por um jornal, de maneira anônima, mas pelo próprio pontífice. Trata-se de um milagre e não de um furo de reportagem.

Creio nesta notícia, concluiu Malaparte. Mas com todo o respeito que tenho pela igreja, pela fé católica e pelo papa, não hesito em afirmar que acreditaria nela muito mais se me fosse dada pelo papa em pessoa e não pelo colaborador de um jornal.

A história da notícia

Como sucede com todas as grandes notícias, algo começou então a ser mais interessante do que a própria notícia: a história da notícia. Como pôde sair aquela indiscrição do aposento hermeticamente privado de Sua Santidade? Qual foi o mecanismo que provocou sua confirmação no *L'Osservatore della Domenica* e não no órgão oficial do Vaticano? Parece indiscutível que as primeiras palavras saíram de sor Pascualina Lehar, a primeira pessoa que falou em público de uma aparição de Cristo no Vaticano. Evidentemente não foi ela quem fez a revelação a Luigi Cavicchioli.

— Este segredo — disse o jornalista — foi confiado pelo Santo Padre a pouquíssimas pessoas, a quem pediu que não o divulgassem. De fato, o segredo foi mantido até agora e só a afetuosa indiscrição de um de seus depositários nos permitiu conhecer e divulgar este maravilhoso episódio que sem dúvida comoverá profundamente todos os católicos do mundo.

A notícia foi dada sem espetaculosidade, mas havia um fato que concedia ao redator uma grande autoridade: sua matéria era ilustrada com fotografias exclusivas de Pio XII no ensolarado pátio de Castelgandolfo e nela se faziam algumas revelações da vida pessoal do pontífice, que até então eram absolutamente desconhecidas. Por isto, não se considerou a matéria como folhetim, e sim se atribuiu o fato a uma revelação pessoal de Pio XII:

> Embora as fotos e os preciosos dados sejam todos autênticos, não foram fornecidos por Sua Santidade. Foram fornecidos pelo padre jesuíta Virgilio Rotondi, a quem agora se assinala como o autor da "afetuosa indiscrição".

De qualquer maneira, não foi essa a origem verdadeira do escândalo. Se o Vaticano guardasse um silêncio fechado, o interesse jornalístico tomaria outros rumos, puxado por novos acontecimentos, e a notícia seria esquecida em poucos dias. O verdadeiro alarme começou com a confirmação do *L'Osservatore della Domenica*. Uma confirmação que ninguém esperava.

Cinco minutos decisivos

Agora que a tempestade começa a se acalmar, os jornais cuidam de explicar o mecanismo daquela confirmação. Desde o momento em que a notícia chegou ao público, o telefone 55 01 41, da secretaria de Estado do Vaticano, começou a tocar insistentemente. Eram telefonemas de jornalistas impacientes que pediam a monsenhor Angelo Dell'Acqua sua opinião sobre a notícia. Monsenhor Dell'Acqua se encontrava numa encruzilhada: não podia negar uma explicação e nem se atrevia a confirmar a notícia abertamente, por temor de que ela continuasse sendo objeto de uma perigosa especulação por parte dos jornais. O Vaticano tem uma experiência: há alguns meses, quando Pio XII viu a Virgem de Fátima, *L'Osservatore Romano* publicou uma fotografia espetacular. Publicou-a de boa-fé, porque alguém, movido pelo fervor religioso, levou-a à redação do diário oficial da Santa Sé. E só depois de publicada e divulgada por todo o mundo se descobriu que era um truque fotográfico.

Temeroso seguramente de incorrer em erro semelhante, monsenhor Dell'Acqua distraiu os jornalistas, tentando ganhar tempo. Mas simultaneamente na sala de imprensa do Vaticano chegavam telefonemas dos jornais de todo o mundo para pedir confirmação da notícia. Sucedeu então algo que ninguém pôde explicar e que *L'Europeo* entendeu da seguinte maneira: "A sala de imprensa se dirigiu a monsenhor Dell'Acqua, porque monsenhor Dell'Acqua pertence à secretaria de Estado. Interpelado, monsenhor Dell'Acqua emitiu seu ponto de vista: 'Seria conveniente fazer um discreto comentário em *L'Osservatore della Domenica*, que não é órgão oficial, enquanto Sua Santidade decide o que fazer'". Era um ponto de vista de monsenhor Dell'Acqua, mas, dada sua elevada autoridade, com o tempo que urgia e os insistentes telefonemas de todo o mundo, o ponto de vista foi interpretado como uma ordem. No dia seguinte, a confirmação apareceu no semanário quando todos esperavam uma notícia no *L'Osservatore Romano*.

Sor Pascualina revelou o segredo da visão de Cristo

Roma, dezembro de 1955

Quando já não era provável que *L'Osservatore Romano* confirmasse oficialmente a matéria de *Oggi* sobre a aparição de Cristo a Pio XII, a confirmação se produziu em termos aniquiladores. Chegou com três semanas de atraso por causa, sem dúvida, do vendaval de comentários que soprava de todos os rincões da Terra, nos jornais de todos os idiomas. Na nota confirmatória do *L'Osservatore Romano* se especificava que o episódio da aparição de Jesus atingiu a opinião pública como resultado de uma indiscrição "inspirada sem dúvida por uma boa intenção, não desejada nem aprovada pelo pontífice, que, pelo contrário, mostrou-se desgostoso ao tomar conhecimento dela".

> Mas o caso é que a imprensa européia não costuma pôr um ponto final nas coisas enquanto a notícia não for espremida até a última gota. A confirmação do *L'Osservatore Romano* apareceu sábado, 10 de dezembro. Alguns comentários de revistas já impressas e prontas para circular perderam a

atualidade no projeto da gráfica para as bancas. Em compensação, a confirmação colocou em primeiro plano os protagonistas desse drama secreto que se seguiu à indiscrição e se desenvolveu nos fechados corredores do Vaticano antes da confirmação do *furo* de *Oggi*.

A "*afetuosa indiscrição*"

Os jornalistas seguiam de perto cada passo do padre jesuíta Virgilio Rotondi, a quem se atribuiu desde o primeiro momento a "afetuosa indiscrição". Padre Rotondi, um homem dinâmico, de baixa estatura, filho de um secretário do príncipe Vicovaro Cenci Bolognetti, é o encarregado das relações do Vaticano com as revistas ilustradas italianas. Um homem extraordinariamente cordial, muito conhecido nos meios jornalísticos, e uma das pessoas partidárias de que os segredos do Vaticano tenham maior difusão por intermédio da imprensa. O contato com os cronistas deu ao padre Rotondi um sentido do jornalismo moderno, desenvolveu nele a sensibilidade nesse campo e o converteu numa das mais preciosas fontes de informação com que Roma conta na atualidade.

Nas últimas três semanas, precisamente quando mais era procurado, o padre Rotondi desapareceu de circulação. Esperava-se, de um momento para outro, sua nomeação para algum elevado posto eclesiástico, longe do Vaticano. Seu amigo pessoal Edilio Rusconi, diretor da revista *Oggi*, e o cronista do semanário que deu a notícia, por sua vez, também se fecharam em copas.

Mas a confirmação do *L'Osservatore Romano* afrouxou a tensão. Compreendeu-se que o Vaticano resolvera enfrentar o problema diante da opinião pública e que o padre Rotondi, passada a tempestade, continuaria no posto.

Questão de equilíbrio

Então se soube como e por que a notícia da visão de Jesus chegara à revista *Oggi*. Há algum tempo, a revista *Época*, que não gozava de solidez semelhante à de seus concorrentes, foi favorecida pelo padre Rotondi com informações exclusivas que aumentaram seu prestígio e a colocaram num patamar superior ao dos outros semanários mais antigos. Edilio Rusconi, o diretor de *Oggi*, bem relacionado com os meios do Vaticano, começou desde então a pressionar o padre Rotondi a fim de obter para sua revista um favor semelhante. Teve de esperar mais de um ano, mas a espera valeu a pena. O padre Rotondi obteve para um fotógrafo de *Oggi* a audiência especialíssima e, como se isso não fosse suficiente, fez ao redator da crônica a sensacional revelação confirmada sábado categoricamente pelo Vaticano.

Por outro lado, não há dúvida de que o padre Rotondi sabia da informação por sor Pascualina Lehar. O fato de que pela primeira vez se assinalou a monja alemã como fonte de uma informação tida como secreta no Vaticano foi considerado a coisa mais extraordinária deste episódio.

Pela primeira vez em quarenta anos

Sor Pascualina, segundo se diz, fez esta revelação ao padre Rotondi porque se sentia profundamente comovida e considerava sua difusão um dever. Sua "afetuosa indiscrição" deve ter-lhe trazido não poucas dores de cabeça, pois a pressão dos jornalistas sobre ela chegou a ocasionar-lhe sérios dissabores. Há algum tempo era comum ver sor Pascualina na cidade, num Plymouth preto. Então não chamava a atenção dos jornalistas, porque não era depositária de nenhuma bomba de atualidade.

Sor Pascualina, na verdade, já estava no Vaticano antes que o cardeal Eugenio Pacelli fosse eleito papa. Conheceu-o há mais de quarenta anos no convento bávaro da ordem de Menzigen, onde Eugenio Pacelli, então funcionário da secretaria de Estado, foi repousar por um tempo. Ao ser nomeado núncio apostólico o cardeal Pacelli requisitou sor Pascualina a seu serviço. Desde então ela tem sido depositária de delicados segredos. É uma mulher fina, inteligente, que poderia escrever um livro sobre a vida de Pio XII, destinado a ganhar uma popularidade sem antecedentes, numa semana. Sor Pascualina, no entanto, não escreverá esse livro. Não só porque sabe que os segredos não podem chegar à opinião pública mas também porque com certeza já sofreu demais com os inconvenientes criados por sua primeira "afetuosa indiscrição".

Esta semana, os fotógrafos dos jornais romanos que se lembravam do Plymouth em que sor Pascualina costumava sair às ruas de Roma a esperaram com impaciência. Tudo indica que sor Pascualina também desapareceu de circulação. Mas agora se sabe por que os jornalistas não puderam localizar o Plymouth preto: porque sor Pascualina, que neste caso foi mais esperta do que os espertos jornalistas romanos, trocou-o por um Alfa Romeo.

A ante-sala do papado

Mas sem sombra de dúvidas a pessoa que no Vaticano mais sentiu que lhe tiravam um grande peso das costas foi monsenhor Dell'Acqua, o homem do qual se originou a publicação da primeira nota de confirmação da notícia e que está sentado na mesma cadeira em que se sentava o cardeal Eugenio Pacelli quando o elegeram Sumo Pontífice. No entanto, monsenhor Dell'Acqua — um toscano gordo e saudável — não é secretário de Estado, apesar de estar sentado na cadeira do secretário de Estado. A razão simples é que na atualidade não há secretário de Estado.

Todo este enredo jornalístico pôde afetar a posição de monsenhor Dell'Acqua, cuja carreira na secretaria de Estado é verdadeiramente assombrosa. Quando monsenhor Montini foi transferido para Milão, seu posto na secretaria de Estado devia ser ocupado, não por monsenhor Dell'Acqua, e sim pelo monsenhor Domenico Tardini, que é o pró-secretário. Mas ao se embaralharem os postos, monsenhor Tardini se sentou na cadeira dos negócios extraordinários e monsenhor Dell'Acqua passou, talvez sem esperar, para a cadeira onde se sentava o cardeal Pacelli. Este fato provocou sérias reflexões sobre a intenção do Vaticano em relação a monsenhor Dell'Acqua, cuja carreira adquiriu logo uma insólita espetaculosidade. Por isso se pensa agora que, apesar de ter sido confirmada, monsenhor Dell'Acqua preferiria nada ter a ver com a "afetuosa indiscrição" do padre Rotondi.

Ponto final

Quanto à outra revelação, a de *Época*, sobre a devolução da visão a um menino cego por uma oração e um abraço de Pio XII, não se espera que o Vaticano se pronuncie em nenhum sentido. A não ser que os jornais continuem a especular, não satisfeitos ainda com o formidável partido que tiraram do anúncio da visão de Cristo.

Os jornais, ao que tudo indica, deixarão as coisas desse tamanho. As últimas semanas foram de indiscrições indesejáveis e tudo parece mostrar que de nenhum lado se deseja continuar desfrutando dessa classe de material.

É provável que venha do Vaticano uma ordem do padre Sturzo, o senador que negou ao presidente da República prerrogativa de instruir os empregados públicos sobre o cumprimento de seus deveres. Em discurso há dois dias em Massa o presidente Gronchi pronunciou uma frase que se considera uma resposta ao padre Sturzo:

> — Não sei se terei força, porque isso é duro e difícil, mas o certo é que minha vontade mais forte me impele a contribuir para um futuro melhor para nossa pátria. Contribuição que concebo no integral respeito de meus limites constitucionais, que jamais poderei esquecer, e também na plena convicção de que o chefe do Estado deve ser um animador que, vigiando, estimule e atraia, sem interferência da responsabilidade de outros órgãos do Estado, sobretudo que, sendo expressão da maioria do Parlamento, tem o mandato de governar o país.

Uma vez que o Vaticano pôs um ponto final nas especulações dos jornais sobre a visão de Cristo, um jornal fez a última observação. Considera que a divulgação da "visita pessoal do Senhor" é a resposta do Vaticano ao anúncio feito recentemente nos Estados Unidos de que se conseguira criar a matéria viva num laboratório.

Sem disparar um tiro, Gina ganha sua primeira batalha contra Sofia Loren

Roma, dezembro de 1955

Acabo de regressar de uma manifestação tumultuada, com gritos subversivos, encontrões e policiais. Não era uma manifestação política, mas duvido que seria mais tempestuosa se fosse uma manifestação política. Tratava-se simplesmente do regresso de Sofia Loren depois de uma turbulenta viagem à Dinamarca, onde deixou com as rosas preparadas a nobreza e o corpo diplomático numa sala superlotada.

Quando se soube em Roma da notícia de seu regresso, mais de duas mil pessoas se concentraram na plataforma número cinco da estação Terminal — que é talvez a mais bonita estação da Europa — para esperar com febril impaciência a chegada do Scandinavian Express. A chegada do trem estava anunciada para as 21h15 e a multidão o esperava desde as 20h, mas numa viagem comprida não é fácil que os pontuais trens da Europa sejam estritamente pontuais. E o Scandinavian Express, com Sofia Loren dentro, saíra de Oslo dois dias antes.

No início, acreditou-se que a multidão esperava a atriz para lhe tributar uma estrondosa aclamação. Os jornais da Itália se ocuparam das declarações atribuídas a ela em Londres pelo *Sunday Graphic*, e não era de estranhar que duas mil pessoas se deslocassem para a estação Terminal com o propósito exclusivo de manifestar solidariedade à atriz mais fotografada do ano, e contra a cada vez menos fotografada Gina Lollobrigida. Mas a verdade era exatamente o contrário. Quando o trem se deteve na plataforma número cinco e Sofia mostrou o rosto naturalmente bravio pela janelinha do vagão-dormitório (o quarto depois da locomotiva), a intenção da multidão ficou perfeitamente definida. Alguém, que parecia ser o porta-voz das duas mil pessoas, gritou num sobressaltado dialeto romano:

— Vá se medir com Gina, se você tiver tanta coragem!

Sem disparar um tiro

Por não se tratar de manifestação preparada, naturalmente alguns admiradores de Sofia se encontravam na estação. Um deles presenteou-a com um ramo de rosas despedaçadas pela multidão. Um marinheiro, com seus 155 centímetros dentro do uniforme, tentou nadar por cima da multidão vociferante e conseguiu gritar:

— Sofia, sou de Pozzuoli, tua cidade.

Mas já a atriz, com seu grande casaco de pele, diferente daquele de pele de tigre que é o seu favorito, teve de fechar a janelinha para evitar uma descarga de artilharia mais concreta e expressiva do que as palavras.

Não é difícil encontrar uma explicação para aquela acolhida desagradável. Uma semana antes, provavelmente esse público vociferante que a esperou na estação Terminal teria ido manifestar-lhe sua simpatia, colocar-se de seu lado na "guerra das medidas" que é há dois anos uma surda guerra subterrânea e que a publicação do *Sunday Graphic* — autêntica ou apócrifa — transformou em sangrenta guerra declarada.

Mas o conceito de Sofia Loren entre o povo italiano mudou em dois dias, quando se divulgou a notícia de que a atriz provocara os nobres e os diplomatas de Oslo. O povo italiano deseja que se saiba no exterior que é um povo bem-educado, que sabe se comportar bem numa festa, e a atitude da atriz fez surgir um sentimento que pode ser qualificado de grande vergonha nacional. Sem disparar um tiro, Gina começou a ganhar a guerra, logo no início.

O conto da balsa

Um redator de *Il Messaggero* entrou no automóvel de Sofia. A polícia conseguiu abrir para a atriz um caminho através da multidão vociferante que pela primeira vez nos últimos meses não estava tentando desnudá-la na rua. Entre os relâmpagos dos flashes e o bombardeio das perguntas dos jornalistas, por todos os lados, a exuberante napolitana chegou ao seu automóvel. Ali, enquanto era conduzida à sua casa, onde a esperava a mãe — uma senhora que quando era jovem se parecia com Greta Garbo quando Greta Garbo era jovem — Sofia explicou a *Il Messaggero* como fora o incidente de Oslo.

— Eis aqui — disse a atriz, a bordo do automóvel conduzido pelo diretor de cinema Basilio Franchina — a história daquele dia: nas primeiras horas da manhã, participei de uma recepção e apertei não sei quantas mãos entusiasmadas. Perto das 11 fui a uma visita ao museu de Kon Tiki, onde se conserva a balsa que seguindo não sei bem que corrente chegou não sei bem a que longínquo país, a Polinésia, segundo me parece. Foi uma visita interessante: me explicaram todas as coisas relacionadas com a balsa, como se eu mesma tivesse de embarcar numa empresa semelhante e me estivessem dando instruções pormenorizadas.

O moinho de Oslo

O tumultuado trânsito de Roma, neste outono irredutivelmente quente, estava esta noite mais tumultuado do que de hábito. O cortejo de automóveis, cheios de gente do cinema e de jornalistas, tinha de abrir caminho com esforço, em ruas costeadas por grandes árvores nuas. Parecia um funeral. No primeiro automóvel, um comprido Cadillac preto com algo de coche fúnebre, Sofia Loren seguia tentando justificar sua atitude na funesta noite de Oslo.

— Abandonamos a balsa pouco antes do meio-dia — explicava. — Metemo-nos numa interessantíssima visita às casas dos vikings e dali passamos a outra recepção oferecida por um diário de Oslo. Tudo isto ocorria naturalmente, em meio a uma multidão de entusiastas porém discreta, e eu queria ter, para todos, um sorriso e, para cada um, um aperto de mão. Foi assim que, sem tempo sequer para comer um sanduíche, passamos à estréia de *Carrossel napolitano*, com a presença do príncipe regente, e depois a uma segunda projeção do filme para outra classe de espectadores que também reclamavam minha presença. Às 23h30 cheguei exausta ao hotel Bristol, onde se oferecia uma ceia em minha honra. Comi, esgotada, sem apetite, e fui diretamente para meu quarto, cansada até os ossos.

Não sabia?

O que aconteceu depois, nessa funesta noite de Sofia Loren em Oslo, foi divulgado em todo o mundo pelos correspondentes da imprensa estrangeira. Publicou-se até o relato de um episódio que parece um tanto exagerado: quando Sofia decidiu descer à sala de recepção, com duas horas de atraso, alguém se aproximou dela com um buquê de rosas e disse:

— Você é uma mulher bela, mas nós preferimos nossas mulheres.

É provável que na verdade o episódio tenha sido exagerado, pois aqueles que conhecem a atriz garantem que as coisas não aconteceram como contam. Sofia teria armado um escândalo ali mesmo, na presença da nobreza, dos dirigentes do esqui escandinavo, que ofereciam a festa, e de toda a diplomacia. Entre os diplomatas está o embaixador da Itália que, naquela noite, bebeu, misturado com champanha, o trago mais amargo de sua vida.

Sofia saiu pela tangente no ponto culminante de sua explicação:

— Como eu ia saber que me esperavam e que estavam nada menos do que os diplomatas consultando seus relógios?

A verdade parece ser que a atriz sabia e que os italianos presentes à festa bateram na porta de seu quarto, suplicando que descesse à sala do hotel.

O custo de um atrevimento

O incidente é grave para a Itália, porque em Oslo se realizava uma semana do cinema italiano, com o objetivo de estimular o consumo dessa produção naquele país. Sofia Loren foi convidada para isso. É grave além disso porque se criou uma delicada situação diplomática e também porque a Itália vive de turismo e todos os anos, no verão, setenta mil turistas noruegueses vão ver as ruínas do império romano com um maço de dólares no bolso. Sofia Loren tinha razão em seu cansaço, mas sua atitude pode custar uma fortuna à esquartejada indústria cinematográfica italiana e à próspera indústria do turismo com dois milhões de italianos que vivem todo o ano de vender curiosidades turísticas durante três meses. Para Veneza, trata-se de um caso especial: por ser uma cidade sem indústria e sem comércio, o atrevimento da atriz pode ser uma catástrofe. Em todo o mundo se diz que em Veneza há gôndolas poéticas e gondoleiros que cantam à luz da lua porque os turistas assim o divulgaram por todo o mundo. A verdade é que agora, passado o verão, as gôndolas estão guardadas num depósito cheio de bolinhas de naftalina. E os românticos gondoleiros, com a voz romântica pendurada num prego atrás da porta, estão comendo o dinheiro que ganharam nos meses anteriores, à espera do retorno do verão.

> Por culpa do inoportuno cansaço da atriz, é possível que no próximo ano setenta mil noruegueses não venham passear de gôndola, de acordo com a ameaça da rádio de Oslo.

Com o metro na mão

A publicação do *Sunday Graphic* passaria para segundo plano se não fosse pelo escândalo imediato em Oslo. Os jornais entusiastas do escandaloso gênero literário inventado pelos produtores de cinema agarraram a bola no ar. Mas os jornais sérios pensavam em outra coisa. Tinham cheirado o toucinho: na Europa se anunciava a estréia próxima de *Pão, amor e...*, no qual Sofia substituiu Gina, e que deu origem à rivalidade. Enquanto Sofia tira de um buraco sua dourada sapatilha número 39, para colocá-la em outro buraco mais fundo, vê-se que aquela é uma rivalidade unilateral. Gina não tem interesse na controvérsia.

Pensava-se, também, que a "guerra das medidas" fora tecnicamente planejada por um produtor americano, que se dispunha a fazer uma poção explosiva com as duas atrizes metidas, mexidas e receitadas em colherinhas a cada dez minutos, num único filme. Mas o incidente de Oslo colocou as coisas num outro patamar: agora não se trata de saber quem tem dois centímetros mais em que parte, e sim que é uma questão nacional. Ocorreu a alguém que Sofia podia ser uma moça fotogênica, mas Gina ganhou um nome patriótico, que os italianos tomam patrioticamente a sério: "A Gina nacional". Se não fosse só por isso, Gina tinha já a batalha ganha, depois de ter representado a Itália em várias partes do mundo, morrendo de cansaço. A Sofia não valia a pena declarar a guerra. Mas o caso é que declarou e agora chegou o momento de fazer o balanço. Gina começou a ganhá-la, com o comportamento da rival em Oslo. E continuará a ganhar sem necessidade de dizer uma palavra, sem necessidade de abandonar sua formosa residência da rua Apia Antica, em cuja porta há dois enormes leões de pedra que conversam com os visitantes. O triunfo de Gina pode ser previsto, até com a fita métrica na mão.

Gina, um símbolo nacional

Roma, dezembro de 1955

Ao regressar a Roma, Sofia Loren quis separar os dois conflitos. Pôr de um lado o conflito de Oslo e do outro lado o de Gina, e resolvê-los sucessivamente. Mas tropeçou num grave inconveniente: Gina é na realidade um símbolo nacional e seu prestígio está patrioticamente associado ao prestígio internacional da Itália. Isso se sabia, mas não se calibrara com precisão até que outra italiana representando o país no exterior fizesse uma besteira. "Por que não mandaram Gina a Oslo?", as pessoas se perguntavam. E alguém responde que Gina estava ocupada em Paris, no filme dirigido por Carol Reed. "Então não deviam ter mandado ninguém", outro afirma, recordando o impecável comportamento da Lollobrigida nas duas ocasiões em que foi recebida pela rainha Elizabeth da Inglaterra.

Em compensação, Sofia também esteve com a soberana inglesa, no inverno passado, e se não houve um escândalo internacional foi precisamente porque Gina estava com ela e se encarregou de distrair a atenção. Isso ocorreu exatamente na noite — segundo o *Sunday Graphic* diz que Sofia disse — em que "tentei saudar a Lollobrigida e ela virou friamente a cabeça para o outro lado".

O episódio aconteceu no hotel Savoy, de Londres, quando acontecia a semana do cinema italiano. Sofia, cujo nome não soava nem sua anatomia troava ainda entre o público internacional, apresentou-se diante da rainha Elizabeth com um diadema de veludo e diamantes na cabeça. Na corte inglesa, nenhuma mulher pode levar nada na cabeça diante da soberana, a quem se reserva o privilégio de cobrir a sua cabeça com a tiara. A atriz Ana María Canales empalideceu quando viu Sofia entrar:

— Mas, senhorita Loren, o que pôs na cabeça?

Sofia, fitando-a com seus ferozes, enormes e duros olhos verdes, respondeu secamente:

— Sou estrangeira e posso me permitir.

O homem do bigode

Quando, no mesmo dia em que apareceu o artigo no *Sunday Graphic*, Sofia negou tê-lo escrito, ninguém teve interesse na continuação da batalha. Mas depois do incidente de Oslo, os jornalistas tiraram do silêncio o monumento nacional e o puseram na frente. Gina começou a falar em Paris, por intermédio de seu marido, e continuou a falar em tom discreto e indiferente, enquanto Sofia continuava se enrolando em declarações cada vez mais enroladas.

O resultado é que Sofia disse em todos os tons que o artigo não corresponde ao seu pensamento e isso não conseguiu pôr um ponto final no incidente. É injusto, mas o caso é que estão fazendo-a pagar pela leviandade de se sentir cansada em Oslo.

O único homem que podia sair em seu auxílio não tem interesse de desfazer o imbróglio. É o jornalista inglês Henry Thody, correspondente do *Sunday Graphic* em Roma e autor do artigo que apareceu assinado por Sofia. Thody é um homem de dois metros de altura, com uma calvície que parece artificial e impressionante bigode de general austríaco. Fala inglês, francês e dialeto napolitano, e dentro de seus espetaculares coletes de fantasia parece mais um agente secreto do espiritismo do que um correspondente inglês. No último filme de Gina Lollobrigida, por puro amor à arte, desempenhou um papel insignificante. É amigo de todo o pessoal do cinema e parece que escrevera o artigo havia muito tempo, mas com extraordinário faro jornalístico conservava-o no bolso, até que Sofia chegou a Londres. Então o pôs no correio e produziu o terremoto.

Henry Thody se limita a sorrir enigmaticamente quando se diz que o artigo é apócrifo. Na associação dos cronistas cinematográficos, em Roma, ninguém pôde extrair-lhe uma palavra por baixo do feroz bigode de fantasia.

— A circulação do meu jornal está aumentando — é a única coisa que diz. E quando Sofia regressou a Roma, fez um gesto cavalheiresco e lhe mandou um buquê de rosas.

Assim estabelecidas as coisas, Sofia não poderá tirar a diferença com o corpo. E ainda que a fita métrica seja de outra opinião num terreno, Sofia mantém perdida a guerra por uma razão bem simples: porque é uma diva, criada pelos métodos de Hollywood, e Gina é, essencialmente e acima de qualquer outra consideração, uma síntese de todas as virtudes da mulher italiana. Nenhuma das duas é boa atriz, mas enquanto Gina gasta a juventude tentando ser boa atriz, Sofia só gasta a sua, simplesmente, tentando ser tão popular como Gina Lollobrigida.

Tudo isto começou com *Pão, amor e...*, o filme em que Sofia substituiu Gina e ainda não estreou. Quando Gina fez *Pão, amor e fantasia*, primeiro filme da série, cobrou trinta milhões de liras. Pelo segundo, *Pão, amor e ciúme*, já estava suficientemente valorizada para cobrar muito mais. E quando lhe ofereceram trabalhar no terceiro, cobrou sessenta milhões. Mas a verdade é que cobrou essa soma porque sabia que não lhe iam pagar. Gina tinha a impressão, e nisso não se equivocava, de que o público já estava farto com a história. O produtor Goffredo Lombardo se lembrou então da bela napolitana de *O ouro de Nápoles* e lhe ofereceu o papel. A vaidade subiu à cabeça de Sofia Loren.

Assim começou o conflito

Seu erro consistiu em querer chegar a todos os lugares derrotando a Lollobrigida. Enquanto Gina complementa sua extraordinária graça natural com um marido que pacientemente a converteu numa ressonante caixa de boas maneiras, Sofia é assessorada por uma pessoa que não tem paciência. O diretor Veniero Colasanti, que fez o filme *Átila*, conta como é a coisa: quando se tratava de rodar uma cena em que Sofia devia aparecer com um vestido fechado até o pescoço por exigência do roteiro e a moda da época, sua bonita e impaciente mãe se lançava precipitadamente na tarefa de improvisar um decote.

> Em compensação, Gina será vista no futuro cada vez menos decotada. No princípio, quando não tinha nem voz nem voto na produção, tinha de se submeter aos interesses do capital, que não lhe exigia um trabalho artístico, e sim um decote cada vez mais audaz. Gina se submeteu até quando teve suficiente prestígio para pedir setenta milhões de liras por cada filme. Então começaram a subir duas coisas: o preço e o decote. O roteiro de *A romana*, com base no romance de Moravia, teve de ser virado pelo avesso depois que Gina o leu e disse ao produtor, com sua habitual e graciosa desenvoltura:
> — Olha, eu, uma puta assim, não faço.

Grande lástima!

O erro de todo mundo com relação a Gina Lollobrigida é acreditar que ela explora voluntária e espertamente suas desproporcionadas proporções. Essas proporções lhe serviram para abrir caminho num ambiente que cada vez mais se aproxima perigosamente da pornografia. Mas desde que ficou independente economicamente, a primeira providência que tomou foi colocar um ponto final no desabrido comércio que se fazia com seu decote. Talvez para muitos esta seja uma triste verdade. Mas é a verdade e os futuros filmes de Gina se encarregarão de confirmar.

Desafortunadamente, necessita-se conhecer o povo italiano para saber que a tremenda popularidade de Gina na Itália nada tem a ver com seus pulmões. Dá trabalho acreditar, mas o prestígio nacional se fundamenta solidamente em seu temperamento, naquilo que há nela de síntese, de fresco e saudável, e, finalmente, popular. Para as pessoas que se detêm na rua para pedir-lhe autógrafo, ela é exatamente igual à rainha Elizabeth da Inglaterra. Os italianos gostam que uma pessoa possa ser bem tratada em Trastevere e bem-educada na corte inglesa, usando exatamente a mesma educação. Agora, desgraçadamente, é tarde demais para saber se Gina teria chegado a ser tão popular na Itália mesmo que sempre estivesse vestida do pescoço aos calcanhares.

Who is who

> Aqui há apenas uma mulher mais popular do que Gina: Anna Magnani, cuja anatomia não provoca nenhum desconforto a ninguém. A guerra entre as duas não seria naturalmente uma guerra de medidas, mas, exagerando um pouco, poderia ser quase uma guerra civil.

Recentemente, Anna Magnani, quando lhe perguntaram qual foi o dia em que perdeu a infância, respondeu:

— O dia em que os alemães invadiram Roma.

Deve-se acreditar que é verdade e se convencer de que esse é um sentimento, um modo de pensar, um caráter completamente diferente dos sentimentos, modo de pensar e temperamento de uma diva fabricada em laboratório. Anna Magnani, que no cinema diz palavrões que a censura não entende, mas são entendidos no Trastevere, é um sólido maço de todos os elementos maus e bons do povo italiano.

Gina é outra coisa, mas igualmente válida e respeitável: é para o povo italiano — para os homens e as mulheres — a italiana ideal. A publicidade desfigurou-a. Os produtores trataram de fazer com seu decote o que lhes dava na veneta. Mas no final das contas, com extraordinário bom senso, Gina soube até onde podia permitir que os produtores fizessem o que lhes dava na veneta. E com isso, mais do que qualquer outra coisa, demonstrou ser uma verdadeira italiana: bela, graciosa, inteligente, atriz medíocre, audaz, segura de si mesma, ambiciosa e generosa ao mesmo tempo; cordial, simples, habilidosa e toda uma dona-de-casa.

O público decidirá quem ganhou a batalha

Roma, dezembro

Sofia Loren disse numa de suas retificações:

— No cinema italiano há lugar para todas.

Mas um de seus erros fundamentais foi exatamente não levar sempre em conta este pensamento. Desde o momento em que ficou diante de uma câmera cinematográfica, empenhou-se, com uma falta de tato que demonstra pelo menos que não está bem orientada, em substituir Gina Lollobrigida. E é um erro, porque se alguém está atravessado no caminho de Sofia não é precisamente Gina. Ela anda em outro lado, é um fenômeno completamente diferente e por isso cada vez que Sofia tentou dar-lhe um golpe — desses que Gina qualificou de "golpe baixo" — bateu com o punho na parede. Porque na realidade está lutando contra um fantasma, contra sua própria sombra.

Desde que o semanário londrino lhe atribuiu aquelas declarações, Sofia devia ter retificado e se retirado discretamente. Mas o caso é que em cada retificação dá um novo golpe.

— Não posso dizer que a amo, mas a admiro como atriz — disse.

E Gina, com sua meia dúzia de cães de caça e seus leões de pedra que conversam com os visitantes, nada respondeu.

Por último, Sofia declarou aos jornalistas:

— Estou disposta a me encontrar com Gina, onde e quando ela desejar, para esclarecer definitivamente esta polêmica. Que ela estabeleça dia, hora e lugar, e serei pontual no encontro.

A resposta de Gina foi amarga, mas quase um pouco excessivamente natural: não respondeu absolutamente nada.

Os dois extremos

Não se trata de negar que tudo isto seja um truque publicitário. Mas está mal planejado e isso é extraordinariamente perigoso quando estão em jogo interesses tão delicados como são os interesses da indústria cinematográfica. Gina Lollobrigida é dirigida pelo marido, que sabe exatamente em que pé está. Não se sabe quem dirige Sofia, mas, seja quem for, está perdendo o controle. Teve um grande prejuízo esta mulher magistralmente dotada mas com uma absoluta falta de astúcia e habilidade. Ser vedete é um ofício delicado. E por isso Gina deixou de ser vedete para se converter numa profissional responsável. É incapaz de um atrevimento. Quando se dispôs a atuar em *Trapézio*, o filme que Carol Reed acaba de rodar em Paris, Gina declarou:

— Sei que esta será para mim uma prova difícil. Farei tudo o que puder para ir em frente. Sei também que é difícil passar desta condição de *meggiorata física* à condição de atriz, mas tenho a firme intenção de conseguir.

Pouco tempo depois, Sofia declarou:

— Sou agora uma atriz experimentada e Gina deve saber que minha fama não se deve apenas ao meu físico. Estou cansada de pessoas que dizem que sou uma estrela pelo meu físico, mas que não sei representar.

A triste verdade

Em meio ao constante furacão dos folhetins publicitários, perde-se e se confunde a verdadeira biografia das atrizes. Talvez não convenha aos publicitários que se saiba a verdade, mas em alguns casos falta-lhes o toque de petulância que eles próprios se encarregaram de semear no gosto do público. Mas só conhecendo a verdade na biografia de Gina Lollobrigida e na biografia de Sofia Loren se pode entender perfeitamente por que está mal formulada a controvérsia.

Ao contrário de quase tudo o que se publicou até agora, Gina não veio de sua terra natal para vender cigarros no mercado negro. Ainda que pareça estranho, chama-se verdadeiramente Gina Lollobrigida, seu pai é dono de uma loja de ferragens no povoado do Lazio e ela chegou a Roma no início da guerra, para estudar pintura num estúdio situado no número 54 da rua Margutta. Por curiosidade se envolveu com várias amigas num grupo de extras para o filme *A águia negra*, de Ricardo Freda. No momento dos testes fotográficos, Freda percebeu que ali havia um rosto interessante. Mas ali mesmo outra pessoa a descobrira: um médico iugoslavo que fora alojado, por causa da guerra, na Cinecittà, com outros estrangeiros. Nas biografias convenientes de Gina Lollobrigida se diz que ela conheceu seu atual marido numa festa de ano-novo de 1947. Mas na realidade se trata de um conhecimento "oficial". Gina manteve seu amor em segredo até que Skofic resolveu seus problemas com o governo italiano. Então houve o pedido da mão, a troca de anéis e casamento com o comparecimento de todos os vizinhos. Ela seguiu abrindo caminho no cinema, ele começou a assessorá-la e têm um lar sólido e respeitável. Essa é a verdade. De seu interesse pela pintura resta apenas em Gina um vestígio importante: a habilidade de desenhar suas próprias roupas.

Outra coisa diferente

Sofia Loren, cujo verdadeiro nome é Sofia Scicolone, é filha de um advogado de Milão. Sua mãe, com quem ela vive, é uma pianista que há muitos anos ganhou um prêmio por ser a italiana que mais se parecia com Greta Garbo.

Foi a mãe quem pôs em sua cabeça a idéia do cinema. E talvez não seja exagerar demasiado as coisas pensar que também foi ela quem lhe incutiu a idéia de se parecer com Gina Lollobrigida, como prolongamento da glória de ser parecida com Greta Garbo e a secreta dor de não chegar a ser Greta Garbo.

Sofia nasceu em Pozzuoli, uma cidadezinha perto de Nápoles. Mas seus gurus a orientaram por um caminho em que nunca chegará a parecer uma napolitana. É mais exatamente uma Marilyn Monroe nascida em Nápoles. Por isso foi a moça mais publicada nas capas das revistas em 1955.

O caminho perdedor

É absolutamente impossível chegar a ser igual a alguém quando se é essencialmente diferente. Como exemplar biológico, violento e primitivo, está muitos cotovelos acima de Gina Lollobrigida. Isso permitiu que sua fotografia desse a volta ao mundo e os homens fossem ver seus filmes. Mas o caso é que ao sentimento patriótico dos italianos essa circunstância não produz nem frio nem calor.

Sofia é, ao mesmo tempo, inteligente, constante e estudiosa. Mas enquanto Gina utiliza suas capacidades para se superar a si mesma, sem tomar ninguém como ponto de referência, Sofia desperdiça lamentavelmente suas capacidades para superar Gina Lollobrigida. Gastou inutilmente suas energias numa coisa que não pode fazer, porque é uma coisa que não precisava fazer para ser a moça mais fotografada de 1955. Gina Lollobrigida sofreria um tropeço semelhante se, por sua vez, quisesse lutar contra Sofia, invadindo suas reservas de caça.

Três qualidades

Pode ser um acaso, mas Gina Lollobrigida tem sua casa — o número 223 da rua Apia Antica — mobiliada com peças de estilo veneziano do século XVIII, que Milko Skofic escolheu "porque ao mesmo tempo que têm uma curva ousada são muito resistentes". Sofia Loren, no ano passado, mobiliou seu apartamento com móveis de estilo veneziano do século XVIII, que não funcionam em seu ambiente.

Sua estouvada corrida atrás de Gina foi uma interminável corrida de erros. Quando Gina anunciou que cantaria num filme, Sofia participou do festival da canção napolitana. Gina decidiu gravar discos, Sofia a seguiu na aventura com *Bambo Bacan*. Quando os jornalistas elogiaram a disciplina de Gina, que aprendeu inglês e francês, Sofia já sabia inglês e francês, mas cometeu o erro de dizê-lo aos jornalistas exatamente nesse momento. São erros graves e uma dolorosa maneira de perder tempo e energia, por uma razão que favorece Sofia Loren, porque Gina estaria acabada se não fosse por sua formidável ânsia de superação. Em compensação, Sofia Loren continuaria a ser Sofia Loren, e seria cada vez mais, sem necessidade de quebrar tanto a cabeça. O caso, em última instância, é que Gina Lollobrigida sabe para onde vai e tem uma fabulosa segurança em si própria e nos conselhos de seu marido e, em compensação, Sofia foi por onde não devia. É tímida, impaciente, mal dirigida e está completamente desconcertada e aturdida com sua carreira relâmpago.

Em compensação...

Para rematar, Sofia não imita Gina numa das coisas que melhor lhe serviram em sua carreira: o tato com suas amizades. No intrincado mundo do cinema há que se mover com extraordinária habilidade para não perder o equilíbrio. Gina Lollobrigida, com sua simpatia simples e popularesca, ganhou todas e não perdeu uma só das amizades no ambiente cinematográfico. Não teve mágoa de ninguém e nem sequer de Sofia Loren. Sofia, em compensação, vive perdendo amizades e não há uma só mulher no cinema que se considere sua amiga. É altiva, espetacular, impetuosa e tem fama de nunca ter tomado a iniciativa de saudar uma pessoa. Quando perguntaram a Silvana Mangano qual era a pergunta mais incômoda que um jornalista lhe poderia fazer, ela respondeu:

— Que perguntem minha opinião sobre Sofia Loren.

Em compensação, o cachorro favorito de Silvana Mangano foi presenteado por Gina Lollobrigida.

Não aconteceu nada

Por último, o público decidirá quem ganhou a batalha. E é ali precisamente, diante das multidões, que Sofia falha sem remédio. Gina enfrenta a multidão, gosta de enfrentá-la, divertir-se com ela. Não há, na Itália, melhor espetáculo do que ver Gina Lollobrigida distribuindo autógrafos. É uma sessão de bom humor, de graça e de respeito mútuo. Sofia, por seu turno, desaba por completo quando sente o rumor da multidão. Tem verdadeiro horror dela. Os fotógrafos sabem disso e vivem à caça daquele instante em que Sofia, na presença da multidão, se racha por completo, aterrorizada, transformada e pavorosamente aturdida. Na recente mostra de Veneza, ficou dois dias encerrada em seu quarto por temor da multidão. Se há algo inesquecível nela é sua expressão de angústia, de desesperado sofrimento, quando tem de enfrentar uma multidão. Gina detesta os cordões de polícia. Sofia teria talvez renunciado à sua carreira se não fossem eles.

Mas precisamente porque está mal formulada, a batalha das medidas permite a Sofia Loren encontrar seu caminho. Merece. E quando encontrá-lo não tentará irritar Gina, porque compreenderá que Sofia Loren, no respeitável papel de Sofia Loren, é única e invulnerável.

MARÇO DE 1956

O processo dos segredos da França

À s oito e cinqüenta desta manhã — com vinte minutos de atraso — teve início o que se considera o processo mais sensacional dos últimos tempos. Quatro homens serão julgados por um tribunal militar. São acusados de revelar os segredos do Comitê de Defesa Nacional da França. Por intermédio dessas revelações, o público se inteirou:

    1. Do plano do general Henri Navarre para a defesa do delta de Tonkin, estudado pelo Comitê de Defesa Nacional a 12 de julho de 1953.
    2. Do estudo das conseqüências de Dien Bien Phu, feito nos dias 14, 15 e 28 de maio de 1954. Nessas sessões se estudaram também — e foram revelados ao público — os informes do general Ely sobre a situação da Indochina.
    3. Da decisão relativa ao envio de tropas para a Indochina, tomada pelo Comitê de Defesa Nacional, em caso de fracasso da Conferência de Genebra.
    4. Da reunião de 10 de setembro de 1954, na qual se estudou a posição da França no caso de, numa guerra possível, o inimigo utilizar armas atômicas.

A solenidade do processo obrigou a justiça militar a apelar para a hospitalidade da justiça civil. Os julgamentos militares se realizam diariamente no lúgubre prédio do Cherche-Midi, ou nos salões de Reuilly. Esta vez, para atender à demanda dos jornalistas e do público, o conselho de guerra mais transcendente dos últimos tempos está sendo realizado no Palácio da Justiça.

Vinte quilos de documentos

Mais jornalistas estrangeiros do que franceses ocupam as tribunas. As ruas, resguardadas por cordões de policiais, não conseguem conter a multidão. A imprensa de Paris deixou de lado o problema das colônias africanas e abriu suas colunas ao chamado "o caso dos vazamentos", um processo que durante dezoito meses acumulou vinte quilos de documentos; 1.854 volumes de papéis secretos, nos quais está escrito um romance sensacional ainda não conhecido pelo público em seus detalhes apaixonantes.

Dentro da sala de audiências faz um calor insuportável. Os jornalistas acostumados às tribunas observam que os juízes não vestem as roupas rituais dos funcionários da justiça, e sim o severo uniforme da mais alta hierarquia militar. Quando deu início à audiência, o presidente, Niveau de Villadary, respirava com dificuldade por causa do calor e devia pensar que ficará metido neste forno quatro horas durante dez dias, se não se apresentarem inconvenientes imprevistos. Por causa da sensação que o julgamento provocou na opinião pública se espera que em algumas das audiências se registrem episódios espetaculares.

As maiores testemunhas do mundo

Talvez em toda a história da França jamais tenha sido instaurado um processo em que foi chamado a testemunhar um grupo de grandes notáveis, com a posição e o renome dos que desfilarão por esta sala:

O antigo presidente do Conselho da França, Mendès-France.
O antigo presidente do Conselho, Pleven.
O antigo presidente do Conselho, Georges Bidault.
Os generais Ely, Geneval e Crepi.

O general Henri Navarre, antigo comandante-em-chefe das tropas expedicionárias da Indochina.

Roger Wybot, diretor da Supervigilância do território da França.

François Mitterrand, ministro do Interior no governo Mendès-France e alto funcionário da atual administração.

Emmanuel D'Astier de la Vigerie, diretor do jornal *Libération*, antigo ministro do general De Gaulle e deputado de Îlle-et-Villaine.

Roger Stephane, redator de *France-Observateur*.

Jean Dides, ex-comissário principal da cidade de Paris, eleito em janeiro deste ano deputado pelo partido de Poujade.

No banco dos réus

Os homens que menos chamam a atenção nesta sala são os quatro acusados:

Um jornalista de 39 anos, francês que morde os lábios enquanto ao redor espocam os flashes dos fotógrafos. Veste um traje escuro e camisa branca, com gravata de riscas amarelas. Abaixo do cabelo escuro, ondulado, os olhos têm uma expressão qualificada por um jornal de "tranqüilo cinismo".

Um francês com cara de italiano, de 49 anos, que não olhou para os fotógrafos. Aguarda o julgamento com a cabeça apoiada no peito, mas sua expressão não é de abatimento e sim de vergonha. Esta manhã está sem os óculos habituais.

Um terceiro, de 43 anos, que com um pouco mais de peso seria igual a Malenkov. Tem um rosto de linhas suaves, que costuma aparecer sorridente nas fotografias, ainda que esta não seja a vontade do acusado. Usa óculos.

Por último, um francês de 41 anos com rosto de adolescente. É o que se veste melhor de todos, com cada uma das peças do vestuário acabada de passar. Quando viu os fotógrafos pela primeira vez, tentou cobrir o rosto com o braço direito. Depois se resignou, mas sempre olhando de tal modo que aparecerá de perfil nas fotos.

A grande incógnita

Estes quatro homens serão julgados por um delito cujo beneficiário se desconhece. Não há uma cadeira desocupada, mas alguns jornais dizem que deveria haver, à espera do *Senhor X*. Os segredos vazados do Comitê de Defesa Nacional da França deveriam ter beneficiado alguém, mas os instrutores do sumário não conseguiram chegar até ele. Chegou-se a assegurar até que se trata de uma potência estrangeira.

Durante os próximos dias os jornais de Paris não tirarão o caso da primeira página. Os habitantes da cidade, que começam a se movimentar livremente com a chegada antecipada da primavera depois de um mês gelado, percorrem os bulevares com um pão de dois metros sob o braço, enquanto lêem os pormenores e os antecedentes da história. Organizado, este é um romance policial que não teria ocorrido a Georges Simenon, o autor favorito de um dos homens que figuram no processo.

Quem são estes quatro homens sentados no banco dos réus?
Um deles disse:
— Em vez de me colocar no banco dos réus, vocês deviam me dar a Legião de Honra.

Todos pensavam na Indochina

No dia 24 de julho de 1953 se reuniu em Paris o Comitê de Defesa Nacional, organismo previsto no artigo 33 da Constituição francesa e regulamentado pelo decreto de 31 de maio de 1947. Era um dia de verão: os franceses haviam abandonado Paris para dar lugar aos turistas. Ao despertar, poucas pessoas pensavam na guerra da Indochina, que atravessava período crítico mas para os leitores de jornais se convertera numa espécie de "guerra boba". Os diários se ocupavam de preferência com os escândalos sentimentais. Paris alimentava a ilusão de que o mundo estava tranqüilo a oito mil quilômetros ao redor e meia Europa celebrava o acontecimento deitada de boca para cima nas praias, sem se lembrar de que também no verão os homens do governo têm problemas para resolver.

O presidente do Conselho de Ministros da França, senhor Laniel, levantou-se às seis e trinta em seu dormitório refrigerado no XVI° *arrondissement*. Depois de verificar nos jornais que a opinião pública tinha preocupações diferentes das suas, tomou o sóbrio desjejum dos franceses: uma xícara de café com leite, uma torrada com manteiga e outra torrada com mel de damasco. Às oito se dirigiu ao Champs-Elysées através de uma cidade que começava a ferver. Nos terraços dos cafés as cadeiras dormiam com as pernas para cima das mesas. No trajeto, o presidente do Conselho devia pensar na Indochina. No Champs-Elysées, 17 pessoas o esperavam para começar a reunião. Também essas 17 pessoas pensavam na Indochina.

Dezoito para um segredo

No entanto, a delicadeza da situação recomendava prudência. Nenhuma das dezessete pessoas falou de suas preocupações enquanto não se fechou a sala da conferência. Era uma sala que se comunicava com o exterior apenas por uma porta. As paredes não estavam protegidas contra os ruídos, mas os escritórios contíguos permaneciam fechados e os guardas mais próximos se encontravam a cem metros de distância, no extremo de um comprido corredor sem janelas. Ao redor de uma mesa de 12 metros de comprimento havia vinte cadeiras que só podiam ser ocupadas pelas pessoas capazes de guardar o segredo mais secreto do mundo. Em nenhuma delas jamais se sentou uma mulher.

As reuniões do Comitê de Defesa são dirigidas pelo presidente da República, que naquele tempo era Vincent Auriol. Na reunião de 24 de julho também estavam presentes: o ministro da Defesa Nacional, Pleven; os secretários de Estado das três armas, o ministro do Interior, Martinau-Deplat; os ministros das Finanças, do Ultramar e das Relações Exteriores, interessados diretamente na questão da Indochina; o chefe do estado-maior geral, os chefes de estado maior das três armas e o marechal Juin.

Na qualidade de secretário permanente estava Jean-François Mons, um homem de 49 anos, de cabelos prematuramente brancos, ex-governador-geral em Túnis. Por último, Segalat, secretário-geral do governo, e o general Geneval, adido da presidência da República. Só os três últimos estavam autorizados a tomar notas da conferência.

"Aqui não acontece nada"

Os jornalistas, habituados ao férreo cerco que defende o segredo destas conferências, não tentaram especular. Nem se falou dela nas volumosas páginas ocupadas por artigos da moda e as fotos de artistas do cinema. Era uma reunião de rotina, pensava-se.

Mas na realidade a equipe mais importante do Estado francês não se poria em movimento por uma coisa de segunda ordem. As notícias da Indochina eram cada vez mais alarmantes e o comandante-em-chefe das tropas expedicionárias, general Henri Navarre, submetia a estudo do Comitê de Defesa Nacional um plano estratégico para aplicá-lo no delta de Tonkin. Os pormenores do projeto percorreram meio mundo dentro de um férreo cerco militar, do gabinete do general Navarre, na Indochina, até a sede do Comitê de Defesa, em Paris. As deliberações se prolongaram até o meio-dia. Durante essas horas a porta não se abriu. Ninguém abandonou nem por um instante o salão da conferência. Não se consumiu nenhuma bebida. Alguns dos funcionários que participaram do debate almoçaram juntos, mas desde o momento em que atravessaram a porta da sala de reuniões não voltaram a falar da Indochina.

"Com as reservas do caso"

O secretário-geral, Jean-François Mons, dirigiu-se ao seu gabinete. Homem acostumado a se mover com os segredos mais secretos sob o braço, sabia como defender os pormenores do plano Navarre. Seus subalternos eram insuspeitáveis. Só um deles tinha acesso ao escritório: René Turpin, de 43 anos, um homem de testa larga e movimentos moderados e com a mandíbula de aço que nem mesmo à força seria aberta para revelar um segredo. Turpin era o chefe da secretaria-geral do Comitê de Defesa Nacional.

Na escala hierárquica se seguia Roger Labrousse, de 41 anos mas com a aparência de 23, chefe do Serviço de Proteção Civil. Até o momento só se conhecia uma fraqueza de Labrousse: o jornalismo. Eventualmente colaborava na imprensa de Paris, de preferência em semanários.

Mons trabalhou até uma da tarde. Permaneceu sozinho em seu escritório enquanto o pessoal almoçava. Não tinha nenhum temor por suas notas: só ele conhecia a combinação do cofre-forte.

Um "furo" sensacional

Quatro dias depois — 30 de julho — circulou a edição normal de *L'Observateur*, que agora se chama *France-Observateur*. É uma publicação influente, por sua seriedade e extraordinária documentação. Publicou-se nesta edição um artigo sensacional: "Uma batalha duvidosa".

> Os displicentes franceses que se tostavam ao sol das praias se sentaram durante meia hora para ler esse artigo que em três mil palavras os pôs em contato com o mundo. Ali estavam, minuciosamente expostos, os pormenores do plano Navarre. Só uma pessoa que conhecesse os segredos da reunião de 14 de julho poderia escrevê-lo. E o jornalista Roger Stephane não figurava entre as 17 pessoas que esperaram Laniel no Champs-Elysées.

O presidente da República foi uma das primeiras pessoas a ler o artigo. Pensou inicialmente que os membros do Comitê de Defesa Nacional não haviam se dado conta cabal da discrição exigida pelas circunstâncias e revelaram imprudentemente o segredo. Mas o presidente Auriol decidiu não alarmar a opinião pública e fez das tripas coração para evitar um escândalo.

A 5 de agosto houve nova reunião do Comitê de Defesa Nacional. O presidente da República cumpriu seu dever: recordou a necessidade de discrição. Pelas respostas recebidas, saiu convencido de que não haveria novos vazamentos.

Havia um microfone secreto?

> Apesar de sua certeza de que aquela fora uma negligência ocasional, o presidente tomou precauções para evitar tumulto. As notícias da Indochina se tornaram inquietantes. Era difícil admitir que *L'Observateur* fosse lido do outro lado da linha de fogo, a oito mil quilômetros de distância. Mas o certo é que o plano Navarre não deu resultado. Meses mais tarde, o comandante-em-chefe das tropas expedicionárias haveria de declarar:
> — Não tive conhecimento de fatos precisos para demonstrar que os viets estavam ao corrente de nossos segredos militares, mas observei, em compensação, uma modificação da atitude do inimigo, dificilmente explicável por considerações estratégicas.

Diante dessa evidência, só havia duas coisas a fazer: tomar maiores precauções e evitar a todo custo que o escândalo chegasse à opinião pública. Para evitar o risco, verificou-se o isolamento da sala de reuniões. Era indispensável, porque em poucos dias se realizaria nova importante e secretíssima reunião do Comitê de Defesa Nacional.

O LEITOR DEVE RECORDAR

    a) Que durante todo o ano de 1953 Laniel foi o presidente do Conselho de Ministros.
    b) Que Labrousse não tinha acesso ao gabinete do secretário-geral, Jean-François Mons.
    c) Que René Turpin não usava óculos.

Um telegrama secreto conhecido por todo mundo

Não. Não havia microfones escondidos debaixo da mesa nem amarrados às pernas das cadeiras. A polícia examinou cada centímetro quadrado da sala de reuniões. Era inconcebível uma instalação de rádio dentro da própria residência do presidente da República, mas o dever da polícia era investigar.

O Champs-Elysées é um prédio isolado. Não se situa por trás de uma trincheira de tanques e metralhadoras porque essa classe de providência não é conhecida na Europa. Mas há guardas uniformizados em cada porta.

Depois de uma minuciosa revista no jardim, chegou-se à conclusão de que não era essa a via dos vazamentos. A rua defronte — rue de L'Elysée — é estreita e tranqüila, com movimento escasso num único sentido. Nela só é permitido o estacionamento dos automóveis da embaixada da Colômbia, situada do outro lado, no número 22.

Quando o Comitê de Defesa Nacional voltou a se reunir estava eliminada qualquer possibilidade de reincidência.

Um telegrama secreto para todo mundo

Durante três meses, de fato, não houve novas revelações à imprensa. A Europa se materializou nas praias. Os habitantes de Paris voltaram a receber sua cidade das mãos dos turistas, quando as árvores das grandes avenidas sacudiam suas últimas folhas apodrecidas. Nesse momento, os homens mais ocupados da França estudavam a maneira de pôr uma escora no rachado edifício da Indochina.

> Em novembro, o embaixador da França em Londres, Massigli, enviou ao Ministério do Interior um telegrama cifrado com a qualificação de "três pontos". Só duas pessoas conheciam a chave e ambas estavam a salvo de qualquer suspeita.
>
> O telegrama do embaixador Massigli foi lido no Comitê de Defesa Nacional a 3 de novembro de 1953. Poucos dias depois, o diretor de *L'Observateur*, D'Astier de la Vigerie, deputado de Îlle-et-Villaine e antigo ministro do general De Gaulle, fez um discurso espetacular na Assembléia Nacional. O sentido de suas palavras permitiu ao presidente do Conselho suspeitar que D'Astier de la Vigerie conhecia o telegrama do embaixador em Londres. E não era uma suspeita sem fundamento. Na edição do dia 11, *L'Observateur* se referiu explicitamente ao telegrama.

O fantasma de L'Elysée

O presidente da República pediu uma investigação oficiosa que não deu resultado. O problema era delicado para o governo: ocorriam fatos gravíssimos para a segurança do país, mas ao mesmo tempo era perigoso chamar a atenção dos jornalistas. De maneira que tampouco desta vez se fez uma investigação pública.

O ano de 1953 acabou sem novos vazamentos. Durante vários meses o Comitê de Defesa Nacional continuou suas sessões. Apesar de tudo indicar que o "fantasma de L'Elysée" fora expulso pela polícia, o presidente Auriol não se sentiu tranqüilo quando se anunciou para 14 de maio... uma nova reunião.

Nesse momento a França estava sob o choque de Dien Bien Phu. O Comitê de Defesa Nacional devia estudar um delicado informe do general Ely e ao mesmo tempo decidir sobre a segurança das novas tropas que deviam ser enviadas à Indochina.

A guarda foi redobrada. As sessões se prolongaram por seis horas, num ambiente de reserva fechada, em que se mediu até o volume das vozes.

Mas o fantasma estava dentro da sala: a 27 de maio *L'Observateur* publicou uma resenha pormenorizada da conferência.

Um personagem de romance

O ministro do Interior, Martinau-Deplat, em consonância com o presidente da República e o presidente do Conselho, decidiu ordenar uma investigação a fundo por "atentados contra a segurança do Estado". Ainda que a opinião pública continuasse à margem dos fatos, provavelmente não concordaria com a forma como se iniciou a investigação: **em vez de encarregar a Sureté, en**tregou-se o caso ao chefe de polícia, **como se se tratasse de uma questão** ordinária.

O LEITOR DEVE RECORDAR

    a) Uma data: 27 de maio de 1954.
    b) Que Mendès-France empossou seu ministério em junho desse ano.
    c) Que o chefe de polícia Baylot estava sozinho em seu gabinete quando falou com o comissário Dides e o encarregou de uma missão que ninguém mais conhecia.
    d) Que a pasta do comissário Dides tem fecho ecler.

O chefe de polícia Baylot foi posto a par das inconfidências. Velha raposa, deu-se conta de que aquele era um caso de grosso calibre que devia ser posto em mãos de uma pessoa hábil e incendiada pela paixão investigativa.

Baylot pensou no problema durante toda a noite. Fumou uma dezena de cigarros, enquanto desfilavam em sua cabeça nomes de seus servidores de confiança. Quando adormeceu, às duas da madrugada, havia encontrado o nome que necessitava, como se fosse feito sob medida.

    Às oito da manhã deu um telefonema. Uma hora depois, entrou em seu escritório um homem pequeno e sólido, com olhos de um azul tranqüilo e uma maneira de mexer a cabeça como um rato. O chefe de polícia Baylot conhecia aquele homem. Herdara-o de seu antecessor — o chefe de polícia Leonard — e entre muitas virtudes se contavam a de ser um anticomunista ferrenho e a de não ser demasiado conhecido em nenhum lugar. Tinha-se a impressão de que o chefe de polícia Baylot abrira um romance policial e havia tirado de suas páginas, agarrado pela gola do casaco com o polegar e o índice, seu misterioso colaborador.

Quem é esse homem?

O personagem que conversou duas horas com o chefe de polícia Baylot a 28 de maio de 1954 tinha um nome desconhecido para o público: Jean Dides. Dezesseis dias antes completara 38 anos. Era inspetor da Cidade de Paris e seus superiores sempre o utilizaram para obter informações secretas do Partido Comunista.

O chefe de polícia Baylot tinha experiência: os métodos do inspetor Dides eram infalíveis. A ninguém ocorreu perguntar-lhe como diabos fazia para ler através das grossas folhas de aço de um cofre-forte os mais intrincados segredos do Partido Comunista. A única coisa que se sabia com absoluta confiança era que Dides contava com uma completa rede de informações. "O informante é sagrado", parecia ser seu lema. E como era um lema eficaz, o chefe de polícia Baylot o deixava se infiltrar pelas fechaduras. Sempre, apesar de qualquer inconveniente, o inspetor Dides abria a pasta e com um movimento de prestidigitação tirava do fundo dela uma resposta sensacional.

Aqueles que conheciam o inspetor podiam imaginá-lo sem cabeça. Mas não podiam imaginá-lo sem a pasta debaixo do braço. Era uma pasta preta de couro, lustrada pelo suor e com um fecho ecler ao redor. Se alguém lhe perguntasse de onde tirou a pasta, o comissário Dides provavelmente não teria compreendido o sentido da pergunta. Mas parecia evidente que ela participava de alguma forma das virtudes da lâmpada de Aladim.

"O infalível senhor Dides"

Doze dias depois dessa entrevista — a 12 de junho de 1954 — caiu o governo Laniel. Mendès-France, sempre com suas olheiras, chegou à presidência do gabinete com o problema da Indochina nos ombros, mas disposto a resolvê-lo. Martinau-Deplat foi substituído no Ministério do Interior por François Mitterrand. O problema das inconfidências se mantivera num hermetismo tão estrito que nem ele nem Mendès-France tinham notícia do caso quando se empossou o novo governo.

Disposto a não perder tempo, o presidente do Conselho convocou o Comitê de Defesa Nacional para uma reunião urgente, a 28 de junho. O chefe de polícia Baylot foi informado. Procedeu-se a novo exame da sala de sessões. Redobraram-se as precauções. O Comitê de Defesa debateu o problema do Laos e o chefe de polícia se assegurou mais uma vez de que não haveria vazamentos. Não se equivocou. Os jornais não fizeram nenhum comentário. Nem sequer foram informados da reunião.

Poucos dias depois — a 2 de julho — o comissário Dides abriu o fecho de sua pasta. Guardou algo dentro e voltou a fechá-la. Ali, entre cartas pessoais e recortes de jornais, ficou depositada uma informação sensacional.

A caça do caçador de chaves

Apesar de sempre ter sido aproveitado em investigações de grande importância, o comissário Dides se sentia esta vez — nem mais nem menos — como um investigador de romance policial. Trabalhava até 18 horas por dia. Depois da meia-noite, esgotado, retirava-se para sua residência particular e examinava pela última vez o conteúdo da pasta. Antes de se deitar a guardava com chave. Em outras ocasiões a teria deixado no comissariado, protegida pela complicada combinação do cofre-forte. Mas o caso das inconfidências era tão delicado que o comissário Dides não voltou a se separar de seus segredos durante o tempo que durou a investigação. Tudo o que ele sabia — e que não sabiam mais de vinte pessoas no mundo inteiro — andava por toda a cidade debaixo de seu braço.

No fim de agosto o comissário Dides seguia uma pista segura. Parecia esgotado pela sobrecarga de trabalho, mas não lhe ocorreu pedir uma semana de descanso. Seus adversários não mereciam trégua. Durante o verão, enquanto a Europa voltava às praias, o comissário se vestiu com roupas leves, esteve a ponto de se asfixiar com o calor, mas não suspendeu sua tarefa. No outono, tinha uma idéia precisa do que acontecia. Seu autor predileto, Georges Simenon, não teria escrito um romance melhor, mais inteligentemente urdido do que ele próprio vivia naqueles meses.

O caçador caçado

No entanto, no outono o comissário Dides tropeçou num inconveniente. Foi uma situação desconcertante não prevista no romance de sua vida. Enquanto ele subia e descia escadas com sua assombrosa virtude de homem visível, alguém devia se dar conta de que um cidadão que aparentemente nada faz e, no entanto, infiltra-se por uma fechadura com a pasta debaixo do braço, é um homem que tem algo nas mãos.

Assim, enquanto o comissário Dides acumulava segredos, alguém acumulava em outra pasta o segredo de que o comissário Dides tinha grandes segredos acumulados. Tão prudente, tão responsável era o comissário que não informou ao seu superior imediato, o chefe de polícia Baylot, porque queria estar seguro da autenticidade de suas investigações antes de dar o passo decisivo. Conseguira penetrar onde nenhum outro investigador penetrara até agora. Tinha um "informante sagrado" em cuja algibeira repousavam todas as chaves. Em entrevistas dez vezes secretas, o comissário Dides foi entrando na posse dessas chaves.

> O que o perdeu foi o excesso de virtuosismo. Um dia do outono um semanário publicou um artigo intitulado "Em direção a uma nova liga fascista". Nesse artigo — e o comissário esteve a ponto de rebentar a cabeça — revelavam-se todas as delicadas manobras investigativas de Dides. Toda a França se inteirou então de que o homem da pasta debaixo do braço podia se infiltrar por uma fechadura.

Aqui acaba a brincadeira

O comissário Dides nunca tivera grande senso de humor. Mas desta vez perdeu os últimos vestígios. O artigo provocou-lhe um problema: ali se dizia que o comissário Dides sabia coisas que eram ignoradas pelo superior, o chefe de polícia Baylot. O investigador se apresentou alarmado na prefeitura, fez tantos protestos de inocência que o chefe de polícia Baylot acreditou em sua sinceridade e reafirmou sua confiança. Mas na verdade aquele foi um erro do comissário Dides, motivado por sua excessiva responsabilidade: nada queria informar ao superior imediato sem checar a autenticidade dos dados.

O investigador decidiu então trabalhar por cima. Buscou na lista do gabinete uma pessoa conhecida e deparou com um nome que parecia fabricado expressamente: o ministro dos Estados Associados, Christian Fouchet, que o comissário Dides conhecera no seio da RPF. Não se viam com freqüência, mas o investigador sabia que era um homem em quem se podia confiar. Sabia, além disso, que o ministro dos Estados Associados tinha acesso ao Comitê de Defesa Nacional. Não se podia imaginar pessoa mais apropriada para abrir a pasta diante dela, ler as informações e perguntar:

— Tudo isto é certo?

O LEITOR DEVE RECORDAR

a) Que quando o comissário Dides foi encarregado da tarefa era conhecido por sua obsessão anticomunista.
b) A tese: "O informante é sagrado".
c) Que até o momento em que checou seus dados com o ministro Christian Fouchet, o comissário Dides não informara seu superior, o chefe de polícia Baylot.

Se o ministro Christian Fouchet respondesse que sim, o comissário Dides saberia exatamente qual seria o passo seguinte. Enquanto se dirigia ao Ministério dos Estados Associados, o comissário devia estar pensando na Legião de Honra.

Até onde deve chegar um segredo?

O ministro Christian Fouchet se recordava do nome. Além disso, estava informado pelo chefe de polícia Baylot de que o comissário Dides — seu velho conhecido no seio da RPF — era um homem em quem se podia confiar. Como no final das contas o investigador poderia penetrar pela fechadura, o ministro dos Estados Associados decidiu evitar-lhe este incômodo. Abriu-lhe a porta.

O comissário Dides, influenciado por seu mundo de romance policial, tinha o costume de se certificar sempre de que não estava sendo seguido. Essa precaução era facilitada pela extraordinária mobilidade de sua cabeça. Já no gabinete ministerial, com as janelas inteiramente fechadas e o interior temperado por um aquecedor de seis unidades, o comissário Dides se convenceu de que não havia nada escondido por trás dos armários. Só então abriu a pasta.

Christian Fouchet deve ter sentido um gelo no estômago. Era certo o que dizia o semanário sobre as atividades do comissário Dides, embora o chefe de polícia Baylot não tivesse nenhuma informação direta. O ministro dos Estados Associados leu cuidadosamente os dados oferecidos pelo comissário, que lhe perguntou:

— São autênticos?

> Com dor na alma, o ministro respondeu que sim. O comissário recolheu os papéis, guardou-os na pasta e disse que isso era tudo o que desejava saber. Como obtivera os dados? Simplesmente um "informante sagrado" os conseguira na secretaria-geral do Partido Comunista. O comissário Dides estava em seu elemento.

Começa o baile

Exultante de felicidade, o investigador se despediu com a promessa de que continuaria a confirmar novos dados. Quando a porta se fechou, o ministro Fouchet abriu a gaveta de sua escrivaninha. Ali guardava as notas da conferência do Comitê de Defesa Nacional do dia 28 de junho. O ministro dos Estados Associados participara dela. Lembrava-se perfeitamente dos detalhes.

Depois de examinar suas notas, chegou a uma conclusão alarmante: só uma pessoa que esteve na reunião poderia ter fornecido os dados que acabara de ver em poder do comissário Dides.

O ministro chamou por telefone o comissário Baylot, mas ele não estava em seu escritório. Decidiu esperar. Voltou a ler suas notas, refrescou suas recordações e confirmou a impressão de que — novamente — os segredos do Comitê de Defesa Nacional haviam vazado. À hora do almoço já estava tão alarmado que nem pensou em telefonar ao comissário Baylot.

Normalmente Fouchet mandava seu secretário fazer uma ligação telefônica. Desta vez procedeu de modo diferente. Um pouco antes do meio-dia, ergueu o fone e, com um dedo seguro e resoluto, discou um número. Quando acabou de falar, o ministro dos Estados Associados tinha a convicção de que o autor dos vazamentos não ficaria muito tempo em liberdade.

A reunião dos segredos decisivos

Depois de receber as desconcertantes informações de Fouchet, ministro dos Estados Associados, o ministro do Interior, François Mitterrand, repassou o problema a quem de direito: à Surveillance du Territoire (DST), dirigida por Roger Wybot. Por motivos que nada tinham a ver com o caso das inconfidências, o chefe de polícia Baylot foi removido do cargo e em seu lugar nomeado André Dubois.

A DST adotou um procedimento diferente: esperou que se verificasse nova reunião do Comitê de Defesa. Em princípio, qualquer pessoa com acesso aos segredos era suspeita. De acordo com as informações do comissário Dides, o comitê central do Partido Comunista tinha as mesmas notas que repousavam no gabinete do ministro Fouchet e, naturalmente, no cofre-forte do secretário-geral do Comitê de Defesa Nacional, Jean-François Mons. Mas a DST preferiu esperar uns dias, ao invés de promover um escândalo com uma batida policial nos escritórios centrais e o interrogatório de seus dirigentes.

Um investigador independente

Enquanto a DST esperava, o comissário Dides continuou, com a pasta debaixo do braço, a se infiltrar pelas fechaduras e a acumular provas de que o Partido Comunista era o beneficiário dos vazamentos. Também por motivos que nada tinham a ver com o caso, Dides foi removido de seu cargo e nomeado comissário do porto da cidade de Paris, sempre às ordens do chefe de polícia. Então se criou uma situação não prevista sequer pelo comissário, no romance policial que vivia: enquanto ele realizava entrevistas secretas com seus "informantes sagrados" e sua pasta engordava com novas revelações, a DST seguia seus passos tentando identificar os colaboradores do investigador independente. Durante vários dias Dides foi o investigador investigado.

A reunião decisiva

Enfim, a 10 de setembro de 1954 ocorreu a esperada reunião do Comitê de Defesa Nacional. A DST verificou novamente que não havia microfones secretos. Voltou a examinar o jardim, reforçou a guarda do Champs-Elysées e foram vigiados os movimentos de algumas das pessoas que teriam acesso aos segredos.

A reunião se realizou ao meio-dia. Participaram dela as pessoas de sempre. Durante várias horas se debateu um problema extraordinariamente delicado: qual devia ser, em caso de guerra, a posição da França em relação às armas atômicas. O secretário do Comitê de Defesa Nacional, Jean-François Mons, exerceu sua função: tomou nota das conversações. Ao abandonar a sala de reuniões, a DST vigiava as seguintes pessoas: René Turpin, secretário particular de Mons, que tinha acesso a seu gabinete; Roger Labrousse, chefe do Serviço Civil, que não tinha acesso ao gabinete, mas que de qualquer maneira era um funcionário de confiança. Vigiaram-se também outras pessoas não identificadas ainda, entre elas o comissário Dides, e alguns lugares públicos da cidade.

Por que Dides corre?

O dia 11 de setembro de 1954 caiu num sábado. Os jornais amanheceram ocupados em problemas diferentes dos da segurança nacional. Durante todo o fim de semana Jean-François Mons não se separou de suas notas. Segunda-feira, 13 de setembro, chegou ao seu gabinete na hora habitual. Preveniu seu secretário, René Turpin, que havia muito trabalho e os dois se trancaram no gabinete. Trabalharam durante toda a manhã. Continuavam de portas fechadas à hora do almoço.

O chefe do Serviço Civil, Roger Labrousse, saiu de seu escritório no horário de costume. Mas não foi para casa. Não se sabe se tinha algum compromisso, mas na hora do almoço se encontrou com alguém num restaurante perto da Assembléia Nacional, vigiado pela DST. Almoçaram juntos.

Quem era o companheiro de Labrousse? A DST o conhecia: era o jornalista André Baranes, bem conhecido nos meios parlamentares. Em 1950 oferecera seus serviços à polícia secreta. Berteaux, diretor do serviço naquela época, aceitara a oferta e Baranes fora seu informante pago durante algum tempo.

Depois do almoço os dois homens se despediram com a intenção de se encontrar no dia seguinte, 14, à noite. Na secretaria do Comitê de Defesa Nacional, Mons e seu secretário particular, Turpin, trabalharam até a 1h15 da tarde. A essa hora saíram para almoçar.

Naquela noite, a DST descobriu algo: o comissário Dides abriu sua pasta e tornou a fechá-la. Ficou dentro uma informação importante.

A importância de ser prudente

A DST não se precipitou. Esperou que o comissário Dides visitasse seu superior, Dubois, e o pusesse a par do que sabia. Mas o comissário não fez a visita no dia seguinte. Nem no dia 15. No dia 16, o chefe de polícia Dubois foi informado de que o comissário Dides não lhe estava transmitindo, como era seu dever, os resultados de sua investigação. Para o chefe de polícia, informado já oficialmente de que a DST andava investigando, aquela era uma situação difícil. Esperou até o dia seguinte. Mas também no dia seguinte o comissário Dides não apareceu com suas informações. Então o chefe de polícia o chamou ao seu gabinete e o censurou por estar criando rivalidades entre a polícia e a DST.

A explicação, na realidade, era muito simples: também desta vez o comissário Dides queria checar seus dados antes de informá-los. Dispôs-se a visitar o ministro Fouchet. E não teve necessidade de solicitar audiência. No dia 18 pela manhã o próprio Fouchet o convocou ao seu gabinete.

A *audiência decisiva*

Às 8h30 o comissário Dides chegou ao Ministério dos Estados Associados. Havia uma mudança notável em sua personalidade. Em lugar da pasta preta de fecho ecler, levava uma pasta amarela de couro, fechada com tiras e fivelas.

Percorreu meia cidade para se certificar, a cada passo, de que não era seguido. Na rua Solferino, onde se situa o ministério, convenceu-se pela última vez de que ninguém perceberia sua entrada pela rua. Havia poucas pessoas: um grupo de três estudantes na esquina e uma mulher velha com um buquê de rosas envoltas num jornal, que passou ao seu lado sem fitá-lo.

Na rua não havia automóveis estacionados. Todos estavam dentro do pátio do ministério. O comissário Dides se identificou. As portas se abriram à sua passagem. Subiu por uma ampla escada com tapetes vermelhos. Não cruzou com ninguém no caminho. No corredor não ouviu sequer as habituais batidas das máquinas de escrever. Às 8h33 chegou diante da porta do gabinete ministerial.

Por que o ministro Fouchet adiou seus compromissos só para aguardar o comissário Dides?

O LEITOR DEVE RECORDAR

a) Que o comissário Dides não informou o chefe de polícia Dubois antes da audiência com o ministro Fouchet.
b) Os pormenores do almoço de Labrousse com o jornalista Baranes. A hora em que se despediram o secretário Mons e Turpin.
c) Uma data: 13 de setembro de 1954.

O seqüestro do comissário Dides

Enquanto se fechava por trás do comissário Dides a porta do gabinete ministerial, os habitantes de Paris se dirigiam para seu trabalho. Antes de penetrar nos trens do metrô que os conduziriam por vinte francos de qualquer lugar da cidade a qualquer outro lugar, aproximavam-se das bancas de jornais. É impossível saber quantos órgãos jornalísticos são publicados em Paris, porque a cada dia aparece um novo e desaparece outro. Os diários se convertem em semanários e os semanários em diários ou em periódicos que circulam duas vezes por dia ou mensais. Os estudantes — como em todo o mundo — iniciam a publicação de uma folha cada vez que podem e a sustentam até quando podem.

Mas ao mesmo tempo há publicações tão antigas que várias gerações de parisienses foram seus clientes. *Le Figaro* — que haveria de informar minuciosamente o caso dos vazamentos — desempenhou papel importante no processo Dreyfus, no final do século XIX. Os habitantes de Paris estão acostumados a que os jornais lhes digam o que está se passando. A liberdade de imprensa é ilimitada. O operário que compra um jornal antes de entrar no metrô sai do outro lado completamente informado sobre o que está acontecendo no mundo e sabe absolutamente qual é o ponto de vista de seu jornal: ninguém o impede de expor.

Jornalistas despistados

É difícil pensar num lugar de Paris a que os jornalistas não possam chegar. Como o comissário Dides, também eles têm a virtude de entrar pelas fechaduras, e sair pelo mesmo lugar com uma notícia sensacional. O fato de que um jornal pudesse chegar aos segredos do Comitê de Defesa Nacional é revelador. No entanto, houve um ponto até onde os jornalistas não conseguiram chegar: o caso dos vazamentos. Até 18 de setembro — e enquanto o comissário Dides conversava a portas fechadas com o ministro Fouchet — nenhum jornal noticiara o vazamento dos mais delicados segredos da França.

Os habitantes de Paris, portanto, ignoravam completamente que duas investigações iam adiantadas e que 18 meses depois essas investigações motivariam um processo sensacional. Tinham lido, meses antes, uma notícia que lhes teria dado uma ponta, mas por esta ponta não teriam chegado ao novelo.

Senhor X

A notícia era a seguinte: em maio de 1954, o ministro da Defesa Nacional, Pleven, ordenou uma investigação contra o senhor X, beneficiário de certos vazamentos que comprometiam a segurança do Estado. A investigação foi adiante.

Em junho, o governo Laniel foi substituído pelo governo Mendès-France. No Ministério do Interior, Pleven foi substituído pelo general Koenig. Até agora o senhor X continua a ser uma incógnita. A 10 de julho de 1954, os habitantes de Paris leram uma notícia a que não deram importância: o tribunal militar assinara *"une ordenance de nonlieu dans l'information ouverte contre monsieur X le 28 mai 1954"*. A determinação fora tomada porque o general Koenig considerava — segundo informou *Le Figaro* em sua edição de 7 de março de 1956 — *"que la publication incriminée n'avait pas de caractère secret"*.

Desde a publicação dessa notícia a DST continuou investigando; o comissário Dides continuou investigando por seu lado. O chefe de polícia Baylot foi substituído por Dubois. Terminou a guerra da Indochina. Porfirio Rubirosa se divorciou pela terceira vez e tornou a se casar. O Comitê de Defesa Nacional da França continuou com suas sessões. Continuaram os vazamentos, mas o público não soube de nada.

A DST não é imprudente

A 18 de setembro — oito dias depois da última reunião do Comitê de Defesa Nacional — os habitantes de Paris leram, como todos os dias, os jornais.

Um deles, *France Soir*, tem uma tiragem de meio milhão de exemplares. Mas também naquele dias os jornais nada disseram.

Na realidade, não se podia identificar nenhum jornal como o beneficiário senhor X, porque desde maio não aparecera nenhuma publicação que pudesse ser atribuída a vazamentos no Comitê de Defesa Nacional. Sabia-se, nas mais altas esferas do governo, que os vazamentos continuavam a ocorrer, porque Dides estava de posse de certas notas que dizia ter obtido com um "informante sagrado" do comitê central do Partido Comunista. Se os investigadores tivessem levado ao pé da letra a informação de Dides, teriam localizado o Partido Comunista da França como o beneficiário das indiscrições. Mas a DST não comete imprudências.

O centro da intriga

Enquanto o comissário Dides conversava com o ministro Fouchet, as notas da última reunião do Comitê de Defesa Nacional seguiam em poder do secretário-geral, Jean-François Mons. Ele chegou naquele dia ao gabinete na hora de costume. Fechou-se no trabalho. Em outros escritórios da mesma dependência estavam seu secretário particular, Turpin, e o chefe do Serviço Civil, Labrousse. Não saíram do escritório toda a manhã.

> Portanto, o centro da intriga estava localizado nesse momento no gabinete do ministro dos Estados Associados, na rua Solferino, onde o comissário Dides entrou às 8h33, com sua pasta debaixo do braço.

Como de hábito, o comissário Dides se certificou de que não havia ninguém escondido atrás dos armários. Era um outono gelado. As janelas estavam hermeticamente fechadas, com o ambiente temperado pelo aquecedor de cinco unidades. Era um escritório tão seguro que apenas se escutavam, de vez em quando, os freios dos automóveis surpreendidos bruscamente pelo sinal vermelho. A cada três minutos o prédio trepidava ligeiramente: passava o metrô por baixo, com os habitantes de Paris lendo os jornais, nos quais nada se dizia do problema dos vazamentos nem da habilidade de Dides. Sendo um lugar seguro, o comissário abriu sua nova pasta sem nenhuma reserva.

A ligação de Fouchet

O ministro Fouchet se inteirou em poucos minutos dos segredos do investigador. Eram segredos que nem o chefe de polícia, Dubois, conhecia. O comissário, desejoso de saber se suas informações eram autênticas, fez a pergunta a Fouchet. Mas nesse momento soou o telefone. Não devia ser nada importante, já que o ministro se dispôs a responder na frente do comissário Dides. Além disso, o comissário era homem de confiança. Fouchet se identificou, escutou um momento e logo respondeu:

— *Oui, la délégation est là*.

Quando ele pendurou o fone, o comissário Dides fechou sua pasta. Conversaram alguns minutos sobre a questão dos vazamentos. O ministro disse que o assunto o interessava pessoalmente. Um pouco antes das nove, o comissário Dides se despediu.

Se havia alguém...

Não havia ninguém no corredor. Na escada, ao contrário da primeira vez, escutou as batidas de uma máquina de escrever. Mas também não havia ninguém na escada. Era um dia seco, com sol. No pátio do ministério, em ordem, os automóveis estavam desocupados.

Quando saiu pela porta, já o grupo de estudantes não estava na esquina. O comissário Dides olhou para as janelas: ninguém o vira sair. Esfregou os olhos, pois o reflexo do sol nas vidraças de uma janela provocou-lhe um incômodo momentâneo. Logo dobrou à direita e se dispôs a descer apressadamente pela rua Solferino. Quem o visse dois passos mais adiante garantiria que o comissário passara ao largo da porta do ministério. Mas os que o vigiavam na realidade o viram sair.

Dois homens, um vestido de preto, com chapéu, e outro sem chapéu e com gabardina, fecharam-lhe o caminho. Um deles tinha as mãos nas algibeiras. O comissário fitou-os no rosto. Apertou a pasta debaixo do braço e tratou de seguir em frente por entre os dois homens.

— Perdão — disse.

Mas o homem da gabardina lhe pôs a mão no ombro. O comissário Dides se voltou e perguntou com os dentes apertados:

— Quem é?

O homem sem gabardina o agarrou pelo braço. Disse em voz baixa:

— Venha conosco.

O LEITOR DEVE RECORDAR

a) A ligação telefônica para Fouchet quando conversava com o comissário Dides.

b) A batida da máquina de escrever quando o comissário saía.

O que havia na pasta misteriosa

O comissário Dides não estava acostumado a ceder diante de métodos que se mostram tão eficazes nos romances de Georges Simenon.

— Venha conosco — repetiu um dos homens.

Até aquele momento o comissário ignorava do que se tratava: podia ser um assalto à mão armada, no meio da rua e exatamente à porta de um ministério.

Apertou a pasta contra o peito, sacudiu o corpo com violência e tentou correr. Mas o homem que o agarrava pelo braço tinha dedos de aço. O outro lhe pôs a mão no peito e o empurrou contra a parede.

Nesse momento, um automóvel entrou na rua Solferino. Deteve-se frente ao grupo. Vários homens desceram. Antes que o comissário tivesse tempo de dizer uma palavra o carregaram como uma criança e o puseram dentro do automóvel. No banco de trás, com dois homens à direita e um à esquerda, e com mais dois homens no banco da frente, o comissário Dides se deu conta de que nada havia a fazer. Devia pensar no final de seu romance: eles o levariam a um lugar afastado, o perfurariam à bala e o atirariam de cabeça no Sena. Dois dias depois os jornais dariam a notícia: uma barcaça de carvão encontrou um cadáver flutuando no Sena. Sempre acontece a mesma coisa: puxam o cadáver com um gancho, põem-no de boca para cima na coberta e avisam a polícia. Quando chegam os funcionários, trazem na cabeça a idéia de que é outro morto de fome que fugiu pela porta falsa. Todos os mortos de fome fazem a mesma coisa em Paris. Transcorreriam pelo menos 48 horas — devia ter pensado Dides — antes que o identificassem.

> Naturalmente a pasta nunca seria encontrada. E nisso não se enganava: quando o automóvel cruzou a esquina, um dos homens agarrou a pasta. O comissário tentou resistir. Mas foi inútil. Esta vez eram cinco contra um: de nada valia sua virtude de passar despercebido em qualquer parte. Dides cruzou os braços e escorregou para o fundo do assento. O dia estava gelado, mas ele suava.

O quebra-cabeça

A DST não passou por cima de um fato: outras duas pessoas estavam autorizadas a tomar notas nas reuniões do Comitê de Defesa. Eram Segalat, secretário-geral do governo, e o general Geneval, adido da presidência da República. A DST fez uma visita a Segalat e examinou suas notas. Em seguida, examinou as notas do secretário-geral do Comitê de Defesa Nacional, Jean-François Mons.

Quando a DST recebeu o caso, seu diretor, Roger Wybot, pôs sobre a mesa as peças soltas, como quem esvazia de cabeça para baixo a caixa de um quebra-cabeça. O pior nesse caso é que se saberia se faltavam algumas peças enquanto o quebra-cabeça não estivesse montado. No entanto, quando se realizou a reunião de 10 de setembro, a mesa de Roger Wybot estava em desordem. Mas o investigador não desanimou. Ele não era leitor de Georges Simenon nem de nenhum autor policial, mas sabia por experiência própria que todo acontecimento tem sua lógica e que não há no mundo um quebra-cabeça que não possa ser montado.

A 11 de setembro, seus agentes lhe levaram algumas peças que faltavam no quebra-cabeça. No dia seguinte, domingo, não descansou: seguiu organizando as peças espalhadas. Levantou-se na segunda-feira mais cedo do que de hábito. Durante todo o dia seus agentes lhe traziam dados que ele confrontava com as peças de seu enigma: à noite, quando foi deitar-se, devia sentir-se esgotado, mas então sabia que o quebra-cabeça estava quase resolvido.

No sábado 18 de setembro, no entanto, ainda faltavam algumas peças. Mas Wibot sabia exatamente quantas faltavam e sabia onde poderia encontrá-las. Chegou ao gabinete às oito da manhã. Deu algumas instruções. Às 8h50 fez uma ligação telefônica. Poucos minutos depois foi à janela e viu: cinco agentes desciam de um automóvel com o comissário Dides.

Gritos de protesto

Foram diretamente para seu gabinete. O comissário Dides percebeu nesse momento que não seria resgatado 48 horas depois por uma barcaça de carvão no Sena. Sabia-o desde que o automóvel se deteve na rue de Saussais. Então reagiu: entrou no gabinete de Wybot lançando gritos de protesto.

Mas Wybot, que é todo um cavalheiro, convidou-o a se sentar. Um dos agentes trouxe uma cadeira. O comissário se sentou. Diante dele se sentou o diretor da DST, tomou a pasta de Dides, examinou-a e logo pediu ao comissário a gentileza de lhe mostrar o que havia dentro.

Dides não se alarmou. Era funcionário público. Estava autorizado a fazer o que estava fazendo. Tranqüilamente abriu uma das fivelas, empurrou a tira para trás e em seguida abriu a outra fivela. Extraiu o conteúdo da pasta: várias cartas particulares, um caderno de notas e recortes de jornais. Wybot examinou-os: nada de especial.

Por último, o comissário Dides extraiu duas folhas de papel. Era exatamente isso que esperava encontrar.

O que havia na pasta

Enquanto se desenrolava essa cena nos escritórios da DST, na rue de Saussais, vários agentes de Wybot, com instruções precisas, buscavam pela cidade outras peças do quebra-cabeça. Fizeram várias ligações telefônicas. Procuraram em duas casas, mas a peça não estava ali. No entanto, não desesperaram: havia tempo.

Wybot examinou as duas folhas de papel encontradas na pasta do comissário Dides. Leu: eram as notas da reunião do Comitê de Defesa Nacional, do dia 10 de setembro.

— O que fazia o comissário Dides no gabinete do ministro dos Estados Associados?

— Mantínhamos uma conversação amistosa e de ordem particular — respondeu o comissário. Também para a pergunta de por que não informara seu superior, Dubois, o comissário tinha uma resposta: queria confirmar os dados antes de informá-los. Tudo estava dentro dos conformes, menos a maneira como os dados tinham chegado à sua pasta. A DST não se deixava impressionar por ilusionistas.

Os dois homens continuaram a conversar durante várias horas. Ao cabo de um momento se dissipara o nervosismo do comissário Dides, que, em relação à sua captura pública, declararia um tempo depois:

— Aquela foi verdadeiramente a captura de Pierre le Fou.

Como chegaram as notas?

Enquanto se desenvolvia o interrogatório do comissário, os agentes de Wybot continuavam a buscar a peça que estava faltando. Mas ainda havia outras coisas que o diretor da DST necessitava saber:

— Como chegaram as notas da reunião à pasta de Dides?

O comissário, disposto a contar tudo, informou: estavam na posse do comitê central do Partido Comunista. Mas ainda que isso fosse certo, faltavam duas coisas por esclarecer: por intermédio de quem as recebeu o comissário e quem as obtivera na reunião do Comitê de Defesa Nacional, para transmiti-las ao Partido Comunista.

Quanto à primeira dúvida, Dides ignorava por completo que diabo fazia o comitê central do Partido Comunista para obter essas informações secretas. Em relação à segunda, não podia revelar.

— O informante é sagrado.

Mas a DST não admitia esse tipo de evasiva. Além disso, ainda não era necessário que o comissário Dides revelasse nenhum nome. Eram 10h25. Wybot atendeu um telefonema. Quando pendurou o fone, revelou:

— Comissário, já temos o nome de seu informante.

O LEITOR DEVE RECORDAR

a) Que o comissário Dides ignorava como os segredos haviam chegado ao Partido Comunista.
b) A insistência de sustentar que "o informante é sagrado".

Rumores, calúnias e desafios para duelo

Chamava-se André Baranes o jornalista que a 13 de setembro almoçou com Roger Labrousse num restaurante vigiado pela polícia, perto da Assembléia Nacional. Por uma porta saiu o comissário Dides e pela outra entraram dois agentes da DST com um informe: haviam feito uma revista no domicílio do jornalista e encontraram dois papéis escritos por ele recentemente. Um deles continha os segredos da conferência do Comitê de Defesa Nacional realizada a 28 de junho. O outro, os segredos da reunião de 10 de setembro. Roger Wybot confrontou essas notas com as encontradas na pasta do comissário Dides. Eram as mesmas notas.

À tarde, o jornalista Baranes foi convidado a se apresentar nos escritórios da rue de Saussais. Chegou na hora combinada, tranqüilo, vestido esportivamente com uma camisa azul-marinho. Mostrou-se disposto a colaborar. De saída, forneceu um testemunho que fez tremer o prédio:

O autor dos vazamentos era um ministro.

Termina o segredo

Mas imediatamente se desdisse. Declarou que obtinha suas informações de Waldeck Rochet, deputado comunista e diretor do jornal *La Terre*. A polícia realizou uma rápida busca nas escritórios do jornal e não chegou a nenhuma conclusão.

Baranes voltou a se desdizer. E então armou sua história da seguinte maneira: disse que fazia parte, dentro do Partido Comunista, de um movimento dissidente não disposto a seguir as diretrizes de Moscou. Em seguida, acrescentou que sua única intervenção no caso consistia em receber os relatórios secretos do Partido Comunista e transmiti-los a Dides.

À meia-noite, a DST não chegou a nenhuma conclusão em relação ao jornalista. Ele se apresentava como "um patriota", interessado em desmascarar "as atividades clandestinas do Partido Comunista". Pouco depois da meia-noite permitiram que saísse. Que fez Baranes nesse momento?

Qualquer coisa que fizesse, o certo é que desde esse instante o caso dos vazamentos não era uma questão secreta.

Começam as acusações

O diário *Le Figaro* — 7 de março de 1956 — publicou a seguinte informação, revelando o que fez o jornalista Baranes quando saiu dos escritórios da DST, na noite de 18 de setembro. "Naquela noite", diz a nota de *Le Figaro*, "nosso amigo F. Campana foi acordado por um telefonema por volta das três da madrugada. Uma voz masculina disse estar disposta a fazer para o jornal uma revelação da mais alta importância. Tratava-se de André Baranes, que nosso colaborador havia conhecido em Túnis, no exercício de sua profissão, e que depois da Liberação voltou a encontrar nos corredores do Palais-Bourbon."

"Sobre a origem dos vazamentos", disse adiante *Le Figaro*, "ele (Baranes) fazia, com algumas incoerências, graves acusações contra vários membros do governo. Registradas por uma estenógrafa, estas notas foram remetidas imediatamente a uma autoridade judicial."

Le Figaro conclui: "Feita a verificação do caso, publicamos no dia seguinte a primeira informação relacionada com os vazamentos." Foi assim que na manhã de 19 de setembro os habitantes de Paris tomaram conhecimento pela primeira vez do escândalo; *l'affaire des fuites*.

Desafios para duelo

Como era de se esperar, o escândalo passou da redação dos jornais à rua e da rua à Assembléia Nacional. A oposição se agarrou à oportunidade: "Por que prendem os que revelam os vazamentos em lugar de prender os culpados?" O terremoto cresceu: houve rumores, calúnias e, por último, dois desafios para duelo.

O ministro do Interior, Mitterrand, falou de uma *indiscutable trahison*, mas também *de une exploitation politique de caractère dégradant*.
Para deter a avalanche, o governo levou o caso à esfera judicial. Os jornais se encarregaram desde então de manter a opinião pública informada. O comissário Dides foi chamado a depor. Imediatamente foi destituído de seu cargo de comissário do porto da cidade de Paris. Afirmou-se que não estava autorizado a circular com os documentos delicados que haviam chegado a seu poder. Sua obrigação era informar os chefes. Em lugar disso, empenhara-se em levar adiante uma investigação pessoal com a qual, segundo a DST, a opinião pública jamais se beneficiaria: Dides tinha um gabinete numa organização não oficial de luta anticomunista.

Onde está Baranes?

Os juízes começaram outra vez pelo princípio: chamaram para depor o jornalista Baranes. Mas, ao abrigo da tempestade, o jornalista desaparecera. Dides pôs as mãos na cabeça:

— A indiscrição dos investigadores colocou em perigo a vida desse precioso informante.

Queria dizer que Baranes estava morto? Removeram-se céu e terra. A senhora Baranes não tinha notícia do marido. A polícia interrogou os amigos do jornalista. Vigiou os lugares freqüentados por ele. Recorreu-se a todos os meios conhecidos para localizar uma pessoa desaparecida, mas Baranes continuou perdido. Uma coisa se sabia com segurança: não saíra do país. Não estava no anfiteatro.

Onde está Baranes?

Em poucas horas a pergunta ganhou a opinião pública. Na rua, alguém encontrava alguém que lhe recordava as fotos dos jornais e avisava a polícia. Nada: informação falsa. Dides, disposto a dar a última palavra, repetiu duzentas vezes sua tese de que "o informante é sagrado". E agora explicava por que: o mais provável era que Baranes estivesse morto.

Zero erro, sete acertos

Mas enquanto por um lado se buscava a peça perdida, Wybot continuava a montar o último trecho de seu quebra-cabeça. O secretário-geral do Comitê de Defesa Nacional, Jean-François Mons, foi chamado aos escritórios da DST. Pediram-lhe de novo suas notas das reuniões do comitê, especificamente as tomadas a 10 de setembro. Wybot atou uma ponta. Em seguida, examinou outras notas: as de Segalat, secretário-geral de governo. Wybot atou outra ponta. Logo examinou as notas em poder dos ministros. Wybot atou mais três pontas. Por último, comparou essas notas com as de Dides e as encontradas no domicílio do jornalista Baranes. Atou mais duas pontas.

Foi um trabalho de poucas horas, por cima da gritaria dos jornais e dos golpes da oposição nas tribunas da Assembléia Nacional. Ao anoitecer tinha o problema cercado por todos os lados.

No dia seguinte, cinco pessoas seriam chamadas a depor. Ou apenas quatro, se em 24 horas ficasse provado que Baranes estava morto.

O LEITOR DEVE RECORDAR

a) O testemunho do jornalista Baranes contra "um ministro".
b) As sete pontas atadas por Wybot.

As confissões de Turpin

Dides — desprovido já de sua autoridade de comissário — se apegou ao desaparecimento de Baranes para acusar a DST pelo retardamento da investigação. Insistiu em que se encontrava na pista segura e que só precisava de mais seis dias para desmascarar os autores dos vazamentos.

— Infelizmente agora me é impossível apresentar as provas indispensáveis. E também será impossível estabelecer se ocorrerão novos vazamentos no futuro — disse Dides.

Mas a DST não necessitava de tanto tempo como queria o antigo comissário. Depois de confrontar as notas de Mons e as de Segalat com as encontradas na pasta de Dides e na casa do jornalista Baranes, chegou a uma conclusão: as notas da secretaria do Comitê de Defesa Nacional coincidiam com as do jornalista e as do antigo comissário. Deu-se então um passo adiante.

Os vazamentos provinham da secretaria-geral do Comitê de Defesa Nacional.

Isso permitia esclarecer outras coisas; ainda que as notas de Dides fossem transmitidas por Baranes, e ainda que Baranes as obtivesse no comitê central do Partido Comunista — como ele assegurava —, de qualquer maneira os vazamentos provinham da secretaria do Comitê de Defesa Nacional. Eram as notas do Comitê — e não as de Segalat — as que estavam circulando. Jean-François Mons foi chamado a depor.

Estoura a bomba

O secretário-geral do Comitê de Defesa Nacional — homem de absoluta confiança — não forneceu nenhum dado importante à investigação. Mas a DST ainda não terminara. Chamou o chefe da secretaria, René Turpin, o único que tinha acesso ao gabinete de Mons. Sem rodeios, ele se sentou diante do chefe da DST, Wybot, e declarou friamente:

— Vou contar toda a verdade.

> Começou então sua revelação. Disse que a 13 de setembro trabalhara com Jean-François Mons, em seu gabinete, até depois do meio-dia. Num momento de ausência do superior observou as suas notas da reunião de 10 de setembro, ocasião em que se estudara a atitude da França em *caso de guerra atômica*. Declarou que ao ver as notas se sentiu "escandalizado" por uma decisão de governo que parecia implicar a eventualidade de uma declaração de guerra sem consulta à Assembléia Nacional.

Turpin, segundo sua própria declaração, copiou as notas de Mons com o objetivo de dá-las a conhecer aos parlamentares. Mas não tinha boas relações com os membros da Assembléia Nacional. Em compensação, Labrousse...

"Eu também"

As inclinações jornalísticas de Labrousse o haviam vinculado a certos membros importantes da Assembléia Nacional. Conhecia alguns parlamentares e conservava estreita amizade com os repórteres políticos. Turpin expressou que, em consideração a esses fatos, comunicara a Labrousse o

essencial de suas notas tomadas a 14 de setembro, sem precisar o que faria com elas. A 16 de setembro — disse Turpin — Labrousse lhe declarou:
— Esta tarde me encontrarei com alguém a quem falarei do assunto. É um jornalista. Seu nome? André Baranes.

> Turpin acrescentou que sua intenção não era criar dificuldades ao governo e sim simplesmente chamar a atenção dos membros oposicionistas do Parlamento sobre a extrema gravidade de uma decisão "que em nosso modo de ver poderia levar a uma catástrofe".

De maneira que Turpin reconheceu dessa forma sua culpa sobre os vazamentos de 10 de setembro. Mas não se deteve aí, pois em seguida acrescentou:
— E também sou eu que estou na base dos vazamentos de maio.
Mas esclareceu que não sabia que suas notas seriam reveladas à imprensa. Pensou que Labrousse as transmitiria ao deputado D'Astier de la Vigerie que por sua vez as levaria ao conhecimento de Mendès-France.

Contradições

Até este ponto da declaração, *Le Monde* (7 de março de 1956) assinala, numa recapitulação dos fatos, duas contradições. A primeira se relaciona com uma data: 13 de setembro de 1954. Nesse dia Labrousse e Baranes almoçaram juntos num restaurante nas proximidades da Assembléia Nacional, vigiados pela polícia. À noite, o comissário Dides tinha as notas em seu poder e explicou mais tarde que as recebera do jornalista Baranes. Mas, segundo a declaração de Turpin, ele entregou suas notas a Labrousse no dia seguinte, 14 de setembro. E também segundo a declaração de Turpin, a 16 de setembro, de dia, Labrousse ainda não comunicara seus segredos ao jornalista "com quem me encontrarei esta noite e falarei do assunto".

> Se Turpin dizia a verdade, quem entregara a Baranes as notas que transmitiu ao comissário Dides no dia 13, à noite? Ou tampouco Dides dizia a verdade?

Nesse momento a contradição era mais grave, pois o mais provável era que Baranes estivesse morto.

A outra contradição assinalada por *Le Monde* é a seguinte: Turpin manifestou a crença de que Labrousse entregaria as notas de maio ao deputado D'Astier de la Vigerie para que este as levasse para o presidente do Conselho de Ministros, Mendès-France.

Mas em maio de 1954 o presidente do Conselho de Ministros era Laniel.

Estas contradições devem ser esclarecidas durante o processo que se desenrola atualmente.

Onde está a verdade?

Ao finalizar seu depoimento, Turpin manifestou:

— O senhor Mons tinha confiança absoluta em mim. Sabia que eu conhecia os documentos.

Neste momento o caso dos vazamentos era de domínio público. A oposição pressionava o governo no Parlamento precisamente no instante em que Mendès-France tinha sobre os ombros responsabilidades tremendas. O caso adquiriu proporções de escândalo público. Os jornais se dividiram. Começou a especulação, que cada um preparou de acordo com suas idéias. Mas a DST continuou seu trabalho, ignorando o terremoto político e os protestos de Dides:

— Infelizmente — repetia, com as mãos na cabeça — agora é impossível chegar às provas indispensáveis.

Mas, no momento, Dides estava à margem da investigação. Baranes desaparecera e, embora fosse uma chave indispensável, o centro do caso se localizava nas declarações de Turpin. Faltava agora saber o que dizia Labrousse. Estaria disposto a confessar? E, caso se manifestasse disposto a confessar, coincidiriam suas revelações com as de Turpin?

Também isso seria esclarecido dentro de poucas horas. Labrousse foi chamado a depor.

O LEITOR DEVE RECORDAR

a) As revelações de Turpin sobre a forma como copiou os documentos secretos.

b) As datas de 13 a 16 de setembro e de maio de 1954.

O aparecimento do personagem inesperado

Labrousse não ofereceu resistência. Chegou às instalações da DST e foi diretamente ao ponto.

Disse que recebera as informações de Turpin, mas observou que não eram informações escritas e sim verbais. Acrescentou que não as transmitira ao deputado D'Astier de la Vigerie e sim diretamente ao jornalista Baranes, a quem tinha na conta de "repórter político leal".

A observação de que as informações de Turpin foram transmitidas verbalmente era importante por uma razão: porque a coincidência entre as notas da secretaria do Comitê de Defesa Nacional e as notas de Dides e do jornalista Baranes não poderiam ser tão reveladoras se Labrousse as transmitisse verbalmente. Se Labrousse dizia a verdade, impunha-se novamente a pergunta de ontem: quem transmitira as notas escritas ao jornalista Baranes? Ou o comissário Dides não dizia a verdade?

Também isto deve ser estabelecido no processo.

"O elo perdido"

Resolveu-se imediatamente estabelecer a responsabilidade do secretário-geral do Comitê de Defesa Nacional, Jean-François Mons. A declaração de seu subalterno, René Turpin, colocava-o numa situação difícil. Mons, no entanto, defendeu-se serenamente. Postos frente a frente, Turpin isentou o chefe de qualquer suspeita: apresentou-lhe desculpas por ter abusado de sua confiança.

Mons foi levado a julgamento por negligência no exercício de suas funções.

Só faltava uma peça do quebra-cabeça que Wybot armara com tanta paciência. Essa peça era o jornalista Baranes. A DST se dedicou a localizá-lo. Estabeleceu-se de novo que não deixara o país. No Sena não apareceu por esses dias nenhum cadáver flutuante. A mulher do jornalista, alarmada, voltou a insistir que desconhecia por completo o paradeiro do marido. Dides, inconformado com seu fracasso, empenhou-se em sua acusação:

— A imprudência dos investigadores pôs em perigo a vida de um precioso informante.

Era preciso encontrar Baranes vivo ou morto. E se fosse necessário teria de haver um milagre, porque ele era a chave da instrução do processo.

Quem é este homem?

Nesta altura da investigação apareceu um personagem inesperado. As coisas ocorreram deste modo: o deputado radical socialista André Hugues tinha uma casa de campo, perto de Paris. Nela, afastada das estradas congestionadas da França, havia um homem hospedado desde a segunda metade de setembro. Pela maneira como se comportava era fácil adivinhar que vivia na clandestinidade. Todas as manhãs recebia os jornais de Paris. Com emoção indisfarçável lia desde a primeira até a última letra as informações sobre os vazamentos procedentes do Comitê de Defesa Nacional.

Quando René Turpin foi chamado a depor, os jornais publicaram um resumo de suas declarações. Na residência campestre do deputado André Hugues o desconhecido leu ansiosamente todos os jornais onde apareciam os resumos da confissão. Tomou algumas notas e à noite manifestou inexplicável inquietude.

Outro investigador?

Poucos dias depois os jornais se ocuparam da revelação de Labrousse e continuaram noticiando sobre o desaparecimento do jornalista Baranes. O homem recebeu todos os jornais às nove da manhã. Um pouco antes, a criada lhe servira o desjejum. Era uma mulher de confiança, incapaz de revelar qualquer coisa que acontecesse no interior daquela casa discretamente construída um pouco distante da estrada. O homem não comeu com apetite: tomou meia xícara de café com leite e uma torrada. Nem levantou a vista dos jornais. Começava o outono: as árvores da estrada soltavam suas folhas apodrecidas e um vento gelado circundava a casa. Mas dentro reinava a segurança: o ambiente era tépido, e só de vez em quando se escutava o ruído de um automóvel pela estrada distante. O homem o via passar de seu quarto de dormir. Eram sempre automóveis particulares. Passavam ao largo.

Depois de ler as revelações de Labrousse o homem estabeleceu uma comparação com as revelações de Turpin. Conhecia os dois. Antes que os jornais dissessem, sabia que um era o chefe da secretaria-geral do Comitê de Defesa Nacional e o outro o diretor do Serviço Civil.

Um dia depois apareceu a foto de Jean-François Mons. Turpin apresentara-lhe desculpas.

Outro personagem sem autor

O homem hospedado na casa de campo do deputado André Hugues não era entusiasta de romances policiais. Mas nesse momento — como antes o comissário Dides — se sentiu vivendo um romance policial. Estava exaltado, nervoso. Gostaria de não prestar atenção ao ruído dos automóveis na estrada. Mas era impossível: entreabria sempre as cortinas e olhava pela janela.

Uma manhã, depois de ler os jornais, foi para o quarto. Levou um bloco de papel, suas notas e alguns recortes de jornais sobre o caso dos vazamentos. Trancou a porta. A postura com que se sentou à mesa era a de quem se dispõe a escrever um romance: o romance policial de sua própria vida.

> Escreveu a data na primeira folha. Voltou a repassar as notas. Logo começou a escrever: "Ao senhor juiz encarregado da instrução dos vazamentos procedentes do Comitê de Defesa Nacional."

A volta de Dides

Que se sabe desse homem? Sabe-se, em primeiro lugar, não só que conhece Dides — como também os membros principais da secretaria do Comitê de Defesa Nacional — e que trabalhou com ele. Ao que parece, esteve inscrito nos livros da Sureté, na qualidade de informante, em 1950, quando o serviço era dirigido por Berteaux. Quando Dides esteve à frente de seu organismo anticomunista, o homem que agora escrevia na casa de campo do deputado Hugues forneceu informações ao comissário. Por seu trabalho teve uma dotação mensal de 200 mil francos. Devia ser um homem importante, pois gozava da hospitalidade do deputado radical.

Escreveu durante todo o dia. Ao terminar, enviou a carta por um portador. O juiz instrutor a recebeu no dia seguinte, na primeira hora, e fez-se uma investigação relâmpago. Poucas horas depois a DST sabia em que lugar do mundo fora escrita a carta.

"A caça ao homem"

> O autor mudara de lugar. Na noite anterior, depois de enviar a carta, saiu de bicicleta pela estrada, protegido pela escuridão, e se dirigiu para o norte, cada vez mais longe de Paris. Ao amanhecer, cansado de pedalar durante toda a noite, golpeou as pesadas aldrabas de um convento. Era o mosteiro de L'Yvonne, em Pierre-qui-Vire. Atendeu-o o irmão porteiro. Recebeu uma informação concisa que comunicou imediatamente ao irmão superior. O homem solicitava asilo. Quando o sol saiu, ele dormia numa cela, a muitos quilômetros do local onde, segundo anunciavam as manchetes dos jornais, com tinta fresca, localizava-se uma nova e sensacional etapa do caso dos vazamentos.

Enquanto o homem dormia em sua cela, os membros da DST chegaram à casa de campo do deputado André Hugues. Perguntaram-lhe pelo hóspede. O deputado não negou nada.

— Ocultei-o — disse — por um natural sentimento de humanidade e ao mesmo tempo em benefício da instrução.

— Onde está agora?
O deputado respondeu:
— No convento de L'Yvonne. A poucos quilômetros daqui.

LEITOR DEVE RECORDAR

    a) Que o homem misterioso era hóspede de Hugues.
    b) Os 200 mil e os 80 mil francos que recebeu o informante de Dides.

Acusações à direita e à esquerda

Poucos minutos depois, a DST estava no convento. O superior deu-lhes uma informação pormenorizada. De fato, o homem procurado estava numa cela. Solicitara um asilo que lhe foi concedido.

    Quem era?
    O homem saiu da cela sem oferecer resistência. Tinha os olhos irritados por causa da noite maldormida. Vestia uma calça azul-escura e uma camisa também azul. Usava suspensórios. Os membros da DST o conheciam.
    Era o jornalista André Baranes.

Na mesma manhã se iniciou o interrogatório. Um interrogatório longo, complexo e contraditório que levaria muitos homens notáveis ao gabinete do investigador. De saída, André Baranes pronunciou esta frase que deixou perplexa a opinião pública:

    — Em vez de me colocar no banco dos réus vocês deviam me conceder a Legião de Honra.

Começa a confusão

Diante do juiz de instrução, a quem escrevera a carta pormenorizada explicando seu comportamento, Baranes apresentou sua versão.

Era membro do Partido Comunista Francês e conseguira organizar dentro dele um movimento dissidente.

> Em relação aos seus contatos com Labrousse, declarou:
> — Só conheci Labrousse em maio de 1954, quando fui apresentado a ele pelo deputado D'Astier de la Vigerie.
> Segundo declarou, Labrousse lhe passou verbalmente alguns segredos que diziam respeito à segurança nacional, debatidos no seio do Comitê de Defesa. Levava as revelações de Labrousse ao Partido Comunista e dele recebia as informações secretas que logo comunicava a Dides, de quem era informante.

De quem obtinha os dados?

Baranes começou a citar nomes: D'Astier de la Vigerie, Waldeck Rochet e Jacques Duclos. E acrescentou o que considerava uma prova de que antes dele o Partido Comunista já estava inteirado das deliberações do Comitê de Defesa Nacional:

> — Em julho de 1954, quando fui oferecer a Jacques Duclos as revelações a mim feitas por Labrousse, o senhor Duclos me respondeu: "Já as obtive, muito mais completas, de outro informante."
> Baranes acrescentou:
> — *Duclos me rit au nez.*

"Cumpri meu dever"

Chamado a uma acareação com Jacques Duclos, deputado comunista, Baranes não pôde sustentar suas acusações. Duclos destruiu-as. Posteriormente foi confrontado com o deputado D'Astier de la Vigerie, que também rechaçou as acusações. Baranes ajustou sua história:

— Sustento que o senhor D'Astier me apresentou a Labrousse, mas ninguém pôde provar que os documentos secretos do deputado foram obtidos com Labrousse.

Então, dividiu o caso em dois.

Por um lado, admitiu ter recebido informações de Labrousse.

Por outro, assinalou que as informações que comunicava a Dides não eram obtidas com Labrousse: conseguia-as com a bancada comunista. Explicou:

— A Dides eu dava conta de tudo o que acontecia no seio do comitê político do Partido Comunista. Fiz com toda a honestidade, sem escutar Labrousse, que nunca me deu indicações sérias. Penso que cumpri meu dever.

O macaco numa loja

Um momento depois, Baranes parecia um macaco solto numa loja, dirigindo acusações à direita e à esquerda, com nomes próprios. Em suas precipitadas declarações, levou de roldão também o antigo chefe de polícia, Baylot: "No começo de julho de 1954 — disse Baranes — fui chamado pelo senhor Baylot. Acompanhou-me o comissário Dides. O chefe de polícia pediu que revelasse o nome dos autores dos vazamentos de maio. Recusei. Então o chefe de polícia me perguntou se era um ministro, cujo nome mencionou."

> Baranes se referia ao ministro do Interior, François Mitterrand. A resposta de Baylot, submetido a uma acareação com Baranes, foi simples e contundente: não podia citar esse nome porque em maio de 1954 François Mitterrand não fazia parte do governo.
>
> Quanto aos documentos encontrados em sua casa, Baranes explicou:
> — Eu os tinha na qualidade de informante do senhor Dides.

O que disse Baranes

Ao fim de um longo e complexo interrogatório, Baranes foi mandado para o cárcere. Os pontos-chave de sua posição foram assim resumidos pelo *France-Soir*:

1. Labrousse só me fornecia informações vagas. Tudo o que eu conhecia sobre as deliberações do Comitê de Defesa Nacional era obtido pelo Partido Comunista.

2. Não era eu quem informava o Partido Comunista e sim o Partido Comunista quem me dava as informações.

3. Se havia um traidor, não era eu, e sim um homem a quem eu teria descoberto se não fosse impedido pela mudança do rumo da investigação.

Mas o ponto de vista da acusação — representada pelo comissário do governo, Gardon — é bem diferente. É pelo menos curioso que apenas no momento em que Baranes teve contato com Labrousse começou a dar informações pormenorizadas ao comissário Dides.

O que disse a acusação

Os pontos-chave da acusação, também de acordo com o resumo do *France-Soir*, reconstituem os fatos da seguinte maneira:

1. Baranes faz contato com Labrousse e obtém os segredos do Comitê de Defesa Nacional.

2. Baranes se informa sobre as datas das reuniões do comitê político do Partido Comunista, sobre os membros que participam dela e sobre os temas tratados.

3. Baranes elabora então duas classes de documentos: um relativo ao comitê de defesa e outro relativo ao comitê político do PC. Em seguida, mistura os dois documentos e os apresenta ao comissário Dides como se o Partido Comunista estivesse inteirado das deliberações do Comitê de Defesa Nacional.

De acordo com estes pontos, Baranes não fez outra coisa senão explorar, com documentos falsos, o fervor anticomunista de Dides.

Voto de confiança

Ao mesmo tempo foram chamados pela justiça os jornalistas Roger Stephane e Gilles Martinet.

Roger Stephane assinara alguns dos artigos de *France-Observateur* relacionados com as deliberações do Comitê de Defesa Nacional. Gilles Martinet era o chefe de redação do semanário. Considerou-se que o caso era de competência da justiça civil e a 25 de março do ano passado o jornalista Roger Stephane foi mandado para a prisão, acusado de atentar contra a segurança do Estado. A 25 de abril foi posto em liberdade provisória.

No auge da investigação, desenrolava-se um acalorado debate na Assembléia Nacional sobre o escândalo dos vazamentos. A 3 de dezembro de 1954 o Parlamento deu um voto de confiança ao governo por 290 votos contra 215. Recordam-se as extraordinárias intervenções do ministro do Interior, Mitterrand, e do presidente do Conselho de Ministros, Mendès-France.

Como será o desenlace?

Os quatro acusados foram enviados para a cadeia: Jean-François Mons, que, "por imprudência ou desobediência aos regulamentos, deixou destruir, subtrair ou escamotear, no total ou em parte, documentos que lhe foram confiados"; René Turpin, com a acusação de "assegurar — com um propósito diferente de fornecê-los a uma potência estrangeira ou a seus agentes — a posse de segredos da defesa nacional, e de tê-los posto à disposição de uma pessoa não qualificada..."; Labrousse, com a mesma acusação anterior; André Baranes, a quem se atribui concretamente haver fornecido os dados para os artigos de *L'Observateur*.

Estes são os quatro homens que se encontram no banco dos réus. Só Baranes não foi levado diretamente do cárcere, pois foi posto em liberdade provisória no ano passado, por motivo de saúde, depois de uma prolongada greve de fome.

Jean Dides trocou os romances policiais pela política. Em janeiro deste ano, foi eleito deputado pelo partido de extrema direita de Poujade.

Os acusados iniciam a defesa

O interesse pelo processo começa na terceira audiência quando o acusado André Baranes é interrogado. O presidente o convida a se sentar, pois parece cansado, mas o experiente jornalista recusa o convite. Coloca a mão direita sob a lapela — numa atitude napoleônica — e começa a recapitulação dos fatos. É como se sublinhasse a autenticidade de suas palavras com a mão posta no coração.

Quatro minutos depois de Baranes ter subido na barra, ocorre o primeiro incidente. Turpin protesta contra a maneira pouco precisa como o interrogado se refere às relações entre eles. Mas o presidente intervém. Desculpando-se, mas com um tom que não é o de um homem que se desculpa, Baranes põe as coisas no lugar em que Turpin queria vê-las:

— Meus contatos foram com Labrousse — diz. — Eu não conhecia o senhor Turpin.

Um momento depois o interrogado formulou as bases de sua defesa. Na realidade, segundo exprime, seus contatos com Labrousse lhe proporcionaram informações sem importância. Sua fonte principal era o Partido Comunista.

Como trabalhava Baranes

Como começou esta história?

Eis aqui a versão de Baranes: um amigo, jornalista, o pôs em contato com Dides, em princípios de 1953. O chefe de polícia Baylot o colocou a seu serviço. A partir desse momento começou a obter informações no Partido Comunista e a transmiti-las ao comissário.

Baranes informa que não foi a polícia quem o levou a trabalhar num semanário progressista. Foi, diz, Jacques Duclos, deputado comunista. A partir desta posição teve acesso aos segredos que vendeu a Dides, primeiro por 200 mil francos (2 mil pesos colombianos) mensais e em seguida por 80 mil. Algum tempo depois de começar seu trabalho, conheceu Labrousse. Viram-se pela primeira vez num restaurante. Nessa ocasião, recebeu os primeiros informes do diretor do Serviço Civil da secretaria do Comitê de Defesa.

O advogado de Labrousse exige que se precise a data do primeiro encontro. Mas Baranes não recorda com precisão. Disse que foi no final de 1953.

Nesse ponto-chave do depoimento, o presidente deseja saber com exatidão quais informações vieram de Labrousse e quais do PC. Baranes diz que não poderia precisar de memória. Quanto aos seus informantes no Partido Comunista, diz que eram "certos elementos".

Desejam conhecer os nomes?

O senhor Van Chi

Mas os nomes não são revelados. Baranes não os revela, pois um momento depois seu ponto de vista mudou.

— Meu dever — disse — é não dar os nomes desses informantes.
— Por que tentou comprometer o nome de um ministro?

— Não é minha culpa — responde Baranes — se o senhor Mendès-France, enquanto o senhor Bidault negociava em Genebra, tinha uma relação com o senhor Van Chi.

A declaração é uma bomba. Em primeiro lugar, pela menção de um nome que, segundo tudo indica, será repetido muitas vezes durante o processo: Van Chi. E, em segundo lugar, porque implica grave acusação contra um dos políticos franceses de maior prestígio: Mendès-France, cujo governo foi precisamente o que resolveu o problema da Indochina e ao mesmo tempo levou aos tribunais militares os acusados pelos vazamentos do Comitê de Defesa.

O presidente da audiência quer saber por que Baranes se mostra tão seguro sobre as relações de Mendès-France e Van Chi. Baranes não diz, mas insiste que lhe dêem crédito. No entanto, o presidente recorda que o misterioso personagem tinha também relações com políticos de tendências contrárias às de Mendès-France.

O advogado de Labrousse, que seguiu minuciosamente o relato, intervém para dizer que Baranes — segundo suas declarações à DST — conhecera Labrousse em junho. Agora diz que o conheceu "no final de maio". No entanto, frisa o advogado, a 17 de maio Baranes entregou informações ao comissário Dides.

Baranes não tem resposta. Explica que, na realidade, não se sentia muito seguro quando fez as declarações à DST. Naquele momento, diz, não queria revelar "certas coisas".

Armada a defesa

Ao finalizar sua intervenção, Baranes tem armada sua defesa: em primeiro lugar, diz que sua fonte mais fértil foi o Partido Comunista, mas não revela nomes. Em segundo lugar, insiste em que muitas de suas contradições se devem à sua incômoda situação no momento em que deu seu depoimento para a DST, pois tentaram responsabilizá-lo pela catástrofe de Dien Bien Phu, e ao mesmo tempo sua vida estava ameaçada por seus informantes comunistas. Insiste:

— Fui nada mais do que um patriota.

Mas, ao mesmo tempo, de seu depoimento fica claro que pelo menos uma vez ofereceu ao Partido Comunista segredos recebidos de Labrousse. A tese é válida, pois várias vezes cogitaram a idéia de que o experiente jornalista era um agente duplo.

Às três da tarde, depois de uma jornada extenuante, o presidente suspende a audiência:

— Parece-me que todos estamos um pouco cansados, e neste estado não se compreende nada.

Dessa declaração, os jornais da noite tiram uma lição: Baranes, com seu discurso, não faz mais do que lançar mais confusão ao caso dos vazamentos. Até o momento não se vê nenhuma luz.

Mas agora se conheceu um anúncio que pode esclarecer tudo: Mendès-France, ministro de Estado, declara:

— Um dos incriminados no caso dos vazamentos formulou acusações contra mim na audiência desta manhã. Por isso, pedirei ao Conselho de Ministros que reconsidere, no que concerne a mim, sua decisão anterior, e me autorize a responder às imputações difamatórias.

O pedido de Mendès-France foi aceito favoravelmente.

A quarta audiência

Sábado de tarde: quarta audiência. Espera-se que, juntamente com a semana, termine também o interrogatório dos acusados, para que possam ser ouvidas as testemunhas que são as verdadeiras vedetes do processo. Roger Labrousse é chamado a depor. Vestido com simplicidade, sem demonstrar a menor emoção, começa com uma pirueta:

— Jamais admiti ser a origem dos vazamentos e nem reconheci que provinham de mim as notas encontradas em poder do senhor Baranes.

O presidente, Niveau de Villadar, adverte-o, evidentemente perplexo:

— Mas eu tenho diante de mim os depoimentos verbais.

Labrousse deixa passar a interrupção e explica pormenorizadamente qual foi seu papel no drama das inconfidências.

Em primeiro lugar, reconhece ter tomado "notas gerais" sobre as notas igualmente gerais que Turpin tomava no gabinete de Mons. Essa, segundo Labrousse, é toda a verdade de sua participação e pede que o caso dos vazamentos seja reduzido às suas justas proporções.

Defesa organizada

Em segundo lugar, numa defesa cuidadosamente organizada, Labrousse afirma que tinha direito de conservar essas notas. Uma delas, relativa à esquadra européia, era indispensável para um trabalho que lhe fora encomendado pela secretaria do Comitê de Defesa Nacional. Outra delas, sobre o envio de pessoal à Indochina, foi tomada depois que os jornais já tinham falado do assunto. E revela por último que, antes das reuniões do Comitê de Defesa, todos os ministros tinham em seu poder as notas preparatórias da reunião.

Mais adiante, Labrousse chega a um ponto concreto de sua defesa, tentando demonstrar que não era o único a dar informações a Baranes. Refere-se à reunião do comitê de 15 de maio de 1954. Era um sábado. Labrousse não compareceu ao escritório. O dia seguinte, naturalmente, foi domingo, de maneira que Labrousse não viu Turpin até a segunda-feira, 17. E naquele mesmo dia Baranes entregara notas da reunião ao comissário Dides. Onde as conseguiu o informante do comissário?

Como conheceu Baranes

Quanto às suas relações com o deputado D'Astier de la Vigerie, Labrousse reconhece ter falado com ele, mas não sobre a sessão de 26 de maio. E, tomando como referência aquelas relações, descarrega: por que utilizaria Baranes como intermediário se podia informar diretamente o deputado?

Na verdade, continuou Labrousse, só conheceu Baranes vários meses depois. Fora-lhe recomendado telefonicamente por uma secretária do semanário *Libération* na qualidade de pessoa interessada em se informar sobre questões educacionais. Labrousse era uma fonte nesse sentido, pois além de diretor do Serviço Civil do Comitê de Defesa Nacional, era presidente de uma associação de pais de alunos. A entrevista entre Labrousse e Baranes efetivamente se realizou.

— Foi ele quem me interrogou — disse Labrousse.

Perguntou-lhe vagamente sobre "o que se diz por aí" e Labrousse comunicou suas impressões pessoais.

— Você não se dá conta — intervém o presidente — de que isso já era uma imprudência?

Labrousse recorda sem pestanejar: Mendès-France já havia se referido ao caso publicamente.

O terceiro acusado

Um pouco antes do meio-dia se realiza o depoimento de René Turpin. Sua com o calor da sala. Do lado de fora: zero grau. Sem perder a compostura, o terceiro acusado começa por declarar que não pertence a nenhum partido político. Tem a voz melíflua, uma ênfase convincente e um controle preciso de cada movimento. Sem fitar o antigo chefe, manifesta seu desagrado pela forma com que se realizou o interrogatório da DST. Explica que foi num momento de confusão que comprometeu no caso o nome de Mons. Reconhece ter dado informação a Labrousse, mas acusa a DST de construir, sobre este fato certo, toda a história de seu tráfico de segredos com Baranes.

— O jornalista assegura ter recebido os segredos do Partido Comunista — disse Turpin. — Deixo-lhe essa responsabilidade.
Mas esclarece que Baranes declarou à DST só ter conhecido Labrousse em junho de 1953.

O presidente da audiência o interrompe:
— É meu dever perguntar-lhe, em primeiro lugar, por que tomou notas no gabinete do senhor Mons.
Turpin se limita a insistir que não tirou nenhum proveito daquelas notas. E vai diretamente à questão das semelhanças entre as notas da secretaria geral e as de Baranes.
— É certo que há algumas expressões parecidas — admite.
Mas também há omissões dignas de interesse: as frases essenciais dos planos do general Ely, por exemplo, que figuram nas notas de Mons, não se encontram nas notas de Baranes.
— Deve-se acrescentar — intervém o advogado de Turpin — que nas notas de Baranes se encontram dados sobre o número de divisões enviadas à Indochina que não foram tomadas pelo senhor Mons.
— Assim é — confirma Turpin.
E se refere a um artigo do *New York Times*, onde figuram os mesmos dados, e que foi publicado antes de serem conhecidos pela imprensa francesa. O artigo é lido na sala.
Poucos minutos depois, vestido de preto e com um ar de extraordinária dignidade, Jean-François Mons se dispõe a depor. O público está ansioso por suas palavras.

Acusado de negligência

Em nenhum outro momento do processo a tensão na sala foi tão notável. Ninguém pensa que Jean-François Mons vá dizer alguma coisa sensacional. Mas sua extraordinária dignidade impõe respeito. É um homem alto, seguro de si mesmo, com enormes óculos que parecem fazer parte de sua personalidade. O presidente da audiência recorda a ele: só é acusado de negligência.

Mons se concentra. É um movimento completamente interior, pois o rosto permanece impassível. Com uma voz grave, serena, de uma solidão evidentemente involuntária — de nenhuma maneira destinada a produzir efeito momentâneo — começa com uma recapitulação de sua chegada, em 1950, à secretaria do Comitê de Defesa Nacional. Sua primeira impressão, explica, é que esse organismo não tinha uma organização montada para guardar um segredo. Garantir a segurança dos documentos reservados foi sua primeira missão no cargo.

O ministro Mitterrand faz a sala estremecer

O método de trabalho

Mons explica que, desde o princípio, suas notas não se referiam à substância dos debates e sim aos aspectos essenciais das intervenções daqueles que participavam do Comitê de Defesa. Não eram atas da reunião: eram simples apontamentos, destinados a comprovar no futuro se as decisões tomadas haviam sido aplicadas ao pé da letra. Até maio, antes do primeiro vazamento, suas notas foram de fato mais explícitas do que a partir desta data: 25 páginas em média.

Quando o presidente Auriol lhe comunicou oficialmente que vazavam segredos do comitê, Mons mudou seu método de trabalho: as notas foram cada vez mais breves e mais prudentes. E se lembra que o ministro do Interior naquela época, Martinau-Deplat, lhe disse em seu gabinete:

— Os comunistas estão a par das deliberações. Diga-me uma coisa: qual é seu método de trabalho?

Mons explicou seu método. E quando o ministro lhe comunicou sua decisão de investigar os funcionários de segundo escalão, o secretário do Comitê de Defesa disse que a investigação devia abranger todo o pessoal. Incluindo ele próprio. Na lista do pessoal que devia ser investigado, Mons incluiu seu próprio nome.

Uma tremenda decepção

— Negligência? — Mons rechaça a acusação, sem se alterar, com uma dignidade que evidentemente impressiona o público. — Fora das horas de serviço eu colocava os documentos no cofre-forte.

Não havia nenhum perigo: os documentos ficavam trancados à chave no escritório, e a sala vigiada por um oficial do exército, o coronel Ruella. Turpin só podia tomar suas notas quando o oficial abandonava o escritório. Por outro lado, Turpin estava autorizado a conhecer certos segredos.

O presidente da audiência formula uma pergunta:

— O senhor ignorava que Labrousse é "progressista"?

— Completamente — responde Mons.

Então o seu advogado, Baudet, intervém com uma observação fundamental:

— Os serviços de segurança fizeram uma investigação sobre Labrousse antes de ser nomeado para a Comissão de Defesa Nacional.

Hayot, advogado de Turpin, pergunta a Mons:

— O senhor conhecia o senhor Turpin há muito tempo?

— Completamente — responde Mons.

E conclui seu depoimento com uma frase que sintetiza sua defesa e que poucas horas depois mereceu um formidável destaque na imprensa de Paris:

— Eu tinha absoluta confiança em meus colaboradores e eles a traíram. Essa é a maior decepção de minha vida.

Mitterrand depõe

Segunda-feira, às oito e meia da manhã, a sala está completamente cheia. Vem depor François Mitterrand, ministro do Interior do governo Mendès-France e na atualidade ministro da Justiça. Mons é um homem tranqüilo. Mas diante do autocontrole de Mitterrand o público se sente ainda mais impressionado. Um homem jovem, ruivo, com uma roupa azul-clara, que dá à sessão um leve toque de audiência cinematográfica.

O antigo ministro do Interior começa pelo princípio. Mas para ele o princípio não é o primeiro dia dos vazamentos: é o ano de 1954, quando tomou conhecimento do caso, embora não tenha sido comunicado oficialmente. Esse é o ponto central de sua exposição: por que o ministro do Interior não foi informado dos vazamentos registrados havia um ano? Por isso, explica, quando se inteirou do problema pôs imediatamente em movimento a máquina investigativa que haveria de esclarecer as coisas.

— Naquela época — disse — o senhor Dides tinha um chefe, que era o senhor Baylot. O senhor Baylot tinha um superior, que era o ministro de governo. Mas o ministro de governo não era informado das investigações do comissário Dides. Por quê? Mitterrand responde a si mesmo: porque desde julho o comissário dissera a Fouchet, seu amigo pessoal:

— É o ministro do Interior, senhor Mitterrand, quem está informando os comunistas.

As suspeitas de Dides

Há um estremecimento na sala. É a primeira vez que se toca na versão de que o comissário Dides suspeitava de seu superior, e a versão é agora revelada pelo próprio ministro da Justiça ante um tribunal militar. Dides e seus advogados escutam imperturbáveis. Não há protestos de nenhum lado. Então Mitterrand faz uma recapitulação dos fatos que levaram à prisão do comissário Dides à porta do Ministério dos Estados Associados.

O ministro Fouchet, depois de receber pela primeira vez a visita do comissário Dides, informou o chefe de governo, Mendès-France. Naquela época, disse Mitterrand, circulava nos meios oficiais o boato de que a polícia suspeitava do próprio ministro do Interior. Alguns de seus amigos o preveniram de que era um boato perigoso. Então Mitterrand se empenhou a fundo no caso, acionou a DST e em poucos meses se chegou a uma conclusão. Enquanto a investigação esteve nas mãos de Baranes-Dides-Baylot não avançou em direção a nenhum terreno firme.

E em seguida:

— Por outro lado — disse Mitterrand, voltando ao ponto inicial —, meu antecessor, Martinau-Deplat, assegura que me falou dos vazamentos por ocasião de minha posse. Mas na realidade não creio que me tenha falado.

E prossegue com a afirmação de que ninguém disse nada a Mendès-France quando o seu governo foi empossado, nem a Dubois, quando assumiu a chefatura de polícia. A situação era pelo menos estranha: no princípio a polícia seguia investigando e o governo não sabia de nada. Depois se suspeitou do ministro do Interior enquanto se considerava Baranes um patriota.

Uma afirmação decisiva

Ao finalizar a sessão, Mitterrand continua analisando o aspecto insólito daquela situação. Enquanto se suspeitava do ministro do Interior, o "Baranes patriota, protegido por jornais patriotas, era escondido por um deputado patriota e asilado por monges patriotas".

Mitterrand eleva o tom da voz, mas não assume jamais a cadência galopante dos políticos tropicais. Antes de chegar ao fim nega que os comunistas tenham dado informações a Baranes.

O presidente da audiência lhe recorda que o chefe da polícia, Baylot, opinava o contrário, já que pagava a Baranes por suas informações.

Mitterrand não acredita.

— Assumo a responsabilidade da afirmação. Trata-se de um blefe.

E o afirma golpeando suavemente na barra das testemunhas:

— Baranes não tinha nenhum informante no Partido Comunista.

Dides depõe

Até as 10h15 de 15 de março a sessão se desenrolou a portas fechadas. O depoimento do general Ely implicava algumas revelações de caráter secreto. Um jornal anotou: "Enquanto a sala de audiências era evacuada, Baranes parecia sentir-se terrivelmente emocionado por poder participar — enfim — de uma verdadeira sessão secreta."

Mas o público não voltou para casa. Permaneceu esperando nos cafés das redondezas, pois havia um interesse especial em ver e escutar a estrela do dia: o ex-comissário Dides.

Tão logo se iniciou a sessão pública se abre a porta das testemunhas. Então aparece o ex-comissário, alto, semicalvo e vai para a barra das testemunhas. Seus movimentos são cerimoniosos. Tem-se a impressão de que a qualquer momento executará um gesto de ilusionista e fará desaparecer a audiência. Mas o ex-comissário talvez não tenha agora poderes mágicos: não leva a pasta debaixo do braço.

"Não acuso ninguém"

— Não vou acusar ninguém. Não vou fazer um discurso — começa.

E como todas as testemunhas anteriores, faz uma recapitulação dos vazamentos. Ao chegar ao ponto-chave — o caso Baranes —, insiste em sua opinião: o jornalista era um excelente e valioso informante.

— Por que o comissário Dides não informava seus superiores?

Dides explica: a primeira vez que encontrou um dado envolvendo o Comitê de Defesa nas informações de Baranes foi em julho de 1954. Mendès-France acabara de chegar ao poder. Dides disse que para evitar um enredo exagerado preferiu confirmar a autenticidade dos dados com o ministro dos Estados Associados, seu amigo Fouchet. Não se tratava, disse, de "queimar" ninguém.

— Por que não informou o ministro do Interior?

Dides arruma a lapela de sua roupa azul-marinho.

— Porque um filho de um ex-combatente de Verdun, como eu sou, aprendeu que não deve entrar em contato com o inimigo com o qual está em guerra.

E explica: a vigilância do Partido Comunista e sua ala progressista o levara ao conhecimento de um personagem: Nguyen Van Chi.

— Quem é esse personagem?

— Um revolucionário da velha cepa, que tinha relações com Mendès-France e, em 1954, com outros cidadãos importantes, entre eles o senhor Mitterrand.

— Como soube?

— Por intermédio de Baranes.

Uma entrevista com Dubois

No entanto, defende-se Dides, não acusou ninguém. Insiste que é falso que jamais tenha dito a Baylot ou a Fouchet que suspeitava do ministro Mitterrand. Por ocasião de suas primeiras entrevistas com o chefe de polícia Dubois, sucessor de Baylot, segundo Dides, seu novo chefe lhe perguntou por que não gozava da simpatia de Mitterrand. Sua expressão textual foi:

— Por que o ministro Mitterrand *m'avait dans le nez*?

E como Dides não tinha explicação, quis ter uma entrevista com o ministro do Interior. Mas não foi possível. Então o chefe de polícia Dubois aconselhou-o a sair de férias. Naquele momento, segundo ele mesmo revela, fora indicado para a Legião de Honra, mas Mitterrand se opôs.

Sem interrupção, falando com uma voz que parece cansada mas que no entanto revela uma secreta energia, o ex-comissário se refere então a uma entrevista sua com o chefe de polícia Dubois, a 17 de setembro de 1954. Dias antes Baranes lhe comunicara que a DST estava em seu encalço. O chefe de polícia Dubois, disse Dides, perguntou-lhe:

— Por que não quer entregar Baranes à DST?

— Se Baranes quer ir à DST — teria respondido Dides — não me oponho de nenhuma maneira, mas eu próprio nada faria que pudesse nos privar de um informante valioso.

Assegura o ex-comissário que naquele momento não tinha na pasta as notas que pouco depois Baranes lhe entregou e lhe foram confiscadas no dia seguinte pela DST.

A *captura de Dides*

No dia seguinte, no gabinete do ministro Fouchet, o telefone tocou:
— *La délegation est là* — respondeu o ministro.
Um momento depois Dides foi capturado à porta do ministério. Disseram que eram cinco os membros da DST. Dides revela que foram 15. A partir desse momento, insiste, a investigação sobre os vazamentos, que ele havia levado para um terreno concreto, foi completamente estropiada.

Neste ponto o presidente pergunta se Dides verificou alguma vez se as datas de reunião do comitê central do Partido Comunista correspondiam às reveladas por Baranes em suas informações.

— Isso não é tão fácil como parece — responde Dides.

E acrescenta que, por outro lado, é um detalhe sem importância. O importante é que as informações de Baranes sejam exatas, qualquer que seja a fonte.

— Não é curioso que Baranes só tenha dado informações militares depois de conhecer Labrousse?

A pergunta é dirigida a Dides. Mas é Labrousse quem responde: conheceu Baranes em junho de 54.

— Que diz Baranes disso?

O jornalista não pestaneja. Com a barba apoiada na palma da mão lança uma rajada de metralhadora:

— Em maio Labrousse não era meu informante. Ele mesmo declarou que depois me viu quatro vezes. Pois bem, eu digo: em cada uma dessas vezes ele me deu informações.

ABRIL DE 1956

Uma imensa farsa político-policial

Defesa de Baranes

Neste instante se estabelece um debate acalorado entre os advogados. O presidente protesta. Retira-se da sala. Mas às onze e meia a sessão é reiniciada. Dides, que se sente à margem do incidente, volta a tomar a palavra. Manifesta que sua função neste julgamento não é defender Baranes, mas reitera publicamente sua estima e exalta a importância de seus serviços. Conclui que, ao prender o jornalista, a DST prestou um serviço ao comunismo.

Em síntese, depois de uma manhã completa de exposição, o ex-comissário não fez outra coisa além de insistir em sua tese: Baranes era um excelente informante; o beneficiário dos vazamentos era o Partido Comunista; a DST, ao assumir o caso, deitou a perder a investigação.

— Não é difícil localizar os beneficiários — disse. — Há 150 deles no Parlamento.

Mas antes de se retirar deixou uma certeza: não acusou Mitterrand, pela simples razão de que em 1953, quando começaram os vazamentos, Mitterrand não participava do Comitê de Defesa Nacional. Nem sequer fazia parte do governo.

A barra das testemunhas é ocupada então por Martinau-Deplat, ministro do Interior no momento dos primeiros vazamentos.

Depoimento de Baylot

A nona audiência, que segundo os prognósticos iniciais deveria ser a penúltima, começa com o testemunho do ex-chefe de polícia Baylot. Nova recapitulação dos fatos. Em primeiro lugar, diz a testemunha, encontrou montado o esquema anticomunista de Dides. Não se pode imputar-lhe uma culpa ou atribuir-lhe uma realização de seus antecessores. Mas, de qualquer maneira, disse que Dides e seus colaboradores lhe prestaram grande ajuda.

— É certo que o senhor Baranes formulou alguma vez a hipótese de que o autor dos vazamentos era o senhor Mitterrand?
— Absolutamente não — nega Baylot. E sublinha: não se podia formular essa hipótese absurda porque Mitterrand não participou das reuniões de 1953.

— Porque o senhor Mitterrand não foi informado ao assumir o ministério do Interior?
Baylot garantiu que o informou. E acrescentou algo mais: informou também seu sucessor, Dubois.
O depoimento de Baylot se prolonga por mais de uma hora. Fala num tom monótono. Recorda fatos conhecidos. Defende-se. Lamenta o fracasso de sua carreira e insiste em que, se houvesse detido Baranes quando comunicou a Dides suas primeiras informações sobre o Comitê de Defesa, jamais se teria conhecido o mecanismo dos vazamentos. A audiência perde interesse, até que Labrousse interrompe a testemunha e, agitando um caderno de notas, protagoniza uma cena dramática.

Uma imensa farsa

— Em meu nome e em nome do senhor Turpin — disse Labrousse — quero fazer uma declaração. Temos a impressão de estar vivendo uma imensa farsa.

Diz que depois de nove dias de audiência não se fez outra coisa além de expor todas as rivalidades político-policiais, as querelas de uns e de outros.

— Para liquidar essas velhas rivalidades nos tomam como bodes expiatórios.

Labrousse protesta pelo fato de que os apresentaram, a ele e a Turpin, como exemplares típicos da traição e de que haja sido pronunciada várias vezes a palavra "espiões".

Mais adiante, num protesto vibrante que a platéia escuta tensa, tenta reduzir o caso às devidas proporções: trata-se simplesmente de duas ou três conversações entre ele e Turpin e entre ele e um jornalista.

— É escandaloso nos apresentar como se estivéssemos no centro de uma vasta organização de espionagem e traição. E quando a sorte de dois homens depende disso, a questão seria ridícula se não fosse odiosa.

Quando termina, seus óculos estão embaçados. Labrousse se senta, limpando as lentes com o lenço. Baylot se dispõe a continuar seu testemunho, impassível, como se não tivesse escutado Labrousse. Mas o protesto está consignado.

O restante do depoimento de Baylot é de caráter secreto.

Duelo de testemunhas

Três da tarde: nova audiência pública. É um duelo dramático entre as testemunhas Mitterrand, Dides e Baylot. Quando começa a sessão, o ex-ministro do Interior toma a palavra para responder à afirmação de Baylot de que fora informado dos vazamentos.

Mitterrand disse que sim, evidentemente, mas não oficialmente e sim pelos boatos de rua.

Neste ponto, o ex-chefe de polícia se senta à esquerda de Mitterrand. Demonstrando uma memória assombrosa, Mitterrand defende sua tese, com dados e datas precisos, apesar de não trazer anotações. Sua acusação mais importante ao ex-chefe de polícia é a seguinte: enquanto se orientava a investigação com base nas informações de Baranes — isto é, do Partido Comunista — a questão não conduziu a lugar nenhum. Em compensação, 24 horas de investigação pelo lado da secretaria do Comitê de Defesa Nacional permitiram pisar em terreno firme.

A testemunha Dides, que chega um pouco atrasado, adianta-se então na ponta dos pés até a barra das testemunhas. Situa-se à direita de Mitterrand. O ministro da Justiça parece se lembrar então de outros pontos essenciais.

O mistério de Van Chi

— Por que se suspeitou do senhor Mitterrand?

Em sua resposta, Dides quer ser bem preciso. Há uma diferença entre suspeitar e acusar. Não acusou ninguém, não mencionou nenhum nome. Mas admite ter abrigado certas dúvidas.

— Por quê?

Dides vem outra vez com o nome misterioso na ponta da língua: Van Chi. Esse homem freqüentava Mendès-France. Dides se dirige a Mitterrand:

— Por outro lado, também o senhor colaborava numa publicação impura.

Falou-se então de "guerra podre", em referência à Indochina, quando o país estava em guerra.

Então o ministro decide revelar o mistério do misterioso personagem: Van Chi. Mitterrand admite que o conhecia. Viu-o uma única vez na vida, em seu gabinete. Era certo que freqüentava algumas personalidades do momento. Mas se Dides sabia que era um espião, por que não o prendeu?

— Que faziam então os serviços do senhor Baylot, do senhor Martinau-Deplat e o governo Laniel?

Dides responde que, se tivesse prendido o misterioso personagem que "com absoluta segurança era um traidor", teria sido reprovado. Em seguida volta a um de seus pontos: não acusou Mitterrand. Simplesmente como Mitterrand colaborava num semanário político, "digo-lhes francamente que essa colaboração era inquietante".

Mitterrand se exalta.

— Não posso admitir — diz — a acusação de que os membros do governo do senhor Mendès-France facilitaram a traição.

(Evidentemente se refere a uma declaração de Baylot, repetida várias vezes por Dides: "Ao deter Baranes, a DST impediu que se conhecessem os beneficiários dos vazamentos.") Sem baixar o tom da voz, Mitterrand continua:

— Os homens devem ser julgados por suas atividades de toda uma vida. É necessário falar das atitudes assumidas por eles diante do perigo. Quando se fala de traição é necessário conhecer primeiro a atitude que alguém assumiu em 1943 diante da Gestapo.

Nesse momento a audiência é suspensa. Começa a anoitecer. Um vespertino diz: "O debate está a 200 quilômetros do processo." Mas outros afirmam o contrário. No metrô, nos cafés que começam a abrir seus terraços com a aproximação da primavera, os habitantes de Paris se perguntam, perplexos:

— Onde diabos vai parar esta história?

Implicações políticas

A intervenção do ministro da Justiça, Mitterrand, colocou o debate em outro plano. "É impossível desvincular este assunto de suas implicações políticas", se diz, e é exatamente esse o campo a que Mitterrand o levou. Até há dois dias se tratava simplesmente de estabelecer a responsabilidade de quatro acusados no caso dos vazamentos. Mas Mitterrand, de certo modo, fez uma acusação que não estava prevista no processo mas está intimamente vinculada a ele. Segundo o ministro da Justiça, os vazamentos existiam em 1954, quando Mendès-France assumiu o poder. Mas a partir daí alguns membros do governo — concretamente Baylot e Dides, em associação com Baranes — tentaram implicar o presidente do Conselho de Ministros e seu ministro do Interior, Mitterrand, no caso dos vazamentos. Eles tentaram demonstrar, por intermédio dos documentos de Baranes, que os membros do governo estavam em contato com o Partido Comunista e alguns deles forneciam à extrema esquerda segredos do Comitê de Defesa. É isso que Mitterrand dá como certo. E denuncia como falsa a tese de que Baranes obtinha suas informações no Partido Comunista.

O brilho com que o ministro da Justiça sustentou seus pontos de vista, a própria distinção de sua pessoa e a respeitabilidade de sua investidura impuseram ao processo um esplendor inusitado. Desde ontem o público se esqueceu dos quatro acusados, porque agora os acusados são outros: Dides e Baylot.

Uma prova para Mitterrand

No segundo dia de sua intervenção, Mitterrand manifestou: a) que quando chegou ao Ministério do Interior não foi informado dos vazamentos; b) que seus próprios subalternos suspeitavam dele; c) que em junho de 1953 foi acusado de ser o autor das divulgações; d) que em setembro de 1954 o funcionário que tinha em seu poder documentos de extraordinário valor não os deu a conhecer aos superiores; e) em tudo isto não houve mais que uma trama contra o governo Mendès-France.

Feita esta exposição, Mitterrand se volta para Baylot com uma pergunta concreta: por que só se conheceu em outubro de 1954 a existência de um documento básico, ou seja, o relatório de 31 de maio?

Baylot não parece surpreendido pela pergunta. Diz que não conservou cópia do relatório. As únicas duas cópias foram entregues, uma a Dides e a outra a Martinau-Deplat, ministro do Interior do governo Laniel.

— Por outro lado — conclui Baylot — se o senhor tivesse me pedido eu teria mostrado esse relatório.

Mitterrand, com uma formidável habilidade parlamentar, tira uma conclusão:

— Isso prova que não fui informado.

O presidente da audiência aproveita a oportunidade para definir a situação. Pergunta a Baranes se sustenta sua declaração anterior de que Duclos era informado por um ministro. Baranes não vacila:

— É certo. Meu único dever era desmascarar a traição.

Dides com atitude de acusado

Dides, que permanecia na expectativa, encontra uma brecha para introduzir seu discurso:

— Todo mundo sabe que o senhor Mitterrand não gostava de mim.

E recorda sua entrevista com o chefe de polícia Dubois, a quem dissera, respondendo a uma pergunta, que o ministro do Interior *m'avait dans le nez*.

Mitterrand o interrompe, com a finalidade de lhe fazer algumas perguntas. Talvez sem saber, talvez não querendo, Dides assume então uma atitude de acusado.

O ministro da Justiça quer saber: para que diabos servia o serviço anticomunista de Dides? Esse serviço dispunha de dez colaboradores. De acordo com todas as declarações, o único informante ativo de Dides era Baranes. O que fazia o resto do pessoal?

O presidente lembra que, segundo Baylot, havia outros informantes além de Baranes. Mas Baylot não esclarece o ponto.

Mitterrand, que foi tão hábil para se converter em interrogador de Dides quando Dides começava a atirar por conta própria, propõe outro problema: diz que a 28 de setembro, no momento da tempestade dos vazamentos, Dides declarou:

— A mesma pessoa que está à frente da investigação, o senhor Wybot, é comunista.

Uma informação nesse sentido, se diz, foi transmitida por Dides a Baylot. Baylot confirma, mas se põe na defensiva. Diz que nessa informação figurava uma prova de que alguns agentes da polícia, simpatizantes comunistas, informavam o PC das medidas policiais que se pensava tomar contra ele.

"O espião é o senhor!"

Depois de um prolongado debate Mitterrand-Dides-Baylot, ao final do qual poucas dúvidas haviam sido tiradas, o ministro da Justiça fica dono do terreno. E em seguida tenta esclarecer a posição de Baranes:

— Até agora — diz — conhecemos quatro teses: uma, Baranes interessado só no dinheiro; duas, Baranes patriota; três, Baranes agente da trama; quatro, Baranes comunista envenenando seus companheiros contra certos dirigentes.

— Qual dessas teses é a certa?

Diz Mitterrand:

— Concordo com aqueles que afirmam que destas teses só duas se sustentam: ou bem Baranes é um espião comunista...

Baranes salta da cadeira. Dá um grito, apontando com o indicador para o ministro da Justiça:

— O espião é o senhor!

Mas o ministro não pestaneja:

— Ou então Baranes é um agente da trama. De qualquer maneira se deve descartar a tese de Baranes patriota.

Um dado da caderneta

O incidente com Baranes reverbera na sala. O acusado está excitado. Não sabe o que fazer do corpo. Enquanto um grupo de agentes tenta acalmá-lo, um dos advogados de Baranes, Marcel Reynaud, fala de uma caderneta de endereços do misterioso Van Chi, que figura no sumário. Nessa caderneta, diz o advogado, há um número de telefone de um senhor Mitterrand com um único *r*.

O ministro da Justiça recorda calmamente que só viu Van Chi uma única vez em sua vida.

— É curioso — diz negligentemente o advogado de Baranes. — Porque o nome é o mesmo.

Mas o presidente intervém: de fato, na caderneta há um sobrenome, *Mitterrand*, mas sem qualquer nome.

Então, pela primeira vez em sua intervenção, Mitterrand parece sair de seu comportamento habitual. Volta-se para o advogado e o repreende:

Quem era o beneficiário dos segredos?

— Por que disse "o mesmo nome"? Por que fez uma cara de quem está lendo uma caderneta? Onde é que você quer chegar?

O outro advogado de Baranes, o hábil parlamentar Tixier de Vignancourt, prolonga o tema com uma pergunta sobre o serviço de Dides. Mitterrand diz que esse serviço nunca prestou qualquer benefício.

— Então — pergunta o advogado de Baranes — esse serviço continuou a ser pago em 1954?

Mitterrand explica que só conhecia as cifras globais. E logo, recobrando de novo a serenidade, o ministro da Justiça se dispõe a explicar como chegou à conclusão de que era preciso prender Dides a 13 de setembro de 1954, na saída do Ministério dos Estados Associados.

Incidente com Baylot

— Convencido de que o senhor Dides nos estava ocultando a verdade — diz Mitterrand —, persuadi o ministro Fouchet a recebê-lo em seu gabinete.

Era preciso provar que Dides tinha em seu poder documentos que não comunicara ao seu superior, Dubois. Mais adiante o ministro da Justiça faz outra revelação sensacional: em julho de 1954 a função de Dides se limitava a receber os segredos de Baranes e se aproveitar deles para inquietar os meios da oposição. Mitterrand conclui que Dides poderia ser visto como um ingênuo, dependendo da perspectiva.

— E a explicação que melhor lhe convém — diz.

À pergunta de um advogado, responde que, no seu modo de ver, a única fonte de informação de Baranes era a secretaria do Comitê de Defesa Nacional. O interpelador, que parece satisfeito com a resposta, volta-se então para Baylot.

— Não me atrevo a dizer que o senhor teria estado no centro de uma trama. Mas me atrevo a dizer que Labrousse e Turpin são vítimas de uma trama que o senhor não desconhecia.

O ex-chefe de polícia leva as mãos à cabeça. Protesta energicamente e diz que a única coisa de que não pode ser acusado é o que agora fazem seus acusadores: formular acusações levianas.

Quem era o beneficiário?

Imediatamente depois do incidente de Baylot o advogado de Labrousse quer conhecer outro ponto de vista importante de Mitterrand:
— Quem é, em suma, o beneficiário dos vazamentos?

— Isso — responde o ministro da Justiça — depende da versão Baranes que se queira aceitar. Como ele se apresenta às vezes comunista e às vezes anticomunista, pode-se ter uma opinião diferente segundo o caso. A menos que o senhor Baranes seja outra coisa além de industrial de papéis falsos.

Depois de duas sessões consecutivas, o ministro da Justiça deu um exemplo: é possível acusar e ser acusado, intervir nos debates mais tempestuosos sem perder a serenidade e a compostura. Em alguns momentos pensou-se que Mitterrand perderia as estribeiras, tão agressivas foram as interpelações. Mas ele deu um depoimento brilhante, inteligente, sem levantar o tom da voz. Ao concluir a segunda etapa de sua intervenção, os defensores dos acusados parecem dispostos a suspender a investida. Somente Tixier de Vignancourt, advogado de Baranes e conhecido político de direita, lança um último dardo solto: desaprova a atitude do ministro da Justiça diante da guerra da Indochina, quando era ministro do Interior.

A guerra da Indochina

Mitterrand recebe o dardo, apóia-se energicamente na barra e devolve a provocação com uma pancada que faz tremer a sala de audiência:

— Minha posição em relação à guerra da Indochina — diz — é muito conhecida. Acreditei, e disse no momento oportuno, que era um erro político, um erro histórico e um erro militar. Essa guerra, sustentada em condições tão difíceis, diante de uma revolução mundial na qual estão já comprometidos 600 milhões de seres, não podia permitir uma vitória da França. Estimei que as perdas de homens e material sofridas na frente de batalha eram de tal modo consideráveis que nos fariam falta quando se apresentasse o mesmo problema na África do Norte. Toda a astúcia e a inteligência da oposição que o senhor (Tixier de Vignancourt) representa tentaram colocar no mesmo saco, de fazer uma única coisa, a opinião do Partido Comunista e a daqueles que apoiavam a política da França na Argélia por meio de uma política ousada. Isso foi tão bem urdido que, se faltasse uma prova, aqui estaria o caso dos vazamentos para comprovar.

Mitterrand deixa a barra e é substituído por seu antigo colega, Fouchet, ministro dos Estados Associados no governo Mendès-France.

A audiência é suspensa. É uma da tarde. Como um tropel de mulas, os jornalistas dos vespertinos se precipitam para o telefone. No meu relógio é outra hora: um pouco depois das seis da manhã na Colômbia. Não toca nenhum telefone na grande sala da redação, que precisamente neste momento desfruta de sua única hora de tranqüilidade.

Ao meu lado caminha uma velha raposa do jornalismo, correspondente de *O Globo*, do Rio de Janeiro. Tem 22 anos de profissão. Conheci-o em Genebra, tranqüilo num terraço cheio de flores enquanto seus companheiros se afobavam na conferência dos Quatro Grandes:

— Já sei como tudo isso vai terminar — me disse.

E seus prognósticos se cumpriram. Logo depois tropecei com ele em qualquer lugar da Europa onde se necessitava de mais de meia dúzia de jornalistas. Pus uma alcunha em Novais Teixeira: "O português errante".

— Isto não vai a lugar nenhum — digo-lhe, referindo-me ao processo.

Mas ele tem outra opinião:

— Não se preocupe, porque estas trapalhadas rebentam onde menos se espera.

"Um comunista que arrisca sua vida"

A terça-feira 20 de março — décima segunda audiência — começa com uma testemunha inesperada: André Pelabon, chefe de gabinete de Mendès-France. Os jornalistas sabem que este homem cartilaginoso, com óculos que lembram armações de arame fabricadas por crianças, sabe de alguma coisa que ainda não chegou à redação dos jornais. Ele, mais do que ninguém, conhece as intimidades do caso dos vazamentos, porque foi quem colocou a investigação no caminho que levou a Baranes, Turpin e Labrousse.

— O presidente, senhor Mendès-France, perguntou-me em julho de 1954 se eu podia determinar com precisão as datas de reunião do comitê central do Partido Comunista.

Tratava-se de estabelecer se os informes em poder de Dides coincidiam com as reuniões do Comitê de Defesa e também com as reuniões do Partido Comunista. Pelabon diz que durante sua longa carreira viu muitos documentos secretos e que, logo que viu os de Dides, deu-se conta de que entre eles havia algo falso.

"Um comunista destemido"

> Assim aconteceram as coisas: Fouchet, visitado por Dides, comunicou a questão dos vazamentos a Mendès-France. O presidente do Conselho de Ministros perguntou quem era o informante de Dides e lhe foi dito: "Um comunista que arrisca sua vida." Mas Mendès-France queria saber se isso também estava certo. Encaminhou o caso ao seu experimentado chefe de gabinete, Pelabon, que tratou de se informar sobre as datas de reunião do PC, por intermédio da polícia e da segurança. Nenhum dos dois organismos pôde responder. Só três dias depois Pelabon deduziu dos termos dos dados de Baylot que ele e Dides tinham o mesmo informante. Quem era? A resposta foi a mesma: "Um comunista que arrisca sua vida."

Uma trama

Quando Pelabon atou as pontas, com o auxílio da DST, decidiu prender Dides (por esta época mudara o chefe de polícia), pois se comprovou que o comissário não informava seu superior. Só se podia recorrer a um subterfúgio para capturar Dides com os documentos na pasta: que seu amigo, o ministro Fouchet, o chamasse ao seu gabinete.

Pelabon confirma: o ministro Fouchet aceitou, com a condição de que não se tornasse cúmplice de uma armadilha. Por isso pediu para que a DST não detivesse o comissário dentro do ministério. Mais ainda: os agentes queriam prendê-lo na própria porta, e Pelabon, cumprindo a promessa feita a Fouchet, disse:

— Não. Devem deixar que se afaste pelo menos 200 metros.

Um dos advogados interpela:

— O senhor acredita que existia uma trama contra o governo?

— Tudo parecia indicar que os documentos foram falsificados para criar essa impressão.

O 3 e o 5

Baylot aproveita então a oportunidade para explicar por que não informou o ministro de governo e nem ao seu superior, Dubois. Intervém para dizer que anunciou a Pelabon seu propósito de procurar o ministro de governo e que ele respondeu:

— Não faça nada. Não diga nada.

Pelabon confirma. Mas explica que se tratava de fazer uma investigação rápida dentro do maior segredo, como evidentemente se fez. Não se tratava de esconder a investigação.

— Que interesse havia de não informar o senhor Mitterrand?

— Não se tratava de descartar o ministro do Interior — responde Pelabon ao presidente. — Tratava-se de não falar absolutamente a ninguém.

Depois de uma breve controvérsia em torno do fato de não ter informado Mitterrand — que Baylot trata de atribuir exclusivamente a Pelabon —

o antigo chefe de polícia quer determinar uma data: não foi a 5, e sim a 3 de julho, que levou seu primeiro informe a Pelabon. Pelabon insiste que foi a 5. Dides esclarece que não comunicou nada dia 2 a Baylot, porque acreditava que ele estava fora de Paris. Mas informou-o no dia 3 pela manhã. E, naquele mesmo dia, disse Baylot, Pelabon foi informado.

A discussão não é acadêmica. Trata-se de estabelecer se Baylot teve informações durante dois dias sem informar Pelabon, embora Pelabon as tenha solicitado. Mas nenhum dos dois cede num ponto: Baylot e Dides insistem que foi no dia 3. Pelabon insiste que foi no dia 5.

Um incidente violento

A sessão termina com um incidente violento. A questão começa quando Marey — ex-chefe da segurança — entra na sala de audiência à espera de ser convocado para dar seu testemunho. Um dos advogados protesta: fere o código de instrução criminal que uma testemunha espere a convocação dentro da sala de audiência. Até aquele momento nada se passou, mas o ambiente fica tenso. Alguém vai mais a fundo: o caso justifica a anulação do processo. Suspende-se a sessão. Estuda-se o incidente e a audiência se reinicia poucos minutos depois com uma resolução: a atitude de Marey não justifica a anulação. Então Dides vai à barra para responder a uma velha acusação do ex-chefe da segurança:

> — Fui publicamente acusado de ter enviado meus documentos a um serviço americano. Não é verdade. Por outro lado, os americanos deviam estar mais bem informados por intermédio da OTAN e da SHAPE (Supreme Headquarters Allied Powers Europe).

Marey sustenta esse ponto de vista, mas insiste que só falará em sessão secreta. O coronel Gordon — promotor do governo — considera essa possibilidade admissível, se Marey tem na verdade coisas secretas a dizer. Um dos advogados, Sarda, faz então um comentário, que indiretamente implica uma revelação jornalística importante: não valerá a pena fazer a reunião secreta, diz, se Marey declarar depois, como fez o outro, Baylot, "que a sessão não é suficientemente secreta para revelar segredos".

Marey admite que, de fato, há algumas coisas que não poderiam ser reveladas. Dides se agarra a essa declaração: considera ridículo ter esperado 18 meses pelas acusações de Marey para que agora ele deixe a dúvida pairando. É o começo do terremoto. Um momento depois, numa sala em que todo o mundo fala, Marey assegura que Dides afirmou, em certa ocasião, que "seu dever era informar". Dides lança um berro:

— Mentira!

> É impossível tomar nota do que acontece depois. Todos os presentes se juntam num só corpo. Dides lança um ataque a Marey e Marey, colérico, devolve o ataque, enquanto o presidente da audiência grita que a sessão está suspensa.

O incidente ocorre a 21 de março. A 22, às oito e meia da manhã, continua o problema, pois Marey, que era esperado para continuar sua intervenção, chega com atraso à audiência. Retoma-se uma discussão sem muito sentido, com intervenção de todos os advogados. O ex-chefe da segurança insiste em seu ponto de vista de que Dides estava em contato com meios americanos. Mas esclarece ao concluir:

— Não quis dizer, em todo o caso, que o senhor Dides fosse um agente americano.

Dides fica satisfeito. Mas essa satisfação custou um dia inteiro de sessões. Felizmente o dia seguinte é decisivo. Mendès-France está convocado para as oito e meia da manhã.

Ao se iniciar a terceira semana de audiências, a multidão se sente com o ânimo renovado. Trata-se de uma sessão pública em que se terá a oportunidade de escutar o testemunho de um dos homens mais bem qualificados da França, Pierre Mendès-France. Desde as sete da manhã, uma multidão sem agasalhos pela primeira vez depois de seis meses — o termômetro assinala 18 graus — se precipita nos corredores do Palácio da Justiça.

Mendès-France é um homem pontual: às 8h25 estaciona seu Citroën preto diante da porta das testemunhas. O ministro desce, em companhia do coronel Comadou, chefe do tribunal militar, e de Pelabon. Seus partidários o aplaudem. Mendès-France, com um sobretudo azul-escuro, cachecol da mesma cor e outra vez a mesma cor no queixo acabado de barbear, sorri para os fotógrafos e penetra no Palácio da Justiça. Cinco minutos depois, quando se inicia a audiência, o ministro está já na barra das testemunhas.

Detalhes íntimos

Fala com voz de tons profundos. Agora, sem o sobretudo e o cachecol, pode-se confirmar que Mendès-France não mudou seus hábitos no vestir: tem a camisa azul-escura com gravata da mesma cor. É tudo azul por fora, em contraste com sua pele, que é pálida e lisa. Como todas as testemunhas anteriores, Mendès-France começa por recapitular os fatos, mas desta vez os pormenores são mais íntimos. O público tem a sensação de estar percorrendo com o ministro os corredores mais secretos do governo da França, há dois anos.

> — Afirmou-se várias vezes — diz — que o senhor D'Astier de la Vigerie me remeteu os documentos secretos sobre os vazamentos.
> Mas não é verdade. Em primeiro lugar, no período anterior a 2 de julho de 1954, as relações entre Mendès-France e D'Astier de la Vigerie se tornaram "reservadas, se não hostis". Em segundo lugar, ele — como chefe do governo em 1954 — só teve conhecimento dos vazamentos depois que Dides visitou o ministro Fouchet. Foi Fouchet quem lhe fez as primeiras revelações.

Um informante comum

De acordo com a declaração de Mendès-France, as coisas ocorreram deste modo: quando foi informado por Fouchet, Mendès-France se sentiu alarmado. Perguntou qual era a fonte dessas informações e Fouchet lhe falou de Dides. Foi essa a primeira vez que Mendès-France ouviu falar do comissário.

Fouchet acrescentou que o informante de Dides era "um comunista que arriscava sua vida".

O chefe do gabinete chamou imediatamente Pelabon. Esse homem, de absoluta confiança, tinha uma admirável experiência como ex-chefe da segurança e chefe de informação da França Livre. Pelabon foi encarregado de averiguar se nos últimos dias se realizara uma reunião do comitê central do Partido Comunista. Mas naquele mesmo dia não se pôde confirmar nada nem pela chefatura de polícia, nem pela segurança. Só dois dias depois Baylot chamou Pelabon e lhe disse:

— Sim, houve reuniões nos últimos dias. Trataram especialmente de questões militares.

Baylot acrescentou uma frase:

— Soube por um informante que arrisca sua vida.

— Essa frase — disse Mendès-France — me golpeou terrivelmente; por ela deduzi que Baylot e Dides tinham um informante comum. Esse foi o primeiro passo.

"Quem toma notas?"

Mendès-France reconhece que Baylot recebeu uma instrução: "Não falar a ninguém". Mas isso não significa interromper a investigação. Quanto a Mitterrand, Mendès-France considera ridículo que se tenha suspeitado dele.

— Se eu — disse — tivesse abrigado a menor suspeita, o senhor Mitterrand não permaneceria 24 horas em meu gabinete.

Desde o primeiro momento, Mendès-France se fez uma pergunta: "Quem toma notas?" Naturalmente, a secretaria do Comitê de Defesa. O presidente do Conselho de Ministros chamou então ao seu gabinete Jean-François Mons, a quem interrogou minuciosamente sobre a maneira como tomava suas notas e a segurança com que as cuidava. Ao cabo de um momento, Mons fez o seguinte comentário:

— Este interrogatório me lembra o que me fizeram os senhores Pleven e Martinau-Deplat há seis semanas. Depois dos vazamentos de maio.

— Foi assim que soube que já se haviam registrado vazamentos — disse Mendès-France. E acrescenta seu assombro com o fato de não ter sido devidamente informado no momento em que assumiu o poder. Este fato redobrou seu alarma. Pediu audiência ao presidente da República, Coty, e ali teve outra surpresa: o presidente já havia recebido cópia do documento de Dides.

Naqueles dias Mendès-France teve de partir para Genebra. Mas Pelabon continuou investigando.

Ouve falar de Baranes

Ao regressar, a investigação estava adiantada. Pelabon lhe fez um balanço pormenorizado dos fatos: o informante de Fouchet era Dides (Mendès-France não revelara esse nome a Pelabon) e o "comunista que arrisca sua vida" era um jornalista, André Baranes. Foi a primeira vez que Mendès-France ouviu mencionar esse nome.

— Devo admitir que naquela época eu não tinha muito tempo para me ocupar do caso — disse. Na realidade, depois da conferência de Genebra, teve de participar da de Bruxelas e, por último, do debate sobre o CED.

Em seus "momentos livres", Mendès-France ouviu falar do caso dos vazamentos. Suspeitava-se publicamente de um ministro. Mas não estava disposto a se guiar por suspeitas. Necessitava de uma pista firme e ela só podia ser fornecida por uma vigilância absoluta da próxima reunião do Comitê de Defesa. Por fim, a 10 de setembro a oportunidade se apresentou.

Revelações da testemunha Mendès-France

A sala de reuniões do Champs-Elysées teve cada centímetro quadrado rastreado. Três especialistas se encarregaram da operação, e ao cabo de quatro horas chegaram à conclusão de que se devia descartar a hipótese de um microfone secreto. Mas admitiram outra possibilidade: uma emissora de ondas curtas. A 10 de setembro, dia em que se realizou uma reunião decisiva, o palácio presidencial estava rodeado de uma completa instalação para captar as ondas curtas. Nada se registrou.

A sessão, enquanto isso, se realizou. Mendès-France impõe certa dramaticidade ao relato; sem perder o fio do debate, diz que vigiou minuciosamente cada um dos participantes.

— Desculpo-me diante deles por ter assumido esta atitude — diz. E acrescenta que, concluída a sessão, não lhe restou a menor dúvida de que não era por ali que se devia procurar a origem dos vazamentos. Enquanto isto, a DST vigiou Dides e Baranes.

Aproxima-se a tormenta

Poucos dias depois chegou-se a uma conclusão. Dides foi preso. As notas dele e as de Baranes foram comparadas com as da secretaria do Comitê de Defesa, e Turpin e Labrousse prestaram à DST as já conhecidas declarações.

Mendès-France quer depois ser mais explícito a respeito do personagem misterioso, Van Chi. No momento da investigação, disse, soube-se em certos meios que na casa de Van Chi seriam encontradas as provas de suas relações com esse personagem. O presidente do Conselho de Ministros soube e ordenou pessoalmente uma revista na residência de Van Chi.

> Aquele nome estranho parecia ter a virtude de renovar a emoção na sala. Até aquele momento Mendès-France falou sem interrupção. Mas quando menciona Van Chi há impaciência na barra dos advogados. O público sente que a tormenta se avizinha.

Um momento depois, o advogado de Baranes, Tixier de Vignancourt, pede a palavra à presidência. Há uns breves segundos de silêncio. Mendès-France morde os lábios e espera. O público espera. Os jornalistas dos vespertinos, que assistem à audiência com os minutos contados, parecem ter dado corda à mola que os colocará de um salto junto ao telefone.

Mendès-France arruma o colarinho de sua camisa e se prepara para a tempestade.

— Por que — pergunta a Mendès-France o advogado de Baranes — o senhor não fez nenhuma pergunta aos seus predecessores quando teve conhecimento dos vazamentos no governo anterior?

— Seu silêncio no momento da transmissão do poder me deixou desconfiado.

Quanto à atitude de Mons, Mendès-France lamenta que o secretário geral do Comitê de Defesa não assumisse atitude mais clara.

— Não creio — disse Mendès-France — que fosse cúmplice dos vazamentos, mas em compensação guardou silêncio quando poderia nos ajudar. Isso não lhe perdôo.

Mons intervém, evidentemente emocionado. Diz que observou a mesma "regra de ferro" que Mendès-France recomendou aos seus subalternos. E recorda que não podia se desfazer de suas notas sem a autorização do presidente da República. Só quando obteve esta autorização Mons enviou as notas. Não aos investigadores, mas diretamente a Mendès-France, de acordo com a ordem do presidente da República. Assim explica seu atraso.

As relações com Van Chi

Quando termina o incidente com Mons, Mendès-France esclarece suas relações com Van Chi, respondendo a uma pergunta do presidente da audiência. Sua resposta é a seguinte: Van Chi lhe foi apresentado como um euro-asiático de espírito muito francês que desejava colaborar numa solução pacífica para a Indochina. Sua entrevista, em 1951, foi "muito vaga" e Mendès-France pôde perceber que "Van Chi já havia conversado com outros personagens franceses".

Mais tarde, Mendès-France conversou com Van Chi três ou quatro vezes. O estranho personagem lhe disse que estava em contato com o governo *vietminh*. Mas Mendès-France não o levou ao pé da letra. Na realidade, na conferência de Genebra, de que Van Chi também participou, Mendès-France pôde verificar que ele não tinha nenhum papel importante na delegação vietnamita.

Atualmente, Mendès-France ainda não sabe se Van Chi era um espião internacional ou um simples propagandista.

Uma revelação sensacional

Minutos depois, Mendès-France é acossado pelas perguntas de dois advogados. Sarda deseja que o ex-presidente do Conselho de Ministros diga o que sabe sobre as relações de Dides com alguma agência americana.

— Nada sei de concreto — diz Mendès-France.

Mas, em compensação, relata um incidente que provoca sensação na sala. A coisa ocorreu em outubro de 1954, em Londres. Um dia, espontaneamente, o secretário de Estado dos EUA, Foster Dulles, chamou-o de lado e lhe disse:

— Recebemos da França documentos *dirty* contra o senhor. É evidente que querem lhe causar prejuízo. Mas não atribuímos nenhum valor a esses documentos repugnantes.

Os documentos, de fato, foram examinados pelos serviços americanos e considerados sem nenhum valor.

— Quem os encaminhou ao governo dos Estados Unidos?
— Mistério.

Os advogados de Baranes querem então precisar os pontos de vista de Mendès-France sobre os primeiros vazamentos.

— Não estou aqui — responde — para desculpar os ministros de 1953, com os quais eu não concordava.

E acrescentou que o importante em seu favor é que o governo presidido por ele foi o primeiro a empreender uma investigação completa. Em benefício da investigação, não vacilaram sequer em suspeitar dos próprios amigos.

— Não quero recriminar meus antecessores — diz. — Mas no que se refere a nós, creio que cumprimos nosso dever.

Evidentemente, Tixier de Vignancourt quer ir mais a fundo. Retorna à questão dos vazamentos de julho e afirma sua impressão de que só um ministro pode ser responsável por elas. O advogado Hayot acredita interpretar a idéia do advogado de Baranes:

— O senhor Tixier de Vignancourt se refere ao senhor Mitterrand?

Mendès-France se encarrega da resposta:

— Evidentemente — diz — o senhor Tixier de Vignancourt quer falar de um ministro que pertenceu ao meu governo e ao anterior. Só se pode tratar de dois: o senhor Mitterrand e o senhor Faure. — Mendès-France deseja protestar contra este "trabalho abominável". — Desejo que deste processo resulte algo concreto e que o país saiba que não houve no governo homens capazes de traição. Estou envergonhado por ter ouvido semelhante argumento.

Tixier de Vignancourt diz que não foi bem interpretado. E Mendès-France, encarando-o, diz que o advogado de Baranes procederia de outro modo se tivesse o "sentido de nação".

"Uma insinuação"

As palavras "sentido de nação" estalam como uma bomba na sala. Tixier de Vignancourt, exaltado mas controlando ainda sua emoção, prefere considerar que "as palavras do senhor Mendès-France rebaixaram seu pensamento". Mendès-France permanece imperturbável. O presidente intervém, consegue impor a ordem e pergunta a Tixier Vignancourt se o advogado Hayot interpretou bem suas palavras quando lhe atribuiu a insinuação sobre Mitterrand.

Tixier de Vignancourt faz um rodeio e diz que prefere repetir suas palavras:

— Eu disse que os vazamentos de 1953 não tiveram por autor um dos acusados presentes.

Insiste em que esses vazamentos só podiam vir de um ministro. E conclui que foi ninguém menos do que Pleven quem o disse.

— O senhor Mendès-France diz agora que não pode responder pelos ministros anteriores ao seu governo, e eu digo que alguns deles foram ministros seus.

Tixier de Vignancourt quer saber se a presidência considera isso como acusação.

— Não, mas é uma insinuação — diz Mendès-France.

Mendès-France conclui

Tixier de Vignancourt quer ir mais adiante: diz que nas suas palavras não há insinuações. Em compensação, diz, existem algumas na interpretação que delas fez o advogado Hayot.

Então o advogado Hayot se levanta. Protesta. Fala da honra. Dos seus trinta anos de vida profissional. O presidente intervém, mas sua voz se perde entre os gritos dos advogados. Quando se impõe a ordem, é tarde demais para seguir adiante. A sessão é suspensa e Mendès-France encerra sua intervenção.

Quando sai à rua, cai uma chuva miudinha. O primeiro chuvisco da primavera, depois de um dia esplêndido. Apesar de tudo, a multidão espera. Esta noite sua fotografia está em todos os jornais. São fotos captadas na entrada e na saída. Dentro da sala, desde o primeiro dia, não se permite a presença de fotógrafos. Mas os vespertinos recorreram a algo que não pode ser impedido: desenhistas se acomodaram na tribuna da imprensa.

Um deles, Bering, do *France-Soir*, trabalha intensamente há três semanas. Acompanha com atenção minuciosa cada um dos movimentos das testemunhas. Toma notas. Meia hora depois de iniciada a audiência, sua mesa de trabalho está cheia de papéis confusos. Dali surge um desenho vivo, caloroso, uma verdadeira fotografia a lápis que, terminada a sessão, passa para a oficina do jornal. Esta tarde, às seis, os leitores têm uma visão gráfica daquilo que os fotógrafos não puderam registrar.

Calculara-se que as audiências durariam dez dias. Já se vão três semanas e ainda faltam testemunhas importantes. Para amanhã está convocada uma testemunha que sem dúvida fará revelações sensacionais: Wybot, diretor da DST, o homem que armou o quebra-cabeça do caso dos vazamentos.

Wybot depõe

Wybot é chefe da DST desde o tempo da Liberação. Chega com pontualidade à barra das testemunhas. Como os que o precederam, faz uma recapitulação do caso desde o momento em que teve conhecimento dele. Começa por falar de Baranes. No seu modo de ver, era um agente duplo ou um incendiário. Acredita mais na segunda alternativa, por uma razão que evidentemente parece muito lógica: era uma coisa extraordinária crer em infiltração no Comitê de Defesa Nacional. Mas era já escandaloso acreditar que, ao mesmo tempo, se registrassem vazamentos também no comitê central do Partido Comunista. Dois fatos de semelhante envergadura ao mesmo tempo.

Relata, mais adiante, a prisão de Dides. Sua declaração coincide ao pé da letra com as de Mitterrand, Fouchet e Pelabon. Mas Wybot assinala outro ponto importante: as cópias dos documentos encontrados em poder de Dides circulavam por toda Paris.

— Que provas há sobre isso?

— De saída, havia cópias em poder de Baylot e outras em poder de um jornalista, A.M. Vigier.

Vigier foi quem deu sua cópia ao presidente da República. Como disse Mendès-France, Coty já conhecia os detalhes quando foi informá-lo.

Mais adiante, Wybot confirma: Baranes acusou Edgar Faure de ser o autor dos vazamentos.

As sugestões de Wybot

Mas é quando se refere às conversações com Mons que Wybot faz revelações interessantes. Numa conversa particular, Mons lhe contou como chegou à posição de secretário geral do Comitê de Defesa. De acordo com o testemunho de Wybot, Mons chegou à secretaria do Comitê após a Liberação; D'Astier de la Vigerie o nomeou para o cargo para vigiar Luizet, então chefe de polícia, e Flouret, encarregado do Sena.

Sobre o assunto dos vazamentos, Mons lhe dissera no decurso daquela conversa:

— O informante Baranes deve estar muito bem situado, pois pôde revelar que Edgar Faure abandonou a sessão, como de fato ocorreu.

Wybot diz que preparou uma nova conversa com Mons. Desta vez simulou dois quadros, um com as notas de Mons, outro com as notas de

Baranes. Mons, segundo Wybot, reconheceu imediatamente as semelhanças sem saber que as notas cotejadas com as suas eram as de Baranes.

Um pouco perturbado, Mons manifestou:

— Alguém me traiu. Tenho o hábito de comentar minhas notas em voz alta.

Então Wybot começou a fazer sugestões: Turpin? Labrousse? Mons defendeu Turpin. Tinha confiança nele. Quanto a Labrousse, pensou que não podia ter acesso aos segredos de seu gabinete.

Uma narrativa policial

O relato de Wybot adquire neste momento a intensidade de uma narrativa policial. É o ponto-chave do caso, narrado em seus instantes infinitesimais. Quando Turpin confessou, diz Wybot, o caso estava resolvido em princípio. Mons estava a salvo de qualquer suspeita. O diretor da DST o conhecia. Admirava-o. Quando contou a Mons a respeito da traição de Turpin, ele só se preocupou com uma coisa: que Turpin declarasse que tinha uma chave do seu armário. Mas Turpin disse outra coisa: vira as notas deixadas sobre a mesa de trabalho de Mons.

Finalmente, Mons reconheceu que, na verdade, em alguns momentos deixara as notas sobre a mesa.

Em busca do complô contra Mendès-France

Nesse momento, disse Wybot, havia, em seu entender, dois casos: um, Mons que informava D'Astier de la Vigerie, que o recomendara para o posto. E, segundo, um caso de *intoxication gouvernementale* montado por Baranes...

Wybot analisa a fundo o caso Mons. O secretário do Comitê de Defesa fora advertido desde maio sobre os vazamentos. Mas não advertiu Turpin, seu colaborador imediato, nem desconfiou dele. Por quê? Não há outra resposta: a confiança de Mons em Turpin era ilimitada.

Pelo tom geral e pelas avaliações concretas, o depoimento de Wybot muda o rumo do processo; é evidente sua convicção sobre a responsabilidade de Mons.

Desfile de testemunhas

As acusações de Wybot contra Mons são tão graves que a audiência do dia seguinte é dedicada quase por completo a respondê-las. É um desfile de testemunhas que se limitam a expressar sua admiração pelo secretário do Comitê de Defesa e a manifestar convicção em sua inocência.

A primeira testemunha, o marechal Juin, não duvida da "lealdade, patriotismo e sentido de nação do senhor Mons". O marechal Juin adquiriu essa convicção na África, quando Mons foi governador. Depois de se estender em emocionado elogio do acusado, conclui que, apesar das sombras com que se quer cobrir o nome do secretário do Comitê de Defesa, ele, marechal Juin, o tem em grande estima.

Depois do marechal Juin é a vez do general Guillaume: elogios a Mons. Depois veio o decano da corporação, Jacques Carpentier, companheiro de Mons desde os tempos da Liberação: elogios. Mons não parece se sentir aflito. Necessita destes testemunhos, porque na última hora todo o processo parece se voltar contra ele.

Ao terminar a audiência, Paris está sendo abandonada. Começa a semana da Páscoa. A cidade vai — aliviada de roupa depois de um dos invernos mais inclementes dos últimos anos — receber a primavera. Somente este grupo de homens comprometidos no processo não se recorda da semana da Páscoa. À medida que se prolongam as audiências, uma pergunta se faz cada vez mais freqüente:

— Aonde vai parar tudo isto?

A imprensa começa a dar uma resposta alarmante: "Jamais processo algum foi tão desconcertante e contraditório."

O processo poderia ter acabado na segunda-feira, 27 de março. Mas um dos acusados, Labrousse, considerou que ainda faltavam alguns pontos por esclarecer. São eles, entre outros:

1) As relações entre Dides e Lallier, adido da embaixada dos Estados Unidos na França.

É um ponto importante, pois tudo indica que Labrousse tenta demonstrar que foi por intermédio dele que Dulles recebeu os documentos *dirty* de que falou a Mendès-France em Londres. Assim — supõe-se — ficaria demonstrado que houve um complô contra o governo Mendès-France, como ele e seu ministro do Interior, atual ministro da Justiça, afirmaram no tribunal militar de Paris.

2) A movimentação de Baranes depois de 10 de setembro.

Na realidade, como disse Wybot, desde esse dia a DST interrompeu a vigilância sobre Baranes em cumprimento de uma ordem. O jornalista continuou a ser vigiado pela polícia. Mas o relatório dessa vigilância não aparece em nenhum lugar.

Incidente com Baranes

No curso dessa intervenção de Labrousse se registra um incidente com Baranes. Labrousse fizera algumas alusões evidentemente dirigidas contra o jornalista. Furibundo, ele lança um tiro de canhão:

— Querem saber o que fiz depois de 10 de setembro? — E ele mesmo responde: — Se aparecer o relatório, se verá nele que durante essa semana me encontrei com o senhor Labrousse e não com o senhor Mons ou o senhor Baylot.

Diz que não veio se apresentar como herói, mas alega, como prova de seu patriotismo, que serviu voluntariamente na marinha e não só é um militar de carreira mas também pensionista de guerra.

A longa controvérsia é um desperdício de tempo. Mas os acusados têm o direito à palavra. Só depois que eles acabam de falar sobe alguém à barra das testemunhas: Robert Hirsc, prefeito do Sena e antigo diretor da Sureté. Desde o começo Hirsc só se refere a um personagem: André Baranes, que conheceu em 1951.

A sala fica tensa enquanto a testemunha fala. De seus lábios, desenhado com palavras claras, precisas e tranqüilas, vai surgindo um André Baranes íntimo, desconhecido.

O novo Baranes

Este é, em resumo, o personagem apresentado por Hirsc:

Um jornalista, Gilles Gureithault, ofereceu ao diretor da Sureté contato "com uma organização dissidente do Partido Comunista que podia ser uma fonte de informações interessante". O diretor da Sureté aceitou — depois de consultar o ministro do Interior — e entrou em contato imediato com o representante dessa "organização dissidente". O representante era André Baranes.

Desde aquela semana, Baranes levava a Hirsc, às quintas-feiras e aos sábados, dados sobre as atividades do Partido Comunista. Eram dados de caráter geral. Ao mesmo tempo, Baranes pediu um favor ao diretor da Sureté: permitir a entrada no Marrocos de um tal de Aloccio, expulso pelo marechal Juin durante a gestão deste último.

Diante desta solicitação, Hirsc considerou prudente pisar em terreno mais firme. Necessitava saber com certeza o que Baranes propunha. De maneira que levou suas informações ao Quai d'Orsay para que verificassem sua importância, especialmente as que diziam respeito ao Egito e à África do Norte.

As conclusões do Quai d'Orsay foram desalentadoras: os informes de Baranes careciam de precisão e de interesse.

A partir desse momento, Hirsc mudou de tática: não se contentou em aceitar os informes duas vezes por semana, e submeteu a Baranes um questionário para que ele respondesse com investigações que pudesse fazer no círculo de seus informantes. Algumas das perguntas eram capciosas, formuladas apenas com o objetivo de estabelecer até onde era importante a conexão Baranes.

Até aquele momento, Baranes contava com um salário fixo. Hirsc decidiu pagar-lhe por tarefa: uma soma determinada por cada pergunta respondida.

Baranes não aceitou o negócio nesses termos. Desapareceu das dependências da Sureté, mas Hirsc, que continuava interessado no personagem, continuou vigiando-o. Então pôde se dar conta de uma das pontas do processo. Baranes se passou, com seus informantes, para Dides.

O tal Aloccio

Um nome foi pronunciado: Aloccio.

Ao que parece, a cada dia saltava um nome misterioso neste processo confuso. Quem é Aloccio? Conseguiu retornar para o Marrocos? Por que foi citado no processo?

Depois de uma série de perguntas semelhantes, a questão começa a aparecer com clareza. Hirsc diz o que sabe: quando Baranes pediu-lhe permissão para a entrada de Aloccio no Marrocos, fez as diligências necessárias. Mas o visto foi negado. Não soube nada mais dele.

Mas Baranes conta o resto. Sim, Aloccio regressou ao Marrocos e prestou "eminentes serviços". Após sua expulsão pelo marechal Juin, conta Baranes, o misterioso personagem, militante comunista, entrou em contato com os meios sindicais. Mais tarde se decepcionou com o partido, e Baranes — com suas influências — conseguiu que permitissem sua volta ao Marrocos. Os "eminentes serviços" de Aloccio consistiriam em prevenir as autoridades francesas sobre as "atividades antifrancesas no Marrocos".

Neste ponto, o advogado de Baranes, Tixier de Vignancourt, lança uma acusação dramática:

— E o senhor Hirsc revelou o nome desse homem sem saber o que amanhã poderá ocorrer com ele em Casablanca!

Uma vigilância extrema

O resto da audiência: um debate interminável. Até chegar à barra das testemunhas um comissário da DST, Ponceau, responsável pela vigilância de Baranes e Dides. Quanto a Baranes, diz que deixou de vigiá-lo por ter recebido uma ordem. Mas insiste em que a vigilância do comissário Dides prosseguiu rigorosamente. E ilustra sua afirmação com um dos pontos que Labrousse queria ver esclarecido: as relações entre o comissário e Lallier, adido da embaixada dos Estados Unidos.

Segundo Ponceau, essas relações foram efetivas. Dides e Lallier almoçaram em setembro, vigiados pela DST. Para confirmar, recorda um detalhe: Lallier se entusiasmou com o vinho e vomitou. O comissário Dides o acompanhou ao banheiro.

Ponceau diz que a vigilância era de tal modo eficaz que podia até dizer que enquanto Lallier lutava contra sua crise o comissário Dides lhe segurava a cabeça sobre a pia.

Mas o resto do depoimento de Ponceau é igualmente controvertido, porque comete alguns erros que os acusados se apressam a corrigir. Por exemplo, quando se refere ao interrogatório de Turpin — ao qual Ponceau esteve presente — a testemunha atribui a seguinte frase ao coronel Caumont:

— Vi Turpin consultar as notas no gabinete do senhor Mons.

Turpin se ergue de um salto:

— É falso — grita. — O coronel Caumont nunca disse isso.

O presidente examina o sumário e dá razão a Turpin.

Na realidade, o coronel Caumont só disse que "um dia encontrou Turpin no gabinete do senhor Mons". E isso era perfeitamente normal.

O comissário Ponceau prossegue impassível. Mas Turpin continua em guarda, vigiando cada uma de suas palavras. Espera-se que a tormenta caia de um momento para outro.

De fato, logo depois a tormenta explode, quando o comissário Ponceau se refere mais concretamente ao interrogatório de Turpin na DST. O acusado protesta pelo interrogatório, recordando que por intermédio dele se "quis provar que o senhor Mons é comunista". E diz que depois ficou perfeitamente esclarecido que ele, Turpin, não entregara a Labrousse nenhum documento e sim breves notas verbais. Por fim afirma que se quis submetê-lo a uma pressão moral. Disseram que seus filhos ficariam desamparados enquanto ele cumprisse a pena, coisa que não ocorreria se reconhecesse que Mons é comunista.

O comissário Ponceau escuta impassível. Quando Turpin pára de falar, ele continua. Tenta convencer a audiência de que o interrogatório dos acusados foi perfeitamente normal. Mas Turpin e Labrousse não o deixam terminar. Põem-se de pé e gritam em coro:

— Isto é ignóbil. Façam calar essa testemunha!

Mais compostura

O incidente obriga o presidente a suspender a sessão. No dia seguinte — na 18ª audiência — o presidente começa por recomendar compostura. Pede maior precisão às testemunhas e um pouco de paciência aos acusados.

O comissário Ponceau volta à barra das testemunhas e recorda um episódio distante: o dia em que foi pessoalmente, em seu automóvel, deter Baranes, asilado no monastério.

— Quem lhe dava as informações? — diz que perguntou a Baranes.

A que Baranes respondeu sem vacilar:

— Labrousse.

Mas ao que parece o presidente não quer novos incidentes inúteis. Está interessado em algo mais importante.

— Por que se suspendeu a vigilância sobre Baranes exatamente no dia em que se realizava uma importante reunião do Comitê de Defesa Nacional?

"Observação cautelosa"

É outra a pessoa encarregada de responder a essa pergunta: Jean Valois, que, na época dos vazamentos era o chefe da Quarta Seção de Informações da Polícia. A testemunha vem diretamente do Marrocos para a barra do tribunal militar. Sem rodeios, conta por que foi suspensa a vigilância de Baranes.

A 7 de setembro de 1954, Valois foi chamado pelo chefe de polícia Dubois, que o informou de que a DST recebera ordem de interromper a vigilância sobre Baranes. A vigilância continuaria de responsabilidade exclusiva da polícia. Mas a 10 de setembro pela manhã — poucas horas antes da reunião do Comitê — Valois foi chamado. Recebeu então a ordem de suspender a "vigilância sistemática" e exercer uma simples "observação cautelosa".

A testemunha explica a diferença: numa "vigilância sistemática" é preciso informar sobre cada um dos movimentos do vigiado. Na "observação cautelosa" só se deve informar sobre as "coisas que pareçam de algum interesse".

Valois conta que um de seus agentes o informou, no dia 16, que Baranes levou Labrousse à sua residência. Mas não sabia que cargo ocupava Labrousse, pois supunha que era um funcionário da educação.

O presidente quer saber então se Valois estava a par dos pormenores de sua missão. Valois responde que não. Diante dessa resposta, o presidente manifesta perplexidade: como podiam registrar as "coisas de interesse" se os investigadores não sabiam por que se exercia a vigilância?

Julgamento da polícia

Pouco a pouco o processo se converte em outra coisa, um julgamento da polícia pela forma como se interpretavam e cumpriam as ordens. O coronel Gordon, perplexo como o presidente, manifesta outra vez seu assombro por não se ter encontrado nenhum dos relatórios sobre a vigilância de Baranes.

Então ocorre algo incrível. Valois leva a mão à algibeira e tranqüilamente diz:

— Aqui estão!

Diz que de manhã lhe foram remetidos pela Quarta Seção de Informações da Polícia. São notas manuscritas que imediatamente começam a circular pela barra dos advogados.

O advogado de Baranes, Tixier de Vignancourt, revolve-se em sua cadeira e solta a pergunta: como se chamavam os agentes que vigiavam Baranes? Valois diz que só poderá mencioná-los a portas fechadas, em sessão secreta.

Mas o advogado de Baranes sorri, e diz:

— Não é necessário. Aqui estão os nomes: Vieulot, Perin e Charlot.

Valois se volta para ele com um olhar triste:

— Não queria nomeá-los por temor dos comunistas.

Como se fazia a vigilância

Quando as notas de Valois acabam de circular entre os advogados, eles se mostram céticos. É pelo menos curioso que até hoje se tenha dito repetidamente que essas notas não existiam e que intempestivamente Valois se apresente com elas na algibeira. O ponto merece ser explorado a fundo, de maneira que a presidência convoca com urgência Georges Chain, que, em setembro de 54, era diretor adjunto do Serviço de Informações da Polícia.

A nova testemunha se apresenta, já perto do meio-dia, e sua primeira afirmação é semelhante à de Valois: a ordem de vigiar Baranes foi recebida, mas se ignorava em detalhes por que se exercia aquela vigilância. No dia 10 de setembro — às dezessete horas, ou seja, exatamente no momento em que se reuniu o Comitê de Defesa — a ordem foi modificada: trocar a vigilância sistemática por observação cautelosa.

De acordo com essa nova ordem, diz Chain, Valois só devia informar quando notasse "alguma coisa importante". E vai ao essencial:

— Eu sabia apenas que se tratava de um assunto delicado, que merecia um máximo de esforço. Ignorava que se tratasse de um caso de vazamento de segredos.

O coronel Gordon, preocupado, deseja saber se é normal que se diga a um inspetor qual é o assunto de sua vigilância. Chain responde:

— Não é anormal.

"Isto é uma negligência"

O pormenor da misteriosa suspensão da vigilância de Baranes ameaça prolongar o processo. De fato, como diz o coronel Gordon, "as declarações dos senhores Mitterrand e Mendès-France mostraram que essa vigilância era capital" e não se entende como, exatamente no momento em que se realizava uma reunião do Comitê, a vigilância seja suspensa.

É um ponto que interessa aos acusados: Labrousse e Turpin poderiam achar sua escapatória por esse lado.

Por outro lado, os advogados tentam unir suas peças com as notas apresentadas por Valois e só encontram novos motivos de confusão. Duvidam da autenticidade das notas. Um dos advogados observa que nesse relatório não figuram os encontros entre Baranes e Dides, e, no entanto, Dides assegura que se encontrou com seu informante entre 10 e 17 de setembro.

— Em quem acreditar?

O presidente da audiência não suporta mais. Após 18 jornadas exaustivas, está disposto a pôr ordem nas coisas.

— Aqui — diz — temos de estabelecer antes de tudo por que as ordens cessaram de ser cumpridas exatamente no momento em que iam ser indispensáveis.

E conclui sua intervenção com uma frase desesperada:

— *Je n'hésite pas à dire que nous sommes en pleine extravagance!*

É uma maneira de dizer as coisas, em francês, por parte de um funcionário francês. Mas pelo tom, intenção, oportunidade e a disposição desolada com que disse, sinto a tentação de traduzi-la para um espanhol tropical, talvez menos fiel, porém mais expressivo:

— Senhores, isto já é uma negligência!

SETEMBRO DE 1956

De Gaulle escreveu seu livro?

Quem escreve as autobiografias dos homens ilustres?
A pergunta se apresentou por ocasião da publicação das memórias de guerra do general Charles de Gaulle, livro denso, sereno, recheado de revelações apaixonantes. Além disso, é um livro extraordinariamente bem escrito. O homem da rua que, especialmente na França, não é ingênuo, resiste a admitir mais de dois acasos ao mesmo tempo. E como é um acaso admitido que, além de bom guerreiro, o general De Gaulle é um político hábil, torna-se difícil admitir agora o terceiro acaso, de que De Gaulle seja também um bom escritor.

O caso de Churchill era menos incomum. O velho do charuto foi jornalista antes de ser político. Aprendeu as coisas da guerra escrevendo reportagens no campo de batalha. Suas memórias eram a reportagem de sua própria vida, escrita, depois de um prolongado parêntese político, no número 10 de Downing Street. Em compensação, havia outros casos para opor ao de Churchill. Um deles é o presidente Roosevelt, que admitiu a colaboração do escritor Robert Sherwood em seus discursos. Outro, Harry Truman, no prólogo de suas memórias, agradeceu a permanente colaboração de David Noyes e William Hillman.

O general De Gaulle não agradeceu a colaboração de ninguém. Os leitores admitiram a paternidade das teses do militar e do político, mas resistiram a admitir a paternidade de uma redação simples, direta e inteligente, própria de um profissional das letras. Os editores farejaram o toucinho e deram um golpe de publicidade. Não só em revistas e jornais, mas também nas vitrinas das lojas, exibiram os originais. Eram páginas cheias de riscos e emendas, nas quais os leitores — e com eles os desconfiados jornalistas — reconheceram o punho e a letra do general.

Ainda se discute quem escreveu os livros de Homero. Mas Homero — se existiu — cantou seus poemas novecentos anos antes de Cristo. A paternidade de sua obra começou a ser posta em dúvida quase vinte séculos depois, com as investigações do abade de Aubignac. Em compensação, o general De Gaulle é um trovador dos tempos modernos ao alcance da mão. O número de seu telefone figura no catálogo. Mas a dúvida se tornou possível porque todo mundo sabe que nos tempos modernos — e especialmente na França — há escritores anônimos que escrevem por encomenda o que lhes for pedido, desde artigo até livro de memórias.

Até há poucos meses a revista *Elle* estava publicando a série mais apaixonante do ano: a autobiografia da duquesa de Windsor. Talvez nenhuma mulher destes tempos tenha coisas mais interessantes a contar, depois de ter levado para sua casa, e se casado com ele, nada menos do que o rei mais importante da Terra. A história, desde seu primeiro capítulo, provocou sensação. Mas, no curso das publicações, um incidente penetrou na opinião pública: a duquesa de Windsor não concordava com sua própria autobiografia. A pessoa encarregada de escrevê-la foi substituída por outra capaz de compreender melhor as idéias da duquesa.

A existência desses escritores clandestinos, sua vida e seus métodos foram denunciados recentemente em *France-Observateur*. O artigo se chama "Petite sociologie du nègre littéraire", e até o título merece uma explicação. "Un nègre", em francês, é um homem que trabalha como um burro, em qualquer condição e sempre para que outro, incluindo outro negro, desfrute de seu trabalho. O dicionário Larousse não faz vista grossa: "*Nègre*. Colaborador que prepara um trabalho literário ou artístico para outra pessoa." Não é demais advertir que, em geral, os negros literários da França são de raça branca.

O artigo de *France-Observateur* — escrito por Jean Negre, um jornalista que por acaso se chama assim — esclarece muitas coisas importantes na literatura francesa. Em primeiro lugar, permite pensar que tampouco nesse terreno estão todos os que são, nem são todos os que estão. Ninguém duvida, por exemplo, que os romances de Françoise Sagan foram escritos por Françoise Sagan. Mas é diferente o caso de Minou Drouet, o fenômeno de sete anos cujos poemas mantêm os críticos perplexos. No ano passado, por ocasião da publicação dos primeiros poemas, armou-se um escândalo jornalístico em torno da obra de Minou Drouet. A questão acabou nos tribunais, pois um jornalista se atreveu a afirmar — sem a menor intenção de ofendê-la — que o negro de Minou Drouet era sua própria mãe.

Ao que parece, não são muitos os livros de memórias e autobiografias famosas que foram escritos por quem os assina. Não há nenhuma trapaça. Todo mundo sabe que um campeão de boxe tem os dedos duros demais para a pena. É natural que um político famoso não tenha tempo de se sentar para escrever. E é natural também que, caso tenha tempo, não disponha da prática, da habilidade e até da disposição inata indispensáveis para escrever sobre aquilo que se tem dentro da cabeça. Graças a isso, o negro literário é uma instituição necessária, nobre e justa. Mas a quem só agora se começa a fazer justiça.

O grande mercado negro da literatura se faz nos cafés de Saint-Germain-des-Prés. Os únicos fraudados são os turistas que pagam para ver Jean-Paul Sartre no café de Flore ou no café Bonaparte e só encontram neles um monte de escritores anônimos. De certa maneira, eles são escritores famosos — tão famosos como Sartre — ainda que ninguém saiba como se chamam. Portanto, não se sabe com certeza quem escreveu as memórias da duquesa de Windsor. Mas não seria incomum que essas memórias tivessem sido escritas num café de Saint-Germain-des-Prés, no qual a duquesa de Windsor nunca esteve.

Jean Negre conta uma história que ilustra muito bem a forma como o negro literário se põe em contato com seu cliente. É o editor quem chama por telefone o personagem da moda para propor-lhe a compra de sua autobiografia. O personagem solicitado protesta modestamente:

— Mas eu não sei escrever...

— Isso não importa — responde o editor. — Eu me ocuparei disso.

E antes de 24 horas está fechado o negócio. A pessoa encarregada de escrever o livro — uma pessoa de discrição confiável — se põe em contato com o personagem, que lhe relata suas memórias. O negro vai para casa com vários blocos de apontamentos, e antes de três meses o livro está na rua. O personagem recebe uma soma fixa por assinar o livro. O negro, por sua vez, recebe a sua. Em alguns casos, um negro literário recebe até 2 mil francos por página. Um livro de memórias pode proporcionar ao redator anônimo, amplamente, 200 mil francos: quase 500 dólares.

O fenômeno do negro literário não é novo na França, ao que tudo indica. Há quem garanta que aquele monstro de fecundidade que foi Alexandre Dumas teve tempo até para servir de negro a alguns dos sólidos prestígios de sua época. A discrição do colaborador anônimo tem sido sempre uma garantia. Mas nos tempos modernos se apresenta um fenômeno alarmante: os negros literários começam a despertar mais interesse do que aqueles que assinam os livros. Agora e sempre será uma bomba jornalística saber quem escreveu na realidade as obras de Shakespeare. E ao que parece os críticos do século XX não estão dispostos a permitir que se venda gato por lebre para a posteridade. Parecem dispostos a pôr as coisas em seu lugar, a estabelecer de uma vez por todas quem é quem na literatura.

A tarefa de revisão não é fácil. Um único negro conhecido — Isidore Isou, citado por Jean Negre — é capaz de escrever num mesmo dia um artigo científico, uma crítica literária e um romance de espionagem repleto de gírias. Assegura-se que nesse mesmo mês publicou um romance sensual e um livro de confidências sentimentais. Tudo isso em estilos absolutamente diferentes. Diante de um caso como esse, que, ao que parece, não é excepcional, não seria surpreendente — investigando — que os livros de Flaubert e Balzac fossem escritos pela mesma pessoa. Já se começa a afirmar nada menos que Corneille era o negro de Molière.

Verão em Paris: turistas e pin-ups

O verão, que começara com um mês de atraso, terminou com um mês de antecedência. Poderíamos pensar que não é um acidente importante. Mas a verdade é que para a velha e empobrecida Europa, que ainda se alimenta com as ruínas da civilização ocidental, um verão fracassado é uma irreparável catástrofe econômica.

Mais do que uma estação de repouso, o verão é uma gigantesca operação comercial. A coisa poderia ser entendida ao contrário, se se analisa o fato de que nesta época Paris é uma cidade desocupada. Às vezes é preciso usar o metrô para conseguir meio quilo de pão. A maior parte do comércio entra em recesso, com um cartaz na porta: "Fechado para férias". Mas basta perguntar quanto gasta um comerciante em férias para imaginar em que consiste o negócio de vender coisas aos lojistas de Paris durante o verão.

Vinte milhões de franceses — quase cinqüenta por cento da população — entra de férias nesta época. Só no mês de julho seis milhões visitaram o mar e ocuparam hotéis de turismo. Três milhões foram para a montanha e um milhão para o campo. Dos quatro milhões que viajaram para o exterior, a metade se deteve em Veneza, um enorme museu sem comércio nem indústria, que vive todo o ano do que gastam os turistas durante o verão.

De julho a setembro se consome na Europa mais gasolina do que no resto do ano. Mas o meio de transporte mais popular é o trem. Este ano, apesar da instabilidade da estação, foi preciso multiplicar por três as operações ferroviárias da França. No último fim de semana chegou um trem a cada minuto na Gare de Lyon. No entanto, não se registrou um só acidente durante a estação estival.

Deve-se dizer outra coisa sobre as estradas. Desde a última semana de julho se iniciou uma cadeia de sábados sangrentos. Essa foi a fonte de material mais importante dos jornais europeus, asfixiados pela única notícia transcendental do verão: Suez.

Apesar das precauções e conselhos das autoridades, os impacientes europeus continuaram quebrando a cabeça nas estradas. O acidente mais espetacular e sangrento da estação — um engavetamento de quatro automóveis

— produziu seis mortos e oito feridos. Uma das vítimas dirigia pela primeira vez, de posse de uma carteira de motorista expedida 24 horas antes. Calcula-se que um de cada quatro franceses sofreu acidente automobilístico neste verão. Quando os comerciantes se vão, Paris ganha a revanche, abrindo seus terraços para receber os comerciantes de outros países. São cinco milhões de turistas que vêm ver os museus e as garotas nuas. Enquanto Pineau passava as férias em Londres tentando se pôr de acordo com Eden e apertando a mão da nova vedete internacional — Chepilov — chegou a Paris o primeiro ônibus carregado de suecos. Mas o país que produziu mais turistas foi a Alemanha.

— Agora — disse um francês — regressamos ao tempo da ocupação, não só pelo racionamento do pão mas também pela quantidade de alemães em Paris.

De fato, a presença dos alemães é um sinal da nova época: reconciliação do povo alemão com os outros povos da Europa. O dia em que se comemorou a Liberação, os turistas alemães homenagearam os franceses mortos durante a Resistência. A polícia tomou precauções. Mas o dia transcorreu sem um único incidente.

Também para os produtores culturais o verão é uma boa época. As peças principais do teatro desaparecem dos letreiros nos últimos dias de julho. São substituídas por revistas de garotas nuas que constituem o melhor negócio do ano. Na Comédie de Paris, *Ce bon monsieur Gulliver*, de Simone Dubriel, produziu no inverno uma triste receita de 6 mil francos por noite. No verão, essa peça foi substituída por *Les burlesques de Paris*, e uma só garota que se despiu todas as noites durante dois minutos produziu 145 mil francos diários.

Nos espetáculos de garotas nuas se faz o que se quiser, com uma única condição: em nenhum momento se prove que estiveram completamente nuas. No momento culminante, a mais nua das garotas nuas deve ter pelo menos uma estrela no lugar mais importante do pudor. Há algum tempo uma dançarina se entusiasmou além da conta numa boate de Saint-Germandes-Prés. A polícia conseguiu provar que pelo menos numa fração de segundo a garota esteve totalmente nua. A boate foi fechada.

Para decepção dos moralistas mal-informados e dos turistas verdes, recente pesquisa demonstrou que as garotas que fazem *strip-tease* nos teatros não são o que as pessoas imaginam. São francesinhas da classe média que preferem ganhar uns francos a mais durante o verão. Pensam que é mais negócio ficar nua num teatro de Paris do que numa praia da moda. Uma telefonista que durante o inverno ganhava 25 mil francos mensais ganhou no verão meio milhão de francos. Calculou-se que este ano 12 mil turistas viram, em média, a cada noite 122 garotas nuas. E uma a cada dia: a Vênus de Milo.

Mas a verdade é que as contas falharam em todos os lados. Os cálculos mais rigorosos se mostraram otimistas, com um verão em pedacinhos. Os turistas tiveram de regressar a suas casas às pressas, em busca do abrigo e do guarda-chuva. Como ocorre depois de cada catástrofe, a opinião pública já está buscando os responsáveis pelo fracasso da estação. E a maioria está de acordo: desde que começou a história da bomba de hidrogênio as estações foram para o diabo.

Não se sabe até onde têm razão. Mas há dados alarmantes. Os meteorologistas admitem que desde 1953, ano da primeira explosão termonuclear, aumentou a freqüência do mau tempo. Antes de 1952 se admitia uma média de 532 tempestades anuais sobre o Atlântico. Em 1954, depois de meia dúzia de explosões, houve 695. No ano atual se registraram mais de 900 tempestades. Assegura-se que "36 horas depois da explosão termonuclear a grande altura, em 10 de novembro de 1955, uma onda de frio se originou nas regiões polares, até o ponto de convergência das ondas de choque da grande explosão".

O homem da rua não entende o idioma científico. Mas tem bom senso. Por isso não há quem lhe tire da cabeça a idéia de que as explosões termonucleares são responsáveis pelo fato de que a esta hora, em vez de estar com a boca para cima na praia, se aborreça na janela de sua casa, com cara de idiota, esperando que a chuva passe.

OUTUBRO DE 1956

Rubirosa? Um pobre homem...

*Não é um cínico, é apenas um homem que cultivou
um esporte extravagante: o casamento*

— A única coisa de que posso ser acusado é de não ter sabido conservar minha mulher — declarou recentemente Porfirio Rubirosa, o diplomata dominicano que esteve casado com quatro das mulheres mais ricas do mundo e agora anda vagando pelas praias da moda como um solteirão errante. Seu novo casamento é quase uma necessidade jornalística. Ansiosos para que se produza, os jornalistas lançam bombas de profundidade. Há algum tempo houve rumores de que se casaria com Zsa Zsa Gabor, uma atriz húngara naturalizada americana, que desde o início de sua carreira interessou mais os caçadores de escândalos do que os críticos de cinema.

Nas últimas semanas soou outro nome, o de Ava Gardner, que, no último verão, Porfirio Rubirosa acompanhou sistematicamente. Esse casamento teria alimentado o interesse do público durante várias semanas. Mas agora parece evidente que o rumor é infundado. Vistas as coisas como devem ser, não é portanto sofisma pensar e demonstrar que depois de dois anos sem esposa Porfirio Rubirosa começa a ser um solteirão empedernido.

Ali Khan — outro dos solteiros famosos que não parece ter muita vontade de se casar — esteve há 15 dias em Paris. Veio para dar lições de equitação à sua filha Yasmine no hipódromo de Deauville. Sua presença passou despercebida, embora os jornalistas dêem qualquer coisa para descobrir seus segredos sentimentais. Em compensação, Porfirio Rubirosa teve de se fechar dois dias no hotel para evitar os repórteres, apesar de não estar acompanhado. Estava em Paris de passagem para Londres, onde não era esperado por nenhuma mulher. Foi visitar seu alfaiate.

Curiosamente, esse simpático mestiço — que fala francês, inglês e italiano como o espanhol e pode conversar durante duas horas sobre um autor de teatro moderno ou sobre diferentes maneiras de preparar a maionese — se enrola e se confunde diante dos repórteres. Em certa ocasião, em Paris lançou Zsa Zsa Gabor na frente para despistar os jornalistas enquanto fugia do hotel.

O hábito de não conviver com os jornalistas tem uma explicação: Porfirio Rubirosa é essencialmente um homem discreto. Seus casamentos foram catastróficos. Seus divórcios, espetaculares. Mas não se conhece um só detalhe de sua vida pessoal — nem revelado por ele, nem por nenhuma de suas antigas mulheres — que permita conhecer o mistério de sua atormentada vida sentimental.

Reduzindo a história de sua vida às verdadeiras proporções, há que se admitir que Porfirio Rubirosa não é um cínico quando se acusa de não saber conservar esposas. Na realidade, ele só fez se casar quatro vezes com quatro mulheres de seu meio social, que é exatamente o meio em que casar e descasar é quase um esporte. É provável que ele próprio não tenha procurado a sorte que mereceu. Se há um responsável por ela é o general Rafael Leónidas Trujillo, ditador da República Dominicana, a primeira pessoa que se apaixonou por Rubirosa à primeira vista. Rubirosa era um estudante de direito que detestava a carreira. Um rapaz tímido, mas corajoso, que, para vencer a timidez, era capaz de soltar um gracejo de grosso calibre no palácio presidencial. Casou-se, então, pela primeira vez com Flor de Oro Trujillo, a filha de seu presidente e protetor. Ela o levou pela mão até os meios da alta fofocagem internacional, a que Porfirio Rubirosa teve forçosamente de se acostumar.

O primeiro divórcio podia lhe custar a cabeça. Mas, em vez de se encolerizar, o general Trujillo pareceu pagar-lhe bem pela liberdade de sua filha: nomeou-o diplomata. Esse foi o salto do Atlântico. Rubirosa se casou então com a atriz Danielle Darrieux, coisa que, não se sabe bem o porquê, pareceu extraordinária, já que nada é tão natural que um diplomata latino-americano, culto, simpático, bem-vestido e com uma aptidão para a vida mundana, se case com uma atriz de cinema. O estranho na vida de Rubirosa — como ele mesmo reconheceu em sua declaração — não são os casamentos e sim os divórcios.

Ele próprio confessou que não tem nenhum sistema especial para fazer as mulheres se apaixonarem. Como é um homem discreto, não se atreveu a dizer que são as mulheres que começaram a se apaixonar por ele. Mas quem o conhece a fundo concorda que as coisas se passam dessa maneira. Simplesmente é um homem que faz vida social normal em seu meio, cativa as mulheres com suas boas maneiras, mas em compensação não tem tato suficiente para não se casar com elas. Por tudo isso, mais interessante do que conhecer seu segredo para se fazer apaixonar pelas mulheres seria conhecer a razão pela qual elas próprias não podem seguir vivendo com ele.

Doris Duke, a mulher com quem Rubirosa se casou quatro meses depois de seu divórcio com Danielle Darrieux, era uma das mais ricas do mundo. Controla o negócio de tabaco nos Estados Unidos de tal forma que se garante que ninguém pode fumar no mundo um cigarro norte-americano sem contribuir para a riqueza de Doris Duke. Mas quando ela conheceu Rubirosa já estava consolidada a fama de sua fraqueza pelos homens bem alinhados. Vinha de um desastre sentimental: seu casamento com o ator Cary Grant. O simpático dominicano amparou-a em sua solidão e se ampararam tão bem que ela se apaixonou por ele, e ele — conseqüentemente — se casou com ela. A experiência durou poucos meses, mas até agora — como Flor de Oro Trujillo, como Danielle Darrieux, como Barbara Hutton — Doris Duke continua a considerar Rubirosa um de seus melhores amigos.

Essa é a coisa: não há vestígios de rancor nas mulheres do diplomata dominicano depois do divórcio. De certa maneira, continuam a ver e a reconhecer nele as mesmas virtudes que as levaram ao casamento, mas se dão por satisfeitas em não seguir vivendo com ele. Tudo se passa como se fossem as mulheres que se sentissem satisfeitas de se divorciar de Porfirio Rubirosa.

Convencido de ter razão quando se acusa de não saber conservar as mulheres, Rubirosa parece disposto a não tentar nova experiência. A última foi um desastre, há dois anos, quando se casou com Barbara Hutton, a outonal herdeira de uma enorme cadeia de lojas de produtos populares nos Estados Unidos. Ela era mais velha do que ele, bem menos diferente e tampouco soubera conservar seus quatro maridos anteriores. O resultado desse experimento endiabrado foi que tiveram de viajar quase diretamente da lua-de-mel para o tribunal do divórcio. Agora Barbara Hutton, para se fazer notar, lançou em Veneza há vinte dias a moda da roupa de banho japonesa, enquanto os jornais anunciavam a possibilidade de um casamento entre Ava Gardner e Porfirio Rubirosa.

Mas, ainda que ninguém tenha desmentido, é quase certo que esse casamento não se realizará. Ava Gardner está em Roma, cortejada pelo comediante Walter Chiari, que era por certo o noivo de Lucía Bosé quando se comentava à boca pequena o casamento de Ava Gardner com Luis Miguel Dominguín. Na Itália, "o animal mais belo do mundo" armou um escândalo: foi a primeira mulher que se atreveu a sair à rua com a "linha vaticana", uma cópia exata, para uso das mulheres, do traje dos cardeais. Incluía-se o crucifixo e o chapéu. A nova moda — criada pelas irmãs Fontana, famosas estilistas de Roma — mereceu a reprovação do Vaticano. Ainda que não fosse mais do que por isso, seria improvável que um diplomata de um Estado católico, como a República Dominicana, se casasse com Ava Gardner. Mas até se poderia admitir que a incompatibilidade é secundária. O verdadeiro problema consiste em que Porfirio Rubirosa parece disposto, a qualquer custo, a que seu quinto casamento seja duradouro. Na atualidade, tem 46 anos. Não perdeu o ímpeto da juventude, mas sabe que já não está em idade para embarcar numa nova aventura. O mínimo que um homem quatro vezes divorciado pode aspirar é se casar com uma mulher a quem possa conservar. Caso contrário preferirá continuar a ser o que é no momento atual: o solteirão mais conhecido da Europa.

27 de outubro: dia trágico para dois apaixonados

A bela mulher que entrou há duas semanas no hotel Plaza-Athenée de Paris não podia passar incógnita apesar do nome falso e dos óculos escuros. Vestia um magnífico modelo Christian Dior, falava um francês quase demasiado correto e fora precedida por 28 malas e 12 caixas de chapéus. O apartamento número 12 lhe estava reservado. Apesar da discrição do hotel, naquela tarde se soube que a primeira coisa feita pela enigmática viajante, logo que se encontrou sozinha no apartamento, foi pedir uma ligação telefônica para Teerã, capital da Pérsia. Do outro lado da linha estava nada menos que o xá em pessoa.

No fim da semana as revistas de Paris dedicaram suas capas e longos e documentados artigos sobre a mulher das 28 malas. Era a princesa Soraya, a mais fotogênica das soberanas em exercício — sem excetuar Grace Kelly — que vivia incógnita pelas cidades européias o momento decisivo de sua vida.

A princesa Soraya costuma vir a Paris com freqüência, mas nunca com um nome falso. No último verão esteve na Côte d'Azur, nas mesmas circunstâncias, discretamente vigiada por um detetive destacado pelo governo francês. Essa mudança de conduta permitiu pensar que a princesa do reino mais ocidentalizado do Oriente tinha uma razão especial para não se apresentar diante dos jornalistas. O motivo foi descoberto esta semana: a 27 de outubro, de acordo com o Corão e uma lei muito precisa do reino iraniano, a princesa Soraya deve ser rejeitada por seu marido por não ter tido um filho varão em cinco anos de casamento. Há outra solução: que o monarca compartilhe sua vida com uma segunda mulher. Mas talvez para uma mulher como Soraya, educada de acordo com os costumes ocidentais, essa solução que lhe permitiria conservar metade de seu marido seria mais catastrófica do que o cumprimento estrito da lei.

A disposição é inflexível. Há cinco anos o xá da Pérsia rejeitou a princesa Fawzia, irmã do ex-rei Farouk do Egito, pelo mesmo motivo. Esse casamento permitiu ao mesmo tempo comprovar uma circunstância contra a princesa Soraya: o xá não é estéril, porque teve uma filha, a princesa Sanihinaz.

Na realidade, o xá e Soraya fizeram cinco anos de casados a 12 de fevereiro. Mas nesse momento as circunstâncias políticas do Irã eram favoráveis ao monarca. O doutor Mossadegh — o político teatral que nacionalizou o petróleo do Irã — estava na cadeia. O Parlamento concedeu uma prorrogação de oito meses, durante os quais os jovens soberanos não fizeram outra coisa senão visitar especialistas. Há algum tempo viajaram aos Estados Unidos. Nessa ocasião se divulgou a versão oficial de que o xá e a princesa iam conhecer a América e assinar um contrato de petróleo acertado pelo reino com o neto do presidente Hoover. Não passava de um pretexto. O verdadeiro objetivo da viagem foi submeter a princesa a um tratamento, inútil como todos os anteriores.

Pouco tempo depois, os soberanos do Irã realizaram nova viagem que passou quase despercebida, tal a discrição com que foi feita. Foram à União Soviética, país com o qual conservam boas relações: no dia de seu casamento a princesa Soraya vestiu um manto imperial de marta-zibelina, de 52 milhões de francos, presenteado pelo marechal Stalin. Em Kiev a esperaram os cientistas Fedor Korichevski e Elija Mandel-Ouvanoc. E, pelo menos desta vez, eles concordaram com os cientistas americanos: nada havia a fazer para garantir o nascimento do herdeiro do Irã.

A viagem incógnita que a princesa está realizando pela Europa é seu último recurso. Praticamente não há um só ginecologista famoso que não a tenha examinado. Quando entrou com suas 28 malas no hotel Plaza-Athenée depois de visitar na Suíça o doutor Rochas, suas esperanças estavam perdidas.

Esta vez se pode dar por contado que não haverá nova prorrogação, pois a situação política do Oriente é desfavorável à princesa. O doutor Mossadegh — seu inimigo político — tem de novo a faca e o queijo na mão, depois de vários meses de prisão dedicados a escrever suas memórias. Seu prestígio aumentou no mundo árabe com o golpe do Suez.

Politicamente o doutor Mossadegh ganhou a partida contra o xá. Nenhum monarca oriental tem melhores relações com as potências ocidentais nem se parece mais com um governante ocidental. Desde que se casou com a princesa Soraya tentou impor ao seu governo o selo de uma administração européia. Pessoalmente, no Ocidente, é o que se chama de um homem do mundo: chamou a atenção da alta sociedade de Nova York pela sua destreza no tênis.

O doutor Mossadegh, que sabe perfeitamente de que lado a água chega ao moinho, mirou no alvo certo para acertar o monarca: disse que sua ocidentalização se deve à sua mulher, educada na Inglaterra e na Suíça, e uma das mulheres que mais admiram e conhecem a literatura européia, em especial a obra de Marcel Proust. É também amiga pessoal do alto mundo ocidental e dos mais conhecidos atores e atrizes do cinema, em especial Ava Gardner. Possui cinco automóveis de corrida. Seu guarda-roupa, considerado um dos mais completos e caros do mundo, não tem peça que valha menos de mil dólares. Christian Dior a considera uma das melhores clientes. Nenhuma mulher que não seja atriz de cinema apareceu mais vezes nas capas das revistas européias, nem mesmo a princesa Margareth.

Com base nessas circunstâncias, o doutor Mossadegh — fazendo coro com a juventude progressista do Irã — apontou-a como fator de perturbação no reino. E ela foi apontada abertamente como agente ocidental, recordando que sua mãe, Eva Karl, era de nacionalidade alemã. Por parte do pai tampouco a princesa Soraya tem defesa sólida: é o príncipe Esfanciary, descendente da ilustre família de Khan Baktian, que domina ainda e possui vastas propriedades petrolíferas na região de Teerã. Mas desde que acabou a guerra o pai de Soraya não vive no Irã. É o encarregado dos negócios do reino na Alemanha, onde — segundo o doutor Mossadegh — não faz outra coisa senão perder dinheiro na roleta.

Todas estas circunstâncias permitem pensar que a 27 de outubro se cumprirá o maior sonho político do doutor Mossadegh: destronar a princesa. A situação não podia ser mais propícia: o mundo árabe está exaltado pela nacionalização do canal de Suez e não parece disposto a tolerar por mais tempo um monarca cuja esposa deu as costas à tradição. É provável, portanto, que desta forma termine um idílio que começou há cinco anos, quando o xá da Pérsia — depois de rejeitar a princesa Fawzia — elegeu a princesa Soraya entre as candidatas submetidas à sua escolha num álbum de fotografias. Ela estava em Londres, onde recebeu a proposta matrimonial por intermédio de sua atual cunhada, que a chamou por telefone de Paris. A 12 de dezembro de 1951 — aos 19 anos e quase sem se dar conta do que estava sucedendo — Soraya subiu ao trono do Irã, em presença de 1.636 convidados e num salão decorado com três toneladas de flores levadas em avião da Holanda.

Desde então se começou a falar do casamento mais feliz do mundo, também neste caso sem descontar o da rainha da Inglaterra. Mas também desde então o doutor Mossadegh começou a falar da progressiva e perigosa ocidentalização do monarca. Na realidade, a princesa Soraya parece preferir os locais noturnos da Côte d'Azur aos aborrecidos saraus do palácio Gujestão, onde executa ao piano os clássicos da música européia para distrair as visitas.

Em duas ocasiões anteriores o doutor Mossadegh esteve a ponto de virar o jogo. Cinco meses depois do casamento, a princesa Soraya se refugiou em Roma, onde comprou numa única tarde 36 milhões de francos em jóias, enquanto corria o sangue nas ruas de Teerã. Ela regressou ao palácio para um reencontro com seu marido, explorado habilmente pelos redatores sentimentais da imprensa européia.

Dois anos mais tarde, a história se repetiu com algumas modificações. O doutor Mossadegh pôs o xá e a princesa, sem bagagem, num avião para Roma, onde tiveram de ocupar a peça mais modesta do Hotel Excelsior. Mas também este exílio durou pouco tempo. O rumo dos acontecimentos favoreceu o xá, que regressou a Teerã com a mulher, enquanto o doutor Mossadegh viajava para a cadeia depois de escapar da pena capital.

Desta vez a velha raposa do Irã tem a faca e o queijo na mão. O xá parece estar muito comprometido com as potências ocidentais, sem dúvida muito mais do que convém politicamente no atual panorama do mundo árabe. Agora a lei divina e a lei humana estão do lado do doutor Mossadegh. Nasser nacionalizou o canal de Suez. O doutor Mossadegh, seguindo o exemplo, tem a oportunidade de nacionalizar o xá.

NOVEMBRO DE 1956

Milhões de homens contra a França por cinco presos

Na segunda-feira 21 de outubro, ao meio-dia e meia, o presidente da França, René Coty, esperava para almoçar no palácio do Champs-Elysées o presidente do gabinete, Guy Mollet, que devia pô-lo a par dos últimos acontecimentos da política interna. Era uma esplêndida tarde de outono, não só no Champs-Elysées, mas também em toda a França. A 3 mil quilômetros de distância, no aeroporto de Rabat, capital do Marrocos, um DC-3 da linha comercial marroquina Air-Maroc — com tripulação francesa — preparava a decolagem para um vôo em direção a Túnis com escala em Palma de Mallorca. A aeromoça Claudine Lambert — uma ruiva francesa de 22 anos — tinha uma vaga idéia de quem eram os passageiros. Sabia em linhas gerais que se tratava de um grupo de jornalistas viajando para Túnis, onde deviam acompanhar uma conferência entre o sultão do Marrocos, Mahomed V, e o primeiro-ministro da Tunísia, Habib Burguiba.

Os jornalistas, de fato, estavam no avião, entre eles o correspondente do *New York Times* em Paris, Brady. A conferência não fora bem divulgada antes das últimas 24 horas. Foi negociada com o governo francês por Mulay Hassan, filho do sultão da Tunísia, que assegurou a Guy Mollet que seu pai Mahomed V e o primeiro-ministro tinham condições de se pôr em contato com os revolucionários da Argélia para acertar as bases de um acordo de paz. A França confiou na habilidade de Habib Burguiba — o homem de maior prestígio do mundo árabe, sem descontar Nasser —, pois foi praticamente por intermédio dele que se resolveu há dois anos o grave problema de Túnis. Fixou-se a data da conferência. Mas Guy Mollet não contava com uma coisa: o sultão Mahomed V convidou a Túnis nada menos que o estado-maior revolucionário da Argélia. O governo da França protestou e qualificou de "escandaloso" o fato de que o próprio filho do sultão levasse em seu avião particular até Rabat os cinco dirigentes mais importantes da Frente de Libertação Nacional da Argélia.

Quando os jornalistas tomaram conhecimento deste grande prato, precipitaram-se em massa até Túnis. Mas até os que conseguiram lugar no DC-3 da Air-Maroc ignoravam que ali mesmo viajava o estado-maior da FLN. A própria aeromoça Claudine Lambert o ignorou até as 18h15, quando o avião decolou de Palma de Mallorca e se dispôs a cumprir a última etapa. Àquela hora, a moça levou um copo de água mineral ao piloto que lhe disse:

— Comporte-se como você é, pois esta noite você entrará na pequena História.

E contou que o avião mudara de rumo: não se dirigia a Túnis e sim ao aeroporto de Casablanca, onde os chefes revolucionários seriam presos pela polícia francesa.

— Não me deu nenhum trabalho identificá-los quando voltei ao lugar dos passageiros — declarou Claudine Lambert. — Eram os únicos que não dormiam.

Ben Bella — general em chefe de 45 mil revolucionários argelinos e um dos homens que mais dores de cabeça deu ao governo francês nos últimos três anos — estava absorto na leitura de uma volumosa documentação. É um homem de 38 anos, bem-vestido, que durante muito tempo se movimentou clandestinamente por todas as capitais da Europa, depois de haver lutado na Itália contra os nazistas. É o cérebro militar da revolução.

Ao lado de Ben Bella, no assento da direita, Mahomed Didder lia uma revista francesa. Um homem de 45 anos e uma afeição desmedida pelos tons cinzentos, que abriu caminho duramente desde seu posto de controlador de tíquetes dos bondes de Argel até as mais influentes esferas políticas. É o cérebro doutrinário da revolução.

O financista viajava atrás de Ben Bella: Ait Ahmed, que até maio foi o representante do Movimento de Libertação de Argel nos Estados Unidos. Filho de um abastado chefe de tribo, fala corretamente 12 idiomas e desempenhou um papel brilhante na conferência de Bandum. O outro era um herói popular desconhecido até esse momento. E o último, um pacífico professor de árabe em Paris, durante 15 anos, cuja presença na FLN se ignorava até o momento em que foi capturado no aeroporto de Casablanca.

Às 21h30 o avião se dispôs a aterrissar.

— Sentei-me em minha cadeira — declarou a aeromoça — e anunciei: vamos aterrissar em Túnis. Cinco minutos depois, um pelotão de policiais franceses penetrou no avião, enquanto a notícia mais espetacular dos últimos tempos — um filme da vida real — voava para todos os cantos da Terra: o estado-maior da FLN foi capturado com todos os segredos escritos em 12 quilos de documentos.

— Trata-se do golpe mais vivo que deram em minha honra — declarou, uma hora depois, em Túnis, o sultão do Marrocos, que se encontrava no aeroporto esperando seus convidados. Na realidade, não tomaram o avião do sultão, porque na última hora Mahomed V resolveu levar consigo as 52 mulheres de seu harém. — Do ponto de vista moral, é mais grave para mim do que o golpe de Estado de 1953. Naquele momento se tratava de um conflito político com a França.

O sultão acrescentou:

— Lamento vivamente que um grupo de homens tenha sido aprisionado por manifestar confiança em mim, aceitar minha palavra e minha garantia e porque sabia que se perseguia um arranjo honrado para eles e para a França. Se eu estivesse em Paris, teria dito ao governo: prenda a mim e a meu filho, mas devolva a liberdade a estes homens que só estão presos por confiar em mim.

As ruas de Túnis estavam iluminadas. O mundo árabe em festa. Às nove da noite, quando se soube da notícia da captura dos chefes revolucionários, cessou a música e começaram as manifestações tumultuadas. Vinte e seis europeus foram mortos nas primeiras duas horas.

Ainda se ignorava, na noite de segunda-feira, quem dera a ordem. O Conselho de Ministros da Tunísia realizou uma reunião de emergência e um momento depois o ministro da Propaganda convocou uma entrevista coletiva:

— Estamos longe de pensar que a conferência pela paz da Argélia deva se transformar, de maneira dramática, em encontro que ameaça se converter em conferência de guerra.

Os dirigentes argelinos eram hóspedes de sua majestade o sultão. Foram convidados pelo governo tunisiano. Tudo isto era conhecido pela opinião pública e pelo governo da França.

O primeiro-ministro da Tunísia, Burguiba, que esperava seus convidados no aeroporto e atribuíra o atraso ao mau tempo, dirigiu-se imediatamente à casa do embaixador francês, Pierre de Leusse, e se garante que entrou em seu escritório com o rosto descomposto pela cólera.

— Este assunto — declarou Burguiba — mudará completamente as relações entre a França e a Tunísia.

E imediatamente fez uma declaração dramática:

— Corre-se o risco de se lançar toda a África do Norte, numa prova de força, contra a França.

Quando o sultão do Marrocos se dispôs a regressar a Rabat, naquela mesma noite, falara por telefone, durante seis minutos, com o presidente Coty. O embaixador em Paris fora chamado imediatamente e para que fosse levado a Rabat enviaram-lhe o Constellation particular do sultão. De modo que Mahomed V ficou sem meio de transporte para regressar ao seu país.

— Esperarei aqui todo o tempo necessário — declarou bem-humorado. — Mas não embarcarei num avião francês, porque corro o risco de aparecer em Madagascar.

Enquanto os cinco chefes da FLN eram interrogados em Casablanca e um grupo de especialistas em documentação secreta quebrava a cabeça decifrando 12 quilos de papéis encontrados em poder de Ben Bella, a população do Marrocos se levantou contra os europeus. Na manhã de terça-feira, a União Marroquina do Trabalho decretou greve geral. A polícia ficou impotente para impor a ordem diante da embaixada da França, ameaçada por uma multidão que quebrou vidraças de todas as lojas francesas em Rabat.

Em Paris, terça-feira à tarde, Guy Mollet foi recebido com estrondosos aplausos na Assembléia Nacional, mas não disse quem dera a ordem de capturar os chefes rebeldes. Nas 24 horas que se seguiram à espetacular captura, não se sabia com exatidão qual fora o mecanismo dos fatos. Ao que parece, quando o avião decolou em Rabat, os serviços franceses de segurança aérea desconheciam até o nome e a nacionalidade do piloto. Um momento depois se soube que se tratava de Gaston Grelier, de quarenta anos, casado e com um filho, que serviu nas forças da França Livre durante a guerra. Antes de chegar a Mallorca — segundo supõe *Le Monde* — o piloto foi advertido da manobra pela polícia francesa. Era uma situação curiosa: não se tratava de um avião francês e — o que é mais inteligente — em nenhum momento devia tocar em território francês.

A escala em Palma de Mallorca demorou mais do que o previsto. Por quê? Há uma suposição geral: o piloto comunicou a manobra à sua companhia, em Rabat. O sultão foi prevenido em Túnis e chamou por telefone o embaixador da França, que por sua vez chamou em Paris, também por telefone, o ministro de Assuntos Tunisianos e Marroquinos, Savari. Savari tentou deter a operação, em vão. Por todas essas razões (a notícia foi comunicada essa mesma noite) o ministério renunciou.

Às 6h15, o piloto Gaston Greliet, que recebeu telegramas com mensagens conflitantes, decidiu cumprir as instruções dos serviços franceses, contra o parecer de sua companhia.

— Quando um francês recebe uma ordem como essa — disse — e sabe que leva a bordo o estado-maior da rebelião, só lhe resta uma alternativa: obedecer.

Assim começaram as 24 horas mais dramáticas vividas pela França depois da guerra.

DEZEMBRO DE 1956

A cinco minutos da Terceira Guerra

Todos estão de acordo numa coisa: na noite de 5 de novembro faltaram cinco minutos para a guerra mundial. Dos cinco homens que jogaram dramaticamente, como numa partida de pôquer, a sorte da humanidade, só um dormiu aquela noite suas oito horas completas: o presidente Eisenhower. Os outros quatro — Anthony Eden, da Inglaterra; Guy Mollet, da França; o marechal Bulganin, da Rússia, e o general Nasser, do Egito — passaram a noite em vigília, literalmente pendurados ao telefone. Quinze dias depois, quando a noite dramática começa a ter uma tranqüila perspectiva histórica, o mundo pode saber, minuto a minuto, como a humanidade passou a dois centímetros da catástrofe.

O primeiro-ministro da Inglaterra, Anthony Eden, não teve tempo de cear naquela noite, convocado para uma reunião extraordinária de seu gabinete. Quando os ministros de Sua Majestade deixaram o número 10 de Downing Street — às 11h20 — o gabinete estava incompleto: Anthony Nuttin renunciara. *Sir* Anthony Eden se despediu deles na porta de sua residência. Viu-os ganhar a longa fila de automóveis pretos, todos eles com a gola do sobretudo levantada para se proteger da chuva miudinha que caiu sobre Londres durante todo aquele dia histórico.

Desde as oito da manhã *Sir* Anthony Eden não tivera um minuto de descanso. Tropas inglesas e francesas estavam ocupando o canal de Suez.

— Isto não é uma guerra — manifestara o primeiro-ministro. — É uma simples operação policial para garantir a liberdade de trânsito do canal.

De fato, aquela não passava de uma maneira britânica de chamar as coisas. A realidade era que a Inglaterra estava em guerra contra o Egito, em aliança com a França e Israel.

A opinião pública não se equivocara nesse sentido. A quase totalidade da imprensa estava contra o governo. O arcebispo de Canterbury — o poderoso senhor que impediu o casamento da princesa Margareth — manifestou com franqueza seu desacordo com a aventura do Suez. O presidente Eisenhower, que chegou à Casa Branca com a promessa de pôr fim à guerra da Coréia, não queria guerras no mundo e muito menos dois dias antes de sua reeleição. A oposição da opinião pública londrina não só se expressou em cinco toneladas de cartas aos jornais mas diretamente nas turbulentas manifestações de Trafalgar Square.

Eden: sozinho na aventura

Eden é um homem bem-vestido, mas acima disso é um político com experiência. Seu padrinho político, Winston Churchill, um dos grandes guerreiros da história da humanidade, não vira as coisas com a mesma clareza com que as viu em 1939. Enquanto se dirigia ao seu quarto de dormir, *Sir* Anthony Eden devia se sentir sozinho na aventura. Era uma perigosa aventura com a qual — para rematar as coisas — ele próprio não estava completamente de acordo. Até 30 de outubro — cinco dias antes — o primeiro-ministro resistiu à tentação de ocupar o canal e instalar de novo tropas inglesas num território abandonado pacificamente poucos anos antes. *Sir* Anthony Eden sabe que a história não volta atrás. Mas o primeiro-ministro da França, Guy Mollet, e seu ministro das Relações Exteriores, Paul Pineau, chegaram à noite de avião e durante a ceia apresentaram a Eden um programa que no papel parecia tão simples como dois e dois são quatro. Israel invadira o Egito. França e Inglaterra tinham a oportunidade de se meter entre os dois combatentes, recuperar o canal e logo se apresentar às Nações Unidas com o fato consumado. A Rússia estava muito ocupada com seus problemas internos e com as agitações dos satélites, para se ocupar do problema. A lógica francesa o convenceu. Contra o parecer de uma oposição cada vez mais forte e numerosa, *Sir* Anthony Eden embarcou na aventura.

Até esse momento, os franceses tinham razão. O mundo gritava, esganiçava, mas a operação militar estava prestes a chegar ao fim. Eden apagou a luz às 23h10 e durante breves minutos deve ter pensado nas coisas que ocorriam a 3.200 quilômetros de seu quarto de dormir, no canal de Suez. Amanhecia em Port Fuad. No Chipre, uma nuvem de pára-quedistas ingleses e franceses se preparava para as operações da aurora. No Cairo, metido num palácio que mais parece uma fortaleza militar, o general Nasser vivera sua noite de más notícias: seus exércitos estavam em debandada. Gaza e a península do Sinai tinham caído em poder dos invasores. Às três da madrugada, o general Nasser entrou em contato com a vanguarda de suas tropas. Os bimotores europeus voavam sobre Port Fuad. Os pára-quedistas ingleses avançavam em tenaz, até o leste do canal.

Nasser, desesperado. Ike, indeciso

O general Nasser se levantara às seis da manhã depois de três horas de sono sobressaltado. Durante todo o dia esteve em contato com seus diplomatas de todo o mundo. De nenhum lado recebeu boa notícia. A União Soviética, que oferecera extra-oficialmente o envio de voluntários, tivera de enfrentar o inesperado distúrbio da Hungria. Como *Sir* Anthony Eden, o general Nasser se encontrou sozinho, ameaçado por um inconformismo interior que o obrigou a desviar tropas para garantir a segurança do regime. Desesperado, tomara uma determinação infantil: ordenou afundar vários navios para bloquear o canal.

Em Washington — do outro lado do Atlântico — o general Eisenhower também não dormia, pela simples razão de que ali eram seis da tarde. O presidente, ocupado com a véspera da eleição, tinha duas coisas em que pensar: na saúde de seu amigo e secretário de Estado, Foster Dulles, de quem acabaram de cortar numa sala de cirurgia 25 centímetros de intestino, e no último discurso eleitoral, que devia pronunciar às sete na televisão. O general Eisenhower sabia que o problema do Suez podia esperar 48 horas, até que ele fosse outra vez, por mais quatro anos, presidente dos Estados Unidos.

Mollet, otimista. Bulganin, resoluto

Em compensação, em Paris apenas se iniciava uma sombria noite de outono. Quando terminou a reunião dos ministros ingleses, os ministros franceses estacionavam seus automóveis na porta do palácio Matignon para participar de uma sessão extraordinária, à meia-noite. Também os franceses atravessaram a rua com a gola da capa levantada, pois Paris e Londres estão tão perto que sobre as duas cidades cai a mesma chuvinha miúda. Ao contrário de Eden, o primeiro-ministro da França, Guy Mollet, sentia-se senhor de si com o curso das operações do Suez. Os únicos que não estavam de acordo com ele na Assembléia Nacional eram os comunistas. Mas os comunistas tinham outra coisa em que pensar: Hungria. Os jornais de Paris puseram Suez em segundo plano para dar todo o espaço possível ao terrível acidente das repúblicas socialistas. À tarde, em Paris, organizara-se uma gigantesca manifestação contra os comunistas. Calvo, vestido de cinza como quase todos os franceses — e como quase todos os ingleses — Guy Mollet, que necessita de óculos para ler, não teve necessidade deles para decifrar a satisfação nos rostos de seus ministros.

A semana fora uma semana da França. A captura dos dirigentes da guerra da Argélia se converteu numa simples operação policial ao lado dos acontecimentos de Budapeste. Um considerável setor da opinião pública, que não deseja a guerra como não a deseja o povo francês, manifestou-se em silenciosa expectativa sua aprovação às operações do Suez. A coisa foi habilmente apresentada: devia-se fazer o general Nasser pagar bem caro o atrevimento de expulsar à força a empresa que administrava o canal. Durante todo o mês anterior a França esteve na defensiva. Agora, também contra o parecer dos Estados Unidos e também contra as vacilações de Eden, a França assumia a ofensiva.

Os ministros franceses, que já conheciam um informe detalhado da situação do Suez, esperavam que os teletipos da France Presse instalados no salão de sessões do Matignon transmitissem uma notícia: o golpe de Estado contra Nasser organizado por poderosos simpatizantes de seu antecessor, agora na cadeia, o general Nagib. Mas antes de chegar essa notícia, Guy Mollet teve de atender um visitante inesperado: o barão Guillaume, que não se constrangeu em interromper a sessão para comunicar ao primeiro-ministro as impressões trazidas esse dia de Moscou pelo ministro das Relações Exteriores da Bélgica, Spaak. Numa conferência de 20 minutos com o embaixador belga, Guy Mollet se deu conta de que a União Soviética poderia se ocupar ao mesmo tempo da questão da Hungria e da questão do Suez. Segundo o ministro Spaak, o marechal Bulganin interviria antes do amanhecer.

A verdade é que quando o barão Guillaume saiu do Matignon, já o marechal Bulganin interviera. À meia-noite — hora de Moscou — redigiu uma breve nota dirigida ao general Eisenhower, convidando-o para que os Estados Unidos e a União Soviética unissem suas forças para conjurar a agressão contra o Egito. O marechal Bulganin não foi para a cama: permaneceu em seu gabinete do Kremlin, com a atenção voltada em dois sentidos: Budapeste e Washington.

A nota que salvou Nasser

A nota de Bulganin chegou a Washington 48 minutos antes que o presidente Eisenhower pronunciasse seu discurso na televisão, quase no momento em que Eden apagou a luz de seu quarto, aproximadamente no momento em que Guy Mollet saiu para receber a visita do barão Guillaume. O presidente Eisenhower reuniu o Pentágono imediatamente depois de saudar seus eleitores no último discurso de campanha. Nesse instante aconteceram simultaneamente duas coisas importantes: os teletipos da France Presse comunicaram a Guy Mollet o texto da nota russa e alguém o chamou ao telefone de Londres. Era Anthony Eden, que saltara da cama e solicitara a comunicação com Paris sem perder tempo de se vestir.

Quando os dois ministros pousaram o telefone, em Londres e em Paris, já a gigantesca máquina de guerra dos Estados Unidos estava em movimento. O Serviço de Inteligência recebera, quase juntamente com a nota do marechal Bulganin, a informação de que a frota russa de Sebastopol estava em alerta, ao mesmo tempo que todas as guarnições soviéticas. Prevendo uma ação inesperada, os Estados Unidos enviaram ordem semelhante à frota norte-americana do Atlântico, incluindo os B-52 armados com bombas atômicas. Mas o presidente foi para a cama a uma da madrugada depois de despachar instruções precisas sobre a prudência a ser observada em cada momento, enquanto do outro lado do Atlântico o general Nasser, ignorante do que ocorria, tomava a determinação de se render.

Os termos dessa rendição foram redigidos em uma hora. Eram seis e meia da manhã no Cairo. O general Nasser decidiu chamar por telefone o embaixador da Itália, para que ele transmitisse a nota de rendição à França, Inglaterra e Israel. Mas uma determinação dessa índole podia esperar, sem necessidade de tirar da cama um embaixador. O general Nasser decidiu então esperar uma hora; e essa foi sem dúvida a hora mais importante de sua vida. No curso dela tomou conhecimento da nota do marechal Bulganin ao presidente Eisenhower e logo depois uma segunda, dirigida à França, Inglaterra e Israel.

"Em que situação", dizia a segunda nota, "se encontrariam a França e a Inglaterra se fossem objeto de uma agressão por parte de outros países que dispusessem de terríveis meios de destruição?... É impossível não ver que a guerra do Egito pode se transformar numa guerra mundial... O governo soviético está decidido a empregar a força para aniquilar os agressores." Essa nota assinalou o momento exato em que o mundo esteve a dois centímetros da catástrofe. A partir desse instante, qualquer imprudência de qualquer um dos cinco homens que tinham em suas mãos a sorte da humanidade poderia constituir o princípio do fim.

Ao tomar conhecimento desse texto, Eden determinou imediatamente a suspensão das operações no Suez. Quando voltou a chamar por telefone Guy Mollet — às quatro da madrugada de terça-feira, hora de Londres — ele acabava de se despedir do embaixador dos Estados Unidos na França,

Dillon, que levou ao seu conhecimento a primeira nota de Bulganin e a determinação de Eisenhower de "rechaçar secamente a proposta soviética". Guy Mollet se sentiu fortalecido por aquela notícia. Mas os termos da segunda nota modificaram a situação. Eden dera para trás. O gabinete francês, diante da evidência de que ficara sozinho na aventura, suspendeu a reunião às cinco da manhã, depois de se decidir por uma ação rapidíssima no Suez, para que uma possível suspensão das operações se concretizasse quando todo o canal estivesse já em poder da França. Nesse momento passou o minuto decisivo.

O dia eleitoral nos Estados Unidos foi esplêndido. O presidente Eisenhower depositou seu voto na residência oficial, às nove da manhã, e logo regressou à Casa Branca de avião e se ocupou da questão do Suez. Uma breve conferência telefônica com Eden o pôs a par da situação. Inglaterra e França concordaram em suspender as operações à noite, terça-feira, à meia-noite, hora de Londres. Mas Paris, que lera as notas do marechal Bulganin nos jornais da manhã, ignorava essa determinação. Durante seis horas viveu-se o pânico. Na manhã de terça-feira, uma cidade castigada pelos horrores da guerra, assaltou ordenadamente os armazéns de víveres, prevendo um futuro sombrio. Em seis horas se esgotou o abastecimento de açúcar previsto para três meses.

A doença de Eden se chama Suez... e é mortal

"Por causa de uma grave estafa e por ordem expressa de seus médicos, *Sir* Anthony Eden cancela todos seus compromissos públicos." Com esse simples comunicado de Downing Street chegou ao ponto máximo — terça-feira, 20 de novembro às 11h45 da noite — a participação da Inglaterra na estouvada aventura do Suez. A saúde de *Sir* Anthony Eden despencou no preciso momento em que o primeiro-ministro — e com ele todo o aparato do governo conservador — poderia ser derrubado pela oposição parlamentar. Provavelmente *Sir* Anthony Eden é um homem de má sorte. Porque até em sua última hora teve o azar de estar oportuna e verdadeiramente doente num momento em que convinha estar, mas quando sua doença parecia uma habilidosa jogada política.

A notícia que comoveu a Inglaterra e, sem dúvida, terá sérias conseqüências na política mundial, foi recebida como uma bênção por *Lady* Eden, mulher do primeiro-ministro e neta de Winston Churchill, que no dia seguinte declarou à imprensa:

— Eu tinha a impressão de que o canal de Suez estava inundando meu quarto de dormir.

Na verdade, os últimos acontecimentos praticamente dissolveram seu lar. Nos 11 meses deste ano, o casal Eden teve poucas oportunidades de conversar a sós. Depois de sua visita a Washington, em janeiro, o primeiro-ministro trabalhou quase vinte horas diárias para enfrentar a terrível crise econômica do país e o problema do Chipre. Em abril, a turbulenta visita de Bulganin e Kruschev constituiu uma espécie de tempestade política e social em meio à qual *Sir* Anthony Eden apenas teve tempo de passar em casa para trocar a roupa. Por último, a questão do Suez. O primeiro-ministro desapareceu da vida particular. No curso dessas semanas dramáticas, seu médico pessoal, *Sir* Horace Evans — que é também o médico pessoal da rainha —, esforçou-se tanto para colocá-lo à margem da política quanto os esforços feitos por Hugh Gaitskell — chefe da oposição trabalhista no Parlamento — e Aneurin Bevan — chefe da oposição trabalhista nos jornais e na praça pública.

Em 1938, quando bateu a porta no nariz de Chamberlain — o primeiro-ministro de guarda-chuva —, *Sir* Anthony Eden passou à história como um político jovem, o mais bem-apesoado e o mais elegante. Sua foto daquela época ficou gravada na memória do mundo. Mas a memória do mundo comete um erro: em 1938, Anthony Eden tinha 39 anos. Agora vai chegar aos sessenta. Aqueles que continuam pensando nele como o robusto rapaz que bateu a porta no nariz de Chamberlain não têm o sentido do tempo. O primeiro-ministro inglês é, na realidade, um ancião antes do tempo, que em 12 meses não tirou um minuto de férias, não foi ao cinema uma só vez, tem um sistema nervoso abalado, segue um regime alimentício quase drástico demais, está casado em segundas núpcias com uma mulher muito mais jovem do que ele, durante toda a vida ficou tão ocupado que não teve tempo de ter um filho e que em 1953 foi submetido a três operações sucessivas dos intestinos e da vesícula biliar numa clínica de Boston. Só uma constituição excepcional, uma infância bem alimentada e uma vida ordenada até onde é possível permitiram que este afastamento de agora não seja considerado definitivo e que *Sir* Anthony Eden não seja, para sempre, um homem liquidado.

Nos últimos tempos, a história do mundo esteve nas mãos de seu médico. Há um mês *Sir* Anthony Eden esteve no hospital de Londres, para visitar a esposa, e teve de ser internado ali mesmo durante 24 horas, por causa de uma febre que o acometeu. Naquela ocasião, seu médico recomendou energicamente o afastamento. Se seguisse o conselho, a história do mundo seria diferente e o afastamento de *Sir* Anthony Eden não teria esta melancólica aparência de jogada política. É certo que nesse caso a Inglaterra não teria embarcado na aventura do Suez, que foi ao mesmo tempo o princípio de uma perigosa bancarrota nacional e o golpe de misericórdia nos nervos de seu primeiro-ministro.

Só por causa de uma estafa nervosa total — opinam alguns jornais — se explica que *Sir* Anthony Eden não tivesse a suficiente lucidez política para prever os perigos do disparate do Suez. Só um terrível descontrole nervoso pode explicar que tenha decidido assumir os riscos dessa empreitada, contra a opinião pública e, mais ainda, contra os banqueiros de Londres, que o preveniram a tempo para as catastróficas conseqüências econômicas da intervenção inglesa no canal de Suez. O próprio Guy Mollet, primeiro-ministro da França, reconheceu que *Sir* Anthony Eden não decidiu em nenhum momento apoiar uma aventura na qual já estava comprometido. Foi necessário sustentá-lo *à bout de bras*, disse Mollet. Trinta mil ingleses do povo, arrastados por Aneurin Bevan dos subúrbios até Trafalgar Square, manifestaram domingo, 4 de novembro, sua oposição beligerante à solitária beligerância do primeiro-ministro.

Agora se sabe mais: o terceiro homem do governo conservador, Richard Butler, também se opunha à intervenção, e chegou até ao extremo de ameaçar com sua renúncia se as operações não fossem suspensas, poucas horas antes de que Eden recebesse a nota do marechal Bulganin. Essa renúncia espetacular arrastaria consigo o governo conservador.

Os ouvidos de mercador que *Sir* Anthony Eden fez ao médico há um mês — os mesmos ouvidos de mercador que não ouviram a opinião pública — levaram o mundo a cinco minutos da guerra e ele a um melancólico descanso, que poderia ser definitivo, em sua residência particular nos arredores de Londres. Sob esse ponto de vista, a determinação da retirada foi tomada tarde demais. Mas do ponto de vista da estabilidade do governo conservador, foi tomada apenas a tempo. *Sir* Anthony Eden não estará no Parlamento nas próximas semanas quando o trepidante e enorme líder da oposição trabalhista se dispuser a pedir contas ao governo pela aventura do Suez. Inglaterra e França estão sem petróleo e, por conseguinte, a indústria ameaçada de morte.

Enquanto o primeiro-ministro se repõe, o conselho de Sua Majestade é dirigido por um homem de 73 anos, que parece conservado em formol: Robert Arthur James Gascoyne Cecil, quinto marquês de Salisbury, proprietário de um castelo em cujo vestíbulo, para uso dos visitantes, foi instalado um distribuidor de fósforos gratuitos. Mas na realidade o primeiro homem a bordo é o possível sucessor de *Sir* Anthony Eden: Harold Macmillan, ex-ministro das Relações Exteriores, diretor de uma empresa editorial, que aos 62 anos ainda é campeão de arco e flecha no círculo de seus amigos. O terceiro homem continua a ser Richard Butler, um calvo sorridente e extraordinariamente culto, considerado um dos maiores colecionadores de quadros do mundo.

Essa equipe terá de enfrentar — e sustentar *à bout de bras* o governo — os estragos do último mês de *Sir* Anthony Eden. A oposição, agora mais sólida do que nunca, prepara-se para agitar uma série de espetaculares argumentos que a imprensa londrina qualificou de "bomba-relógio das revelações diplomáticas". Essa bomba — asseguram os profetas da política inglesa — permitirá saber que *Sir* Anthony Eden chegou mais longe do que se acredita em sua ajuda militar a Israel. É uma situação perigosa para o governo. É uma crise semelhante à de 1953, quando Eden se encontrava num hospital de Boston e *Sir* Winston Churchill sofreu uma paralisia parcial. O Parlamento se viu diante da necessidade de nomear um primeiro-ministro interino. A diferença é que agora está em jogo a sobrevivência do governo conservador. Apesar de uma pesquisa Gallup publicada semana passada, segundo a qual 57% da opinião pública estão de acordo com a atitude de Eden em relação ao Suez, o Partido Trabalhista — juntamente com alguns conservadores assustados — está seguro de tomar o poder.

Estando assim as coisas, é provável que os próprios conservadores se vejam forçados a sacrificar *Sir* Anthony Eden para não perder a faca e o queijo. Alguns analistas vão além: asseguram que foi o gabinete — e não *Sir* Horace Evans — quem recomendou o repouso do primeiro-ministro. Para demonstrá-lo, apóiam-se na recapitulação da jornada do primeiro-ministro na terça-feira, 20, quando, à noite, participou de uma turbulenta sessão do gabinete até pouco depois das dez. Meia hora depois o médico foi chamado com urgência ao número 10 de Downing Street. E vinte minutos mais tarde, quase no mesmo instante em que *Lady* Eden acompanhava o doutor Evans até a porta, foi divulgada a nota que anunciava a retirada temporária do primeiro-ministro. *Sir* Horace Evans não fez outra coisa senão assinar o certificado de falecimento político de *Sir* Anthony Eden.

Chegou a hora de Bevan

Contra um Partido Conservador que na Inglaterra tenta fazer milagres para conservar o poder, levanta-se um fantasma ameaçador, agressivo, brilhante, indisciplinado, que nunca na vida pôde se pentear: Aneurin Bevan. Os prognósticos mais bem fundamentados asseguram que *Sir* Anthony Eden regressará da Jamaica para escrever suas memórias; que o governo conservador — asfixiado pelas conseqüências da enorme travessura do Suez — necessitará convocar nova eleição e que o Partido Trabalhista retornará ao poder, não com Hugh Gaitskell — líder do trabalhismo no Parlamento — e sim com Aneurin Bevan na cabeça.

Sendo assim, os prognósticos de agora nada têm de original. A inevitável chegada ao poder dessa espécie de monstro da política, que ninguém sabe ao certo de onde saiu, foi anunciada — talvez mais com ironia do que com visão política — por ninguém menos do que Lloyd-George há 26 anos, quando o representante dos mineiros ingleses, tirado a laço de uma mina e ainda com a cara tisnada de carvão, entrou como um terremoto no severo e aristocrático recinto da Câmara dos Comuns.

Foi a 5 de fevereiro de 1930. Discutiam-se os problemas da indústria carbonífera. Nesse momento, Aneurin — Nye — Bevan seguramente não podia falar de muitas coisas, em primeiro lugar porque nunca freqüentara a escola e em segundo lugar porque era gago mas em compensação podia, sem gaguejar, falar de uma coisa melhor do que ninguém na Câmara dos Comuns: carvão. Tinha como saber: aos 13 anos o baixaram para trabalhar no fundo de uma mina, com a picareta e a lâmpada de carbureto, e ali se deu conta não apenas dos problemas do carvão inglês mas especialmente dos problemas dos carvoeiros. Bevan falou de todas essas coisas em sua primeira intervenção parlamentar. Falou seis horas consecutivas, tropeçando, lutando com as palavras. Falou com uma paixão carregada de violência, primeiro dos mineiros, mas depois contra *Sir* Winston Churchill e Lloyd George — os intocáveis do regime e, por último, contra quase todas as coisas intocáveis do império britânico. Falou com uma convicção irrefreável, arremessando, em cada frase, a retórica pela janela, com uma colérica, demolidora e legítima fé de carvoeiro. Tinha 34 anos. Agora é considerado o melhor orador da Câmara dos Comuns, melhor até que *Sir* Winston Churchill.

Desde o próprio instante de sua entrada na política se atribuiu a Nye Bevan o privilégio de introduzir más maneiras na política inglesa, exatamente na política inglesa, que sempre foi dirigida pelos homens mais bem-educados do mundo. Era uma espécie de fenômeno de circo, num parlamento em que cada membro é uma fruta perdida na ramagem de sua árvore genealógica. Bevan, em contrapartida, não pode reconstruir sua árvore além de seu avô, mineiro como seu pai, morto numa mina e enterrado debaixo de uma pedra anônima num cemitério gelado do País de Gales.

De fato, seus maus modos, sua agressividade, sua maneira de se vestir que dava nos nervos de *Sir* Anthony Eden e seu desembaraçado sistema de ir diretamente e sem metáfora à origem dos problemas, faziam dele um símbolo incomum na Câmara dos Comuns: era o povo inglês, o mais baixo e primitivo do sistema, quase no subsolo do império britânico, sentado entre os doutores. Não o aceitaram de bom grado. Ele se impôs pela força, apoiado por toda a plebe do sindicalismo carbonífero. Não repetiu cem vezes seus discursos na praia, com uma pedra na boca, como outro gago histórico, Demóstenes, mas lutou de maneira heróica com as palavras, até construir um dicionário pessoal para uso de todos os gagos ingleses. Com uma ambição confundida por seus inimigos como ambição de poder, construiu uma cultura para opor aos colegas, quase todos forjados em Oxford e Eton, e na atualidade é especialista em Shakespeare e um dos homens mais bem-informados em economia política de todo o império britânico. Tem uma prosa clara, simples, direta e invulnerável, que faz ver as coisas com clareza aos aristocratas e põe a ferver de orgulho, emoção e esperança, os mineiros.

Mas essa evolução de sua cultura não conseguiu torcer o sentido de combatividade, de sua atropelada maneira de atacar os problemas e os adversários políticos. Seus inimigos dizem: "É um demagogo", porque suas frases, agora que é um homem culto, como quando era mineiro puxado a laço, continuam as mesmas, concisas e ao alcance de todos os bolsos. A 4 de novembro, quando virou pelo avesso os subúrbios de Londres e conduziu para Trafalgar Square uma manifestação de 30 mil pessoas, sintetizou o problema da intervenção inglesa no Suez com uma frase típica de sua oratória descomplicada:

— O governo nos disse que as tropas inglesas desembarcam no Egito para prestar um serviço à ONU. Equivale a dizer que os ladrões violam as fechaduras para que a polícia tenha algo que fazer.

Os aristocratas de chapéu-coco e calças de fantasia vão mais longe ao qualificar Bevan. "É simplesmente um porco", dizem, porque em 1946 — quando era ministro da Saúde no governo Atlee — não participou de uma reunião com meias brancas e sapatos com fivelas, como manda a tradição, e sim com um traje azul-marinho absolutamente ordinário. Mas, apesar de semelhante atentado ao protocolo mais inflexível do mundo, os mineiros lhe dão apoio cada vez mais forte. Dos 1,2 milhão de votos com que contam na Inglaterra os militantes de base no Parlamento, 1,1 milhão são de Bevan.

Sua luta não tem sido apenas contra os erros milenarmente estabelecidos na política inglesa. Tem sido também — e talvez mais dura nesse terreno — contra os próprios dirigentes de seu partido. Bevan, um homem de disciplina quase fabulosa, introduziu a desordem nas fileiras de seu partido, que, em várias ocasiões históricas, não quis aceitar suas teses. Em 1937 — quando o espectro da guerra ameaçava o mundo — alinhou-se contra a guerra e os perigos do fascismo, o que lhe valeu a primeira expulsão do trabalhismo. Continuou a lutar em praça pública, até que não apenas seu partido, mas o império britânico e o mundo inteiro, deram-se conta de que tinha razão.

Sua fantástica capacidade de combate foi mais longe do que previram os amigos ou os adversários. Durante a guerra correu o tremendo risco político de criticar certas atitudes de Winston Churchill que, apesar de seus erros, estava ganhando a batalha contra o nazismo e, por tabela, a batalha da opinião pública. Quando seu partido estava no poder em 1951 e ele mesmo participava do governo, deu-lhe uma formidável rasteira na disciplina interna e renunciou ao Ministério da Saúde. Então lançou um manifesto que não passou despercebido mas que de qualquer maneira não foi levado em conta pelas potências ocidentais. "A verdadeira luta entre Oriente e Ocidente", dizia essencialmente o manifesto, "é de ordem econômica e não militar... A ajuda aos países subdesenvolvidos é mais eficaz na luta contra a União Soviética do que os programas de rearmamento." Os ocidentais preferiram o pacto do Atlântico Norte e o Plano Marshall. Os últimos acontecimentos demonstraram que era o demissionário Bevan quem tinha razão. A fórmula da ajuda aos países subdesenvolvidos está na moda na política internacional.

Essa foi a última vez que o trabalhismo se permitiu que o mais combativo e o mais inconciliável e o melhor estruturado e o verdadeiro grande político de seus membros ficasse fora de suas fileiras. Hoje, seria um luxo perigoso para o trabalhismo. Seus dirigentes só se deram conta no ano passado, quando tentaram expulsar Bevan pela terceira vez. Os quatro sindicatos mais poderosos da Inglaterra — ferroviários, mineiros, metalúrgicos e trabalhadores da construção — se opuseram terminantemente à medida. Apenas com os votos destes sindicatos, Nye Bevan poderia formar um novo partido que tomaria o poder numa situação como a atual. Seu próprio companheiro de lutas, ao mesmo tempo seu opositor interno mais encarniçado — Hugh Gaitskell — teria de reconhecê-lo no momento oportuno, ficar de lado e deixar-lhe o caminho livre.

A vida particular desse animal de luta, agora bem instalado em sua residência dos subúrbios de Londres, é ao que parece bastante diferente de sua vida pública. O homem acusado de desrespeitar, em política, as regras centenárias do jogo, o *fair play* inglês, é, no entanto, em sua vida particular, todo um cavalheiro inglês, animador das tertúlias domésticas do grande senhor da imprensa, lorde Beaverbrook. Sua cultura — luta a cotoveladas no solitário recinto da biblioteca — é tão profunda como extensa.

Está longe de ser um ressentido. A recordação da infância miserável, das quatro irmãs mortas de miséria no País de Gales, não lhe obscureceu a visão, permitindo-lhe distinguir perfeitamente onde termina a política e onde começa a vida particular. Sua casa é, várias vezes durante a semana, o agitado pátio onde se reúnem os carvoeiros para estudar seus problemas. Mas também várias vezes é o lugar de encontro dos mais exigentes aristocratas que tiveram de engolir com vaselina — ou sem ela — esse estranho produto da sociedade inglesa. As apergaminhadas senhoras que esperam ver Bevan casado com uma dama do *high life* tiveram uma surpresa que ainda não se sabe se serviu para elas de lição ou decepção. Nye se casou com uma escocesa que, ponto por ponto, fez uma carreira semelhante à sua. Chama-se Jenny Lee e é uma mulher pequena e atarracada, membro da Câmara dos Comuns, que se dá mal com os trajes de gala e fala pelos cotovelos, mas sempre com tanto juízo e tanta [...] como o marido. É simplesmente um casamento talhado sob medida para revolucionar a organização dos costumes britânicos.

JANEIRO DE 1957

Quando o mundo perde, só este homem ganha

Um homem que aparentemente nada tem a ver com a política, e efetivamente nada teve a ver com a questão do Suez, é o que mais ganhou e acima de tudo o que mais ganhará com a crise do combustível na Europa. Sua ocupação: transportar petróleo. Seus instrumentos de trabalho são 48 barcos com 1,3 milhão de toneladas de sua inteira e absoluta propriedade. Só por esse aspecto já seria um personagem fabuloso. Mas é também por muitos outros, a começar pelo seu nome completo: Aristóteles Sócrates Onassis.

Neste momento — três da tarde de 20 de dezembro de 1956 — Onassis está no escritório de Montecarlo, com a aparência simples de diretor de orquestra de jazz. No porto está seu iate: o maior, o mais belo e o melhor do mundo, cuja pista de baile se transforma em piscina só com o apertar de um botão. No aeroporto está o Super-Constellation particular, pronto para decolar rumo a qualquer parte do mundo. Acredita-se que o homem mais importante de Mônaco é o príncipe Rainier III. Mas na verdade é Onassis, que ali instalou seu escritório porque no principado não se pagam impostos. Como não encontrou escritório livre, teve de comprar a maioria das ações do Sporting-Club d'Hiver e ao mesmo tempo o Cassino para fazer um favor a Rainier III. Onassis impôs a condição de que o príncipe praticasse um golpe publicitário. O príncipe aceitou e se casou com Grace Kelly.

Só para ele a Terra é pequena

Onassis é um dos poucos homens com interesses em todo o mundo. O sol nunca se põe em seus domínios. O rei da Arábia Saudita, um de seus sócios mais importantes, assegurou-lhe em contrato o transporte de sessenta por cento do petróleo oriental. Seus barcos têm bandeira de quase todo o mundo, mas em especial dos países pequenos — e especialmente o Panamá — onde são mais baixos os impostos. Ao mesmo tempo, tem o monopólio da navegação aérea grega. É um dos principais capitalistas de Buenos Aires. Os armadores do Japão, Alemanha e Estados Unidos o consideram um cliente considerável. No Peru, espera-o uma dívida de caixa menor: uma multa de 100 mil dólares porque sua frota baleeira do Pacífico pescou em águas territoriais sem permissão, há dois anos.

Esse sentido internacional de vida e negócios, essa necessidade de que se inicie o transporte interplanetário do petróleo porque a Terra é uma bola muito pequena, faz parte da psicologia expansionista de Onassis. É grego, como o nome indica. Mas além disso tem por adoção a nacionalidade argentina, apesar de ter nascido na Turquia. Exatamente em Esmirna, em 1906.

O homem dos 50 milhões

Os inimigos tentam descobrir o passado negro de sua vida. Não se faz fortuna do nada em trinta anos de trabalho. Mas apesar do que se diz Onassis não tem problemas sérios com a polícia. A 50 milhões de dólares de altura se voa por cima das tempestades. Na verdade, sua virtude comercial mais importante não é dar golpes baixos e sim farejar as oportunidades. Onassis é um visionário. Um navegador que sabe pescar melhor do que ninguém em águas turvas. Cada vez que a humanidade atravessou uma situação difícil ele fez um bom negócio. Agora está fazendo outro bom negócio com a crise do Suez. Não fez nenhum na Primeira Guerra Mundial porque tinha apenas 13 anos e estava em Esmirna, morrendo de fome, na casa dos pais — Sócrates e Penélope — que não o deixavam sair para fazer negócios. Mas treze anos mais tarde, por ocasião da crise econômica dos Estados Unidos, já tinha essa independência. Mais ainda: já tinha um pouco de dinheiro, ganho na Argentina com o negócio de cigarros. Então começou a pesca maior. De uma só tacada, obteve três barcos mercantes, arrematados a preço de sardinha de um navegador canadense arruinado pela crise.

Onassis começou a negociar com aqueles barcos à espera de que a água se revolvesse de novo. Não teve de esperar muito. Seu melhor negócio foi a Segunda Guerra Mundial. Sua pequena frota, com bandeira neutra, navegou em todos os mares com petróleo para todo o mundo. Com o término da guerra tinha dinheiro suficiente para o golpe final: os Estados Unidos lhe venderam, como sobras de guerra, mais 16 petroleiros. Nessa ocasião pôde se dar ao luxo de assinar um único cheque de 8 milhões de dólares.

A Guerra Fria, a conferência de Genebra e a distensão internacional o teriam levado à ruína se, no entanto, não houvesse existido o parêntese da Coréia. Era uma guerra de bolso. Um passatempo de férias, distante das guerras de proporções gigantescas que necessitam de gigantes das finanças. Mas Onassis tirou dela tudo o que pôde. Já então ninguém podia comprá-lo com menos de 50 milhões de dólares.

Nos últimos dias, os outros trabalharam para ele. No seu escritório de Montecarlo recebeu há cinco meses a notícia da nacionalização do canal do Suez. Não se alarmou. Suas relações com o mundo árabe são excelentes. Com canal egípcio ou com canal inglês o negócio ia bem. Mas melhor com canal egípcio. Logo as coisas se complicaram para o mundo e se arrumaram para Onassis: o coronel Nasser, desesperado com a invasão, inutilizou o canal do Suez e o oleoduto do Oriente. Essa atitude, que privou a Europa de petróleo, só provocou em Onassis uma passageira dor de cabeça, intempestivamente confrontado com a realidade de que não tinha barcos suficientes para enfrentar a situação. Talvez ele não esperasse um problema tão grande. Com seu sangue-frio natural, tirou o fone do gancho, falou com um armador dos Estados Unidos e ordenou a construção do maior petroleiro do mundo: 100 mil toneladas. Os industriais que conhecem a terrível visão comercial de

Onassis deduziram desse fato que a crise do petróleo ia durar muitos anos, pois são necessários pelo menos 18 meses para a construção do monstruoso petroleiro. Será a maior coisa flutuante construída pelo homem na história da humanidade.

Sua fortuna começou num hotel de Buenos Aires

Todos estes arrepiantes zeros à direita começaram em 1923, numa sombria peça sem calefação, em Buenos Aires. Onassis chegou à Argentina como um imigrante de 20 anos, ambicioso e paciente, com uma assombrosa capacidade de poupança para esperar o momento oportuno. Fez de tudo para comer. Mas, enquanto fazia de tudo, montava à sombra de um amigo grego um negócio de importação de cigarros orientais. Há ali algo misterioso: em dois anos ganhou honradamente 125 mil dólares. Com esses três zeros deixou de ser um simples imigrante. O governo grego o nomeou cônsul em Buenos Aires. Dois anos depois, ainda com três zeros, foi para Nova York. Ali encontrou duas coisas decisivas: a crise e um velho patriarca das finanças, com uma história parecida com a sua, Stavros Livanos, transportador de petróleo. Onassis se casou com sua filha mais moça. A maior já estava casada com outro gigante das finanças, Stavros Niarchos, o mais temido concorrente de Onassis na atualidade.

A vida particular deste estranho produto da natureza humana é uma questão perfeitamente normal. Os milhões não lhe deixaram tempo para estudar. Mas isso não importa. Onassis é um intuitivo. É amigo pessoal de toda a alta sociedade internacional, que é ao mesmo tempo a alta sociedade dos negócios. Tem com eles um problema: Onassis não pôde aprender a jogar pólo nem canastra e, se fala fluentemente cinco idiomas, é por imposição das circunstâncias, favorecidas pela proverbial aptidão dos gregos para os idiomas. Sabe, no entanto, defender-se. Quando Ali Khan conversa sobre literatura, ele responde com cifras. É uma especialização da cultura como qualquer outra. E se a coisa fica difícil, organiza uma festa como a do ano passado, em Londres, em que se gastou 800 dólares só com *foie gras*. Uma pantomima de 30 mil verdinhas.

Estão em Caracas as mulheres que desaparecem em Paris?

A senhora Jeanne Cazals, jovem e elegante mulher de um rico industrial francês, saiu às sete da noite do ateliê de seu costureiro, dentro de um glamouroso casaco de pele e com 15 milhões de francos em jóias, espalhadas por todo o corpo. Mergulhou na multidão concentrada na rua do Faubourg Saint-Honoré — talvez a mais elegante e uma das mais concorridas de Paris — com o propósito de se encontrar com o marido. Nunca chegou ao encontro. A senhora Cazals desapareceu sem deixar um só vestígio, um só indício que permita fazer conjeturas sobre seu paradeiro. Desesperada, a polícia se apegou a uma confidência que ao que tudo indica a senhora Cazals fez, havia algum tempo, a um amigo íntimo:

— Caí numa engrenagem da qual me parece impossível sair.

É uma pista insólita. Os hábitos da senhora Cazals eram absolutamente regulares. Sua reputação, irrepreensível. Mas numa cidade como Paris, onde desaparecem misteriosamente 100 mil pessoas todos os anos, nenhuma possibilidade é inadmissível.

Caracas, o mercado nº 1

O caso da senhora Cazals pôs em destaque nos jornais um problema próximo: o tráfico de escravas. É um problema de que se fala com freqüência. A polícia acredita nele. Todos os jornais que se ocuparam do assunto concordam em que o principal mercado sul-americano do tráfico de escravas é a cidade de Caracas.

Mas custou muito trabalho chamar a atenção da sociedade, apesar da envergadura dos dados: nos últimos anos, 30 mil moças foram seqüestradas em Paris e vendidas a numerosos cabarés e lugares públicos de todo o mundo. Os principais mercados, segundo essas informações, são a África do Norte e a América do Sul.

Pela primeira vez desde que começou a se desenterrar periodicamente a existência deste tenebroso negócio de carne humana, a opinião pública francesa manifesta uma inquietação militante. Fui esta tarde a uma reunião pública, composta em sua maioria por mães de família, que solicitam do governo francês intervenção mais enérgica no problema. A justiça francesa conhece muitos casos. Mas, desgraçadamente, sempre que os jornais tocavam no assunto, a opinião pública tinha a impressão de que se tratava de simples especulação jornalística. Agora a coisa é diferente. Na Assembléia Nacional, a deputada Francine Lefèvre pôs de lado todos os problemas políticos internacionais e internos para expor desesperadamente a questão. Não há a menor dúvida: o tráfico de escravas existe, é dirigido por organizações poderosas com agentes e clientes em todo o mundo e opera em todas as grandes capitais. Especialmente em Paris.

Dois mil dólares por uma francesa

Para começar, a polícia iniciou o controle rigoroso sobre certos anúncios classificados de aparência inocente e tentadora: "Emprego fácil, 40 mil francos, para senhoritas de 18 anos." Uma senhorita dessa idade não resiste facilmente à tentação. Em muitos casos trata-se de um trabalho honrado. Mas as exceções são tremendas: as aspirantes são presas por contrato, levadas de avião para a África do Norte e ali vendidas como qualquer coisa. É um negócio altamente lucrativo.

A maneira como operam os agentes da organização parece um filme de ficção. No início deste ano, nos Champs-Elysées, um automóvel parou às sete da noite diante das imensas vitrines iluminadas. Um homem desceu do automóvel, agarrou pelo braço uma estudante e a empurrou à força para dentro do veículo. Nunca mais se teve notícia dela.

Na realidade, os primeiros contatos são mais engenhosos do que brutais. Uma revista conta o caso de Yvonne Vincent que, numa sonolenta tarde de domingo, estava em sua casa em companhia de uma criada. Sua mãe fora ao cinema. Ao anoitecer, uma amável freira bateu na porta com uma má notícia: sua mãe sofrera um acidente de trânsito. A religiosa se apresentou com uma falsa notícia e uma falsa intenção. Estacionado na porta da casa havia um automóvel conduzido por um cúmplice. Foi a última vez que se viu Yvonne Vincent.

Outro caso, este anônimo, é o de uma moça que se dispôs a tomar o metrô depois de passar toda a tarde em companhia de amigos no bosque de Vincennes. Enquanto esperava o sinal verde para atravessar a rua, uma anciã cega lhe pediu o favor de conduzi-la. Ninguém sabe o que aconteceu na calçada oposta, pois isto ocorreu a 18 de setembro, às 6h15 da tarde, e a moça ainda não chegou em casa. A polícia tem motivo para pensar que estas duas moças — como a maioria das 30 mil desaparecidas nos últimos anos — estão em algum lugar do mundo, vivendo como prostitutas por vontade própria ou porque foram forçadas.

O mecanismo parece ser simples: uma vez persuadidas, as moças são levadas à África do Norte ou à América do Sul. Uma francesinha bonita, jovem e complacente pode custar até meio milhão de francos, quase dois mil dólares. Mas quem paga a soma se sente no direito de explorar a mercadoria até multiplicar o investimento. A moça prisioneira da engrenagem tem poucas possibilidades de voltar para casa. A organização pode persegui-la até o último rincão da Terra. Algumas, no entanto, tiveram a coragem e a sorte de escapar. Uma delas foi Suzanne Celmonte, de 21 anos, que há poucos meses contou sua incrível aventura na televisão. Era cantora de um modesto cabaré de Paris. Uma noite a sorte se apresentou a ela elegantemente disfarçada de empresário. Contratou-a para um cabaré de Damasco a 2 mil francos por noite. Bastou que a moça estivesse no local para se dar conta que exigiam dela muito mais do que cantar. Sem perder o sangue-frio entrou em contato com o cônsul da França, por intermédio das autoridades, e foi repatriada. A polícia internacional partiu desse caso para desenredar um novelo que está levando para a prisão alguns pretensos produtores culturais.

Só um exportador foi detido...

As aparências são tão bem mantidas e os agentes da operação tão hábeis que a polícia não consegue romper o sólido aspecto de legalidade. Necessita-se de um golpe de sorte, quase uma casualidade, como a que levou para a prisão Francis Raban, um francês por trás da aparência mais honrada do mundo. Uma noite, quando se dispunha a tomar em Orly o avião que o conduziria à América do Sul em companhia de uma mulher que não era sua esposa, um detetive teve o pressentimento de examinar a fundo os documentos. Os da mulher eram falsificados.

Esse detalhe revelou a verdadeira personalidade de Francis Raban. Estava instalado em Paris como grande exportador. Periodicamente recebia suculentos cheques de dólares da Venezuela. Agora é acusado de ter exportado mulheres durante vários anos.

Os jornais que apontam Caracas como o principal mercado da América do Sul não citam muitos casos concretos. Mas uma revista popular relacionou recentemente o caso de Raban com o de uma criada seqüestrada em Paris e vendida na Venezuela. Segundo essa fonte, a moça foi contratada como camareira de um bar. Mas se negou terminantemente a "ser mais amável com a clientela". Como castigo, foi conduzida à fazenda deserta de San Félix, a 800 quilômetros de Caracas. Conseguiu escapar com a ajuda de dois exploradores que estavam ali por casualidade. Quantos casos como esse poderão ser encontrados agora mesmo na Venezuela?

Macmillan, a nova governanta

A multidão que nessa plácida quinta-feira se concentrou diante das grades do palácio de Buckingham para conhecer o novo primeiro-ministro não prestou atenção ao longo automóvel preto que abandonou a residência real às 3h35. Ali ia o sucessor de *Sir* Anthony Eden — chefe do governo durante 14.208 horas horríveis — sentado no banco dianteiro, ao lado do motorista. Foi uma manobra psicológica que despistou até os guardas do palácio. Também eles não fizeram a saudação especial a que tinha direito Harold Macmillan há dez minutos.

A troca de condutor foi um novo triunfo dessa delicada habilidade que têm os ingleses de lavar em casa a roupa suja de maneira que tudo se passe em família. Eles não podiam permitir que *Sir* Anthony Eden caísse estrepitosamente no Parlamento. O homem mais importante nessa emergência foi *Sir* Horace Evans, médico do antigo primeiro-ministro, que fez das tripas coração e da ciência patriotismo, e assinou um certificado que não melindra sua moral profissional porque é certo que *Sir* Anthony Eden está doente, mas que de passagem livrou o governo do aperto.

Tudo foi acertado de antemão. A rainha convocou Macmillan às três. Todo mundo sabia com que propósito, menos o próprio filho do novo primeiro-ministro. Quando tomou conhecimento da renúncia de *Sir* Anthony Eden, o estouvado Maurice Macmillan, de 34 anos, pôs na porta de sua casa — em Smith Square, 4 — um letreiro que pedia a nomeação de seu pai para primeiro-ministro. A essa hora seu desejo já estava cumprido: Harold Macmillan estava havia vinte minutos no palácio de Buckingham.

Não se cometeu um só erro na organização do golpe teatral. Por um lado se despediu o primeiro-ministro e por outro saiu um funcionário com um comunicado que tinha toda a aparência de ter sido escrito uma hora antes. Dizia: "A rainha recebeu em audiência esta tarde o honorável Harold Macmillan e lhe ofereceu o cargo de primeiro-ministro e primeiro lorde da tesouraria. O senhor Macmillan aceitou e beijou a mão de Sua Majestade." Quando o novo chefe do governo chegou ao número 10 de Downing Street já não restava ali nem um lenço de *Sir* Anthony Eden. Foi uma mudança fácil. Em sua qualidade de membro do gabinete, Macmillan vivia no número 11, a casa ao lado.

A Europa contemporânea tem alguma dificuldade de admitir esta maneira um pouco doméstica de arranjar as coisas do governo, de costas para o povo. Mas é provável que a eleição de Macmillan seja a última que se faça em família. Demonstra pelo menos que o Partido Conservador não está muito firme no poder. Recorre-se a qualquer manobra para evitar a convocação de eleição que jogaria no chão o governo. Macmillan tentará apertar porcas e parafusos, remendar os erros de Eden, mas sem ceder uma polegada de conservadorismo irredutível. Ele tentará também devolver a confiança dos poderosos grupos econômicos ingleses que tremem cada vez que Aneurin Bevan arma um escândalo no Parlamento.

O Partido Conservador — com Eden fora de linha e Churchill a ponto de completar cem anos — só tinha dois homens-chave. Um deles é o vizinho de Maurice Macmillan, no número 6 de Smith Square, Richard Butler, favorito da imprensa e das pesquisas do Gallup. O outro é Macmillan. Butler representa a corrente progressista do conservadorismo. É uma versão retardada de Aneurin Bevan com calça listrada, saída da classe média com a receita de um pastel doutrinário que não provoca indigestão em ninguém. Em compensação, Macmillan é o mais conservador dos conservadores. Um reacionário, como dizem os comunistas. Um retrógrado, como dizem os socialistas. É um cavalheiro vitoriano com os pés bem postos na segunda metade do século XX.

Os velhos conservadores acreditam que ele é o único capaz de manobrar em meio à tormenta sem jogar pela janela os arruinados móveis do conservadorismo à antiga. Necessita ser um pouco malabarista, como Macmillan acaba de demonstrar que o é. No início, como bom conservador, aconselhou Eden a realizar a operação Suez. Mas, como bom político, manifestou seu desacordo quando os banqueiros de Londres se assustaram. Em cinco dias deu uma cambalhota no ar e caiu sentado na cadeira de primeiro-ministro.

O primeiro problema que lhe compete resolver são as relações com os Estados Unidos. *Sir* Anthony Eden não foi derrubado em Londres e sim em Washington. De uma forma não oficial as relações estavam praticamente rompidas. A Inglaterra precisa de gasolina e os Estados Unidos tinham dado a entender que não a forneceriam enquanto Eden estivesse no poder. Macmillan pode resolver esse inconveniente. Ele goza das simpatias de Washington. Durante a guerra, na África do Norte, trabalhou com o general Eisenhower. Nasceu ali uma sólida amizade que agora, quando menos se pensava, pode ser a salvação dos conservadores.

Os especialistas europeus concordam que as coisas não mudaram substancialmente em Londres. Não há duas coisas que mais se pareçam no mundo do que um conservador inglês e outro conservador inglês. À semelhança de Anthony Eden, o novo primeiro-ministro tem bigodes — uns eriçados bigodes de leopardo — e se veste com uma correção impecável. É três anos mais velho, mas muito mais bem conservado, e quatro centímetros mais baixo, mas com um ar severo e distinto. Ambos foram moldados em Oxford e Eton.

A diferença mais notável entre ambos é puramente pitoresca: Eden tem mais *sex appeal*, é um caso de fotogenia. É um ator de cinema representando o papel de grande político no filme da vida real. Em compensação, a diferença essencial é favorável a Macmillan. *Sir* Anthony Eden foi um menino precoce e não tem sido outra coisa na vida. Não agüentou suas responsabilidades de adulto. Macmillan é mais humano. Foi o *enfant terrible* do conservadorismo. Amadureceu a paulada. A experiência ensinou o que devia fazer e o fez sem se apressar, sem demonstrar ambição, com a clássica parcimônia britânica. Nisso se parece com Winston Churchill.

O pai lhe incutiu uma religião cristã. Sua mãe, americana, ensinou-o a entender os Estados Unidos — o que, sem dúvida, servirá para se entender com Dulles — e a falar francês antes do inglês. Macmillan é bilíngüe. Segundo sua classificação astrológica — nasceu em 10 de fevereiro de 1894 — é um aquariano que não frustrou os astrólogos. Fez mil piruetas antes de tomar tenência. Foi ferido três vezes na Primeira Guerra Mundial, da qual participou como capitão dos granadeiros. Em seus primeiros movimentos políticos foi um conservador com colheradas socialistas na cabeça. Em 1938 cometeu um disparate: votou nos trabalhistas. Atreveu-se a dizer, estando seu partido no poder, que a Inglaterra era "um manicômio dirigido pelos próprios loucos". Apesar disso, Winston Churchill fez dele um dos seus colaboradores durante a Segunda Guerra Mundial. Seus excessos pararam aí. Desde então vem agindo com rigidez aristocrática, distinção e profundo respeito pelo seu alfaiate.

Da fogosa juventude resta apenas um vestígio: a agressividade oratória. Num partido em que as boas maneiras chegam até a praça pública, Macmillan é capaz de se transformar num demagogo que esmaga os adversários a golpes de sofismas. Mas depois da eleição vem a calma. Sua principal virtude é saber esperar. Nunca se apressa. A única vez que pareceu impaciente foi na quinta-feira em que a rainha o chamou para nomeá-lo primeiro-ministro. Macmillan chegou ao encontro 15 minutos antes da hora marcada.

Macmillan está na política porque isso é de bom tom na aristocracia britânica. É como praticar um esporte. Nunca teve necessidade dela, porque já era milionário cem anos antes de nascer. Seu bisavô, um dos 12 filhos de um pobre camponês escocês, fundou a editora Macmillan & Cia., quase à unha. Daquele velho duro e trabalhador, o primeiro-ministro herdou três coisas: a fortuna, a partícula "Mac" de seu nome escocês e a formidável vocação para os negócios. Em 1951, quando Winston Churchill o nomeou ministro da Habitação, Macmillan prometeu um disparate demagógico: construir 300 mil residências por ano. Não pôde fazer no início. Mas em 1954 quase pagou as casas que devia: construiu 350 mil. Isso só pode se explicar num escocês, obstinado, realista e trabalhador.

Há 39 anos, no Canadá, começou a exemplar vida pessoal de Harold Macmillan, quando se casou com *Lady* Dorothy, a filha mais velha do duque de Convodshire. Tiveram três filhas e um filho e todos estão vivos. Mesmo em seus momentos mais atarefados o primeiro-ministro dedica algumas horas para os livros: para imprimi-los, vendê-los e lê-los. A editora Macmillan & Cia. é um negócio próspero. Antes de dormir, o primeiro-ministro lê pelo menos uma hora. Seus autores favoritos são Shakespeare e Homero. Relê Homero todos os anos e, em 1915, ferido, releu-o no campo de batalha.

O conservadorismo inglês não teria encontrado homem melhor para tentar se salvar. Macmillan parece feito sob medida. Seu único inconveniente é a saúde perfeita, pois na hora do malogro não poderá contar com a cumplicidade do médico. Sua queda, provavelmente não muito longínqua, precisará de uma justificativa diferente.

FEVEREIRO DE 1957

*Trinta vidas devem ser arriscadas para
salvar dois loucos?*

Uma tempestade polêmica sacode a imprensa européia. Seus fundamentos podem ser sintetizados em dois pontos:
   1) Quanto custam dois homens?
   2) É justo arriscar a vida de trinta indivíduos para tentar salvar a de dois?
   Até há um mês, os dois rapazes que provocaram a polêmica eram modestos estudantes em Paris e Bruxelas. O mais velho se chama Jean Vincendon, de 24 anos, francês, e vivia com os pais num apartamento do XI *arrondissement* de Paris. O outro se chama François Henri, de 23, morador de Bruxelas. A 20 de dezembro, os dois rapazes, com uma certa experiência e uma desmedida aspiração de alpinistas, encontraram-se na estação de inverno de Chamonix para tentar uma aventura temerária: a ascensão do Mont Blanc pela rota mais difícil. Faz agora quase um mês que partiram e ainda se encontram lá, a 4 mil metros de altura, com 35 graus abaixo de zero, sem alimentos, nem remédios, nem calefação, congelados na cabine de um helicóptero destruído. Ninguém sabe se estão vivos ou mortos. Mas diante da hipótese bem fundamentada de que estão mortos e a evidência de que seria preciso arriscar trinta homens para comprová-la, desistiu-se das operações de resgate.

Até o momento em que se fez a última tentativa — quinta-feira, 3 de janeiro — os trabalhos de resgate tinham custado 400 milhões de francos, incluídos os 120 milhões do helicóptero que se destroçou contra a montanha. Um jornal perguntou: "É justo gastar tantos milhões para salvar dois loucos com tanta gente faminta e miserável?" O próprio jornal respondeu: "Enquanto houver loucos capazes de arriscar a vida gratuitamente, deve haver outros suficientemente loucos para arriscar a sua tentando salvá-los. Uma coisa assim só pode suscitar admiração."

A opinião pública mostra algumas dúvidas, mas a consciência oficial está tranqüila, pois os pais das vítimas se manifestaram quinta-feira:

— Sabemos que tudo foi feito para salvar nossos rapazes. Sabemos que tudo está perdido e suplicamos que não se arrisque a vida de mais homens.

Era uma atitude elementar. Mas a polêmica continua e o público se pergunta se, apesar da tempestade, a fome e o frio, Vincendon e Henri ainda estão lá, esperando, confiantes na caridade cristã e na solidariedade esportiva.

Dois pontos pretos na neve

Este drama terrível começou a 23 de dezembro às duas da madrugada. Alguém se apresentou a essa hora no escritório da escola de esqui de Chamonix, para dizer que havia dois rapazes em perigo no sopé do Mont Blanc. Nada podia ser feito: uma tempestade de neve açoitava a região. Era quarta-feira. Na quinta-feira à tarde a tempestade acabou e uma mensagem transmitida por rádio de um posto avançado de observação anunciou: "Há dois pontos pretos 200 metros abaixo do pico do Mont Blanc." Naquele instante Vincendon e Henri já estavam perdidos havia quatro dias, gelados e sem recursos no inferno de gelo.

Os aviões e helicópteros que subiram imediatamente não puderam localizar até sexta-feira os dois pontos pretos. Comprovaram então que os dois pontos pretos estavam vivos, mas num dos lugares mais perigosos da Terra: sob uma gigantesca muralha de gelo que ameaçava desabar. Um helicóptero lançou víveres e medicamentos junto com uma corrente de pó vermelho que indicou aos dois alpinistas o caminho da salvação. Outro helicóptero, no dia seguinte — sábado — viu-os exatamente no mesmo lugar. Um deles, aparentemente Henri, jazia imóvel na neve. Mas não estava morto, porque o outro tentava reanimá-lo. Duas coisas podiam ter acontecido: ou bem estavam congelados, incapazes de se mover, ou bem estavam cegos por causa da neve. As duas coisas eram igualmente possíveis.

O chefe da Escola de Altas Montanhas, Le Gall, assumiu pessoalmente as operações. O ministro da Aeronáutica francês, Henri Laforest, transferiu-se para Chamonix. Mas seus nomes foram ofuscados pela estrela do drama: o famoso alpinista Lionel Terray, vencedor do Anapurna da expedição de Herzoc, vencedor do Fitz-Roy e do chamado "pico impossível", o Chacraraju, nos Andes. Com seu admirável sentido de solidariedade esportiva, este alegre Tarzan das alturas organizou por conta própria uma expedição e se dispôs a desafiar o Mont Blanc. Era sexta-feira. Por motivos administrativos a expedição não pôde partir até segunda-feira. À tarde, um helicóptero voltou a ver os dois alpinistas perdidos e regressou com a notícia que parecia um milagre: depois de dez dias sem recursos, a 35 abaixo de zero, açoitados por uma tempestade implacável, os dois rapazes estavam vivos. Sua prodigiosa resistência ultrapassava todas as expectativas.

Catástrofe!

O dia 31 de dezembro — enquanto o mundo se preparava para receber o ano-novo — foi uma segunda-feira ampla, clara e tépida em Chamonix. Essa circunstância permitiu planejar uma tentativa arriscada. Um helicóptero perfeitamente equipado se propunha levar a cabo uma operação precisa: aterrissar, com medicamentos, alimentos e dois dos guias mais qualificados do país, no local onde se encontravam Henri e Vincendon. A Europa seguiu minuto a minuto, pelo rádio e pela imprensa, as peripécias dessa tentativa. Mil pessoas viram decolar o helicóptero 55, pilotado pelo comandante Santini e o ajudante Bland. A bordo estavam os dois guias que melhor conhecem o Mont Blanc: Charles Germain e Honoré Bonnet. Um helicóptero de observação, conduzido pelo coronel Nalet, seguiu-o de perto.

Era meio-dia quando decolaram. Setenta e dois minutos depois o coronel Nalet regressou à base, angustiado, com uma notícia tremenda: o helicóptero 55 se destroçara no sopé do Mont Blanc.

Agora não eram dois, eram seis homens a resgatar, pois os quatro que viajavam no helicóptero estavam sãos e salvos. Mais ainda: haviam aterrissado junto de Henri e Vincendon, que, depois de 12 dias sem recursos, gelados, a 35 abaixo de zero, estavam perfeitamente vivos. Uma tromba de neve, produzida pelas hélices do helicóptero 55, destroçara a nave contra o sopé da montanha.

Nesse momento, a expedição terrestre de Terray ganhara suficiente terreno para chegar ao lugar da catástrofe nas próximas 24 horas. Mas no vôo de regresso à sua base, aturdido, o coronel Nalet gritou-lhes do helicóptero:

— *Catastrophe, ils sont tombés.*

Esse grito, em francês, é uma maneira vaga de dizer que um helicóptero tinha caído. Mas também é uma maneira vaga de dizer que Henri e Vincendon estavam mortos. Terray, que não soubera da operação aérea, interpretou o grito de outro modo: "Catástrofe, os dois rapazes estão mortos." Então deu meia-volta e regressou a Chamonix. À noite, dispersos nos tremendos caminhos do Mont Blanc, 16 homens saudaram o ano da graça de 1957 a 4 mil metros acima do nível de seus lares.

A Europa tremeu por eles

O ano-novo despertou com uma notícia que ia reacender a polêmica: os quatro homens caídos no helicóptero tinham direito de ser resgatados antes de Henri e Vincendon. As coisas foram formuladas da seguinte maneira: os dois rapazes cometeram uma imprudência. Uma imprudência que já era demasiado cara em dinheiro para que também o fosse em vidas humanas. Considerou-se de uma justiça elementar resgatar aqueles que arriscaram a vida para salvar a dos dois aventureiros. Uma pergunta circulou esse dia: "É preciso arriscar a vida de muitos homens para resgatar dois rapazes que iniciaram esta aventura por sua própria conta, sabendo dos riscos e contra todos os avisos de perigo?" Um jornal respondeu: "O esporte não é só exercício dos músculos. É também a escola da coragem e da audácia. Um grande país tem necessidade da juventude que saiba correr grandes riscos. Não ir em seu socorro é condenar suas aspirações." Foi uma argumentação acolhida pela maior parte da imprensa, a mais forte e a mais séria.

Mas a decisão estava tomada: os últimos seriam os primeiros. Havia ainda uma coisa mais grave: o piloto Santini e o ajudante Bland não estavam preparados para sobreviver nas alturas. Estavam apenas vestidos com seus leves trajes de mecânicos.

Curiosamente, acima, no Mont Blanc, os dois guias pensavam o mesmo que nesse momento se pensava em Chamonix: os últimos seriam os primeiros. Eis o que aconteceu, relatado pelo guia Bonnet:

— Desde o momento em que aterrissamos tivemos o temor de que nosso helicóptero explodisse. O aparelho se avariara entre duas depressões sem fundo das quais ninguém poderia nos resgatar. Abandonamos a nave e nos dirigimos para onde Henri e Vincendon se encontravam, e constatamos que seus membros estavam congelados e não podiam mover-se. Nós os transportamos até a cabine do helicóptero. Comprovamos também que o material lançado em pára-quedas não pudera ser utilizado por eles, porque, gelados como estavam, não podiam servir-se das mãos. Os dedos estavam tão congelados que sequer puderam acionar o aquecedor de gás que receberam.

Nessa circunstância, com o comandante Santini progressivamente congelado e o ajudante Bland ferido, os dois guias iniciaram a descida. Henri e Vincendon ficaram na cabine do helicóptero, confiando na promessa de que retornariam para buscá-los. Tinham 13 dias de permanência ali, a 35 graus abaixo de zero, gelados e sem recursos, mas estavam vivos.

Dois dias depois, as expedições terrestres organizadas para resgatar os tripulantes do helicóptero os encontraram nas proximidades do refúgio Vallot. Encontravam-se em condições terríveis, mas sãos e salvos. Só o ajudante Bland carecia de cuidados de emergência. Temeu-se a princípio que seria preciso amputar-lhe uma das mãos, mas esse perigo desapareceu.

A Europa soube então que Henri e Vincendon tinham sido abandonados e os jornais se encarniçaram na polêmica. Triste, extenuado, o gigantesco Lionel Terray manifestou, em seu regresso a Chamonix:

— Insisto. Conheço bem o caminho do refúgio Vallot ao Mont Blanc. Dêem-me dez homens e eu carrego Henri e Vincendon.

Mas esses dez homens não apareceram em nenhum lugar. Além disso, já não havia nada a fazer. O comandante Le Gall, diretor das operações, declarou quinta-feira, 2 de janeiro:

— Depois de interrogar os dois guias que viram Henri e Vincendon segunda-feira, estou convencido de que os dois alpinistas, com as pernas e os braços totalmente congelados não resistiram à tempestade de ontem à noite e ao frio de menos de 36 graus registrados a 4 mil metros de altura. Responsável pela organização das operações de resgate, não acreditei que podia tomar a determinação de expor à morte 30 expedicionários.

Esse foi o ponto final. A próxima diligência foi fixada para a última semana da primavera, dentro de três meses: então se organizará uma comissão para resgatar os dois corpos e dar-lhes sepultura cristã.

MARÇO DE 1957

A Inglaterra e a rainha têm um problema doméstico: Philip

A rainha Elizabeth da Inglaterra e seu marido — Philip de Edimburgo — se encontraram há algumas semanas em Lisboa, depois de cinco meses longe um do outro. Todo o mundo conhece os detalhes. Todos os leitores de jornais e revistas seguiram de perto os pormenores do regresso: Philip deixou crescer a barba no curso de sua viagem ao redor do mundo; raspou-a para receber a mulher e — segundo se disse — foi exatamente por isso que chegou ao aeroporto com dois minutos de atraso. Os jornalistas, desesperados por alimentar a voracidade pública, tentaram explicar de mil maneiras diferentes o motivo da separação. Também o pretexto é conhecido: o marido da rainha fora indicado para visitar as remotas possessões inglesas, lá onde não há a mais remota possibilidade de que veja Elizabeth. Mas todo o mundo sabe que isso não é mais que um pretexto. Agora que Philip de Edimburgo está de novo no palácio de Buckingham, agora que passou o escândalo, os mesmos jornais que falaram de uma possível "incompatibilidade de gênios" no casamento real consideram que os problemas acabaram. Mas a verdade é outra: enquanto Philip esteve no mar não havia problema. Agora que está de novo em casa, os problemas começam.

A sutil explicação dos problemas domésticos de Elizabeth e Philip foi publicada recentemente, de forma sucinta, por uma revista popular. "Recorde-se", dizia a revista, "que em 1954 o casal real da Inglaterra realizou uma viagem oficial à Austrália. Durante uma festa oferecida pela universidade, o duque de Edimburgo foi apresentado a um grupo de pessoas, entre as quais havia um casal de recém-casados: 'A doutora e o senhor Robinson.'"

— Sim — explicou o marido ao perplexo duque. — Minha mulher é doutora em filosofia. É uma personagem bem maior do que eu...

— Eu sei o que é isso — manifestou o duque. — Temos o mesmo inconveniente em nosso casamento.

Naquela época, a história não foi explorada, porque não passava pela cabeça de ninguém a idéia de que houvesse algum problema no casamento real. Hoje essa história recupera sua dramática atualidade.

Seria ingênuo acreditar — como certa imprensa sugeriu — que Philip e Elizabeth deixaram de se amar. Na realidade, continuam a se amar tanto como os duques de Windsor. Mas, desgraçadamente para o casal e felizmente para o Império, Elizabeth não teve de renunciar à coroa para se casar com quem amava, como há vinte anos seu tio teve de fazer. Simplesmente se casaram a todo vapor, com a complacência de todo o mundo, e dez anos depois começaram a experimentar o fruto amargo dessa penosa felicidade.

Philip, apesar do grande amor, a extraordinária compreensão e os laços humanos que o unem à sua mulher, é um homem que se aborrece no palácio. Seu principal problema é a falta do que fazer, numa casa em que a mulher está terrivelmente ocupada durante 18 horas todos os dias. A essa circunstância se acrescente o fato de Philip não ter sido educado para viver num palácio. É, acima de tudo, um esportista, com algo de Ulisses no sangue — pois tem sangue grego nas veias — e um permanente desejo de viver emoções intensas. Talvez Elizabeth preferisse essa vida à que lhe foi reservada pelo destino. Mas ela foi educada para ser rainha e nem sequer seu problemático amor pode quebrar seu inflexível senso de responsabilidade.

Enquanto Philip esteve no mar, a rainha sofreu sua ausência, como toda mulher cujo marido está dando voltas pelo mundo. Mas provisoriamente as coisas estavam acertadas. Philip lhe enviava, de cada porto, de cada unidade naval ou aérea do império, uma fita magnética com suas impressões de viagem. A rainha a escutava na imensa solidão de Buckingham e sempre encontrou uma explicação para as crianças — Charles e Anne —, que já são suficientemente grandes para entender por que a voz era a única coisa que chegava de seu pai. No entanto, por bem ou por mal, privado do calor do lar, Philip teve, durante cinco meses, a oportunidade de viver sua vida. Depois de dez anos, foi esse o primeiro momento em que suas ordens se cumpriam, em que teve algo concreto para fazer.

Aqueles que acompanham de perto os acontecimentos mundiais provavelmente perceberam um fato que é algo mais do que uma coincidência: a viagem de Philip foi decidida um pouco depois do fracasso do casamento do capitão Townsend com a princesa Margareth. Curiosamente, foi a primeira vez que se conheceu — mais ou menos publicamente — a opinião de Philip numa questão de Estado que era ao mesmo tempo uma questão de família. A corte considerou um tanto imprudente essa opinião manifestada com franqueza, apesar de concordar com ela. O problema de Philip em casa provocou uma crise. E isso era apenas humano. Deve-se ser de ferro para não exprimir, em sua própria casa, as coisas que a gente pensa. Philip exprimiu e para evitar uma conseqüência catastrófica decidiu dar a volta ao mundo. É algo assim como a conhecida fórmula de contar até setenta e sete antes de explodir de cólera.

É provável que se a rainha não encontrar uma ocupação definida para seu inquieto marido dentro de pouco tempo terá de inventar outra fórmula para que ele possa viver sua vida, ao menos por um tempo. Não se pode viver assim, numa casa em que se é o marido mas ao mesmo tempo não se tem nem voz nem voto. O temperamento autoritário de Philip deu muitas dores de cabeça ao rígido protocolo britânico. Em público, ele deve aparecer um passo atrás da rainha. Isso é evidente em todas as fotografias. Mas quando os fotógrafos não estão à vista, o príncipe aproveita a ocasião para caminhar ao lado de sua mulher. Também isso é humano. E, no entanto, é essa humanidade a fonte dos maiores problemas.

Philip nem sequer tem direito de participar de uma audiência privada de sua mulher. E se por casualidade isso acontece, em família, deve se retirar no momento em que se começa a tratar uma questão oficial. Se pelo menos ele pudesse ajudar a mulher no trabalho talvez sua situação fosse menos incômoda. Mas não há possibilidade. Philip não tem direito a ler nenhum, absolutamente nenhum, dos papéis que estão pousados no escritório da rainha. É natural que, na alcova matrimonial, ela o torne cúmplice de seus problemas. Mas sua opinião sempre tem valor puramente acadêmico. A rainha não pode expô-la oficialmente. Não tem direito. E isso é grave porque a opinião de Philip — em geral — é bem diferente da opinião oficial. Se dependesse dele, seguramente teria modificado, revolucionado os costumes britânicos, com a condição de mandar em casa. Coisa que é absolutamente impensável num país como a Inglaterra.

Pensou-se numa solução: nomear Philip para um posto preciso, onde possa desenvolver, utilizar sua formidável energia. Mas também isso é impossível. Seu posto é esse e ele mesmo o conquistou: marido da rainha. É exatamente o caso das mulheres dos presidentes da República. Em qualquer país com certa vocação democrática, o fato de que o presidente nomeie sua mulher para um cargo público seria considerado uma imoralidade. Também o seria na Inglaterra. De maneira que Philip tem de se resignar com seu triste papel de marido da rainha: inaugurar bazares de caridade ou presidir competições esportivas. Para um homem como ele, isso é uma catástrofe, um brinquedo de crianças absolutamente tedioso. Por outro lado, o século XX afirmou os sentimentos nacionalistas, mesmo no último grande império. Por muito que se queira disfarçar as coisas, os políticos ingleses não esquecem uma coisa importante: Philip é grego, ainda que naturalizado inglês. A ninguém ocorre na Grã-Bretanha que um estrangeiro possa, com direito e oficialmente, dar ordens, instruções ou simples sugestões à rainha dos ingleses. Talvez seja por causa disso que, dez anos depois de seu casamento, sequer foi nomeado príncipe consorte.

Suicídio com aspirina

Proibir a venda de aspirina aos menores de 18 anos é a última disposição administrativa em Semur-en-Auxois, tranqüila cidadezinha de três mil habitantes perdida na aprazível província francesa. A medida se dirige especialmente aos 160 internos do colégio rural — setenta meninas e noventa homens — que há algum tempo são objeto de vigilância excepcional. Por meio da aspirina tomada em doses nocivas, dez menores da localidade tentaram se suicidar nos últimos 12 meses. Dois deles morreram.

Este fato alarmante, que semeou pânico entre os pais de família de Semur-en-Auxois, inquieta os psiquiatras, psicólogos e pedagogos na França, empenhados em desentranhar os segredos do mistério. A velha bibliotecária municipal, senhorita Blanche Blemer, de setenta anos, tomou uma iniciativa por sua conta: retirou da circulação entre os estudantes os livros de Jean-Paul Sartre e Simone de Beauvoir, papas do existencialismo, convencida de que é nessa filosofia que reside o miolo da questão.

Por motivos compreensíveis, os jornais noticiaram o caso com discrição. Ocultaram-se os nomes próprios. Mas esta semana a questão ganhou o *status* de crise por causa da revelação publicada em *L'Express* pelo doutor Georges Manco, especialista em psicologia escolar e uma das mais altas autoridades francesas na matéria.

— Fatos como o de Semur-en-Auxois são espetaculares e felizmente raros — declarou. E em seguida, com uma naturalidade alarmante, acrescentou: — Pelo contrário, a proporção de suicídios de adolescentes como resultado de notas baixas, de fracassos nos exames ou convocações por indisciplina é muito mais inquietante. CALCULAM-SE DOIS CASOS POR SEMANA NA FRANÇA. POR MOTIVOS COMPREENSÍVEIS, A IMPRENSA DÁ DESTAQUE APENAS A ALGUNS.

Não é uma declaração de todos os dias. É provável que a partir dela a questão vá para a Assembléia Nacional e a França se veja na contingência de iniciar uma revisão de seu sistema pedagógico. Mais de cem menores que suprimem a própria vida num ano — eis um fenômeno que não pode ser considerado secundário. E é mais grave ainda que as autoridades não tenham podido estabelecer uma causa única e indiscutível para os dois suicídios e as oito tentativas de Semur-en-Auxois.

Até onde a escassa publicidade dos casos permite estabelecer, sabe-se que o primeiro deles se registrou em fevereiro de 1956. Naquela data, um adolescente — que bem poderia se chamar Henri — se matriculou na escola de Semur-en-Auxois duas semanas depois de sua família ter se mudado para a cidade. Henri vinha de Paris. Era magro, pálido, de temperamento fechado. No internato chamou a atenção por seu ar absorto, mas especialmente porque se interessava mais pelos exercícios de ioga do que pela aritmética. Antes de se deitar, Henri permanecia vários minutos parado, a cabeça contra a parede, diante da perplexidade de seus companheiros. Ele mesmo explicou: era um tratamento contra a insônia. Mas, ao que parece, a prática ioga não era eficaz, de modo que Henri, para adormecer, necessitava da ajuda de fortes doses de barbitúricos.

Duas semanas depois, Henri deixou o internato e foi viver num quarto alugado numa esquina da praça. Não voltou para a escola. Preocupados com sua ausência, seus companheiros foram procurá-lo. Estava desfigurado.

— Chamem um médico — disse. E um momento depois, diante do médico levado às pressas, confessou: — Tentei me suicidar. Esta manhã misturei mais de cem comprimidos de aspirina com a marmelada.

Levado para o hospital, morreu poucas horas depois.

Poucas coisas puderam ser esclarecidas. Ao que parece, Henri leu numa revista americana que a aspirina administrada em doses maciças podia provocar a morte. O farmacêutico da cidadezinha recordou: dois dias antes, Henri lhe perguntou se a aspirina era realmente tóxica. O farmacêutico consultou seu receituário e lhe informou:

— A dose máxima para 24 horas é seis gramas.

Num só café-da-manhã, moídas e besuntadas no pão com a marmelada, Henri tomou uma dose suficiente para matar um cavalo.

A questão ficou esquecida durante todo o ano de 1956. Mas três meses atrás, no internato, uma menina de 14 anos — que bem poderia se chamar Paule — não pôde se levantar com suas companheiras. Uma hora depois, estava no hospital. A pequena Paule, uma loura de olhos verdes, filha de um comerciante da localidade, confessou que tentara se suicidar. Na madrugada, ingerira setenta comprimidos de aspirina, um depois do outro, na pia do dormitório.

Desesperados, os médicos tentaram neutralizar com fortes doses de soro de bicarbonato a terrível acidez provocada no sangue pelos analgésicos. Esforçaram-se por fortalecer-lhe o coração. Mas era tarde. Em meio a terríveis dores, Paule morreu ao anoitecer.

Uma pesquisa realizada entre seus companheiros de internato permitiu demonstrar que provavelmente a pequena Paule não conhecia a história de Henri. Não havia qualquer relação entre os dois casos. No entanto, desde há certo tempo suas personalidades eram semelhantes. Paule tinha dificuldade de dormir. Tornou-se fechada. Buscou refúgio na leitura. A única possível explicação de sua morte voluntária se localizou no terreno sentimental: segundo alguns estudantes, a pequena Paule estava terrivelmente enamorada de um companheiro de classe — que poderia se chamar Roland —, um excelente rapaz de 17 anos que não correspondia à paixão dela. Roland saía aos sábados com outra companheira de colégio. O caso de Paule foi classificado como "decepção amorosa" e foi enterrada discretamente sem que a notícia chegasse ao conhecimento do público.

Dois meses depois — a 7 de fevereiro deste ano — Roland, o indiferente companheiro de Paule, sofreu uma crise nervosa no internato. A consciência não o deixava em paz, pois se considerava culpado pela morte de Paule. Ao descobrir sua inquietação, os companheiros preveniram a direção do colégio. Mas então era tarde demais: Roland ingerira uma forte dose de aspirina. Felizmente não conseguira adquirir quantidade suficientemente forte e foi salvo.

Os casos de Roland e Paule são os únicos que puderam se relacionar entre si. Um caso e outro caso não fazem mais do que dois e a partir de fevereiro — isto é, em trinta dias — se registraram em Semur-en-Auxois sete outros casos. Mas todo mundo compreende que no fundo deve haver algo mais grave. A proibição da venda de aspirina é uma simples medida preventiva. Não é o remédio para o mal que se propaga entre os estudantes.

— Como ninguém me entende, me suicidarei — gritou para seus pais, há vinte dias, um nervoso estudante de 17 anos — que poderia se chamar Yves —, depois de levar bomba num exame. Os pais fizeram uma cena. Yves gritou palavras de ameaça, pôs no bolso cinqüenta comprimidos de um sonífero usado por sua mãe e foi para o campo. À noite, os pais avisaram a polícia. Procuraram-no inutilmente. Antes do amanhecer, Yves apareceu em casa, intoxicado. Salvou-o uma imediata intervenção médica.

Desde então o terror se apoderou dos pacíficos habitantes de Semur-en-Auxois. Quase todas as semanas se registrou um caso. Um aprendiz de açougueiro que no entanto queria ser marinheiro não conseguiu convencer os pais que lhe permitissem seguir a vocação. Então preparou para si um prato mortal: um escalope comum e corrente, só que em lugar do sal botou 32 comprimidos de aspirina.

Tranqüilamente disse aos pais depois do almoço:

— Vou morrer.

Levado à força para o hospital, conseguiu se salvar.

Se um verdadeiro elo se pode estabelecer na maioria dos casos é que eles têm algo a ver com o comportamento da família em relação às crianças. O aprendiz de açougueiro e o pequeno Yves tentaram suicidar-se porque seus pais não os compreendiam. Em compensação, outra estudante, de 15 anos — Françoise — tomou 28 comprimidos de aspirina porque no internato não podia suportar a ausência da mãe.

— Estes casos — diz o professor Mauco — são naturalmente mais freqüentes no clima *concentracionário* do internato, cuja fórmula atual não permite levar em contra a *extrema fragilidade do adolescente*, que deve fazer sua aprendizagem de adulto quando ainda não conseguiu se libertar dos fantasmas da infância... A concepção napoleônica das *escolas-quartéis*, que ainda é a nossa, foi ultrapassada pela evolução psicológica e social do mundo moderno.

Um filme abala o Japão

Numa tarde do outono de 1951, os jornais de Tóquio publicaram com destaque na primeira página a notícia de um crime atroz. Um casal de velhos camponeses foi assassinado em sua própria casa, e esquartejado a golpes de machado. O motivo era evidente. Durante toda a vida, o casal trabalhara duramente para assegurar uma velhice tranquila e sem sobressaltos. Uma modesta soma escondida entre as tábuas do assoalho era o resultado dessa antiga previsão. Também foi a causa de sua morte.

O assombro da opinião pública impeliu a polícia japonesa a multiplicar esforços para que o crime não ficasse impune. Havia poucas pistas: uma garrafa vazia abandonada pelo assassino no pórtico da casa, mas sem impressões digitais. Tampouco havia impressões digitais no machado homicida.

O exame dos cadáveres permitiu chegar a uma conclusão: havia vários autores materiais. Os corpos foram de tal maneira destroçados que era inverossímil a hipótese de que um único homem desfechasse os golpes. Na realidade — segundo pensou a polícia — vários homens se revezaram no macabro trabalho, até converter os dois corpos, literalmente, num picadinho de carne e ossos.

Uma semana depois do crime, um rapaz da região foi detido pela polícia numa casa de tolerância. Comprovou-se que estava ali havia três dias, entregue às carícias de uma complacente e custosa amiga. Surpreendido, o rapaz, sem ocupação conhecida, não pôde explicar a origem de seu dinheiro. Rapidamente a polícia elaborou sua hipótese e acusou o rapaz do crime dos anciãos. Mas ainda faltava algo mais: os cúmplices. Depois de um interrogatório extenuante, o acusado mencionou quatro nomes. Eram quatro rapazes da região — um grupo de alegres rapazes — que inicialmente negaram sistematicamente sua participação no crime. Mas pouco tempo depois confessaram. Foram julgados e condenados. Os advogados de defesa — que construíram suas teses sobre as próprias contradições da polícia — apelaram para a Corte Suprema de Justiça.

Este é, em síntese, o fato que originou um filme que estreou em Paris e provocou formidável sensação em todos os meios: *Sombras em pleno dia*. É um documento terrível e ao mesmo tempo uma argumentação jurídica que deixa convertidos em contos de fadas os tremendos filmes de Cayatte, *Somos todos assassinos* e *Direito de matar*. A importância desse filme, não apenas na história do cinema mas na história da humanidade, é mais do que evidente: pela primeira vez um grupo de advogados utilizou o cinema para defender um acusado — cinco neste caso. A sentença da Corte Suprema de Justiça de Tóquio foi divulgada em março de 1956, mas *Sombras em pleno dia* foi exibida poucos meses antes. O formidável abalo que ele produziu na opinião pública obrigou os magistrados a examinar o caso mais a fundo. A sentença foi adiada até dezembro. Mas foi adiada de novo, indefinidamente. Na realidade, o filme pôs em questão os procedimentos da polícia e da justiça japonesas — de maneira franca, dramática, numa argumentação de duas horas que pode provocar sérias mudanças na organização do Estado japonês.

É preciso conhecer alguns detalhes para compreender a incalculável transcendência do filme. Em primeiro lugar, o Japão é o único país do mundo em que os roteiros cinematográficos não são submetidos a censura prévia. Mas os autores respondem diante da justiça por tudo o que se atrevem a afirmar em seus filmes.

Isso foi o que tornou possível a realização de *Sombras em pleno dia*. Ali se conta a mesma história que o público japonês já conhecia, mas se conta de dentro, partindo das mesmas hipóteses da polícia. No fim se tem a impressão de que todas as hipóteses foram destruídas. O autor não descarta a possibilidade de que os cinco rapazes cometeram o crime. Mas demonstra por que são inconsistentes os argumentos da polícia. Ali se vê, numa cena de um dramatismo assustador, como um só deles esquartejou as vítimas — cego de terror — enquanto os outros tentavam localizar o dinheiro. A reconstituição do tempo é minuciosa, quase microscópica, e o público tem a impressão de que a polícia montou uma trama inconsistente para chegar às suas conclusões.

Mas não é isso o mais importante; o ponto-chave, que é também o nó do filme, é a forma com que — segundo os autores do filme — se conseguiu a confissão do primeiro acusado e depois a dos outros quatro. Simplesmente a polícia se valeu de torturas atrozes. Os acusados resistiram. Pouco depois de interrogatórios arrepiantes, viram-se forçados a assinar, quase sem conhecimento, todas as confissões que os juízes puseram diante deles. Durante o julgamento todos se desdisseram. Todos denunciaram os atrozes processos por meio dos quais foram obrigados a confessar. Mas os juízes fizeram ouvidos de mercador aos seus protestos, porque, se os aceitassem como válidos, os acusadores teriam de admitir as confissões forçadas, os bárbaros métodos da polícia japonesa. Por isso foram condenados.

Sem nenhum recurso judicial, os advogados insistiram. E desta feita por um meio insólito e convincente: o cinema. Dois grandes do grande cinema japonês se prestaram à empresa. O produtor Tengo Yamaca, produtor de *Os filhos de Hiroshima* e *Os pescadores de caranguejos*, e o roteirista Shinohu Hahimoto, autor de *Rashomon* e *Os sete samurais*. Esses quatro filmes são quatro marcos na história do cinema japonês. Mas o momento culminante é *Sombras em pleno dia*. A razão é simples. Se a Corte Suprema de Justiça decide a favor do filme, tem de reconhecer a atrocidade dos métodos policialescos. Isso significaria nada menos que o ponto de partida de uma revisão geral de todos os processos judiciais feitos no Japão nos últimos anos. E teria de haver, sem remédio, uma reforma a fundo da administração pública.

Mas se a Corte Suprema de Justiça decide contra o filme — isto é, se confirma a sentença dos juízes —, o produtor, o roteirista e o diretor sabem a que se ater: serão julgados e aprisionados por difamação. Não é um acidente: já sabiam antes de iniciar a filmagem. Simplesmente tiveram a coragem de correr os riscos. Por enquanto ganharam a primeira etapa: a opinião pública está de pé, reclamando justiça, e a Corte Suprema teve de adiar o veredicto. Mas há um limite: antes do fim deste ano a questão deve ser definida.

Os aplausos do público francês se dirigiram especialmente à coragem do produtor, Tengo Yamaca, que pela terceira vez corre o risco de dizer verdades tremendas no cinema. A primeira é inesquecível: *Os filhos de Hiroshima*, uma dramática acusação pelo lançamento da bomba atômica sobre uma cidade civil. O filme teve problemas com a censura ocidental, mas até agora foi exibido em quase todo o mundo e os convincentes argumentos nele expostos parecem definitivamente aceitos. O outro filme — exibido há pouco tempo em Paris — foi considerado pela crítica o sucessor de *O encouraçado Potemkin*, de Eisenstein. É a patética acusação dos métodos de exploração dos pobres pescadores de caranguejos. Um filme arrepiante que, como *Os filhos de Hiroshima* e *Sombras em pleno dia*, abalou a opinião pública. Em síntese, Tengo Yamaca é um acusador implacável. *Sombras em pleno dia*, um filme sem antecedentes.

NOVEMBRO DE 1957

"*Visitei a Hungria*"

Janos Kadar — presidente do conselho de governo da Hungria — fez uma aparição pública a 20 de agosto, diante de 6 mil camponeses que se concentraram no campo de futebol de Ujpest, a 132 quilômetros de Budapeste, para comemorar o aniversário da constituição socialista. Eu estava ali, na mesma tribuna de Kadar, com a primeira delegação de observadores ocidentais que chegou à Hungria depois dos acontecimentos de outubro.

Durante dez meses Budapeste fora uma cidade proibida. O último avião ocidental que saiu do aeroporto — a 6 de novembro de 1956 — foi um bimotor austríaco contratado pela revista *Match* para transportar o corpo de seu enviado especial Jean-Charles Pedrazzini, ferido de morte na batalha de Budapeste. A Hungria se fechou desde então e só voltou a se abrir para nós dez meses depois por influência da comissão preparatória do festival de Moscou, que conseguiu do governo húngaro o convite a Budapeste de uma delegação de 18 observadores. Havia dois arquitetos, um advogado alemão, um campeão de xadrez norueguês e apenas outro jornalista, Maurice Mayer, belga, de bigode vermelho, endiabradamente simpático, bebedor de cerveja e contador de piadas loucas, que iniciou sua carreira na Guerra Civil Espanhola e foi ferido em Liège durante a ocupação alemã. Eu não conhecia nenhum deles. Na fronteira húngara, depois que as autoridades da alfândega examinaram nossos documentos durante três horas, um intérprete nos reuniu no vagão-restaurante, fez as apresentações e pronunciou um breve discurso de boas-vindas. Depois leu o programa para os próximos 15 dias: museus, almoços com organizações juvenis, espetáculos esportivos e uma semana de repouso no lago Balaton.

Maurice Mayer agradeceu o convite em nome de todos, mas deu a entender que a programação turística nos interessava pouco. Queríamos outra coisa: saber o que se passou na Hungria, com informações exatas e sem mistificações políticas, e fazer uma avaliação real da situação atual do país. O intérprete respondeu que o governo de Kadar faria todo o possível para nos satisfazer. Eram três da tarde de 4 de agosto. Às 22h30 chegamos à deserta estação de Budapeste, onde nos esperava um grupo de homens aturdidos, enérgicos, que nos escoltou durante 15 dias e fez todo o possível para impedir que formássemos uma idéia concreta da situação.

Acabáramos de baixar as malas quando um deles — que se apresentou como intérprete — leu a lista oficial com nossos nomes e nacionalidades e nos fez responder como se estivéssemos na escola. Logo nos convidou a subir no ônibus. Dois detalhes me chamaram a atenção: o número de nossos acompanhantes — 11 para uma delegação tão reduzida — e o fato de que se apresentassem como intérpretes embora a maioria só falasse húngaro. Atravessamos a cidade por ruas sombrias, desertas, entristecidas pela garoa. Um momento depois estávamos no Hotel Liberdade — um dos melhores de Budapeste — sentados a uma mesa de banquete que ocupava todo o refeitório. Alguns deles tinham dificuldade de manejar os talheres. O refeitório com espelho, grandes lustres e móveis forrados com veludo vermelho, parecia feito de coisas novas mas com um gosto antiquado.

No curso da ceia, um homem descabelado com um certo desdém romântico no olhar pronunciou um discurso em húngaro traduzido simultaneamente em três idiomas. Foi uma breve recepção cordial, absolutamente convencional, seguida de uma série de instruções concretas. Recomendaram-nos não sair à rua, levar sempre o passaporte, não falar com desconhecidos, restituir a chave na portaria cada vez que abandonássemos o hotel e lembrar que "Budapeste está em regime marcial e portanto é proibido tirar fotografias". Nesse momento havia mais sete intérpretes. Moviam-se sem objetivo em torno da mesa, conversavam em húngaro, em voz baixa, e eu tinha a impressão de que estavam assustados. Não era o único a ter essa impressão. Um momento depois, Maurice Mayer se inclinou em minha direção e me disse:

— Estas pessoas estão morrendo de medo.

Antes de nos deitarmos recolheram nossos passaportes. Cansado da viagem, sem sono e um pouco deprimido, tentei ver um pedaço da vida noturna da cidade da janela de meu quarto. Os edifícios cinzentos e sujos da avenida Rákosi pareciam desabitados. A iluminação pública escassa, a chuva miudinha sobre a rua solitária, o bonde que passava rangendo entre centelhas azuis, tudo contribuía para criar uma atmosfera triste. Ao deitar, dei-me conta de que as paredes interiores de meu quarto mostravam ainda marcas de projéteis. Não pude dormir abalado pela idéia de que aquele quarto forrado com tapetes amarelados, com móveis antigos e um forte cheiro de desinfetante, fora uma barricada em outubro. Dessa maneira terminou minha primeira noite em Budapeste.

Mais filas para a loteria do que para o pão

De manhã, a visão era menos sombria. Disposto a burlar a vigilância dos intérpretes — que não chegariam até as dez — botei as chaves no bolso e desci ao vestíbulo pelas escadas. Não usei o elevador porque se situava justamente em frente à recepção e não poderia passar sem ser visto pelo administrador. A porta giratória, de vidro, dava diretamente na avenida Rákosi. Não apenas o hotel, mas todos os prédios da avenida — do frontão com flores da estação até as margens do Danúbio — estavam cobertos de andaimes. Não se pode evitar a sensação produzida por uma avenida comercial cuja multidão se move entre esqueletos de madeira. Foi uma sensação fugaz, pois apenas dei dois passos fora do hotel alguém me pôs uma mão no ombro. Era um dos intérpretes. De maneira cordial, mas sem soltar-me o braço, conduziu-me de novo para o interior do hotel.

O resto da delegação desceu às dez, como estava previsto. O último foi Maurice Mayer. Entrou no refeitório com um esplêndido casaco esportivo, os braços abertos, cantando o hino internacional da juventude. Com uma efusividade exagerada, sem deixar de cantar, abraçou um a um todos os intérpretes, que corresponderam com uma alegria desconcertante. Logo se sentou ao meu lado, ajustou o guardanapo no pescoço e me fez um sinal com o joelho por baixo da mesa.

— Ocorreu-me desde ontem à noite — disse entre os dentes. — Todos estes bárbaros estão armados.

A partir desse momento soubemos a que nos devíamos ater. Nossos anjos da guarda nos acompanharam aos museus, aos monumentos históricos, às recepções oficiais, impedindo-nos zelosamente que entrássemos em contato com as pessoas da rua. Uma tarde — a quarta em Budapeste — fomos ver, na Torre dos Pescadores, a linda vista panorâmica da cidade. Ali perto há uma igreja antiga convertida em mesquita pelos invasores turcos e ainda decorada com arabescos. Alguns delegados nos separamos dos intérpretes e entramos na igreja. Era enorme e mal conservada, com pequenas janelas elevadas por onde penetrava copiosamente a luz amarela do verão. Num dos bancos dianteiros, sentada em atitude absorta, uma velha vestida de preto comia pão com salsichão. Dois intérpretes entraram na igreja um momento depois. Seguiram-nos em silêncio pelas naves, sem dizer nada, mas fizeram a mulher sair.

No quinto dia a situação se tornou insustentável. Estávamos fartos de visitar coisas velhas, monstrengos históricos, e sentir que a cidade, as pessoas que faziam fila para comprar pão, para subir nos bondes, pareciam objetos inalcançáveis por trás dos vidros dos ônibus. Tomei a decisão depois do almoço. Pedi a chave na recepção, onde avisei que estava cansado e pensava dormir toda a tarde, logo subi pelo elevador e desci imediatamente pelas escadas.

Na primeira parada tomei, sem direção, um bonde. A multidão comprimida dentro do veículo me olhou como se eu fosse um imigrante de outro planeta, mas não havia curiosidade nem assombro em seu olhar, e sim um distanciamento desconfiado. Ao meu lado, uma anciã, com seu velho chapéu de frutas artificiais, lia um romance de Jack London, em húngaro. Dirigi-me a ela em inglês, depois em francês, mas nem sequer me olhou. Desceu na próxima parada, abrindo caminho a cotoveladas e eu fiquei com a impressão de que não era ali que devia descer. Também ela estava assustada.

O condutor me falou em húngaro. Dei-lhe a entender que ignorava o idioma e ele por sua vez me perguntou se falava alemão. Era um velho gordo com nariz de cervejeiro e óculos remendados com arame. Quando lhe disse que falava inglês me repetiu várias vezes uma frase que não pude entender. Ele parecia desesperado. No fim da linha, no momento de descer, entregou-me, ao passar, um papelzinho com uma frase escrita em inglês: "Deus salve a Hungria."

Quase um ano depois dos acontecimentos que comoveram o mundo, Budapeste continua a ser uma cidade provisória. Vi extensos setores em que as linhas de bonde não foram repostas e continuam fechados ao trânsito. A multidão, malvestida, triste e concentrada, faz filas intermináveis para comprar artigos de primeira necessidade. Os armazéns que foram destruídos e saqueados estão ainda em reconstrução.

Apesar da extensa divulgação que os jornais ocidentais deram aos acontecimentos de Budapeste, não acreditei que os estragos fossem tão terríveis. Poucos prédios centrais ficaram com as fachadas intactas. Depois soube que a população de Budapeste se refugiou neles e lutou durante quatro dias e quatro noites contra os tanques russos. As tropas soviéticas — oitenta mil homens com ordem de esmagar a revolta — empregaram a tática simples e efetiva de pôr os tanques diante dos prédios e destruir as fachadas. Mas a resistência foi heróica. As crianças saíam à rua, subiam nos tanques e lançavam dentro garrafas de gasolina em chamas. As informações oficiais indicam que nesses quatro dias houve cinco mil mortos e vinte mil feridos, mas a envergadura dos estragos permite pensar que o número de vítimas foi muito maior. A União Soviética não divulgou números de suas perdas.

O amanhecer de 5 de novembro se ergueu sobre uma cidade destruída. O país ficou literalmente paralisado durante cinco meses. A população sobreviveu graças aos trens de abastecimento enviados pela União Soviética e pelas democracias populares. Agora as filas são menos extensas, os armazéns de víveres começam a abrir as portas, mas a população de Budapeste ainda sofre as conseqüências da catástrofe. Nas casas lotéricas — que constituem uma fonte de renda do regime Kadar — e nas casas de penhor — de propriedade do Estado —, as filas são mais compridas do que nas padarias. Um funcionário público me disse que a loteria é uma instituição inadmissível num regime socialista.

— Mas não podemos fazer outra coisa — explicava. — Isso nos resolve um problema todos os sábados.

A mesma coisa acontece com as casas de penhor. Vi na frente de uma delas uma mulher fazendo fila com um carrinho de bebê cheio de trastes de cozinha.

A desconfiança e o medo aparecem em todas as partes, tanto no governo como entre a população. Há uma quantidade de húngaros que viveram no exterior até 1948 e tanto eles como seus filhos falam todos os idiomas do mundo. Mas é difícil que falem com os estrangeiros. Eles pensam que nesta época não pode haver em Budapeste um estrangeiro que não seja convidado oficial e por isso não se atrevem a conversar com ele. Todo mundo, na rua, nos cafés, nos sossegados jardins da ilha Margarida, desconfia do governo e de seus convidados.

O governo, por seu lado, sente que o inconformismo continua. Nos muros de Budapeste há pichações: "Contra-revolucionário escondido: temei o poder do povo." Em outras, acusa-se Imre Nagy pela catástrofe de outubro. É uma obsessão oficial. Enquanto Imre Nagy padece um desterro forçado na Romênia, o governo de Kadar besunta as paredes, edita folhetos e organiza manifestações contra ele. Mas todas as pessoas com quem conseguimos falar — operários, funcionários públicos, estudantes e até alguns comunistas — aguardam o retorno de Nagy. Ao entardecer — depois de percorrer toda a cidade — cheguei ao Danúbio, em frente às ruínas da ponte Elizabeth, dinamitada pelos alemães. Ali estava a estátua do poeta Petöfi, separada da universidade por um largo cheio de flores. Dez meses antes — a 28 de outubro — um grupo de estudantes atravessou o largo pedindo aos gritos a expulsão das tropas soviéticas. Um deles se encarapitou na estátua com a bandeira húngara e pronunciou um discurso de duas horas. Quando desceu, a avenida estava apinhada de homens e mulheres da população de Budapeste que cantavam o hino do poeta Petöfi sob as árvores despidas pelo outono. Assim começou a sublevação.

Um quilômetro além da ilha Margarida, no baixo Danúbio, há um denso setor proletário onde os operários de Budapeste vivem e morrem amontoados. Há uns bares de portas fechadas, quentes e enfumaçados, cuja clientela consome enormes copos de cerveja em meio a esse contínuo matraquear de metralhadora que é a conversação em língua húngara. Na tarde de 28 de outubro essa gente estava ali quando chegou a notícia de que os estudantes tinham iniciado a sublevação. Então abandonaram os copos de cerveja, subiram pela margem do Danúbio até o largo do poeta Petöfi e se incorporaram ao movimento. Fiz o trajeto desses bares ao anoitecer e comprovei que apesar do regime de força, da intervenção soviética e da aparente tranqüilidade que reina no país, o germe da sublevação continua vivo. Quando eu entrava nos bares o matraquear se convertia num denso rumor. Ninguém queria falar. Mas quando as pessoas se calam — por medo ou preconceito — deve-se entrar nos banheiros para saber o que se pensa. Ali encontrei o que buscava: entre os desenhos pornográficos, já clássicos em todos os mictórios do mundo, havia inscrições com o nome de Kadar, num protesto anônimo mas extraordinariamente significativo. Estas inscrições constituem um testemunho válido sobre a situação húngara "Kadar, assassino do povo", "Kadar, cachorro policial dos russos".

Uma prostituta me diz: "Eu era estudante comunista"

Durante a ceia confiei minhas experiências a Maurice Mayer. Ele riu. Fazia três noites que não dormia no hotel e conseguira uma abundante documentação sobre a vida noturna de Budapeste. Estava deprimido pelo espetáculo da prostituição, pela maneira desesperada como as mulheres se embebedavam até o amanhecer e um pouco excitado pela sensação de perigo que se experimenta nos bares noturnos. Essa noite me levou para compartilhar suas experiências.

Na Hungria, como em todos os países socialistas, a prostituição é proibida. Mas nunca vi em nenhuma parte uma prostituição mais triste, mais dramática e menos produtiva do que a de Budapeste. Uma moça de 18 anos — Maria Tardos — caiu em êxtase na narrativa de sua vida, de suas experiências eróticas, com uma impudicícia que parecia ter muito de masoquismo. Mas não narrou em vão.

— Que querem vocês? — explicou. — Eu perco tempo falando e é justo que cobre alguma coisa por desperdiçar o meu tempo.

Ela própria impôs o preço de antemão: cinco florins, isto é, cinqüenta centavos de dólar.

Maria Tardos era estudante de filologia. Fala fluentemente inglês, francês e russo. Antes dos acontecimentos de outubro participava da juventude comunista, da mesma maneira que seu irmão mais velho, agora refugiado na Áustria. Seu pai era operário de uma fábrica de confecções e membro do Partido Comunista. Todos ganhavam bem, mas a situação econômica era dura e Maria Tardos começou a se prostituir aos 15 anos com seus companheiros da universidade. Era um meio fácil de comprar certos artigos no mercado negro. A 28 de outubro seu pai empunhou armas contra o regime e disse que ingressara no partido porque os comunistas tinham certos privilégios sob o governo Rákosi. Morreu na batalha de Budapeste. Sozinha com a mãe, sem controle e sem perspectivas, Maria Tardos trocou definitivamente a vida universitária e as concentrações políticas pela arriscada vida noturna de Budapeste.

E não era o único caso. Conhecemos várias entre as poucas moças — nenhuma com mais de 25 anos — que podiam se expressar em inglês, espanhol ou francês. Algumas são operárias, vivem com a família e complementam o escasso salário com a prostituição ocasional. A partir da meia-noite são encontradas nesses bares nevoentos em que uma orquestra de violinos toca uma música nostálgica até o amanhecer. Vimos um grupo de moças misturado numa destas espetaculares altercações com a polícia, incapaz de controlar um povo amargurado e sem perspectiva.

Considerei, essa noite, terminadas minhas experiências em Budapeste. Regressamos ao hotel às quatro. Sentados no vestíbulo, esperando-nos, havia dois falsos intérpretes e um intérprete verdadeiro. Absolutamente tranqüilo, Maurice Mayer contou-lhes o que vimos. Eu disse alguma coisa de minha parte. Os três homens — pela primeira vez desde nossa chegada — não pareciam assustados, e sim tristes. No dia seguinte os anjos da guarda não vieram para o desjejum. Nunca mais voltaram. Retornou em compensação o intérprete de desdém romântico no olhar — que mais tarde se revelou teórico do marxismo — e pronunciou um discurso de desagravo. Deu-nos uma desculpa válida para a escolta de civis armados.

— Vocês compreendem nossa situação — explicou. — Em Budapeste vivemos uma condição difícil e nos sentimos obrigados a proteger nossos hóspedes.

A partir desse dia a atmosfera se transformou. Os intérpretes se humanizaram e pudemos atuar com absoluta liberdade. Formou-se uma comissão oficial da qual faziam parte dois membros do comitê central do Partido Comunista que, durante 11 horas — na serena moldura do lago Balaton — respondeu às nossas perguntas e discutiu conosco os aspectos mais delicados da situação. Eles nos apresentaram a Janos Kadar e nos levaram para escutar seu discurso. Eis por que eu estava no dia 20 de agosto na mesma tribuna de Kadar.

Kadar: "Sei que poucos querem meu governo"

Ujpest é uma importante região agrícola que desempenhou papel significativo nos acontecimentos de outubro. No primeiro dia foi contra o regime, mas, quando os antigos latifundiários tiraram partido do movimento e tentaram recuperar as terras expropriadas, os camponeses de Ujpest apoiaram Kadar e não opuseram nenhuma resistência aos tanques soviéticos. Por isso Kadar — que busca nos camponeses o apoio que lhe falta entre os operários — percorreu os 132 quilômetros sinuosos que separam Ujpest do palácio do governo para comemorar o aniversário da constituição socialista.

Encontramos uma aldeia, no domingo, adornada com flores, bandeiras e inúmeras inscrições de propaganda oficial, mas fortemente vigiada pela polícia. Na estrada deixamos para trás as caravanas de caminhões oficiais carregados de camponeses e os modernos automóveis de fabricação russa dos funcionários públicos. Na pracinha sem estátua, com casas de cores vistosas, as crianças camponesas comiam sorvete ao redor de uma orquestra rural que executava valsas sentimentais. Ao fundo de uma rua estreita com barracas de cerveja, salsichas e sanduíches de presunto, estava o campo de futebol sem arquibancadas. Haviam formado uma tribuna de madeira com as cadeiras da escola pública e três microfones conectados a um sistema de alto-falantes distribuídos por toda a aldeia. Para entrar no campo de futebol era preciso uma credencial especial. O restante da população escutou os discursos nas barracas onde se distribuíam de graça alimentos e bebidas sem álcool. Subimos à tribuna junto com o corpo diplomático dos países socialistas. Um momento depois a orquestra militar iniciou o hino da Hungria e os membros do gabinete, em mangas de camisa, bufando de calor, entraram precedidos por um homem de uns 49 anos, calvície incipiente, com uma roupa comum de pano cor creme, uma modesta gravata tecida com fios de seda e uma comovente aparência de homem doméstico e bom: Janos Kadar. Um grupo da primeira fila iniciou os aplausos. O restante o secundou sem entusiasmo. E assim continuou durante toda a manifestação e ainda nos momentos mais dramáticos do discurso.

    Eu não tinha uma idéia precisa de como seria um genuíno operário no poder, antes de conhecer Kadar. Sua modéstia natural, sua absoluta falta de apetite oficial, seu aspecto de homem que vai aos domingos ao jardim zoológico jogar amendoim para os elefantes, são simplesmente comoventes. Quando chegou sua vez, tirou o casaco e se aproximou dos microfones. Perdera a abotoadura da manga direita da camisa e a buscou com olhar ao redor sem perder um átomo de sua dignidade. Em seguida enrolou a manga até o cotovelo, bebeu água e pronunciou um discurso breve, direto, muito bem articulado, do qual a coisa mais sincera e a única que pareceu realmente importante foi a amarga verdade da primeira frase:

— Sei que pouca gente quer o meu governo.

    Aquele discurso, nossa exaustiva conferência com a comissão oficial — que nos deu uma versão franca mas atenuada da situação —, as numerosas conversas com as pessoas de Budapeste, o contato direto ainda que fugaz com o chefe do governo, o estudo consciencioso e desapaixonado da realidade húngara, permitiram-me chegar a uma conclusão: em outras circunstâncias, Janos Kadar teria sido o homem da Hungria. Acredito que é inteligente, capaz, honesto e notavelmente humano, mas está metido num atoleiro, com as pernas e as mãos atadas a uma situação política sem saída e em circunstâncias de uma dificuldade colossal. O problema é grande demais para Kadar. O povo não o perdoa — e ele sabe — por ter chamado as tropas soviéticas. Se não tivesse chamado, nem Kadar, nem o Partido Comunista, nem nada que se pareça com democracia estaria agora no poder. Um dirigente comunista me dizia:

— Kadar se sacrificou. Quando as coisas se consolidarem teremos de afastá-lo para ganhar a confiança do povo. Nesse sentido e do nosso ponto de vista, Kadar é um herói.

Lincharam os homens de sapatos amarelos

É incrível mas certo: Janos Kadar está fazendo o mesmo jogo que há cinco anos criticou com violência no regime Rákosi. É a contradição em que foi colocado pelas circunstâncias e deve ser sua amargura. Em 1952 — quando a qualidade de vida subiu 50% em relação aos anos anteriores à guerra — os ambiciosos e imprudentes dirigentes da época, entusiasmados com o êxito do primeiro plano qüinqüenal, decidiram forçar o mecanismo socialista e realizar em três anos o segundo plano qüinqüenal. Impuseram encargos impossíveis aos camponeses para fazer enormes investimentos na indústria. Decretou-se a coletivização forçada da terra. Máquinas agrícolas ficaram paradas nos campos porque a mão-de-obra especializada foi engolida pelo colossal estômago da indústria. Em um ano a população operária de Budapeste aumentou em 8%, mas o governo não previu este aumento, de maneira que não pôde resolver o problema iminente: a superpopulação e a escassez de moradias. Descuidou-se da produção de artigos de consumo em benefício da indústria pesada. Os operários que apoiaram com entusiasmo o primeiro plano qüinqüenal, asfixiados pela situação, amontoados nos quartos, sem roupa, sem sapatos e com a consciência política que o próprio regime lhes inculcara, começaram a estourar. Dois membros do Partido Comunista compreenderam a gravidade da situação e deram o alarme. Um era um dirigente político: Imre Nagy. O outro era da base, filho de um modesto operário e ele mesmo operário especializado na montagem de maquinaria pesada, veterano da resistência, autodidata, doutrinário, entusiasta de palavras cruzadas e intérprete de canções populares nas festas de seus amigos: Janos Kadar. Disseram que o governo de Rákosi cometia um disparate e o regime não respondeu com um discurso, e sim com um fato concreto: mandou-os para a cadeia.

O círculo se fechou. Os intelectuais marxistas proclamaram as mesmas idéias de Nagy e Kadar e sofreram a mesma sorte. Os estudantes foram ameaçados com a perda de seus direitos. Os operários que tentaram protestar foram denunciados por seus companheiros comunistas, expulsos e levados para a prisão. A polícia política impôs a ordem pelo terror. No exterior, a emissora Europa Livre prometia um paraíso que o povo húngaro desesperado levou ao pé da letra. Os velhos latifundiários, arruinados, recolhidos às suas residências outonais, o cardeal Wyszynski na cadeia, a poderosa reação húngara, infiltrada em todas as partes, esperaram o momento de saltar no pescoço de seus inimigos. A 28 de outubro de 1956 havia tantos operários nas prisões quanto nas fábricas. Estimulado pela valente cambalhota da Polônia, um grupo de estudantes de Budapeste organizou a homenagem ao poeta nacionalista Petöfi e aproveitou a oportunidade para pedir a reforma da cátedra de marxismo e do ensino do russo, a retirada das tropas soviéticas, a revisão do Pacto de Varsóvia, a devolução das minas de urânio da Hungria, exploradas pela União Soviética, a pluralidade dos partidos políticos, a exclusão da estrela vermelha da bandeira e dos edifícios públicos e a eliminação da polícia política. Eram 11h25 de uma esplêndida manhã do perfumado outono de Budapeste.

As pessoas saíram às ruas para pedir a retirada das tropas soviéticas e as tropas soviéticas se foram. Os cárceres foram abertos para libertar as vítimas da repressão e com elas saíram os delinqüentes comuns. Pela fronteira austríaca saíram 160 mil húngaros. Gente honesta, trabalhadores asfixiados, adolescentes seduzidos pela promessa da rádio Europa Livre, mas também todos, absolutamente todos os delinqüentes comuns.

A ação violenta se orientou em primeiro lugar contra a polícia política. Os policiais, de vigilância e de trânsito, húngaros comuns, abriram seus quartéis e repartiram suas armas com a multidão. O resto foi fornecido pelos soldados. As tropas soviéticas, que conviveram com os húngaros da rua em oito anos de ocupação, de compreensão de seus problemas humanos, deixaram muitas armas e até dois tanques, antes de se retirar de Budapeste. A polícia política foi executada. Poucos meses antes a polícia secreta acabara com a produção de sapatos de um tipo e uma qualidade especiais. Eram sapatos amarelos. Entre a multidão revoltada correu o boato de que todos os que calçavam sapatos amarelos eram detetives. Enfureceram-se pela direita: executaram todos os que calçavam sapatos amarelos e dessa forma liquidaram 43% da polícia secreta.

Os armazéns foram saqueados e a população vestiu roupa nova e organizou suculentas comilanças na rua. Era uma questão de apetites atrasados que um partido comunista sadio teria podido capitalizar. Mas na prática o Partido Comunista não existia. Os militantes honestos estavam na cadeia. Os outros, enfastiados de dogmatismo, de sectarismo, de perseguições internas, somaram-se à insurreição. Outros, como o pai de Maria Tardos, declararam que haviam se filiado ao partido por conveniência. Uma minoria se fechou em casa até a volta das tropas soviéticas e lutou com elas ombro a ombro. Constitui agora o melhor apoio de Kadar. Alguns comunistas sinceros, mas enganados, ficaram com a boca aberta.

— O governo nos convenceu — me disse um deles — de que o povo estava conosco e em outubro percebemos que não era verdade.

Um militante comunista que agora ocupa posição destacada me explicou por que não saiu para defender o regime:

— Mamãe estava muito assustada e não me deixou sair à rua.

A população não estava definitivamente contra o socialismo, e sim contra o regime de opressão. Por isso, com uma boa e assombrosa memória, chamou Imre Nagy ao poder. Em seu gabinete estava Janos Kadar, que, na noite de 1º de novembro, dirigiu aos revoltosos um discurso inesquecível, apesar de que agora o próprio Kadar queira esquecer.

Naquele instante, a reação — mais forte, mais identificada com seus interesses, com mais experiência política do que o Partido Comunista — capitalizara o movimento. Budapeste era um caos. A fronteira austríaca estava aberta. O regime de Nagy perdeu o controle da situação e num discurso aturdido ele pediu o auxílio do Ocidente para se sustentar no poder. Em dois dias se constituíram 14 partidos políticos, entre eles um desaparecido desde os tempos de Horty. Uma associação de *boy scouts* se acreditou com suficiente autoridade para reivindicar um ministério. O cardeal Wyszynski pediu a restituição das terras expropriadas da Igreja e os antigos latifundiários se prepararam para retomar as suas à mão armada. Convencido de que já não tinha autoridade, de que a insurreição fora canalizada pela reação e de que ele próprio seria expulso do governo, Imre Nagy fez uma manobra desconhecida até agora no Ocidente e que conheço de fonte oficial húngara: reuniu-se com os amigos políticos em sua residência de Budapeste e fundou o partido comunista clandestino com um programa de oposição que começaria a ser aplicado já na manhã seguinte. Janos Kadar estava nessa reunião. Sua decisão irrefletida, precipitada, foi um golpe de Estado: separou-se de Nagy, organizou o partido operário camponês com 17 membros e chamou por telefone a embaixada soviética. Teve de insistir duas vezes: o embaixador não queria ir ao telefone porque estava na cama com resfriado.

De cada cem operários, dez têm metralhadora

O problema é tirar Kadar do atoleiro. Tanto ele como a União Soviética aproveitariam a oportunidade de uma saída honrosa. Mas o Ocidente não propôs uma fórmula que lhes permita salvar a cara e a população húngara é quem está sofrendo as conseqüências. O país se encontra numa situação desesperada. Os húngaros não têm uma indústria auto-suficiente. Eles importam ferro, fabricam as máquinas e as exportam para ganhar divisas. As minas de urânio continuam em poder da União Soviética.

— Nada podemos fazer — alguém comentou. — A Hungria não tem capital necessário para explorar essas minas.

Todo o peso da reconstrução repousa sobre os camponeses e a União Soviética tem demasiados problemas internos para dar um jeito na Hungria.

A primeira medida do regime Kadar foi uma alta geral dos salários. Durante cinco meses os salários foram pagos apesar da paralisação das forças de produção. Agora a produção começa a se movimentar, mas os salários não correspondem à realidade econômica, o governo não se atreve a reduzi-los de novo e os operários não acreditam na reconstrução. A desconfiança reina nas fábricas. Os trabalhadores sabotam a economia. O Partido Comunista — que antes de outubro tinha 800 mil membros — está reduzido a 350 mil. O regime garante a ordem por intermédio dos trabalhadores de confiança e cada um deles recebe um fuzil-metralhadora para defender o poder. Mas também nessa distribuição de armas se observa a desconfiança. É impossível saber se muitos desses trabalhadores voltarão a utilizar as armas contra o regime. Numa fábrica de Budapeste que visitamos dois dias antes de deixar o país há duzentos operários. Vinte deles são membros do partido. O governo só se atreveu a armar sete. Essa é a proporção da confiança.

Como é difícil estabelecer quem está com quem e o que pensa cada um do regime; como a principal falha de um regime que se diz popular é que nada tem de popular, o governo confia — e pede em proclamações, discursos e folhetos — que os cidadãos dedicados ao governo denunciem a oposição clandestina. O ambiente criado por esse sistema de delação, espionagem, armadilha psicológica, é simplesmente monstruoso. Em Budapeste ninguém confia em ninguém. A origem está na universidade. Antes de outubro, a juventude comunista tinha 750 mil membros. Agora tem 150 mil. A minoria governista tem poder para denunciar os que se opõem ao regime. A cadeira de marxismo, abolida, foi restabelecida há dois meses. Um dos estudantes marxistas que continuam a ser marxistas mas estão contra Kadar explicou-me desta maneira a razão de seu inconformismo:

— Somos marxistas porque estudamos por nossa própria conta. Participamos da revolta de outubro porque uma coisa é o marxismo e outra é a ocupação russa e o regime de terror de Rákosi. As aulas da universidade nada têm a ver com o marxismo: o texto oficial é a história do Partido Comunista soviético.

Kadar não sabe o que fazer. Desde o momento em que chamou precipitadamente as tropas soviéticas, comprometido até a medula com uma batata quente nas mãos, teve de renunciar às suas convicções para seguir adiante. Mas as circunstâncias o empurram para trás. Embaralhou-se na campanha contra Nagy, a quem acusou de vendido ao Ocidente porque era a única maneira de justificar seu próprio golpe de Estado. Como não pode aumentar os salários, como não há artigos de consumo, como a economia está destruída, como seus colaboradores são inexperientes e incapazes, como o povo não o perdoa por ter chamado os russos, como não pode fazer milagres, mas como também não pode largar a batata e sair pela tangente, tem de botar as pessoas na cadeia e sustentar contra seus princípios um regime de terror mais atroz do que o anterior que ele mesmo combateu. Na noite de nossa despedida no refeitório do hotel, falando com um dirigente comunista sobre a forma crua e desabrida em que eu pensava escrever esta reportagem, ele se sentiu um pouco desconcertado, mas logo refletiu:

— Isso nos causará um grave prejuízo. Mas talvez nos ajude a sair do caldeirão.

"*Estive na Rússia*"

Ao cabo de muitas horas vazias, sufocados pelo verão e pela lentidão de um trem sem horário, um menino e uma vaca nos viram passar com o mesmo estupor e em seguida começou a entardecer sobre uma interminável planície semeada de tabaco e girassóis. Estávamos na União Soviética. O trem parou. Abriu-se um alçapão na terra, num dos lados do trilho, e um grupo de soldados com metralhadoras surgiu por entre os girassóis. Não pudemos ver onde ia dar o alçapão. Havia alvos para prática de tiro com figuras humanas recortadas em madeira, mas nenhum prédio. A única explicação verossímil — ainda que pouco explicável — é que ali existia um quartel subterrâneo.

Os soldados verificaram que ninguém se escondia nos eixos do vagão. Dois oficiais subiram para examinar os passaportes e as credenciais do festival. Olharam-nos várias vezes com atenção, até se convencerem de que nos parecíamos com nossos retratos. É a única fronteira da Europa em que se toma essa precaução elementar.

É compreensível que na União Soviética os trens não passem de hotéis ambulantes. A imaginação humana tem dificuldade de conceber a imensidão de seu território. A viagem de Chop a Moscou, através de infinitos trigais e pobres aldeias da Ucrânia, é uma das mais curtas: quarenta horas. De Vladivostok — na costa do Pacífico — sai às segundas-feiras um trem expresso que chega a Moscou domingo de noite depois de vencer uma distância igual à que existe entre o Equador e os pólos. Quando na península de Chukotka são cinco da manhã, no lago de Baikal, Sibéria, é meia-noite, enquanto que em Moscou são ainda as sete da tarde do dia anterior. Esses detalhes dão uma idéia aproximada desse colosso deitado que é a União Soviética, com seus 105 idiomas, seus 200 milhões de habitantes, incontáveis nacionalidades das quais uma vive numa única aldeia, vinte nas pequenas regiões do Daguestão e algumas não foram ainda estabelecidas, e cuja superfície — três vezes os Estados Unidos — ocupa a metade da Europa, uma terça parte da Ásia e constitui em síntese a sexta parte do mundo, 22,4 milhões de quilômetros quadrados sem um só anúncio de Coca-Cola.

Essas dimensões se fazem sentir a partir do momento em que se atravessa a fronteira. Como a terra não é propriedade privada não há cercas divisórias: a produção de arame farpado não figura nas estatísticas. Tem-se a sensação de viajar em direção a um horizonte inalcançável, em que há necessidade de mudar por completo o sentido das proporções para tentar entender o país. As pessoas praticamente se mudam quando vão viajar de trem. A única maneira de viajar sem sentir a vertigem da distância, a única posição razoável é a posição horizontal. Nas cidades mais importantes há uma ambulância na estação. Um médico e duas enfermeiras sobem aos trens para atender os doentes. Aqueles que apresentam sintomas de enfermidades contagiosas são hospitalizados no ato. Desinfeta-se o trem para que não se espalhe a peste.

Os homens passeavam de pijama nas ruas

À noite, fomos despertados por um insuportável cheiro de podre. Tentamos penetrar na escuridão e averiguar a origem dessa exalação indefinível, mas não havia uma remota luz na noite incomensurável da Ucrânia. Pensei que Malaparte sentiu esse cheiro e deu uma explicação criminal que agora é um capítulo famoso de sua obra. Mais tarde os próprios soviéticos nos falaram desses cheiros, mas ninguém pôde explicar sua origem.

Na manhã seguinte ainda não tínhamos acabado de atravessar a Ucrânia. Nas aldeias ornamentadas com temas de amizade universal os camponeses saíam para saudar o trem. Nas praças floridas, em lugar de monumentos aos homens públicos, havia estátuas simbólicas do trabalho, amizade e boa saúde, feitas com a tosca concepção stalinista do realismo socialista: figuras humanas de tamanho humano pintadas em cores demasiado realistas para serem reais. Era evidente que aquelas estátuas haviam sido repintadas havia pouco. As aldeias pareciam alegres e limpas, mas as casas dispersas pelo campo, com seus moinhos de água, suas carroças tombadas no curral com galinhas e porcos — de acordo com a literatura clássica — eram pobres e tristes, com paredes de barro e teto de palha.

É admirável a fidelidade com que a literatura e o cinema russos recriaram essa visão fugaz da vida que passa pela janela de um trem. As mulheres maduras, saudáveis, masculinas — lenços vermelhos na cabeça e botas altas até os joelhos — trabalhavam a terra em igualdade de condições com os seus homens. À passagem do trem saudavam com seus instrumentos de lavoura e nos lançavam gritos de adeus. Era o mesmo grito das crianças trepadas nas carroças de feno, grandes, espaçosas, puxadas por cavalos titânicos com a cabeça enfeitada de flores.

Nas estações, passeavam homens em pijamas de cores vivas, de boa qualidade. Pensei no início que eram nossos companheiros de viagem que desciam para estirar as pernas. Depois me dei conta que eram os habitantes das cidades que vinham receber o trem. Caminhavam pela rua de pijama, a qualquer hora, com um ar natural. Disseram-me que é um hábito tradicional no verão. O Estado não explica por que a qualidade dos pijamas é superior à da roupa comum.

O único perigo para nós: a generosidade

No vagão-restaurante comemos nosso primeiro almoço soviético, temperado com molhos fortes, de muitas cores. No festival — em que havia caviar desde o desjejum — os serviços médicos instruíram as delegações ocidentais para que não deixassem os molhos arruinarem seus fígados. As refeições — e isto aterrorizava os franceses — eram acompanhadas com água ou leite. Como não há sobremesas — porque todo o engenho da pastelaria se aplicava à arquitetura — tinha-se a impressão de que o almoço não acabava nunca. Os soviéticos não tomam café — nocivo à saúde — e completam a refeição com um copo de chá. Tomam-no a qualquer hora. Nos bons hotéis de Moscou se serve um chá chinês de qualidade poética, tão delicadamente aromatizado que dá vontade de derramá-lo na cabeça. Um funcionário do vagão-restaurante usou um dicionário de inglês para nos dizer que o chá é uma tradição russa que só tem duzentos anos.

Em Kiev nos fizeram uma recepção tumultuada, com hinos, flores e bandeiras e umas poucas palavras de idiomas ocidentais ensaiadas em 15 dias. Pedimos que nos indicassem onde poderíamos comprar uma limonada. Foi como uma vara mágica: de todos os lados nos caíram limonadas, cigarros, chocolates, embrulhados com signos do festival, e cadernetas de autógrafos. O mais admirável desse indescritível entusiasmo era que os primeiros delegados haviam passado 15 dias antes. Nas duas semanas que precederam nossa chegada passou um trem com delegados ocidentais a cada duas horas. A multidão não dava sinal de cansaço. Quando o trem partiu, tínhamos perdido vários botões da camisa e tivemos dificuldade de entrar no vagão por causa da quantidade de flores atiradas pela janela. Aquilo era como penetrar numa casa de loucos em que tinham perdido o senso das proporções até para o entusiasmo e a generosidade.

Conheci um delegado alemão que numa estação da Ucrânia elogiou uma bicicleta russa. As bicicletas são escassas e caras na União Soviética. A proprietária da bicicleta elogiada — uma moça — disse ao alemão que a dava de presente. Ele se opôs. Quando o trem se pôs em marcha, a moça, ajudada pela multidão, jogou a bicicleta dentro do vagão e, involuntariamente, quebrou a cabeça do delegado. Em Moscou havia um espetáculo que se tornou familiar no festival: um alemão com a cabeça enfaixada passeando de bicicleta pela cidade.

Tínhamos de ser discretos para que os soviéticos não se despojassem de seus pertences para nos presentear. Davam tudo. Coisas de valor ou coisas inúteis. Numa aldeia da Ucrânia uma velha abriu caminho entre a multidão e me presenteou com um pedaço de pente. Era o prazer de presentear pelo puro prazer de presentear. Quando alguém se detinha para comprar um sorvete em Moscou, tinha de comer vinte, com biscoitos e bombons. Era impossível pagar uma conta num estabelecimento público: os vizinhos de mesa já tinham pago. Um homem deteve uma noite um estrangeiro, apertou-lhe a mão e deixou nela uma valiosa moeda do tempo dos czares. Nem esperou pelo agradecimento. Num tumulto à porta de um teatro, uma moça que jamais voltou a ser vista pôs uma nota de 25 rublos no bolsinho da camisa [...].

Um rapaz nos explicou que eram as vendedoras das fazendas coletivas. Frisou com legítimo orgulho, mas também com uma intenção política demasiado evidente, que aquelas mulheres não competiam entre si porque a mercadoria era propriedade coletiva. Só para testar, disse-lhe que na América do Sul era a mesma coisa. O rapaz ficou frio.

A chegada a Moscou estava anunciada para o dia seguinte, às 9h02. Desde as oito começamos a atravessar um denso subúrbio industrial. A aproximação de Moscou é uma coisa que se sente, que palpita, que cresce interiormente como um mal-estar. Não se sabe quando começa a cidade. De repente, num momento impreciso, descobre-se que se acabaram as árvores e a cor verde fica na lembrança como uma aventura da imaginação. O interminável uivo do trem por um complicado sistema de cabos de alta tensão, de sinais de alarme, de sinistros paredões que trepidam numa comoção de catástrofe fazem que a gente se sinta terrivelmente longe de casa. Depois, instaura-se uma calma mortal. Por uma ruazinha humilde e estreita passou um ônibus desocupado e uma mulher, com a boca aberta, apareceu a uma janela e viu passar o trem. No horizonte, nítido e plano, como a ampliação de uma fotografia, apareceu o palácio da universidade.

Por que Moscou é a maior aldeia do mundo

Moscou — a maior aldeia do mundo — não se fez na medida humana. É exaustiva, acachapante, sem árvores. Os prédios são os mesmos casebres dos povoados da Ucrânia ampliados para tamanhos heróicos. É como se tivessem dado aos mesmos pedreiros mais espaço, mais dinheiro e mais tempo para desenvolver todo o seu inquietante sentido da decoração. Em pleno centro se encontram pátios de província com roupa pendurada em arames e mulheres que dão de mamar a seus filhos. Mesmo estes murais vazios têm proporções diferentes. Uma modesta casa de três andares de Moscou é tão alta como um prédio público de cinco andares de uma cidade ocidental e, sem dúvida, mais cara, mais pesada e espetacular. Algumas parecem simplesmente bordadas à máquina, pois o mármore não deixou espaço para o vidro. Não se vê comércio. As poucas vitrinas dos armazéns estatais — pobres e quase vazias — se perdem na esmagadora arquitetura de pastelaria. Nos amplos espaços destinados aos pedestres circula uma multidão lenta, envolvente, como uma torrente de lava. Senti uma emoção indefinida — que devia estar destinada ao meu primeiro desembarque na Lua — quando o automóvel que me conduziu ao hotel se aventurou pela infinita perspectiva da avenida Gorki. Pensei que seriam necessários pelo menos vinte milhões de pessoas para encher Moscou. O intérprete me confirmou modestamente que só tem cinco milhões e seu maior problema é a escassez de moradias.

Não há ruas modestas. Um único sistema de avenidas converge para o centro geográfico, político e sentimental da cidade: a Praça Vermelha. O trânsito — sem bicicletas — é desordenado e alucinante. O novíssimo Cadillac do embaixador do Uruguai — o do embaixador dos EUA é um modelo antigo — contrasta com os automóveis russos de cores neutras, copiados dos modelos americanos do pós-guerra, que os soviéticos dirigem como se fossem carroças de cavalos. Deve ser a tradição da tróica. Circulam em pelotões de um lado da avenida em estirões de grande velocidade, da periferia para o centro da cidade. Logo se detêm, dão a volta ao redor de um sinal e se lançam desordenadamente pelo outro lado da avenida, em sentido contrário. É indispensável chegar ao centro para se incorporar à circulação radial. Só quando nos explicaram a organização do trânsito compreendemos por que se necessitava de uma hora para chegar a qualquer lugar. Às vezes se deve percorrer um quilômetro para passar de automóvel ao passeio defronte.

A multidão — a mais densa da Europa — não parece se alarmar com a desproporção das medidas. Na estação de trem encontramos uma multidão de moscovitas que continuavam a viver sua vida apesar do festival. Comprimiam-se atrás de um muro enquanto se abriam as plataformas para subir ao trem e esperavam com uma espécie de inconsciência lerda, com puros instintos, como o gado espera. A desaparição das classes é uma evidência impressionante. Todos são iguais, no mesmo nível, vestidos com roupa velha e malcortada, com sapatos de qualidade inferior. Não se apressam nem atropelam e parecem ocupar todo o seu tempo para viver. É a mesma multidão abobalhada, simples e saudável das aldeias, mas ampliada a uma quantidade colossal.

— Desde que cheguei a Moscou — me dizia o delegado inglês — tenho a impressão de estar por trás de uma lupa.

Só quando se conversa com os moscovitas, quando são individualizados, descobre-se que aquela multidão pastoril é formada por homens, mulheres e crianças que não têm nada em comum.

Levei para suas casas os bêbados de Moscou

Os retratos de tamanho heróico não foram invenção de Stalin. É algo que vem de muito longe na psicologia dos russos: o instinto do volume e da quantidade. Chegaram a Moscou, entre estrangeiros e turistas nacionais, 92 mil pessoas numa semana. Os trens que mobilizaram essa enorme multidão não sofreram um contratempo. Os 14 mil intérpretes estiveram no momento preciso no lugar preciso com instruções concretas para evitar confusão. Cada estrangeiro teve a certeza de que lhe foi reservada uma recepção particular.

Não houve falhas de abastecimento, serviços médicos, transportes urbanos e espetáculos. Nenhum delegado recebeu uma ordem individual. Parecia que cada um atuava por conta própria, sem limites nem controle, e sem saber que fazia parte de um delicado sistema. Impôs-se a lei seca. Cada delegação dispunha de um número proporcional de ônibus: 2,3 mil no total. Não houve congestionamentos nem limitações do transporte normal. Os delegados tinham também uma credencial com seu nome transcrito foneticamente em russo, sua nacionalidade e seu endereço em Moscou, com a qual podiam viajar de graça em qualquer veículo do serviço público. A ninguém se determinou a hora de dormir. Mas à meia-noite em ponto os estabelecimentos se fechavam. À uma se suspendiam os transportes e Moscou se tornava uma cidade deserta.

Tive a sorte de ver o que acontecia depois dessa hora. Uma noite perdi o último metrô. Nosso hotel estava situado a 45 minutos da Praça Vermelha, de ônibus. Dirigi-me a uma moça que andava por ali — com uma grande quantidade de tartaruguinhas de plástico, em Moscou, às duas da madrugada! — e ela me aconselhou a pegar um táxi. Ponderei que só tinha dinheiro francês e que a essa hora não valia a credencial do festival. Ela me deu 50 rublos, indicou-me onde poderia encontrar um táxi, me deixou de lembrança uma tartaruguinha de plástico e não voltei a vê-la jamais. Esperei um táxi durante duas horas numa cidade que parecia morta. Por fim encontrei um posto policial. Mostrei minha credencial e me fizeram sinais para me sentar numa fila de bancos onde cabeceavam vários russos tontos de bebedeira. O agente conservou a credencial. Um momento depois nos puseram numa radiopatrulha que distribuiu durante duas horas, em todos os rincões de Moscou, os pinguços concentrados no posto. Batiam na porta das casas. Só quando saía um responsável entregavam o bêbado. Eu dormia profundamente quando ouvi uma voz que me chamou pelo nome, perfeito e familiar, como pronunciam meus amigos. Era o policial. Devolveu-me a credencial — onde estava meu nome transcrito foneticamente em russo — e me disse que estávamos no hotel. Disse-lhe:

— *Spasiva*.

Ele levou a mão ao quepe, fez posição de sentido e me respondeu secamente:

— *Projauslta*.

Num país assim é inconcebível o teatro de câmara. A Ópera Nacional representou *O príncipe Igor* no teatro Bolshoi, três vezes por dia durante uma semana, e em cada função intervieram seiscentos atores diferentes. Nenhum ator soviético pode representar mais de uma vez por dia. Há uma cena em que participam todo o conjunto e meia dúzia de cavalos em carne e osso. Esse espetáculo monumental — que dura quatro horas — não pode sair da União Soviética. Só para transportar os cenários seriam necessários sessenta vagões de trem.

Em compensação, os soviéticos tropeçam em problemas pequenos. Nas poucas vezes em que nos incorporamos ao gigantesco mecanismo do festival vimos uma União Soviética em seu ambiente: emocionante e colossal. Mas quando andávamos como ovelhas desgarradas, metendo-nos na vida alheia, encontrávamos uma União Soviética com o freio mordido em minúsculos problemas burocráticos, aturdida, perplexa, com um terrível complexo de inferioridade diante dos Estados Unidos. Os moscovitas — de uma espontaneidade admirável — manifestavam uma resistência suspeita quando se insistia em visitar suas casas. Muitos cediam: o fato é que eles acreditam que vivem bem e na realidade vivem mal. O governo deve tê-los instruído para que os estrangeiros não vissem o interior das casas. Essa era uma desvantagem do festival.

Havia em compensação uma extraordinária vantagem. O festival foi um circo montado para o povo soviético, isolado do mundo há quarenta anos. As pessoas tinham desejo de ver, de tocar um estrangeiro para saber que era feito de carne e osso. Encontramos muitos soviéticos que nunca haviam visto um estrangeiro na vida. Vieram a Moscou curiosos de todos os recantos da União Soviética. Aprenderam o idioma a galope para falar conosco e nos deram assim a oportunidade de viajar por todo o país sem nos movermos da Praça Vermelha. Outra vantagem é que na confusão do festival, em que o controle policial individual era materialmente impossível, os soviéticos podiam falar com mais liberdade.

Devo admitir honestamente que naquela barafunda de 15 dias, sem falar russo, não pude chegar a nenhuma conclusão definitiva. Mas em compensação me dei conta de muitas coisas fragmentárias, imediatas, superficiais, que de qualquer maneira têm mais importância do que não ter estado em Moscou. Tenho o hábito profissional de me interessar pelas pessoas. Creio que em nenhum outro lugar se pode ver gente mais interessante do que na União Soviética. Um rapaz de Mursmansk, que talvez tenha economizado durante um ano para fazer a viagem de cinco dias de trem, nos deteve na rua e perguntou:

— *Do you speak english?*

Minha pergunta aos russos: "Stalin era um criminoso?"

Era a única coisa que sabia em inglês. Mas nos agarrava pela camisa e continuava falando num russo desesperado. Às vezes aparecia um intérprete providencial. Então se iniciava um diálogo de muitas horas com uma multidão ansiosa de que lhe falássemos sobre o mundo.

Perguntei muitas vezes, com uma crueza deliberada, só para ver o que acontecia:

— É verdade que Stalin era um criminoso?

Eles respondiam imperturbáveis com trechos do relatório Kruschev. Não houve um único indício de agressividade. Pelo contrário, sempre encontrei a intenção deliberada de que levássemos uma agradável recordação do país. Não era uma multidão cricri. As pessoas não se apressavam para nos dizer as coisas. Olhavam-nos passar com sua timidez aldeã, com sua lentidão de ganso, sem se atrever a nos perturbar. Quando alguém tinha vontade de conversar, dizia à multidão, sem se dirigir a ninguém em particular: "*Drushva.*" Isto é: "Amizade." Então nos atacavam com imagens e moedas em troca de autógrafos e endereços. É um povo desesperado por fazer amigos. Perguntávamos com freqüência qual é a diferença entre o presente e o passado. Havia uma resposta que se repetia: "Agora temos muitos amigos." E querem ter mais. Desejam se corresponder, privadamente, falando de coisas com as pessoas — pessoas de todo o mundo. Tenho aqui em meu escritório uma grande quantidade de cartas de Moscou, que nem posso entender, enviadas por essa multidão anônima a quem íamos deixando o endereço para ir em frente. Só agora me dou conta de nossa irresponsabilidade. Era impossível controlar os endereços. Se um delegado se detinha diante da catedral de São Basílio, para dar autógrafos, meia hora depois a multidão de curiosos não cabia na Praça Vermelha. Não é exagero: em Moscou, onde as coisas nos deixam pasmos por suas dimensões colossais, a Praça Vermelha — o coração da cidade — decepciona por sua pequenez.

Em pouco tempo de Moscou o turista honesto se convence de que necessita de um sistema diferente de pesos e medidas para avaliar a realidade. Temos algumas noções elementares que não cabem na cabeça dos soviéticos. E vice-versa. Dei-me conta disso, uma noite, no parque Gorki, ao ser detido por um grupo de curiosos, três dias depois de chegar a Moscou. Uma moça, estudante do Instituto de Idiomas de Leningrado, me propôs em espanhol perfeito, sem cometer um só erro:

— Responderemos tudo o que quiser com a condição de que nos responda com a mesma franqueza.

Aceitei. Ela perguntou o que me desagradava na União Soviética. A mim me dava voltas na cabeça a idéia de não ver cachorros em Moscou. O tema tinha a vantagem de não ser convencional.

— Parece-me terrível que tenham comido todos os cachorros — eu disse.

A intérprete ficou perplexa. A tradução da minha resposta ocasionou uma ligeira comoção. Conversaram desordenadamente em russo. Logo uma voz feminina, no fundo, gritou em espanhol:

— É uma calúnia da imprensa capitalista.

Expliquei que era uma comprovação pessoal. Elas negaram seriamente que os tivessem comido, mas admitiram que havia poucos cachorros em Moscou.

Quando chegou minha vez, lembrei-me que os soviéticos não podem comprar casas para alugar. Perguntei:

— Um homem pode ter cinco apartamentos em Moscou?

— Naturalmente. Mas como diabos pode existir um homem para viver em cinco apartamentos ao mesmo tempo?

Agora eles falam de Stalin

Os motoristas do festival tinham ordem de não sair do lugar sem os intérpretes. Uma noite, depois de buscar em vão nossos intérpretes, tentamos convencer por sinais o motorista a nos levar ao Teatro Gorki. Ele se limitou a mover sua cabeçorra de mulo e a dizer:

— *Pirivoshji.*

Isto é: "Intérprete." Uma mulher — metralhava cinco idiomas com perfeição — nos tirou do apuro: convenceu o motorista que a aceitasse como intérprete. Ela foi o primeiro soviético que nos falou de Stalin.

Tinha uns sessenta anos e uma inquietante semelhança física com Jean Cocteau: um agasalho muito apertado, echarpe de raposa e um chapéu de penas cheirando a naftalina. Uma vez instalada no ônibus se inclinou na janela e nos mostrou a interminável cerca metálica da Exposição Agrícola: um perímetro de vinte quilômetros.

— Devemos este belo trabalho a vocês — disse. — Construíram-no para exibi-lo aos estrangeiros.

Era a sua maneira de falar. Disse que era cenógrafa. Considerava que a construção do socialismo era um fracasso na União Soviética. Admitiu que os novos governantes são bons, capazes e humanos, mas que passariam o resto da vida corrigindo os erros do passado. Franco perguntou quem era o responsável por esses erros. Ela se inclinou em nossa direção com um sorriso de beatitude e nos disse:

— *Le moustachu.*

O bigodudo. Toda a noite se referiu a Stalin por este apelido, sem falar o seu nome uma só vez, sem a menor consideração, sem reconhecer-lhe nenhum mérito. Segundo ela, a prova definitiva contra Stalin era o festival: na época dele não seria realizado. As pessoas não teriam saído de casa. A temida polícia de Beria teria fuzilado os delegados na rua. Garantiu que se Stalin estivesse vivo a Terceira Guerra Mundial já teria sido declarada. Falou-nos de crimes espantosos, de processos viciados, de execuções em massa. Garantiu que Stalin era a figura mais sanguinária, sinistra e ambiciosa da história da Rússia. Nunca escutei relato tão aterrador expresso com tanta sinceridade.

Era difícil situar sua posição política. Considerava que os Estados Unidos são o único país livre do mundo, mas ela só poderia viver na União Soviética. Durante a guerra conheceu muitos soldados americanos. Achava que são uns rapazes inocentes, saudáveis, mas de uma ignorância primária. Não era anticomunista: estava feliz com o fato de a China ter entendido o marxismo. Mas acusava Mao Tsé-tung de influir para que Kruschev não demolisse por completo o mito de Stalin.

Falou-nos de seus amigos do passado. A maior parte — gente de teatro, escritores, artistas honestos — foi fuzilada por Stalin. Quando chegamos diante do Teatro Gorki — um pequeno teatro de reputação muito antiga — nossa confidente ocasional o contemplou com uma expressão radiante:

— Para nós, este é o Teatro das Batatas — disse, com um sorriso sereno. — Seus melhores atores estão debaixo da terra.

Não há razão para acreditar que aquela mulher estava louca, salvo o fato lamentável de que parecia estar louca.

Os soviéticos são um pouco histéricos quando expressam seus sentimentos. Alegram-se com os saltos dos cossacos, dão a camisa de presente e choram às lágrimas quando se despedem de um amigo. Mas em compensação são extraordinariamente cautelosos e discretos quando falam de política. Nesse terreno é inútil conversar com eles para encontrar algo novo: as respostas estão publicadas. Só fazem repetir os argumentos do *Pravda*. Os anais do XX Congresso — que segundo a imprensa ocidental eram documentos secretos — foram estudados e criticados pela nação inteira. Essa é uma característica do povo soviético: sua informação política. A escassez de notícias internacionais é compensada por um assombroso conhecimento geral da situação interna. Além de nossa estouvada intérprete ocasional não encontramos ninguém que se pronunciasse de modo claro e preciso contra Stalin.

A retirada de seus retratos está sendo feita de maneira discreta, sem que sejam substituídos pelos retratos de Kruschev. Só permanece Lenin, cuja memória é sagrada. Tem-se a sensação física de que tudo se pode permitir contra Stalin, mas Lenin é intocável.

Falei de Stalin com muita gente. Parece-me que se expressam com muita liberdade, procurando salvar o mito por trás de uma análise complexa.

Mas todos os nossos interlocutores de Moscou, sem exceção, disseram-nos: "Agora as coisas mudaram." Perguntamos a um professor de música de Leningrado, encontrado ao acaso, qual era a diferença entre o presente e o passado. Ele não pestanejou:

— A diferença é que agora acreditamos.

Essa é a acusação mais interessante que escutei contra Stalin.

Os livros de Franz Kafka não são encontrados na União Soviética. Diz-se que é o apóstolo de uma metafísica perniciosa. Mas é possível que tenha sido o melhor biógrafo de Stalin. Os dois quilômetros de seres humanos que fazem fila diante do Mausoléu vão ver pela primeira vez o cadáver de um homem que regulamentou pessoalmente até a moral privada da nação e poucos jamais viram vivo. Nenhuma das pessoas com quem falamos em Moscou se recorda de tê-lo visto. Suas duas aparições anuais na sacada do Kremlin tinham por testemunhas os altos dirigentes soviéticos, os diplomatas e algumas unidades de elite das forças armadas. O povo não tinha acesso à Praça Vermelha durante a manifestação. Stalin só abandonava o Kremlin para passar férias na Criméia. Um engenheiro que participou da construção das represas do Dnieper nos garantiu que em certo momento — no pico da glória stalinista — sua existência foi posta em dúvida.

Não se movia uma folha de árvore sem a vontade desse poder invisível. Em sua qualidade de secretário-geral do Partido Comunista, chefe do Conselho de Governo e comandante supremo das forças armadas, concentrou nas mãos uma quantidade de poder difícil de imaginar. Não voltou a convocar o congresso do partido. Em virtude da centralização que ele mesmo impôs ao sistema administrativo, concentrou em seu cérebro até as molas mais sutis da nação. Durante 15 anos não se passou um dia sem que os jornais mencionassem seu nome.

Não tinha idade. Ao morrer, passara dos setenta, tinha a cabeça completamente branca e começavam a se revelar os sintomas de seu esgotamento físico. Mas na imaginação do povo Stalin tinha a idade de seus retratos. Eles impuseram uma presença atemporal até nas remotas aldeias da tundra. Seu nome estava em todas as partes: nas avenidas de Moscou e no humilde escritório do telégrafo de Cheliuskin, uma aldeia situada além do círculo polar. Sua imagem estava nos prédios públicos, nas residências particulares, nos rublos, nos selos do correio e até nas embalagens dos alimentos. Sua estátua de Stalingrado tem setenta metros de altura e cada botão do dólmã meio metro de diâmetro.

O melhor que se pode dizer em seu favor está essencialmente ligado ao pior que se pode dizer contra: não há nada na União Soviética que não tenha sido feito por Stalin. Desde sua morte não se fez outra coisa além de tentar desembaralhar seu sistema. Ele controlou pessoalmente as construções, a política, a administração, a moral privada, a arte, a lingüística, sem sair de seu escritório. Para assegurar o controle da produção centralizou a direção da indústria em Moscou com um sistema de ministérios que por sua vez estavam centralizados em seu gabinete do Kremlin. Se uma fábrica da Sibéria necessitava de uma peça de reposição produzida por outra fábrica localizada na mesma rua tinha de fazer o pedido a Moscou por intermédio de uma penosa engrenagem burocrática. A fábrica que produzia as peças tinha de repetir os trâmites para efetuar as entregas. Alguns pedidos jamais chegavam. Na tarde em que me explicaram em Moscou em que consistia o sistema Stalin não encontrei um só detalhe que já não estivesse na obra de Kafka.

No dia seguinte ao de sua morte o sistema começou a falhar. Enquanto um ministério estudava a maneira de aumentar a produção de batata — pois tinha informações de que não era satisfatória — outro ministério estudava a maneira de produzir derivados de batata — pois tinha informações de que havia superprodução. Esse é o nó burocrático que Kruschev está tentando desatar. É possível que contra o Stalin mítico e onipotente ele represente para o povo soviético um retorno à realidade de carne e osso. Mas eu tenho a impressão pessoal de que em Moscou não se atribui a Kruschev tanta importância quanto a imprensa ocidental. O povo soviético — que em quarenta anos fez a revolução, a guerra, a reconstrução e o satélite artificial — se sente com direito a um nível de vida melhor. Qualquer pessoa que prometesse teria o apoio do povo. Kruschev prometeu. Suponho que ganhou confiança porque tem os pés no chão. Não governa com retratos. Apresenta-se nas fazendas coletivas, verde de vodca, e aposta com os camponeses que é capaz de ordenhar uma vaca. E ordenha. Seus discursos — com mais bom senso do que especulações doutrinárias — são feitos num russo trivial e popularesco. Para cumprir sua promessa, Kruschev deve primeiro fazer duas coisas: o desarmamento internacional — que alivie o orçamento de guerra em favor dos artigos de consumo — e a descentralização administrativa. Molotov — que comprou seus óculos nos Estados Unidos — se opôs à descentralização. Cheguei a Moscou uma semana depois de seu expurgo e me pareceu que os soviéticos estavam tão perdidos como nós em relação a essa medida. Mas o povo soviético — com uma grande paciência e uma boa maturidade política — já não faz tolices. De Moscou estão saindo trens carregados de arquivos, funcionários e material de escritório, ministérios inteiros transferidos em bloco para os centros industriais da Sibéria. Somente se as coisas melhorarem se poderá saber que Kruschev tinha razão contra Molotov. Mas já existe na União Soviética um insulto gravíssimo: "burocrata".

Amor livre é só recordação do passado

— Ainda vai correr muita história para saber na realidade quem era Stalin — dizia-me um jovem escritor soviético. — A única coisa que tenho contra ele é que queria administrar o maior e mais complexo país do planeta como se fosse uma barraca de feira.

O mesmo escritor opinou que o mau gosto imperante na União Soviética não pode ser desvinculado da personalidade de Stalin, um aldeão da Geórgia perplexo diante das riquezas do Kremlin. Stalin nunca viveu fora da União Soviética. Morreu convencido de que o metrô de Moscou era o mais bonito do mundo. É eficaz, confortável e muito barato. É de uma extraordinária limpeza, como tudo em Moscou: nos armazéns GUM (grandes lojas estatais) uma equipe de mulheres esfrega durante todo o dia os corrimãos, o piso e as paredes sujos pela multidão. A mesma coisa ocorre nos hotéis, cinemas, restaurantes e até na rua. Com mais razão no metrô, que é o tesouro da cidade. Com o que se gastou em seus corredores, mármores, frisos, espelhos, estátuas e capitéis se resolveria em parte o problema da moradia. É a apoteose rastaqüera.

No seminário de arquitetura do festival, arquitetos de todo o mundo discutiram com os responsáveis pela arquitetura soviética. Um deles — Joltosky — tem 91 anos. O mais jovem do estado-maior — Abrassimov — tem 59. Esses foram os arquitetos de Stalin. Diante das críticas ocidentais eles se justificaram com um argumento: a arquitetura monumental corresponde à tradição russa. Numa intervenção particularmente brilhante, os arquitetos italianos demonstraram que a arquitetura de Moscou não está na linha da tradição. É uma falsificação, ampliada e enfeitada, do neoclassicismo italiano. Joltosky — que estudou e viveu trinta anos em Florença e voltou várias vezes para requentar suas idéias — acabou por reconhecer. Então ocorreu algo inesperado: os jovens arquitetos soviéticos mostraram seus projetos vetados pelos responsáveis pela arquitetura stalinista. Eram admiráveis. Desde a morte de Stalin a arquitetura soviética está recebendo um sopro de renovação.

Talvez o maior defeito de Stalin tenha sido o desejo de se meter em tudo, até os mais recônditos interstícios da vida privada. Suponho que a isso se deve o ambiente de dissimulação aldeã que se respira na União Soviética. O amor livre — nascido durante os excessos da revolução — é uma lenda do passado. De maneira objetiva nada se parece tanto à moral cristã como a moral soviética. As moças, em suas relações com os homens, têm o mesmo comportamento, os mesmos preconceitos, os mesmos rodeios psicológicos que são proverbiais nas mulheres espanholas. Compreende-se que dirijam os assuntos do amor com essa simplicidade conflitante que os franceses chamam de ignorância. Preocupam-se com o que os outros dirão e fazem questão de noivados regulares, longos e vigiados.

Perguntamos a muitos homens se se pode ter amante. A resposta foi unânime: "Pode-se, com a condição de que ninguém saiba." O adultério é uma causa grave de divórcio. A unidade familiar é defendida por uma legislação férrea. Mas os problemas não têm tempo de chegar aos tribunais. A mulher que se sabe enganada denuncia o marido diante de um conselho operário.

— Nada acontece — disse-nos um carpinteiro. — Mas os companheiros olham com desprezo o homem que tem uma amante.

Esse mesmo operário nos disse que se sua mulher não fosse virgem não se teria casado com ela.

Stalin assentou as bases de uma estética que os críticos marxistas — entre eles o húngaro Georg Lukács — começam a demolir. O cineasta mais famoso nos meios especializados — Sergei Eisenstein — é desconhecido na União Soviética: Stalin o acusou de formalista. O primeiro beijo de amor no cinema soviético se deu no filme *O ano de 41*, produzido há um ano. Da estética stalinista ficou — até no Ocidente — uma frondosa produção literária que a juventude soviética não quer ler. Em Leipzig, os estudantes russos saem das aulas para ler pela primeira vez os romances franceses. As moças de Moscou — que ficaram loucas com os boleros sentimentais — estão devorando os primeiros romancinhos de amor. Dostoiévski — que Stalin acusou de reacionário — está sendo editado de novo.

O Stalin que eu vi: cabelos vermelhos e mãos de mulher

Numa entrevista coletiva com o encarregado das edições soviéticas em espanhol perguntei se era proibido escrever romances policiais. Respondeu-me que não. E me explicou que na União Soviética não existe um meio delituoso em que os autores se inspirem.

— O único gângster que tivemos foi Beria — nos disseram em certa ocasião. — Agora ele foi expulso até da enciclopédia soviética.

Essa opinião contra Beria é geral e categórica. Não se admite discussão. Mas suas aventuras não figuraram na crônica vermelha. Em compensação, a ficção científica — que Stalin considerou perniciosa — foi autorizada apenas um ano antes de que o satélite artificial a convertesse no mais cru realismo socialista. O escritor nacional que mais vendeu este ano é Alexis Tolstoi (não: nem sequer são parentes), autor do primeiro romance de antecipação. Considera-se que o livro estrangeiro mais vendido seja *La vorágine*, de José Eustasio Rivera. O dado é oficial: 300 mil exemplares em duas semanas.

Demorei nove dias para entrar no Mausoléu. Era preciso sacrificar uma tarde, esperar um turno de meia hora e permanecer dentro do santuário, sem se deter, nada mais que um minuto. Na primeira tentativa, o agente encarregado de controlar a fila pediu um ingresso especial.

Sexta-feira fizemos outra tentativa. Desta vez levamos uma intérprete de espanhol: uma estudante de pintura de vinte anos notavelmente hábil e cordial. Um grupo de agentes — sem falar de ingressos especiais — nos informou que era demasiado tarde para entrar: a fila fora interrompida um minuto antes. A intérprete insistiu com o diretor do grupo e ele se limitou a negar com a cabeça e a nos mostrar o relógio. Uma multidão de curiosos se interpôs entre nós e a intérprete. Logo ouvimos uma voz furibunda, desconhecida, gritando uma descarga russa sistematicamente martelada pela mesma palavra: "*Burokratz*". Os curiosos se dispersaram. Então vimos a intérprete, ainda gritando, numa pose de galo de rinha. O superior dos agentes respondeu-lhe com igual violência. Quando conseguimos arrastá-la até o automóvel, a moça rompeu num choro. Nunca pudemos convencê-la a nos traduzir a discussão.

Dois dias antes de abandonar Moscou sacrificamos um almoço para arriscar uma última tentativa. Pusemo-nos na fila sem nada dizer e o agente encarregado nos fez um sinal amistoso. Sequer pediu as credenciais. Meia hora depois penetramos no pesado bloco de granito vermelho do Mausoléu, pela porta principal sobre a Praça Vermelha. Era uma abertura estreita e baixa, com portões blindados, guardada por dois soldados em posição de sentido e baioneta calada. Alguém me dissera que no vestíbulo se encontrava um soldado com uma arma misteriosa escondida na palma da mão. Ali estava. A arma misteriosa era um aparelho automático para contar os visitantes.

O interior, completamente coberto por mármores vermelhos, era iluminado por uma luz difusa, espectral. Descemos por uma escada até um ponto situado evidentemente no subsolo da Praça Vermelha. Dois soldados guardavam um posto telefônico: um tabuleiro vermelho com meia dezena de telefones. Entramos por outra porta blindada e seguimos descendo a escada lisa, brilhante, do mesmo material e da mesma cor das paredes nuas.

Por último — numa derradeira porta blindada — passamos entre dois guardas sólidos, rígidos e submergimos numa atmosfera glacial. Ali estavam as duas urnas funerárias.

Era um recinto quadrado, pequeno, com paredes de mármore preto e incrustações de mármore vermelho em forma de labaredas. Na parte superior havia um poderoso sistema de renovação de ar. No centro, sobre uma plataforma elevada, as duas urnas de cristal eram iluminadas por uma intensa luz vermelha que vinha de baixo. Entramos pela direita. Na cabeceira de cada urna havia outros dois guardas em posição de sentido com baioneta calada. Não estavam sobre a plataforma elevada, de maneira que suas cabeças não chegavam até a altura das urnas e me pareceu que por causa desse desnível tinham o nariz colado nelas. Creio que aos pés dos guardas havia duas coroas de flores naturais. Mas não estou seguro. Nesse momento eu estava absorvido pela intensidade da primeira impressão: naquele recinto gelado não havia absolutamente nenhum odor.

A fila deu a volta em torno das urnas, da direita para a esquerda, tentando acumular naquele minuto fugaz os últimos matizes da visão. É impossível. As pessoas recordam aquele minuto e se dão conta de que nada é evidente. Vi uma discussão de um grupo de delegados poucas horas depois da visita ao Mausoléu. Uns garantiam que o casaco de Stalin era branco. Outros asseguravam que era azul. Entre os que asseguravam que era branco havia um que esteve duas vezes no Mausoléu. Pessoalmente creio que era azul.

Lenin está na primeira urna. Veste uma sóbria roupa azul-escura. A mão esquerda — paralisada nos últimos anos — se apóia num dos lados da urna. Tive uma decepção: parece uma figura de cera. Depois de trinta anos estão aparecendo as primeiras manifestações da mumificação. Mas a mão produz ainda a impressão de paralisia. Os sapatos não são vistos. A partir da cintura, o corpo desaparece sob uma coberta de pano azul, igual à roupa, sem forma nem volume. A mesma coisa acontece com o cadáver de Stalin. É impossível evitar a hipótese macabra de que só a parte superior dos cadáveres é conservada. À luz natural devem ser de uma palidez impressionante, pois ainda à luz vermelha das urnas são de uma lividez sobrenatural.

Stalin está submerso num sonho sem remorsos. Tem três faixas de condecorações simples no lado esquerdo, os braços estirados de maneira natural. Como as condecorações têm pequenas fitas azuis, confundem-se com o casaco e à primeira vista se tem a impressão de que não são faixas, e sim uma série de medalhas. Tive de fazer um esforço para vê-las. Por isso sei que o casaco é do mesmo azul-escuro que a roupa de Lenin. O cabelo — completamente branco — parece vermelho na claridade intensa das urnas. Tem uma expressão humana, viva, um ricto que não parece uma simples contração muscular e sim o reflexo de um sentimento. Há um indício de zombaria nessa expressão. À exceção da papada, não corresponde ao personagem. Não parece um urso. É um homem de inteligência tranquila, um bom amigo, com um certo senso de humor. O corpo é sólido, mas leve, numa pele cansada, com penugem suave e um bigode apenas stalinista. Nada me impressionou tanto como a finura de suas mãos, de unhas finas e transparentes. São mãos de mulher.

Tiveram de inventar tudo

Um médico francês que veio de Moscou manifestou sua perplexidade:

— Não entendo como um país pode ter satélites artificiais se não resolveu seu problema de serviços sanitários.

Eu me fiz muitas reflexões semelhantes.

Contrastes incompreensíveis para os ocidentais poderiam se multiplicar até o infinito. Recordo ter visto em Moscou alguns adultos com câmeras fotográficas — boas e baratas — mas não recordo ter visto alguém com um bom par de sapatos. Os aparelhos de televisão — a partir de um preço equivalente a vinte dólares — são o único móvel moderno nos apartamentos estreitos, sem boa ventilação, com serviços sanitários coletivos, onde vive apertada toda a família. A produção de um automóvel custa ao Estado soviético 15 mil rublos e o vende por 8 mil. O salário médio é de 1,5 mil rublos. Isto é: um operário — que não paga por sua moradia mais de 80 rublos — pode comprar um automóvel com o salário de seis meses. Qualquer pessoa na rua pode explicar em que consiste a economia planificada, porque o

Estado perde 7 mil rublos por automóvel e o sistema não se decompõe. Mas quando é perguntado por que uma roupa ruim custa o salário de um mês e só pode comprar duas por ano, enrola-se na explicação.

A União Soviética iniciou o transporte de passageiros nos aviões de propulsão mais avançados: o TU-104 — que não pôde aterrissar em Londres porque as autoridades temeram que o ruído alarmasse a cidade: desenvolve 800 quilômetros por hora a 10 mil metros de altura. Mas nunca esquecerei o embaraço dos delegados ocidentais quando as robustas e orgulhosas matronas de uma granja coletiva lhes explicaram o funcionamento de uma ordenhadeira mecânica. Alguém explicou que se perdia mais tempo instalando o sistema — uma ordenhadeira mecânica para cada 12 vacas — do que ordenhando com os dedos como na Idade Média. O diretor da fazenda coletiva ignorava que nos Estados Unidos põem as vacas de um lado e do outro sai o leite engarrafado, esterilizado e já vendido. Mas manifestou seu orgulho — absolutamente legítimo — de que os soviéticos tenham inventado a ordenhadeira mecânica por sua própria conta.

O Ocidente morre de rir cada vez que os soviéticos inventam uma coisa que já havia sido inventada. A verdade é que tiveram de inventar tudo. Desligados do mundo, sem participar do progresso conjunto da técnica ocidental, os soviéticos foram resolvendo sozinhos seus problemas. Às vezes — procurando um combustível mais barato — é possível que tenham inventado a pólvora. Não é de se estranhar que por esse caminho tenham chegado ao mesmo tempo à ordenhadeira mecânica e ao satélite artificial.

Por que os funcionários russos brincam com bolinhas coloridas

No trem, chamou a minha atenção que o administrador do vagão-restaurante se entretivesse com um ábaco, estas caixinhas coloridas com que as crianças aprendem a contar. A administradora do hotel em Moscou se entretinha da mesma maneira. Certa manhã fui comprar rublos num banco e fiquei surpreendido que não houvesse máquina de escrever nem calculadoras automáticas. Alguns empregados, indiferentes à clientela, jogavam também com as bolinhas coloridas. Fiz uma anotação: "Os funcionários soviéticos brincam com bolinhas coloridas enquanto o público espera." Tentando averiguar por que não havia calculadoras automáticas nos bancos soube que a União Soviética tem setecentos modelos de calculadoras eletrônicas. "Agora entendo", me disse, "por que os empregados do banco têm tempo para brincar com as bolinhas." Não eram para jogar: os armazéns, bancos e escritórios públicos utilizam ábacos para fazer as contas. Usamnos a velocidades assombrosas e os contadores asseguram que são mais práticos do que as calculadoras automáticas. Ninguém soube me explicar onde estão os setecentos modelos de calculadoras eletrônicas, enquanto o país utiliza um método de cálculo que já era rudimentar no Império Romano.

Um ocidental pode ficar louco tentando entender as coisas pelo caminho reto. As melhores câmeras fotográficas valem menos do que três pares de sapatos, mas os filmes se vendem sem bobina. É preciso ir a um laboratório para que um técnico enrole o filme em um quarto escuro. As salas de cinema exibem apenas a produção nacional, mas em nenhum lugar da Europa as sessões começam mais cedo do que em Moscou: a partir das nove da manhã. A central hidrelétrica de Dnieper é a mais produtiva da Europa. Ela sozinha cria mais energia do que a totalidade das centrais da Rússia czarista. Mas em Moscou as pias são vedadas com estopa. As pessoas fazem outra fila diante dos carrinhos de refresco para beber — num único copo — uma gasosa que cheira a loção de barbearia.

Numa visita a um armazém de instrumentos óticos nos surpreendeu a variedade, a qualidade e os preços dos instrumentos científicos. Em compensação os soviéticos — incluindo as moças — usam óculos iguais às armaduras de arame com que as crianças brincam e que só usam no Ocidente os sábios e os bobos. Um delegado holandês — companheiro de hotel — consultou um médico soviético por causa de um eczema que em dois anos se tornara resistente a qualquer tratamento. O médico olhou o eczema, ergueu os ombros e lhe receitou uma pomada. Quatro dias depois estava radicalmente curado. A pomada lhe foi dada embrulhada num pedaço de jornal, a enfermeira besuntou-a com o dedo e limpou a mão no avental.

Na Exposição Agrícola de Moscou se exibe uma escavadeira com uma pá de 14 metros cúbicos, dotada de motores elétricos de uma potência total de 7 mil quilowatts. Para transportá-la — sem montar — foram necessárias 100 plataformas ferroviárias. Ela sozinha pode deslocar, sem necessidade de transporte auxiliar, mais de 5 milhões de metros cúbicos de terra por ano e realizar o trabalho de 7 mil operários. Foi construída pela fábrica de maquinaria pesada dos Urais e está sendo empregada em certa região da Sibéria para um trabalho colossal: a construção de um mar artificial que modificará o clima, o regime de chuvas e o ciclo das estações. Precisamente na tarde em que acabáramos de ver essa escavadeira entrei pela primeira vez num banheiro público. Não o esquecerei jamais: seis cidadãos acocorados conversavam, como se estivessem de visita, sobre uma latrina de seis lugares, numa coletivização da fisiologia não prevista na doutrina.

Em dois anos nossas mulheres não quebrarão pedras

Os franceses costumam dizer que o comércio de Moscou lhes recorda a Paris da ocupação alemã. Deve ser por causa das filas. Em Moscou há fila até para comprar *Pravda*. As pessoas estão tão acostumadas a esperar que se instalam nelas de maneira automática. Nas estações de ônibus os passageiros respeitam a ordem de chegada até a chegada dos veículos, mas se atropelam e disputam a vez de subir. É uma exceção. Em geral, as filas são lentas, pacientes e ordenadas durante todo o dia. Pensei que a lentidão dos serviços se devia à sobrecarga do festival. Confirmaram-se que é igual em qualquer época. Não seria exagerado supor que, se quatro engraçadinhos se pusessem em fila indiana diante de uma residência particular, em meia hora haveria uma fila de vinte metros.

É provável que a lentidão dos serviços não se deva à escassez da produção, e sim à incrível complexidade do aparelho burocrático. Num país socialista — em que até os varredores dependem de um ministério — o burocratismo é um perigo. O papelório, os trâmites de gabinete, uma simples operação comercial é em certos casos um empreendimento extenuante. A solução para este problema é uma angústia nacional. Kruschev ataca os burocratas em seus discursos. Se uma chave de fenda não funciona, os russos se excedem em impropérios contra a burocratização da indústria.

Em duas ocasiões nos fizeram promessas que não se cumpriram. A desculpa foi a mesma:

— É que com esta maldita burocracia não se sabe a quem se dirigir.

Há canções satíricas contra os burocratas. Um intérprete que me acompanhou ao museu Pushkin esqueceu de prender no peito o crachá do festival e não pôde entrar. Exasperado, gritou ao porteiro:

— Burocrata!

Tivemos de evitar uma altercação.

No Instituto do Trabalho — criado há um ano para encontrar uma solução técnica para o burocratismo — nos informaram que esse é o problema mais difícil da União Soviética. O novo organismo estabelece de maneira científica quanto vale o trabalho humano. Às suas investigações se deve o fato — incompreensível para um ocidental — de que um operário especializado ganhe mais do que seu chefe. Por este processo se chegou à conclusão de que se devem reduzir os salários dos empregados públicos.

— São os que menos trabalham — nos explicou o diretor.

Alguém perguntou por que há mulheres trabalhando ombro a ombro, em igualdade de condições com os homens, não só nas vias férreas e estradas, mas também nas ruas de Moscou. Responderam-lhe que foi uma necessidade do passado devido à escassez de mão-de-obra. Parece que de fato a União Soviética padece de falta de braços. Em relação à sua superfície é um país despovoado. O diretor do Trabalho nos assegurou — quase como promessa formal — que dentro de dois anos não haveria mulheres quebrando pedras.

O rock é proibido

— É verdade — me perguntou um soviético — que nos Estados Unidos também a burocracia é um problema?

Não pude responder. Mas me parece que ele teria ficado mais tranqüilo se eu lhe dissesse que sim. É uma obsessão: saber como andam as coisas em relação aos Estados Unidos. Eles sabem que o nível de vida norte-americano é mais alto do que o seu. Têm todas as explicações. De fato, um soviético da rua não fala de qualquer coisa soviética se não for em relação aos Estados Unidos. Mas em geral os respeitam e se faz a diferenciação bem precisa entre os norte-americanos e seu sistema. Não encontrei em Moscou o menor indício de ódio ou rancor contra os Estados Unidos. A juventude está um pouco enlouquecida pelo jazz, mas o *rock and roll* está proibido. Explicam que o jazz é uma manifestação da cultura americana, enquanto o *rock and roll* é o produto de um sistema em decadência.

Na rua, um russo me convida para tomar champanha

Parece que o segredo dos contrastes soviéticos se localiza na pobreza da indústria leve. O socialismo se empenhou em desenvolver a indústria pesada em detrimento dos artigos de consumo. Agora parece chegado o momento de pôr as coisas em ordem. O Estado — que investe somas fabulosas na indústria de ponta — tem dificuldade de recuperar o dinheiro que chega aos bolsos do público. Os operários — que não podem comprar bombas termonucleares — não sabem em que gastar a grana. Isso origina novos contrastes que desconcertam os ocidentais. Diz-se que em Moscou há gente que só tem um par de sapatos mas dois aparelhos de televisão. Em alguns estabelecimentos mais caros os noivos vestidos de qualquer maneira se divertem nos sábados estourando rolhas de champanha.

Não pude dissimular meu desconcerto quando presenciei pela primeira vez esse espetáculo no bar do Hotel Moscou. É um lugar caro, de um luxo fim-de-século, com uma orquestra de mulheres gordas, metidas à força em suas roupas cor de chocolate, que executa uma música empoeirada. É indescritível o contraste entre a suntuosidade sobrecarregada do estabelecimento e a bagunça de uma clientela que parece não ter onde cair morta e, no entanto, se embebeda com champanha. Parece que os donos da mansão saíram de férias e o pessoal de serviço aproveitou a ocasião para jogar a casa pela janela.

Alguns delegados pensaram que o consumo de champanha era maior porque a vodca estava proibida. Creio que estava apenas controlado: com certas manobras se podia encontrar uma garrafa por 25 rublos (quatro dólares). Pensou-se até que o Estado havia reduzido o preço do champanha para impressionar os delegados. Limito-me a falar do que vi: nos terraços dos cafés as pessoas bebiam champanha a qualquer hora. Numa determinada ocasião, paramos um homem de aspecto distinto, com chapéu e guarda-chuva e a cara inconfundível das pessoas que falam inglês, para perguntar-lhe onde havia um bar por perto. Sua cara era uma exceção: não sabia inglês. Mas nos indicou por sinais, logo insistiu em nos acompanhar e, por último, entrou conosco no bar e nos ofereceu três garrafas de champanha. A sessenta rublos a garrafa.

Nós ocidentais pensamos que o povo soviético é infeliz porque não tem roupa. Creio que antes do festival nem sabiam que eram malvestidos. Quando alguém tocava no assunto não encontravam explicações a tempo. Mas é um fato que compararam suas roupas com as ocidentais e se deram conta de que algo não ia bem. Quando deixamos Moscou muitos tinham certeza de que a política oficial ia mudar em relação às roupas.

Na realidade, tudo indica que já estava mudando havia poucos anos. As estudantes do Instituto de Idiomas de Moscou foram autorizadas — depois da morte de Stalin — a receber certas revistas ocidentais. Os professores se escandalizaram: suas alunas começaram a chegar às aulas com o cabelo cortado de maneira diferente, os lábios pintados e as roupas confeccionadas pela moda de Paris. Uma delas me dizia que os tecidos soviéticos não são de má qualidade. A falha está na confecção. Os responsáveis pela moda — completamente burocratizados — são maiores de cinqüenta anos. O governo nada podia fazer contra as moças do Instituto de Idiomas que costuravam suas próprias roupas nas horas livres, com tecidos, fios, agulhas e tesouras fabricados na União Soviética. Elas emprestaram as revistas e revelaram seus segredos às amigas e um movimento clandestino de renovação começava a despontar quando se abriu a janelinha do festival. Uma comissão de estudantes — por conta do Estado — perguntou aos delegados estrangeiros, na rua, sem revelar o caráter oficial da pesquisa, o que mais lhes desagradava na União Soviética. A imensa maioria coincidiu na resposta: "A arquitetura e a roupa." Três dias depois do término do festival os aviões soviéticos levaram a Roma os responsáveis pela moda para que se impregnassem do gosto e dos métodos italianos. Christian Dior morreu quando sua viagem a Moscou estava anunciada.

Fale-nos de Françoise Sagan

Creio ter encontrado nos soviéticos com mais de quarenta anos um certo conformismo que não se observa na juventude. Diante de qualquer crítica que se faça ao país, qualquer soviético maduro responde: "Há quarenta anos não tínhamos nada." Um soviético jovem tenta convencer as pessoas de que em poucos anos todos os problemas estarão resolvidos.

Os estudantes lutam para que se abram as portas do Ocidente. Dizem que a música sul-americana — cada vez mais conhecida — é a melhor do mundo. Um comunista francês recriminou um grupo de jovens por sua frivolidade.

— A revolução já foi feita — foi a resposta. — Agora o que nos interessa saber é em que consiste o escândalo que vocês armaram com Françoise Sagan.

Em outra ocasião, diante de uma recriminação semelhante, um estudante respondeu:

— Que diabo, a gente só tem uma vida.

Suponho que essa juventude, à qual uma educação forçada e substanciosa inculcou um grau de curiosidade mental difícil de medir, é capaz de romper os diques se não permitirem satisfazê-la. Para ela, a cortina de ferro é o resto do mundo.

Fui um dos últimos estrangeiros a deixar Moscou. Quis aproveitar meus últimos dias para preencher alguns vazios nas observações, mas ao tentar preencher os vazios só consegui abrir novas frestas. Minha impressão definitiva é que o fenômeno soviético — desde seus aspectos descomunais até seus mais simples matizes — é de uma complexidade que não pode ser reduzida às formas simplistas da propaganda. Nem a propaganda capitalista nem a propaganda comunista. Os soviéticos têm outra mentalidade. Coisas que para nós são de enorme importância são insuficientes para eles. E o contrário. Por isto talvez não tenha entendido bem a preocupação daquele intérprete cansado, circunspecto, parecido com Charles Laughton, que subiu para se despedir de mim na fronteira:

— Nós achávamos que não tinha mais nenhum delegado — disse. — Mas se você quiser, mandamos as crianças buscarem flores, quer?

JANEIRO DE 1958

O ano mais famoso do mundo

O ano internacional de 1957 não começou a 1º de janeiro. Começou dia 9, quarta-feira, às seis da tarde, em Londres. Nessa hora, o primeiro-ministro britânico, o menino-prodígio da política internacional, *Sir* Anthony Eden, o homem mais bem-vestido do mundo, abriu a porta do número 10 de Downing Street, sua residência oficial, e essa foi a última vez que a abriu na condição de primeiro-ministro. Vestindo uma capa preta com gola de pelúcia, levando na mão o chapéu das ocasiões solenes, *Sir* Anthony Eden acabava de participar de uma tempestuosa sessão do Conselho de Ministros, a última de seu mandato e o última de sua carreira política. Naquela tarde, em menos de duas horas, *Sir* Anthony Eden fez a maior quantidade de coisas definitivas que um homem de sua importância, estatura e educação pode se permitir em duas horas: rompeu com seus ministros, visitou a rainha Elizabeth pela última vez, apresentou sua renúncia, arrumou as malas, desocupou a casa e se retirou para a vida privada.

Mais do que qualquer outra pessoa, *Sir* Anthony Eden nascera com o número 10 de Downing Street gravado no coração, inscrito na linha da mão. Durante trinta anos enfeitiçou os salões europeus, as chancelarias dos continentes, e desempenhou um papel notável nos maiores negócios políticos do mundo. Construiu para si uma reputação de elegância física e moral, de rigor nos princípios, de audácia política, que escondia do grande público certas fraquezas de caráter, seus caprichos, sua desordem e essa tendência à indecisão que em certas circunstâncias podiam levá-lo a decidir rápido demais, muito a fundo, sozinho e contra todos. Três meses antes — a 2 de novembro de 1956 — *Sir* Anthony Eden, face ao convite secreto da França para tomar de assalto o canal do Suez, mostrara-se tão indeciso que decidiu rápido demais, muito a fundo, contra o parecer da maioria de seus ministros, do arcebispo de Canterbury, da imprensa e até da população de Londres, que expressou seu desacordo na maior manifestação popular vista em Trafalgar Square no século XX. Em conseqüência dessa decisão solitária e precipitada, teve de decidir nessas horas melancólicas de 9 de janeiro — e desta vez com a aprovação de seus ministros, com a aprovação das grandes maiorias do Império Britânico — o ato mais transcendental de sua vida: a renúncia.

Essa mesma noite, enquanto *Sir* Anthony Eden, acompanhado pela mulher, *Lady* Clarissa, sobrinha de Winston Churchill, mudava-se, em seu longo automóvel preto, para sua residência particular nos subúrbios de Londres, um homem tão alto como ele, tão bem-vestido como ele, passou do número 11 ao número 10 de Downing Street. Harold Macmillan, o novo primeiro-ministro, só teve de caminhar 15 metros para assumir os delicados negócios do Império Britânico.

A notícia, que estourou como um torpedo na primeira página de todos os jornais do mundo, deve ter chegado como um boato sem sentido à apertada multidão de 4 mil pessoas que poucas horas depois se concentrou, do outro lado do Atlântico, diante do pequeno templo protestante de Los Angeles, Califórnia, para assistir à missa fúnebre de Humphrey Bogart, morto por causa de um câncer na garganta, domingo, 6 de janeiro.

— Acreditem — disse em certa ocasião Humphrey Bogart —, tenho mais admiradores maiores de oito anos e menores de 60 do que qualquer outra pessoa neste país, e é por isso que ganho 200 mil dólares por filme.

Poucas horas antes de morrer, o gângster mais querido do cinema, o amável valentão de Hollywood, disse ao amigo de toda a vida, Frank Sinatra:

— A única coisa que está bem é minha conta bancária.

O grande ator cinematográfico foi o terceiro dos mortos notáveis de janeiro: no mesmo mês, morreram a poetisa chilena Gabriela Mistral e o maestro italiano — um dos mais prestigiados da história da música e também um dos mais ricos — Arturo Toscanini, enquanto a população polonesa ratificava nas urnas sua confiança em Ladislaw Gomulka e os motoristas franceses faziam fila diante das bombas de gasolina. A aventura do Suez só deixou para a França uma imensa desilusão e uma grave crise de combustível. No transtorno do trânsito ocasionado pelo racionamento, uma das poucas coisas que chegaram a tempo — a 23 de janeiro — foram os três quilos e 25 gramas de Caroline, princesa de Mônaco, filha de Rainier III e de Grace Kelly.

Perdeu-se em fevereiro a notícia do ano

A juventude londrina esgotou um milhão de discos de *Rock around the clock* em trinta dias — o maior recorde depois de *O terceiro homem* — na manhã em que a rainha Elizabeth embarcou no avião que a levou a Lisboa. Essa visita ao discreto e paternalista presidente de Portugal, Oliveira Salazar, parecia ter uma intenção política tão indecifrável que foi interpretada como um simples pretexto da soberana para ir ao encontro do marido, o príncipe Philip de Edimburgo, que há quatro meses vagava num iate cheio de homens pelos últimos mares do Império Britânico. Foi uma semana de notícias indecifráveis, de prognósticos frustrados, de esperanças mortas no coração dos jornalistas, que esperaram o que sem dúvida seria o acontecimento sentimental do ano: o rompimento entre a rainha Elizabeth e o príncipe Philip. No limpo e labiríntico aeroporto de Lisboa, onde o duque de Edimburgo chegou com cinco minutos de atraso — em primeiro lugar porque não é inglês e sim grego, e em segundo lugar porque teve de fazer a barba para beijar sua mulher — não ocorreu o acontecimento esperado, e essa foi, em 1957, a grande notícia que poderia ser e não foi.

Em compensação, nesse mesmo fevereiro em que Brigitte Bardot levou o decote até um limite inverossímil no carnaval de Munique e o primeiro-ministro francês, Guy Mollet, atravessou o Atlântico para reconciliar seu país com os Estados Unidos depois do descalabro do Suez, Moscou soltou a primeira surpresa do que haveria de ser o ano mais atarefado, desconcertante e eficaz da União Soviética. A surpresa, apresentada pelo *Pravda* como um acontecimento de segundo plano, foi a substituição do sexto ministro das Relações Exteriores soviético, Dimitri Chepilov, pelo novo garoto precoce da diplomacia mundial, Andrei Gromyko.

Chepilov, ex-diretor do *Pravda*, fora nomeado em junho de 1956. Sua passagem pelo Ministério das Relações Exteriores estabeleceu um recorde de velocidade: os antecessores permaneceram no cargo em média oito anos. Chepilov durou oito meses. No Ocidente, que não pôde entender o complexo xadrez político do Kremlin, houve motivos para pensar que Gromyko só duraria oito dias.

Às 8h33, com névoa e frio na indecisa primavera de Washington, o vice-presidente dos Estados Unidos, Richard Nixon, embarcou para uma viagem de 17 dias pela África. Assim começou o terceiro mês, março, o mês das viagens. Com os 15 mil quilômetros em três etapas que poucos dias depois percorreu da Austrália até Nova York, o secretário de Estado dos Estados Unidos, Foster Dulles, completou um trajeto aéreo equivalente a 16 vezes a volta ao mundo, desde que ocupa o cargo: 380 mil no total. O presidente dos Estados Unidos, general Eisenhower, viajou na mesma semana, a bordo do encouraçado *Camberra*, até a idílica possessão inglesa das Bermudas, para se entrevistar com o primeiro-ministro inglês Harold Macmillan, que deu o salto do Atlântico numa noite para tentar pôr em ordem algumas das coisas que deixou pendentes seu antecessor, Eden.

A primeira-ministra de Israel, Golda Meir, entrou na corrida contra o tempo numa viagem recorde, de Telaviv a Washington, onde se propunha a lembrar a Foster Dulles o cumprimento das promessas americanas, "a garantia de que a Faixa de Gaza não seria ocupada de novo pelas tropas egípcias e a certeza de que os Estados Unidos não deixariam fechar outra vez o estreito do Alasca". Nesta confusão de viagens, de idas e vindas ao redor do mundo, o presidente das Filipinas, Magsaysay, embarcou num Cromos-47, novo e bem-cuidado, que poucas horas depois da decolagem se precipitou no chão, em chamas. Este acidente, do qual não se sabe com certeza se se trata realmente de acidente, foi o único de um mês em que uma simples falha de motor teria virado pelo avesso — ou pelo direito — a história do mundo. Uma personalidade filipina, Néstor Mato, que viajava no mesmo avião do presidente e sobreviveu milagrosamente à catástrofe, revelou que o desastre fora provocado por uma violenta explosão a bordo do avião. Enquanto as expedições de resgate buscam inutilmente o corpo do presidente Magsaysay e nos círculos políticos do mundo ocidental se atribuía o acidente a um atentado comunista, o presidente Eisenhower, preparando as malas para viajar a Nassau, tirou o casaco diante de uma janela aberta e contraiu um resfriado. Na modorra da primavera africana, Nixon triturava, naquele momento, entre seus duros maxilares de estudante, sementes de plantas selvagens, como prova da simpatia de seu país pelos lustrosos e emplumados cidadãos de Uganda.

Pedro Infante vai. Batista fica

Essa intempestiva febre viajante dos políticos tinha por objetivo remendar os últimos fios soltos da aventura do Suez que, quatro meses depois, continuava a ser uma dor de cabeça para os ocidentais, embora as tropas da ONU já estivessem interpostas entre Egito e Israel e os técnicos já tivessem começado a tirar do canal os barcos afundados em novembro pelo general Nasser. Na realidade, se o vice-presidente Nixon viajou à África, se se deu ao trabalho de comer e beber todas as coisas estranhas que lhe ofereciam os monarcas primitivos do continente negro, não perdeu em compensação a oportunidade de tomar no Marrocos um chá de menta que lhe ofereceu Mulay Hassan, o príncipe de filme em tecnicolor que constitui um dos três esteios do mundo árabe. Harold Macmillan, por seu lado, tentou convencer o presidente que não confiasse inteiramente à ONU os problemas do Oriente. O presidente ouviu-o com bastante atenção, apesar de seu resfriado e apesar de — por motivos que o protocolo nunca pôde explicar — estar com os ouvidos tapados por algodões durante a conferência.

Perto do lugar da entrevista, em Cuba, em que o presidente Batista começava a perder o sono por causa dos problemas de ordem pública na província de Oriente, o baile do ano, a música que contaminou em menos de três meses a juventude de todo o mundo, de Paris a Tóquio, de Londres a Buenos Aires, sofreu seu primeiro tropeço: o *rock and roll* foi proibido na televisão de Havana. "Trata-se", dizia a proibição, "de um baile imoral e degradante, cuja música está contribuindo para a adoção de movimentos extraordinários que ofendem a moral e os bons costumes." Numa curiosa coincidência, na mesma semana, numa festa em Palm Beach, a atriz sueca Anita Ekberg e seu marido Anthony Steel se bateram fisicamente com o escultor cubano Joseph Dovronyi, porque ele apresentou a escultura de uma mulher nua para a qual, segundo se diz, tomou como modelo a atriz sueca. Em nome da moral e dos bons costumes, ela atacou o escultor a golpes de salto de sapato. Outra atriz sueca, Ingrid Bergman, figurou na mesma semana na atualidade mundial quando lhe concederam o Oscar por sua atuação em *Anastácia*. O fato foi interpretado como uma reconciliação de Ingrid Bergman com o público dos Estados Unidos que, durante oito anos, a manteve na geladeira por causa de seu casamento com o diretor italiano Roberto Rossellini.

O explorador Richard Byrd, viajante do Pólo Sul, morreu poucos dias antes do político francês Édouard Herriot. A França apenas teve tempo de guardar 24 horas de luto, atarefada como estava com a guerra da Argélia e os preparativos da recepção à rainha Elizabeth da Inglaterra.

Um jovem advogado cubano que, em certa ocasião, no México, gastou seus últimos vinte dólares para editar um discurso, desembarcou em Cuba com um grupo de opositores do presidente Batista. O advogado se chama Fidel Castro e conhece a estratégia melhor que os manuais. O presidente Batista, que tem dificuldade de explicar por que suas forças armadas não puderam expulsar Fidel Castro da ilha, faz discursos exaltados para dizer que "não há novidade no *front*", mas o fato é que a inquietação continuava em abril. Os inimigos do governo apareciam por todos os lados: na Calzada de Puentes Grandes, número 3.215 — Havana — em que as forças de segurança descobriram um depósito de armas modernas no início do mês; no Oriente do país, onde há sérios indícios de que a população civil protege e ajuda os homens de Fidel Castro, e também em Miami, na Cidade do México, nos pontos-chaves do sublevado cinturão do Caribe. Mas a opinião pública desse minúsculo e agitado rincão da Terra, que não se mostrou em nenhum momento indiferente às confusões políticas, esqueceu-se dos problemas de Cuba para se comover com a morte de Pedro Infante, o cantor mexicano, vítima de um acidente aéreo.

Termina o Escândalo do Século. Resultado: zero

A 11 mil quilômetros do local onde se espatifou o avião em que viajava o ídolo popular, um drama longo e complexo assumia aspectos de comédia: o caso Montesi — julgado em Veneza, com uma equipe completa de acusados e testemunhas, juízes e advogados, jornalistas e simples curiosos que se dirigiam em gôndolas às audiências — dissolveu-se em suposições sem sentido. O crime de Wilma Montesi, a modesta rapariga da rua Taghamente, considerado o escândalo do século, ficou impune, ao que parece, para sempre.

Enquanto isto, os habitantes de Paris, desafiando os últimos ventos gelados da primavera, saíram às ruas para saudar, num ímpeto de fervor monárquico, a rainha Elizabeth da Inglaterra, que atravessou o canal da Mancha em seu Viscount particular para dizer ao presidente Coty, em francês, que os dois países estavam mais unidos e mais perto do que nunca depois do fracasso solidário do Suez. Os franceses, que amam a rainha da Inglaterra tanto quanto o presidente Coty, apesar de se dizer o contrário, há muito tempo não se davam o incômodo de permanecer quatro horas atrás de um cordão policial para saudar um visitante. Fizeram-no desta vez e seus gritos de boas-vindas dissimularam durante três dias a tremenda crise econômica da França, que o primeiro-ministro, Guy Mollet, tentava remendar desesperadamente no momento em que a rainha da Inglaterra, em Orly, desceu de um avião dentro do qual esqueceu a sombrinha.

Secretamente, sem que ninguém se atrevesse a insinuar, um temor circulava pelas ruas de Paris quando o automóvel descoberto da soberana britânica atravessou o Champs-Elysées: era o temor de que os rebeldes da Argélia, infiltrados em todos os lugares, e que em seu país se batem com os páraquedistas e em Paris brincam de esconder com os policiais, lancem uma bomba durante a passagem do automóvel real. Seria o episódio mais espetacular de uma guerra anônima, quase uma guerra clandestina, que dura três anos, e que em 1957 não teve tampouco a solução que todo o mundo espera com impaciência.

Colombianos de pijama derrubam Rojas

Os habitantes de Bogotá, muitos deles em pijama, saíram à rua, a 10 de maio, às quatro da madrugada, para comemorar a queda do general Gustavo Rojas Pinilla, que estava no poder desde 13 de junho de 1953. Desde 7 de maio — três dias antes — o país estava praticamente paralisado em protesto pela manobra presidencial de reunir a Assembléia Nacional Constituinte para se reeleger por um novo período. Os bancos, o comércio, a indústria fecharam as portas durante 72 horas, numa prova de resistência passiva apoiada por todas as forças do país. Quando a 10 de maio, às quatro da madrugada, a capital da Colômbia se derramou nas ruas para celebrar a queda de Rojas Pinilla, ele se encontrava no palácio de San Carlos, reunido com os colaboradores mais fiéis, e seguramente teve de perguntar a um deles o que estava acontecendo na cidade. Na verdade, Rojas Pinilla, que voou para a Espanha com 216 malas, só renunciou quatro horas depois: às oito da manhã. Naquela mesma manhã, outro governo veio abaixo: o de Guy Mollet, na França, que durara 15 meses e foi o mais longo de todos os governos franceses desde o de Poincaré. Ainda que Mollet tenha manobrado para cair "por causa da economia", os observadores da política francesa sabiam que a causa verdadeira era outra: a guerra da Argélia, que exauriu as finanças do país e foi a causa verdadeira das duas crises de 1957.

Em Roma, o clube James Dean, formado por adolescentes que correm a 120 quilômetros por hora em automóvel sem freio, em homenagem ao ator morto no ano passado num acidente automobilístico, continuou a se reunir em segredo, depois que a polícia interveio em maio para pôr fim às suas atividades, a pedido dos pais de família. Nenhum deles sofreu o menor acidente, enquanto a romancista Françoise Sagan — a quem desgosta profundamente que a chamem de "a James Dean da literatura francesa" — se esborrachou em seu automóvel, nas vizinhanças de Paris. Durante uma semana a escritora de 22 anos que escandalizou há quarenta meses os bons burgueses da França com seu primeiro romance, *Bom dia, tristeza*, esteve entre a vida e a morte. Quando deixou o hospital, um mês depois, seu novo livro estava na gráfica: *Dentro de um mês, dentro de um ano*. Foi um recorde de vendas: a primeira edição se esgotou antes de cair o novo gabinete francês, presidido por Bourges Maunouri. As coisas aconteceram tão rapidamente nessas duas semanas que muitos dos admiradores de James Dean decidiram entrar na barbearia e passar, sem etapas, à moda das cabeças carecas, imposta por Yul Brynner.

Uma proposta, a melhor piada de Mao

Uma mulher, de aspecto insignificante, a senhora Liu Chi-Jean, apresentou-se uma manhã de junho à porta da embaixada dos Estados Unidos em Formosa, com um cartaz escrito em inglês e em chinês, qualificando de assassino o sargento americano Robert Reynolds e chamando a população da ilha a se manifestar contra a decisão do tribunal que o declarou inocente. Poucas semanas antes, a mulher desse sargento Robert Reynolds, a quem a senhora Liu Chi-Jean qualificava de assassino, tomava um banho de chuveiro em sua residência de Taipé. De repente, prorrompeu em gritos de protesto porque, segundo disse, um homem a estava olhando por uma fresta da janela. O marido da senhora Reynolds, que lia o jornal na sala, saiu para o pátio com seu revólver, com o objetivo, segundo disse na audiência, de "manter à distância o indivíduo até a chegada da polícia". Na manhã seguinte um cadáver amanheceu no jardim, crivado pelas balas do revólver do sargento Reynolds. O cadáver era do marido da senhora Liu Chi-Jean. Um tribunal constituído por três sargentos e três coronéis julgou o sargento americano e deu seu veredicto: legítima defesa.

As manifestações provocadas por este fato, que a população de Formosa considerou uma simples comédia judicial, foram o primeiro incidente grave entre a China nacionalista e os Estados Unidos, desde que Chiang Kai-shek, presidente da república chinesa, foi expulso do continente pelos comunistas e se instalou em Formosa, com a aprovação e o apoio financeiro e político de Washington. O protesto da senhora Liu Chi-Jean desencadeou em Formosa uma tempestade de protestos antiamericanos que o primeiro-ministro da China comunista, Chu En-Lai, soube valorizar com exatidão. Convencido de que as coisas não iam bem entre Formosa e os Estados Unidos, os governantes da China comunista fizeram uma proposta a Chiang Kai-shek: que permanecesse em Formosa, com seus exércitos, sua população e seus 92 automóveis particulares, mas na condição de administrador da ilha por conta do governo de Mao Tsé-tung. Chiang Kai-shek, que deve ter considerado a proposta como piada de mau gosto, nem sequer se deu o trabalho de responder. Mao Tsé-tung encolheu os ombros.

— De qualquer maneira — disse — o tempo se encarregará de resolver o problema de Formosa: as tropas de Chiang Kai-shek estão envelhecendo. Em dez anos terão em média 45 anos. Dentro de vinte, a média será de 55. A China comunista tem paciência e prefere esperar que os exércitos da China nacionalista morram de velhos em Formosa.

Kruschev, astro da TV americana

Os telespectadores dos Estados Unidos acabavam de ver na telinha o noticiário sobre os acontecimentos de Formosa, quando uma cabeça completamente careca fez sua aparição e começou a dizer em russo uma sucessão de coisas ininteligíveis, que um momento depois um locutor ia traduzindo em inglês. Essa vedete desconhecida na televisão dos Estados Unidos era o homem que mais deu o que falar em 1957 — o personagem do ano: Nikita Kruschev, secretário do Partido Comunista da União Soviética. O fato de que Nikita Kruschev pudesse se mostrar em todos os lares dos Estados Unidos não foi nem ao menos uma manobra do serviço de espionagem soviético. Deveu-se, em um ano de gestões diplomáticas, à Columbia Broadcasting Corporation, e o filme foi feito no Kremlin, no próprio gabinete de Kruschev, que se prestou a tudo o que lhe exigiram os jornalistas americanos, menos a se deixar maquiar.

— Não é necessário — declarou um porta-voz soviético. — O senhor Kruschev faz a barba todos os dias e usa talco.

Dentro dos lares americanos, a voz de Kruschev iniciou a ofensiva do desarmamento, o primeiro passo verdadeiro de uma campanha que se prolongou durante todo o ano e sem dúvida foi a essência da atividade diplomática e política da União Soviética em 1957.

A partir da entrevista de Kruschev, a atenção mundial teve forçosamente de se voltar para o hemisfério socialista. Nos preparativos da celebração do quadragésimo aniversário da revolução, o enigmático Kruschev — que praticamente não deixou passar um dia sem fazer ouvir sua voz no Ocidente — desenvolveu uma atividade colossal, tanto em relação aos problemas interiores como na política externa. Num único dia, depois de uma tormentosa reunião do comitê central do Partido Comunista soviético, quatro das mais altas personalidades da União Soviéticas foram postas fora de combate: Molotov, Malenkov, Chepilov e Kaganovich. Poucos dias depois, no momento em que o primeiro-ministro da Tunísia, Burguiba, punha por sua vez fora de combate um monarca decrépito e ancilosado e proclamava a república mais jovem do mundo, os representantes das quatro potências discutiam em Londres as bases do desarmamento mundial. Stassen, representante dos Estados Unidos, teve de abandonar as sessões para participar com urgência da cerimônia de casamento do filho. Estava tomando o primeiro uísque da festa quando soube que a conferência de desarmamento não chegara a parte nenhuma, mas Kruschev soltara uma notícia do mais grosso calibre: a União Soviética dispunha da "arma absoluta", um foguete dirigido de longa distância que podia alcançar qualquer objetivo no planeta. O Ocidente, em suspense pelo iminente nascimento do primeiro filho de Gina Lollobrigida, não deu muito crédito à notícia. Mas era autêntica. A partir daí, a superioridade de ataque da União Soviética foi aceita como fato indiscutível. O Ocidente tentou engolir este trago amargo com o consolo de que Gina Lollobrigida teve uma filha com a saúde perfeita: 2,8 quilos.

A asiática: o mundo com 39 graus de febre

O pequeno e pele-vermelha John Hale, professor da Malaysia University, de Cingapura, debruçou-se sobre seu microscópio, apesar do calor esmagador de 40 graus, a 4 de maio, para examinar uma amostra de micróbios que chegara essa semana de Hong Kong. Cinco minutos depois, sobressaltado, o professor chamou por telefone a companhia aérea Boac e lhe disseram que em 15 minutos ia sair um avião para Londres. O professor Hale enviou por esse avião, com urgência, um cilindro de cristal cuidadosamente protegido, ao doutor Christopher Andrews, diretor do centro mundial da gripe, em Londres. O cilindro continha as amostras de um micróbio raríssimo que o assustado pesquisador de Cingapura acabara de identificar e que, apesar de suas precauções, ia provocar a doença do ano: a gripe asiática. Quando o avião da Boac aterrissou em Londres, vários marinheiros de um barco que 48 horas antes saíra de Cingapura começaram a espirrar. Uma hora depois sentiam os ossos doloridos. Cinco horas depois, febre de quarenta graus. Um deles morreu. Os outros, hospitalizados em Formosa, contaminaram os médicos, as enfermeiras e os outros pacientes. Quando o instituto mundial da gripe, em Londres, emitiu o alarme, já a gripe asiática estava chegando à Europa. Quatro meses depois, na noite em que estreou em Londres o último filme de Charlie Chaplin, *Um rei em Nova York*, acabara de dar a volta ao mundo.

 O presidente Eisenhower estava muito ocupado nesses dias para pensar no perigo dos micróbios. Tivera de estudar os problemas explosivos do Oriente, pensar nas soluções de compromisso que lhe permitissem estar em bons termos com o mundo árabe sem descontentar seus aliados da Europa, tentar decifrar os indecifráveis pensamentos do indecifrável Kruschev e apenas lhe sobravam três dias para jogar golfe no tépido verão da Nova Inglaterra, em sua residência de férias da baía de Narangassetts. Mal acabara de descer de seu avião particular, o Columbine III, seu secretário Hagerty veio dizer-lhe que em Little Rock, estado do Arkansas, onde o governador Faubus se opunha à integração escolar — alunos negros nas escolas dos brancos — a situação se apresentava com a mais dramática gravidade. O problema começara uma semana antes: contrariando decisão da Corte Suprema dos Estados Unidos, o governador Faubus colocou a guarda nacional de Arkansas na porta da Central High School, com o pretexto de que a presença de alunos negros provocaria distúrbios entre a população. A população racista, evidentemente uma minoria insignificante, concentrou-se na porta do estabelecimento e deu a entender, com gritos apaixonados e em alguns momentos com a ação física, que o governador Faubus tinha razão. O presidente Eisenhower, inimigo da força, tentou por todos os meios dissuadir o governador rebelde. Mas ele, apesar da entrevista com o presidente, persistiu em sua posição. Comentários sobre a fraqueza do general Eisenhower deram a volta ao mundo a uma velocidade maior do que a gripe asiática. O mundo socialista explorou a situação. "Falta um Truman na Casa Branca", comentou-se nos Estados Unidos, especialmente no norte, onde ainda não esqueceram a lembrança da energia, o dinamismo e o espírito de decisão do ex-presidente. Pressionado pela gravidade da circunstância, vendo sua autoridade em perigo, o presidente Eisenhower decidiu, quarta-feira, 24 de setembro, às 12h30, enviar a Little Rock mil pára-quedistas de elite que fizeram cumprir a disposição da Corte Suprema. Às 15h15 do mesmo dia, o problema estava resolvido: protegidos pelos soldados enviados com urgência de Washington, os 15 estudantes negros se sentaram com os brancos na Central High School e não aconteceu absolutamente nada.

Sputnik: *o mundo aprende astronáutica*

Sofia Loren se vestiu de noiva, em Hollywood, para rodar a cena de um filme, a 21 de setembro, quando um tribunal do México — a 5 mil quilômetros de distância — a declarou casada por procuração com o produtor italiano Carlo Ponti, que naquele instante se encontrava em Los Angeles falando de negócios por telefone com um empresário de Nova York. O casamento, que tinha algo de futurista, um pouco de lenda interplanetária, não despertou na Itália o interesse esperado. Tampouco nos Estados Unidos, onde a atriz italiana não conseguiu despertar maiores interesses no público dos estádios de beisebol. Os fanáticos de Nova York abriam caminho a empurrões para conseguir um lugar nas escadarias para a partida mais esperada da grande temporada, a 4 de outubro, quando o mundo já se esquecera de discutir a legitimidade do casamento de Sofia Loren. Naquele mesmo instante, em algum lugar da União Soviética, um cientista anônimo apertou um botão: o primeiro satélite artificial da Terra, o *Sputnik I* (que em russo significa "companheiro"), foi posto a girar ao redor do globo terrestre. A esfera, construída com um material ainda desconhecido, mas capaz de resistir à elevadíssima temperatura provocada pela velocidade de lançamento, com 83,4 quilos de peso, 58 centímetros de diâmetro, quatro antenas e duas emissoras de rádio, foi colocada em sua órbita a 900 mil metros de altura e a uma velocidade de 28,8 mil quilômetros horários, por um míssil dirigido com uma precisão inimaginável e impelido por uma força insuspeitada. Em função da espetacular publicidade dada ao acontecimento, um dos mais importantes da história da humanidade, do ponto de vista científico, os leitores de todos os jornais do mundo fizeram em quatro dias um curso intensivo e completo de astronáutica. A única coisa que ainda não se conhece em relação ao *Sputnik I*, além do material com que foi construído, é o combustível utilizado no lançamento e a hora exata em que se pôs em sua órbita. Os soviéticos tinham um motivo para guardar esse segredo: a partir da hora do lançamento, os cientistas dos Estados Unidos poderiam calcular o lugar exato de onde foi lançado.

— É um traste sem importância — declarou um militar americano quando soube que a Terra tinha um satélite de fabricação soviética. Mas esse "traste sem importância", cuja transcendência científica é incalculável, era ao mesmo tempo a demonstração de que Kruschev não mentira quando disse que seu país dispunha de um míssil capaz de alcançar qualquer ponto do planeta. Se os russos puderam lançar o *Sputnik* é porque, na verdade, dispunham do supermíssil com que Kruschev ameaçou o Ocidente dois meses antes.

A última canastra de Christian Dior

Um homem encontrara a maneira de fazer seu curso jornalístico de astronáutica sem desconsiderar suas múltiplas ocupações: o estilista Christian

Dior, que, em seu gigantesco estabelecimento da avenida Montaigne, em Paris, trabalhava 15 horas por dia antes de sair em suas férias anuais. A 18 de outubro, Christian Dior deu por terminados seus afazeres e se dirigiu de automóvel para o balneário italiano de Montecatini, em companhia de uma moça de 17 anos, Maria Colle, e da senhora Raymendo Zanecker, sua colaboradora mais íntima. O objeto mais precioso de sua bagagem de sete malas era uma malinha com medicamentos de urgência, a que o estilista que mais dinheiro ganhou em 1957 devia recorrer em caso de urgência. No dia 23, às 22h35, depois de jogar canastra com um grupo de amigos no hotel de la Paix, Christian Dior se sentiu cansado e se retirou para seu apartamento. Uma hora mais tarde, despertada por um mau pressentimento, a senhora Zanecker bateu três vezes na porta, com a malinha dos medicamentos. Era tarde demais. Um médico francês que se hospedava no mesmo hotel, de pijama, às 11h23, atestou que Christian, um homem que há 11 anos não sabia fazer nada e agora era o estilista mais conhecido e mais rico do mundo, morrera de um colapso.

Em Moscou, onde os responsáveis pela moda resolveram há seis meses fazer todo o possível para que o povo soviético — que se veste muito mal — se vestisse melhor, esperava-se a visita de Christian Dior para o princípio do próximo ano. A notícia de sua morte chegou num momento em que o povo soviético se preparava para celebrar o quadragésimo aniversário da revolução. O mundo ocidental, por sua vez, preparava-se para uma revelação espetacular. Sabia que os soviéticos, ao lançar o primeiro *Sputnik*, só haviam feito um ensaio, uma amostra grátis do misterioso e colossal acontecimento que guardavam para o dia 4 de novembro. Na expectativa, como para manter desperta a atenção mundial, os soviéticos concederam um repouso indefinido ao marechal Zukov, ministro da Defesa, conquistador de Berlim e amigo pessoal do presidente Eisenhower.

— Acabo de ver Zukov — disse essa noite Kruschev, morrendo de rir, na recepção oferecida pela embaixada da Turquia em Moscou. — Estamos procurando para ele um cargo que esteja à altura de sua capacidade.

Setenta e duas horas depois, ao embalo dos hinos marciais com que a União Soviética celebrava a véspera do aniversário da revolução, o segundo

Sputnik — tão grande e pesado como um automóvel — deu a primeira volta ao redor da Terra.

Ike perde o Vanguard, *mas não o humor*

Os Estados Unidos, que já tinham tido tempo de assimilar a comoção provocada na opinião pública pelo primeiro satélite, apararam desta vez o golpe com um acontecimento magistral: em caráter quase oficial, mas sem que ninguém respondesse por sua autenticidade, publicou-se a versão de que a 4 de novembro, ao meio-dia, um projétil soviético chegaria à Lua. Essa manobra de propaganda conseguiu que a 4 de novembro, enquanto o primeiro ser vivo — a cadelinha Laika — dava a volta à Terra a cada 96 minutos, o Ocidente se sentisse um pouco desiludido: teve-se a impressão de que não ocorrera absolutamente nada.

A 5 de novembro, em seu gabinete cor-de-rosa da Casa Branca, o presidente Eisenhower, austeramente vestido de cinza, recebeu os sábios dos Estados Unidos. Nessa entrevista, que durou exatamente uma hora e quarenta e três minutos, o homem que fabricou o primeiro míssil de longo alcance, Werner von Braun, alemão nacionalizado americano, falou a maior parte do tempo. Em 1932 — quando tinha apenas 18 anos — Von Braun foi designado por Hitler para desenhar um foguete elementar, antepassado da famosa *V-2* e venerável avô do *Sputnik*. Este homem entusiasta, calvo e de ventre arredondado que tem em comum com o presidente Eisenhower o gosto por romances policiais, convenceu o primeiro mandatário de que os Estados Unidos têm um sistema de defesa e ataque muito mais avançado do que o da União Soviética, concretamente no domínio dos mísseis de longo alcance. Mas o presidente não ficou muito tranqüilo. Poucas semanas depois — quando Ingrid Bergman e Roberto Rossellini romperam de comum acordo seus inseguros vínculos matrimoniais — o presidente sofreu um colapso ao regressar do aeroporto de Washington, onde recebeu o rei do Marrocos. Em Paris, um grupo de detetives do FBI estudava cada centímetro quadrado do eclético palácio de Chaillot para se assegurar de que ninguém poderia disparar em Eisenhower por trás das numerosas e pálidas estátuas, no decurso da iminente conferência da OTAN. Quando se divulgou a notícia da doença do presidente, os detetives regressaram a Washington, certos de ter perdido o tempo. Rodeado pelos melhores médicos dos Estados Unidos, disposto a extrair forças da fraqueza para participar de qualquer maneira a conferência da OTAN, Eisenhower sofreu um novo golpe. Um golpe que esta vez não atingiu seu cérebro, e sim o coração, e contra o coração mesmo da nação americana: o minúsculo satélite dos Estados Unidos, uma flor hermafrodita, de metal refratário cuja fotografia já fora publicada em todos os jornais do mundo, rodou melancolicamente sobre os secos pedregulhos de Cabo Canaveral depois que o enorme e custoso dispositivo de lançamento do foguete *Vanguard* se despedaçou numa aparatosa ruína de fumaça e desilusão. Poucos dias mais tarde, com sua extraordinária capacidade de absorver os golpes, com seu amplo sorriso de bom jogador e seus compridos e seguros passos de Johnny Walker, o presidente Eisenhower desembarcou em Paris para inaugurar o último acontecimento internacional do ano: a conferência da OTAN.

Um sábado em Londres

Um homem com pernas de pau, chapéu e guarda-chuva e um cravo murcho na botoeira do casaco subiu sábado a uma tribuna livre de Hyde Park Corner para protestar porque um avião a jato estava escrevendo números telefônicos no céu de Londres. Havia mais quatro oradores, cada um com seu público próprio, sob o olhar impassível de quatro agentes da polícia, que não devem ser tão surdos como parecem. Um deles era um informante oficial do partido conservador, com um abrigo de pele de camelo e um cachecol amarelo de seda, que discutia com o auditório as medidas tomadas pelo governo para fortalecer a moeda. Outro pedia a formação de um bloco de fala inglesa encabeçado por Estados Unidos e Inglaterra.

— Os americanos têm o dinheiro — dizia. — Nós temos a inteligência.

O outro era Bob. Na tribuna pública de Hyde Park, onde aos sábados e domingos todo mundo pode dizer o que quiser, Bob é o único orador da

Terra que não quer que saibam o que diz. Sua tribuna parece um confessionário: diante dela há uma longa fila que espera a vez para que Bob lhe diga ao ouvido o que pensa. Para mim falou cinco minutos sobre a necessidade de se preparar para a vida eterna. Depois me deu uma palmadinha no ombro e me disse:

— Cuidado com os rins.

Atrás de mim ia uma mulher que queria saber em que consistia o aumento da taxa bancária.

A poucos metros dali uma orquestra militar tocava um hino fúnebre. Um grupo de crianças jogava hóquei, vigiado por umas mulheres de sapatos grandes que teciam com duas agulhas no ritmo da música. Era um dia esplêndido. Um sábado de dezembro sem névoa nem frio. Em tempos normais, em Londres, qualquer hora são as cinco da manhã. A névoa tem um forte cheiro de carvão. As pessoas que estão livres do trabalho parece que foram trabalhar e nas escadas exteriores das casas, sempre iguais, sempre silenciosas, sempre fechadas, há meia dúzia de garrafas de leite.

O aeroporto se localiza muito perto da cidade. Durante todo o dia se ouve o ronco dos aviões procurando a pista através de um céu polido com esmeril. Tem-se a impressão de que vão aterrissar dentro de casa. Mas esta semana — que foi uma semana de primavera no outono — o céu voltou a ficar austral. Um sol cor de tijolo saiu em Hyde Park, prudente, sem se atrever a fazer nada, com esse terrível complexo de inferioridade do sol de Londres. Os ingleses se detinham em Oxford Circus para ver os aviões. Os menores, com as asas curvadas como as andorinhas prateadas, traçavam uma curva de fumaça branca e brilhante. Um deles escreveu um número telefônico sobre Trafalgar Square. A multidão que escutava os discursos abandonou os outros oradores e se concentrou em torno do homem que protestava contra a irresponsabilidade dos pilotos.

O Império Britânico não esquece a arte do desjejum

Quando cheguei a Londres tive a impressão de que os ingleses falavam sozinhos pela rua. Depois me dei conta do que dizem: *Sorry*. Sábado, quando toda Londres se derrama em Piccadilly Circus, não se pode dar um passo sem tropeçar em alguém. Então há um rumor total, um coro de rua, uniforme: *Sorry*. Por causa da névoa a única coisa que se percebia dos ingleses era a voz. Escutava-os, desculpando-se na penumbra do meio-dia, caminhando por instrumentos como os aviões por entre o obscuro algodão da névoa. Este último sábado — à luz do sol — pude vê-los pela primeira vez. Caminhavam comendo pela rua.

A alta função digestiva dos ingleses é limitada pelo desjejum: *cornflakes*, ovos fritos, toucinho defumado, salsichas, pão com manteiga e marmelada e a segunda xícara de chá. A primeira é tomada às sete da manhã. Durante o dia tomam mais oito. À hora em que o continente está almoçando, em que os franceses estão sentados diante de um pedaço de patê de fígado, bife com batatas fritas, salada, queijo, um litro de vinho e um metro de pão, os ingleses estão nos restaurantes lendo o jornal. Na hora do almoço se contentam com uma xícara de chá e um biscoito. Os franceses não podem comer sozinhos porque — como diz Pierre Daninos — não podem comer sem falar da comida. Os ingleses comem sozinhos porque ainda que estejam acompanhados têm de ler o jornal.

À medida que o Império Britânico se ia reduzindo às ilhas, a alimentação dos ingleses se ia reduzindo ao chá. Essa é a essência e a grandeza da famosa austeridade do povo britânico. Nas vitrinas dos açougues está pendurada a carne seca de cor marrom que passou três meses no frigorífico de um barco. É carne importada da Argentina. Nos enormes frigoríficos de Smithfield, o mercado central de Londres, conserva-se a carne dos próximos três anos. A austeridade do povo britânico permite pensar que essas reservas durarão dez anos.

Passam o resto do dia comendo aos pedacinhos. Os estudantes entram nos cinemas de um xelim com um pacote de pipocas e saem ao anoitecer para completar o programa com uma xícara de chá. É impressionante ver os burgueses da City, solenes e bem-vestidos, com o gesto de limpar o mel dos lábios com a manga do casaco.

No sábado, em compensação, fazem um almoço substancial. É um dia de festa, especialmente nestes dias em que começam as compras de Natal e há uma tempestade de neve artificial nas vitrinas de Picadilly. As velhas senhoras de Londres — que devem ter algo em torno de 356 anos — misturavam-se à multidão, tropeçando, abrindo caminho a cotoveladas, contemplando os brinquedos com a mais pura emoção da segunda infância. À noite, no metrô, procuravam com uma sinistra ingenuidade os crimes sangrentos dos tablóides vespertinos. Mas se sentiram decepcionadas. Este sábado, os vespertinos — incluindo os de lorde Beaverbrook, que vendem 4 milhões de exemplares — se ocuparam especialmente do escândalo da semana: os aviões que escreveram números telefônicos no céu de Londres.

Bevan levou o problema dos aviões ao Parlamento

Um problema que interessava tanto a opinião pública não podia passar despercebido pela Câmara dos Comuns. Aneurin Bevan, deputado trabalhista, aproveitou a presença do chanceler Selwyn Lloyd para expor o problema dos aviões. Concretamente, o problema era este: os aviões que escreveram números telefônicos sobre Trafalgar Square estavam carregados com bombas de hidrogênio. Selwyn Lloyd desmentiu a notícia: era um avião de publicidade. Mas reconheceu que de fato sobre a Inglaterra estão voando aviões carregados com bombas de hidrogênio. São os aviões das bases americanas na Inglaterra, que agora se encontram em vôo permanente, para evitar que um ataque de surpresa os destruam em suas bases. Selwyn Lloyd deu uma explicação técnica: as bombas de hidrogênio transportadas por esses aviões não podem explodir, pois o dispositivo especial que detona a explosão só é colocado no momento de lançá-las. Não pódem explodir por acidente. "Pode ser que não venham a explodir", escreveu um jornal, "mas, se o avião pegar fogo, a atmosfera ficará carregada de radioatividade." Esta possibilidade, não desmentida, preocupa os ingleses.

É uma questão psicológica. As velhas senhoras que escutam as marchas fúnebres do Hyde Park começaram a desconfiar do ruído familiar dos aviões. Sentem que eles vibram por cima de suas cabeças, buscando às apalpadelas o aeroporto com sua carga de bons burgueses. É como se de repente se dessem conta de que essa trepidação pusesse em perigo o que ainda resta do

Império Britânico: uma ilha onde tudo é diferente, onde os automóveis não trafegam pela direita, onde se deve colocar um xelim na calefação, onde o sistema monetário não é decimal e os preços são anunciados em moedas que não existem, onde a boa educação não é um código de boas maneiras e sim um reflexo condicionado e onde só se diz *my dear* quando se está insultando uma pessoa. É possível que os ingleses aceitem, com elegância e dignidade, que a História acabe com tudo isso. Mas não podem aceitar que se acabe por um acidente aéreo.

Londres, 1958

Kelly sai da penumbra

Na multidão que se tostava ao sol na praia de Los Caracas, domingo, dia 19 de fevereiro, ninguém reconheceu Patricio Kelly, o líder da Aliança Revolucionária Argentina que, em setembro do ano passado, fugiu disfarçado de mulher da penitenciária do Chile. Depois do banho, vestido com um traje preto de alpaca demasiado bem-cortado, demasiado irrepreensível para passar despercebido, dançou por três horas com a dama que o acompanhou durante todo o domingo. Muitos dos que estavam no salão viram sua fotografia nas últimas 72 horas. Mas ninguém o reconheceu.

Patricio Kelly e sua misteriosa acompanhante regressaram a Caracas ao entardecer, num Chevrolet azul-celeste, suspeito demais para passar despercebido. Kelly estava ao volante. Abriu caminho com uma habilidade muito prudente, mas ao mesmo tempo muito decidida, no engarrafamento dominical. Sua maneira de se orientar era a de um motorista que conhece a cidade na palma da sua mão. Essa noite tomou um aperitivo no Gran Café, em Sabana Grande. O garçom se dirigiu a ele pelo nome: "Senhor Kelly." Apesar disso, tampouco ele o reconheceu. Para o garçom não existia nenhuma relação entre esse desenvolto, simpático e generoso senhor Kelly que toma uísque com soda ao entardecer e o intrépido protagonista da fuga cinematográfica que há quatro meses provocou uma explosão de títulos e fotografias na imprensa da América.

Patricio Kelly não mudou de nome em Caracas. Não se escondeu nem se disfarçou. Levou a vida normal de um homem que conhece a cidade por ter estado nela em duas ocasiões anteriores. Esteve no Cinerama. Comeu nos restaurantes mais freqüentados, foi ao cinema até três vezes por semana e freqüentou o mesmo bar, todos os dias à mesma hora, onde se familiarizou com os programas de televisão. Sábado, às 17h30, misturou-se à multidão das lojas para comprar algumas coisas que faltavam em seu apartamento. Em várias ocasiões conversou ocasionalmente com homens e mulheres que — pelo menos alguns deles e pelo menos alguma vez — viram suas fotografia nos jornais. Nunca foi identificado.

Ninguém imaginaria que um homem perseguido por vários governos, fugitivo de 13 prisões, ameaçado de morte em seu país desde a deposição do governo Perón e procurado ansiosamente pelos jornalistas da América, se atreveria a passar uma noite de sábado na pista de dança do Hotel Tamanaco. Kelly esteve ali várias vezes, protegido pelo fato certo e comprovado de que ninguém o teria acreditado tão audaz.

Para a fuga perfeita, uma mulher deve chegar às 7h30

Essa incorporação à vida corrente não é ingenuidade, nem ousadia, nem vaidade. É a técnica de Patricio Kelly. Ele pôs em prática, até as raias do absurdo, seus profundos conhecimentos da psicologia da vida cotidiana. Em Santiago do Chile, enquanto a polícia realizava 3 mil batidas policiais à sua procura, ele jantou três noites consecutivas no Clube Unión e uma vez a poucos metros da delegacia de polícia. Nunca esteve escondido. Os sete disfarces que utilizou desde que fugiu da prisão de Río Gallegos, no gelado e deserto paralelo 42, até chegar a Caracas não foram escolhidos arbitrariamente. Foram o resultado de um estudo lúcido, consciente, científico das circunstâncias.

Suas espetaculares evasões não tiveram nada de espetacular. Kelly jamais rompeu um cadeado nem subjugou um guarda pela violência. Em setembro, quando se soube que fugira da penitenciária do Chile disfarçado de mulher, pensou-se que o organizador de ruidosas manifestações políticas pusera em prática suas experiências na ação intrépida. A realidade era outra. Sua fuga foi o ponto culminante de muitos dias de observação, de análise fria, inteligente e serena dos costumes de seus guardiões.

Durante um mês, uma mulher foi visitá-lo no cárcere. Os zelosos guardiões da penitenciária entraram rapidamente na rotina daquela mulher pontual, que entrava às 7h30, como um relógio, e saía às 8h25. Enquanto isso, Patricio Kelly iniciou o longo e difícil aprendizado de se fazer passar por uma mulher. Aprendeu a caminhar com salto alto, a reproduzir com naturalidade os mais secretos trejeitos da coqueteria feminina, a imprimir em sua voz um registro delicado. A 20 de setembro, uma semana antes da evasão, o embaixador argentino em Santiago preveniu o governo do Chile de que Patricio Kelly — cujo pedido de extradição estava em tramitação — preparava a fuga. A direção do cárcere tomou nota da advertência e foram iniciados os preparativos para deslocar o detido para a ala mais à esquerda da penitenciária: o pátio Sibéria, diante do paredão dos fuzilados. Essa mesma noite, a mulher das 7h30 — que nunca se fez passar como visitante de Kelly — era acompanhada por outra mulher, cuja única missão era seduzir os guardiões. Dois homens a quem se encarregou a vigilância de um prisioneiro pacífico e simpático, que dedicava a maior parte do tempo à leitura e não demonstrava nenhuma impaciência, podiam abandonar seu posto durante meia hora para se encontrar com uma mulher. Patricio Kelly não se enganou em sua análise.

A 28 de setembro, às 7h30, as duas mulheres entraram na prisão. A partir desse momento, todos os minutos estavam calculados. A mais antiga delas — que se fizera familiar depois de trinta visitas, a quem o pessoal da vigilância conhecia por suas roupas, pela cor do cabelo, pela pontualidade e até pela maneira de caminhar — tirou rapidamente as roupas conhecidas, o cabelo conhecido; a outra combinava um jantar com os guardiões. No projeto de evasão se calculou que só se dispunha de oito minutos para se maquiar Kelly. Uma mulher pode se maquiar em menos tempo, mas Kelly é um homem com a barba cerrada e dura, cujo disfarce implicava o uso de um creme fabricado expressamente para que atores de teatro pareçam menos velhos. Só a maquiagem durou sete minutos. O processo total: 18 minutos.

Duas mulheres saíram da cadeia à hora de costume: às 8h35. Depois de cinco dias de reticências, de promessas adiadas, a visitante mais nova aceitou o convite dos guardiões. A outra se despediu do grupo na esquina, andou 34 metros e entrou num automóvel. Era Patricio Kelly. A proprietária das roupas saiu dois minutos depois por uma porta sem guardiões. Meia hora mais tarde o diretor da penitenciária foi buscar Kelly para transferi-lo para a cela dos condenados à morte.

Quatro automóveis num refúgio mais seguro: a vida normal

Na primeira ofensiva dessa mesma noite, todos os postos na fronteira do Chile ficaram de sobreaviso: revistaram-se trezentas residências, Kelly foi descrito minuciosamente por todas as emissoras do país, foram detidas 18 pessoas supostamente comprometidas com a fuga. Na casa da poetisa uruguaia Blanca Luz foi encontrada a peruca de Kelly e o material de maquiagem. A poetisa foi detida. No momento em que a conduziam à prisão de mulheres, o homem procurado em toda Santiago estava comendo um bife de carne de cavalo num restaurante do centro da cidade, sem qualquer disfarce e à vista de todo o mundo.

Na verdade, Kelly nunca esteve na casa da poetisa Blanca Luz. O automóvel em que entrou a cinqüenta metros da prisão era um dos quatro utilizados na fuga. Cada um dos motoristas sabia com precisão o caminho que devia percorrer, mas ignorava a rota do seguinte. No primeiro, Kelly se desfez da peruca. No segundo encontrou material para remover a maquiagem. No último encontrou roupas de homem, documentos falsos e dinheiro. Esse automóvel o levou diretamente a um bar cheio de gente, onde escutou o primeiro boletim radiofônico com a notícia de sua fuga.

Incorporado à vida normal de Santiago, o risco maior estava no lugar escolhido para dormir. Kelly dispunha de três apartamentos com saída pelos fundos. Uma noite a polícia irrompeu no apartamento e derrubou a porta do quarto em que ele dormia e abandonara um minuto antes. Na previsão de que isso acontecesse alguma vez, o fugitivo não estava dormindo na cama. A polícia encontrou um leito perfeitamente arrumado e frio.

Seis dias depois da fuga, as autoridades de Santiago receberam uma informação concreta: a bordo do *Reina del Mar*, que zarpara à tarde, três mulheres viajavam no camarote número 25, na primeira classe. Informou-se que uma delas era Kelly. Um grupo de helicópteros alcançou a nave em alto mar e a fez regressar a Santiago. O *Reina del Mar*, escoltado por helicópteros, entrou no porto na mesma noite, no instante em que Kelly saía do cinema frustrado com o filme *A batalha do Rio da Prata*. Dali foi diretamente para seu novo dormitório, um lugar silencioso e plácido, com enormes salgueiros sob a Lua: o cemitério.

"Se eu me encontrasse com esse pobre senhor Kelly"

Em seus preparativos de viagem, Kelly decidiu recolher alguns objetos pessoais que estavam em poder do juiz Ortiz Sandoval, o servidor público que determinara sua extradição.

— Não era um golpe espetacular — disse Kelly. — Uma pessoa avalia os riscos de acordo com a importância dos atos.

Aquela visita à residência particular do servidor público encarregado de devolvê-lo ao governo argentino merecia qualquer risco. Tratava-se de resgatar os retratos de seus filhos — um homem e uma mulher — feitos em Buenos Aires na primeira festa à fantasia de que participaram, ele disfarçado de caubói, ela disfarçada de fada madrinha. Kelly entrou na residência do juiz Ortiz Sandoval vestido de limpador de chaminés, uma quinta-feira às 15h30, com permissão dos criados. Eles — processados mais tarde — acharam perfeitamente normal que a chaminé fosse limpa em outubro, já que estivera em funcionamento durante todo o inverno. Kelly levou os retratos de seus filhos — duas reproduções coloridas com moldura de cobre — mas as conveniências o obrigaram a prestar um serviço ao seu perseguidor. Limpou realmente a chaminé.

Antes de abandonar Santiago — no porta-malas de um Chevrolet sem freios — Kelly cumpriu um dever de cavalheiro. Foi agradecer à poetisa Blanca Luz, na prisão de mulheres, disfarçado de padre. Foi uma visita de 56 minutos na presença de dois guardas. Naquela mesma noite, aos primeiros sopros da gelada primavera austral, abandonou Santiago.

Depois de conversar várias horas com Patricio Kelly, de ter escutado o apaixonante relato de sua aventura, pensa-se que a chave de sua personalidade é a virtude de não se apressar. Sua odisséia pelo norte do Chile, na viagem em direção a uma liberdade ousada e arriscada, é uma longa enumeração de detalhes submetidos a um cálculo milimétrico. Sua eloqüência, a cordialidade um pouco desconcertante, os trejeitos desenvoltos não conseguem encobrir por completo uma personalidade submetida a uma autodisciplina implacável. Essa deve ter sido a força que derrotou os perseguidores, durante os 59 dias de duração de sua odisséia pelo norte do Chile, rumo a uma liberdade incerta e remota.

Teve lances de sorte. A expedição que partiu para cortar-lhe o caminho na fronteira da Bolívia se extraviou na savana, enquanto ele não errou uma só vez o itinerário. Numa casa camponesa em que solicitou refúgio temporário, a dona da casa, impressionada pelo noticiário radiofônico, manifestou em sua presença:

— Se eu me encontrasse com esse senhor Kelly, a quem todo mundo persegue, o esconderia em minha casa.

Ele se identificou. Aquele golpe de sorte tornou mais fácil o caminho para a liberdade.

Antes de chegar a Caracas, Kelly permaneceu um período no Panamá. Viu-se então obrigado a recorrer ao seu extraordinário sentido do cálculo para não voltar para a prisão. Sob o nome de Mario Vásquez, capitão de navio da marinha argentina, colocou-se muitos metros acima do nível de qualquer suspeita. Ali embarcou num avião comercial que o levou a Caracas. Sua situação agora está perfeitamente legalizada, mas o cidadão Kelly, apreciador dos grandes aperitivos e da música popular de seu país, continua submetendo cada ato, cada palavra, a um controle rigoroso. É um homem que sabe dizer não sem dizê-lo, com um amplo trejeito que bem merecia um discreto odor de lavanda. Parece inteligente, tenaz, astuto e capaz de aplicar todos os defeitos e todas as virtudes num único instante e nas circunstâncias mais difíceis: numa manobra política, num encontro de amor, numa partida de pôquer ou numa entrevista à imprensa.

Os duros meses na prisão, numa vida intensa e precoce, não deixaram marcas visíveis em seu rosto. Tem a idade que representa: 38 anos. Compreende-se que as mulheres o admirem pelas mesmas razões por que admiraram Humphrey Bogart.

FEVEREIRO DE 1958

O clero na luta

A 1º de maio do ano passado — festa do trabalho — os párocos da Venezuela leram nos púlpitos uma carta pastoral do arcebispo de Caracas, monsenhor Rafael Arias. Nela se analisava a situação operária no país, expunham-se com franqueza os problemas da classe trabalhadora e se invocava em seus termos essenciais a doutrina social da Igreja. De Caracas até Puerto Páez, no Apure; das solenes naves da catedral metropolitana até a descomposta igreja de Maura, no território federal amazônico, a voz da Igreja — uma voz de vinte séculos — sacudiu a consciência nacional e acendeu a primeira faísca da subversão.

Monsenhor Rafael Arias, um homem compacto e agradável que fala com a mesma simplicidade e a mesma cadência nativa de qualquer venezuelano fluente, meditara muito antes de escrever a primeira linha daquela pastoral. A idéia nasceu do conhecimento geral que tinha o arcebispo da realidade do país, por observação própria e pelas conversas com seus paroquianos. Num estudo econômico das Nações Unidas, que recebeu pelo correio, ele se informou que a produção *per capita* da Venezuela subira para 500 dólares, mas essa riqueza não se distribuía de maneira a chegar a todos os venezuelanos. "Uma enorme massa de nosso povo", observou o arcebispo numa de suas primeiras notas, "vive em condições que não podem ser qualificadas de humanas." Pouco antes, o cardeal Caggiano, legado pontifício do II Congresso Eucarístico Bolivariano, havia proposto esse problema na sessão extraordinária celebrada em sua honra pelo Conselho do Distrito Federal.

— A Venezuela — disse naquela ocasião o cardeal Caggiano — tem tanta riqueza que poderia enriquecer todos, sem miséria e pobreza, porque há dinheiro para que não haja miséria.

Não havia data prevista para a publicação da pastoral. Monsenhor Arias propusera a si mesmo que seria um documento breve, claro, direto e invulnerável. No início do ano passado ordenou à Juventude Operária Católica que fizesse uma pesquisa que lhe permitisse fazer um julgamento sereno da realidade nacional. A pesquisa durou dois meses. Com uma completa documentação em seu escritório, depois de ter conversado não apenas com os párocos de Caracas, mas também com os que vieram das mais remotas aldeias de província, o arcebispo iniciou a redação de suas notas, do próprio punho. Em 45 dias de trabalho, de consultas aos assessores, a primeira cópia definitiva — 11 folhas batidas à máquina, em espaço duplo — ficou pronta na primeira semana de abril. Então pareceu apropriada para publicação a data de 1º de maio, dia do trabalho, festa do patriarca carpinteiro, são José. Foi preciso uma atividade extraordinária para que a pastoral chegasse a todas as paróquias da Venezuela na data combinada. Foi selada e referendada em Caracas às 10h30 de segunda-feira, 29 de abril. Dois dias depois foi lida nos púlpitos. No fim da semana havia dado a volta ao país e chegado ao exterior, onde foi considerada uma brecha no cinturão de aço criado pela censura à imprensa. A primeira edição — distribuída gratuitamente pelos párocos — se esgotou em oito dias. Alguns especuladores imprimiram um considerável número de exemplares e os venderam a dez bolívares.

Uma semana antes da publicação da pastoral — a 24 de abril —, Pérez Jiménez pronunciou um discurso espetacular no Congresso, em que fez a apoteótica enumeração da obra material de seu governo e se referiu aos elevados salários do operário venezuelano. Naquele dia a pastoral já estava redigida. Mas o ministro do Interior, Laureano Vallenilla Lanz, não compreendia esse tipo de argumento. Em sua opinião, a pastoral de 1º de maio era uma resposta ao discurso presidencial de 24 de abril. Na quinta-feira 2 de maio, às 11 da manhã, convocou para seu gabinete o arcebispo de Caracas, não em nota especial, e sim por telefone. Monsenhor Arias atendeu à convocação naquela mesma tarde e teve de esperar na deserta ante-sala do Ministério do Interior. Vallenilla Lanz costumava recordar a entrevista com orgulho evidente.

— Dei-me o prazer — dizia — de fazer o arcebispo esperar durante uma hora e meia.

Na realidade, monsenhor Arias — que é um homem humilde — não esperou mais de meia hora. Às 15h30 entrou no gabinete do ministro do Interior, onde lhe foi comunicada a posição oficial.

Vallenilla não ia à missa, mas conhecia os sermões

Foi uma entrevista breve, na qual Vallenilla falou quase todo o tempo e quase exclusivamente das obras do governo. Monsenhor saiu do gabinete sabendo que o governo ia publicar nos jornais uma resposta à pastoral. Mas essa resposta nunca apareceu. Em troca, o ministro do Trabalho enviou ao arcebispo uma carta pessoal — datada de 10 de maio — que era uma edição corrigida e aumentada do discurso de Pérez Jiménez. O argumento mais poderoso contra a carta pastoral, segundo o ministro do Trabalho, era a construção da Casa Sindical e o balneário de Los Caracas. Os párocos da Venezuela sabiam a partir desse momento qual era seu dever: pregar a doutrina social da Igreja. Cada domingo, nos púlpitos de Caracas, pronunciavam sermões cujo ruído perturbava, segunda-feira de manhã, o desjejum de Vallenilla Lanz.

Um dos sacerdotes de Caracas — o padre Jesús Hernández Chapellín — assumiu, especialmente, uma posição combativa. Jovem, muito saudável e com notável valor pessoal, o padre Hernández Chapellín, diretor de *La Religión*, sentava-se todas as noites diante da máquina de escrever para exercer seu duplo ministério de sacerdote e jornalista. A 13 de agosto, Vallenilla Lanz — com o pseudônimo de R.H. — publicou no *El Heraldo* uma interpretação estouvada e arbitrária da justiça social. No dia seguinte, o padre Hernández Chapellín publicou uma reposta que não submeteu à censura porque sabia que a censura não deixaria passar: "Orientações a R.H." Às dez da manhã, um telefonema do Ministério do Interior o acordou em sua residência particular. O próprio Vallenilla Lanz estava ao telefone.

— Padre — disse o ministro do Interior, sem preâmbulo —, é necessário que o senhor modifique seu comportamento.

Também sem preâmbulo o diretor de *La Religión* respondeu:

— Meus editoriais, eu os penso muito bem, escrevo-os e os publico, e pouco me importa o que os senhores pensem deles.

Vallenilla Lanz nada respondeu, mas convocou o padre Hernández Chapellín ao seu gabinete, essa tarde, às cinco em ponto. O sacerdote chegou com cinco minutos de atraso.

Em hora e meia o padre Hernández se tornou conspirador

A entrevista durou um pouco mais do que a de monsenhor Arias e esta vez foi o sacerdote quem falou quase todo o tempo. Vallenilla Lanz, num terno cinza, um pouco pálido, não teve tempo de começar o diálogo, porque o diretor de *La Religión* tomou a iniciativa.

— Vou falar — disse — acima de tudo como sacerdote que apenas teme a Deus. Com o regime que os senhores têm na Venezuela, quase toda a população os odeia e os detesta.

Vallenilla Lanz ficou vermelho.

— Por quê? — perguntou timidamente.

— Porque os senhores mantêm um regime de medo com a Segurança Nacional. É a espada de Dâmocles sobre a cabeça de cada venezuelano. As lágrimas e o sangue e a quantidade de mortos...

— Que mortos? — interrompeu Vallenilla Lanz, com um ar de cândida inocência.

O padre Hernández Chapellín enumerou, com seus nomes próprios, dez vítimas do regime.

— E os que não sabemos — acrescentou. — E os exilados políticos.

Vallenilla Lanz começou a reagir.

— O senhor chama de exilados políticos bandidos como Rómulo Betancourt — disse.

— Betancourt e eu — replicou o padre Hernández Chapellín — estamos em trincheiras opostas, como muitos outros exilados. Mas eles também são venezuelanos e devem estar aqui para que a luta se trave no terreno ideológico.

Os dois homens estavam sozinhos no gabinete. O sacerdote, com o entusiasmo um tanto estudantil de quem falava com os amigos na redação de seu jornal, continuou a enumerar as razões pelas quais o regime de Pérez Jiménez era uma máquina de terror. Disse:

— Se o general, quando tomou o poder, tivesse patrocinado eleições livres em vez de continuar e de estrangular a voz da imprensa, teria se imortalizado. Mas a realidade é outra. Ficou no poder por um golpe de Estado contra o direito do voto.

O padre Hernández Chapellín saiu do gabinete às 6h30, quando já haviam se retirado os funcionários do ministério. Com um cinismo inabalável, Vallenilla Lanz o acompanhou até a porta, despediu-o com um abraço e lhe disse:

— As portas de meu gabinete estarão sempre abertas para o senhor.

Mas o padre Hernández não voltou a transpô-las. Continuou a batalha em seu modesto escritório de jornalista. Poucas semanas mais tarde, seu robusto e combativo colega, Fabricio Ojeda, apresentou-se na redação de *La Religión*.

— Padre — disse Fabricio Ojeda —, venho lhe dizer uma coisa como se fosse uma confissão: sou o presidente da Junta Patriótica.

A partir desse dia, o padre Hernández Chapellín não foi apenas um sacerdote disposto a levar adiante a doutrina social da Igreja e nem apenas um jornalista da oposição. Foi também um conspirador.

Chuva de panfletos na catedral. Estrada vigiada

Em seu tranqüilo gabinete da catedral metropolitana, de costas para uma estante atulhada de livros que cobre toda a parede, o padre José Sarratud recebeu a 11 de julho, às nove da noite, um telefonema do Ministério da Justiça. O padre Sarratud, que é muito jovem, mas que parece mais jovem do que realmente é, não tinha motivo para conhecer a voz do ministro da Justiça: era a primeira vez que a escutava. Em poucas palavras, o ministro lhe disse:

— Padre, o senhor está atacando o governo em seus sermões.

O padre Sarratud, sem levantar a voz, sem o menor indício de alteração, respondeu:

— Não faço outra coisa senão pregar a doutrina social da Igreja.

Durante um mês inteiro não modificou o tom de seus sermões. Em setembro o ministro da Justiça voltou a chamá-lo e o padre Sarratud voltou a responder:

— Senhor ministro, não faço outra coisa senão pregar a doutrina social da Igreja.

Pouco tempo depois, um incidente levou o nome do padre José Sarratud até o sombrio gabinete de Pedro Estrada. Ocorreu a 12 de dezembro: durante uma manifestação de mulheres, num dos lados da catedral, um homem gritou:

— Abaixo Pérez Jiménez.

Tentando alcançá-lo, a polícia abriu caminho entre as mulheres e agrediu uma delas, grávida. Seis homens atacaram o agente. Logo, sem que se pudesse precisar em qual momento, milhares de panfletos contra o governo caíram sobre a multidão. Foram lançados da torre da catedral. Pedro Estrada fez investigações e descobriu que aqueles panfletos foram impressos no mimeógrafo da catedral, que estava sob o cuidado do padre Sarratud. O diretor da Segurança Nacional esperou um momento propício para atuar.

O momento propício se apresentou a 1º de janeiro, em função do levante de Maracay. A partir do momento em que voaram os primeiros aviões sobre Caracas, Estrada se asilou na embaixada da República Dominicana. Mas no dia seguinte, quando soube que o golpe fracassara, instalou-se em seu gabinete da avenida México, para dirigir pessoalmente a repressão. A 3 de janeiro, o arcebispo disse por telefone ao padre Sarratud que Pedro Estrada o estava procurando havia três dias. O sacerdote, que não se escondera, pôs no bolso o breviário e se dirigiu em seu automóvel à Segurança Nacional. Recebeu-o Miguel Sanz que, sem mandado judicial, mandou-o para a prisão. No quarto andar da Segurança Nacional teve uma surpresa: ali estavam, detidos, outros quatro sacerdotes. Eram acusados de fazer sermões tidos como a causa moral do levante militar.

Cinco padres presos. O governo cai de podre

O padre Alfredo Osiglia foi detido por quatro detetives armados, na manhã do dia 2, na igreja da Candelária, onde acabara de rezar uma missa. Às três da tarde, monsenhor Delfín Moncada, depois de almoçar em sua casa de Chaguaramos, chegou, em seu modesto automóvel preto, ao gabinete paroquial de Chacao e ali o esperava um homem de aparência humilde. Era um enviado de Pedro Estrada. Monsenhor Moncada se comunicou com o arcebispo por telefone e se dirigiu, sozinho, à Segurança Nacional. Conduziram-no ao gabinete de Lanz. Sentado num rústico banco de madeira, esse sacerdote sólido e de sangue quente, mas de idade avançada, esperou o auxiliar de Pedro Estrada durante sete horas, minuto a minuto. Fora com o propósito de externar sua firmeza de espírito, mas dois guardas armados de metralhadora lhe comunicaram que estava detido. Ao entardecer, monsenhor Moncada pediu licença para ir ao banheiro. Os guardas o acompanharam, para vigiá-lo, e não lhe permitiram fechar a porta.

Às 11 da noite, rodeado por seus guarda-costas, entrou Miguel Sanz.

— O senhor — disse, dirigindo-se a monsenhor Moncada — encabeça a lista de cinco padres que são os autores morais da quartelada de Maracay.

Em seguida, sem solução de continuidade, acrescentou:

— Além disso, o senhor faltou com respeito ao presidente.

— Em assuntos pessoais, a gente não tem que dar satisfação nem a Deus — respondeu o monsenhor Moncada.

— Vá pregar isso lá em cima — replicou o sombrio Sanz.

Lá em cima, no quarto andar, estava desde o meio-dia o padre Hernández Chapellín, o único dos cinco sacerdotes que recebeu a sentença pessoalmente de Pedro Estrada. Para o diretor de *La Religión*, a Segurança Nacional destacou oito detetives: quatro em seu gabinete e quatro em sua casa. O padre Hernández Chapellín, que não quis se apresentar à Segurança Nacional antes de falar com o arcebispo, evitou os lugares habituais e almoçou na casa de uns parentes no Camenterio. Dali se comunicou por telefone com monsenhor Arias, que enviou um sacerdote para acompanhá-lo até a avenida México. Às duas da tarde, impecavelmente vestido de azul-claro e gravata branca, Pedro Estrada o fez entrar em seu gabinete.

— Padre — disse —, o senhor é um dos responsáveis pelo golpe militar de ontem. Este é o resultado de seus editoriais, que são incendiários, revolucionários e não parecem vir de um ministro de Deus.

Pedro Estrada não levantou os olhos em nenhum momento da entrevista. Falava com a cabeça inclinada, evitando sistematicamente o olhar firme do padre Hernández Chapellín.

— Não refuto a acusação de Maracay — respondeu o diretor de *La Religión* — porque me parece infantil. Quanto aos meus editoriais, digo-lhe que não me preocupo com que os senhores pensam e não é minha culpa se vocês se vêem retratados neles.

— O senhor não concorda com o regime? — perguntou Pedro Estrada.

— Não. Discordo completamente.

Estrada não se atreveu a se responsabilizar pela detenção. Disse que tinha ordens superiores. O padre Hernández Chapellín foi levado ao pavilhão destinado aos cinco sacerdotes. Só um saía todas as noites para dormir em casa, o padre Pablo Barnola, da Universidade Católica. Queriam que se asilasse para abandonar o país. Mas o padre Barnola resistiu. Seus companheiros de prisão o chamavam de "o semi-interno". A única visita permitida foi a do doutor Guillermo Altuve Carrillo, enviado pessoal de Pérez Jiménez, domingo, dia 5 de janeiro. Tentou convencê-los a mudar de atitude em relação ao governo. Mas eles se mostraram inflexíveis. O doutor Altuve Carrillo, furibundo, lançou-lhes uma ameaça:

— Saibam que não derrubarão o governo.

Aquela ameaça não durou muito tempo. A 13 de janeiro o governo começou a cair de podre. Pedro Estrada abandonou o país. O coronel Teófilo Velasco, que o substituiu, pôs em liberdade os cinco sacerdotes.

Padre Álvarez, de La Pastora, conquistador atrevido

A cidade que eles encontraram ao sair da prisão sofrera uma transformação sensacional. Todo mundo, do industrial em seu escritório ao vendedor ambulante na rua, conspirava. Na humilde paróquia de La Pastora, o padre Rafael María Álvarez Flegel — 156 centímetros carregados de um dinamismo incontrolável — estava comprometido até a raiz dos cabelos na conspiração. Nos primeiros dias de janeiro, um sobrinho seu, Ramón Antonio Cabrera, aluno do colégio Carabobo, informou-o confidencialmente que agia em contato com a Junta Patriótica. Precisavam do mimeógrafo. O padre Álvarez não se contentou em compartilhar o segredo e emprestar o mimeógrafo da paróquia para imprimir os panfletos clandestinos, mas fez as cópias em sua máquina e trabalhou pessoalmente na impressão. Usava luvas para evitar as impressões digitais. Durante os primeiros 15 dias do ano, sem qualquer contato direto com a Junta Patriótica, o padre Álvarez ocupou o dia inteiro em seu exemplar trabalho de conspirador espontâneo. Os rapazes levavam o papel pela manhã e voltavam à noite para as cópias. Em várias paróquias se produzia trabalho semelhante. Apenas saído da prisão, o padre Sarratud entrou em contato com outros grupos estudantis que realizavam reuniões numa dependência da catedral e ali imprimiam folhetos clandestinos.

À medida que se aproximava a terça-feira 21, o padre Álvarez sentia que os dias encurtavam. A greve geral estava preparada, mas o efervescente pároco de La Pastora, em seu solitário e despojado gabinete, sem outro contato com o gigantesco mecanismo da conspiração além do seu grupo de estudantes, pressentia que faltava alguma coisa: um ultimato a Pérez Jiménez, estabelecendo condições concretas. Na noite do dia 19, ele mesmo redigiu, por sua conta e risco, um último panfleto e tomou a liberdade de assinar: "A Junta Patriótica". Não se limitou a imprimi-lo, mas pôs no correio, em envelopes fechados, uma cópia para Pérez Jiménez e cada um dos ministros. Em seu quarto, sob a estreita cama de ferro pintada de azul, ficaram 500 exemplares que os rapazes iriam buscar à noite.

Esperou-os até as 11. Antes de se deitar disse ao sacristão que não recolhesse as cordas dos sinos para que os grevistas pudessem tocá-los no dia seguinte, às 12 em ponto. Adormeceu à meia-noite, depois de escutar as últimas notícias no rádio. Uma hora e meia depois, vários golpes na porta o despertaram, sobressaltado. Uma voz masculina gritou:

— Padre, acompanhe-nos, para batizar uma criança que está morrendo.

O padre Álvarez abriu a porta e viu à luz das lâmpadas do pátio quatro homens obscuros, com as mãos nos bolsos. Eram agentes da Segurança Nacional.

Os sinos da maioria das igrejas de Caracas anunciaram à meia-noite o início da greve geral. A polícia destacara agentes para reprimir o ato, mas os sacristãos tinham ordens terminantes de facilitar a entrada dos grevistas. Monsenhor Moncada recebeu, às 11, a visita do prefeito de Chacao, que foi avisá-lo que seria punido se tocasse os sinos. O sacerdote respondeu que a polícia não podia proibir o secular costume de soar as 12 badaladas, seguidas por um breve repique. Protegido pelo povo, o sacristão repicou três minutos por conta do pároco e mais três minutos por sua própria conta.

Na Candelária, a polícia esteve a ponto de enlouquecer, com uns sinos que soavam sem sineiro. O pároco instalara nos alto-falantes uma fita magnética que rodou — repicando — durante várias horas. O pároco contemplou, da fortificação em frente, o espetáculo, vestido de civil.

O padre Álvarez gostaria de tocar os sinos com suas próprias mãos. Mas a essa hora estava detido no convento dos padres beneditinos de San José del Ávila. Os agentes da Segurança passaram a madrugada em seu dormitório, esperando instruções. Um dos estudantes chamou por telefone e foi um detetive quem atendeu.

— A que hora é a missa? — perguntou o estudante.

— Não há missa — respondeu o detetive, sem saber que aquela era uma senha.

Por essa resposta os rapazes souberam que o padre Álvarez estava em poder da Segurança. Em companhia do arcebispo, o coronel Velasco se dirigiu a La Pastora às seis da manhã e se opôs a que o pároco fosse levado para a Segurança. De sua cela no convento, o padre Álvarez ouviu os sinos, os rojões e os apitos das fábricas e soube então que seu trabalho não fora inútil e que antes de 48 horas estaria de novo em seu púlpito.

Na igreja profanada, o pároco ferido esperava...

O arcebispo se encontrava numa situação difícil: não podia intervir diretamente na política, mas tampouco podia — nem como membro ilustre da Igreja e nem como venezuelano — impedir a atividade subversiva de seus párocos. As relações entre a Venezuela e o Vaticano haviam chegado a um perigoso grau de tensão. O núncio apostólico protegera na nunciatura o político Rafael Caldera e um oficial do levante de Maracay. Monsenhor Jesús María Pellín — cujo gabinete é uma biblioteca blindada de 14 mil volumes — pronunciara um sermão sobre a prevaricação e se vira forçado a abandonar discretamente o país. Na qualidade de membro, várias vezes reeleito, da comissão de Liberdade de Imprensa da SIP (Sociedade Interamericana de Imprensa), assinara uma declaração na qual se condenava o regime de Pérez Jiménez por ter amordaçado a imprensa.

Todas as frentes da Igreja participavam da resistência. Os colégios dirigidos por religiosos foram os primeiros a mandar os alunos à rua para que se manifestassem contra o regime. O regime sabia, e já em janeiro poderia aprisionar todos os sacerdotes sem nenhum resultado. A força democrática se desencadeara. Monsenhor Hortensio Carrillo, pároco de Santa Teresa, teve a informação de que a polícia e a Segurança, atrás do coronel Velasco, preparava um assalto à sua igreja. Só se esperava a oportunidade.

O monsenhor Carrillo não podia renunciar a seu dever. Na terça-feira 21, oficiava sua missa ordinária um pouco antes do meio-dia quando uma manifestação de médicos, perseguida pela polícia, refugiou-se em sua igreja. Na confusão, a missa foi interrompida e agentes uniformizados e civis irromperam no recinto, armados com fuzis e metralhadoras. Num instante a igreja de Santa Teresa ficou impregnada de gases lacrimogêneos, mas os policiais impediram a saída das quinhentas pessoas — homens, mulheres e crianças — que se asfixiavam no interior. Uma bomba explodiu a poucos metros de monsenhor Carrillo. Os fragmentos se incrustaram em suas pernas e o pároco, com a batina em chamas, arrastou-se até o altar-mor. Apesar da confusão, um grupo de mulheres molhou seus lenços na água benta da sacristia e apagou o fogo da batina do pároco.

Quando a igreja foi desocupada, a polícia se opôs até a que as ambulâncias levassem os feridos. O arcebispo chamou por telefone o comandante da polícia, Nieto Bastos, quando a igreja ainda estava sitiada. Nieto Bastos respondeu:

— Eles estão provocando a polícia.

O monsenhor Carrillo não pôde ser levado ao hospital. Com as pernas inutilizadas pelos fragmentos da bomba, foi levado ao gabinete paroquial, onde conseguiu penetrar, ao entardecer, um médico que lhe prestou os primeiros socorros. O sacerdote foi sentado numa secretária em frente a uma porta, que dá diretamente para a rua. Uma patrulha da polícia fez três descargas contra a porta — um tiro de fuzil, outro de revólver e uma rajada de metralhadora. A bala do fuzil perfurou a porta, atravessou o gabinete e se incrustou na parede do fundo, vinte centímetros acima da cabeça de monsenhor Carrillo.

Durante a noite inteira, enquanto o pároco sofria em seu dormitório do primeiro andar, em meio a terríveis dores, a polícia disparou contra a igreja, para dar a impressão de que havia ali grupos entrincheirados. Energúmenos, sublinhavam as descargas com toda a classe de expressões obscenas. Mas monsenhor Carrillo, apesar de seu estado, sabia que aquele assédio não podia durar muito tempo. E assim foi. O heróico povo de Caracas, com pedras e garrafas, descongestionou a região na manhã seguinte. Horas depois, o pároco experimentou uma imensa sensação de alívio. A mesma sensação de alívio experimentada pela Venezuela. Era a madrugada de 23 de janeiro. O regime fora derrubado.

A geração dos perseguidos

Com Rómulo Betancourt — domingo passado — acabaram de se juntar à Venezuela seus quatro dirigentes políticos. Três deles vieram de Nova York. O quarto — Gustavo Machado — veio do México. Todos viajaram de avião e foram recebidos em Maiquetía por uma multidão que, com uma ou outra pequena diferença, era sempre a mesma. Seus discursos de regresso, além dos matizes impostos pelas diferenças doutrinárias, tiveram um objetivo comum: a unidade.

Jóvito Villalba, Rafael Caldera, Rómulo Betancourt e Gustavo Machado não pertencem à mesma geração no sentido estrito da palavra. O mais velho deles — Machado — vai fazer sessenta anos, mas é um homem que apresenta uma forma física surpreendente; robusto, ereto e dinâmico, a quem se pode atribuir os 42 anos do mais novo de todos, que poderia ser seu filho: Rafael Caldera. Em compensação, entre Jóvito e Rómulo Betancourt — que têm exatamente a mesma idade — poderia se dar outro tipo de confusão: Villalba parece ter mais do que os cinqüenta que tem, por causa da calvície, e Betancourt parece ter menos, apesar de ser o único dos quatro que tem um neto.

A diferença de idade é só um acidente. Por ser o mais velho, Gustavo Machado foi o que começou primeiro a tirar o sono da ditadura de Juan Vicente Gómez. Em 1913 — quando Villalba jogava pião em Pampatar, ilha Margarita, e Betancourt se divertia com soldadinhos de chumbo em Guatire — Machado embarcou na primeira aventura armada contra a ditadura. Foi o primeiro exilado dos quatro. Por ser ainda moço, Rafael Caldera não participou do lendário e romântico levante de abril de 1928, que deu o nome àquela geração. Mas, de um ponto de vista histórico, Machado, com seus sessenta anos, Caldera, com seus 42, Villalba com sua calvície e Betancourt com o neto recém-nascido, fazem parte de uma mesma geração: a geração dos perseguidos.

Pela primeira vez desde que começaram a ser políticos, desde que começaram a ser praticamente perseguidos profissionais, os quatro foram recebidos com uma manifestação pública e puderam passar diretamente do exílio à tribuna. Deve-se ter fé de que este seja seu último exílio. O povo venezuelano expulsou do poder uma camarilha de intrusos para que pudessem regressar quatro homens que, de uma maneira ou outra, de acordo ou em desacordo, sempre estiveram juntos na história dos últimos trinta anos, mas que pela primeira vez agora constituem uma camarilha. A camarilha democrática e popular empenhada em devolver à Venezuela sua fisionomia institucional.

No calabouço de um barco nazista, um clandestino regressa feliz: Jóvito

O regresso do primeiro exílio foi bem diferente. Juan Vicente Gómez morreu de morte natural, em Maracay, quando Jóvito Villalba se encontrava em Trinidad. Conspirava, procurando contato com a oposição, para evitar que Gómez fosse reeleito para o novo período presidencial que se iniciava a 19 de abril de 1936. Quando Villalba soube da morte do ditador, tentou embarcar imediatamente para a Venezuela, mas o cônsul de Trinidad lhe negou o visto. Então decidiu se repatriar de contrabando. Embarcou como clandestino num barco nazista carregado de carvão e chegou a La Guaira enquanto todo o país comia quitutes: o Natal de 1935. O prefeito de La Guaira, que não sabia o que fazer com o recém-chegado, convidou-o a participar da festa, enquanto o presidente López Contreras lhe dizia por telégrafo o que fazer com o repatriado.

Rómulo Betancourt se encontrava na Costa Rica, onde se casou e nasceu sua primeira filha. Era um conspirador de trajetória continental que fizera conferências e tramara desembarques armados na Venezuela a partir de quase todos os países do Caribe. Com a morte de Gómez — à semelhança de Villalba — o cônsul na Costa Rica lhe negou inicialmente o visto de regresso. Também ele pensou na repatriação clandestina, mas à última hora obteve permissão e retornou pela porta legal.

Machado, que conhecera meio mundo no exílio, fizera-se comunista na Universidade de Paris, buscara durante muitos anos um barco para retornar à Venezuela e fora pedi-lo até em Moscou, conspirava no Caribe quando soube da morte de Gómez. Regressou imediatamente. O único que não teve de regressar naquela ocasião foi o benjamim da política venezuelana, Rafael Caldera, que apenas tivera tempo de se preparar para a universidade. Ganhara sistematicamente todos os prêmios do colégio San Ignacio. Não conhecia ainda os outros três homens que a partir de ângulos diferentes formariam com ele — em janeiro de 1958 — o quarteto da unidade nacional. Conheceu-os naquele delirante fevereiro de 1936 em que os quatro, já formados para a luta futura, estiveram juntos pela primeira vez na vida pública venezuelana.

Machado faz Moscou rir pedindo um barco para derrubar Gómez

Por causa da idade, o exílio mais longo foi o de Gustavo Machado, simplesmente porque foi o primeiro exilado. Saiu de Maiquetía em agosto de 1919, com outros companheiros de aventuras políticas, num bote que o levou a Curaçao por 12 mil bolívares. Foi a passagem mais cara que pagou em sua vida. De lá chegou aos Estados Unidos, entre a inflexível e decadente aristocracia de Boston, onde o jovem aristocrata de Caracas redigia cartas em espanhol para uma empresa de curtimento de couro. Daquela época — a única em que teve dificuldades econômicas — Machado se lembra de duas coisas: as conversas com os estudantes de Harvard, que estimularam suas inquietações intelectuais, e o insuportável cheiro do curtume. As duas coisas o obrigaram a viajar a Paris.

Quando chegou à Europa, aos 22 anos, Machado tinha uma série de idéias confusas na cabeça, que se resolviam de maneira simplista na necessidade de derrubar Juan Vicente Gómez. Havia três anos que triunfara na Rússia a revolução do proletariado, mas ele não sabia ainda o que era o comunismo nem conhecia os livros de Marx. Não havia nenhuma razão para que se preocupasse com essas coisas. Na realidade, dos quatro políticos venezuelanos, o comunista é o único que nasceu numa família rica e aristocrática, de um conservadorismo empedernido. Em seu exílio — e ele mesmo reconhece, pois não quer se apropriar de um falso prestígio de mártir — não teve dificuldades econômicas. Os cheques de sua família chegavam pontualmente.

Em Paris, ocupou um quarto no número 88 da avenida Port Royal, a poucas quadras de Montparnasse, onde Ernest Hemingway se embriagava. Matriculou-se na Faculdade de Direito, onde o professor de economia política sustentava alegremente um sofisma:

— Na União Soviética não se aboliu a propriedade, já que existe a propriedade coletiva.

Machado quis saber como era a coisa e começou a estudar o marxismo e a comprar *L'Humanité*, o jornal do Partido Comunista Francês. Foi assim que entrou em contato com as idéias que hoje defende.

De regresso à América, em 1923, e já com o diploma de doutor em direito, seu barco não pôde passar de Havana por causa de um levante armado em Veracruz. Machado ficou ali, com a secreta intenção de conspirar contra a ditadura de Machado, com quem não tinha nenhum parentesco, nem sanguíneo nem político. Indiretamente era uma maneira de lutar contra a ditadura de Gómez. Nomearam-no advogado da Cuban Kane Sugar Corp. e dali pôde se dar conta da corrupção que inspirava em Cuba o capital estrangeiro. O Caribe fervia de conspiradores venezuelanos no exílio. Na oportunidade de sua primeira viagem a Moscou, em 1926, Machado soube que havia um carregamento de armas que podia ser transportado para a Venezuela, mas que necessitava de um barco. Com o ímpeto e a ingenuidade de jovem revolucionário, a primeira coisa que fez ao chegar a Moscou foi pedir que lhe pusessem à disposição o barco. Riram-se dele em Moscou, acreditando que estava louco, mas um italiano que se encontrava presente disse uma frase muito certa e que estranhamente não foi percebida pelos historiadores:

— Nos golpes da Venezuela sempre houve um barco.

Na Nicarágua, onde participou de um levante contra Sandino, mais tarde no México e por último em Curaçao, Machado continuava a pensar nesse barco. A 8 de junho de 1929 teve-o nas mãos, quando participou, com Simón Rafael Urbina, da audaz e fantástica tomada de Curaçao. O barco se chamava *Maracaibo*. Não serviu para nada.

Abril, 1928. Rómulo irrompe em casa procurando um revólver

O primeiro exílio de Jóvito Villalba só durou um ano, mas foi precedido de um ano de clandestinidade e quatro de prisão. Villalba costuma dizer em seus discursos que precisou de 17 anos para ser advogado. É correto. Sua carreira de anônimo e limitado rábula de província se deitou a perder felizmente a partir do momento em que ingressou na universidade, com um chapéu de palha e uma indiscreta gravata borboleta que trouxe da escola de Los Teques, onde fez os estudos secundários. Na capital, a calmaria imposta pela niveladora da ditadura parecia se interromper apenas pela ruidosa passagem dos bondes. Mas na universidade algo acontecia. Villalba encontrou um grupo de rapazes que tinham a cabeça cheia de minhocas democráticas. Um deles, metido até as orelhas num enorme chapéu de feltro, era Rómulo Betancourt. Fizeram-se amigos. Ambos vinham da província, ambos iam fazer 20 anos e ambos estavam dispostos a tirar Juan Vicente Gómez, à bala, de seu refúgio de Maracay. O plano amadureceu. Na noite de 7 de abril de 1928, Rómulo Betancourt entrou descontrolado em sua casa, em Tracabordo a Ferrenquín, número 5, e virou pelo avesso as gavetas do escritório paterno. Alarmado, dom Luis Betancourt, seu pai, perguntou-lhe o que estava procurando:

— Procuro teu revólver — respondeu o rapaz. — Estou comprometido com um complô que será posto em prática esta noite.

— Está bem, meu filho — disse o pai. — Que Deus te abençoe.

O golpe falhou na porta do quartel San Carlos. Villalba permaneceu escondido em Caracas. Betancourt escapou pouco tempo depois para Curaçao, no vapor *Táchira*, da Red D. Line, numa noite de tiroteio em Puerto Cabello. Antes de um ano, em diferentes lugares do mundo, Villalba e Betancourt estavam envolvidos no mesmo complô. Román Delgado Chalbaud preparava em Paris um desembarque na Venezuela. Villalba, na clandestinidade, participava da recepção em Caracas. Betancourt procurava nas Antilhas o barco que sempre fez falta na história da Venezuela. Encontrou-o desta vez, mas também esta vez, apesar do barco, a ambiciosa operação foi um fracasso. Villalba foi mandado para a cadeia de Puerto Cabello, onde continuou seus estudos de direito e aprendeu inglês, francês e alemão. Foi libertado quatro anos depois, em dezembro de 1934, porque Juan Vicente Gómez teve vontade de soltá-lo. Assim começou seu primeiro exílio em Trinidad.

Procurando manter-se próximo da Venezuela, Betancourt se instalou em Barranquilla, onde pelo menos não teria necessidade de um barco para regressar a seu país. Ali, em companhia de outro grupo de exilados — entre eles Raúl Leoni e Valmore Rodríguez — se defendia fazendo um pouco de cada coisa, desde escrever para jornais até vender frutas da Califórnia. Aos domingos organizava manifestações contra Juan Vicente Gómez. Sua clientela mais entusiasta eram os motoristas de táxi, ociosos na alameda Bolívar.

Juntos pela primeira vez na Venezuela depois da morte de Gómez, os três exilados — Villalba, Betancourt e Machado — ouviram falar de um rapaz que se destacava pela seriedade, oratória vibrante e maturidade política. Era Rafael Caldera. Apesar de ser o mais jovem de todos, era o único não influenciado pela moda marxista da época, devido à sua formação escolástica no colégio de San Ignacio.

Caldera, o caçula dos quatro, instala-se por sua conta na UNE

A carreira pública de Caldera começou realmente nessa época, quando o Congresso discutia a questão do ensino religioso nas escolas públicas. Os mais exaltados chegaram ao extremo de pedir a expulsão dos jesuítas. Ferido em seus princípios, o jovem Caldera rompeu a unidade estudantil. A 8 de maio de 1936 se separou da velha Federação de Estudantes e criou a UNE (União Nacional Estudantil). Atuou como subdiretor do escritório nacional do trabalho na Venezuela, criado depois da morte de Gómez, e escreveu o único tratado de Direito do Trabalho existente no país. Aquela foi a origem do mais recente dos partidos venezuelanos, Copei, cuja fundação ocorreu a 13 de janeiro de 1946.

O único dos quatro que não é fundador de seu próprio partido é Gustavo Machado, que ingressou no Partido Comunista quando já era uma entidade adulta. Ao retornar ao país, depois da morte de Gómez, mal teve tempo de respirar quando precisou se esconder. Pouco depois iniciou uma longa peregrinação pelos cárceres nacionais. Villalba, que não perdia a esperança de ser advogado, continuou na universidade e dali passou para a Câmara. Nessa época fundou seu partido, URD. Betancourt organizou o movimento Orve, origem do partido Acción Democrática.

A agitação política dessa época culminou com o segundo êxito de Villalba. Com 27 outros exilados — entre os quais se devia contar Rómulo Betancourt — foi embarcado no vapor *Flandre*, na primeira viagem de turismo do navio pelos países do Caribe e México. Villalba desembarcou em Acapulco. Burlando a vigilância policial, Betancourt permaneceu em Caracas. Viveu então um período lendário, dormindo todas as noites num lugar diferente, perseguido de perto pela polícia, mas publicando religiosamente uma coluna política no diário *Ahora*. Apesar da perseguição, sua atitude era tão imparcial que em certa ocasião apoiou o governo no caso específico da fundação do Banco Central da Venezuela. Os comentários chamaram a atenção do técnico estrangeiro Herman Max, que perguntou pelo autor no Ministério do Interior. O ministro respondeu:

— Se eu soubesse onde está o autor já o teria posto na cadeia. A polícia continua procurando-o.

Pouco tempo depois, o automóvel em que viajava foi baleado pela polícia. Betancourt foi descoberto e expulso da Venezuela. Machado continuava na cadeia. Villalba, dirigindo na Colômbia o *Diario Nacional*, chegou a ser tão conhecido e estimado que alguém — acreditando que era colombiano — falou dele como possível candidato à presidência da República. Era o segundo exílio.

1958. A democracia retorna, os quatro líderes também

O governo do general Medina Angarita teve uma particularidade: pela primeira vez na história da Venezuela não houve presos políticos nem exilados. Então os quatro atuais dirigentes voltaram a se encontrar na vida pública.

Na universidade, Rafael Caldera fizera um trabalho transcendental. Suas idéias da UNE se estenderam ao terreno da política nacional. Chegou à câmara dos deputados, como representante do povo yaracuyano.

Villalba, um pouco mais adiantado em política, ainda que no entanto mais atrasado em suas obstinadas aspirações de advogado, subiu ao senado. Betancourt, mais impaciente, foi até a presidência da República. Na tarde de 18 de outubro de 1945 a jovem oficialidade das guarnições de Caracas e Maracay rejeitou seus superiores. Vinte e quatro horas depois o presidente Medina Angarita se entregou no quartel Ambrosio Páez a um oficial de nervos exaltados, de pouca estatura e ainda com pouco peso, o major Marcos Pérez Jiménez. Na mesma noite, Rómulo Betancourt, na qualidade de presidente da Junta Revolucionária de Governo, falou diretamente de Miraflores. O pulo de Betancourt empurrou Rafael Caldera até a Procuradoria Geral da República; ao mesmo tempo, o líder social-cristão se converteu no líder do quarto partido político venezuelano: Copei. A decisão foi tomada intempestivamente, no estado de Táchira — três meses depois da fundação oficial de seu partido — quando a polícia dissolveu um comício do Copei. Na própria praça Bolívar de San Cristóbal, Rafael Caldera redigiu um telegrama de renúncia, dirigido a Betancourt. Um orador anunciou:

— Rafael Caldera deixa de ser procurador geral da nação para se converter em procurador geral do povo venezuelano.

Foi esse o momento em que os quatro homens estiveram mais perto do poder, em todas as suas ramificações. Mas foi um momento efêmero. Ainda lhes faltava o último exílio. Betancourt iniciou-o quando caiu seu sucessor, Rómulo Gallegos, eleito livremente pelo povo. Rafael Caldera fora candidato à presidência, aos 32 anos. Encontrava-se comprometido no golpe militar o oficial que pedira a rendição do presidente Medina Angarita, o major Pérez Jiménez. Aquele ia ser o perseguidor mais encarniçado dos quatro líderes.

Asilado na embaixada da Colômbia, Rómulo Betancourt viajou pela terceira vez para o exterior. Depois de um ano de clandestinidade rigorosa, trabalhando em seu partido, Machado fugiu para o México em 1950. Villalba e Caldera permaneceram na Venezuela, desafiando todos os perigos. À frente de seus partidos, conseguiram aglutinar todas as forças democráticas do país, até obter a esmagadora vitória a 30 de novembro de 1952. Pérez Jiménez ignorou o triunfo e proclamou abertamente a ditadura. Mesmo assim Villalba ficou no país, trabalhando na clandestinidade, mobilizando os membros democráticos das forças armadas para fazer valer seu triunfo. Uma cilada de Vallenilla Lanz o pôs pela terceira vez no exílio.

Estabelecida a ditadura de Pérez Jiménez, o único dos quatro dirigentes políticos que permaneceu no país — apesar das constantes intimidações da Segurança Nacional — foi Rafael Caldera. Uma bomba lançada em sua casa, pela janela, quase matou um de seus filhos. Quatro meses antes do plebiscito, consciente de que ele constituía uma força democrática capaz de se opor à farsa eleitoral, Pérez Jiménez mandou aprisioná-lo. A 10 de janeiro deste ano, sob a proteção da Nunciatura Apostólica e em iminente perigo de morte,

Caldera viajou para Nova York. Ali, com Villalba e Betancourt, seguiu ansiosamente os acontecimentos de janeiro. A 23 se deram o abraço de mútua felicitação — o abraço do povo venezuelano — e selaram a trégua partidária. Agora estão de novo reincorporados à sua pátria, aos seus partidos, aos seus lares, unidos num mesmo ideal. Dessa unidade depende a consolidação da democracia na Venezuela. Desta vez, depois de tantas experiências perigosas, o retorno dos quatro líderes venezuelanos pode ser definitivo.

Venezuela, adeus

No último fim de semana se registrou uma atividade extraordinária no terminal de passageiros de La Guaira. Somente no domingo, no barco espanhol *Montserrat*, abandonaram o país 580 emigrantes. A maioria deles era de italianos. Porém os mais buliçosos eram um grupo de galegos, vestidos com trajes típicos, que celebravam o regresso à pátria com canções populares acompanhados por gaitas. Os venezuelanos que presenciaram o espetáculo assumiram uma atitude discreta, à exceção de um negro gigantesco cujo orgulho nacional se sentiu ferido diante da alegria dos imigrantes.

— Se estão contentes por ir embora, então não voltem nunca mais — gritou.

Era uma reação humana. Tão humana como a dos viajantes que, depois de viver uma experiência difícil de vários anos a 11 mil quilômetros de casa, sentiam-se contentes por regressar a ela. Desde 23 de janeiro, 2.014 italianos regularizaram seus documentos apressadamente, engrossaram as intermináveis filas no departamento de estrangeiros e no consulado de seu país, fizeram milagres com seus escassos bolívares e agora estão de volta à Itália. Ali passarão dois, três meses, em busca de trabalho, devorando as últimas economias favorecidas pelo câmbio, e iniciarão em seguida gestões para emigrar de novo, para a Austrália, Alemanha, Canadá e, provavelmente, muitos deles outra vez para a Venezuela. Também eles cantaram e dançaram em La Guaira. Em Nápoles, em Marselha, em Barcelona, em Lisboa, nas ilhas Canárias, outros emigrantes cantavam naquele mesmo momento, por abandonar uma vida difícil, um futuro duvidoso e se vão, atraídos pelas miragens de um mundo melhor. Também lá alguém poderia gritar, com o orgulho nacional ferido:

— Se estão tão contentes, então não voltem.

Entre dezembro e fevereiro, todos os anos, e especialmente desde 1955, os emigrantes retornam ao seu país. A explicação é simples. O governo Pérez Jiménez, que não teve uma política imigratória organizada, que desconfiava do trabalhador nacional, porque sabia que o trabalhador nacional era membro anônimo da oposição, que não fez uma só lei de proteção ao trabalhador, só se preocupava em realizar obras espetaculares a partir de junho. Essas obras, pela razão ou pela força, deviam ser inauguradas a 2 de dezembro. No segundo semestre do ano havia trabalho para todo o mundo. Os imigrantes, que haviam sonhado com um lar, uma vida desafogada e tranqüila, trabalhavam até duas jornadas por dia, ao preço fixado pelos empreiteiros oficiais, ávidos de lucros desmedidos. O operário estrangeiro, apesar de trabalhar duramente até dez horas, não ganhava em muitos casos mais de 12 bolívares por jornada. Passada a tempestade das inaugurações espalhafatosas, os imigrantes amanheceram no dia 3 de dezembro fisicamente esgotados, sem perspectiva de trabalho nos próximos quatro meses, e com um maço de bolívares que lhes permitia enfrentar a alternativa: viver deles na Venezuela, até a volta da época de trabalho, ou regressar à Itália, onde seriam favorecidos pelo câmbio da moeda.

Para 5 mil desocupados, uma única resposta: "Não há mais crédito"

Nesta época do ano, uma média de mil italianos por mês abandonam a Venezuela. Muitos deles tinham visto de retorno. Agora o problema é diferente pela primeira vez nos últimos dez anos: no consulado italiano de Caracas há 1,3 mil pedidos de repatriamento. Isto é, 1,3 mil italianos pedem para voltar à pátria por conta do governo, pois não têm dinheiro para a passagem. Calcula-se que mais de 5 mil italianos na Venezuela estão sem trabalho. Um certo número dos que se vão não solicitou visto de retorno. Ainda que a grande maioria se sinta atemorizada pelos ataques de que foram vítimas e pelas ameaças contra suas propriedades e sua pessoa, não é a única razão nem a mais importante pela qual aumentou este ano a quantidade de repatriados. A explicação é de ordem econômica. Nos anos anteriores, os imigrantes tinham a certeza de que em junho começariam a trabalhar. Agora a perspectiva de uma organização racional do trabalho e a aplicação estrita de uma determinada percentagem de mão-de-obra estrangeira nas obras públicas e particulares constituem para o imigrante, de certa maneira, uma aventura. Por causa do salário incerto e baixo, poucos imigrantes radicados em Caracas puderam trazer a família. Viviam aqui em caráter provisório, em quartos alugados por grupos de compatriotas, ou em pensões baratas. Todos os anos nesta época as pensões lhes davam crédito, certas de que seriam pagas quando recomeçasse o trabalho. Este ano — por causa dos protestos de alguns setores minoritários contra os imigrantes — as pensões restringiram o crédito. Os imigrantes que nunca se sentiram seguros na Venezuela enrolam os trapos, conseguem como podem a passagem e se vão com a confusa sensação de ter escapado de um perigo. Em La Guaira, ao se despedirem dos compatriotas que não puderam viajar, cantam e dançam, como fazem todos aqueles que se vão, em qualquer parte do mundo. Mas no convés, enquanto dizem adeus aos que ficam, enquanto a atmosfera treme com a sórdida e melancólica sirene do barco, os imigrantes choram. Choram todos: os que se vão e os que ficam. Esse é o último capítulo de um drama social vivido pela Venezuela nos últimos dez anos, do qual só agora se pode falar livremente.

América: continente feito de segundas gerações

A afluência de estrangeiros na Venezuela não afetou notavelmente as estatísticas até 1946, quando os europeus, devastados pela guerra, começaram a pensar na possibilidade de se estabelecer em outros continentes. Austrália e Canadá necessitavam de braços. A Itália superpovoada e economicamente destroçada, a Espanha empobrecida pelo regime de Franco e Portugal ancorado na Idade Média procuraram uma maneira de aliviar o grave problema demográfico facilitando o êxodo de seus habitantes. Nesse ano, 127 italianos chegaram à Venezuela, sem as famílias, apenas com o propósito de sondar o terreno. Só dois deles se repatriaram no início de 1947. Era uma imigração racional que não tinha por que entrar em conflito com o trabalhador venezuelano e podia ser facilmente assimilada, até se constituir em células venezuelanas. Havia bons antecedentes. Alguns dos homens que na atualidade, em diferentes atividades, são unidades representativas da Venezuela, nasceram nos lares dos primeiros imigrantes. O poeta Vicente Gerbasi, filho de um imigrante italiano, deixou a marca da origem num conhecido poema: "Meu pai, o imigrante". Fatos como estes — poderiam ser citados às centenas — demonstram que os estrangeiros nem sempre vêm à América pelo simples interesse do lucro, e sim que têm a tendência de se estabelecer e fundar uma família que começa a ser americana na segunda geração.

Outra fraude da ditadura: a política de "portas abertas"

O problema atual — que não é só um problema para os venezuelanos, mas também para os imigrantes — começou com a política estouvada da ditadura. Abriram-se as portas indistintamente, sem criar um organismo técnico que controlasse cientificamente a afluência de estrangeiros. Na Itália, na Espanha e em Portugal se falava da Venezuela como a terra prometida, e 170 mil italianos, 80 mil espanhóis, 60 mil portugueses, 16 mil alemães vieram para o país em menos de dez anos. Entre eles, por serem os mais numerosos, por sua tendência gregária, os mais visíveis são os italianos. Os únicos danos das bombas lançadas a 1º de janeiro por aviões rebeldes foram sofridos pelo depósito de mantimentos de um imigrante italiano. Nas semanas seguintes, até o dia da vitória, três italianos foram mortos por balas da polícia de Pérez Jiménez. Quando se pediu doação voluntária de sangue nos hospitais, uma apreciável quantidade de estrangeiros — a quem as guerras desenvolveram o sentido da solidariedade na catástrofe — se apresentou e se pôs às ordens.

Apesar de não encontrar, ao chegar à Venezuela, as condições de trabalho apregoadas por uma campanha enganosa, eles contribuíram, com seu trabalho, nos últimos dez anos, para o progresso do país. Impulsionaram o comércio e a indústria. Ciudad Ojeda, a mais nova e também uma das mais modernas cidades venezuelanas, é constituída em sua maioria por famílias italianas, cujos filhos são venezuelanos. É um fenômeno que não pode ser analisado às pressas.

Se a imigração dos últimos anos não deu os resultados desejáveis, a culpa não é dos imigrantes. Tampouco dos venezuelanos. É culpa da desorganização da ditadura, que construiu estradas e arranha-céus, empregou a mão-de-obra como melhor convinha aos interesses de seus representantes, mas não deixou uma só lei de proteção ao trabalhador nacional ou estrangeiro. O caso dos imigrantes italianos é sintomático. Somente 80% estão estabelecidos na Venezuela com suas famílias. O resto não se estabeleceu porque as condições de trabalho não permitiram. Para um pedreiro cuja família se encontra na Europa, é materialmente impossível fazê-la vir quando ganha uma diária de 12 bolívares. O único que pode fazer é conseguir um quartinho com cinco outros companheiros, privar-se de diversões e enviar as economias para a família. Dois ou três anos depois, sem perspectivas, deprimido pela solidão, o imigrante regressava à sua pátria. Antes dos próprios venezuelanos, os estrangeiros se deram conta da desordem da imigração maciça. A partir de 1955, houve uma queda vertical, que o venezuelano comum não pôde perceber. Em 1955 chegaram ao país 29.541 italianos. Em 1956, 21.988. Em 1957, só 16.679. A insensata política de "portas abertas" da ditadura estava desde então falida.

O último truque de Gagliardi

As próprias autoridades italianas reconhecem que uns 10% dos imigrantes eram aventureiros. Sessenta por cento eram trabalhadores honrados que vinham de boa-fé, dispostos a se estabelecer, a criar condições de uma vida melhor, casar-se na Venezuela ou trazer suas famílias e, nos dois casos, ter uma descendência venezuelana. Esses sessenta por cento, constituídos por pessoas dispostas a realizar qualquer trabalho honrado, foram a massa flutuante que durante os nove anos da ditadura padeceram — ombro a ombro com o trabalhador venezuelano — as arbitrariedades, o desmedido afã de enriquecimento, a exploração e a insensibilidade social da ditadura.

Entre os primeiros italianos vindos para a Venezuela — em 1927 — estava um ambicioso calabrês, com uma certa experiência no ramo da construção: Filippo Gagliardi. Defendeu-se como pôde durante um ano, ao cabo do qual regressou para a Itália com a consciência e o ressentimento do fracasso. Só dez anos depois — em 1937 — voltou à Venezuela, desta vez com o firme propósito de enriquecer de qualquer maneira. O imigrante Gagliardi, num momento em que Caracas era uma modesta cidade na grande província latino-americana, teve o mérito de ver com a antecedência de muitos anos a perspectiva do insuspeitado progresso da capital. Essa foi a origem de sua fortuna. Mas a consolidação se deveu ao estabelecimento da ditadura. Disposto a multiplicar ao infinito seu assombroso ritmo de enriquecimento, Gagliardi estabeleceu toda sorte de vínculos com os representantes da ditadura, negociou com eles, engordou com eles seus milhões, e sua avidez o levou ao extremo de comprometer em sua gigantesca aventura até os seus mais humildes compatriotas. Boa parte do sentimento que nos últimos dias se manifestou contra os estrangeiros se deve às listas de adesão ao plebiscito, fabricadas por Gagliardi em seu escritório e lidas durante horas e horas no programa mais maçante da televisão em toda a sua história.

Quando as listas foram elaboradas, a opinião pública venezuelana não estava em condição de analisá-las com serenidade. A verdade é que nelas figuravam algumas adesões autênticas, mas também muitas pessoas não consultadas e até nomes inventados, cantores de ópera falecidos há muito tempo e combinações de nomes e sobrenomes que jamais existiram. No total, Gagliardi conseguiu elaborar uma lista de cerca de 20 mil nomes. Apesar de seu extraordinário poder, ele não tinha ao alcance da mão o controle e a vontade de 20 mil compatriotas dispostos a acompanhá-lo na aventura. De certa maneira, essa lista desafortunada — na qual figurava "Napoli Bella", que significa a "bela Nápoles" e portanto não é nome de pessoa alguma — foi uma espécie de zombaria a Pérez Jiménez.

A representação diplomática italiana na Venezuela não encontrou na Constituição de seu país um argumento que lhe permitisse assumir naquele momento uma atitude decisiva para se opor ao voto de seus compatriotas. Mas no fim de novembro o embaixador italiano convocou em Caracas uma reunião dos representantes diplomáticos e proibiu-lhes expressamente qualquer intervenção pública. Roberto La Villa, regente do vice-consulado da Itália em Ciudad Bolívar, enviou ao Miraflores um telegrama de adesão "em nome da coletividade italiana". La Villa foi demitido nas 24 horas seguintes.

É impossível saber quantos estrangeiros votaram num plebiscito cuja apuração esteve a cargo da ditadura. A situação dos imigrantes era perfeitamente compreensível: sobre eles pesava a ameaça direta da Segurança Nacional. Os venezuelanos foram vítimas da mesma pressão. A maioria dos venezuelanos que no dia 16 de dezembro votou a favor do governo procedeu por temor das represálias da ditadura. Venezuelanos, em sua maioria, e estrangeiros, também em sua maioria, foras vítimas nessa ocasião de um sistema de terror que não se detinha diante de nada.

Nem todos os imigrantes vão embora

Apesar de o retorno dos imigrantes ser fenômeno normal nessa época do ano, é evidente que nas colônias estrangeiras influiu a campanha que pessoas irresponsáveis desencadearam contra eles. Alguns estabelecimentos de imigrantes se viram forçados a fechar as portas. No carnaval, um cidadão espanhol foi morto na rua. Em Punto Fijo — onde vivem 1.700 italianos com suas famílias — os estrangeiros foram ameaçados de morte na semana passada. A embaixada da Itália não pôde atender às numerosas solicitações de proteção pedidas pelos imigrantes nos últimos dias. O pânico se propaga. E essa situação, que é grave para os estrangeiros, é muito mais grave para a Venezuela.

Entre as solicitações de repatriação de italianos há, pela primeira vez, um dado que deve ser apreciado em seu valor: várias famílias com filhos, que têm passaporte venezuelano, estão tentando retornar ao seu país. Agora não são os imigrantes sem trabalho: é toda uma geração venezuelana que se vai. Nos três navios que zarparam de La Guaira a partir do dia 23, domingo, havia um grupo de crianças nascidas na Venezuela, algumas das quais só falavam espanhol.

Pela primeira vez — por causa do pânico criado por pessoas não identificadas — regressam ao seu país imigrantes que já haviam se estabelecido na Venezuela, conquistado uma posição segura e cujos filhos iam à escola, misturados com as crianças venezuelanas. Algumas dessas famílias venderam seus bens a qualquer preço. Até o momento não se pode calcular exatamente o prejuízo que essa determinação causou ao país. A fuga de divisas, de 23 de janeiro até agora, é incalculável.

No processo de elaboração desta crônica, fez-se uma enquete entre numerosos imigrantes. Por ela se sabe que a posição dos estrangeiros diante dos fatos dos últimos dias é, em geral, de inquietação e expectativa. Mas entre os imigrantes bem-estabelecidos em Caracas, que não gostam de aventura e têm um lar com filhos venezuelanos, o sentimento predominante é de confiança na sensatez e no bom coração do povo venezuelano.

— Não vou embora — disse Tonio Chechi, em seu açougue de Petare, onde trabalham em excelente harmonia nativos e estrangeiros. — Conheço bem o povo venezuelano e sei que eles me defenderão de qualquer ataque.

Tonio Chechi tem razões para pensar assim. Há 12 anos era marinheiro. Dava a volta ao Cabo Horn uma vez por ano, num navio cargueiro, e sempre teve na cabeça um pensamento fixo: encontrar um porto para se estabelecer, casar e ter filhos. Entre todos os países do mundo, Tonio Chechi se decidiu por um: Venezuela.

— Gostei deste pessoal desde o começo — explicou. — São francos e hospitaleiros.

Em outubro de 1946 ficou em La Guaira, dali foi para Caracas e de Caracas — até hoje, para sempre — para o tranquilo rincão de Petare.

Quando Tonio se casou com Julia estava dando, ainda que inconscientemente, um voto a favor da Venezuela. Ela também era italiana, mas chegara 11 anos antes, de maneira que falava espanhol tão bem como o *abruzzese*, o complicado dialeto italiano meridional falado em Abrúzios, de seus antepassados. Hoje têm três filhos, todos com nomes em espanhol: Bárbara, de seis anos; Rita, de quatro, e Antonio, um *bambino* roliço de três anos que há 15 meses ganhou o primeiro prêmio num concurso de robustez infantil. O processo de venezuelização dessa família é notável, em apenas dez anos.

Bárbara, a maior das meninas, fala e escreve com igual correção em italiano e espanhol. Rita, que responde aos seus pais tanto em espanhol como em italiano, está aprendendo a ler e escrever em espanhol. Antonio ainda não vai à escola. Passa todo o tempo em casa, com a mãe, mas manifestou especial resistência ao idioma de seus pais. Entende o italiano, mas responde sempre em espanhol. Os vizinhos e os colegas das meninas, que viram o sobrenome escrito, não o pronunciam "quequi", como em italiano, e sim "chechi", como em espanhol. É um novo sobrenome venezuelano, de remota origem estrangeira, como são todos os sobrenomes americanos: Chechi.

Imigrantes como Tonio Chechi não se repatriam. Estão dispostos a se submeter à mesma sorte dos venezuelanos. Dispõem-se a se submeter às leis a serem estabelecidas pelos futuros governos democráticos e a contribuir, de forma eficaz e organizada, para o progresso da Venezuela. Seus netos recordarão os desagradáveis incidentes destes dias como um capítulo sem importância na dura, acidentada e gloriosa história da nação.

MARÇO DE 1958

Só 12 horas para salvá-lo

Fora uma péssima tarde de sábado. Estava começando a fazer calor em Caracas. A avenida de Los Ilustres, em geral descongestionada, estava impossível por causa das buzinas dos automóveis, do ronco das motocicletas, do reflexo do pavimento sob o ardente sol de fevereiro e da multidão de mulheres com crianças e cachorros que buscavam, sem encontrar, o ar fresco na tarde. Uma delas, que saiu de casa às 15h30 com o propósito de fazer um curto passeio, regressou contrariada um momento depois. Esperava dar à luz na próxima semana. Por causa de seu estado, do ruído e do calor, doía-lhe a cabeça. O filho maior, de 18 meses, que passeava com ela, continuava a chorar porque um cachorro brincalhão, pequeno e excessivamente arrojado, dera-lhe uma mordida superficial na face direita. Ao anoitecer fizeram-lhe um curativo de mercúrio cromo. O menino comeu normalmente e foi para a cama bem-humorado.

Em seu aprazível *penthouse* do edifício Emma, a senhora Ana de Guillén soube naquela mesma noite que seu cachorro mordera uma criança na avenida de Los Ilustres. Ela conhecia bem *Tony*, o animal que ela mesma criara e adestrara, e sabia que era afetuoso e inofensivo. Não deu importância ao incidente. Segunda-feira, quando o marido regressou do trabalho, o cachorro foi-lhe ao encontro. Com uma agressividade insólita, em vez de mover o rabo, rasgou-lhe a calça. Durante a semana, alguém avisou-o que *Tony* tentara morder um vizinho na escada. A senhora Guillén atribuiu o comportamento do cachorro ao calor. Trancou-o no quarto de dormir, durante o dia, para evitar atritos com os vizinhos. Sexta-feira, sem a menor provocação, o cachorro tentou mordê-la. Antes do anoitecer, fechou-o na cozinha, enquanto pensava numa solução melhor. O animal, arranhando a porta, chorou toda a noite. Mas quando a empregada doméstica entrou na cozinha, na manhã seguinte, encontrou-o brando e pacífico, com os dentes à mostra e cheios de espuma. Estava morto.

Seis horas da manhã. Um cachorro morto na cozinha

O dia 1º de março foi um dia comum para a maioria dos habitantes de Caracas. Mas para um grupo de pessoas que sequer se conheciam entre si, acham que o sábado é um dia igual aos outros e acordaram naquela manhã com o propósito de cumprir uma jornada normal, em Caracas, Chicago, Maracaibo, Nova York, e até a 4 mil metros de altura, num avião de carga que atravessava o Caribe rumo a Miami, aquele dia seria um dos mais agitados, angustiantes e intensos. O casal Guillén, posto diante da realidade pela descoberta da doméstica, vestiu-se às pressas e saiu à rua sem tomar o café da manhã. O marido foi até a guarita da esquina, procurou apressadamente o catálogo telefônico e chamou o Instituto de Higiene, na Cidade Universitária, onde, segundo ouviu dizer, examinava-se o cérebro dos cachorros mortos por causas desconhecidas, para determinar se contraíram raiva. Ainda era cedo. Um zelador de voz sonolenta disse-lhe que ninguém chegaria antes das 7h30.

A senhora Guillén devia percorrer um longo e complicado caminho antes de chegar a seu destino. Em primeiro lugar precisava lembrar onde começavam a circular os bons e laboriosos vizinhos que nada tinham a ver com sua angústia, que no sábado da semana passada lhe haviam dito que seu cachorro mordera uma criança. Antes das oito, numa guarita, encontrou uma criada portuguesa que acreditava ter ouvido, de uma vizinha, a história do cachorro. Era uma pista falsa. Porém mais tarde teve a informação aproximada de que o menino mordido vivia perto da igreja de San Pedro, nos Chaguaramos. Às nove da manhã uma caminhonete da Unidad Sanitaria levou o cadáver do cachorro para examiná-lo. Às dez, depois de ter percorrido um a um os edifícios mais próximos da igreja de San Pedro, a senhora Guillén encontrou outro indício. Os pedreiros italianos de um edifício em construção, na avenida Ciudad Universitaria, tinham ouvido falar disso durante a semana. A família do menino vivia a 100 metros do lugar que a angustiada senhora Guillén explorara centímetro a centímetro durante toda a manhã: edifício Macuto, apartamento número oito. Na porta havia o cartão de uma professora de piano. Devia apertar a campainha, à direita da porta, e perguntar à criada galega pelo senhor Reverón.

Carmelo Martín Reverón saíra naquele sábado, como todos os dias (à exceção de domingos) às 7h35. Em seu Chevrolet azul-claro, que fica estacionado diante da porta do edifício, dirigira-se à rua Velázquez. Ali se localizava a fábrica de laticínios onde trabalha há quatro anos. Reverón nasceu nas ilhas Canárias há 32 anos e surpreende desde o primeiro momento por sua espontaneidade e pelas boas maneiras. Não havia motivo para nenhuma inquietação naquela manhã de sábado. Tinha uma posição segura e a estima dos companheiros de trabalho. Casara-se havia dois anos. Seu filho maior, Roberto, cumprira 18 meses de boa saúde. Na última quarta-feira experimentara nova satisfação: a mulher dera à luz uma menina.

Em sua qualidade de representante científico, Reverón passa a maior parte do dia na rua, visitando a clientela. Chega ao laboratório às oito da manhã, despacha os assuntos mais urgentes e só volta no outro dia, à mesma hora. Naquele sábado, por ser sábado, voltou ao laboratório excepcionalmente às 11 da manhã. Cinco minutos depois o chamaram por telefone.

Uma voz que ele nunca escutara, mas que era a voz de uma mulher angustiada, transformou aquele dia aprazível, com quatro palavras, no sábado mais desesperado de sua vida. Era a senhora Guillén. O cérebro do cachorro fora examinado e o resultado não deixava dúvida: positivo. O menino fora mordido sete dias antes. Isso queria dizer que nesse instante o vírus da raiva fizera progressos em seu organismo. Tivera tempo de incubar. Com mais razão no caso de seu filho, pois a mordida fora no lugar mais perigoso da cara.

Reverón recordou como pesadelo os movimentos que executou a partir do instante em que pendurou o telefone. Às 11h35, o doutor Rodríguez Fuentes, do Centro Sanitario, examinou o menino, aplicou-lhe uma vacina anti-rábica. Mas não manifestou muitas esperanças. A vacina anti-rábica fabricada na Venezuela e que só deu bons resultados começa a atuar sete dias depois de aplicada. Existia o perigo de que, nas próximas 24 horas, o menino sucumbisse à raiva, uma doença tão antiga como o gênero humano, mas contra a qual a ciência ainda não descobriu o remédio. O único recurso é a aplicação de morfina para aliviar as terríveis dores, enquanto a morte chega.

O doutor Rodríguez foi explícito: a vacina podia ser inútil. Restava o recurso de encontrar, antes de 24 horas, três mil unidades de Iperimune, um soro anti-rábico fabricado nos Estados Unidos. À diferença da vacina, o soro anti-rábico começa a atuar a partir do momento da primeira aplicação. Três mil unidades não ocupam mais espaço nem pesam mais do que um maço de cigarros. Não teriam de custar mais de trinta bolívares. Mas a maioria das farmácias de Caracas consultadas deu a mesma resposta: "Não tem." Alguns médicos sequer haviam ouvido falar do produto, apesar de ter aparecido pela primeira vez nos catálogos da empresa que o produz em 1947. Reverón tinha 12 horas de prazo para salvar seu filho. A medicina salvadora estava a cinco mil quilômetros de distância, nos Estados Unidos, onde os escritórios se preparavam para fechar até segunda-feira.

Víctor Saume dá o SOS

O desembaraçado Víctor Saume interrompeu o Show das Doze, na rádio Caracas-televisão, para transmitir uma mensagem urgente:

— Pede-se à pessoa que tiver ampolas de soro anti-rábico Iperimune ligar com urgência para o programa. Trata-se de salvar a vida de uma criança de 18 meses.

No mesmo instante, o irmão de Carmelo Reverón transmitiu um cabograma ao seu amigo Justo Gómez, em Maracaibo, achando que uma das companhias petrolíferas podia dispor da droga. Outro irmão se lembrou de um amigo que vive em Nova York — *Mister* Robert Hester — e lhe enviou um cabograma urgente, em inglês, às 12h03, hora de Caracas. Robert Hester se dispunha a abandonar a lúgubre atmosfera do inverno nova-iorquino para passar o *weekend* no subúrbio, convidado por uma família amiga. Estava fechando o escritório quando um empregado da All American Cable lhe leu por telefone o cabograma que nesse instante chegara de Caracas. A diferença de meia hora entre as duas cidades favoreceu a corrida contra o tempo.

Um telespectador de La Guaira, que almoçava diante da televisão, saltou da cadeira e se pôs em contato com um médico conhecido. Dois minutos depois pediu uma ligação para a rádio Caracas, e aquela mensagem provocou, nos cinco minutos seguintes, quatro telefonemas urgentes. Carmelo Reverón, que não tem telefone em casa, mudara-se com o filho para o número 37 da rua Lecuna, Country Club, onde vive um de seus irmãos. Ali recebeu, às 12h32, a mensagem de La Guaira: da Unidad Sanitaria daquela cidade informavam que tinham Iperimune. Uma patrulha do trânsito, que se apresentou espontaneamente, dirigiu-se para lá em 12 minutos, costurando o trânsito desordenado do meio-dia, avançando sinais, a 100 quilômetros horários. Foram 12 minutos perdidos. Uma modesta enfermeira, entorpecida diante do ventilador, informou que se tratava de um erro involuntário.

— Iperimune não temos — disse. — Mas temos grande quantidade de vacina anti-rábica.

Essa foi a única resposta concreta provocada pela mensagem da televisão. Era inacreditável que, num país como a Venezuela, não houvesse soro anti-rábico. Um caso como o do menino Reverón, cujas horas estavam contadas, podia ocorrer a qualquer momento. Estatísticas demonstram que todos os anos se registram casos de pessoas que morrem em conseqüência de mordidas de cachorros raivosos. De 1950 a 1952, mais de cinco mil cachorros morderam oito mil habitantes de Caracas. Dos dois mil animais postos em observação, quinhentos estavam contaminados pelas mordidas.

Nos últimos meses, as autoridades responsáveis pela saúde pública, inquietas pela freqüência dos casos de raiva, intensificaram as campanhas de vacinação. Oficialmente, estão fazendo quinhentos tratamentos por mês. O doutor Briceño Rossi, diretor do Instituto de Higiene e autoridade internacional na matéria, manda submeter a uma rigorosa observação de 14 dias os cachorros suspeitos. Dez por cento estão contaminados. Na Europa e nos Estados Unidos os cachorros, como os automóveis, precisam de uma licença. São vacinados contra a raiva e pendura-se em seus pescoços uma placa de alumínio onde está gravada a data em que caduca a imunidade. Em Caracas, apesar dos esforços do doutor Briceño Rossi, não existe regulamentação nesse sentido. Os vira-latas brigam na rua e se contaminam com um vírus que em seguida transmitem aos seres humanos. Era incrível que nessas circunstâncias não se encontrasse soro anti-rábico nas farmácias e que Reverón tivesse de recorrer à solidariedade de pessoas que nem conhecia, que nem conhece ainda, para salvar seu filho.

"Segunda-feira será tarde demais"

Justo Gómez, de Maracaibo, recebeu o cabograma ao mesmo tempo que *Mister* Hester, em Nova York. Só um membro da família Reverón almoçou tranqüilo naquele dia: o menino. Até aquele momento gozava de saúde aparentemente perfeita. Na clínica, sua mãe não tinha a menor suspeita do que estava ocorrendo. Mas se inquietou, na hora das visitas, porque o marido não chegou. Uma hora depois, um de seus cunhados, aparentando uma tranqüilidade que não tinha, foi dizer-lhe que Carmelo Reverón chegaria mais tarde.

Seis chamadas telefônicas puseram Justo Gómez, em Maracaibo, na pista da droga. Uma empresa petrolífera, que havia um mês teve necessidade de trazer Iperimune dos Estados Unidos para um de seus funcionários, tinha mil unidades. Era uma dose insuficiente. Administrava-se o soro de acordo com o peso da pessoa e a gravidade do caso. Para uma criança de 18 quilos, bastam mil unidades, 24 horas depois da mordida. Mas o menino Reverón, que pesa 15,8 quilos, fora mordido sete dias antes, e não na perna, e sim no rosto. O médico acreditava ser preciso aplicar três mil unidades. Em circunstâncias normais, essa é a dose para um adulto de 54 quilos. Mas não era o momento de recusar mil unidades, cedidas gratuitamente pela empresa petrolífera, e sim fazê-las chegar a Caracas. Às 13h45 da tarde, Justo Gómez informou por telefone que se deslocava para o aeroporto de Grano de Oro, Maracaibo, para enviar a ampola. Um dos irmãos de Reverón se informou sobre os aviões que chegariam de tarde a Maracaibo. Justo Gómez, a oitenta quilômetros por hora, foi ao aeroporto, procurou alguma pessoa conhecida que fosse a Caracas, mas não a encontrou. Como havia lugar no avião e não se podia perder um minuto, comprou uma passagem no aeroporto e transportou-a pessoalmente.

Em Nova York, Hester não fechou o escritório. Cancelou o *weekend*, pediu uma ligação telefônica com a primeira autoridade na matéria dos Estados Unidos, em Chicago, e recolheu toda informação necessária sobre o Iperimune. Nem ali era fácil conseguir o soro. Nos Estados Unidos, devido ao controle das autoridades sobre os cachorros, a raiva está em vias de extinção total. Há muitos anos não se registra um caso de raiva em seres humanos. No último ano, só se registraram vinte casos de animais raivosos em todo o território, precisamente em dois dos estados da periferia, na fronteira mexicana: Texas e Arizona. Por ser uma droga que não se vende, as farmácias não a estocam. Pode ser encontrada nos laboratórios que produzem o soro. Mas os laboratórios tinham fechado ao meio-dia. De Chicago, numa nova ligação telefônica, disseram a Hester onde podia encontrar Iperimune em Nova York. Conseguiu as três mil unidades, mas o avião direto para Caracas saíra 15 minutos antes. O próximo vôo regular — Delta 751 — sairia na noite de domingo e só chegaria a Maiquetía segunda-feira. Assim mesmo Hester enviou as vacinas ao cuidado do piloto e enviou um cabograma urgente a Reverón, com todos os detalhes, incluindo o número do telefone da Delta em Caracas — 558488 — para que se pusesse em contato com seus agentes e recebesse a droga em Maiquetía, ao amanhecer da segunda-feira. Mas então podia ser tarde demais.

Carmelo Reverón perdera duas horas preciosas quando entrou, arquejante, no escritório da Pan American, na avenida Urdaneta. Atendeu-o o funcionário do turno no serviço de passagens, Carlos Llorente. Eram 14h35. Quando soube do que se tratava, Llorente tomou o caso como coisa pessoal e assumiu o firme propósito de trazer o soro, de Miami ou Nova York, em menos de 12 horas. Consultou os itinerários. Expôs o caso ao gerente de tráfego da companhia, *Mister* Roger Jarman, que fazia a sesta em sua residência e pensava viajar às quatro para La Guaira. Também Jarman assumiu o problema como coisa pessoal, consultou por telefone o médico da PAA em Caracas, o doutor Herbig — avenida Caurimare, Colinas de Bello Monte — e numa conversa de três minutos em inglês aprendeu tudo o que se pode saber sobre o Iperimune. O doutor Herbig, um típico médico europeu que se comunica em alemão com suas secretárias, estava precisamente preocupado com o problema da raiva em Caracas antes de conhecer o caso do menino Reverón. No mês anterior atendera dois casos de pessoas mordidas por animais. Havia 15 dias, um cachorro morrera na porta de seu consultório. O doutor Herbig examinou-o, por pura curiosidade científica, e não teve a menor dúvida de que morrera de raiva.

Jarman se comunicou por telefone com Carlos Llorente e lhe disse:

— Faça tudo o que puder para que o soro seja enviado.

Essa era a ordem que Llorente esperava. Por um canal especial, reservado aos aviões em perigo, transmitiu, às 14h50, um cabo para Miami, Nova York e Maiquetía. Llorente transmitiu-o com perfeito conhecimento dos itinerários. Todas as noites, exceto aos domingos, sai de Miami para Caracas um avião de carga que chega a Maiquetía às 4h50 da madrugada do dia seguinte. É o vôo 207, que chega a Caracas no dia seguinte, às 6h30. Tanto em Miami como em Nova York dispunham de seis horas para encontrar o soro. Maiquetía foi informada, para estar a postos durante a operação. Todos os funcionários da Pan American receberam ordem de permanecer em alerta às mensagens que chegassem à tarde de Nova York e Miami. Um avião de carga, que voava para os Estados Unidos, captou a mensagem a quatro mil metros de altura e a retransmitiu a todos os aeroportos do Caribe. Completamente seguro de si mesmo, Carlos Llorente, que estaria de turno até as quatro da tarde, enviou a Reverón, para sua casa, uma única instrução:

— Ligue às 10h30 para o telefone 718750. É o telefone de minha residência.

Em Miami, R. H. Steward, o empregado de turno da seção de passagens, recebeu quase instantaneamente a mensagem de Caracas, pelo teletipo do escritório. Ligou para a casa do doutor Martín Mangels, diretor médico da divisão latino-americana da companhia, mas teve de fazer outras duas chamadas antes de localizá-lo. O doutor Mangels assumiu o caso. Em Nova York, dez minutos depois de receber a mensagem, encontraram uma ampola de mil unidades, mas às 8h35 perderam a esperança de encontrar o resto. O doutor Mangels, em Miami, quase esgotados os últimos recursos, dirigiu-se ao hospital Jackson Memorial, que se comunicou imediatamente com todos os hospitais da região. Às sete da noite, o doutor Mangels, esperando em casa, não recebera ainda nenhuma resposta do hospital Jackson. O vôo 339 saía dentro de duas horas e meia. O aeroporto se localizava a vinte minutos.

Último minuto: um grau e meio a mais de febre

Carlos Llorente, um venezuelano de 28 anos, solteiro, passou o turno a Rafael Carrillo, às quatro, com instruções precisas sobre o que devia fazer caso chegassem as mensagens dos Estados Unidos. Levou seu automóvel, modelo 55, verde e preto, para ser lavado, pensando que àquela hora, em Nova York e em Miami, todo um sistema estava em movimento para salvar o menino Reverón. No posto onde lavavam seu automóvel telefonou para Carrillo que lhe disse que ainda não chegara nenhuma notícia. Llorente começou a se preocupar. Foi para casa, na avenida Floresta, La Florida, onde mora com os pais, e comeu sem apetite, pensando que dentro de poucas horas Reverón telefonaria e ele não teria nenhuma resposta. Mas às 8h35, Carrillo o chamou do escritório para ler um telegrama que acabara de chegar de Nova York: no vôo 207, que chegaria a Maiquetía domingo às seis e meia da manhã, vinham mil unidades de Iperimune. A essa hora, um irmão de Reverón tinha recebido Justo Gómez, que desceu do avião de Maracaibo aos pulos, com as primeiras mil unidades que foram injetadas no menino naquela mesma tarde. Faltavam mil unidades, além das mil que com absoluta segurança vinham de Nova York. Como Reverón não deixara telefone, Llorente não o pôs a par dos acontecimentos, mas saiu um pouco mais tranqüilo, às nove, para uma diligência pessoal. Deixou à mãe, por escrito, uma ordem: "O senhor Reverón ligará às dez e meia. Deve chamar imediatamente o senhor Carrillo, no escritório da PAA."

Antes de sair, ele próprio chamou Carrillo e recomendou que, se possível, não ocupasse a linha central depois das 10h15, para que Reverón não encontrasse o telefone ocupado. Mas a essa hora Reverón sentia que o mundo caía sobre sua cabeça. O menino, depois da aplicação da primeira dose de soro, não quis comer. À noite não manifestou a mesma vivacidade de costume. Quando foram deitá-lo, tinha um pouco de febre. Em alguns casos, pouco freqüentes, o soro anti-rábico oferece certos perigos. O doutor Briceño Rossi, do Instituto de Higiene, não se decidia a fabricá-lo enquanto não estivesse absolutamente convencido de que a pessoa injetada não corresse nenhum perigo. A vacina normal não oferece nenhum perigo: para os animais, é um vírus vivo em embrião de frango que dá imunidade de três anos numa só dose. Para os humanos é fabricada a partir do cérebro de cordeiro. Reverón sabia. Quando percebeu que o menino tinha febre, considerou perdida a esperança. Mas o médico o tranqüilizou. Disse que podia ser uma reação natural.

Disposto a não se deixar vencer pelas circunstâncias, Reverón ligou para a casa de Llorente às 10h25. Não teria chamado se soubesse que a essa hora não fora enviada nenhuma resposta de Miami. Mas o hospital Jackson comunicou às 8h30 ao doutor Mangels que foram conseguidas cinco mil unidades, depois de uma gestão relâmpago, num povoado vizinho. O doutor Mangels apanhou as ampolas pessoalmente e se dirigiu com elas, a toda velocidade, para o aeroporto, onde um DC-6-B se preparava para iniciar o vôo noturno. No dia seguinte não havia avião para Caracas. Se não chegasse a tempo, o doutor Mangels teria de esperar até segunda-feira à noite. Então seria tarde demais. O capitão Gillis, veterano da Coréia e pai de dois filhos, recebeu pessoalmente as ampolas e as instruções, escritas pelo punho do doutor Mangels. Apertaram-se as mãos. O avião decolou às 9h30, no momento em que o menino Reverón, em Caracas, tinha um grau e meio de febre acima do normal. O doutor Mangels viu, do terraço gelado do aeroporto, a perfeita decolagem do avião. Em seguida, subiu de dois em dois os degraus até a torre de controle, e ditou uma mensagem a ser transmitida a

Caracas pelo canal especial. Na avenida Urdaneta, num escritório solitário, submerso pelos reflexos coloridos dos avisos em néon, Carrillo olhou para o relógio: 10h20. Não teve tempo de se desesperar. Quase em seguida o teletipo começou a dar saltos espasmódicos e Carrillo leu, letra por letra, decifrando mentalmente o código interno da companhia, a mensagem do doutor Mangels: "Estamos enviando pelo capitão Gillis vôo 339 cinco ampolas soro sob número guia 26-16-596787 stop obtido Jackson Memorial Hospital stop se necessitam mais soro terão de pedir com urgência laboratórios Lederle em Atlanta, Georgia." Carrillo arrancou a fita, correu para o telefone e discou 718750, número da residência de Llorente, mas o telefone estava ocupado. Era Carmelo Reverón que falava com a mãe de Llorente. Carrillo pendurou o telefone. Um minuto depois, Reverón estava marcando o número de Carrillo, num posto de La Florida. A comunicação foi instantânea.

— Alô — disse Carrillo.

Com a calma que precede a fadiga nervosa, Reverón fez uma pergunta que não se lembra textualmente. Carrillo leu a mensagem, palavra por palavra. O avião chegaria às quatro e cinqüenta da madrugada. O tempo estava perfeito. Não havia nenhum atraso. Houve um breve silêncio.

— Não tenho palavras para lhe agradecer — murmurou Reverón, no outro extremo da linha.

Carrillo não encontrou nada para dizer. Quando bateu o telefone sentiu que os joelhos não suportavam o peso do corpo. Sentia-se agitado por uma emoção desordenada, como se fosse a vida do próprio filho a que acabara de salvar. Em compensação, a mãe do menino dormia calmamente: não sabia nada do drama que sua família vivera nesse dia. Ainda não sabe.

Colômbia: enfim, as urnas falam

Depois de oito anos, nove meses e 11 dias sem eleição, o povo colombiano voltou às urnas para eleger um congresso dissolvido a 9 de novembro de 1949 por ordem de Mariano Ospina Pérez, um presidente conservador que antes fora um discreto multimilionário. O ato de força iniciou, às 15h35 de um sábado, um período de três ditaduras sucessivas que custaram ao país duzentos mil mortos e o mais grave desajuste econômico e social de toda a sua história. A implacável perseguição armada contra os liberais desfigurou a realidade eleitoral. O absolutismo de Rojas Pinilla acabou com as eleições. Agora, com uma Junta Militar de cinco membros que se comportou como árbitro absolutamente imparcial, num ambiente de garantias sem exibição de força, a opinião colombiana foi submetida a uma honrada contabilidade.

Em Bogotá, onde chove 360 dias por ano, o sol não desapareceu um só instante. Prevendo desordens que pudessem provocar os últimos adeptos de Rojas Pinilla, incrustados ainda na administração, os eleitores saíram para votar antes da abertura das urnas. Àquela hora, um intenso e sustentado tiroteio, em algum lugar da cidade, criou um minuto de alarme. Nada mais do que um minuto: logo se constatou que se tratava de fogos de artifício, lançados pelos pirotécnicos liberais para celebrar a eleição. Quinze minutos depois de iniciada a disputa, algumas filas, diante das mesas de votação, tinham um quilômetro. Nunca, nos últimos vinte anos, se votara com tanta avidez.

— Se fosse para distribuir dinheiro — comentou alguém na rua — não esperariam tanto tempo.

As patrulhas militares, que tinham algo de turistas armados, só tiveram de intervir no último minuto, para tranqüilizar os eleitores que por falta de tempo, devido à forma maciça com que os cidadãos se precipitaram para as urnas, não conseguiram chegar até as mesas de votação. Em alguns setores houve prorrogação de uma hora. Ainda assim, às cinco da tarde de um domingo com menos incidentes de rua do que em domingos normais, calculou-se que pelo menos trinta mil pessoas, em Bogotá, não puderam votar.

A presença das mulheres foi a nota de novidade da jornada. Em seu primeiro ano de governo, com uma intenção demagógica que resultou ser absolutamente acadêmica, Rojas Pinilla concedeu o voto às mulheres. Mas não lhes concedeu a oportunidade de exercê-lo. Agora, pela primeira vez, as mulheres foram às urnas e votaram com um entusiasmo, uma voracidade e uma impaciência que tinham muito a ver com a curiosidade feminina. O último recenseamento mostrou que na Colômbia há sete mulheres para cada homem. A atual eleição não comprovou o dado por completo: a votação só aumentou em 35%. Ao contrário do que se esperava num país em que a Igreja tem uma enorme influência, o voto feminino não favoreceu concretamente os grupos clericais.

O cardeal: "Se Laureano falar, será excomungado"

Nos últimos dias, a intervenção do clero na política, que não se expressava diretamente na rua, ganhou destaque nos jornais. O clero é conservador e o conservadorismo é clerical. Mas a divisão desse partido em três facções irreconciliáveis dividiu também o clero e obrigou suas autoridades a intervir na contenda popular. Para estimular a opinião do conservadorismo a favor das listas encabeçadas por Guillermo Valencia, o jornal oficial da cúria metropolitana, *El Catolicismo*, publicou na semana passada, à última hora, um violento editorial contra Laureano Gómez, adversário de Valencia não só na eleição, mas também o inimigo mais franco e apaixonado de sua candidatura presidencial. O editorial recordou uma história recente: no exílio de Benidorm, na Espanha, Gómez acusou o clero colombiano de apoiar Rojas Pinilla. O clero não protestou. Agora, com o fortalecimento de sua influência em conseqüência da participação no movimento que derrubou Rojas, o clero tratou de apresentar Laureano como um católico oportunista, atrevido, inimigo do clero. *La República* — o jornal de Ospina Pérez que apoiou as listas de Valencia — publicou em toda a largura da primeira página, na sexta-feira 14, a foto de 11 bispos valencistas. Mas os párocos da província, defensores de Laureano, começaram a mandar telegramas de adesão ao ancião, doente e combativo dirigente conservador. Laureano, por sua parte, preparou e gravou em fita magnética uma diatribe de uma hora e meia contra a cúpula eclesiástica. Em seu jornal *El Siglo* anunciou, 24 horas antes da eleição, que o discurso seria lido essa mesma noite pelo rádio e que nele diria, com datas e nomes próprios, qual foi a participação da cúpula eclesiástica na ditadura de Rojas. O cardeal Crisanto Luque, um gigante de origem rural que parece saber muito bem o que tem na mão, procurou a Junta de Governo por telefone e avisou que se Laureano pronunciasse o discurso seria excomungado.

O general Rafael Navas Pardo, que parece ser o diplomata da Junta, visitou Laureano Gómez sábado às sete da noite, meia hora antes do programa radiofônico que o país aguardava com alvoroçada ansiedade, e lhe disse que aquele incidente provocaria perturbação na ordem pública. Laureano adiou seu pronunciamento.

A situação dentro do conservadorismo, que era a grande incógnita da eleição, resolveu-se definitivamente em favor de Laureano Gómez, cujas listas tiveram a maior votação dentro do partido. As listas de Valencia, apoiadas por Ospina Pérez — talvez o homem mais rico da Colômbia — e pela velha e influente oligarquia financeira, ocuparam o segundo lugar. O último lugar, insignificante, ficou para Gilberto Alzate Avedaño, que organizara com os últimos adeptos de Rojas Pinilla um movimento dissidente de tipo nitidamente fascista.

— Nada de frente nacional — dizia Alzate Avedaño. — Temos de reconquistar o poder para a hegemonia goda [espanhola].

Mas seu programa tinha um perigo: era o único que expunha a dramática situação econômica que o país atravessa e em algum momento acreditou-se que esse poderia ser o germe de um movimento como o de Gaitán. Mas os colombianos não esqueceram que Alzate foi o último conservador a abandonar Rojas Pinilla, que foi seu embaixador incondicional na Espanha, com um salário extraordinário, e que os membros mais destacados de seu movimento foram os pontífices da ditadura rojista.

Com um juiz imparcial, o eterno "match" liberal-conservador se decide

A situação do Partido Liberal, que se apresentava solidamente unido em torno de Lleras, não parecia muito tranquilizadora 24 horas antes da eleição. Falava-se de uma divisão interna, mais grave do que a dos conservadores, já que não era de caráter administrativo e sim ideológico. A discordância liberal nasceu com a forma de elaboração das listas de candidatos. Nas planilhas dos departamentos havia muitos nomes novos. Lleras recebeu as listas em seu escritório da avenida Jiménez de Quesada, riscou nomes, trocou outros de lugar e acrescentou os de seus partidários incondicionais que não figuravam nas listas. O resultado foi muito simples: as listas liberais eram exatamente as de vinte anos atrás, com todos os membros da velha oligarquia liberal.

Lleras teve a esperteza de lançar suas listas definitivas quando o liberalismo já não tinha tempo de lançar uma facção dissidente na eleição. Apenas duas semanas antes aparecera uma lista encabeçada pelo advogado Diego Montaña Cuéllar, antigo especialista em greves petroleiras, cujas ligações com o comunismo clandestino são bastante conhecidas. O movimento se chamava Partido Liberal Popular. A lista para a Assembléia de Cundinamarca era encabeçada por Juan de la Cruz Valera, um líder de alpargatas, velho guerrilheiro, que há um ano, quando o ministro do Governo, José María Villarreal, foi visitá-lo num quartel da montanha para negociar uma trégua, saudou-o com as seguintes palavras:

— Muito bem, senhor ministro, falemos de guerrilheiro para guerrilheiro.

Essa lista popular continha um erro: nenhum liberal considerava Montaña Cuéllar como um correligionário, mas os intelectuais comunistas, que controlam esse partido sem massa, consideram-no um oportunista. Apesar das simpatias despertadas pela lista popular — especialmente por ser uma lista dissidente — o liberalismo em peso, com o entusiasmo dos bons tempos, com uma disciplina inacreditável e apesar da discordância pela maneira como Lleras modificou as listas definitivas, depositou nas listas oficiais do liberalismo a maioria da votação total.

Desta vez não há maneira de contestar a maioria liberal. Não ocorrerá a ninguém na Colômbia acusar de liberalizante a Junta Militar que no domingo mandou um delegado eleitoral para cada município, todos eles oficiais do exército.

A Junta constituiu um governo sólido, com o apoio indestrutível dos dois partidos, e tem o controle absoluto do Exército e da ordem pública. Mas ao mesmo tempo demonstrou sua decidida intenção de entregar o poder aos civis. Ainda que seja apenas no sentido dos bons negócios, é o melhor que podem fazer os membros da Junta. Os cinco membros sairão como generais-de-divisão e o soldo de três mil dólares mensais, em sua qualidade de ex-presidentes e uma auréola de próceres que não lhes será negada pela generosa imprensa colombiana. Como se não bastasse, tirarão dos ombros esse problema sem solução, esse terrível monstro que é a situação econômica e social do país. A maneira imparcial com que o governo garantiu a ordem pública durante a eleição pode ser uma prova realmente definitiva de seu desejo de entregar o poder. Calculou-se que em qualquer domingo, apenas em acidentes de trânsito, houve mais mortos na Colômbia do que neste domingo eleitoral: três.

A batalha, nas ruas, não foi entre o Partido Liberal e o Partido Conservador. Foi entre as diferentes facções do conservadorismo. Mas até essas facções, especialistas na ação ousada, desistiram na última hora das vias de fato. Nas ruas de Bogotá, sábado à noite, os valencistas colavam seus cartazes. Em seguida, vinham os alzatistas e colavam os seus por cima. Os laureanistas, que esperaram até as cinco da manhã de domingo, puseram os seus por cima de todos. Mas antes do amanhecer, grupos armados com latas de tinta preta e broxas apagaram também Laureano Gómez. Cada um gritou o que quis, sem ser importunado por ninguém. Às 11h30 da manhã, Álvaro Gómez Hurtado e um padre jesuíta levaram Laureano Gómez para votar no Capitólio Nacional. Quinze minutos antes, o ex-presidente liberal Alfonso López chegara à mesma urna e não pôde votar: perdera o título. Laureano Gómez, em compensação, transportado de maca pelos degraus do Capitólio, levava o título na mão. No momento de depositar o voto, estava tão afogueado e trêmulo que o padre jesuíta teve de ajudá-lo. A multidão concentrada na Praça Bolívar, onde os sinos da catedral faziam o primeiro chamamento para a missa do meio-dia, lançou um grito ensurdecedor que nunca se dera na história da Colômbia e é uma síntese das forças dominantes do país:

— Viva Laureano Gómez. Viva o Partido Liberal.

Um comentarista liberal, cujas observações não são publicadas pelos jornais simplesmente porque os jornais estão defendendo a todo custo o ambiente de unidade, disse:

— Lleras encontrou a grande solução para seu partido: converteu o liberalismo num grande partido conservador.

Mas em geral se considera que a explicação para o clima de ordem no domingo não se localiza na ausência de rivalidade conservadora-liberal, mas simplesmente em que o governo era imparcial. É uma das coisas importantes demonstrada domingo: a violência eleitoral, onde ela existe, se dá porque é organizada e patrocinada pelo governo.

Às 12h15, Guillermo León Valencia, candidato presidencial sem perspectiva e grande perdedor da jornada, chegou para votar no Capitólio Nacional. Valencia é famoso por suas gripes oportunas: cada vez que deve enfrentar uma situação delicada, cai na cama, com uma gripe fabricada sob medida. Na última semana, a situação de Valencia se tornara tão difícil que já não lhe bastava a gripe diplomática, e sim que teve de inventar uma verdadeira. Estava enfraquecido e recebeu uma ovação de uma timidez significativa.

Da maneira como as coisas estavam antes da eleição, Valencia tinha probabilidade, ainda que já bastante enfraquecida, de ser o candidato único dos dois partidos na eleição presidencial que deve se realizar a 5 de maio. Isto é, dentro de quarenta dias. Laureano se opunha, mas naquele momento Laureano não era, como agora, o homem forte. Lleras, que lançou Valencia em companhia da oligarquia financeira, num jantar quase clandestino no Country Club de Bogotá quando Rojas Pinilla ainda estava no poder, não o apoiava e nem concordava com ele nos últimos dias. Valencia demonstrara ter dois graves defeitos que não eram muito salientes quando lançou sua candidatura: a destemperança verbal e uma insaciável inclinação pelo álcool. A eleição demonstrou, sem ser este seu propósito, que Valencia não tem nenhuma popularidade.

Com um Partido Liberal que, ainda que seja por disciplina, votará sem vacilação no candidato de Lleras; com um Partido Conservador controlado por Laureano Gómez e com um Guillermo León Valencia completamente desprestigiado, o problema para os dirigentes dos dois partidos é se pôr de acordo em torno de um candidato único que será eleito presidente da República dentro de 45 dias. Nem sequer haverá tempo de chegar a um acordo. O tempo se escoará em almoços e jantares.

— O candidato deve ser um conservador — disse Lleras, e nada o demoverá desta idéia.

— O candidato deve ser Lleras — diz Laureano, o inimigo tradicional e feroz do liberalismo.

Lleras não aceita. Por falta de tempo, os círculos mais bem-informados asseguram que a solução será um governo plural, composto de políticos civis. A fórmula popular é mais precisa: "Que se faça uma junta de conservadores, encabeçada por Lleras."

ABRIL DE 1958

6 de junho de 1958: Caracas sem água

> *Se um aguaceiro cair amanhã, esta reportagem conta uma mentira. Mas se não chover antes de junho, leia-a...*

Depois de escutar o boletim radiofônico das sete da manhã, Samuel Burkart, um engenheiro alemão que morava sozinho numa *penthouse* da avenida Caracas, em San Bernardino, foi ao armazém da esquina comprar uma garrafa de água mineral para se barbear. Era o dia 6 de junho de 1958. Ao contrário do que sempre ocorria desde que Samuel Burkart chegou a Caracas, dez anos antes, aquela manhã de segunda-feira parecia mortalmente tranqüila. Da vizinha avenida Urdaneta não chegava o ruído dos automóveis nem a descarga das motocicletas. Caracas parecia uma cidade fantasma. O calor abrasador dos últimos dias cedera um pouco, mas no alto do céu, de um azul denso, não se movia uma única nuvem. Nos jardins das casas de campo, nas ilhas da Praça da Estrella, os arbustos estavam mortos. As árvores das avenidas, normalmente cobertas por flores vermelhas e amarelas nessa época do ano, estendiam em direção do céu seus ramos nus.

Samuel Burkart teve de fazer fila no armazém para ser atendido pelos comerciantes portugueses que falavam com a assustada clientela sobre o mesmo assunto, o único assunto dos últimos quarenta dias e que naquela manhã estourava no rádio e nos jornais como uma explosão dramática: a água acabara em Caracas. Na noite anterior se anunciara a dramática restrição imposta pelo INOS sobre os últimos 100 mil metros cúbicos armazenados na represa de La Mariposa. A partir dessa manhã, em conseqüência do verão mais intenso que Caracas padeceu em 79 anos, fora suspenso o fornecimento de água. As últimas reservas se destinavam aos serviços essenciais. O governo tomava havia 24 horas medidas de extrema urgência para evitar que a população perecesse vítima da sede. Para garantir a ordem pública foram adotadas medidas de emergência que as brigadas cívicas, constituídas por estudantes e profissionais, se encarregariam de fazer cumprir. As edições dos jornais, reduzidas a quatro páginas, eram destinadas a divulgar as instruções oficiais à população sobre a maneira como devia proceder para superar a crise e evitar o pânico.

Burkart não percebera uma coisa: seus vizinhos tiveram de preparar o café com água mineral e esgotaram em uma hora o estoque do armazém. Prevendo o que poderia ocorrer nos próximos dias, decidiu se abastecer com sucos de frutas e gasosa. Mas o português lhe anunciou que a venda de sucos de frutas e gasosa estava racionada por ordem das autoridades. Cada cliente tinha direito à cota-limite de uma lata de suco de frutas e uma gasosa por dia, até nova ordem. Burkart comprou uma lata de suco de laranja e se decidiu por uma garrafa de limonada para se barbear. Mas só quando começou a se barbear descobriu que a limonada coagula o sabonete e não produz espuma. De maneira que declarou definitivamente o estado de emergência e se barbeou com suco de pêssego.

Primeiro anúncio do cataclismo: uma senhora rega o jardim

Com seu cérebro alemão, perfeitamente quadriculado, e sua experiência da guerra, Samuel Burkart sabia calcular com antecedência o alcance de uma notícia. Foi o que fizera três meses antes, exatamente a 28 de março, quando leu num jornal a seguinte informação: "Na Mariposa só há água para mais quarenta dias."

A capacidade normal da represa de La Mariposa, que abastece Caracas de água, é de 9,5 milhões de metros cúbicos. Naquela data, apesar das reiteradas recomendações do INOS para que se economizasse água, as reservas estavam reduzidas a 5,2 milhões de metros cúbicos. Um meteorologista declarou à imprensa, numa entrevista não oficial, que não choveria antes de junho. Poucas semanas depois o fornecimento de água se reduziu a uma cota que era já inquietadora, apesar de a população não lhe dar a devida importância: 130 mil metros cúbicos diários.

Ao se dirigir para o trabalho, Samuel Burkart saudou uma vizinha que se sentava no jardim desde as oito da manhã, para regar o gramado. Em certa ocasião falou para ela da necessidade de economizar água. Ela, metida num roupão de seda com flores vermelhas, encolheu os ombros.

— São mentiras dos jornais para meter medo — replicou. — Enquanto houver água eu regarei minhas flores.

O alemão pensou que devia avisar a polícia, como teria feito em seu país, mas não se atreveu, porque achava que a mentalidade dos venezuelanos era completamente diferente da sua. Chamara-lhe a atenção o fato de as moedas da Venezuela serem as únicas que não têm o valor gravado e pensava que aquilo podia obedecer a uma lógica inacessível a um alemão. Convenceu-se disso quando percebeu que algumas fontes públicas, ainda que não as mais importantes, continuavam funcionando quando os jornais anunciaram, em abril, que as reservas de água caíam ao ritmo de 150 mil metros cúbicos a cada 24 horas. Uma semana depois se anunciou que estavam provocando chuva artificial nas nascentes do Tuy — a fonte vital de Caracas — e isso ocasionara um certo otimismo entre as autoridades. Mas no fim de abril ainda não chovera. Os bairros pobres ficaram sem água. Nos bairros residenciais se restringiu a água a uma hora por dia. Em seu escritório, como não tinha nada a fazer, Samuel Burkart usou uma régua de cálculo para descobrir que se as coisas seguissem como até então haveria água até 22 de maio. Enganou-se, talvez por um erro dos dados publicados nos jornais. No fim de maio a água continuava limitada, mas algumas donas-de-casa insistiam em regar suas plantas. Num jardim, escondido entre os arbustos, viu uma fonte minúscula, aberta durante a hora em que se fornecia a água. No mesmo edifício em que morava, vivia uma senhora que se vangloriava de não abrir mão de seu banho diário em nenhum momento. Todas as manhãs recolhia água em todos os recipientes disponíveis. Agora, de súbito, apesar de ter sido anunciada com a devida antecedência, a notícia explodiu em toda a largura dos jornais. As reservas de La Mariposa só davam para 24 horas. Burkart, que tinha o hábito da barba diária, não pôde sequer lavar os dentes. Dirigiu-se para o escritório, pensando que talvez em nenhum momento da guerra, nem quando participou da retirada do Africa Korps, em pleno deserto, sentira-se de tal maneira ameaçado pela sede.

Nas ruas, os ratos morrem de sede. O governo pede calma

Pela primeira vez em dez anos, Burkart se dirigiu a pé ao seu escritório, situado a poucos passos do Ministério das Comunicações. Não se atreveu a usar o automóvel pelo temor de que esquentasse. Nem todos os habitantes de Caracas foram tão precavidos. Na primeira bomba de gasolina que encontrou havia uma fila de automóveis e um grupo de motoristas discutia com o proprietário. Haviam enchido os tanques com gasolina esperançosos de que fornecessem água como em tempos normais. Mas não havia nada a fazer. Simplesmente não havia água para os automóveis. A avenida Urdaneta estava irreconhecível: não mais de dez veículos às nove da manhã. No centro da rua havia alguns automóveis com os motores superaquecidos abandonados pelos proprietários. Os bares e restaurantes não abriram as portas. Penduraram cartazes nas cortinas de aço: "Fechado por falta de água." Essa manhã se anunciou que os ônibus fariam um serviço regular nas horas de congestionamento. Nas paradas, as filas se estendiam por várias quadras, desde as sete da manhã. O restante da avenida tinha um aspecto normal, mas nos edifícios não se trabalhava: todo mundo estava nas janelas. Burkart perguntou a um colega de escritório, venezuelano, o que faziam todas aquelas pessoas nas janelas, e ele respondeu:

— Estão vendo a falta de água.

Ao meio-dia, o calor se abateu sobre Caracas. Só então começou a inquietude. Durante toda a manhã caminhões do INOS, com capacidade para vinte mil litros, distribuíram água nos bairros residenciais. Com a colaboração dos caminhões-tanques das empresas petrolíferas, havia trezentos veículos para transportar água até a capital. Cada um deles, segundo cálculos oficiais, podia fazer sete viagens por dia. Mas um inconveniente se interpôs aos projetos: as vias de acesso ficaram engarrafadas desde as dez da manhã. A população sedenta, especialmente nos bairros pobres, precipitou-se sobre os carros-pipas e a força pública teve de intervir para restabelecer a ordem. Os habitantes dos morros, desesperados, convictos de que os caminhões de abastecimento não podiam chegar até suas casas, desceram em busca de água. As caminhonetes das brigadas universitárias, dotadas de alto-falantes, conseguiram evitar o pânico. Às 12h30, o presidente da Junta de Governo, pela Rádio Nacional, única emissora cujos programas não eram controlados, pediu serenidade à população, num discurso de quatro minutos. Depois, em intervenções breves, falaram os dirigentes políticos, um presidente da Frente Universitária e o presidente da Junta Patriótica. Burkart, que presenciara a revolução popular contra Pérez Jiménez, cinco meses antes, tinha experiência: o povo de Caracas é notavelmente disciplinado. Sobretudo é sensível às campanhas coordenadas de rádio, jornais, televisão e folhetos. Não tinha a menor dúvida de que esse povo saberia se comportar também naquela emergência. Por isso, a única coisa que o preocupava naquele momento era sua sede. Desceu pela escada do velho edifício em que se situava seu escritório e no patamar encontrou um rato morto. Não deu importância ao fato. Mas à tarde, quando saiu para a varanda de sua casa para tomar ar fresco depois de consumir um litro de água distribuído pelo caminhão-tanque que passou às duas horas, percebeu um tumulto na praça da Estrella. Os curiosos assistiam a um espetáculo terrível: de todas as casas saíam animais enlouquecidos pela sede. Gatos, cachorros, ratos iam para a rua em busca de um alívio para as gargantas ressequidas. À noite, às dez, foi imposto o toque de recolher. No silêncio da noite ardente só se escutava o ruído dos caminhões da limpeza prestando um serviço extra: primeiro nas ruas e depois dentro das casas, recolhiam os cadáveres dos animais mortos de sede.

Fugindo para Teques, uma multidão morre de insolação

Quarenta e oito horas depois que a estiagem atingiu o ponto culminante, a cidade ficou completamente paralisada. O governo dos Estados Unidos enviou, a partir do Panamá, uma esquadrilha de aviões carregados com barris de água. A força aérea venezuelana e empresas comerciais que prestam serviço ao país substituíram suas atividades normais por um serviço extraordinário de transporte de água. Os aeroportos de Maiquetía e La Carlota foram fechados ao tráfego internacional e destinados exclusivamente a essa operação de emergência. Mas quando se conseguiu organizar a distribuição urbana, 30% da água transportada se haviam evaporado por causa do calor intenso. Em Las Mercedes e em Sabana Grande a polícia interceptou, na noite de 7 de junho, vários caminhões piratas que chegaram a vender clandestinamente o litro de água por até vinte bolívares. Em San Agustín del Sur o povo se apoderou de outros dois caminhões piratas e repartiu seu conteúdo, numa ordem exemplar, entre a população infantil. Graças à disciplina e o sentido de solidariedade do povo, na noite de 8 de junho não se registrara nenhuma vítima da sede. Mas, desde o entardecer, um cheiro penetrante invadiu as ruas da cidade. Ao anoitecer, o cheiro se tornara insuportável. Samuel Burkart foi até a esquina com sua garrafa vazia, às oito da noite, e ficou meia hora numa fila bem-organizada para receber seu litro de água de um caminhão-tanque conduzido por *boy scouts*. Observou um detalhe: os vizinhos, que até então levavam as coisas um pouco levianamente e procuravam transformar a crise numa espécie de carnaval, começavam a se alarmar seriamente. Em especial por causa dos boatos. A partir do meio-dia, juntamente com o mau cheiro, uma onda de boatos alarmistas se espalhou por toda a região. Dizia-se que por causa da terrível estiagem os morros vizinhos, os parques de Caracas, começavam a pegar fogo. Nada se poderia fazer quando o fogo se propagasse. Os bombeiros não possuíam meios de combatê-lo. No dia seguinte, de acordo com anúncio da Rádio Nacional, os jornais não circulariam. Como as emissoras de rádio suspenderam suas emissões e só se escutavam três boletins diários da Rádio Nacional, a cidade ficou, de certa maneira, à mercê dos boatos. Transmitiam-se por telefone e na maioria dos casos eram mensagens anônimas.

Burkart ouvira dizer à tarde que famílias inteiras estavam abandonando Caracas. Como não havia transporte, o êxodo se fazia a pé, em especial até Maracay. Um boato assegurava que à tarde, na velha estrada para Los Teques, uma multidão apavorada que tentava fugir de Caracas sucumbira à insolação. Os cadáveres expostos ao ar livre, dizia-se, eram a origem do mau cheiro. Burkart achava exagerada aquela explicação, mas observou que pelo menos em seu bairro havia um princípio de pânico.

Uma caminhonete da Frente Estudantil se deteve junto ao caminhão-cisterna. Os curiosos se precipitaram na sua direção, ansiosos por confirmar os boatos. Um estudante subiu à capota e se ofereceu para responder, por turnos, a todas as perguntas. Segundo ele, a notícia da multidão morta na estrada de Los Teques era absolutamente falsa. Além disso, era um absurdo pensar que essa seria a origem do mau cheiro. Cadáveres não podiam se decompor a esse grau em quatro ou cinco horas. Assegurou-se que os bosques e parques estavam sendo patrulhados para evitar incêndios, a ordem pública era normal, a população estava colaborando de forma heróica e dentro de poucas horas chegaria a Caracas, vinda de todo o país, uma quantidade de água suficiente para garantir a higiene. Pediu-se que estas notícias fossem transmitidas por telefone, com a ressalva de que os boatos alarmantes eram semeados por partidários do perezjimenismo.

No silêncio total, falta um minuto para a hora zero

Samuel Burkart regressou para casa com seu litro de água às 18h45, com o propósito de escutar o boletim da Rádio Nacional, às sete. Encontrou no caminho a vizinha que, em abril, ainda regava as flores de seu jardim. Ela estava indignada com o INOS, por não ter previsto aquela situação. Burkart pensou que a irresponsabilidade da vizinha não tinha limite.

— A culpa é de gente como a senhora — disse, encolerizado. — O INOS pediu a tempo para se economizar água. A senhora não fez caso. Agora estamos sofrendo as conseqüências.

O boletim da Rádio Nacional se limitou a repetir as informações fornecidas pelos estudantes. Burkart compreendeu que a situação estava chegando ao ponto crítico. Apesar de as autoridades tentarem evitar a desmoralização, era evidente que o estado de coisas não era tão tranqüilizador como elas mostravam. Ignorava-se um aspecto importante: a economia. A cidade estava totalmente paralisada. O abastecimento fora reduzido e nas próximas horas faltariam alimentos. Surpreendida pela crise, a população não dispunha de dinheiro vivo. Os armazéns, as empresas, os bancos estavam fechados. As lojas dos bairros começavam a fechar as portas por falta de sortimento: os estoques se esgotaram. Quando Burkart desligou o rádio compreendeu que Caracas estava chegando à sua hora zero.

No silêncio mortal das nove da noite, o calor subiu a um grau insuportável. Burkart abriu portas e janelas, mas se sentiu asfixiado pela secura da atmosfera e pelo cheiro, cada vez mais penetrante. Calculou minuciosamente seu litro de água e reservou cinco centímetros cúbicos para se barbear no dia seguinte. Para ele, esse é o problema mais importante: a barba diária. A sede produzida pelos alimentos secos começava a fazer estragos em seu organismo. Dispensara, por recomendação da Rádio Nacional, os alimentos salgados. Mas estava certo de que no dia seguinte seu organismo começaria a apresentar sintomas de fraqueza. Tirou toda a roupa, tomou um gole d'água e se deitou de bruços na cama ardente, sentindo nos ouvidos a profunda palpitação do silêncio. Às vezes, remota, a sirene de uma ambulância rasgava o torpor do toque de recolher. Burkart fechou os olhos e sonhou que estava no porto de Hamburgo, num barco preto, com uma guarnição branca pintada na amurada, com tinta luminosa. Quando o barco atracava, ouviu, longínqua, a algazarra do cais. Então despertou sobressaltado. Sentiu, em todos os andares do prédio, um tropel humano que se precipitava para a rua. Uma rajada, de água tépida e pura, penetrava pela janela. Necessitou de vários segundos para se dar conta do que se passava: chovia a cântaros.

Meu irmão Fidel

Moça alta e delgada, de modos distintos e uma extraordinária semelhança com o Fidel Castro das fotografias, assim é Emma Castro, a irmã do guerrilheiro cubano, que se encontra em Caracas há duas semanas. No ambiente tranqüilo de uma residência particular, entre móveis de bambu, junto a um curioso cinzeiro em forma de guarda-chuva aberto, ela fala de sua família.

— Não admiro Fidel como irmã — diz. — Admiro-o como cubana.

Mas no decorrer de sua conversa serena e discreta, num espanhol fluente e preciso, sem sotaque cubano, Emma Castro evoca uma imagem de Fidel completamente diferente, mais humana do que a imagem criada pela publicidade.

— É excelente cozinheiro — diz. — Seu prato favorito é espaguete.

Depois de 26 de julho de 1953, quando liderou o assalto ao segundo regimento do quartel de Moncada, Fidel ficou no cárcere. Então escrevia circulares clandestinas para seus simpatizantes e preparava espaguete para os companheiros de cela. Na Sierra Maestra, Fidel continua a preparar espaguete.

— É um homem bom e muito simples — diz a irmã. — É bom conversador mas, sobretudo, excelente ouvinte.

Diz que ele é capaz de ouvir, com o mesmo interesse, durante horas, qualquer espécie de conversa. Essa preocupação pelos problemas dos semelhantes, unida a uma vontade férrea, parecem constituir a essência de sua personalidade.

Na Faculdade de Direito de Havana, Fidel não era um estudante digno de nota. Perdia muito tempo organizando manifestações. Desde que entrou no curso, depois de uma infância normal no solar de Oriente, perfumada ao entardecer pelo vento dos canaviais, fez-se líder universitário. Mas antes dos exames sua férrea vontade lhe permitia recobrar o tempo perdido. Depois de compreender a fundo cada página de um livro, arrancava-a e a destruía. Queimava os navios: sabia que não podia esquecer o aprendido, pois eliminara a possibilidade de voltar atrás.

O melhor atleta, leitor de Martí

Fidel Alejandro é o terceiro filho de um imigrante galego, Ángel Castro, de um segundo casamento, com Lidia Ruz, "cubana desde muito tempo", segundo as palavras de Emma Castro. O casal teve oito filhos nascidos e criados na colônia de cana-de-açúcar de Biram, no Oriente, a pouca distância da Sierra Maestra. Quando nasceu o primeiro filho, Ángel Castro, com a laboriosidade, a constância e a astúcia dos galegos, era um modesto plantador de cana. Quando nasceu o último era um rico proprietário de engenho de cana-de-açúcar.

— A unidade da família não se rompeu agora, com a guerra — explica Emma Castro. — Rompeu-a a necessidade de estudar.

De fato, à medida que os rapazes cresciam, Ángel Castro os tirava do virgiliano ambiente da infância, dos profundos corredores de ladrilhos onde os peões negros moíam o tédio da sesta e os mandava estudar. Fidel e Raúl — os dois irmãos que agora se encontram na Sierra Maestra — começaram a estudar no colégio dos jesuítas de Belem. Raúl era melhor estudante. Fidel, em compensação, ganhava todos os anos o prêmio de melhor atleta.

Emma Castro, cinco anos mais nova do que Fidel, recorda ter visto com pouca freqüência seu irmão guerrilheiro. No máximo, duas ou três semanas durante as férias. Mas Ángel Castro, a quem os anos e o dinheiro deram ares de patriarca folclórico, com chapéu de dono de engenho e guayabera de rumbeiro, tomava precauções para que na casa houvesse sempre um lugar esperando os rapazes ausentes. O quarto de Fidel nada tinha de especial. Era uma peça quadrada com uma janela sempre aberta sobre a Sierra Maestra. A única coisa que a distinguia das outras eram os livros. Desde quando estudava, Fidel ia deixando livros em todos os lugares. Tinha — e tem ainda no acampamento — vários exemplares das obras completas de Martí.

— Fidel pode esquecer tudo — diz Emma Castro. — Mas nunca abandona seu Martí.

Durante as férias, o homem por cuja cabeça Batista oferece cem mil dólares, dedicava-se à caça. Daí vem sua familiaridade com as armas de fogo e a reputação de bom atirador. Sua rebeldia, manifestada desde a universidade, revelou-se uma virtude positiva e dinâmica a partir do momento em que Batista se apoderou do governo. Fidel estava em Havana. Até à fazenda de Biram chegavam notícias relacionadas com a inquietação estudantil. O velho Ángel Castro sabia que seu filho estava envolvido com a oposição, apesar de suas cartas não conterem nada mais do que referências de família. Nunca falava de política. No dia 26 de julho de 1953, depois da refeição, a família Castro escutava o noticiário da CMQ, no silencioso corredor da fazenda, a poucos metros do patiozinho de pedra em que os peões negros deixaram de cantar suas súplicas de amor e superstição. Um radialista deu a notícia oficial de que um punhado de estudantes, mais armado de temeridade do que de fuzis, atacara de madrugada o quartel Moncada. Antes de se deitar, interrompendo suas reflexões patriarcais, dom Ángel Castro comentou:

— Não sei por que me ocorre que Fidel está metido nisso.

Era um pressentimento certeiro. Fidel não só estava envolvido no assalto ao quartel Moncada. Era o líder. Aquele golpe frustrado deu nome ao movimento que sacudiu a consciência dos cubanos e reduziu o ditador Batista à condição de perseguido dentro do palácio presidencial.

A primeira experiência: o bogotazo

Fidel não foi o primeiro a abandonar Cuba para preparar o desembarque a partir do exterior. O primeiro foi Raúl, seu irmão inseparável, que se deslocou para o México no início de 1956 para preparar a expedição. No início, não estava de acordo com a aventura armada. Pensava que uma campanha cívica intensiva poderia despertar a consciência nacional até o ponto em que Batista se visse constrangido a abandonar o poder. Desconfiava dos grupos dirigentes, mas tinha uma confiança inquestionável nas reservas morais do povo. Essa convicção nascera longe de Havana, na nevoenta capital da Colômbia, a 9 de abril de 1948, dia em que mataram Jorge Eliecer Gaitán.

Quando o povo bogotano se atirou à rua numa explosão demolidora de cólera pelo assassínio de seu maior caudilho, dois rapazes cubanos que se encontravam ali por acaso participaram da ação popular.

— Eram dois rapazes entusiastas, espigados, vestidos com jaquetas de couro — recorda um político colombiano que naquela ocasião os conheceu de maneira incidental. Movidos pelo fervor democrático, tentaram orientar a ira desenfreada da multidão na direção de um objetivo preciso: o poder. Um grupo de políticos liberais que os encontrou na manhã de 10 de abril, preparando as brigadas de rua para atacar um quartel, dissuadiu-os de sua temeridade.

— Ontem teria sido possível — disseram. — Agora não. A situação mudou. — Fizeram-nos ver o ninho de metralhadoras localizado no terraço do quartel. — Contra isso não resistirão vinte minutos.

O mais alto dos dois, cuja expressão predominante era a arcada óssea do nariz, pareceu refletir e desistiu da temerária operação. Nunca mais se soube deles. Poucos dias depois, os jornais transformaram os dois rapazes numa lenda. Falou-se de dois cubanos que, segundo se dizia, comandaram o *bogotazo*. Chegou-se até a dizer que no hotel em que se hospedavam os agentes secretos encontraram um plano minucioso do assassinato de Gaitán. A verdade é que os dois rapazes cubanos, estudantes, chegaram a Bogotá no final de março com o propósito de participar de um congresso estudantil. Diante da explosão popular não puderam conter o entusiasmo e se jogaram na rua como tantos outros democratas estrangeiros residentes em Bogotá: exilados de São Domingos, estudantes da Venezuela, mexicanos, perseguidos do peronismo. Só agora, esquecida a lenda dos dois cubanos que se misturaram à multidão bogotana a 9 de abril de 1948, se conhece a identidade de um deles, o mais espigado, sereno e decidido. Era Fidel Castro.

"A idéia foi de meu irmão Raúl"

Um dos grandes méritos de Fidel foi ter conseguido aglutinar os 150 mil cubanos que nos Estados Unidos conspiram contra o governo de Batista. Ele os entusiasmou com seu anúncio ao povo de Cuba:

— Antes do fim do ano desembarcarei na ilha.

Em menos de um mês arrecadou 160 mil dólares, mudou-se para Cayo Hueso e em seguida para o México, onde seu irmão Raúl o pôs em contato com os núcleos de exilados cubanos à frente do movimento. A versão de que gastou seus últimos 20 dólares na publicação de um panfleto contra Batista é absolutamente falsa. Fidel nunca esteve mal de dinheiro: sempre dispôs de recursos pessoais. Jamais tocou no dinheiro arrecadado para o desembarque, que passava diretamente para a tesouraria do movimento.

Com Fidel no primeiro plano da oposição, a mansão feudal de Biram deixou de ser colônia de férias. Duas das irmãs de Fidel — Agustina e Emma, a que agora se encontra em Caracas — tomaram o caminho do exílio, no México. O pai morreu de morte natural pouco depois. No solar ficaram apenas a mãe e Ramón, o mais velho, administrador da fazenda paterna. Ainda vivem ali, escutando as notícias do rádio, ao entardecer, sem se meter em política e sem serem importunados por Batista, que teme as incômodas conseqüências publicitárias de qualquer medida oficial contra a mãe de Fidel Castro.

Emma Castro viu Fidel pela última vez duas horas antes do embarque dos navios expedicionários para Cuba. Ela morava na casa de uma família amiga — de sua antiga e fraternal conhecida Orquídea Pino de Gutiérrez — e estava informada sobre o projeto de seus irmãos. A 25 de novembro de 1956 Fidel e Raúl foram despedir-se dela depois do almoço. Não tinham então a aparência de guerrilheiros que seus retratos mostram agora. Fidel vestia uma roupa azul-escura, com gravata listrada. Como um anúncio incipiente de sua barba messiânica, só existia o bigodinho linear e um pouco afetado dos enamorados antilhanos. Fidel abriu os braços e lhe disse:

— Bom, chegou a hora.

Não precisou dizer mais nada. Emma Castro sabia do que se tratava. Poucos dias depois, uma notícia tirou-a da cama: Batista anunciava a morte de Fidel. Emma e Agustina leram os jornais com um sorriso de ironia:

— Também esperávamos isso — comenta Emma Castro. — Sabia que de qualquer maneira Batista diria que Fidel morreu no desembarque.

Estavam preparados para não acreditar.

Onde está Juanita Castro?

Um ano depois do desembarque, as irmãs de Fidel, que sempre se mostraram indiferentes à política, foram arrastadas pelas circunstâncias a uma militância efetiva no Movimento 26 de Julho. Emma decidiu viajar pelo Caribe, levantando fundos para a luta. A mais conhecida delas, Juanita, a última a abandonar Cuba, é também a mais revoltada. Há pouco tempo a mãe foi visitá-la no México. Emma ligou para Juanita, que se encontrava em Miami, onde anunciara num comício de cubanos exilados que os homens de Fidel incendiariam a próxima colheita de cana. Juanita viajou para o México. Mas quando foi comprar a passagem de volta, comunicaram-lhe uma ordem do consulado dos Estados Unidos: não podia regressar a Miami.

Foi quando Juanita, escondida no porta-malas do automóvel dirigido por um exilado cubano, penetrou clandestinamente nos Estados Unidos. A primeira coisa que fez em Miami foi se apresentar às autoridades da imigração com seu advogado. O funcionário que impedira seu regresso ficou com a boca aberta. Só pôde balbuciar em sua perplexidade:

— *Miss Castro*.

Permitiram-lhe permanecer em Miami, com a condição de não se afastar da cidade nem se envolver em política. Mas as notícias de Cuba a deixavam tensa. Um dia, cansada de tanta passividade, decidiu se meter na boca do lobo. Desembarcou publicamente em Havana. Com medo da repercussão, Batista a deixou em paz. Mas só por pouco tempo. A 25 de março, quando Emma Castro abandonou o México rumo à Venezuela, soube que Juanita deveria ser tirada clandestinamente de Cuba, pois Batista iniciara uma ação pública direta contra ela. Agora se ignora onde se encontra. É provável, conhecendo seu espírito decidido, seu valor pessoal e seu fervor pela causa de Fidel, que tenha subido para se reunir com os irmãos na Sierra Maestra.

Condenados a vinte anos, mas inocentes

Vicente Hernández Marval comeu com a mulher, repousou uma hora, fumando cigarros no terraço, e às dez da noite saiu de casa. Foi a última vez que o fez. Era um motorista de táxi de 34 anos, robusto, conversador, apaixonado pelo programa político do Copei, grande admirador do doutor Rafael Caldera e católico praticante. Aquele 24 de março de 1952, em que saiu de casa pela última vez, não fazia nada extraordinário. Trabalhara em seu Mercury preto desde as seis da tarde, voltou para comer às 20h30 e prometeu à mulher que voltaria, como de hábito, às duas da madrugada. Mas só voltou no dia seguinte na última página dos jornais, onde se podia ler que Vicente Hernández Marval fora morto a tiros, juntamente com um amigo, dentro de seu próprio automóvel. Segundo o comunicado da Segurança Nacional, os cadáveres foram encontrados na estrada de La Guaira, exatamente no local denominado "curva do Copei", na entrada de um tortuoso caminho que conduzia à fazenda de café de Curucuti.

Sabina Hermoso de Hernández, sua mulher, já lera a notícia nos jornais, às nove da manhã, quando dois agentes da Segurança Nacional foram buscá-la em casa. Deram-lhe os pêsames, prometeram-lhe que a SN faria uma investigação exaustiva até localizar os autores do crime e a levaram de automóvel às dependências do instituto médico-legal. No trajeto, um agente deixou cair, por descuido, de um maço de fotografias novas e brilhantes, uma foto de Vicente Hernández Marval, morto, com o rosto destroçado e cheio de sangue. A viúva o reconheceu:

— Por que o desfiguraram? — perguntou.

Ela recordava perfeitamente que a SN lhe anunciara que o marido fora morto por um único tiro pelas costas, feito no assento traseiro do Mercury e através do assento. Pareceu-lhe estranho, por isso, que tivesse o rosto desfigurado e cheio de sangue. O próprio diretor do instituto médico-legal, José Francisco Colmenares, minutos depois, respondeu-lhe:

— Não sabemos por que lhe desfiguraram o rosto. É precisamente isso que estamos tentando averiguar.

De acordo com o que pensou então, e de acordo com o que continuou a acreditar durante cinco anos e de acordo com o que manifesta agora com uma convicção inflexível, a viúva de Hernández Marval estava certa de que seu marido fora assassinado pela SN. Tinha motivos para acreditar: há algum tempo, Hernández Marval era vítima de uma perseguição sistemática por parte dos agentes de Pedro Estrada. Era um homem perseguido pela SN, não só por seu hábito de expressar em qualquer parte, a qualquer hora e sempre em voz alta, sua antipatia pelo regime, mas também porque existiam sérias suspeitas de que fazia parte da rede clandestina do Copei. Para sua mulher, isto era, mais do que uma suspeita, uma verdade comprovada desde que se deu o golpe contra Rómulo Gallegos. Em seu táxi, Hernández Marval distribuía volantes clandestinos. Em diferentes ocasiões, agentes da SN o detiveram na rua, usaram seu carro de praça e se recusaram a pagar. No princípio era uma simples provocação. Mas nos primeiros meses de 1952, Hernández Marval foi encarcerado, várias vezes, na Seção Política da SN.

— Quase nunca vivia livre — disse a viúva. — Mal saía, voltavam a prendê-lo.

Três dias antes de sua morte, Hernández Marval estivera preso uma semana.

Traída pelas suas suspeitas, Sabina de Hernández comentou no escritório de José Francisco Colmenares:

— Acho estranho que tenham matado meu marido uma semana depois de ele ter sido preso.

Os agentes da SN se puseram em guarda:

— Quer dizer que nós o matamos?

— Não quero dizer nada — contestou a viúva.

Mas já falara demais. Foi levada a uma cela da SN e ali ficou incomunicável durante uma semana. Não lhe permitiram ver o cadáver do marido.

— Esses cadáveres não podem ser mostrados — lhe disseram. — Além disso, o enterro já foi feito.

"Ajude-me. Estão me acusando da morte de seu marido"

Não explicaram então à viúva, nem explicaram até agora, por que mataram José Gregorio de Pablos junto com seu marido. Não eram muito amigos. Apenas se conheciam por morar a poucas quadras de distância. Ao contrário de Hernández Marval, a outra vítima não se interessava por política. Era mesmo um homem indiferente às questões de governo, discreto e sem complicações. Nem se tratou de explicar por que estavam juntos no Mercury preto na noite de 24 de março. A viúva de Hernández Marval acha que os dois se encontraram por acaso.

Desde a manhã do dia 25 os agentes da SN se empenharam na busca de um exilado dominicano, sapateiro, chamado Ángel, que tinha sua oficina no mesmo prédio onde viviam os Hernández Marval. Parece claro que Ángel tinha fugido das cadeias de Trujillo, conseguido chegar à Venezuela e aqui continuava atacando, pelo menos nas conversas com os amigos, o ditador de seu país. Um falando mal de Trujillo e o outro falando mal de Pérez Jiménez, o motorista venezuelano e o sapateiro dominicano ficaram bons amigos. Durante um ano inteiro saíram juntos com bastante freqüência. Mas quando houve o crime, a viúva de Hernández Marval não via o dominicano havia vários meses. Voltou a encontrá-lo, preso, na SN, quando ele se aproximou e disse:

— Ajude-me. Estão me acusando da morte de seu marido.

Torturaram-no impiedosamente, apesar de a viúva de Hernández Marval ter assumido sua defesa. A última vez que o viu, ainda no cárcere, pareceu-lhe terrivelmente abatido. Nunca mais soube nada dele. Esse foi o primeiro grande mistério no misterioso crime do Mercury preto: a sorte do dominicano Ángel. Seu nome não consta do processo instruído pela SN. Não o mencionaram em nenhum momento do processo, embora tenha sido o primeiro acusado pelo crime. Foi tragado pela terra.

Outro dos grandes mistérios foi o destino dos cadáveres. Ao ser posta em liberdade, a viúva de Hernández Marval recebeu ordem de se apresentar a cada oito dias à SN. Assim o fez durante três meses. Enquanto isto, dedicou-se a localizar o lugar em que enterraram o marido. Depois de muito rever os livros de registro do cemitério, encontrou o nome, com um erro: em lugar de "Hernández Marval", dizia "Hernández Malva". Fora enterrado a uma da madrugada de 26 de março de 1952 sob o número 1.326. Assessorada por um funcionário do cemitério, a viúva conseguiu encontrar, depois de um dia inteiro de buscas, a gaveta numerada que assinalava o local onde repousava o cadáver. Era um lugar situado no fundo do cemitério onde a SN enterrava suas vítimas, depois da meia-noite. Ali não restava outro sinal senão a gaveta com um número. E esse foi o único sinal que restou de Vicente Hernández Marval. Apesar das reiteradas gestões da viúva, o Mercury preto de sua propriedade nunca foi devolvido pela SN. Aquele parecia ser um caso liquidado.

"Soltem esses pobres homens. Eles nada têm a ver com isso"

Seis meses depois, a 2 de outubro de 1952, um motorista de caminhão, Guillermo Martínez Gómez, dormia tranqüilamente na casa de sua irmã, Josefina Martínez de Pestaño, no bairro Quenepe, do morro de Buena Vista, em La Guaira. À uma da madrugada, dois agentes da SN bateram em sua porta e sem explicações ordenaram a Guillermo Martínez que se vestisse.

— Quem é seu ajudante no caminhão? — perguntaram.

Guillermo Martínez, que durante dois anos trabalhara regularmente para José T. Ravelo B. e C. A., agentes da alfândega de La Guaira, tinha dois ajudantes: Fermín Luongo e Crispim Martínez. Mas nos dois dias anteriores seus ajudantes habituais foram substituídos por um negro grande, de olhos infantis, viúvo e com dois filhos, que trabalhava na mesma empresa havia dois anos. Chamava-se Ernesto Eulogio Sequeira. Como Guillermo Martínez Gómez não sabia exatamente para que a SN o procurava e nem por que lhe perguntava o nome de seu ajudante, deu o nome de Eulogio Sequeira. Dormia a quatro quadras dali, num quarto alugado numa casa de família. Outros dois agentes da SN o tiraram da cama dez minutos depois. Martínez e Sequeira foram conduzidos, algemados, à Segurança Nacional.

Quarenta e oito horas mais tarde — a 5 de outubro de 1952 — o esquecido crime do Mercury preto estourou nas manchetes dos jornais, ressuscitado em sua dramática espetaculosidade por uma entrevista coletiva da Segurança Nacional. Guillermo Martínez Gómez e Eulogio Sequeira, dois trabalhadores exemplares que todos os dias, às sete da manhã, vinham a Caracas com um caminhão carregado de mercadorias para distribuir no comércio; que regressavam a La Guaira às cinco da tarde; que aos sábados à noite tomavam sua cachacinha como todo mundo, junto com os amigos; que quase nunca iam ao cinema; que não tinham mais vícios do que jogar dominó e jamais na vida brigaram com alguém, declararam-se, em confissão assinada, autores do crime do Mercury preto. A SN apresentou o caso como um triunfo de seu instituto médico-legal.

A versão oficial apresentava uma surpreendente riqueza de detalhes. Guillermo Martínez e Eulogio Sequeira — segundo essa versão — passaram em Caracas o dia 25 de março, terça-feira. Guillermo com o objetivo de ver sua noiva. Eulogio, por puro prazer. Estavam cada um por sua conta. Passada a meia-noite, Martínez Gómez, que estivera no cinema com a noiva, encontrou-se com Sequeira perto do relógio da pracinha de Catia. Ali contrataram o primeiro táxi que passou para que os levasse a La Guaira. Era o Mercury preto, dirigido por Vicente Hernández Marval. No banco dianteiro viajava, ninguém sabe por quê, José Gregorio de Pablos. A caminho de La Guaira, ao passar diante da casa da noiva de Martínez, o motorista buzinou. Afirmou que a moça não era indiferente aos seus galanteios. Enfurecido, Martínez Gómez golpeou o motorista. Quando seu companheiro, De Pablos, tentou intervir, Sequeira puxou a pistola e o matou com um tiro. E disparou também contra o motorista. Nesse momento se encontravam na "curva do Copei". Martínez e Sequeira jogaram os cadáveres no barranco. Logo depois, caminharam três quilômetros pelo atalho e bateram na porta de uma humilde cabana, situada um pouco mais abaixo da fazenda de Curucuti, onde vivia Pío Martínez. Ali tiraram as roupas ensangüentadas, jogaram-nas aos porcos e vestiram roupas limpas. De manhã, como se nada tivesse acontecido, voltaram ao trabalho, depois de atirar a pistola a poucos metros do Mercury preto. E de repartir os quarenta bolívares que subtraíram dos bolsos dos cadáveres. Jesús Calderón Blanco, um homem sem nada de particular, que vivia a pouca distância de Pío Martínez, declarou na SN, em confissão assinada, que vendera a Guillermo Martínez, por sessenta bolívares, a pistola usada no crime.

No mesmo dia em que a SN comunicou à imprensa esta versão do crime, a mulher de uma das vítimas, Sabina Hermoso de Hernández, foi levada para ver os assassinos de seu marido. Estava no gabinete de Colmenares, quando cruzaram pelo corredor, lívidos e algemados, Martínez Gómez e Sequeira. Um oficial da SN lhe disse:

— Olhe, senhora, ali vão os assassinos de seu marido.

A viúva de Hernández disse que, desde aquele momento, teve a certeza de que aquela era uma história inventada por completo pela SN, para descarregar sobre dois inocentes seu próprio crime. Via aqueles dois homens pela primeira vez em sua vida, nunca estiveram com seu marido e estremeceu com a injustiça que se cometia. Dizia-se que o cadáver de seu marido fora despojado de quarenta bolívares. Ela sabia que na noite de 24 de março, quando Vicente Hernández saiu de casa, levava mais de trezentos bolívares no bolso. Sabia que era um homem forte, ágil e hábil na defesa pessoal, que não seria morto, sem reagir, com um tiro de revólver através do banco do automóvel. A viúva de Hernández disse aos agentes da SN:

— Soltem esses pobres homens. Os senhores estão equivocados. Estou certa de que não foram eles que mataram meu marido.

"Não importa que seja verdade ou mentira. Você já está com o morto nas costas"

No final de outubro, o juiz de Primeira Instância do tribunal da Primeira Circunscrição, doutor Alberto Ferraro, recebeu o expediente, instruído pela Segurança Nacional, e enviado diretamente por Pedro Estrada. O doutor Ferraro convocou os sindicatos, as testemunhas, o vendedor da pistola, e então se esclareceu uma das mentiras mais sombrias da Segurança Nacional. Pálido, doente, Guillermo Martínez Gómez afirmou diante do juiz:

— Não confirmo minha declaração ante a Segurança, por ser tudo falso, pois a fiz sob ameaças. Ali me torturaram, me fizeram subir num ringue com os pés descalços, me bateram com porretes, me golpearam e por último me levaram para a estrada de Junquito, onde me penduraram num arbusto; algemados e pendurados, nos bateram com porretes. Digo tudo no plural porque também levaram comigo Sequeira e fizeram a mesma coisa com ele, nos amarraram a um guindaste que estava numa caminhonete e então ao içar o guindaste ficamos no ar. Eu não podia mais agüentar as torturas e desmaiei. Em seguida nos levaram para a SN, nos interrogaram e me perguntaram se era certo que Sequeira matara duas pessoas e eu lhes disse que o acusara por não agüentar mais, mas que eram mentiras e então me fizeram assinar a declaração que eles escreveram e me fizeram assiná-la pondo um revólver em meu peito.

Esta declaração não foi feita agora, quando se conhecem os crimes cometidos pela SN. Foi feita a 12 de outubro de 1952. Agora, na penitenciária Modelo, onde Martínez e Sequeira pagam pelo crime do Mercury preto há cinco anos, continuam frescas em sua memória as recordações daquele interrogatório sangrento. Diz-se que ignoravam os detalhes do crime — de um crime do qual nunca ouviram falar — até o ponto de que no primeiro interrogatório, um SN, completamente bêbado, perguntou-lhes:

— Como os mataram?

Martínez respondeu:

— À faca.

No dia seguinte foi torturado de novo para corrigir o erro. Não devia dizer que o crime fora cometido à faca, e sim com revólver. Martínez disse — e reafirma agora na penitenciária Modelo, como confirmou no Juizado de Primeira Instância — que não podia fazer essa declaração porque nunca tivera um revólver na mão.

— Não importa — disse o torturador. — Você já está com um morto nas costas. O melhor é que saia disto para evitar novas torturas.

Com dois fios elétricos nos rins, Martínez Gómez admitiu então que o crime foi cometido com revólver.

— Quem lhes vendeu a arma?

Martínez Gómez, já quase desfalecido, disse que não sabia. Os torturadores mencionaram um nome que ele conhecia, por ser o de um vizinho de seu pai: Jesús Calderón Blanco. Um torturador especificou:

— Quem vendeu o revólver para você, por sessenta bolívares, foi Jesús Calderón Blanco, não é isso?

— É isso — respondeu Martínez Gómez.

Ali terminou, por enquanto, sua terrível agonia, mas começou a de um homem que, segundo declarou, nunca tivera um revólver na vida: Jesús Calderón Blanco. Levado para a Segurança Nacional, poucas horas depois, assinou a confissão de que fora ele quem vendeu a arma homicida a Guillermo Martínez Gómez. Foi preso por tráfico de armas. Mas a 16 de novembro, no Juizado de Primeira Instância, retratou-se de sua confissão.

— Na Segurança, fui apontado pelos assassinos — disse — como o indivíduo que lhes vendeu a pistola e só por isso fui duramente interrogado e me disseram que devia dizer algo porque tinha vendido a pistola. Primeiro me falou um senhor e me disse que eu comprara a pistola num barco, de um marinheiro, e que a vendera por necessidade e mais tarde o próprio chefe da brigada me disse que eu vendera a pistola e que confessasse logo senão me daria mal. Deixaram-me tranqüilo por um instante e logo me levaram para um ringue com os braços amarrados atrás e me encheram de socos e pontapés. Em seguida me deixaram. Mais tarde, quando vinham de novo para me levar ao ringue, recordei as palavras do policial e preferi adotar a versão que consta no expediente para evitar que me dessem uma nova surra. Essa é a verdade, porque nunca tive armas e jamais tive necessidade de setenta bolívares (sic) porque sou um homem sem vícios e sempre tenho minhas economias.

A declaração de Carmen del Valle Anzola, mulher de Jesús Calderón Blanco, foi mais detalhada:

— No dia 2 de outubro corrente a Segurança foi buscar meu marido para uma averiguação. Chegou à Segurança às quatro da madrugada, pois os que tiveram a honra de conduzi-lo para lá pararam num cabaré de Catia para tomar alguma coisa e ele ficou na caminhonete até essa hora, quando então chegou à Segurança Nacional. Começou o castigo, levaram-no para um ringue, onde ficou três horas, e então o senhor Colmenares mandou que lhe colocassem algemas. Quando estava algemado veio um estrangeiro que acompanhou o grupo e lhe deu um soco, ele caiu no chão e ficou desmaiado. Deu-lhe pontapés e em seguida o senhor Colmenares lhe disse:

"— Ainda não, esperem um momento.

"Deram-lhe uma folga, vendo que não lhe tiravam nada. Houve um ali que ouviu a ordem de não sei quem: se no próximo interrogatório não se confessasse, seria entregue ao Junquito para pendurá-lo num pau, num mato ali perto usado para fins de tortura, e essa pessoa lhe disse que ouviu a ordem, que era investigador, que se confessasse, que inventasse uma mentira. Disse ainda:

"— Diga que a compraste num armazém, com várias balas. Então você se defenderá de outro modo ou tua mulher te arranjará advogado. Do presídio Modelo você sai, e do Junquito você não sai porque os homens que eles levam saem mais mortos do que vivos e vomitando sangue.

"Então — continuou Carmen del Valle Anzola — meu marido teve de se confessar e disse à SN: "Cara, te agradeço." Quando chegaram para o próximo interrogatório, declarou: "Sim, fui o vendedor."

"— Onde a compraste? — perguntaram-lhe.

"— Num armazém."

Condenado a vinte anos, uma única esperança: o indulto da Junta

Convencido da inocência dos acusados, o juiz doutor Alberto Ferraro absolveu Martínez e Sequeira. Mas o juiz Picón Rivas, numa instância superior, condenou-os a 2 de fevereiro de 1956 a vinte anos de prisão e a penas acessórias correspondentes. Na atualidade, Martínez e Sequeira cumprem resignadamente sua condenação na penitenciária Modelo. Nos dias de visita, uma dama lhes leva cigarros: a mulher de Vicente Hernández Marval, que continua convicta de sua inocência.

— Sofri terrivelmente com a morte de meu marido — disse a viúva. — Mas meu tormento maior nestes últimos cinco anos é saber que esses pobres inocentes estão pagando por um crime que não cometeram.

Os condenados, num atordoamento que dura cinco anos, estão materialmente impossibilitados de se lembrar o que fizeram na noite de 24 de março de 1952. Na realidade, eles foram detidos seis meses depois e não se recordam um fato extraordinário que lhes permita reconstituir suas lembranças daquela noite. Nos registros da empresa onde trabalhavam consta que Martínez e Sequeira estiveram em Caracas durante todo o dia entregando mercadoria no comércio. A irmã de Martínez Gómez e o seu marido declararam, declaram e reiteram com obstinação sua declaração de que durante todo o ano de 1952 Guillermo Martínez Gómez dormiu na casa deles. Na cozinha da prisão Modelo, onde prestam serviço e onde lhes foi concedido um certificado de conduta exemplar, os dois condenados consideram este conto de loucos um pesadelo; nunca ouviram falar do crime, nunca tiveram um revólver nas mãos, não sabem nada de nada. Tudo foi — insistem e têm como provar — uma grande mentira da Segurança Nacional. Com que objetivo? Eles ignoram. Não sabem nada de política. Martínez Gómez não tinha noiva em Caracas, eles não necessitavam jamais de quarenta bolívares, pois ganhavam às vezes até cem bolívares diários e levavam uma vida regular, porque estavam economizando para comprar um caminhão.

Mas a sentença está sendo cumprida. O único recurso foi interposto na semana passada pelo doutor Ferraro, o antigo juiz que os absolveu: pediu à Junta de Governo que no exercício de suas faculdades constitucionais conceda indulto aos condenados. Essa é a última esperança num caso incrível no qual tudo parecia perdido. Incluindo a última esperança.

MAIO DE 1958

Senegal *muda de dono*

— E aqui temos *Senegal*!
O anúncio seria muito mais espetacular se realmente o Senegal estivesse ali, naquela sala de cinqüenta metros quadrados, onde foram arrematados, em três manhãs consecutivas, 17 exemplares do *stud* Cañaveral que o Estado expropriou de Fortunato Herrera. Mas não havia espaço para um cavalo. O juiz da Primeira Instância, doutor Carlos Julio Pineda, e o procurador-geral da nação, doutor Ruggieri Parra, solenemente sentados diante de duas bandeiras da Venezuela, ouviram as ofertas e conduziram, numa ordem admirável mas num ambiente de bom humor, uma contenda em que cada palavra valia pelo menos mil bolívares.

A ausência dos cavalos, que naquela hora faziam seus exercícios de rotina no hipódromo, foi compensada pela brilhante apresentação que fez deles Luis Plácido Pissarello, veterano de corridas que, num minuto, com uma voz que tem algo de trovão, é capaz de descrever, como se estivesse vendo, todos os cavalos que correm em Caracas. Aquele era o momento esperado. O tribunal, sabendo que *Senegal* era a vedete do leilão, preferiu oferecê-lo na última sessão. Essa determinação criou uma espécie de suspense cinematográfico, mas foi também um inconveniente. Na secretaria do juizado, separada do tribunal por uma cortina vermelha e convertida por 72 horas numa roda de especulações, os proprietários comentavam: "Não nos atrevemos a oferecer nada enquanto não se arrematar *Senegal*. Não sabemos quanto teremos para oferecer." Por isso, durante três dias, fizeram-se ofertas discretas, para soltar a grande oferta no momento de disputar o campeão.

O craque estava avaliado em 125 mil bolívares. De acordo com a lei, as ofertas deviam começar a partir da metade do preço: 62,5 mil bolívares. Mas o tribunal se reservava o direito de não cedê-lo se considerasse que a última oferta não fosse satisfatória. Naquela corrida de cifras redondas, também *Senegal* ganhava por vários corpos, graças ao seu extraordinário retrospecto: em 1956, em oito corridas, chegou seis vezes em primeiro lugar, uma em segundo e uma em terceiro, que renderam 163.904,35 bolívares. Em 1957, em oito corridas, obteve exatamente os mesmos resultados: seis primeiros lugares, um segundo e um terceiro. Mas esta vez os resultados em dinheiro vivo foram maiores: 310.759,90. Nos últimos meses se disse que *Senegal* estava acabado. No entanto, seus antecedentes indicavam que, de qualquer maneira, seria a vedete do leilão. Qualquer proprietário de cavalos estaria disposto a comprar *Senegal*, ainda que ele não produzisse um centavo mais na pista. Como simples reprodutor, valia uma fortuna.

Às 10h45 um homem disse timidamente: "Dou 70 mil bolívares"

Calvo, pequeno, silencioso, o comerciante Sandor Berla Grustein esperara muitas horas, fizera muitas contas e roera as unhas antes de lançar a primeira oferta. Quase imediatamente depois que Luis Plácido Pissarello pôs *Senegal* à venda, às 10h45 da sexta-feira, quando a sala atulhada de proprietários, jornalistas e simples fanáticos do turfe submergiu numa tensa expectativa, ele levantou um dedo e disse, um pouco timidamente:

— Setenta mil.

A réplica surgiu logo, três metros adiante, de um proprietário tranqüilo, com cara de ator de cinema mexicano, representante de uma associação que acabara de ser criada: o *stud* Venezuela, cuja divisa amarela era desconhecida até esse momento. Nos três dias do leilão, essa associação, representada por Enrique Sucre Vega, levara os melhores exemplares do *stud* Cañaveral:

Drapetón, por 47 mil bolívares; *Corroncho*, por 35,5 mil, e a égua *Liryque*, por 21 mil. Enrique Sucre manifestara, em segredo, o propósito de levar *Senegal* a qualquer preço.

— Setenta mil e quinhentos — disse.

Sem a menor emoção, Sandor Plácido Pissarello melhorou a oferta um segundo depois. Mas apenas em 500 bolívares. Supunha-se que às 10h50 — cinco minutos depois de iniciada a peleja — *Senegal* seria declarado vendido. Mas Luis Plácido Pissarello jogou por terra essa esperança:

— O tribunal adotará todo o tempo que julgar necessário para vender *Senegal*.

Aquele anúncio interrompeu o duelo. No salão, onde era proibido fumar, a tensão aumentou. Nos outros andares do edifício University, onde funcionava o Ministério da Justiça, e do lado de fora, na rua, até a praça Bolívar, circulou o boato de que *Senegal* estava sendo arrematado. Cinco minutos depois de iniciados os lances faltava ar no salão. As únicas pessoas que pareciam manter a serenidade eram os dois proprietários que foram com o propósito firme e o dinheiro necessário para levar *Senegal*. Aquela expectativa durou 25 minutos. Melhorando a oferta de 500 em 500 bolívares, e sem outros concorrentes, Grustein e Sucre protagonizaram um duelo que parecia infinito. Por último — às 11h20 — o representante do *stud* Venezuela oferecera uma cifra respeitável:

— Noventa e seis mil e quinhentos.

Grustein replicou:

— Noventa e sete mil.

E Sucre replicou no ato:

— E quinhentos mais.

Então sucedeu algo inesperado. Ninguém voltou a falar, salvo Luis Plácido Pissarello, que repetiu a oferta em voz alta, durante três minutos. Ninguém replicou. Às 11h25, com a platéia um pouco desiludida no último minuto, o *stud* Venezuela levou *Senegal* por 97,5 mil bolívares, um preço que, segundo os especialistas, é apenas metade do preço real do campeão. Só quando se tornou dono do exemplar, Enrique Sucre Vega, que parece ter uma calma de jogador, começou a suar.

— Teríamos levado *Senegal* de qualquer maneira — disse. — Estávamos dispostos a dar até 150 mil bolívares.

Dessa forma, o campeão começava a dar aos seus novos proprietários um lucro de 52,5 mil bolívares. O famoso *stud* Cañaveral, que tanto prestígio deu ao seu proprietário, Fortunato Herrera, deixara materialmente de existir.

Nas 15 vezes em que correu sempre esteve no pódio

Em sua cocheira no hipódromo, *Senegal* — sem fazer o que acontecera de manhã — sentiu-se instintivamente surpreendido com o fato de um rapaz conhecido de muitos anos, em cujo uniforme verde ainda está escrito, com letras vermelhas, o nome do *stud* Cañaveral, ter colocado por cima um distintivo amarelo, com um nome em letras verdes: *stud* Venezuela. Aquilo era uma novidade. Desde que *Senegal* chegou ao país, transportado de avião da Argentina, quando era apenas um potro e só com referências sobre seus antepassados, tivera sempre a divisa verde. Fortunato Herrera comprou-o num leilão por 32 mil bolívares.

Mais do que garantia, a árvore genealógica do potro *Senegal* era um inconveniente. Seu pai, *Barham*, o grande invicto inglês, de propriedade do Aga Khan, demonstrara inexplicável incapacidade de transmitir suas excelentes qualidades aos descendentes. Eram conhecidos em Caracas quatro filhos seus: *Mr. Greek*, *Navazón*, *Mountbatten* e *Volante*. Apesar das críticas dos ingleses, que não se resignavam em perder a glória de *Barham*, o tríplice coroado foi vendido aos Estados Unidos como reprodutor. Mas foi um fracasso. Em 1944, uma associação de criadores argentinos comprou-o como simples reprodutor. Mas não produziu nada de novo. No momento de sua morte, lembraram suas antigas vitórias e sua misteriosa incapacidade de transmitir aos herdeiros a índole de campeão.

Antes de morrer, uma égua — *Brownie* — filha de *Ruston Pashá* em Blanck Arrow, teve dois filhos de *Barham*. Um deles, *Préndase*, veio para Caracas, e ganhou em 1955 o clássico Simón Bolívar. O outro era *Senegal*. Nas cocheiras do *stud* Cañaveral, o potro comprado por Fortunato Herrera por

452 mil bolívares nem era considerado futuro campeão. Mas o preparador Ambrosio Eduardo Eldner — um argentino de origem dinamarquesa — pôs o olho nele desde o primeiro momento. Para ele, aquela docilidade do potro não era falta de classe, mas simplesmente bom humor. Quando Fortunato Herrera lhe disse que fosse à Argentina buscar um exemplar capaz de ganhar o clássico Simón Bolívar, Eldner respondeu que a providência seria inútil. Não havia tempo de aclimatar um novo exemplar.

— Mas de qualquer maneira — disse Eldner — há aqui um potro capaz de ganhar o clássico.

— Qual é?

— *Senegal.*

Poucas semanas depois, esse exemplar do qual o proprietário nada esperava, era o favorito do hipódromo de Caracas. Com o clássico Simón Bolívar de 1956, ganhou o prêmio mais alto já pago na história da competição. Desde então, nas 15 vezes em que correu, não ficou uma só vez fora do pódio.

Incógnita: os cavalos da ditadura nunca perdiam

O extinto *stud* Cañaveral continuará a ser talvez a grande incógnita do turfe. Uma coisa era certa: os cavalos de Fortunato Herrera ganharam, durante todo o tempo em que seu amigo íntimo foi ditador da Venezuela, a maior quantidade de prêmios e, portanto, a maior quantidade de dinheiro com que pode sonhar um proprietário nativo. Muita gente se pergunta se os cavalos do *stud* Cañaveral correram dopados. De fato, uma dose de alcalóide injetada na corrente sangüínea do animal meia hora antes do páreo pode provocar na pista um rendimento desconcertante. Para evitar a fraude, os exemplares devem ser submetidos ao exame de um veterinário, que analisa a urina e a saliva para comprovar que não foram dopados. Mas sob o regime de Pérez Jiménez tudo era possível.

A idéia de que os cavalos do *stud* Cañaveral eram submetidos a arranjos fraudulentos nasceu, em primeiro lugar, na facilidade sem precedentes com que eles quebraram recordes e na rapidez com que eram declarados inúteis.

Um cavalo dopado é um cavalo doente. Depois de uma série sucessiva de triunfos espetaculares, tem de ser retirado das corridas, sem que possa ser aproveitado sequer como reprodutor.

A suspeita de que *Senegal* era estimulado, mais do que por magnífica herança e uma excelente preparação, por uma forte dose de alcalóides, surgiu pela maneira como superou o recorde dos 3.200 metros. Na realidade, um recorde como esse se bate por uma fração ou, no mais extraordinário dos casos, por duas frações de segundo. *Senegal* o baixou de 211 para 207 segundos. Uma proeza sem precedentes.

Enquanto durou a ditadura, Fortunato Herrera ganhou com seus cavalos muito mais dinheiro do que qualquer outro proprietário. Mas se dava ao luxo de retirar os exemplares num momento em que poderia extrair deles uma fortuna se realmente sua qualidade correspondesse às vitórias. *Los Altos*, por exemplo, teve de ser aposentado depois de ganhar o clássico Simón Bolívar, há vários anos. *Carriles*, que ganhou o clássico Fuerzas Armadas, também teve de ser aposentado. *Drapetón*, que correu quatro meses sem descanso, vitória sobre vitória, também teve de ser afastado pouco tempo antes que Fortunato Herrera se sentisse obrigado a abandonar o país.

Senegal, incluído como animal suspeito, era a exceção. Dopado ou não, ganhou até hoje 472.664,25 bolívares e está correndo há quatro anos, com um rendimento cada vez maior. Deveria ter um sangue excepcional para se manter no posto tanto tempo, apesar do efeito dos alcalóides.

Desde que o governo desapropriou o *stud* Cañaveral, a 25 de janeiro, todas estas conjeturas, até então cochichadas apenas nos meios turfísticos, saltaram à luz da opinião pública. Concretamente sobre *Senegal* se fizeram os prognósticos mais pessimistas. Pensava-se que os empresários não compareceriam à hasta pública e que o país fizera um mau negócio ao desapropriar os exemplares de Fortunato Herrera.

Mas os especialistas que investiram seu dinheiro nos cavalos do *stud* Cañaveral deviam estar seguros do negócio em que embarcavam. O conhecido proprietário chinês Hung, com seu sotaque e suas suaves maneiras orientais, disse, ao sair do leilão:

— Se eu tivesse dinheiro, daria meio milhão de bolívares pelo lote, e teria feito um bom negócio.

Exemplar por exemplar, o leilão só produziu 343 mil bolívares.

A verdade parece ser que *Senegal* está em perfeito estado, já restabelecido de uma insignificante lesão na pata direita. Por causa da idade — cinco anos em julho — não poderá participar do clássico Simón Bolívar, que ganhou quatro anos consecutivos. Mas seus novos proprietários podem obter dele num ano — segundo cálculos dos especialistas — três vezes mais do que pagaram no leilão. Depois de retirá-lo das pistas terão um excelente reprodutor. Essa é outra prova de que aqueles que pagaram 97,5 mil bolívares têm motivos para crer que *Senegal* nunca foi dopado. Se fosse, nunca se esperaria dele uma descendência de campeões, e sim o contrário.

Lleras

Nenhum colombiano teve tanto trabalho para chegar à presidência da República como Alberto Lleras Camargo. Um ano antes da eleição, a quase totalidade dos 3 milhões de cidadãos que domingo votaram nele admitia o prognóstico redondo de que Rojas Pinilla ficaria vinte anos no poder. Só ficou seis dias. Para depor o ditador mais bem armado da história americana, esse jornalista convertido em político pela lei da gravidade, que nunca na vida disparou um tiro de revólver, inventou uma fórmula cujo principal inconveniente era que se necessitava demasiado otimismo para acreditar nela. Quando Lleras voou de Bogotá a Benidorm, o ensolarado balneário catalão onde o exilado Laureano Gómez não era apenas um morto político, mas também um homem moribundo, ninguém lhe recriminou nada mais que seu academismo. O líder liberal propôs ao líder conservador a criação de uma frente única contra a ditadura. O pacto, assinado em agosto de 1956, era praticamente um armistício na guerra civil que liberais e conservadores sustentavam havia dez anos. Rojas Pinilla estava tão firme no poder e Lleras tão desamparado e o povo colombiano tão alienado, que em seu regresso a Bogotá foi revistado no aeroporto pelos detetives do Serviço de Imigração e não aconteceu absolutamente nada. Poucos meses depois, Lleras instruiu os colombianos a não saírem de casa. Rojas Pinilla, com o país paralisado, destacou 30 mil homens armados para a rua como se fossem para a terceira guerra mundial, mas não encontraram ninguém contra quem disparar. Caiu a 72 horas, sem saber como, sem se dar sequer o gosto final de disparar um tiro.

O povo colombiano, que, por ser um povo religioso, é capaz de esticar a política até a superstição, pensou de Lleras o que seguramente Lleras pensa de si próprio quando está se barbeando: que é um homem providencial. Por isso se precipitou domingo para depositar nas urnas a maior quantidade de votos que jamais se depositou na história do país, em prol de um homem que há dez anos era ao mesmo tempo o ex-presidente mais jovem e o mais impopular da Colômbia. O liberalismo, partido majoritário, não lhe perdoava então o fato de Lleras haver observado da presidência, diante da divisão liberal, com uma imparcialidade que se parecia suspeitosamente com a indiferença que custou o poder ao liberalismo e 800 mil mortos em nove anos ao país. Lleras — que gastou a maior parte de sua vida no jornalismo, entende as situações políticas com a objetividade de repórter e se impôs com um estilo de correspondente estrangeiro no país mais retórico do mundo — refugiou-se no jornalismo. Fundou, escreveu, aparelhou e quase vendeu na rua a revista *Semana*. Mais tarde — quando Jorge Eliecer Gaitán se desiludia com uma manifestação de 200 mil pessoas — foi para os Estados Unidos, como diretor da União Pan-americana e depois como secretário da OEA, sem que ninguém se desse conta. Politicamente estava abaixo de zero.

Do tresnoitado inveterado que ouvia os caminhões do leite passarem da redação dos jornais, só resta a Lleras a maneira de escutar — completamente retorcido na cadeira — e essa prosa de rara perfeição que parece se ajustar matematicamente ao pensamento. Lleras repetiu em diversas ocasiões que, mais do que político, é um escritor frustrado. Na realidade, é o melhor escritor colombiano.

Em nenhuma parte do mundo se poderia acreditar que Lleras nasceu no trópico. É um homem ossudo e pálido, de uma tranqüilidade britânica e uma mentalidade fria e calculista. Trabalha com rapidez, mas nunca se apressa para começar. No *El Liberal*, um jornal que fundou para apoiar Alfonso López, escrevia os editoriais às três da madrugada, em vinte minutos, depois de perder toda a noite em tertúlia. É assim em política. É capaz de esperar durante muitos anos o minuto propício de atuar.

Na aparência, não é um homem de ação. É exatamente o contrário de um agitador de massas. Mas sua voz descansada, de uma dicção perfeitamente asséptica, incapaz de dizer uma palavra excessiva, exerce uma prodigiosa influência sobre seus ouvintes. Essa virtude se demonstrou particularmente no dia 10 de julho de 1944, quando um grupo de militares rebeldes prendeu o presidente López no sul da Colômbia. Em Bogotá, Lleras se apoderou de um microfone da Rádio Nacional. Durante todo o dia leu mensagens de apoio ao governo, informou sobre os movimentos de tropa, convenceu o país de que o movimento fora debelado. Sua voz de locutor experimentado criou um ambiente confortável de confiança nacional. O movimento foi debelado.

Com 52 anos, três filhos e um prestígio reconstruído pedra sobre pedra durante vinte meses, Alberto Lleras volta agora à presidência como Rojas Pinilla saiu: pela vontade popular e sem disparar um tiro. Nos Estados Unidos aparou o bigode rústico, que se inclinava para o lado direito no decurso da conversa, e corrigiu um pouco os dentes. Mas com seu crânio ovóide, as costas irregulares e os dentes saltados apesar de tudo, este liberal de direita continua a ser o colombiano que mais se parece com suas caricaturas.

Estes olhos falam por sete sicilianos mortos

No refeitório da pensão Libanesa — no número 8 de Samán a Salas — só ficaram cinco hóspedes depois do jantar. Num canto, sentada numa cadeira de lona, uma senhora grávida dormitava diante da televisão. Num canto do refeitório, junto a um corrimão cheio de vasos de flores, quatro homens conversavam, fumando, ainda sentados à mesa onde haviam tomado café. Falavam num dialeto italiano. Ainda que fosse só pela maneira de gesticular se saberia que era um dialeto meridional, e que um deles, o mais bem-vestido, com uns olhos pretos e brilhantes sob as espessas sobrancelhas que se tocavam, comandava a conversa. Depois de um segundo café, às 9h30, os quatro se levantaram da mesa com o propósito de ir ao cinema.

Um comprido automóvel preto ficou estacionado mais de uma hora, diante da pensão, com dois homens dentro. Quando os quatro italianos saíram à rua e começaram a caminhar, num grupo alvoroçado, rumo à avenida principal, o automóvel se pôs em marcha. Foi uma espécie de sinal para outro automóvel estacionado na esquina da quadra, que também se pôs em marcha, lentamente, sem se separar um metro da calçada. Antes de chegar à esquina, os quatro italianos se viram rodeados por seis homens. Um deles descera do primeiro automóvel. Os outros cinco, do segundo. Não houve diálogo. Apenas uma ordem seca e terminante. Um momento depois, os quatro italianos foram obrigados a entrar nos automóveis. Foi a última vez que foram vistos.

Os sicilianos de Caracas tremem, sem saber por que a morte os persegue

A notícia de que Giuseppe Ferrantelli, Rosario La Porta e Vicenzo e Bernardino Piazza tinham desaparecido circulou como um boato denso e carregado de presságios na colmeia de imigrantes sicilianos que durante todo o dia assediou o Hotel Roma, em Caracas. O desaparecimento ocorreu a 25 de fevereiro de 1955. No final da semana, um venezuelano, desconhecido na colônia de italianos do sul, apresentou-se na Sapataria Roma — a cuja tertúlia os quatro desaparecidos iam com freqüência — com uma carta para Rosario Valenti, outro imigrante siciliano. A carta, disse o mensageiro, era de Giuseppe Ferrantelli. O proprietário da sapataria, Calogero Bacino, um trabalhador de pele curtida que falava um espanhol aproximativo, negou conhecer Rosario Valenti.

O desconhecido convidou-o para tomar um café. Bacino aceitou. Caminhou vinte passos na direção da praça Panteón em companhia do anfitrião inesperado, mas um minuto depois se viu rodeado por outros três desconhecidos. Obrigaram-no a entrar na caminhonete, sem qualquer explicação, e esta foi a última vez que o viram em Caracas.

A notícia de que um quinto siciliano desaparecera provocou pânico na colônia. Sem saber do que se tratava, mas supondo que uma ameaça terrível pairava sobre os sicilianos de Caracas, muitos deles se esconderam. Outros, mais precavidos, iniciaram apressadamente gestões para regressar ao seu país. Entre eles se encontrava o destinatário da carta de Ferrantelli, Rosario Valenti, a quem o sapateiro desaparecido negou conhecer, e que na realidade era um dos amigos que mais freqüentavam o estabelecimento. Quando soube que cinco compatriotas amigos tinham desaparecido, Rosario Valenti se escondeu por três dias. Mas logo saiu à rua para preparar a documentação e abandonar o país. Na porta da Delegacia de Estrangeiros, uma terça-feira às quatro da tarde, dois desconhecidos lhe fecharam a passagem. Fizeram-no entrar num automóvel. Foi a última vez que o viram.

O último a vê-lo, por coincidência, foi outro siciliano que conhecia Valenti de vista, e era amigo de um tio seu, Minzzione Polizzi, que partilhava com o sexto italiano desaparecido um quarto modesto numa pensão na praça Las Mercedes. Minzzione Polizzi, informado de que seu sobrinho fora seqüestrado, ele próprio torturado pelo medo, dirigiu-se a uma agência de turismo e iniciou a urgente tramitação de seus documentos para abandonar o país. Foi a última iniciativa que tomou em Caracas. Na porta da agência de turismo, um desconhecido se aproximou e o obrigou a entrar numa caminhonete. Essa foi a última vez que viram Minzzione Polizzi em Caracas.

Era como se os sete italianos tivessem sido tragados pela terra. Amordaçados pela censura, os jornais de 1955 ignoraram a importância da notícia. Mas os imigrantes italianos a comentaram a meia voz durante muitos meses. Na aparência, não havia lógica naquele desaparecimento de sete imigrantes modestos, cujos ganhos apenas permitiam pagar uma pensão de 180 bolívares. Nenhum deles tinha antecedentes criminais. Giuseppe Ferrantelli, o mais vivo, o mais bem adaptado, o mais bem vestido e o mais culto do grupo, nem sequer emigrara para a Venezuela pressionado pela angústia econômica. Nascera em Burgio, na inamistosa província siciliana, onde sua família desfrutava de certa prosperidade. Ferrantelli abandonara sua casa em 1953 porque um amigo da família, emigrado para a Venezuela, falava de Caracas em suas cartas como uma cidade milagrosa onde cresciam em 24 horas enormes arranha-céus de vidro. Nada mais que por curiosidade, Ferrantelli atravessou o Atlântico, desembarcou em La Guaira e se preparou para ver o milagre dos arranha-céus. Mas dois meses de turismo vegetal o colocaram diante da realidade concreta de que na Venezuela era preciso trabalhar para comer.

A voz da SN suspende a reportagem de Bafile:
"Não caminhe sobre dinamite"

Em contato com um grupo de compatriotas, Ferrantelli comprou a crédito um velho Chevrolet, azul e vermelho, placa 5671, e se dedicou a viajar pelos estados de Miranda e Aragua, vendendo toda sorte de mercadorias baratas. Os ganhos não eram apreciáveis. Mas os gastos tampouco. Na pensão Libanesa, alugou um quarto grande, sem mais enfeites do que uma janela com cortina vermelha sobre a rua, em companhia de outros três sicilianos: Bernardo e Vicenzo Piazza e Rosario La Porta. Todos, à exceção de Bernardo Piazza — que não era parente de Vicenzo Piazza — eram oriundos de Burgio. Pela pensão completa cada um pagava 180 bolívares.

Por intermédio de Bernardo Piazza — que era natural de Alessandria della Roca — os quatro sicilianos do Chevrolet azul e vermelho se tornaram amigos do proprietário da sapataria Roma, Calogero Bacino. Ali se reuniam ao entardecer, para conversar sobre a pátria distante, nesse dialeto abrupto e árido que tanto se assemelha à província natal. Entre os companheiros de tertúlia conheceram Rosario Valenti e seu tio, Minzzione Polizzi, que viviam a poucas quadras dali, num mesmo quarto da praça das Mercedes. Ferrantelli comandava sempre a conversa. "Suas iniciativas", disseram nestes dias, "não se discutiam: eram aceitas como boas. Era dotado de uma dialética singular e de uma lábia capaz de pulverizar a resistência mais obstinada." De certa maneira, os sete constituíam um grupo homogêneo. Mas os quatro da pensão Libanesa eram um grupo compacto, com interesses e afirmações comuns. Viviam no mesmo quarto. Trabalhavam juntos. Comiam juntos, tomavam duas xícaras de café depois da refeição, falando sempre, e iam ao cinema quase todas as noites. Aparentemente não tinham nenhuma ligação que permitisse explicar o desaparecimento.

No estreito e tumultuado escritório que nesse tempo servia de redação, gerência e administração de *La Voce d'Italia*, um dos jornais em italiano editados em Caracas, o diretor Attilio M. Cecchini, um jornalista que mais parece, pelo físico, um galã do cinema italiano, assumiu como causa pessoal o misterioso desaparecimento de seus sete compatriotas. Em reunião informal com seu chefe de redação, Gaetano Bafile, decidiu investigar a fundo, por conta do jornal e sem recorrer à polícia, até descobrir a verdade. Com o obstinado e misterioso método do jornalismo italiano, capaz de armar um tremendo escândalo nacional a partir de um cadáver tão modesto como o de Wilma Montesi, mas que em todo o caso chega sempre ao nó do problema antes que os policiais, Bafile dedicou várias semanas a reconstituir, detalhe a detalhe, os últimos passos dados em Caracas pelos sete compatriotas desaparecidos. Mas em 1955, com a cidade controlada pelos 5 mil olhos de Pedro Estrada, as conclusões a que chegou o jornalista eram uma passagem sem regresso para a morte. Um funcionário da polícia, que se deu conta dos progressos de Bafile em sua investigação, preveniu-o cordialmente:

— Não caminhe sobre dinamite.

"O homem a quem vocês devem assassinar se chama Pérez Jiménez"

O fio da investigação levara o redator de *La Voce d'Italia* até a administradora Capri, agência de turismo que se encarregava de pôr em ordem a documentação dos sicilianos em Caracas. A proprietária da agência, uma italiana atraente, enérgica e irascível, tinha um grupo de amigos que podiam ser a explicação da rapidez e da eficácia com que sua agência de turismo despachava a documentação dos compatriotas. Esse grupo de amigos era o "sexteto da morte", o sinistro braço direito de Pedro Estrada. A proprietária da administradora Capri tinha um nome absolutamente desconhecido em 1955 mas que há três semanas é um dos mais conhecidos de Caracas: Ada Di Tomaso.

Nascida em Bugnara, no Abruzzo, Ada Di Tomaso entrara em contato com a SN por intermédio de seu marido, um obscuro português chamado Angiolino Apolinário. Ferrantelli freqüentava a administradora Capri. Bafile concluiu que o drama começou ali. Segundo ele, Giuseppe Ferrantelli, ao saber que o marido de Ada Di Tomaso pertencia à SN, perguntou-lhe:

— E eu também poderia entrar para a Segurança?

O português prometeu usar sua influência. Acertou um encontro com um alto oficial da Guarda Nacional, a que Ferrantelli compareceu pontualmente em companhia de seu companheiro de quarto e de negócios, Vicenzo Piazza, que também tinha interesse em ingressar na SN. O oficial era — segundo revelou há pouco *La Voce d'Italia* — o coronel Óscar Tamayo Suárez. A primeira entrevista foi simplesmente para estabelecer contato. Na segunda se formulou a questão da confiança. Posteriormente, as entrevistas se tornaram quase diárias. Numa delas, o oficial quis saber se os sicilianos eram bons atiradores. Na zona de tiro, Vicenzo Piazza demonstrou que não apenas sabia manejar um revólver mas que era um atirador escolado. Então se pediu a eles um terceiro homem de inteira confiança para cumprir uma missão delicada. Ferrantelli recomendou outro de seus companheiros de quarto: Bernardo Piazza. Uma vez formada, a equipe tomou conhecimento da delicada missão que lhe seria encomendada: assassinar Marcos Pérez Jiménez. A recompensa era de 400 mil bolívares. Metade seria paga antes do atentado. A outra metade seria entregue depois, juntamente com as passagens de avião e os documentos em ordem para viajar à Itália.

Vinte detetives vigiam uma festa na sapataria Roma

Bafile supõe que os sicilianos não acreditaram naquele enorme complô proposto em termos tão simples. Mas se prestaram ao jogo pensando que, de qualquer maneira, poderiam tirar algum proveito dele. No processo de aperfeiçoamento do plano, um quarto homem entrou na sociedade: Minzzione Polizzi. Foi ele quem se encarregou de fazer vir da Itália as pistolas. Trouxe-as pessoalmente um sobrinho seu, que desembarcou em La Guaira sem que suas malas fossem revistadas na alfândega. Esse sobrinho seria mais tarde outro dos desaparecidos: Rosario Valenti.

Em janeiro de 1955, o Chevrolet azul e vermelho dos sicilianos não circulou sozinho pelas ruas de Caracas. A prudente distância, era seguido sempre por um automóvel da SN. Um policial alugou na pensão Libanesa o quarto contíguo ao dos sicilianos. Naqueles dias, Bacino deu uma festa em sua sapataria e, enquanto ela durou, a quadra esteve cheia de policiais. Pedro Estrada estava na pista do complô. Na noite de 25 de fevereiro, na porta da pensão Libanesa, o projeto de atentado contra Pérez Jiménez foi liquidado para sempre. Cinco dias depois não sobrara um só vestígio: os sete italianos, as únicas pessoas que conheciam a intimidade do complô, foram silenciados para sempre pela SN.

Três anos depois do desaparecimento, *La Voce d'Italia* — que guardara a história em seus arquivos — soltou a bomba em toda a largura da primeira página. De acordo com as averiguações do jornalista Gaetano Bafile, o complô contra Pérez Jiménez era uma farsa. O português Apolinário, que descobriu as intenções dos sicilianos, vendeu-os a Pedro Estrada por 10 mil bolívares. Mas Apolinário não está na Venezuela para comparecer diante da justiça, pois abandonou o país em circunstâncias que não foram explicadas. Ada Di Tomaso, a única investigada, foi submetida a um interrogatório de três horas no Segundo Juizado de Instrução. No final da diligência, numa crise de nervos, enfrentou os jornalistas para negar com obstinação todas as acusações. Mas 24 horas depois desapareceu.

JUNHO DE 1958

Nagy: herói ou traidor?

Seis mil tanques e 200 mil soldados de infantaria soviéticos esmagaram a revolta de Budapeste. Imre Nagy, que fora o primeiro-ministro no confuso governo dos últimos 12 dias, refugiou-se na embaixada da Iugoslávia. O novo regime, presidido por Janos Kadar, comprometeu-se com o governo iugoslavo a permitir sua saída da Hungria e expediu o salvo-conduto a 22 de novembro, três semanas depois de esmagada a revolta. A partir dessa data, o paradeiro de Nagy foi um mistério para todo o mundo. Até para os húngaros.

O governo Kadar informou oficialmente que Nagy se encontrava na Romênia. Mas no ano passado, em Budapeste, as pessoas da rua e mesmo alguns funcionários punham em dúvida a versão oficial. A crença popular sobre a sorte de Nagy era que o ex-primeiro-ministro fora seqüestrado na porta da silenciosa e desorganizada embaixada iugoslava na mesma noite em que se expediu o salvo-conduto, e fuzilado sem procedimento judicial. Mas a 4 de abril deste ano Nikita Kruschev, em sua visita à Hungria, declarou:

— Imre Nagy vive confortavelmente numa casa de veraneio escolhida por mim.

Não disse em que país se encontrava a casa nem em que circunstâncias vivia o ex-primeiro-ministro. Só na semana passada, 31 meses depois de seu desaparecimento, um comunicado da agência Tass deu a primeira notícia concreta: Imre Nagy foi executado depois de julgado por um tribunal do povo.

A agência Tass não costuma ser muito explícita, a não ser quando fornece notícias sobre os *sputniks*. Nesse caso foi menos explícita do que nunca. O segredo em que se manteve o cativeiro, o hermetismo do julgamento e a execução, as versões contraditórias sobre o paradeiro do primeiro-ministro nos últimos meses, tudo parecia calculado para transformar Imre Nagy numa lenda.

A opinião pública internacional, estimulada pela poderosa engrenagem do capitalismo, manifestou seu estupor diante da notícia lacônica e brutal. Mas seguramente em nenhum outro lugar o estupor será tão significativo e sincero como em Budapeste, onde o nome de Nagy era ao mesmo tempo um símbolo e uma esperança. Não poderia ter ocorrido ao atual regime da Hungria, férreo e impopular, ato mais impopular do que a execução de Nagy.

Nos muros de Budapeste, esburacados pela artilharia soviética, vi no ano passado, escrito a broxa, um silencioso grito de protesto: "Abaixo os assassinos de Nagy." Perguntei a alguns funcionários quem eram os autores dessas inscrições:

— São os reacionários infiltrados por toda parte — me responderam.

Mas um contato mais direto com os operários, os estudantes, as pessoas nos cafés, permitia chegar a uma conclusão diferente. A Hungria estava dividida entre um governo detestado pela população, mantido pelas armas soviéticas, e uma população que confiava no retorno de Nagy. Era uma confiança tão poderosa que até mesmo os que acreditavam em sua morte pareciam não descartar a possibilidade de que Nagy regressasse do túmulo para reconstruir a Hungria. Já era nessa época um mito nacional.

Em seu desespero para destruir o imenso prestígio de Nagy, o regime de Kadar enchia os muros com cartazes de todas as cores, imprimia folhetos e pronunciava discursos contra o ex-primeiro-ministro. A razão era simples: a população que se revoltou a 23 de outubro de 1956 pedia um governo presidido por Nagy e a expulsão das tropas soviéticas. Kadar fez o contrário: tirou o poder das mãos de Nagy com o auxílio das tropas soviéticas. Sabendo que a população nunca o perdoaria por essa infeliz manobra, tratava de convencê-la, por todos os meios ao seu alcance, durante as 24 horas do dia, de que Nagy não era um herói, e sim um traidor. Mas havia muita história recente, muito sangue fresco na Hungria, para que a população mudasse de idéia.

Nas margens do Danúbio, diante das ruínas da ponte Elizabeth dinamitada pelos alemães, uma caminhonete oficial com dois alto-falantes divulgava durante o dia inteiro proclamações contra Nagy. Do outro lado da pracinha com grandes flores vermelhas e amarelas onde se ergue a estátua do poeta Petöfi, os estudantes da universidade assistiam às aulas atormentados pelo barulho dos alto-falantes. Nos plácidos jardins da ilha Margarida, onde uma orquestra de violinos tocava mambo e guarachas até a meia-noite, a música tropical fluía em jorros pelos alto-falantes e se alternava com palavras de ordem contra Nagy. Era uma obsessão oficial. Nenhum homem em Budapeste parecia mais presente do que esse primeiro-ministro derrubado cujo paradeiro se ignorava.

Certa noite, num cinema da avenida Rákosi que passava *Os esquecidos*, de Buñuel, projetou-se um *slide* de propaganda. Era uma caricatura de Nagy, com a barriga extraordinariamente volumosa, tentando introduzir à força pela boca um salsichão enorme com uma palavra escrita: "Capitalismo". Um intérprete benévolo me disse ao ouvido:

— São exageros ridículos.

Sua desculpa foi interrompida por uns aplausos tímidos e indecisos. Posteriormente, ante a agressiva imobilidade do *slide*, o público prorrompeu numa decidida vaia. As luzes se acenderam de repente. Ninguém olhou para ninguém, mas a vaia foi substituída por um tenso silêncio. Quando as luzes se apagaram de novo o filme começou em meio a um murmúrio comprimido.

Para a população húngara, Imre Nagy nunca deixou de ser um comunista convicto. Mas, ao contrário dos outros, que apoiavam o regime de terror de Rákosi, era um político que nunca perdeu de vista a realidade nacional. Em 1953, Nagy foi removido de seu cargo de primeiro-ministro porque proclamou um regime de maiores liberdades, pediu mais atenção à produção dos artigos de consumo em detrimento da indústria pesada e propôs a conveniência de praticar uma política mais independente em relação à União Soviética e mais afinada com os interesses nacionais. A população concordava com ele. Mas Matyas Rákosi, um dogmático míope e sanguinário que substituiu Nagy no poder com o apoio de Stalin, seguiu adiante com seu estouvado programa de industrialização a curto prazo. A experiência socialista da Hungria, sem o apoio popular, ficou sem base. Imre Nagy, com toda a parcela sadia do Partido Comunista, foi encarcerado e expulso do partido sob uma acusação posta na moda nesse tempo pela disputa entre Tito e Stalin: "nacionalista, divisionista e antimarxista".

Em agosto de 1956, em conseqüência da nova linha traçada pelo XX Congresso, Nagy foi libertado e reintegrado ao partido. Dois meses depois, estourou a revolta. A população — que saiu à rua pedindo a abolição do regime de Rákosi, a expulsão das tropas soviéticas, o reexame da situação das minas de urânio húngaras exploradas pela URSS, a eliminação da foice e o martelo da bandeira e a convocação de um congresso comunista para a elaboração de novas diretrizes — não estava contra o socialismo. Era uma revolução popular contra um regime corrompido. Como síntese de suas aspirações, as multidões sublevadas pediram que Imre Nagy voltasse ao poder.

Perguntei aos funcionários comunistas em Budapeste por que Kadar estava no poder, considerado um comunista puro, enquanto Nagy era considerado um traidor. A pergunta tinha um certo fundamento: Janos Kadar foi encarcerado por Rákosi e expulso do partido ao mesmo tempo que Nagy, e pelos mesmos motivos. Faziam parte da mesma corrente, partidária de uma purificação dos métodos. Foram libertados e reabilitados ao mesmo tempo e pelos mesmos motivos. Na turbulenta madrugada de 24 de outubro em que Nagy assumiu o poder, Janos Kadar assumiu a secretaria do Partido Comunista, levado a esta posição pelos revolucionários. Na madrugada de

2 de novembro, Kadar pronunciou pela Rádio Budapeste um discurso ouvido por todo o mundo. Nesse discurso reconheceu e celebrou o caráter eminentemente popular da revolta, felicitou os militares de base pela forma como tomaram posição contra a corrupção de seus dirigentes e prometeu que ninguém seria castigado por sua participação na revolta. Até aquele momento não se afastara uma só linha do pensamento de Nagy.

Kadar fez, sim, o discurso de 4 de novembro

A primeira vez que fiz a pergunta, no enorme e triste refeitório do hotel Liberdade, em Budapeste, três dirigentes comunistas, de comum acordo, negaram que Kadar tivesse pronunciado esse discurso. Mas uma semana mais tarde, no acampamento de verão do lago Balaton, uma tormenta de verão nos obrigou a nos refugiarmos no restaurante. Um grupo de dirigentes comunistas — do qual fazia parte um membro do comitê central — explicava com muitos detalhes e muito entusiasmo a situação húngara a um grupo de esportistas da Alemanha Oriental. Intervim para formular de novo a pergunta. Eles admitiram que, na realidade, Kadar estava equivocado.

A verdade é que Nagy e Kadar tiveram a sua primeira divergência ao amanhecer de 4 de novembro, na residência do primeiro-ministro, onde se analisou a situação e se compreendeu que a revolta popular fora capitalizada pela reação, mais forte, mais bem-preparada do que o comunismo e com uma decisiva ajuda exterior. Nagy se negou terminantemente a chamar as tropas soviéticas para esmagar a revolta. Propôs sua fórmula: organizar clandestinamente o Partido Comunista e iniciar a partir do dia seguinte um trabalho de massas para fazer a verdadeira revolução. Kadar pensou de outro modo: chamou as tropas soviéticas. Na névoa gelada de novembro, aqueles dois homens que lutaram juntos, sofreram juntos e juntos triunfaram e foram derrotados, saíram ao amanhecer por dois caminhos diferentes. Nagy para a embaixada da Iugoslávia. Kadar para o poder.

Para a posição internacional da União Soviética, a execução de Nagy é terrivelmente grave. Só ela, explorada pela insaciável engrenagem da propaganda capitalista, pode neutralizar a enorme simpatia criada na opinião pública ocidental pelos três satélites interplanetários. Mas há algo mais grave. A execução de Nagy ocorreu exatamente depois que Kruschev concluiu seu longo, laborioso e irrefreável processo de acumulação de poder. Na atualidade ocupa exatamente a mesma posição de Stalin. Os novos acontecimentos permitem pensar que o antiestalinismo de Kruschev, sua insistente atividade para conseguir o desarmamento e a convivência dos diferentes sistemas, não passavam de uma jogada para acumular nas mãos a máxima quantidade de poder jamais imaginada no mundo moderno. Os Estados Unidos, que estavam sendo praticamente forçados pela teimosia de Kruschev a admitir uma conferência de cúpula, podem usar este retorno aos antigos métodos como um argumento contra o acordo.

A execução de Nagy, um assassinato político

Mesmo aqueles, entre nós, que acreditávamos no papel decisivo que Kruschev representava na história do socialismo, temos de admitir a suspeitosa semelhança que o primeiro-ministro começa a ter com Stalin. Seu espetacular rompimento com o marechal Tito se assemelha a uma repetição rudimentar, até com algo de comédia, da história de seu antecessor. A execução de Nagy parece um brutal recado aos partidários de uma política interna mais independente de Moscou nas democracias populares. Na Polônia, este ato de inegável estupidez política deve ter provocado uma comoção. De fato — permitindo uma certa liberdade de comparação — Gomulka, o homem considerado o salvador do socialismo em seu país, é o Imre Nagy da Polônia. Também ele foi encarcerado pelos stalinistas, também libertado e reabilitado em conseqüência do XX Congresso e também chamado ao poder pela população. Se a Polônia tivesse perdido sua revolta de 1956, como a Hungria a perdeu, a história autoriza a pensar que também Gomulka teria sido executado como traidor na semana passada. A execução de Imre Nagy, portanto, mais do que um ato de justiça, é simples assassinato político.

JULHO DE 1958

Nível de vida: zero

Num dos lados da velha estrada de La Guaira, na depressão de Ojo de Agua, onde os caminhões da limpeza pública jogam o lixo de Caracas, começa a nascer uma favela. Não é difícil encontrá-la: a três quilômetros de distância, um cheiro asfixiante, feito de todos os cheiros que a cidade esconde nas cestas de lixo ao entardecer, indica o caminho com maior precisão do que qualquer sistema de setas. Uma mancha de pacientes e silenciosos urubus monta guarda perpétua sobre o lugar. Abaixo, na desolada planície do lixão, numa atmosfera rarefeita pelo terrível zumbido das moscas, está nascendo a menor, mais triste e dramática favela da Venezuela.

Ainda não tem nome. É uma quadra de 11 casebres miseráveis, construídos com os materiais fornecidos pelo lixão: pedaços de baús, folhas de alumínio, cartazes de propaganda e tábuas para as paredes. Um pedaço de lona constitui o teto. Dentro, numa intimidade asfixiante, cheia de moscas, contaminada pela atmosfera densa e pelo insuportável cheiro do lixo, estão os velhos catres reconstruídos, cobertos com os lençóis e as colchas resgatados do lixão.

Em cada coisa, em cada canto se percebe um luxo amargo. As cozinhas, onde efetivamente nada falta, foram equipadas com os utensílios de cozinha que a cidade vai jogando no lixo.

Uma cadeira de rodas, sem rodas, e uma velha cadeira de barbearia, constituem o mobiliário. É uma nova ordem doméstica, reconstruída com trapos inúteis, utensílios de cozinha, molduras quebradas, tudo é resgatado das 80 toneladas de lixo com que Caracas enriquece todos os dias aquele lúgubre paraíso da miséria.

Não se sabe quando começou a nascer a favela. Há muitos anos, por falta de fornos crematórios, a cidade despejou seus refugos na depressão do Ojo de Agua. É impossível conceber um objeto que não faça parte daquela carga. No princípio, num aproveitamento rudimentar dos refugos, os pobres mais pobres de La Guaira subiam a pé pela velha estrada e passavam dias inteiros remexendo no lixo, com o sexto sentido da utilidade da gente radicalmente pobre. Em La Guaira, os turistas, predispostos a descobrir os aspectos mais grotescos do país, podiam se surpreender há alguns anos com uma mulher vestida com meias coloridas, uma saia de seda roída, um casaco de quadrados vermelhos e um chapéu de pluma. Assim se vestiam os miseráveis de Victor Hugo. Os mendigos do pátio dos milagres catavam suas prendas nos lixos de Paris. Os miseráveis de La Guaira as catavam no Ojo de Agua.

Mas no mundo moderno até o lixo tem uma utilidade industrial. Nas grandes cidades da Europa e nos Estados Unidos a indústria de transformação dos refugos urbanos representa uma importante parte da renda da produção. O papel, os enormes rolos de papelão com que se protege a mercadoria e os românticos e perfumados papéis de carta em que se escrevem os bilhetes de amor são feitos dos trapos velhos catados no lixão. Não se podia, em Caracas, ignorar por muito tempo o extraordinário valor comercial do lixo, de onde se extrai a matéria-prima mais barata do mundo. Um dia chegou a Ojo de Agua um homem gordo, saudável e empreendedor, convocou os miseráveis que debulhavam o lixo para levar os objetos de valor, e lhes disse:

— Recolham todos os trapos que eu compro a três pratinhas o quilo. Recolham as garrafas e pagarei quatro bolívares o cento. Recolham tudo o que vocês acreditam que serve para alguma coisa, ponham de lado, que mandarei caminhões para recolher.

Assim nasceu a favela. Como era difícil vir todos os dias de La Guaira e regressar à noite, Jacinto Gutiérrez, um antigo ajudante de carpinteiro que há três anos estava desempregado, decidiu ficar e viver no lixão. Procurou, no lixo, o material para construir sua casa e depois uma cama e, por último, os trapos para se proteger do frio. A primeira vez que chegou a Ojo de Agua não se acreditou capaz de suportar o cheiro e o zumbido das moscas. Mas a necessidade faz o hábito. Jacinto Gutiérrez, que passara os trinta anos de sua vida num casebre de La Guaira, acabou por não sentir nem o cheiro nem o zumbido enlouquecedor das moscas e decidiu trazer a mulher e o filho de 14 anos. Agora todos trabalham. Às vezes, numa jornada proveitosa, chegam a recolher até trezentos quilos de trapos velhos.

Os caminhões de lixo chegam de manhã. Os habitantes da favela os aguardam impacientes, com a mesma impaciência dos urubus. Quando os grandes caminhões despejam sua carga no lixão, uma nuvem de poeira densa e pestilenta obscurece a atmosfera e então se produz uma revoada de seres humanos e urubus, cada qual em busca de sua presa, numa batalha encarniçada que lembra a luta das espécies pela sobrevivência. No furor da luta surgem os achados do dia: um tapete persa, um par de botas de caçador, metade de fogão e até uma lata com pedaços de sardinhas. De um lado ficam os trapos, as garrafas, as coisas que serão vendidas à tarde, quando chegarem os caminhões do comprador. Do outro lado, os objetos de utilidade doméstica, que vão enriquecer os recursos do lar e engrandecer a favela.

Um homem, que vive numa velha carroceria de caminhão, encontrou uma bandeira da Venezuela. Fixou-a num cabo de vassoura e a pôs a flutuar na janelinha. Uma mulher, que teve a paciência e o engenho de recolher pouco a pouco inumeráveis peças de numerosos fogões, conseguiu montar um fogão a gás. Às vezes um golpe de sorte bate à porta e o favorecido pela loteria da miséria abandona para sempre o lixão. Foi o caso de Tobías Solórzano, um imigrante asturiano que chegou a Caracas a 3 de fevereiro, buscou trabalho em todos os lugares, dormiu nos parques e passou três dias sem comer e encontrou o lixão como uma solução providencial. Com sua sorte de cachorro, Tobías Solórzono era no frigir dos ovos um homem de boa sorte. Um sábado à tarde, quando ninguém esperava, um caminhão penetrou na lixeira. O asturiano o viu passar pela porta de sua casa como quem vê passar pela primeira vez na vida o rosto de sua boa estrela. Dois homens descarregaram do caminhão uma geladeira elétrica. Era branca e parecia perfeitamente utilizável. Tobías Solórzono examinou-a, pôs seu nome nela com um pedaço de carvão e na segunda-feira da semana seguinte levou-a para vender. Deram por ela, numa loja de aparelhos elétricos de segunda mão, 120 bolívares. Nunca mais foi visto no lixão.

Como os pobres de *Milagre em Milão*, os pobres do Ojo de Agua são gente alegre, com um extraordinário senso de humor. María Eugenia Vargas, mulher de quarenta anos que parece ter sessenta e disse ter passado cinco anos inteiros procurando trabalho em La Guaira, sente-se feliz no lixão, recolhendo trapos. Os mais vistosos, não vende. Guarda para si, põe no corpo e anda vestida alegremente, como se ela mesma não fosse outra coisa que uma colcha de retalhos feita com o mostruário de toda a roupa lançada por Caracas no lixo.

— Faz uma semana que não vendo nada — diz María Eugenia Vargas, e mostra com o indicador cinqüenta quilos de trapos. — O senhor que compra as coisas não vem há três dias, mas não tive a sorte de chover.

A razão é simples: quando chove, os trapos pesam mais e, apesar das reservas do comprador, sempre se espera um lucro suplementar no inverno.

Nenhuma criança de Caracas tem seguramente mais brinquedos do que os cinco meninos do Ojo de Agua. Nos primeiros meses do ano, a cidade começa a lançar no lixo toneladas de brinquedos que alegraram a noite de Natal. Raúl, o adolescente de 14 anos que vive com os pais numa choça de Ojo de Agua, coleciona brinquedos velhos desde três meses atrás e tem todo um setor da lixeira destinado a guardá-los. Raúl tem um cachorro, um revólver verdadeiro e um par de botas impermeáveis, que usa juntamente com uma calça de aviador cheia de costuras e bolsos. Antes, em La Guaira, foi mensageiro de uma família rica. Agora ajuda o pai e diz que as aves de rapina e as moscas o conhecem:

— São meus amigos — diz com um sorriso irônico. — Elas incomodam vocês porque têm medo.

AGOSTO DE 1958

A Venezuela bem vale um sacrifício

Enquanto tiro as medidas das calças numa confecção do Centro Simón Bolívar, o proprietário descobre que sou jornalista e me propõe o tema tema do dia: o empréstimo.

— Por que — pergunta-me — não se faz uma coleta entre os comerciantes da Venezuela, em vez de comprometer o país num empréstimo externo?

— De que maneira?

— Pode-se recorrer à generosidade das pessoas que vivem aqui — diz o comerciante. A Venezuela bem vale um sacrifício.

Faço um cálculo rápido. É impossível, digo-lhe. E exponho minhas razões: o empréstimo que está sendo negociado pelo governo no exterior será, de acordo com as últimas informações, de 300 milhões de dólares, ao câmbio de 3,09 bolívares por dólar. Isto é: 902,7 milhões de bolívares. Só a cifra, dita desprevenidamente, corta a respiração: novecentos e dois milhões e setecentos mil bolívares.

— Não importa — diz o comerciante. — É uma quantidade relativamente pequena.

— Façamos as contas — digo. — A Venezuela tem 6 milhões de habitantes. Se quisermos substituir o empréstimo dos Estados Unidos por gigantesca coleta interna, com a qual cada habitante da Venezuela contribui com um bolívar, e supondo que igualmente os 115.445 desocupados também contribuam, ainda ficariam faltando 896,7 milhões de pessoas para completar a cifra.

O comerciante move a cabeça e tenta me interromper, mas sigo adiante:

— Se recorrêssemos à solidariedade de todas as Américas, da Patagônia ao Alasca, cada habitante contribuindo com um bolívar, ainda assim não se coletaria sequer a metade da soma necessária para compensar o empréstimo.

O comerciante intervém:

— Na Venezuela há milhares de pessoas que podem dar mais, muito mais, do que um bolívar.

— Mas também há muitas que não podem dar sequer um — digo eu.

— Recentemente a central sindical dos trabalhadores chegou a conclusões dramáticas no estudo da realidade econômica nacional. Naquela reunião se informou, entre outras coisas alarmantes, que três milhões de pessoas vivem de 750 mil chefes de família que recebem menos de oitocentos bolívares por ano. Ouça bem: oitocentos bolívares por ano.

O comerciante aprovou com a cabeça

— Além disso — prossegui — há mais de 300 mil pessoas que só ganham quatrocentos bolívares anuais. Seria justo tirar um bolívar de quem não tem? Nestas circunstâncias, a quantidade de pessoas que poderiam contribuir com o bolívar de salvação nacional ficaria reduzida, em cálculos redondos, a três milhões. Pois bem: na Venezuela há três crianças para cada adulto. Isto quer dizer (pois se supõe que uma criança não disponha de um bolívar) que os três milhões de contribuintes ficam reduzidos à quarta parte: 750 mil. Isto é: a campanha é absolutamente impossível.

— O senhor se engana num detalhe — disse então o comerciante. — Lembre-se de que na Venezuela há 150.487 gerentes, que ganham mais de 20 mil bolívares mensais, sem contar sua participação nas empresas. Se cada um desse 10 mil bolívares, a soma coletada seria maior do que o empréstimo.

— Dez mil bolívares? Não creio que contribuam. O senhor daria?

— Claro que sim — respondeu o comerciante. — Sou um dos 150.487 gerentes. E vou dar logo os 10 mil bolívares. A Venezuela bem vale um sacrifício.

Imediatamente mandou preencher um cheque, em nome da Junta Pró-Empréstimo Nacional. Assim nasceu esta reportagem.

A realidade em cifras

Na realidade, a campanha é possível. Na Venezuela, há 98.123 garçons de café; 30.943 cabeleireiros; 50.508 motoristas; 73.116 vendedores ambulantes, e até — ainda que se pense que o nosso não é um país ferroviário — 878 maquinistas de locomotivas, dos quais quatro são mulheres. Por pior que estejam no trabalho, cada um deles poderia contribuir com cinco bolívares. A Venezuela bem vale um sacrifício. Essa hipótese, que não tira nem põe um problema no orçamento deste grupo econômico, produziria 1.267.850 bolívares.

Calculando com cifras mais gerais: na Venezuela há 132.973 operários efetivos, com uma colocação segura e uma diária média de 14 bolívares. Os petroleiros, que são um setor privilegiado dentro de sua classe, têm um salário mínimo de 22 bolívares diários. Façamos a conta: se na campanha para salvar a Venezuela do empréstimo cada operário dentro da média de 14 bolívares contribuísse com apenas meio dia de trabalho, haveria outra soma apreciável: 920.811 bolívares.

Temos, além disso, 22.446 empregados com uma média de 18 bolívares diários que, com a paga de meio dia, poderiam contribuir com 2.002.041 bolívares. Há 15.693 médicos, 5.804 advogados e 14.741 engenheiros. Não estariam estes profissionais em condições de contribuir com cem bolívares cada um? A Venezuela bem vale um sacrifício. Só este grupo poderia contribuir com 3.616.800 bolívares.

Até este ponto, ninguém teria sacrificado mais do que o custo de um ingresso de cinema ou uma diversão qualquer — num país em que uma saída com os amigos não custa menos de duzentos bolívares — e a Venezuela, em compensação, teria 7.787.502 bolívares. Faltaria ainda fixar a contribuição para 18.493 militares; 27.412 agricultores independentes; 15.021 pescadores e caçadores; 6.109 taquígrafas mecanizadas; 1.597 religiosos, 3.910 escritores, pintores e artistas, e os milhares de engraxates, carregadores de malas e outros volumes, e vendedores de canetas e toda classe de coisas miúdas, que estão dissolvidos nas estatísticas. A Venezuela bem vale um sacrifício e eles estariam dispostos a se sacrificar.

A operação dos 150 mil gerentes

Nos cálculos anteriores há um enorme vazio: os 150.487 gerentes, que ganham mais de 20 mil bolívares mensais, sem contar sua participação nas empresas. Deles, 102.349 são proprietários dos negócios que administram. Muitos deles, numa saída informal com os amigos, não gastam menos de 500 bolívares. Quantos gerentes venezuelanos fazem por ano uma viagem de férias para o exterior sem medir as despesas? A Venezuela bem vale um sacrifício. Obtendo de cada um deles a contribuição de 10 mil bolívares — o que para eles seria uma soma insignificante — não haveria necessidade de continuar com estes cálculos. Os 150.487 gerentes, a 10 mil bolívares, produziriam 1.504.870.000 bolívares. É uma soma maior do que o empréstimo. Além dos agradecimentos, o governo teria de lhes dar o troco.

Os gerentes, com alguma razão, poderiam dizer que sozinhos não podem carregar todo o peso da contribuição. Poderiam alegar que 10 mil bolívares são uma soma alta demais como contribuição para a Venezuela pagar as dívidas da ditadura. No entanto, a Venezuela teria uma resposta: em poucos países do mundo os impostos são tão baixos como aqui. Por tudo o que o fisco deixou de recolher, por causa de uma legislação tributária benevolente, não é muito pedir, só uma vez, 10 mil bolívares.

Não há motivo para alarme. Seguramente os gerentes não recusariam o sacrifício. Sua generosidade tem histórias ilustrativas: há poucos meses, uma indústria nacional de bebidas ofereceu uma festa de relações públicas que lhe custou — sem contar as bebidas — 300 mil bolívares. Todo mundo ficou contente.

Com nome próprio

A prova de que os gerentes contribuiriam satisfeitíssimos com 10 mil bolívares é que um deles abriu a subscrição. O cheque se encontra na *Venezuela*

Gráfica, à espera de que se organize a campanha e se designe a Junta de Administração dos fundos, encarregada de receber as doações. É a contribuição da empresa Ridaura & Serrat, que tem uma confecção na Torre Norte do Centro Simón Bolívar.

Alberto Serrat — o comerciante com quem dialoguei —, que entregou o cheque de 10 mil bolívares à direção da *Venezuela Gráfica*, a favor da Junta Pró-Empréstimo Nacional, é um venezuelano naturalizado que chegou ao país há 12 anos.

— Cheguei sem um centavo — diz. — Hoje não sou rico, mas tenho um negócio bem montado, e entre os sócios temos cinco filhos nascidos na Venezuela. Parece-me que não é um sacrifício muito grande contribuir com 10 mil bolívares para um país que me deu muito mais do que sonhava há 12 anos.

Quantos imigrantes há na Venezuela em condições semelhantes às de Alberto Serrat?

O primeiro passo foi dado. A *Venezuela Gráfica* promove a campanha: "A Venezuela bem vale um sacrifício". O mesmo dinamismo, o mesmo espírito patriótico que os estudantes empregaram nas gloriosas jornadas cívicas dos últimos meses, poderia reviver agora para evitar que o país se comprometa com um empréstimo no exterior. A Junta Patriótica, por exemplo, poderia organizar os pormenores da campanha e constituir a Junta Pró-Empréstimo Nacional, da seguinte forma: um delegado do Ministério da Fazenda, um delegado do Conselho Monetário Nacional, um delegado do Tribunal de Contas da União, um delegado da Federação de Câmaras e Associações de Comércio e Produção, um delegado do Conselho Nacional de Economia e um delegado da Comissão Operária Unificada.

A Venezuela bem vale um sacrifício. Depois de tudo, uma vez feitos os cálculos, talvez esse sacrifício não seja tão grande como parecia ontem. Era infinitamente mais difícil derrubar uma ditadura.

JULHO DE 1959

A cortina de ferro é de madeira pintada de vermelho e branco

A cortina de ferro não é uma cortina e nem é de ferro. É um tapume de madeira pintado de vermelho e branco como os anúncios das barbearias. Depois de passar três meses dentro dela me dou conta de que era uma falta de bom senso esperar que a cortina de ferro fosse realmente uma cortina de ferro. Porém 12 anos de propaganda persistente têm mais poder de persuasão do que todo o sistema filosófico. Vinte e quatro horas diárias de literatura jornalística acabam por derrotar o bom senso a um ponto tal que a gente toma as metáforas ao pé da letra.

Éramos três na aventura. Jacqueline, francesa de origem indochinesa, diagramadora de uma revista de Paris. Um italiano errante, Franco, correspondente ocasional de revistas milanesas, domiciliado onde a noite o surpreender. O terceiro era eu, conforme está escrito em meu passaporte. As coisas começaram num café em Frankfurt, no dia 18 de junho às dez da manhã. Franco comprara para o verão um automóvel francês e não sabia o que fazer com ele, de maneira que nos propôs "ver o que há por trás da cortina de ferro". O tempo — uma tardia manhã de primavera — era excelente para viajar.

A polícia de Frankfurt desconhecia todos os trâmites para passar de automóvel para a Alemanha Oriental. Os dois países não têm relações diplomáticas e comerciais. Todas as noites sai um trem para Berlim por um corredor ferroviário no qual não se exigem mais requisitos do que um passaporte em dia. Mas esse corredor é um túnel noturno que começa em Frankfurt e termina em Berlim Ocidental, uma minúscula ilha ocidental rodeada de Berlim Oriental por todos os lados.

A estrada é o único meio de penetrar realmente na cortina de ferro. Mas as autoridades na fronteira são tão rigorosas que ao que tudo indica não valia a pena enfrentar a aventura sem um visto formal e com um automóvel matriculado na França. O cônsul da Colômbia em Frankfurt é um homem prudente.

— Há que ter cuidado — nos disse, com seu cauteloso espanhol de Popayán. — Imaginem vocês, todo esse poder dos russos.

Os alemães foram mais explícitos. Advertiram-nos que, caso pudéssemos passar, seriam confiscados as máquinas fotográficas, os relógios e todos os objetos de valor. Preveniram-nos que levássemos comida e gasolina suplementar para não estacionar nos seiscentos quilômetros da fronteira até Berlim e que em todo o caso corríamos o risco de ser metralhados pelos russos.

Só restava o recurso do acaso. Diante de uma ameaça de nova noite em Frankfurt com outro filme alemão em alemão, Franco tirou cara ou coroa. Saiu coroa.

— Okay — disse. — Na fronteira bancamos os loucos.

As duas Alemanhas estão divididas em quadrículas com a magnífica rede de auto-estradas construída por Hitler para movimentar sua poderosa máquina de guerra. Foi uma faca de dois gumes, pois facilitou a entrada dos aliados. Mas foi também uma formidável herança para a paz. Um automóvel como o nosso pode viajar por ali a uma média de oitenta quilômetros. Fizemos cem quilômetros com o objetivo de chegar à cortina de ferro antes do anoitecer.

Às oito atravessamos a última aldeia do mundo ocidental, cujos habitantes, crianças em particular, nos fizeram, na passagem, uma saudação cordial e surpreendente. Alguns deles nunca haviam visto um automóvel francês. Dez minutos depois um militar alemão, igual aos nazistas dos filmes não só pelo queixo quadrado e o uniforme cheio de medalhas, mas também pelo sotaque de seu inglês, examinou os passaportes de maneira completamente formal. Logo nos fez uma continência e nos autorizou a atravessar a zona de ninguém, os oitocentos metros de terreno que separam os dois mundos. Não havia ali campos de tortura nem os famosos quilômetros e quilômetros e quilômetros de arame farpado eletrificado. O sol do entardecer amadurecia sobre a terra sem cultivo, ainda despedaçada pelas botas e pelas armas como no dia seguinte da guerra. Essa era a cortina de ferro.

Comiam na fronteira. O soldado de guarda, um adolescente metido num uniforme pobre e sujo, grande demais para ele, como as botas e o fuzil-metralhadora, fez-nos sinal para estacionar até que o pessoal da alfândega acabasse de comer.

Esperamos mais de uma hora. Já era noite, mas as luzes continuavam apagadas. Do outro lado da estrada estava a estação de trem, um poeirento edifício de madeira com as janelas e as portas fechadas. A obscuridade sem ruídos exalava um vapor de comida quente.

— Os comunistas também comem — eu disse, para não perder o humor.

Franco dormitava sobre o volante.

— Sim — ele disse. — Apesar do que diz a propaganda ocidental.

Um pouco antes das dez acenderam as luzes e o soldado de guarda pediu que nos aproximássemos do farol para examinar os passaportes. Examinou cada página com a atenção ao mesmo tempo astuta e assustada de quem não sabe ler nem escrever. Em seguida, levantou a barreira e nos mandou estacionar dez metros adiante, na frente de um prédio de madeira com teto de zinco, parecido com os salões de baile dos filmes de caubóis. Um guarda desarmado, da mesma idade do anterior, conduziu-nos até um guichê onde nos esperavam outros dois rapazes uniformizados, mais assustados do que severos, mas sem o menor indício de cordialidade. Surpreendia-me que o grande portão do mundo oriental estivesse guardado por adolescentes inábeis e meio analfabetos.

Os dois soldados se serviram de uma caixa de madeira com as penas e um tinteiro com tampa de cortiça para copiar os dados de nossos passaportes. Foi uma operação trabalhosa. Um deles ditava. O outro copiava os sons franceses, italianos, espanhóis, com garatujas rudimentares de escola rural. Tinha os dedos manchados de tinta. Suávamos. Eles por causa do esforço. Nós por causa do esforço deles. Nossa paciência suportou até o infeliz momento de ditar e escrever o lugar de meu nascimento: Aracataca.

No guichê seguinte declaramos nosso dinheiro. Mas a mudança de guichê foi uma questão formal: a operação foi executada pelos mesmos dois guardas do primeiro guichê. Por último — num terceiro guichê — tivemos de preencher, por sinais, um questionário em alemão e russo com todos os pormenores do automóvel. Depois de meia hora de gestos extravagantes, de gritos e maldições em cinco idiomas, nos demos conta que estávamos enredados num sofisma econômico. O imposto do automóvel custava vinte marcos orientais. Os bancos da Alemanha Ocidental trocam quatro marcos ocidentais por um dólar. Os bancos da Alemanha Oriental, também por um dólar, dão apenas dois marcos orientais. Mas o marco ocidental e o marco oriental estão ao par. O problema consistia em que, se pagássemos com dólares, o imposto do automóvel custaria dez dólares. Mas se pagássemos com marcos ocidentais só custariam vinte marcos ocidentais, isto é, nada mais do que cinco dólares.

A essa altura — exasperados e mortos de fome — acreditávamos ter transposto todos os filtros da cortina de ferro, quando apareceu o diretor da alfândega. Era um homem rústico de formas e maneiras, vestido com uma calça de algodão suja com uma boca de quarenta centímetros e um casaco surrado cujos bolsos deformados pareciam cheios de papéis e migalhas de pão. Dirigiu-se a nós em alemão. Compreendemos que devíamos segui-lo. Saímos para a estrada deserta, iluminada apenas pelas primeiras estrelas, atravessamos os trilhos, demos a volta por trás da estação dos trens e penetramos num grande refeitório que cheirava a alimentos recém-consumidos, com as cadeiras amontoadas sobre mesinhas para quatro pessoas. À porta havia um guarda armado com fuzil-metralhadora ao lado de uma mesa com livros de marxismo e folhetos de propaganda, em exposição. Franco e eu caminhávamos com o diretor. Jacqueline nos seguia a poucos metros, arrastando os saltos nas sonoras tábuas do piso. O diretor se deteve e lhe ordenou com um gesto brutal que ficasse junto conosco. Ela obedeceu e os quatro seguimos em silêncio por um labirinto de corredores desertos, até a última porta do fundo.

Entramos em um quarto quadrado, com uma escrivaninha junto a um cofre, quatro cadeiras em torno de uma mesinha com folhetos de propaganda política e um jarro d'água e uma cama encostada na parede. Na parede, sobre a cama, um retrato do secretário do Partido Comunista da Alemanha Oriental, recortado de uma revista. O diretor se sentou à escrivaninha com os passaportes. Nós ocupamos as cadeiras. Eu me lembrava das aldeias da Colômbia, dos juizados rurais onde não se faz nada durante o dia mas de noite servem para os encontros de amor combinados no cinema. Jacqueline parecia impressionada.

Não posso precisar quanto tempo permanecemos nesse quarto. Um depois do outro tivemos de responder à mesma indagação formulada em alemão pelo funcionário mais grosseiro de que me recordo na vida. No início foi brutal. Explicamos por todos os meios que não éramos espiões capitalistas e apenas queríamos dar uma volta pela Alemanha Oriental. Eu tinha a impressão de que ele pensava num alemão blindado contra o qual ricocheteavam as palavras inglesas, francesas, italianas, espanholas, e até os gestos mais expressivos. Aquele diálogo de loucos o exasperou. Revoltou-se contra ele e em seguida contra sua própria ineficácia quando teve de esfregar três vezes os vistos estropiados pelos borrões e pelas emendas.

Quando chegou a vez de Jacqueline a atmosfera ficou menos tensa porque o diretor se sentiu tardiamente interessado pelos seus traços indochineses. Explicou-nos por sinais que ela podia encontrar na viagem "um amor de cabelo louro e olhos azuis" e em testemunho de admiração pessoal concedeu-lhe um visto gratuito. Quando abandonamos o escritório estávamos no limite da fadiga e da exasperação, mas ainda tivemos de perder mais meia hora porque o diretor tentava nos explicar com sinais, com pedaços de alemão e de inglês, uma frase que por fim conseguimos entender literalmente:

— O sol da liberdade brilhará na Colômbia.

Jacqueline, que estava mais desperta, assumiu o volante, e Franco se sentou ao seu lado para evitar que dormisse. Era quase uma da madrugada. Estendi-me no banco de trás e dormi ao rumor dos pneus que deslizavam suavemente sobre a auto-estrada plana, brilhante. Quando despertei começava a amanhecer. Em sentido contrário passavam veículos enormes e lentos cujas lanternas voltadas para baixo apenas conseguiam se distinguir das primeiras luzes da madrugada. Não pude definir as formas do comboio interminável.

— O que é isso? — perguntei.

— Não sabemos — respondeu Jacqueline, tensa ao volante. — Passaram toda a noite.

Só a partir das quatro, quando a esplêndida manhã de verão rebentou sobre as enormes planícies não cultivadas, nos demos conta de que eram caminhões militares russos. Passavam em intervalos de meia hora em comboios de vinte e trinta unidades, seguidos por alguns automóveis de fabricação russa, sem matrícula. Em alguns caminhões viajavam soldados desarmados. Mas a maioria estava coberta com uma lona de coloração militar.

A solidão da auto-estrada era mais apreciável pelo contraste com a Alemanha Ocidental, onde se tem que abrir caminho por entre automóveis americanos último modelo. A poucos quilômetros de Heidelberg está o quartel-general do exército americano com um cemitério de automóveis de mais de três quilômetros nos dois lados da estrada. Em compensação, na Alemanha Oriental se tem a impressão de se ter errado o caminho e de se estar viajando por uma auto-estrada que não leva a lugar nenhum. Os painéis publicitários são a única coisa que dissipa um pouco a idéia de solidão. Em lugar dos outdoors das estradas ocidentais, há ali gigantescas caricaturas do presidente Adenauer com corpo de polvo espremendo com seus tentáculos o proletariado. São as metáforas do realismo socialista do comunismo repostas com grossas pinceladas de broxa e cores vistosas, mas com o presidente Adenauer na qualidade de representante único e executor absoluto das atrocidades capitalistas.

Nosso primeiro contato com o proletariado do mundo oriental se apresentou de maneira imprevista. Às seis da manhã encontramos uma bomba de gasolina à beira da auto-estrada e um pouco adiante um restaurante com um letreiro de néon ainda aceso: "Mitropa". É o emblema dos restaurantes estatais. Franco encheu o tanque. Em seguida, fizemos um balanço de nossos marcos e decidimos correr o risco de nova cena de loucos para tomar o café-da-manhã.

Nunca me esquecerei a entrada nesse restaurante. Foi como cair de bruços numa realidade para a qual não estava preparado. Certa vez me meti numa rua de Nápoles no momento em que tiravam pela janela de um terceiro andar um ataúde amarrado com cordas, enquanto embaixo, no beco cheio de crianças e mendigos e carrinhos de mão com porcos esquartejados, a multidão tentava dominar a mulher do morto que rasgava o vestido, arrancava os cabelos e rolava no chão emitindo uivos. A impressão do restaurante foi diferente, mas igualmente intensa. Nunca tinha visto emoção tão patética concentrada no ato mais simples da vida cotidiana, o desjejum. Uma centena de homens e mulheres de rostos aflitos, rotos, comendo em abundância batatas fritas, carne e ovos fritos em meio a um surdo rumor humano e num salão esfumaçado.

Nossa entrada estancou o murmúrio. Eu, que tenho pouca consciência de meus bigodes e de meu casaco vermelho quadriculado de preto, atribuí aquele suspense ao tipo exótico de Jacqueline. Por entre o silêncio, sentindo na pele uma centena de olhares furtivos, caminhamos até a única mesa livre junto a um desbotado toca-discos a meio marco cada música. O repertório nos era familiar: mambos de Pérez Prado, boleros de Los Panchos e, sobretudo, discos de jazz.

Uma garçonete de uniforme branco nos serviu pão e café preto com um intenso sabor de chicória, mas evidentemente — em relação ao salário médio da França — muito mais barato do que em Paris e, segundo pudemos comprovar mais tarde em relação aos salários da Alemanha Oriental, muito mais barato do que em qualquer país da Europa. No momento de pagar, como os marcos orientais não eram suficientes, a operária aceitou um marco ocidental e nos fez assinar num papel comum o valor do câmbio.

Franco examinava a clientela com uma expressão deprimida. Há instantes da sensibilidade que não podem ser reconstituídos e explicados. Aquelas pessoas estavam fazendo o desjejum com as coisas que constituem um almoço normal no resto da Europa, a um preço mais baixo. Mas era gente estragada, amargurada, que consumia sem entusiasmo uma esplêndida ração matinal de carne e ovos fritos.

Franco tomou o último gole de café e tateou as pernas em busca dos cigarros. Mas não os encontrou. Então se levantou de maneira ostensiva, dirigiu-se ao grupo mais próximo e pediu, com sinais, um cigarro. Mal me dei conta de que os homens das mesas vizinhas se precipitaram sobre nós com caixas de fósforos, cigarros soltos e maços fechados, numa alvoroçada manifestação de generosidade coletiva. Um momento depois, caída no banco traseiro do automóvel que voava em direção a Berlim, Jacqueline fez o único comentário que eu considerava justo nesse instante:

— Pobre gente.

AGOSTO DE 1959

Berlim é um desvario

O único vestígio da Europa em Berlim Ocidental é a catedral queimada com uma torre derrubada pelas bombas. Os norte-americanos, como as crianças, têm horror dos morcegos. Em vez de escorar os poucos paredões que ficaram de pé depois da guerra e fazer com eles uma cidade remendada, aplicaram um critério mais higiênico e muito mais comercial: passar a borracha e começar tudo de novo.

O primeiro contato com essa gigantesca operação do capitalismo dentro dos domínios do socialismo me produziu uma sensação de vazio. Durante toda a manhã estivemos procurando a cidade, dando voltas dentro dela, sem encontrá-la. É assimétrica, sem pé nem cabeça, mas acima de tudo carece ainda de um centro onde se sinta a emoção de ter chegado.

As extensas regiões ainda não reconstruídas são parques provisórios. Há ruas que parecem transplantadas em bloco de Nova York. Em alguns lugares a voracidade comercial veio mais depressa do que a técnica e as grandes lojas se instalaram um ano antes da retirada dos andaimes. Ao lado de uma pirueta da arquitetura moderna — um arranha-céu que parece uma única janela de vidro — há uma aldeia de barracas onde os pedreiros almoçam. Uma multidão ansiosa, apressada, circula sobre as plataformas de madeira, entre a vibração das brocas, do cheiro do asfalto escaldante, das gruas que se movimentam por cima das estruturas metálicas e dos grandes anúncios de Coca-Cola. Dessa buliçosa operação cirúrgica começa a surgir algo que é tudo o contrário da Europa. Uma cidade resplandecente, asséptica, em que as coisas têm o inconveniente de parecer novas demais. Diz-se que essa é a experiência arquitetônica mais interessante da Europa. É evidente. Do ponto de vista técnico, Berlim Ocidental não é uma cidade e sim um laboratório. Os Estados Unidos é que dão as ordens. Não tenho dados sobre a quantidade de dólares investidos na reconstrução e nem sobre a forma com que foram feitos os investimentos. Mas os resultados estão à vista.

Acredito com humildade que é uma cidade falsa. Os turistas norte-americanos a invadem no verão, debruçam-se sobre o mundo socialista e aproveitam a oportunidade de comprar em Berlim Ocidental artigos importados dos Estados Unidos que ali são mais baratos do que em Nova York. Não se explica como se pode sustentar um hotel tão bom como os melhores dos Estados Unidos, com quartos modernos, televisão, banheiro e telefone por quatro marcos diários, isto é, um dólar. No congestionado trânsito não há um automóvel que não seja último modelo. Os letreiros das lojas, a propaganda, o cardápio dos restaurantes estão escritos em inglês. No território da Alemanha Ocidental há cinco emissoras nas quais nunca se transmitiu uma palavra em alemão. Quando a gente se dá conta disso e pensa ainda que Berlim Ocidental é uma ilhota encravada na Cortina de Ferro — sem relações comerciais a quinhentos quilômetros ao redor, não é um centro industrial considerável e o intercâmbio com o mundo ocidental se faz em aviões que aterrissam e decolam no aeroporto localizado no centro da cidade, a um ritmo de um avião a cada dois minutos — é obrigada a concluir que Berlim Ocidental é uma enorme agência de propaganda capitalista. Seu crescimento não corresponde à realidade econômica. Em cada pormenor se percebe o deliberado propósito de oferecer uma aparência de prosperidade fabulosa, de perturbar a Alemanha Oriental, que contempla o espetáculo, de boca aberta, pelo olho da fechadura.

O limite oficial das duas Berlins é o portão de Brandemburgo, onde flutua a bandeira vermelha com a foice e o martelo. Cinqüenta metros adiante há um cartaz alarmante: "Atenção, você vai entrar no setor soviético."

Chegamos diante desse cartaz ao entardecer, depois de conhecer Berlim Ocidental. Por puro instinto, Franco diminuiu a velocidade. Um policial russo nos fez sinal para parar, inspecionou o automóvel com um olhar inteiramente administrativo e em seguida deu a ordem de seguir adiante. A passagem é tão simples como esperar o verde no sinal de trânsito. Mas em compensação se faz notar. E é brutal. Entramos diretamente na Unter Den Linden, a grande avenida sob tílias, considerada em outra época uma das mais bonitas do mundo. Agora só restam troncos de estátuas enegrecidas pela fumaça, pórticos para o vazio, alicerces que disputam espaço com o musgo e a erva. Não se reconstruiu um único metro quadrado.

À medida que se penetra em Berlim Oriental se compreende que há mais do que diferença de sistemas: são duas mentalidades opostas de cada lado do portão de Brandemburgo. Os escassos blocos intactos do setor oriental têm ainda os impactos da artilharia. As lojas são sórdidas, entrincheiradas por trás das frestas abertas pelos bombardeios e com artigos de mau gosto e de qualidade medíocre. Há ruas inteiras com prédios destelhados de cujos andares superiores só resta a fachada. As pessoas continuam a viver apertadas nos andares inferiores, sem serviços sanitários nem água corrente e com a roupa posta para secar nas janelas como nos becos de Nápoles. De noite, em lugar dos anúncios de publicidade que inundam de cores a Berlim Ocidental, do lado oriental só brilha a estrela vermelha. O mérito dessa cidade sombria é que ela de fato corresponde à realidade econômica do país. Com exceção da avenida Stalin.

A réplica socialista ao crescimento de Berlim Ocidental é o colossal espantalho da avenida Stalin. É esmagador, tanto pelas dimensões como pelo mau gosto — uma indigestão de todos os estilos que corresponde ao critério arquitetônico de Moscou. A avenida Stalin é uma enorme via pública com residências semelhantes às dos pobres ricos da província, mas amontoadas umas sobre as outras, com incalculáveis toneladas de mármore, de capitéis com flores, animais e máscaras de pedra, e desgastados portais com estátuas gregas falsificadas de concreto armado.

O critério daqueles que conceberam esse espantalho é elementar. A grande avenida de Hitler foi a Unter Den Linden. A grande avenida de Berlim socialista — maior, mais larga, mais pesada e mais feia — é a avenida Stalin. Em Berlim Ocidental se constrói uma cidade para ricos, os mesmos que antes da guerra se encontravam na Unter Den Linden. A avenida Stalin é a residência de 11 mil trabalhadores. Há restaurantes, cinemas, cabarés, teatros, ao alcance de todos. Cada um deles é um esbanjamento de mau gosto: móveis forrados com veludo violeta, tapetes verdes com bordas douradas e, sobretudo, espelhos e mármores em todos os lados, até nos objetos sanitários. Nenhum operário em nenhuma parte do mundo e por um preço irrisório vive melhor do que na avenida Stalin. Mas em contraste com os 11 mil privilegiados que vivem ali, há toda uma massa amontoada nas águas-furtadas, que pensa — e expressa com franqueza — que com o que custaram as estátuas, os mármores, o veludo e os espelhos poderiam ter construído decentemente a cidade.

Calculou-se que se estourar uma guerra Berlim durará vinte minutos. Mas se não estourar, dentro de cinqüenta, cem anos, quando um dos sistemas prevalecer sobre o outro, as duas Berlins serão uma única cidade. Uma monstruosa feira comercial feita com as amostras grátis dos dois sistemas.

Já na atualidade — e não só por seu aspecto exterior — Berlim é um desvario. Para apreciar sua vida íntima, para olhá-la pelo avesso e descobrir as costuras, há que se meter no metrô. Uma hora antes de se suicidar, já com os russos na porta de sua casa, Hitler ordenou que inundassem o metrô para que as pessoas refugiadas nele saíssem para lutar na rua. Por isso é sórdido e úmido, mas é o meio de que se utiliza a população de Berlim — as pessoas pobres de ambos os lados — para tirar partido da peleja surda que os dois sistemas exercitam na superfície. Há gente que trabalha num lado e vive no outro, arranjando-se da melhor maneira possível para aproveitar o melhor de cada sistema. Em certos lugares basta atravessar a rua. Uma calçada é socialista. A outra é capitalista. Na calçada socialista, as casas, as lojas e os restaurantes pertencem ao Estado. Na calçada capitalista, são de propriedade privada. Em teoria, quem vive numa calçada e atravessa a rua para comprar um par de sapatos, comete pelo menos três delitos de cada lado.

Mas em Berlim todas as tendências são teóricas. Há acordos precisos para impedir a especulação, a fuga de capitais, a desmoralização dos sistemas. Em princípio não se pode gastar de um lado e ganhar em outro. Cada operação comercial deve ser precedida de uma justificação da fonte de ganho. Mas na prática as autoridades fazem vista grossa. A única coisa que interessa são as aparências. A população de Berlim, que podia passar de um lado para o outro caminhando pela rua, respeita as regras do jogo e passa pelo metrô, onde todo mundo sabe que se passa, mas se ignora oficialmente.

A prova mais escandalosa dessa encarniçada batalha se ofereceu a nós no momento de comprar marcos orientais num banco de Berlim Ocidental. Fizeram o câmbio a 17 marcos orientais por dólar. Franco acreditou honestamente que o funcionário se enganara: o câmbio oficial é de dois marcos por dólar. Mas o funcionário nos explicou que a cotação normal não era levada em conta em Berlim Ocidental, cujos bancos — à vista de todo mundo e numa operação perfeitamente legal — trocavam 17 marcos orientais por dólar. Quase oito vezes mais do que o câmbio oficial. Em teoria era uma operação inútil. Não poderíamos comprar nada na Alemanha Oriental sem comprovar que o dinheiro fora ganho no país. Mas só na teoria. Com vinte dólares trocados em Berlim Ocidental percorremos de cima a baixo a Alemanha Oriental. Feitas as contas, um quarto no melhor hotel, com banheiro, rádio, telefone e café-da-manhã custou-nos 75 centavos colombianos. Um almoço completo nos melhores restaurantes, vinte centavos colombianos, incluindo o serviço, as estátuas, os espelhos e a música de Strauss.

Quem não possui as chaves dessa cidade onde nada é completamente certo, onde ninguém sabe muito bem a que se ater e os atos mais simples da vida cotidiana têm algo de brincadeira infantil, vive num estado de ansiedade permanente. Julgam-se sentados num barril de pólvora. Parece que ninguém tem a consciência tranqüila. Uma notícia que em Paris se interpreta como um novo disparate dos chanceleres repercute em Berlim como o estrondo de um tiro de canhão. O estouro de um pneu pode provocar pânico.

Leipzig é outra coisa. Depois de quatro horas de automóvel por uma estrada retorcida, entramos em Leipzig por uma rua estreita e solitária, apenas com espaço para os trilhos do bonde. Eram dez da noite e começava a chover. As paredes de tijolos sem janelas, as lâmpadas tristes da iluminação pública, me recordavam as madrugadas bogotanas nos bairros do sul.

No centro, a cidade fruía uma paz suspeita. A iluminação era tão escassa como nos subúrbios. O único sinal de vida eram os anúncios em néon dos bares estatais — H.O. — com pouca clientela civil e alguns soldados. Depois de procurar inutilmente um restaurante aberto — um Mitropa — decidimos por um hotel. O pessoal da administração só falava alemão e russo. Era o melhor hotel de Leipzig, montado nos mesmos conceitos da decoração da avenida Stalin. No balcão havia uma exibição de todos os jornais comunistas do Ocidente recebidos por avião. Uma orquestra de violinos tocava uma valsa nostálgica no bar iluminado por lustres de vidro, pesados e exagerados, onde a clientela consumia em silêncio champanha quente com um ar de distinção lúgubre. As mulheres outoniças, lívidas pelo pó de maquiagem, usavam chapéus fora de moda. A música flutuava num perfume intenso.

Um grupo de homens e mulheres em roupas de caça, impecáveis em suas grandes jaquetas vermelhas, com bonés pretos e botas de montaria, tomava chá com biscoitinhos num canto da sala. Só faltavam os enormes cachorros brancos com manchas pretas para que aquele grupo parecesse extraído de uma litografia inspirada na mais típica aristocracia inglesa. Nós — em *jeans* e em mangas de camisa, ainda sem nos lavarmos da poeira da estrada — éramos o único indício da democracia popular.

Viajáramos para ver. Mas depois de 24 horas em Leipzig já não se tratava simplesmente de ver, mas de entender. Quinze dias antes — como num lance de casualidade — estivéramos em Heidelberg, a cidade estudantil da Alemanha Ocidental, impressionante como nenhuma outra da Europa por sua transparência e otimismo. Leipzig é também uma cidade universitária, mas uma cidade triste, com velhos bondes apinhados de gente malvestida e deprimida. Não creio que haja mais de vinte automóveis para meio milhão de habitantes. Para nós era incompreensível que o povo da Alemanha Oriental tivesse tomado o poder, os meios de produção, o comércio, o sistema bancário, as comunicações e, no entanto, fosse um povo triste, o povo mais triste que jamais vi.

Aos domingos a multidão se reúne nos jardins públicos, onde se toca música dançante, se tomam bebidas gasosas e se passa, enfim, uma tarde extenuante a um preço reduzido. Na pista de dança não cabe mais nenhum alfinete, mas os casais comprimidos, quase imóveis, têm o mesmo ar de desgosto da multidão enlatada nos bondes. O serviço é lento e é preciso entrar em filas de meia hora para comprar pão, bilhetes do trem ou os ingressos de cinema. Precisamos de duas horas, num parque público onde era necessário abrir caminho com os cotovelos por entre os pares de namorados e os velhos casais com seus filhos, para comprar uma limonada. Uma organização como essa, férrea, mas ineficaz, é o que mais se parece com a anarquia.

Não podíamos compreender. Aquilo era como ir ao cinema para passar o tempo e encontrar um filme de loucos, sem pé nem cabeça, com um roteiro feito exclusivamente para perturbar. Porque é no mínimo perturbador que no mundo novo, em pleno centro da revolução, todas as coisas pareçam antiquadas, revertidas ao estado primitivo, decrépitas.

Franco e eu nos esquecemos de Jacqueline. Todo o dia esteve atrás de nós, atrasada, observando sem interesse as poeirentas vitrinas onde se mostram, a preços escandalosos, artigos de qualidade inferior. Deu sinal de vida ao almoço: protestou pela falta de Coca-Cola. À noite, no restaurante da estação, depois de uma hora de espera, quando estávamos sufocados pela fumaça, pelo cheiro, pela música da orquestra que entrava num ouvido da clientela e saía pelo outro, Jacqueline se irritou:

— Este é um país atroz — disse.

Franco concordou absolutamente. No dia seguinte, bem cedo, saiu em busca de explicações. Lembrou-se de que em Leipzig funciona a Universidade Marx-Lenin, onde estudam marxismo rapazes vindos de todo o mundo. É um ambiente de paz e meditação, com prédios discretos entre árvores, a coisa que mais se parece com um seminário católico. Tive a sorte e o prazer de encontrar ali um grupo de estudantes sul-americanos. Graças a eles, nossas observações — que poderiam ser subjetivas — confirmaram-se em bases concretas. E graças também, naturalmente, à terrível festinha que tivemos essa noite na casa de *Herr* Wolf.

Os expropriados se reúnem para contar suas dificuldades...

Herr Hermann Wolf apareceu para nós em circunstâncias imprevistas. Depois da refeição, Jacqueline foi para o hotel. Franco e eu continuamos com um estudante chileno que doravante se chamará Sérgio, com a advertência de que é um nome fictício. É um homem de 32 anos, advogado, com uma bolsa da Alemanha Oriental para especialização em economia política. Saiu clandestinamente de seu país, há dois anos. Desde então está em Leipzig.

Às 11, a cidade dormia. Sérgio nos levou a um cabaré estatal — Fêmina —, o único lugar de diversão aberto até as duas da madrugada. Eu acreditava ter visto esse lugar em outra parte, até que Franco me lembrou que na realidade não o vira: lera em algum romance existencialista. A iluminação indireta, incidindo sobre paredes pretas, acentuava o ambiente espectral e os temas surrealistas desenhados nas paredes. Ao fundo de um salão com mesas para quatro estava a pista da dança, circular, e depois o estrado da orquestra num cenário tropical de papelão. Tocavam mambo.

Ocupamos uma mesa perto da pista. Um aprendiz de garçom, de fraque, cerimonioso e de maneiras equívocas, entendeu-se com Sérgio em alemão. O ambiente estava para ópio, mas pedimos conhaque. Franco se dirigiu ao salão do fundo em busca do banheiro. Quando voltou para a mesa, Sérgio dançava um *swing* com uma moça da mesa ao lado. Eu começava a me aborrecer.

— Vá ao banheiro — disse Franco. — Aquilo é sensacional.

Passei para o salão do fundo. Havia três portas marcadas: WC. Na porta do centro, reservada para operações maiores, estava o que eu devia ver: um taxímetro conectado à fechadura. Uma mulher, instalada numa mesa, aguardava a saída do cliente. O taxímetro marcava trinta pfennigs.*

Quando o cliente saiu, pôs os trinta pfennigs no prato sobre a mesa e acrescentou uma gorjeta para a mulher.

No retorno percebi que o salão do fundo se prolongava para a direita numa labiríntica miscelânea de *Divina comédia* e Salvador Dalí. Homens e

---

*Pfennig: subdivisão do marco.

mulheres prostrados pela bebedeira protagonizavam cenas de amor, lentas e sem imaginação. Eram pessoas jovens. Eu não vira nada igual em Saint Germain-des-Prés, em que o existencialismo é um dispositivo montado no verão para os turistas. Há mais autenticidade nos bares da rua Margutta, em Roma, porém menos amargura. Não era um bordel, pois a prostituição é proibida e severamente castigada nos países socialistas. Era um estabelecimento estatal. Mas do ponto de vista social era algo pior do que um bordel.

No extremo do labirinto, iluminado por candelabros entre cortinas pretas, o amor continuava num bar reservado. Alguns homens desacompanhados bebiam conhaque. Outros dormiam com a cabeça apoiada no balcão do bar. Ocupei um tamborete e pedi conhaque. Franco chegou no instante em que um dos homens solitários bateu com o copo no balcão. Fez-se em pedaços. O homem nem sequer olhou para a mão ensangüentada. Indiferente ao furioso palavreado da balconista, tirou um lenço e o segurou com a mão ferida. Com a outra jogou sobre o balcão um maço de notas, sem contá-las, sem pronunciar uma palavra.

— Que horror — murmurou Franco. — Nunca vi gente tão desesperada.

Eu não sentia horror. Sentia compaixão. Nunca vira gente tão desesperada. Mas a moça que dançara com Sérgio estava sozinha em nossa mesa. Convidei-a para dançar. Sérgio dançava com uma loura perturbadora, muito mais alta do que ele. O contato com minha parceira produzia uma sensação desagradável.

— Esta velha não tem ossos — disse a Sérgio ao passar. Ele soltou uma gargalhada.

— Exato — disse. — É contorcionista num circo.

Deve ter traduzido o diálogo à loura, porque ela riu por sua vez. Em sua risada me dei conta de que não era nada sofisticada e muito mais jovem do que me pareceu à primeira vista. Voltei para a mesa. Franco conversava com o garçom de fraque. Convidou a contorcionista para dançar e antes de se levantar me disse em francês, para que o funcionário não entendesse:

— Este cara está com vontade de contar tudo.

Falava italiano. Sua circunspecção, seus trejeitos de prestidigitador, tudo foi para o diabo quando lhe disse que era um jornalista da Colômbia, América do Sul, interessado na situação das democracias populares. Começou por me dizer que aprendera o italiano num campo de concentração. Depois desabotoou o peitilho engomado e sem solução de continuidade ordenou:

— Toque esta camisa.

Toquei-a. Era de tecido grosseiro.

— Pois bem — continuou a dizer-me. — Esta camisa me custa o salário de um mês.

Numa espécie de alegre liberação continuou a me fazer um inventário de tudo o que vestia. Por fim, tirou o sapato para me mostrar a meia rasgada no calcanhar.

— Concordo — disse-lhe. — Mas a comida é mais barata do que no Ocidente.

Ele encolheu os ombros.

— A comida não é tudo — explicou, gesticulando como um meridional. — No campo de concentração eu comia mal, mas era mais feliz do que aqui.

Franco voltou para a mesa sem a contorcionista. Terminada a série, Sérgio veio nos dizer que a loura nos convidava a terminar a festa na casa de uns amigos seus. Eram mais duas mulheres e um homem. Passamos para sua mesa. Sérgio fez as apresentações. Primeiro as mulheres. Depois o homem, um alemão de 45 anos, sem nada de particular, a não ser a espontaneidade do sorriso. Era *Herr* Wolf.

Pareceu-me um grupo de gente sadia, simples, bem diferente do resto da clientela. A mulher mais alta era a esposa de *Herr* Wolf. As outras duas, a loura e a morena, de 17 anos, eram estudantes de educação física. Soube depois por que aquela família saudável se encontrava naquela espelunca. Há na Alemanha Oriental uma categoria social parasitária: os expropriados. São os burgueses dos tempos de Hitler cujos bens foram nacionalizados com prévia indenização. Poucos aceitaram o emprego oferecido pelo governo em seus antigos negócios. Preferiram viver de renda com a esperança de que o regime caísse. O governo criou hotéis, bares e restaurantes de luxo para delegações estrangeiras e altos funcionários, onde as coisas custam o olho da cara. Como são lugares inacessíveis para a população, só os expropriados podem freqüentá-los e o governo está encantado, por ser uma maneira de recuperar o dinheiro das indenizações. Os expropriados se reúnem para contar suas mágoas, cochichar contra o governo, esfregar-se uns nos outros como os asnos e devolver o dinheiro do Estado em troca de uma noite de valsas tristes e champanha quente. Um desses lugares era nosso hotel.

Mas as indenizações não são hereditárias. Os expropriados têm filhos, parasitas adolescentes que ajudam os velhos a gastar o dinheiro enquanto estão vivos. É uma geração ignorante, sem perspectiva, sem nenhum gosto pela vida, criada num ambiente de ressentimento, na evocação diária de um passado de esplendor. Detestam as valsas tristes e consideram que champanha tem pouco álcool. Para desligá-los da sociedade, o Estado criou estes cabarés onde lhes extrai dinheiro até nos banheiros, uma espécie de campo de concentração em que os filhos dos expropriados se fecham para apodrecer vivos.

Herr Wolf não pertence a essa classe. Na juventude teve uma loja de discos. Foi oficial de comunicações na guerra. Agora trabalha numa oficina de artigos elétricos e sua mulher é responsável por um internato de senhoritas. Vivem numa sobreloja de dois quartos, cozinha elétrica e geladeira, mas sem banheiro, no mesmo edifício do internato. Aos domingos, *Herr* Wolf põe uma roupa típica de camponês, desce a escada em saltos esportivos e vai cultivar beterrabas na horta. Sua mulher — que é mais do que alegre, divertida — gosta de festa. Um sábado de cada mês *Herr* Wolf a leva para dançar. Se alguma das moças do internato fica sem programa, levam-na junto. Essa noite levaram duas. Como o único lugar aberto até de madrugada era o cabaré Fêmina, foram parar ali sem pensar no perigo da contaminação.

Sérgio se fizera passar por jornalista. Os estudantes estrangeiros preferem manter o anonimato ao esbarrar com as pessoas que detestam o governo. Quando a loura disse a *Herr* Wolf que éramos todos jornalistas estrangeiros, ele se sentiu seguro, farejou a ocasião de desabafar contra o governo e nos convidou para acabar a festa em sua casa.

Herr Wolf não é um conspirador. É um bom cidadão que percebe as coisas e as interpreta com bom humor. Desde a primeira garrafa de conhaque, começou a zombar da situação. Sua mulher nos preparou um café insuportável com sabor de chicória.

— Foi feito de propósito — eu disse, para provocar *Herr* Wolf.

— Perdoem-me — replicou ele, morto de riso. — Essa porcaria é o que se pode encontrar na Alemanha.

Eu sabia que era verdade. Desde nossa chegada a Leipzig havíamos renunciado ao café.

O rádio transmitia um programa de música dançante e depois de cada seqüência um boletim oficial. *Herr* Wolf o desligava a cada boletim.

— Só falam desta política suja — dizia, e Sérgio confirmava: era propaganda do regime.

Às três da madrugada foi transmitida a última mensagem e a estação se despediu com o hino nacional. Então sugeri que procurássemos uma estação estrangeira para continuar dançando. Os olhos de *Herr* Wolf brilharam de felicidade. Na faixa das estações estrangeiras só se escutava um ruído agudo e intermitente como as falas do Pato Donald. Comprovei pessoalmente: as estações do exterior estavam sob intervenção.

Não era incompreensível que *Herr* Wolf detestasse o regime. O alarmante era que as duas moças que não conheciam outra coisa, educadas pelo Estado com salário e promessa de futuro seguro, fossem tão intransigentes como *Herr* Wolf. Sentiam-se envergonhadas pela qualidade de suas roupas, desejavam saber algo de Paris, onde se lêem romances de todo o mundo e o náilon é um produto popular. Franco disse que era verdade, mas lembrou que os estudantes não têm salário nos países capitalistas. Mas isso não lhes importava. A resposta delas, da maioria dos estudantes que conhecemos e até dos estudantes de marxismo da Universidade Marx-Lenin, foi aproximadamente a mesma:

— Que não nos paguem nada, mas que nos deixem dizer o que nos dá na telha.

Surpreso com essa subversão unânime lembrei que a última eleição deu 92% a favor do governo. *Herr* Wolf, morrendo de rir e golpeando o próprio peito, afirmou:

— Eu votei no governo.

Cada um podia votar em quem quisesse. Mas havia um comitê eleitoral em cada quarteirão com a lista completa dos vizinhos. *Herr* Wolf desceu para votar às dez da manhã.

— De qualquer maneira — explicou — um policial teria vindo às três da tarde para lembrar meu dever cívico.

O voto é secreto, mas *Herr* Wolf preferiu votar no governo para evitar complicações. Gritei para Sérgio:

— Diga a *Herr* Wolf que eu digo que ele é um covarde.

Herr Wolf riu:

— Isso dizem todos os estrangeiros. Queria vê-los aqui no dia da eleição.

Talvez ninguém possa entendê-lo melhor do que um colombiano. A ordem pública na Alemanha Oriental se parece muito com a da Colômbia nos tempos da perseguição política. A população tem pavor da polícia. Em Weimar, Franco parou o carro diante de um agente para que as duas moças alemãs que nos acompanhavam perguntassem onde ficava um endereço. Elas se recusaram. Prefeririam perguntar a qualquer pessoa que não fosse um policial.

Ao amanhecer, quando já estávamos meio bêbados e *Herr* Wolf não media o volume de suas palavras, soou a campainha da porta. Foi um momento dramático. Pela primeira vez vi *Herr* Wolf a sério, ordenando silêncio e murmurando:

— A polícia!

As duas moças correram para o dormitório. Assumimos uma atitude de suecos enquanto a mulher de *Herr* Wolf foi abrir a porta. Era o entregador do jornal oficial que trazia a edição do dia e solicitava o pagamento da assinatura mensal. A assinatura não é obrigatória, mas todos os meses o entregador bate na porta para perguntar gentilmente se desejam renová-la. Ninguém diz não. A mulher de *Herr* Wolf, ainda trêmula, lançou o jornal sobre a mesa e confessou que em dois anos de assinatura não haviam lido nem duas notícias.

Naquela manhã, tomando café no restaurante da estação, Franco teve uma ligeira altercação com Sérgio. Acusou-o de não ter enfrentado *Herr* Wolf. Sérgio é comunista. Franco achava que os estudantes deviam assumir uma atitude enérgica diante dos elementos subversivos. Completamente sereno, num tom de sincero pesar, Sérgio exclamou:

— Tudo o que *Herr* Wolf disse é verdade.

Não apenas Sérgio, mas uma quantidade apreciável de estudantes da Universidade tem a mesma opinião. Consideram que na Alemanha Oriental não há socialismo. Não é uma ditadura do proletariado, e sim um grupo comunista que tentou seguir ao pé da letra as experiências soviéticas sem levar em consideração as circunstâncias especiais do país. Hitler eliminou os bons comunistas. Os sobreviventes, que perceberam em tempo os erros do governo atual, foram eliminados pelo grupo dominante. A juventude marxista está convencida de que a realidade não corresponde à doutrina, mas não quer assumir os riscos de uma correção.

Os trabalhadores vão bem, mas carecem de consciência política. Fazem considerações absolutas e não entendem por que o governo lhes diz que o proletariado está no poder e têm de trabalhar como burros de carga para comprar uma roupa que lhes custa o salário de um mês. Em compensação, os trabalhadores da Alemanha Ocidental, que são explorados, têm mais conforto, roupa melhor e direito de greve. O povo não se resigna a se sacrificar para que as gerações futuras vivam melhor. Ninguém trabalha com entusiasmo: a indústria de confecção, sem estímulo da concorrência, fabrica umas roupas horríveis de espantalho. Como não há patrões, como ninguém despede ninguém, como não entendem o que significa socialismo sem sapatos, os responsáveis pelo serviço cruzam os braços enquanto os clientes esperam e não lhes importa que façam fila toda a tarde de domingo para tomar uma limonada. Dos ministérios às cozinhas há um complexo nó burocrático que só um regime popular poderia desfazer.

A arma legal seria a greve. Mas o direito de greve não existe porque o regime é dogmático: diz-se que é um disparate que estando o proletariado no poder os proletários façam greve para protestar contra eles mesmos. É um sofisma.

— A revolução — argumentavam os estudantes marxistas — não se fez na Alemanha Oriental. Trouxeram-na pronta da União Soviética num baú e a colocaram aqui sem levar o povo em consideração.

O povo não vê o desenvolvimento da indústria pesada, está se lixando para os ovos fritos no desjejum e a única coisa nova que vê é que a Alemanha está partida em duas Alemanhas e há soldados russos com metralhadoras. Os habitantes da Alemanha Ocidental vêem exatamente a mesma coisa: o país dividido e soldados americanos em automóveis último modelo. Nenhum dos dois protesta por saber que perderam a guerra e por enquanto põem a cabeça sob a asa. Mas em segredo todos sabem o que querem, antes de falar de socialismo ou de capitalismo: a unificação da Alemanha e a retirada das tropas estrangeiras.

Creio que no fundo de tudo há uma perda absoluta da sensibilidade humana. A preocupação com a massa esconde o indivíduo. E isso, que é válido em relação aos alemães, é válido também em relação aos soldados russos. Em Weimar, as pessoas não se conformam que um soldado russo com metralhadora mantenha a ordem na estação ferroviária. Mas ninguém pensa no pobre soldado. Precisamente em Weimar passamos uma noite por um parque fechado do qual saíam as notas de uma marcha militar. Era uma festa no cassino dos oficiais russos. Por intermédio de sinais, convidaram-nos a entrar, e lá dentro encontramos um ambiente cordial, saudável, um pouco afável. A pista de dança, feita de barro batido, estava rodeada por grandes retratos coloridos das autoridades soviéticas. A orquestra militar iniciou uma peça antiga, parecida com o *charleston*, que os oficiais e suas mulheres dançavam aos pulinhos. Um deles, sobrecarregado de condecorações, tirou Jacqueline para dançar. Uma matrona bem-aventurada, vestida de camponesa ucraniana, aproximou-se de Franco e com uma reverência graciosa, os grandes babados da saia presos pela ponta dos dedos, convidou-o para dançar. Fiz a mesma coisa com a mulher de outro oficial. Havia na pista um entusiasmo violento, demasiado saudável, que tentávamos digerir à força.

Em meio àquela nostálgica evocação da terra natal, dois soldados dançavam juntos, quase adormecidos depois de terem tomado umas e outras.

Quando devolvi meu par, Sérgio falava com um oficial que sabia um pouco de alemão. Disse que nos invejava porque íamos para Moscou. Traduziu a informação para o russo, porque um grupo de oficiais e suas mulheres se aproximaram de nós como para ver de perto os privilegiados a caminho da União Soviética. Continuaram a conversar com Sérgio por intermédio do militar que falava alemão. Alguns deles gastavam dois anos em gestões para ser transferidos da Alemanha, onde viviam como parasitas, sem fazer nada, rodeados de fotografias de paisagens russas, ardendo de desejo de retornar à pátria.

A conversa foi interrompida por Jacqueline, que buscava um intérprete para saber o que disse seu oficial enquanto dançaram. Corado até as orelhas, o oficial repetiu a frase em russo. O militar que sabia alemão traduziu-a a Sérgio que a repetiu em espanhol e Franco a transmitiu a Jacqueline em francês. Todos caíram na gargalhada. Era uma declaração de amor. Ao se dar conta de que todos haviam compreendido, o oficial se pôs a saltar como uma criança, morrendo de rir e com o nariz avermelhado.

— Minha mulher me mata, se souber — gritava. — Não contem para minha mulher.

São assim os militares russos. Entendiam-se num país cuja língua ignoram e sabem que são detestados. São vistos com cara de cimento armado, assustadores, até que a gente descobre que este aspecto feroz é pura timidez. Pessoalmente são caipiras, rústicos, ingênuos, arrancados a laço das remotas aldeias soviéticas. Não é mentira: quando entraram em Berlim destruíam as pias porque acreditavam que eram instrumentos de guerra. Alguns deles ainda estão na Alemanha, sem mulheres, embebedando-se sozinhos e dançando uns com os outros nos cassinos. Esse hábito de dois homens dançarem, normal na União Soviética, é na Alemanha Oriental uma necessidade imposta pelo ambiente.

Nós os encontrávamos, em duplas, vagueando ao redor das moças que se detinham para ver as vitrinas depois do cinema. Ficam com água na boca mas não se atrevem a se aproximar porque sabem que as moças os recebem com pedras na mão. Até as raras prostitutas clandestinas os evitam com medo de ser denunciadas. Há um ano, em Weimar, dois desses soldados não suportaram mais. Depois de beber e dançar toda a noite numa festa só de homens, saíram à rua e estupraram a primeira mulher que apareceu. O resultado foi atroz: para servir de lição à tropa, foram fuzilados na presença dos companheiros.

Para uma tcheca, as meias de náilon são uma jóia

Há dois anos pedi à embaixada soviética de Roma um visto para viajar a Moscou como enviado especial de uma agência de notícias. Em quatro visitas sucessivas respondi quatro vezes às mesmas perguntas feitas por quatro funcionários diferentes. Por fim, prometeram-me enviar pelo correio uma resposta que ainda não chegou. Em Paris foram mais breves e mais explícitos. No intricado prédio da rue Grenelle me fizeram passar por três salões decorados com litografias de Lenin e o mesmo funcionário que me recebeu no primeiro dia me respondeu no último dia num francês apenas inteligível: sem convite de uma instituição soviética era inútil pedir o visto.

A situação mudou no ano que passou. Em Paris se organizam caravanas turísticas que em 15 dias fazem visitas relâmpago aos portos do mar Báltico e do mar Negro. É uma viagem perigosa para um jornalista honesto; corre-se o risco de formar opiniões superficiais, apressadas e fragmentárias, que os leitores poderiam considerar conclusões definitivas.

Quando se apresentou para mim, em Berlim, a oportunidade de assistir, em Moscou, ao VI Congresso da Juventude, pensei que aquilo era pior do que as caravanas turísticas. Em lugar de quinhentos, seriam quarenta mil. A União Soviética se preparou dois anos para receber os delegados de todo o mundo e isso era motivo para pensar que em vez da realidade soviética íamos encontrar uma realidade fabricada para estrangeiros. É compreensível. Os países socialistas sabem que a maioria daqueles que participam dos festivais não são comunistas, vão dispostos a descobrir defeitos e não têm formação adequada para interpretar corretamente suas experiências. Mais ainda: no festival de Moscou se exigiu concretamente que se credenciasse a menor quantidade possível de comunistas.

— A astúcia dos poloneses não tem limite — me disse há dois anos em Roma uma moça italiana que participou do festival de Varsóvia. — Para nos fazer crer que na Polônia há liberdade religiosa, abriram as igrejas e puseram em todos os lugares funcionários públicos disfarçados de padres.

A verdade é que a reconstrução de Varsóvia começou pelas igrejas católicas e os padres não comprometidos com a política desfrutam de uma liberdade absoluta. Os capitalistas mais honestos menosprezaram o esforço nacional de reconstrução e se contentaram em saber que em Varsóvia não há automóveis, as pessoas são malvestidas e os elevadores pifam entre dois andares. Em Varsóvia todo mundo cochichava que o primaz da Polônia, cardeal Wyszynski, estava preso. Em compensação ninguém comentou — sequer entre os delegados comunistas — que também estava no cárcere Ladislaw Gomulka, o dirigente comunista que um ano depois do festival seria libertado pelo povo para assumir o destino da Polônia.

Alguns governos ocidentais aproveitam os 15 dias do festival para infiltrar espiões com instruções precisas. Em Moscou circulou um folheto impresso em inglês com palavras de ordem contra a União Soviética. Coisa semelhante ocorrera nos festivais anteriores. Cientes de que essas coisas acontecem, os países socialistas — com todo o direito — se empenham para que os delegados encontrem um país com pessoas trajando roupas bonitas num multitudinário domingo que se prolonga por duas semanas. Eu não queria conhecer uma União Soviética penteada para receber visita. Os países, como as mulheres, devem ser conhecidos quando acabam de se levantar da cama.

Franco tinha outra opinião. Ele pensava — e agora me dou conta de que estava com razão — que a superficialidade dos julgamentos se deve em parte aos próprios delegados. Deve-se entender o que é um festival para entender que se possa ficar duas semanas numa cidade sem conhecê-la. Em Moscou houve um festival de cinema com quatro sessões diárias. E um festival mundial de teatro ao mesmo tempo que uma olimpíada e 325 exposições de pintura, fotografia, arte folclórica e roupas típicas de todo o mundo. Um concurso de música e dança, com seis sessões diárias, desenrola-se ao mesmo tempo que os seminários de arquitetura, artes plásticas, cinema, literatura, medicina, filosofia e eletrônica. Houve conferências sobre uma infinidade de temas tratados por especialistas de todo o planeta. Cada instituição soviética importante organizou uma recepção com convidados das delegações. Cada uma das 382 delegações convidou, para uma recepção, as outras delegações. Sozinha, a delegação francesa — sem contar os representantes culturais, esportivos e científicos — tinha quase três mil componentes. Nas horas menos sobrecarregadas se devia escolher entre o circo chinês, uma visita com Pablo Neruda, um passeio no Kremlin, uma mostra de cozinha japonesa, um convite para visitar uma granja coletiva, as marionetes tchecas, o balé indiano, uma partida de futebol entre húngaros e italianos ou uma entrevista particular com uma delegada sueca. Tudo isso estava organizado numa margem estreita de 15 dias e numa cidade confusa, na qual se necessita de uma hora para se chegar em qualquer parte. Creio sinceramente que alguns delegados não tiveram tempo de ver um russo.

Franco pensava que poderia aproveitar a confusão. A idéia era ignorar os espetáculos e sair à rua para falar com as pessoas vindas de todos os rincões da União Soviética, ávidas de falar com estrangeiros depois de quarenta anos de isolamento total em relação ao restante do planeta. Devia-se escolher entre o festival e uma idéia bastante aproximada da realidade soviética. Nós sacrificamos o festival.

Se o visto soviético me custou seis anos de insistência, em compensação obtive o visto polonês em dez minutos e sem pronunciar uma palavra. Consegui ser admitido como observador no Congresso Internacional de Cinematografia, na confortável companhia de 22 delegados. A credencial estava escrita em polonês, de maneira que me apresentei no consulado com duas fotos e coloquei o convite sobre a mesa do porteiro. Pela porta do escritório ouvi a voz do cônsul que falava por telefone com Varsóvia e pronunciava meu nome de um modo bastante arbitrário. Um quarto de hora depois estava com o visto polonês no bolso.

Jacqueline, cujas férias terminaram, regressara a Paris. Franco pôs o carro numa garagem de Berlim e seguimos de trem até Praga. Não tínhamos o visto tcheco. A viagem durou 15 horas, mas quatro delas foram passadas na fronteira, num trem vazio submetido a controle rigoroso. No último povoado alemão fizemos uma parada de duas horas, embora as formalidades de alfândega tivessem sido concluídas em cinco minutos. Ao entardecer, o trem se mexeu. Abandonou a estação lentamente, cruzando numa velocidade inferior à de um homem caminhando. No outro extremo da aldeia parou diante de uma ponte com um cartaz em tcheco cujas letras haviam sido pintadas sobre um tecido vermelho. Na ponte havia meia dúzia de soldados com metralhadoras. O trem retomou a marcha quando os soldados se certificaram de que não havia ninguém escondido nos eixos dos vagões. Em seguida, alinharam-se nos dois lados do trem e o escoltaram caminhando em passo normal por uma vereda dissimulada entre a relva. Um quilômetro mais adiante estava a primeira estação tcheca. Aguardamos ali outras duas horas.

A única coisa notável era a música dos alto-falantes e as mulheres metidas em uniformes de ferroviários. É normal ver mulheres com calças. Mas é um pouco estranha a impressão de vê-las com um uniforme inteiro, camisa, gravata e sapatos masculinos e um coque dissimulado com o boné. Depois me dei conta de que o serviço de todas as estações tchecas é feito por mulheres vestidas dessa maneira. Fazia calor. Meu hábito de encontrar semelhanças entre as coisas européias e meus povoados da Colômbia me fez pensar que aquela estação calorenta, deserta, com um homem adormecido diante de um carrinho de refrescos com frascos coloridos, era igual às poeirentas estações da zona bananeira de Santa Marta. A impressão era reforçada pelos discos: boleros de Los Panchos, mambos e seguidilhas mexicanas. O bolero *Perfídia* foi repetido várias vezes. Poucos minutos depois da chegada botaram para tocar *Miguel Canales*, de Rafael Escalona, numa notável interpretação que eu desconhecia. Tentei sair para examinar o disco, mas o vagão estava fechado a chave. Uma ferroviária me indicou por sinais que não poderia descer enquanto não se verificassem os passaportes.

Os funcionários da alfândega eram dois jovens, cordiais, com impecáveis uniformes de verão, leves e confortáveis como os do exército americano. Um deles falava francês. Pediu-nos o visto tcheco. Disse-lhe que não o tínhamos e o funcionário não pareceu surpreso. Depois de conversar com o companheiro levou os passaportes. Voltou mais tarde para nos dizer que estavam ligando para Praga. Meia hora depois tínhamos o visto de trânsito com direito de permanecer 15 dias na Tchecoslováquia.

Aquela simplificação dos trâmites estabeleceu um primeiro contraste com a burocracia da Alemanha Oriental. Encontramos outros. Os refrigerantes, a excelente cerveja tcheca, os copos de papelão vendidos com uma advertência impressa: "Destrua este copo depois de usá-lo." Essas precauções higiênicas são encontradas em todas as partes. Os restaurantes são limpos, claros, eficazes, e os serviços sanitários melhores do que em qualquer país da Europa ocidental. Muito melhores — naturalmente — do que em Paris.

Terminado o controle, uma porta foi aberta em alguma parte porque a multidão saiu alvoroçada da passagem subterrânea para entrar no trem. Os homens se vestiam com roupa de boa qualidade. As mulheres, em sua imensa maioria, usavam calças de homens, com braguilha e botões do lado direito. As crianças, em especial, estavam vestidas com cuidado e bom gosto. Os militares, carregando malas e pacotes, misturavam-se com a multidão.

Um instante depois o trem deslizava por uma região agrícola e mecanizada, cultivada até o último centímetro. Por todos os lados se viam gigantescas obras de engenharia hidráulica, prontas ou em construção. Nas proximidades de Praga as plantações foram substituídas por centros industriais. Na primeira noite cruzamos com um trem interminável, carregado de ônibus novos, e máquinas agrícolas. Franco tentou abrir a janela. Um tcheco de aproximadamente quarenta anos, em cujo colo dormia uma criança agasalhada numa gabardina, observou seus esforços para baixar o vidro bloqueado. Disse a Franco em francês:

— Empurre para a frente.

Nosso companheiro de viagem explicou que os ônibus e as máquinas agrícolas iam ser exportadas para a Áustria. Disse que a Tchecoslováquia vendia máquinas para muitos países ocidentais e todo o mundo socialista, incluindo a União Soviética. Era um agente de comércio que regressava da França em sua quarta viagem este ano ao exterior. Esclareceu que não era comunista e não se preocupava muito com a política, mas que se sentia bem na Tchecoslováquia. Não lhe interessava tentar a fortuna na América. Seu passaporte tinha uma limitação: só podia usá-lo em viagens relacionadas com suas atividades comerciais. Esta vez lhe permitiram levar a filha de 12 anos para conhecer Paris. Várias semanas mais tarde, em minha viagem de regresso à França, também encontrei no trem uma família tcheca que vinha de férias. Um francês ensinou-lhe que havia em Paris um lugar onde se troca a moeda tcheca a um preço três vezes mais alto do que o oficial. O tcheco recusou a oferta:

— Isso prejudica nossa economia.

É um caso particular que contrasta com a atitude de alguns profissionais da Alemanha Oriental. Lá os diretores de teatro e os médicos ganham salários desproporcionais. O Estado os educa, dá-lhes uma especialização e em seguida tem de pagar-lhes muito bem para que não emigrem para o Ocidente. Não encontrei nenhum tcheco que estivesse totalmente insatisfeito com o destino. Os estudantes só manifestam descontentamento com o controle desnecessário de literatura e imprensa estrangeiras, e as dificuldades de viajar para o exterior.

Na noite em que chegamos a Leipzig, Franco pensou que nossa primeira impressão se devia às aparências: a iluminação triste e a chuva miudinha. Chegamos em Praga às 11 da noite, com o mesmo chuvisco, e encontramos uma cidade viva, alegre, que correspondia à que vimos 12 horas depois, numa esplêndida manhã de verão. O serviço de informação para turistas da estação nos mandou para o Hotel Palace, o melhor de Praga. Ali nos informaram que há dois tipos de câmbio: o câmbio normal, aproximadamente de quatro coroas por dólar, e o câmbio turístico, que é o dobro. A diferença consistia em que o câmbio turístico nos dava 60% de bônus que só podiam ser gastos dentro do hotel. Feitas as contas, por quatro dólares podíamos alugar um quarto com banho, telefone e as três refeições. O jantar foi servido com um excelente vinho francês que não se encontra por esse preço nos restaurantes baratos de Paris.

À meia-noite demos uma volta pelo centro da cidade. Nos cafés da avenida Wenceslau um jorro de música se misturava ao ruído da multidão que saía do cinema e do teatro. Tomando cerveja nos terraços sob as árvores, essa multidão pensava na Espanha depois de assistir a dois espetáculos que tiveram casa cheia na última temporada: *A morte de um ciclista*, filme de Bardem, e *Mariana Pineda*, o drama de García Lorca. Um grupo que saiu do cinema entrou num cabaré localizado no mesmo prédio. Consultamos os preços. O ingresso custava cinco coroas e a cerveja, quatro. Era um desses cabarés de tipo internacional que durante o verão europeu custa uma fortuna. Uma cantora com um decote panorâmico cantava a versão tcheca de *Siboney*.

Pedimos cerveja. Tomei a minha lentamente tentando descobrir um detalhe que me permitisse pensar que não estávamos numa cidade capitalista. Franco tirou para dançar uma rapariga da mesa vizinha. Era terça-feira. A clientela não estava tão bem-vestida como estaria na Itália em circunstâncias iguais. Parecia-se mais com a classe média colombiana num baile de sábado. Terminada a dança, Franco veio me apresentar sua parceira. Falavam em inglês. Nós a convidamos a se sentar. Ela foi à mesa vizinha pôr-se de acordo com seus companheiros de festa e voltou à nossa com seu copo de cerveja. Eu disse a Franco:

— Não encontro um indício da diferença de sistema.

Ele me fez cair na realidade: os preços. Quando fui dançar ele me advertiu:

— Olhe para a cantora.

Olhei, enquanto dançava. Era uma loura platinada, baixa apesar dos saltos, vestida numa roupa de noite azul-marinho. Não descobri nada de especial. Franco insistiu:

— Olhe a ponta dos pés.

Estava ali o que eu devia ver: as meias de náilon surradas nos dedos. Protestei; não se podia descer a tamanho detalhe para descobrir as falhas de um sistema. Em Paris há uma multidão de homens e mulheres que dormem nas ruas, cobertos por jornais, mesmo no inverno, e no entanto não se fez a revolução. Mas Franco insistiu em que era uma avaliação importante:

— Deve-se saber valorizar os detalhes. Para uma mulher vaidosa, uma meia surrada é uma catástrofe nacional.

Terminou a cerveja e voltou para a pista de dança.

Dançou duas músicas sem voltar para a mesa. Pela maneira de dançar pensei que se entendia muito bem com a parceira, uma jovem magra, elegante, com senso de humor. Desapareceram por um bom tempo. Quando voltaram para a mesa, compreendi que estiveram bebendo no bar porque Franco estava meio bêbado. Tomou outra cerveja. Depois, com a voz enternecida pela bebedeira, falou ao pé do ouvido da companheira, propondo-lhe que o acompanhasse ao hotel. Ela riu e, imitando a ternura de Franco, murmurou em sua orelha:

— Vá à outra mesa e peça permissão ao meu marido.

Acabou-se o clima entre eles. Mais tarde os grupos se juntaram. A moça contou a história e todos riram. Franco não sabia onde enfiar a cabeça de tanta vergonha, mas o marido da jovem mulher conseguiu contornar a situação. Propôs que fôssemos ver o amanhecer no castelo da cidade velha. Comprou duas garrafas de vodca polonesa e às três da madrugada começamos a subir por becos de pedras, cantando corridos mexicanos. Em seguida, a parceira de Franco se sentou no meio-fio, tirou as meias e as guardou na bolsa.

— A gente tem que poupá-las — disse-nos. — As meias de náilon custam um dinheirão.

Radiante de felicidade, Franco me deu um tapinha no ombro. Compreendi o que queria dizer. Foi a mesma felicidade que senti em Nice — a praia mais cara da Europa — quando descobri que quando a maré sobe os detritos da cidade flutuam na água onde nadam os milionários.

A tese é moralista: o trapaceiro se engana. A trapaceira morre e o trapaceiro chora. Só faltou Carné aparecer no final e dizer ao público: "Vejam o que acontece às meninas que se comportam mal"

É difícil organizar uma controvérsia quando as partes litigantes não têm uma esquina onde se encontrar para tirar suas diferenças. É o caso, na Colômbia, do filme *Os trapaceiros*, de Marcel Carné, que ganhou uma enorme publicidade gratuita graças à obtusidade dos censores.

As opiniões se dividiram ao meio. Mas não como estaria dividido em dois um pedaço de ferro, cuja fratura é um problema de soldadura autógena (por meio de maçarico), mas como estão divididos em dois a água e o azeite: por um mistério da natureza.

Num extremo da controvérsia está o Conselho de Censura, que considera o filme simplesmente imoral. No outro extremo estamos nós que o consideramos simplesmente edificante. A diferença reside no fato de que nós não temos nenhuma autoridade para determinar sua exibição, enquanto os outros têm toda para proibi-la. Eles têm a lei e nós só temos a obrigação de obedecer a ela. Como não temos sequer o direito de nomear uma comissão de paz que vá com uma bandeira branca negociar em território neutro, só nos resta continuar brincando de polícia e ladrão.

Esta matéria só pretende expor os argumentos dos bandidos.

Marcel Carné, em *Os trapaceiros*, não fez nada mais do que contar o que sabe a respeito dos jovens de Paris. Sabe que eles vão a um café, que no filme é o café Bonaparte. Ali combinam de realizar festas, onde fazem o possível para derrubar os convencionalismos. Sabe que bebem muito, mas sem se embriagar demais e que, em vez de dar viva ao partido liberal, as moças e os rapazes vão para a cama juntos. Tudo isto seria no máximo pitoresco se a narrativa não fosse recheada pelo ponto de vista de quem a conta, que viveu bem seu meio século e não se assusta com muitas coisas, além de seu espírito moralizador de bom burguês. Nós bandidos acreditamos que *Os trapaceiros*, em vez de ser o bom filme que é, poderia ser apenas um simplório filme de tese, salvo pelo alto grau de sensibilidade humana de Marcel Carné. Como seriam insuportáveis os filmes de André Cayatte — sempre muito premiados — se não fosse a humanidade e a técnica do diretor. E como seria desagradável certo filme de Vittorio de Sica, que não faz outra coisa senão contar durante noventa minutos o longo domingo de um homem de quem roubaram a bicicleta.

Mas Marcel Carné não se limita a contar o que viu e sim espremer de suas observações toda a seiva moralizadora, ou deformá-las e esquematizá-las para organizá-las de maneira que constituam uma lição. Demonstra, não apenas com recursos visuais, mas também com os diálogos, que o grupo de rapazes de sua história não gosta de trabalhar. Pelo contrário, inventam toda espécie de maneiras de ocupar o tempo e nós bandidos reconhecemos que se arranjam para passá-lo de forma bastante divertida. Mas Carné não se põe ao lado dos bandidos: o personagem mais equilibrado de seu filme é um mecânico de automóveis que trabalha muito e ganha pouco, e até tem uma amante loura, mas encontrou no trabalho uma felicidade modesta e estável, enquanto sua irmã preguiçosa está à beira do suicídio. A tese é tão velha que se encontra há muitos séculos nos contos infantis.

Mais ainda: a atitude de Carné é paternalista. O título *Os trapaceiros* — como se diria, com razão, há cinqüenta anos — é um hino de esperança na juventude.

No fim do filme, quando a encantadora trapaceira encarnada por Pascale Petit vai se suicidar pelo moderno método da velocidade, não o faz por decadência, mas porque está catarralmente apaixonada como Marguerite Gautier. E o apaixonado que tenta impedi-la — numa das boas cenas de perseguição já vistas no cinema — não se envergonha de chorar, nem de jogar na lata de lixo todos os seus princípios artificiais, para se aferrar de novo à moral burguesa, gritando:

— Sou um trapaceiro. Sou um trapaceiro.

Se o filme terminasse ali, já estaria bem forrado de discursos moralistas. Mas ainda continua, em trezentos metros de conversas edificantes, até a lição de moralidade final da morte da moça. Só faltou que Carné surgisse na tela e, apontando para o público com o indicador, dissesse: "Vejam o que acontece às meninas que se comportam mal." A sensibilidade do diretor impede que o filme caia no precipício do melodrama.

Não é coincidência que as festas mais escandalosas de *Os trapaceiros* aconteçam no XVIº *arrondissement*, onde vive a alta burguesia parisiense. E que os únicos adultos de classe média que aparecem no filme sejam a mãe, uma florista que trabalha duramente para comer, e o irmão mecânico. Carné procura por todos os meios mostrar aos pais de família onde estão o bem e o mal, e até onde são responsáveis pela morte de seus filhos.

Fez-se — deve-se repetir — um filme moralista. Na Colômbia, por um destes paradoxos que nos foram únicos, os guardiães da moral se encarregaram de proibi-lo, enquanto nós bandidos tentamos liberá-lo, para que cumpra sua finalidade. Alguém que não participa da discussão teria direito de suspeitar que num dos dois lados há trapaceiros.

As pessoas reagem em Praga como em qualquer país capitalista

Praga assimilou as influências mais indigestas sem engordar demais e sem úlceras no estômago. Encontra-se num ponto eqüidistante entre a antigüidade mais bem conservada e o presente mais cordato. Há uma ruazinha — a rua dos Alquimistas — que é um dos poucos museus feitos com bom senso. Foi feito pelo tempo. No século XVII havia ali umas barraquinhas onde se vendiam inventos maravilhosos. Os alquimistas queimavam as pestanas nos fundos procurando a pedra filosofal e o elixir da longa vida. A ingênua clientela que esperava o milagre com a boca aberta — e sem dúvida economizava dinheiro para comprar o elixir da longa vida quando o punham na vitrina — morreu esperando com a boca aberta. Depois morreram também os alquimistas e com eles suas fórmulas magistrais, que não eram outra coisa que a poesia da ciência. Agora as barraquinhas estão fechadas. Ninguém tentou falsificá-las para impressionar os turistas. Em vez de deixar que se encham de morcegos e teias de aranha para expressar sua idade, as tendinhas são pintadas todos os anos com amarelos e azuis primários, infantis, e continuam a parecer novas, mas não como uma novidade de agora, mas do século XVII. Não há placas nem referências eruditas. Alguém pergunta aos tchecos:

— O que é isto?

E os tchecos respondem com uma naturalidade tão humana que o fazem se sentir no século XVII:

— Essa é a rua dos Alquimistas.

Assim é Praga: sua antigüidade não parece anacrônica. Nas travessas da cidade velha se encontram num mesmo casarão uma cervejaria histórica com reproduções de Picasso e uma loja de calculadoras elétricas. Quando se pergunta aos tchecos por que expõem Picasso numa cervejaria antiga, os tchecos respondem:

— Sempre há alguém que gosta de Picasso.

Os contrastes não são violentos. A cidade é feita com os elementos da tradição discretamente aproveitada, com uma ordem e um bom gosto de que não se vêem os cordéis, como não se vêem os cordéis do sistema, do regime comunista, da revolução, da indústria — que é a mais equilibrada da Europa —, nem das marionetes tchecas, que são as melhores do mundo.

Passamos em Praga vários dias à deriva e não encontramos grande indício que nos permitisse pensar que não estávamos numa cidade da Europa ocidental. Há uma ordem natural, espontânea, sem policiais armados. É o único país socialista em que as pessoas não parecem sofrer tensão nervosa e em que não se tem a impressão — falsa ou certa — de estar sendo controlado pela polícia secreta.

A influência soviética é difícil de determinar apesar de se dizer que os governantes tchecos são os mais fiéis a Moscou. A estrela vermelha está nas locomotivas, nos prédios públicos, mas não parecem artificiais. Não vimos um só militar soviético. Os mármores e a esmagadora pastelaria de Moscou não quebraram a unidade arquitetônica de Praga. Há uma personalidade nacional forte e dinâmica que se manifesta em cada detalhe e elimina a impressão de subserviência oficial, voluntária, falsa, que vimos na Alemanha Oriental e haveríamos de encontrar depois na Hungria.

Há poucos dias os operários de uma fábrica em Varsóvia perguntaram a Gomulka por que as democracias populares não tinham um nível de vida tão alto como nos países capitalistas.

— Nem todos os países capitalistas têm um nível de vida mais alto do que as democracias populares — respondeu Gomulka. — E sem dúvida ninguém o tem mais alto do que a Tchecoslováquia.

Não tenho dados que permitam confirmar, mas o aspecto exterior da multidão e a aparência geral da rua permitem pensar que Gomulka não anda longe da razão. Na Tchecoslováquia as pessoas não se interessam muito pela política. Nas outras democracias populares é uma obsessão asfixiante: não se fala de outra coisa. Entre os estudantes que conseguimos freqüentar percebemos uma preocupação primordial com seus conhecimentos e pouco interesse pela política. Expressam francamente seu descontentamento com o controle das publicações estrangeiras e o isolamento forçado do país. Alguns — de convicções políticas evidentes — acham que a censura é necessária nas outras democracias populares mas absolutamente supérflua na

Tchecoslováquia. Tivemos a oportunidade de conhecer o tradutor de García Lorca, um professor de espanhol, de 35 anos, impressionantemente tímido e nervoso, mas de uma serenidade intelectual admirável. Conhece a fundo a literatura espanhola e está interessado de maneira especial pelo romance sul-americano. Dois livros colombianos traduzidos para o tcheco e definitivamente esgotados em poucas semanas foram objeto de seus comentários entusiasmados: *La vorágine*, de José Eustasio Rivera, e *Cuatro años a bordo de mí mismo*, de Eduardo Zalamea Borda.

As pessoas se comportam em Praga como em qualquer país capitalista. Isto — que pode parecer uma bobagem — é interessante, pois na União Soviética se comportam de outra maneira. Em Praga e em Moscou fizemos a prova do relógio. É simples: Franco e eu adiantamos nossos relógios em uma hora, subimos num bonde e viajamos em pé, agarrados à barra, de maneira que nossos relógios ficassem perfeitamente visíveis. Um homem — de cinqüenta anos, gordo nervoso — olhou-nos com um ar de aborrecimento. Logo viu meu relógio: 12h30. Sobressaltou-se. Com um gesto mecânico levantou o punho da camisa e viu a hora em seu relógio: 11h30. Encostou o relógio no ouvido, comprovou que estava funcionando, mas seus olhos ansiosos, desolados, buscaram ao redor o relógio mais perto e encontrou o de Franco. Também ali eram 12h30. Então abriu caminho com os cotovelos, desceu antes que o bonde se detivesse e se perdeu aos saltos no meio da multidão.

Em Paris e Roma a reação era a mesma. Em Moscou andei nas horas mais arbitrárias e em vários lugares e as pessoas se aproximavam para examiná-lo, mas com uma curiosidade diferente. Isto nos permitiu saber que a produção de relógios é insuficiente na União Soviética. Pouca gente usa relógio. O que chama a atenção nos nossos é sua aparência dourada, sua forma, sua qualidade, mas me parece que não ocorreu a ninguém olhar a hora. Os soviéticos pagariam o que lhes pedissem por um relógio de pulso. Nos bondes de Praga as pessoas vivem seus pequenos problemas: os homens aparentam não ver as mulheres para não ceder-lhes seus lugares, as mulheres se embaraçam procurando o dinheiro na bolsa, não apertam a tempo o botão de parada e em seguida insultam o motorneiro. Em Moscou não têm o hábito de ler o jornal sobre o ombro do vizinho: a atualidade jornalística não é seguida de perto, não constitui sobressalto de todos os dias como no Ocidente. Os moscovitas — que nas ruas são loquazes e comunicativos — viajam no metrô com o mesmo fervor com que viajam as senhoras ocidentais no bonde metafísico da missa das cinco.

Há na Tchecoslováquia uma coisa notável, diferente de tudo o que eu já vira até então: os militares. É surpreendente a maneira como se incorporaram à vida civil. Na estação ferroviária fazem fila para comprar os bilhetes, disputam com os civis um lugar no vagão, carregados de malas e vasilhas, e põem o quepe para guardar o lugar enquanto levam as crianças para fazer xixi. Não parecem militares, mas civis vestidos de militares. No comércio de Praga vão ao mercado com as mulheres, levando de um lado o filho menor e do outro a bolsa com as fraldas e a mamadeira. Vi um oficial com o quepe na mão, cheio de tomates, esperando que a mulher abrisse o fecho ecler de uma sacola para colocá-los dentro. Outro tinha o filho trepado na nuca para que pudesse ver por cima da multidão uma vitrina de marionetes. Pode-se pensar que seja uma falta de dignidade profissional. É mais provável que seja uma valorosa prova de dignidade humana.

Depois de cruzar a Tchecoslováquia nos quatro sentidos, com absoluta liberdade, tenho a impressão de que a única coisa que chama a atenção num estrangeiro são os *jeans*. As pessoas paravam para rir francamente, perguntando de que planeta caíramos, por causa dos *jeans*. Os tchecos não só têm boas roupas como se nota neles uma óbvia preocupação em se vestir bem. Vi muitas mulheres tão bem-vestidas como em Paris. Um estrangeiro vestido de maneira normal pode passar despercebido. Isso não acontece na União Soviética e nas outras democracias populares, onde se devia pôr uma roupa bem velha, ordinária e malfeita, para não chamar a atenção.

Franco ficou em Praga, pois não conseguiu justificar sua viagem no consulado da Polônia. Concordamos em nos encontrar na minha volta para viajarmos juntos para Moscou. Sua aguda capacidade de observação me fez muita falta em Varsóvia. No vagão me acompanhou um velho camponês com toda a sua família — a mulher e oito filhos, três sobrinhos e um leitãozinho de poucos dias. Sozinhos eles enchiam o compartimento. O velho me contou sua vida fazendo desenhos com o dedo na vidraça da janela. Vivia numa casa bem grande a poucas horas da fronteira polonesa. A terra não é coletivizada, a produção é individual, mas o Estado facilita os implementos agrícolas e compra os produtos. Convidou-me a ir à sua casa no Natal para comermos o leitãozinho. Quando desceu do trem — numa estação pobre e muito limpa — me avisou pela janela que tivesse cuidado com o passaporte: os poloneses precisam deles para fugir do país.

À medida que nos aproximávamos da fronteira polonesa o número de passageiros ia diminuindo. Ao anoitecer fiquei completamente sozinho no trem. Deitei-me para dormir. O controlador tcheco me despertou para pedir a passagem. Depois de examinar meu rosto me falou em italiano. Estivera em Milão durante a guerra. Lá se casou. Agora tinha quatro filhos que falavam indistintamente o tcheco e o italiano. Dois deles estavam de férias em Milão e os outros num acampamento de verão do Estado. Como não tinha nada a fazer, comprou na estação seguinte duas dezenas de cervejas e continuou a contar sua vida, até a fronteira. Perguntei-lhe se estava satisfeito em seu país e ele abriu um sorriso de ouro e me disse textualmente:

— *Qui siamo tutti comunisti, capisci?*

Também ele — e isto me deixou alarmado — me fez a advertência espontânea de que tivesse cuidado com o passaporte na Polônia.

— Os poloneses não são comunistas — me explicou. — Dizem que são, mas vão à missa todos os domingos.

Também esta vez tivemos de esperar quatro horas na fronteira. É desesperador; na Europa ocidental as pessoas se dão conta das fronteiras pela troca de idioma nos cartazes. Os trens não param. Os europeus precisam de vistos para poucos países e até os franceses podem entrar na Itália sem passaporte, com a carteira de identidade. Na cortina de ferro, a passagem de uma fronteira é um acontecimento. Deve-se declarar a quantidade de dinheiro na entrada do país e apresentar na saída os comprovantes do câmbio bancário, para que as autoridades saibam que não se está especulando com dinheiro estrangeiro. Mas até esses trâmites não demoram mais de dez minutos. Os trens esperam duas horas na última estação de um país, atravessam a fronteira escoltados por militares e demoram outras duas horas na primeira estação do outro país.

Em território polonês os agentes que me pediram o passaporte seguramente se deram conta de que se tratava de um visto especial — coisa que eu ignorava — porque me pediram a credencial do Festival de Cinema. Levaram todos os documentos. Um momento depois veio um agente que falava francês e me fez passar para um vagão polonês. Protestei: os vagões poloneses são os mais desconfortáveis da Europa. O agente me explicou que a troca era indispensável. Anotou o número do lugar que ocupei e me advertiu ao se despedir:

— Não saia desse lugar. Em Varsóvia espere que todo mundo desça antes do trem.

Durante a noite fui despertado várias vezes pelos passageiros que tentavam se acomodar sem acender as luzes. Ao amanhecer, o vagão de primeira classe estava cheio de gente vestida como num vagão de quarta classe, os bagageiros lotados de malas e volumes amarrados com barbante. A maioria começou a ler logo que o sol despontou, antes das quatro da manhã. Dois passageiros — um homem e uma mulher — liam romances de Jack London. Uma mulher vestida com um *tailleur*, de boa qualidade mas gasto pelo uso, e com um chapéu de vampe de cinema mudo enterrado até as pestanas, olhou meu relógio com uma insistência indiscreta. Depois me dei conta de que não apenas ela, mas também as pessoas que liam, deslizavam-se por momentos da leitura para observar o relógio.

Perto das oito abriram os embrulhos do desjejum: pão preto, salsichão e frutas. Alguns abriram latas de conservas. Eu não tinha provisões nem dinheiro polonês, de maneira que contemplei o desjejum coletivo com um terrível desejo de estar na Itália, onde os passageiros de terceira compartilham a comida com os companheiros de viagem. Os poloneses comiam em silêncio. Levantavam a cabeça para mastigar, enquanto contemplavam meu relógio com a expressão igualmente vaga e concentrada com que se vê um filme. Dissimulei meu embaraço olhando para o campo, tão pobre, tão diferente daquele da Tchecoslováquia. As máquinas agrícolas eram escassas e muitos camponeses — a maioria mulheres — trabalhavam a terra usando métodos primitivos. Antes de chegar a Varsóvia a mulher do chapéu me perguntou intempestivamente se eu falava francês. Minha voz foi um acontecimento no vagão. Os livros foram fechados. Não havia o menor indício de hostilidade, mas de uma curiosidade um pouco ansiosa nos olhares. Ela perguntou qual era minha nacionalidade. Não sei se os poloneses têm uma estima especial pelos sul-americanos ou se convenceram de que estamos morrendo de fome, mas o fato é que, quando mencionei minha nacionalidade, todos tiveram o mesmo reflexo: abriram seus embrulhos e me sufocaram com coisas de comer com uma generosidade exagerada e comovedora. A mulher do chapéu me traduziu uma pergunta do homem que lia Jack London:

— O senhor é rico?

Os outros aguardaram a resposta. Como respondi negativamente não pareceram desiludidos, mas incrédulos. A mulher insistiu em que eu devia ser fabulosamente rico, já que tinha um relógio de ouro. Expliquei que era simplesmente dourado. Para demonstrar, arranhei a cobertura de ouro com um canivete, mas eles não pareceram convencidos. O diálogo foi muito cordial. Apesar da cordialidade não pude saber em que ponto cometi um erro. Em algum momento os poloneses começaram a conversar entre eles. Eu estava um pouco embotado pela cerveja. Não recordo exatamente o que disse, mas sei que deixaram de prestar atenção em mim. Pareceram-me até hostis. No resto da viagem não voltaram a me dirigir a palavra, exceto uma vez, na estação de Varsóvia. Começaram a lançar as malas pela janela. Permaneci imóvel, de acordo com a instrução do agente da alfândega. Não tinha nenhum endereço. Pensava em me meter no primeiro hotel que encontrasse e procurar mais tarde os organizadores do congresso. A última rapariga que abandonou o vagão se surpreendeu com minha imobilidade e me dirigiu uma frase em polonês. Só entendi uma palavra:

— *Varsava.*

Fiz-lhe sinais de que sabia que estávamos em Varsóvia, mas que devia permanecer em meu lugar. Ela soltou outra frase. Dei de ombros e ela fez exatamente a mesma coisa. Ao sair, bateu com força a porta do compartimento.

Quando o trem ficou vazio, um polonês bem jovem, vestido à italiana, louro, muito limpo, veio em minha direção. Saudou-me num perfeito espanhol com leve sotaque argentino. Era Adão Waclawek, repórter especializado em América do Sul de um jornal de Varsóvia. Transmitiram meus dados da fronteira e devem ter chegado à conclusão de que o melhor intérprete para um jornalista sul-americano seria um jornalista polonês que passara muito tempo na Argentina e conhecia perfeitamente a situação da América do Sul.

Levou-me ao hotel. Pela janela do carro vi uma cidade despojada e com grandes espaços vazios, mas com muita gente. Tudo estava seco mas — não sei por que — pareceu-me que há muitos anos chovia sem parar em Varsóvia. Ao passar diante do Palácio da Cultura — um pastel de queijo de 36 andares — Adão Waclawek disse, com uma intenção indefinível:

— É um presente da União Soviética.

Ainda não sei se foi um reconhecimento ou uma desculpa. Mais adiante reconheci um prédio novo, de cinco andares, o único de Varsóvia cuja foto está em todos os vagões do trem e nos consulados ocidentais.

— É uma loja do Estado — me informou espontaneamente o intérprete.

Tive a impressão de que sofria. Pelo menos no setor que atravessávamos nada havia para ver. Era uma dolorosa desolação.

— É uma bela cidade — eu disse, não sei por que, mas seguramente porque não podia mais resistir ao silencioso sofrimento de Adão Waclawek.

— Não é verdade — disse ele. — Não se pode sequer dizer que seja uma cidade.

Depois me falou da reconstrução: os nazistas não deixaram pedra sobre pedra. Devo reconhecer que Adão Waclawek estava sem sorte naquela manhã. O caminho da estação para o hotel era exatamente o menos reconstruído.

No Hotel Bristol havia um quarto reservado e na gerência do hotel um envelope com trezentos zlotys. Não me dei ao trabalho de calcular sua equivalência em dólares, mas me serviu comodamente para as despesas menores durante minha permanência na Polônia. Adão Waclawek me instalou no quarto, deu-me algumas instruções preliminares e me anunciou que voltaria para me buscar depois do almoço. Creio que isto fazia parte do efeito da cerveja: a impressão de que o intérprete tinha ordem de me vigiar. Tudo funcionava com uma perfeição suspeita. Troquei rapidamente de roupa e abandonei o hotel com o propósito de conhecer Varsóvia por minha conta e risco.

Com os olhos abertos na Polônia em ebulição

Durante algum tempo conservei a lembrança de que a multidão de Varsóvia caminha em fila indiana e arrasta trastes de cozinha, latas vazias, toda sorte de vasilhas metálicas que fazem um barulho destemperado e contínuo sobre o chão. Depois me expliquei objetivamente essa visão de pesadelo. Em Varsóvia há poucos automóveis. Quando não passam os antigos bondes reformados, claudicando pelo excesso de passageiros, a larga e arborizada avenida Marszalkowa pertence por completo aos pedestres. Mas a multidão densa e esfarrapada, que dedica mais tempo a olhar as vitrinas do que a comprar nas lojas, conserva o hábito de circular pela calçada. A impressão é de que caminha em fila indiana, porque não se esparrama pela rua vazia. Não há apitos nem motores a explosão, nem vendedores de rua. O único ruído que se ouve é o burburinho da multidão, um ruído constante de trastes de cozinha, latas vazias e toda sorte de vasilhas metálicas.

Em alguns locais essa impressão desaparece por causa dos caminhões com alto-falantes que transmitem música popular e especialmente — outra vez — canções sul-americanas. Mas essa alegria forçada, imposta por decreto, não se reflete na multidão. Percebe-se desde o primeiro momento que a vida é dura, sofreu-se muito com as catástrofes e há um drama nacional de mínimos problemas domésticos. O comércio é tão pobre como na Alemanha Oriental, exceto as livrarias, que são os estabelecimentos mais modernos, mais luxuosos, limpos e concorridos. Varsóvia está cheia de livros e seus preços são escandalosamente baixos. Um autor muito cotado é Jack London. Há salas de leitura abertas e ocupadas desde as oito da manhã, mas os poloneses não se conformam em sentar-se nelas, e preenchem com leitura todos os vazios de suas vidas. Nas filas para esperar o bonde — duram o dia inteiro — ou para comprar artigos de primeira necessidade, os poloneses lêem livros, revistas, folhetos de propaganda oficial, com uma abstração algo religiosa.

Não pude entender o que faz tanta gente na rua. Está comprovado que o desemprego não é problema na Polônia. Mas a multidão passa o tempo olhando vitrinas. As lojas do Estado oferecem coisas novas que parecem velhas e a preços elevados. As pessoas se acotovelam nas portas antes que sejam abertas. Fiquei várias horas misturado à densa clientela da loja mais fotogênica de Varsóvia, subindo e descendo as escadas rolantes, e posso dizer que as pessoas percorrem a loja e saem com as mãos vazias. É como se o fato de se convencer de que o dinheiro não chega para comprar fosse também uma maneira de fazer compras.

Padres e freiras se misturam à multidão numa proporção tão notável como em Roma. São encontrados em todos os lugares, nas conferências políticas, nas reuniões culturais, folheando nas livrarias umas revistas com os ferozes bigodes de Stalin na capa. Na avenida Marszalkowa surpreendeu-me um Cristo coroado de lâmpadas elétricas a cujos pés ardiam dois lampiões de azeite. Alguns transeuntes se detinham um momento na frente dele para se benzer. Acabei por me acostumar a essas imagens religiosas encravadas numa capital socialista. Há imagens, construídas recentemente, da Virgem. Um dos primeiros prédios reconstruídos foi a catedral. As igrejas ficam abertas o dia inteiro e da rua podem ser vistos os eleitores do secretário do Partido Comunista, Ladislaw Gomulka, ajoelhados e com os braços abertos diante do Cristo. No fim de nossa visita turística à catedral de Varsóvia, uma anciã que rezava em voz alta diante do altar-mor se incorporou à nossa caminhada e pediu uma esmola. Devo dizer que foi o único mendigo que vi na cortina de ferro.

O aspecto geral é de uma profunda pobreza, mais impressionante do que na Alemanha Oriental e na Hungria. Mas há um fato a favor dos poloneses: submetidos a prolongadas privações, destroçados pela guerra, tudo rematado pelas exigências da reconstrução e dos erros de seus governantes, eles tentam seguir vivos com uma certa nobreza. Estão remendados, mas não rasgados. São pobres a um extremo impossível de descrever, mas se percebe que enfrentam a pobreza com uma rebeldia que não é pelo menos evidente na Alemanha Oriental. Dentro das roupas velhas e dos sapatos gastos os poloneses conservam uma dignidade que incute respeito.

A reconstrução de Varsóvia é um esforço nacional com poucos antecedentes. O Gueto é agora uma praça deserta e nua, lisa como uma mesa de açougue. Assim estava o centro da cidade na manhã da libertação. Não só não havia cidade, não havia sequer poloneses. Os que ficaram — ajudados pelos que se repatriaram mais tarde — se empenharam em reconstruir pedra a pedra uma cidade da qual não restara pedra sobre pedra, e o fizeram com uma espécie de ferocidade vingativa, com a mesma temeridade simbólica com que a cavalaria polonesa enfrentou com lanças os tanques de Hitler. Primeiro se reconstruiu a cidade no papel: mapas, fotos, documentos históricos. Uma comissão de acadêmicos zelou pela autenticidade da reconstrução de maneira que a nova cidade ficasse igual à antiga. Para refazer a muralha medieval foi necessário fabricar um tipo especial de ladrilho cuja fórmula desaparecera havia séculos.

É curioso o efeito dessa cidade feita sobre fotos. As ruazinhas medievais cheiram a pintura fresca. As frontarias de quatrocentos anos ainda não estão prontas. Nos andaimes há pintores nascidos em 1925 que tiveram de inventar novas técnicas e fórmulas esquecidas para repintar paredes que amanhã de manhã terão trezentos anos. Esse empreendimento titânico foi feito à custa de pão e sapatos.

Na unidade arquitetônica de Varsóvia há um acidente: o Palácio da Cultura, presente da União Soviética e cópia fiel do Ministério da Educação de Moscou. Os poloneses — a quem não se pode falar dos russos porque desatam em impropérios — acabaram por dinamitá-lo. Dizem que Stalin mandou construí-lo sem consultar a opinião da Polônia como agradecimento aos governantes que batizaram com seu nome a maior praça de Varsóvia. Agora a praça se chama Praça da Cultura, mas o palácio continua ali, inflexivelmente stalinista, com a estrela vermelha no vértice. Nesse imenso espantalho vazio, onde as pessoas podem se perder como na catedral de São Basílio, de Moscou, há salas de conferências, teatros, cinemas, sedes de organizações culturais. Nos sábados à noite, no verão, o governo instala um sistema de alto-falantes de onde flui uma torrente de jazz com que a juventude dança até uma da madrugada.

— Todos os nossos esforços foram para o diabo — me disse um professor de história que participou da reconstrução. — O Palácio da Cultura abriu um rombo na tradição.

Alguns poloneses nem acreditam que seja um presente. Pensam que foi uma obra dos antigos governantes para adular Stalin. Aqueles que admitem que foi um presente encontram nele outro motivo de ressentimento contra os russos; quando se construiu o Palácio da Cultura os poloneses viviam como ratos nas ruínas dos prédios destruídos. Não se entende por que a União Soviética fez um presente tão caro e tão inútil num momento em que a Polônia sofria — e ainda sofre — com a escassez de moradias. Desde que Gomulka chegou ao seu cargo e o país começou a desfrutar da liberdade de expressão, iniciou-se um processo público contra o Palácio da Cultura e é um processo que ainda não acabou. Há poucas semanas alguém perguntou a Gomulka numa manifestação:

— É verdade que o Palácio da Cultura foi um presente da União Soviética?

Gomulka preferiu não encarar o tema:

— É verdade — respondeu e se antecipou a qualquer comentário malicioso: — A cavalo dado não se olham os dentes.

Uma noite encontrei no hotel uma mensagem de Adão Waclawek. Devo tê-la interpretado mal, porque pensei que se tratava de uma conferência. Não tive tempo de comer. Peguei um táxi, dei o endereço ao motorista e ele me depositou sem comentários diante de um prédio sombrio rodeado de árvores, nos arredores Varsóvia. Era uma festa de gala. Eu estava com *jeans* mas não me preocupei com esse detalhe porque ouvira falar que nas democracias populares se podia participar de festas de qualquer maneira. Há três anos a delegação soviética, no Festival de Veneza, convidou os jornalistas para uma recepção no Hotel Excelsior. Aqueles que se apresentaram em camisa de mangas curtas foram repelidos na porta por um serviçal de libré.

— Quando forem a Moscou poderão entrar como quiserem — nos disse um membro da delegação. — Aqui se impõe o cerimonial e nós respeitamos os costumes do país.

Em Varsóvia não se respeita esta regra que eu confundira em má hora como um princípio doutrinário. Os homens se vestiam de preto e as senhoras, com modelos copiados das revistas francesas, jogaram por cima todo o conteúdo de seu porta-jóias.

Eu não tinha tempo de regressar ao hotel. Adão Waclawek insistiu em que a coisa não tinha importância, de modo que me instalei com os outros convidados ao redor de uma mesa ampla onde havia muitas coisas para comer e, sobretudo, muitas garrafas dessa diabólica vodca polonesa de 46 graus. Os homens beijavam as mãos das senhoras. Pela maneira como faziam me dei conta de que as senhoras esperavam que os estrangeiros também as beijassem. Grupos de poloneses falavam francês entre si. Os temas de conversa não me pareceram espontâneos. Era como se cada qual se interessasse basicamente em demonstrar aos outros que seu francês era melhor e conheciam a fundo as matérias de conversação mais rebuscadas.

Pouco depois percebi que aquele ambiente de aristocracia arruinada tinha um espaço democrático: os motoristas dos carros oficiais também estavam na festa. Não se misturavam ao resto da assistência. Fiquei com eles, não porque tivesse algo contra o costume polonês de beijar a mão das senhoras, mas porque me parecia um contra-senso histórico fazê-lo em *jeans* e *guayabera*. Os motoristas estavam vestidos como nós, os motoristas de todo o mundo, nos vestimos, e eu me sentia no meu ambiente. Até interferi na conversa com esse polonês límpido e fluido que qualquer um é capaz de falar depois da terceira vodca.

Quando os vapores do álcool se tornaram mais densos, os convidados se misturaram. Então os motoristas também beijaram a mão das senhoras. Não pude escapar. Mais tarde me dei conta de que esse costume, que eu considerava um vício das classes expropriadas, conserva-se em todos os setores do povo polonês. O socialismo — que deu a todo mundo os mesmos direitos — apenas ampliou as possibilidades: agora nós motoristas podemos beijar a mão das senhoras. É inesquecível o embaraço do coronel Webbs, delegado da Biblioteca do Congresso, de Washington, um gringo platinado e prático que viajava com duas roupas de náilon numa maleta da Pan American e que em algum momento da festa se aproximou para me dizer:

— Se eu soubesse que era questão de beijar a mão teria ficado na cama com broncopneumonia.

Pareceu-me, no entanto, que aquela miscelânea de pedras preciosas e motores de explosão não é possível na Polônia antes da terceira vodca. Os membros da antiga aristocracia que ainda vivem em Cracóvia — cidade de um conservadorismo hermético — se defendem da crescente maré do proletariado em suas residências particulares. Alguns deles colaboram com o regime. Participam das recepções e se contraem fisicamente quando se encontram com seu ministro, filho de um sapateiro de Zakopane, ou com um dirigente industrial retirado com grua do fundo de uma mina. O proletariado, por sua parte, não conseguiu vencer por completo sua timidez.

O restaurante do Hotel Bristol não é caro para um operário especializado. Nos sábados à noite se instalam numa mesa com suas mulheres vestidas de cor-de-rosa e não sabem o que fazer com as mãos. Ocupam-nas às vezes marcando o compasso das valsas executadas por uma orquestra em traje noturno. É visível o incômodo deles, não lhes agrada essa atmosfera de salamaleques e se sobressaltam quando estoura uma rolha de champanha. Os expropriados sorriem à socapa e se atrevem a dizer aos estrangeiros que na Polônia a revolução não pega porque os operários têm complexo de inferioridade.

Pouco antes de acabar a festa, um polonês nervoso deu algumas instruções aos motoristas. A mim deu pessoalmente uma instrução que deveria ter um caráter especial, porque os motoristas soltaram uma gargalhada. Ele compreendeu que eu não falava polonês, identifiquei-me e então ele examinou minha roupa, abraçou-me com um desses ataques de entusiasmo de que só são capazes os poloneses e os russos e me disse:

— Você é um verdadeiro comunista, camarada.

Mostrou-me discretamente o resto dos clientes com um ar de superioridade depreciativa. E acrescentou:

— Esses não. Esses estão marchando porque é conveniente ou porque não podem fazer outra coisa.

Era diretor de uma revista de arte. Encomendou-me um texto sobre a música popular colombiana e poucos dias depois encontrei no hotel um envelope com um cartão seu e o pagamento pela reportagem: duzentos zlotys. Só voltei a me lembrar desse dinheiro na fronteira, uma semana depois.

O delegado húngaro era um velhinho com algo de urso, todo engelhado e com dor nos rins, com quem eu brincava por causa de seu nome: Andrea. Falava um pouco de italiano. À mesa se sentava ao meu lado. Observei que andava por todos os lugares em companhia de um húngaro jovem, discreto e simpático, que se fazia passar por seu intérprete e que de fato falava quatro idiomas mas não parecia cumprir sua função. Uma noite necessitei de uma máquina de escrever e pedi a Andrea — o senhor Andrea — que me emprestasse a sua. Ele consultou o intérprete, que concordou e subiu conosco ao quarto para buscar a máquina. Quando a gerência do hotel pediu o passaporte, Andrea não portava o seu. Estava com o intérprete. Na primeira oportunidade pedi-lhe que me esclarecesse o mistério. Com uma ingenuidade de 75 anos o senhor Andrea me perguntou se eu era comunista. Então me revelou o segredo: o intérprete era um detetive. O senhor Andrea é uma autoridade em cinemateca. Apesar de ser um funcionário oficial, a polícia húngara — que não tem nenhuma confiança nele — mandou-o a Varsóvia com um detetive. Tratava-se de evitar que o velho utilizasse o passaporte para fugir da cortina de ferro. O rapazinho ortodoxo, digno da confiança oficial, dava-lhe até dinheiro para o cigarro com uma certa solicitude maternal, com o mesmo carinho com que teria dado de mamar a um velho que podia ser seu avô.

Esse foi o único caso de controle policial que me lembro de ter visto na Polônia, mas não diz respeito à situação polonesa e sim à húngara. Pelo contrário, é assombrosa a liberdade com que os poloneses se pronunciam contra o governo. Gomulka é intocável. Mas é o único. No Palácio da Cultura se está representando uma peça escrita por um estudante e interpretada por um grupo experimental, que é uma sátira aos ministros, com os nomes próprios.

Nem na União Soviética — onde a movimentação da juventude é indiscutível — se nota uma ebulição juvenil mais intensa do que na Polônia. É superior ou pelo menos mais histérica do que em qualquer país da Europa ocidental. Ao contrário do que ocorre na Tchecoslováquia, os estudantes poloneses têm uma participação ativa na política. Todos os jornais e revistas estudantis — desde a ascensão de Gomulka surge um novo a cada mês — intervêm diretamente nas coisas do governo. A universidade é um barril de pólvora. A situação chegou a tal extremo que o jornal *Po Prostu** foi fechado pelo governo — um golpe moral contra a estudantada, que aproveitava sua lua-de-mel com a liberdade de imprensa para disparar para todos os lados. A medida deu origem a violentas manifestações públicas.

Não creio que seja simplista relacionar essa intensa atividade estudantil com o número de livrarias, o preço dos livros e a avidez com que os poloneses lêem. Na Hungria um comunista comentou:

— A Polônia não é uma democracia popular. É uma colônia cultural da França e tudo o que fez foi sacudir a influência soviética para voltar à influência francesa.

Os húngaros são tratados na mesma moeda. Um comunista polonês comentou:

— Os comunistas húngaros são servos voluntários da União Soviética, sectários, dogmáticos com todos os vícios do antimarxismo.

Um comunista polonês abraçou em Budapeste um comunista húngaro:

— Estamos emocionados pela formidável revolução feita pelo povo húngaro em outubro.

O húngaro ficou verde de raiva:

— Não foi uma revolução. Foi uma contra-revolução armada pela reação.

Assim andam as coisas em família. Por outro lado, ambos estavam de acordo em relação à Tchecoslováquia. Diziam que os tchecos só se interessam em vender. Eu lhes disse que no meu modo de ver a Tchecoslováquia era a única democracia popular sólida. Replicaram que isso não é uma democracia popular. Argumentaram — ignoro se é verdade ou se foi para me cooptar de seu lado — que a Tchecoslováquia vendeu armas para Rojas Pinilla.

---

*Po Prostu: literalmente, "Franco-falador". É um jogo de palavras em polonês, inspirado na palavra "franco-atirador".

Por cima dessas diferenças domésticas, é evidente que a Tchecoslováquia e a Polônia são os únicos países socialistas que têm os olhos voltados para o Ocidente. A Tchecoslováquia usa muito tato em relação aos soviéticos, negociando à direita e à esquerda. Tem relações comerciais com quase todos os países do Ocidente. É a única democracia popular onde há um cônsul colombiano, que por certo não consta da lista telefônica de Praga. A Polônia, em compensação, volta-se para o Ocidente com valentia, excedendo-se contra os russos e ao que parece com um objetivo puramente cultural. O ensino do francês é uma tradição que se conserva nos lares. Há famílias de operários — antigos emigrados na França — que o ensinam aos seus filhos antes que aprendam o polonês na escola. Em todos os estabelecimentos públicos de Varsóvia se fala francês.

Os escritores franceses que não têm tanto prestígio em seu país — em especial os comunistas rompidos com o partido por causa dos acontecimentos na Hungria — encontram um público formidável na Polônia. Um jornal de Paris publicou há pouco um artigo com a seguinte manchete: "Para saber o que pensa a esquerda francesa deve-se ler a imprensa de Varsóvia". Alguns dos últimos artigos de Sartre foram publicados primeiro em polonês e depois em francês. Na imprensa de Varsóvia há polêmicas encarniçadas entre muitos dos melhores escritores franceses e escritores poloneses, das quais não se ouve falar em Paris.

É difícil saber o que querem os poloneses. São complicados, difíceis de lidar, de uma suscetibilidade quase feminina e com tendência ao intelectualismo. A situação em que se encontram se parece muito com seu modo de ser. Gomulka — secretário-geral do partido — é um herói nacional que ninguém contesta. Mas encontrei poucos poloneses que apóiam o governo. A imprensa independente — e alguns jornais comunistas, como o proscrito *Po Prostu* — se apóia na mais pura doutrina marxista para atirar pedras no regime. A necessidade do socialismo está fora de questão, mas se nega sumariamente a competência dos atuais administradores. São acusados de não levar em conta a realidade do país e as pessoas que formulam tais acusações organizam greves, manifestações e encontros de rua com a polícia para exigir coisas que a situação econômica não permite.

Há um acordo geral: o anti-sovietismo. Assegura-se que quando Gomulka viajou a Moscou — depois do plebiscito que confirmou sua popularidade — os poloneses estavam convencidos de que seria seqüestrado no Kremlin. Eles acreditam que os russos são capazes de tudo. Como Gomulka regressou são e salvo com a notícia de que as tropas soviéticas não poderiam sair da Polônia imediatamente, muitos que votaram nele se passaram para a oposição.

— As coisas mudaram na União Soviética — disse Gomulka numa entrevista com operários. — Acabou-se a época dos processos secretos e das execuções em massa.

Não convenceu ninguém. Isso não quer dizer que os poloneses preferiram os Estados Unidos. Creio, segundo pude conversar com eles, que são tão antiamericanos como anti-soviéticos. Perguntei a muitos deles francamente o que queriam e me responderam:

— O socialismo.

Penso que querem o socialismo sem etapas: já. O vértice do prestígio político são Gomulka e o cardeal Wyszynski. Correm paralelamente e com eles corre o país inteiro, complicado numa situação contraditória que não pode durar muito tempo. O antigo regime aboliu o ensino religioso e pôs o cardeal sob vigilância policial num convento. Aboliu a liberdade de expressão, o direito de greve, a iniciativa das massas na construção do socialismo: era a ditadura de um grupo sob as ordens de Moscou. A polícia política impôs a ordem pelo terror. Ladislaw Gomulka — o dirigente comunista mais popular — foi mandado para o cárcere. Quando a pressão das massas libertou Gomulka e o levou nos ombros até a secretaria do partido, seu primeiro ato foi dissolver a polícia política, levar a julgamento os responsáveis pelos crimes cometidos por ela e pôr em liberdade o cardeal. É verdade: Gomulka e o cardeal jamais conversaram, conhecem-se de retratos. Numa atitude sem precedente, o cardeal-primaz da Polônia percorreu os púlpitos pedindo aos católicos para votar no candidato comunista. Complicou-se com o Vaticano. Gomulka, por sua vez, complicou-se com a União Soviética e a linha dura de seu partido, mas restabeleceu o ensino religioso. O povo ganhou terreno. Que diabos se passou? Há poloneses católicos e comunistas ao mesmo tempo. Assistem sábado à reunião da célula e no dia seguinte à missa dominical.

Na viagem a Cracóvia fomos acompanhados por uma enfermeira de vinte anos — de uma maturidade precoce, em todos os sentidos —, membro ativo da Juventude Comunista e de um movimento de ação católica. Chama-se Ana Kozlowski. Dediquei o trajeto — 14 horas — a convencê-la a me explicar como se podia servir ao mesmo tempo a dois senhores. Ela não admite uma divisão precisa entre a militância comunista e a militância católica. Pensa que em determinadas circunstâncias — as circunstâncias da Polônia — as duas coisas conduzem para o mesmo fim. Perguntei-lhe se aprendeu essa teoria nas aulas de marxismo ou nas de religião.

— Em nenhuma delas — respondeu, com uma assombrosa convicção. — Estamos aprendendo com a experiência polonesa.

Não apresento o testemunho de Ana Kozlowski como uma conclusão definitiva sobre a situação. Seu caso me interessa. Creio que os poloneses estão concentrados em definir matizes doutrinários enquanto a situação econômica adquire proporções dramáticas. Às vezes, pela veemência com que expõem os argumentos mais simples, dão a impressão de estar inventando a pólvora. Quando chegam ao limite, fazem com os dedos uma trança de cabelos e exclamam com uma convicção apaixonada:

— Somos os únicos que sabemos para onde vamos.

Adão Waclawek, meu intérprete, tinha noções mais claras. Em certa ocasião contemplávamos o entardecer sobre o Vístula. Nos subúrbios, brilhavam as chaminés das fábricas. Adão me falou da situação da Polônia com uma intensidade apaixonada e não completamente isenta de carga patética.

— Os comunistas ocidentais nos deram um prejuízo enorme — disse. — Pintaram isto como um paraíso. Os estrangeiros chegam iludidos e temos trabalho para fazê-los compreender a realidade: a vida aqui é um drama a cada minuto. — Contemplou o remoto esplendor das fábricas. — Mas estamos encontrando o caminho. Se nos derem mais dez anos de paz teremos poder suficiente para impedir a guerra por nossa conta.

Essa clareza é quase uma exceção. Nos poloneses com quem falamos em Varsóvia e depois em Moscou e em Budapeste, creio ter encontrado um princípio de confusão.

Em Cracóvia se pode ver o conservadorismo na cara. Mesmo a via pública e o ar livre têm algo de monástico. É um reduto católico. Ana Kozlowski me disse que os estudantes cracovianos — educados num círculo familiar fechado — resistem ao socialismo. A chegada de uma delegação estrangeira foi divulgada por toda a cidade. Às nove da noite a porta do hotel ficou bloqueada por uma multidão de crianças que pediam autógrafos. Um delegado fez um turbante com um cachecol colorido e provocou escândalo. Duas horas depois as ruas estavam desertas. Algumas prostitutas outonais, lamentavelmente pintadas, circulavam pelo parquezinho em frente ao hotel. Os poucos homens que encontramos na rua estavam completamente bêbados, com essa profunda bebedeira dos cinco sentidos, característica dos poloneses. Ana Kozlowski se empenhou em me convencer de que o alcoolismo na Polônia nada tem a ver com o sistema. É tão antigo como a nação polonesa. Mas Gomulka deve estar mais preocupado do que ela: há pouco, subiu em 30% o preço da vodca.

Entramos num cabaré onde nada mudara desde o século passado. A decoração de pelúcia é velha, os móveis são velhos, os músicos e seus instrumentos são velhos e tocam uma música que a juventude não sabe dançar. Havia um forte cheiro de desinfetante. Ainda que tudo estivesse muito limpo, havia uma certa poeira no ar. Um garçom com calças de veludo verde e um casaco curto do mesmo material — um traje de toureiro — se dirigiu a mim em polonês. Ana traduziu: não queria me servir porque eu estava sem gravata. O garçom se deu conta de que eu era estrangeiro, pediu-me desculpas em francês e me explicou que a clientela polonesa era rigorosa no vestir "para evitar que os operários entrassem de macacão". Não havia jovens. Um velhinho de uns oitenta anos dançou uma polca com uma mulher muito gorda com vestido florido e os dois foram aplaudidos pelos clientes. Fiz o possível para dançar. Ana — que tampouco sabia — desculpou-se com o argumento de que a juventude polonesa só sabe dançar a música moderna e em especial o jazz. No curso da música, manteve um diálogo com uma mulher que estivera me olhando com uma franca curiosidade e parecia se divertir muito com suas próprias observações. Perguntou se eu era mexicano. Ana respondeu que sim e a mulher perguntou então se eu estava armado.

— Muito cuidado — concluiu. — Diga-lhe que na Polônia é proibido atirar nos músicos.

Às cinco da manhã saímos para o campo de concentração de Auschwitz. O senhor Webbs — delegado dos Estados Unidos — manifestou-me sua repugnância por aquela evocação da carnificina científica dos alemães. Acomodou-se no ônibus com a condição de que não lhe mostrassem os fornos crematórios. Ana estava atrasada. Desde que subiu ao ônibus se fixou nas camisas que o senhor Webbs e eu vestíamos naquela manhã. Nada comentou até o senhor Webbs mudar de lugar e ela ficou sozinha comigo. Então examinou minha camisa com grande atenção e disse textualmente:

— Esse é o famoso náilon.

De boa-fé lhe disse que na volta ao hotel lhe presentearia a camisa e na expressão de seus olhos me dei conta de que cometera um erro.

— É uma camisa de homem — disse, acrescentando em seguida: — Nós ainda precisamos de cinco anos para produzir o náilon.

Estava convencida de que quando a Polônia produzisse náilon seria mais barato e de melhor qualidade. Enquanto isto, o simples fato de não usá-lo faz parte da dignidade nacional. Ana evocou indignada a forma com que algumas moças poloneses — durante o festival da juventude — assaltaram os delegados ocidentais para comprar camisas de náilon e relógios. Perguntei se em sua atitude não haveria um nacionalismo exagerado. Ela encolheu os ombros:

— Provavelmente.

As intermináveis cercas de arame farpado do campo de concentração de Auschwitz estão intactas. Os alemães não tiveram tempo de dinamitar o campo. É mais impressionante do que o de Mauthausen, a poucos quilômetros de Viena, ainda que não tenha a espetacular escada de pedra que sobe do fundo da pedreira até o campo: 1.200 degraus. O de Buchenwald, em Weimar, pôde ser dinamitado e os visitantes têm de reconstruí-lo mentalmente de acordo com as indicações do guia. Em Auschwitz nada mudou de lugar. Os fornos crematórios estão no fim de um sistema de três quartos; o primeiro é um banheiro com duas dezenas de chuveiros. Quando as comissões da Cruz Vermelha Internacional inspecionavam o campo, os nazistas mostravam aqueles quartos inocentes para convencê-las da manutenção da higiene. Não se explica como essas comissões não perceberam que não havia canos de água. Nunca saiu água por aqueles canos: saía gás venenoso enquanto as finanças de Hitler podiam se dar esses luxos. Depois só saía a fumaça dos fornos crematórios conectados ao sistema de chuveiros. O segundo é uma câmara refrigerada. Calcula-se que em determinado momento os nazistas executavam 250 pessoas por dia. Os fornos crematórios não davam conta. Mesmo no inverno os cadáveres tinham de esperar a vez em seu purgatório refrigerado. A única diferença entre um forno crematório e um forno de pão é a porta blindada. Em Auschwitz ainda existem as macas em que se punham os cadáveres para assar. A operação durava uma hora. Os encarregados dos fornos passavam o tempo jogando pôquer, como as senhoras, jogando canastra, ocupam o tempo enquanto o frango é assado. A diferença é que a fumaça dos cadáveres escapava pelos chuveiros para asfixiar mais 12 pessoas. Era uma progressão geométrica: três cadáveres proporcionavam material para produzir 12.

Segui com atenção as reações do delegado alemão. Um homem tranqüilo, com uma barba vermelha — como Barba Azul — e um eterno cachimbo nos lábios, apagado. Seguia com um certo ar absurdo as explicações do intérprete. É uma atitude clássica dos alemães. Os comentários sobre as atrocidades do nazismo lhes resvalam pela pele sem eriçá-la, e se pode dizer diante deles o que se quiser, que não se alteram nem se desculpam. Em Budapeste observei um alemão no momento em que um húngaro explicava a situação estratégica, a má-fé com que os nazistas dinamitaram a ponte Elizabeth, sobre o Danúbio, considerada a melhor da Europa. Alguém cometeu a insensatez de perguntar ao alemão o que achava disso. Ele respondeu secamente:

— Parece deplorável.

No campo de concentração de Buchenwald o guia alemão nos disse:

— Nossa desgraça é que somos científicos até para organizar uma matança.

Na Alemanha, cada vez que tinha algo a ver com esse povo extraordinariamente cordial, alegre, camarada, de uma hospitalidade comparável apenas à da Espanha e uma generosidade comparável apenas à da União Soviética, eu quebrava a cabeça sem poder entender os campos de concentração. Nos campos de concentração quebrei a cabeça sem poder entender os alemães.

O atroz cientificismo dos nazistas pode ser bem apreciado em Auschwitz. As salas de cirurgia em que os médicos de Himmler faziam suas experiências de esterilização humana são impecáveis. Existe — intacto — um laboratório de elaboração de substâncias humanas. Por uma porta entrava um homem vivo e por outra saía o bagaço. Dentro ficava tudo o que uma pessoa possui de matéria-prima. Montou-se uma próspera indústria de pele humana, de tecido produzido a partir dos pêlos humanos, de derivados de banha humana. Na Áustria vi um enorme pedaço de sabonete de pinho adornado com flores. Alguém poderia acreditar que aquele sabonete era de seu tio. Em Auschwitz há uma exposição destes artigos e se compreende como essa indústria sinistra tinha um excelente futuro no mercado: uma mala fabricada com pele humana é de uma qualidade superior. Eu não acreditava que um homem servisse para tanto, nem mesmo para fazer malas.

Os poloneses não fornecem cifras. Limitam-se a mostrar. Quando se vê essas coisas e se deve contá-las por escrito há que pedir permissão a Malaparte. Existe uma galeria de vitrinas enormes cheias até o teto de cabelos humanos e uma outra cheia de sapatos, roupa, lenços com iniciais bordadas à mão, malas com que os prisioneiros entravam nesse hotel alucinante e ainda estão com etiquetas de hotéis de turismo. Há uma vitrina cheia de sapatinhos de crianças com chapinhas de metal gastas nos saltos; botinhas brancas para ir à escola e botas ortopédicas daqueles que antes de morrer em campos de concentração tiveram o trabalho de sobreviver à paralisia infantil. Há um imenso salão abarrotado de próteses, milhares de óculos, dentaduras postiças, olhos de vidro, pernas de madeira, mãos com luva de lã sem a outra mão, todos os dispositivos inventados pelo engenho do homem para remendar o gênero humano.

Separei-me do grupo que atravessou em silêncio a galeria. Estava moendo uma cólera surda porque tinha vontade de chorar. Penetrei num corredor profundo em cujas paredes estavam os retratos das vítimas — incluindo 13 mil apátridas — que os libertados do campo conseguiram resgatar dos arquivos. Diante de um destes retratos estava Ana Kozlowski. Observei o retrato: uma pessoa assexuada, com a cabeça raspada, olhando para a câmera com um aspecto severo.

— É homem ou mulher? — perguntei.

Ana não me olhou. Puxou-me suavemente até a porta.

— Homem — respondeu. — É meu pai.

Na minha última noite em Varsóvia, Ana Kozlowski me levou ao hotel e me trouxe os extraordinários cartazes que anunciaram em Varsóvia os filmes de Emilio Fernández, o índio mexicano. Foram encomendados a pintores jovens e agora os originais estão num museu. Vieram também muitos poloneses desgrenhados, desses que ficam valentes nas discussões, que dizem que se deve fuzilar os capitalistas e na última hora demonstram — com fatos — que o sentimentalismo é uma doença incurável, uma tara da humanidade. No automóvel que me conduziu à estação, Adão Waclawek — que poucos momentos antes me disse que as despedidas não o tocavam — desatou um discurso sentimental.

— Com os americanos é diferente — disse. — Vocês vêm e já se sabe de antemão que jamais voltarei a vê-los.

Nestes casos, para não me emocionar, costumo soltar um palavrão. Foi o que fiz. Já na plataforma do trem, Adão Waclawek me deu uma moeda muito pequena, brilhante, uma unidade monetária polonesa que eu não conhecera. Explicou-me que foram retiradas de circulação porque os traficantes do mercado negro as convertem em medalhas da Virgem para vendê-las a um preço mais alto. Por esta notícia eu prolongaria a viagem por 24 horas, mas já era impossível; meu visto estava vencido.

— Há um mercado negro na Polônia? — perguntei.

— Um mercado negro internacional — respondeu Adão Waclawek caminhando ao lado do trem que se movimentava naquele momento. — É um de nossos grandes problemas.

Às quatro da madrugada bateram no vagão-dormitório. Era a alfândega. O agente se dirigiu a mim em polonês, fiz sinal de que não entendia e lhe dei o passaporte. Ele viu que estava em ordem e me fez uma nova pergunta. O passageiro que viajava no beliche de cima traduziu para o espanhol.

— Ele perguntou se está levando dinheiro polonês.

Disse que não. Logo me lembrei dos duzentos zlotys da reportagem. Dentro de cinco minutos esse dinheiro — que não é exportável — não me serviria para nada. Dei-o ao guarda.

— Não temos direito de confiscar este dinheiro — me disse, por intermédio do intérprete. — Devia tê-lo gasto antes de sair da Polônia.

Eu não tivera tempo. Ele disse que estavam abrindo o restaurante da estação e que podia comprar-me alguma coisa. Não me ocorreu nada. Ele insistiu e eu me dei conta de que estava fazendo-o perder tempo.

— Compre-me cigarros — eu disse.

Voltou dez minutos depois rebentando de riso. Empurrou até o interior do camarote dois volumes contendo cigarros: duzentos maços. O intérprete me informou que com esse dinheiro teria podido comprar uma câmera fotográfica. Dispus-me a dormir, mas o guarda continuou ali, escrevendo num bloco. Entregou-me o recibo. Tinha que pagar um imposto de exportação.

Expliquei-lhe que meu único capital polonês eram os cigarros. Estabeleceu-se então entre o guarda e o intérprete um diálogo. O guarda ponderou:

— Não posso receber o pagamento em cigarros. Mas posso comprar-lhe vinte maços, que é o valor do imposto.

Então contei vinte maços e os entreguei. Ele me pagou e eu lhe devolvi os vinte zlotys. Depois empurrei até a porta o resto do pacote aberto e lhe disse que os fumasse como recordação. Ele respondeu que não tinha o direito de aceitá-los porque era mercadoria exportada. A situação me pareceu tão divertida que resolvi continuar. Ponderei que os vinte maços que me comprou regressaram ao país de contrabando. Ele encolheu os ombros:

— Posso aceitar um cigarro.

Dei-lhe. O guarda me deu fogo e me desejou boa viagem. Duas horas depois os dois volumes de cigarros foram confiscados na Tchecoslováquia porque eu não tinha coroas para pagar o imposto de importação.

SETEMBRO DE 1959

URSS: 22,4 milhões de quilômetros quadrados sem um único anúncio de Coca-Cola

Ao cabo de muitas horas vazias, sufocados pelo verão e pela lentidão de um trem sem horário, um menino e uma vaca nos viram passar com o mesmo estupor e em seguida começou a entardecer sobre uma interminável planície semeada de tabaco e girassóis. Estávamos na União Soviética. O trem parou. Abriu-se um alçapão na terra, num dos lados do trilho, e um grupo de soldados com metralhadoras surgiu por entre os girassóis. Não pudemos ver onde ia dar o alçapão. Havia alvos para prática de tiro com figuras humanas recortadas em madeira, mas nenhum prédio. A única explicação verossímil — ainda que pouco explicável — é que ali existia um quartel subterrâneo.

Os soldados verificaram que ninguém se escondia nos eixos do vagão. Dois oficiais subiram para examinar os passaportes e as credenciais do festival. Olharam-nos várias vezes com atenção, até se convencerem de que nos parecíamos com nossos retratos. É a única fronteira da Europa em que se toma essa precaução elementar.

Chop — a dois quilômetros da fronteira — é a aldeia mais ocidental da União Soviética. Mas a estação ainda estava decorada com recortes da pomba da paz, cartazes de concórdia e amizade em muitos idiomas e bandeiras de todo o mundo, embora fizesse uma semana que os últimos delegados haviam passado. Os intérpretes não nos esperavam. Uma jovem vestida num uniforme azul nos informou que podíamos dar uma volta pelo povoado, pois o trem de Moscou só sairia às nove da noite. Meu relógio marcava seis da tarde. Depois comprovei no relógio da estação que na realidade eram oito da noite. Eu estava com o horário de Paris e devia adiantar o relógio em duas horas para conciliá-lo com o fuso da União Soviética. Era meio-dia em Bogotá.

Na sala central da estação, nos dois lados de um pórtico que leva diretamente à praça do povoado, havia duas estátuas de corpo inteiro acabadas de pintar com verniz prateado: Lenin e Stalin em trajes civis numa atitude bem doméstica. Por causa do alfabeto russo me pareceu que nos letreiros as letras estavam caindo em pedaços e isso me produziu uma sensação de ruína. Uma jovem francesa estava impressionada com o aspecto de miséria das pessoas. A mim não pareciam particularmente malvestidas. Devia ser porque já estava havia mais de um mês andando pela cortina de ferro. A moça experimentava a mesma reação imediata que sofri na Alemanha Oriental.

No centro da praça — um jardim bem-cuidado e colorido em torno de uma fonte de cimento — passeavam alguns militares com suas crianças. Nos balcões das casas de ladrilhos, recém-pintadas com cores alegres e primitivas, e na porta das lojas sem vitrines, as pessoas tomavam o ar fresco do entardecer. Um grupo carregado de malas e sacos com coisas de comer esperava a vez do único copo diante de um carrinho de refrescos. Havia um ar rural e um provincianismo que me impediam de sentir a diferença de dez horas que me separava das aldeias colombianas. Era uma espécie de comprovação de que o mundo é mais redondo do que se acredita e a apenas 15 mil quilômetros de Bogotá, viajando em direção ao Oriente, chega-se outra vez aos povoados do Tolima.

O trem soviético chegou às nove em ponto. Onze minutos depois — como estava previsto — o alto-falante da estação transmitiu um hino e o trem arrancou em meio a uma agitação de vozes e lenços que se despediam de nós dos balcões. São os vagões mais confortáveis da Europa. Cada dormitório é um camarote íntimo com duas camas, um rádio de um único botão, uma lâmpada e uma jarra na mesinha-de-cabeceira. Há uma única classe. A baixa qualidade das malas, os pacotes com vasilhas e víveres, a roupa e esse aspecto mesmo de pobreza das pessoas contrastavam de maneira notável com o luxo e a escrupulosa limpeza dos vagões. Os militares em viagem com suas famílias tiravam as botas e os dólmãs e caminhavam pelos corredores em camiseta e chinelos. Faltava comprovar se os militares soviéticos têm os mesmos hábitos simples, domésticos e humanos dos militares tchecos.

Apenas os trens da França são tão pontuais como os soviéticos. Em nosso vagão encontramos um impresso com o itinerário que se cumpriu à risca. É possível que a organização das ferrovias tivesse sido reajustada para impressionar os delegados. Mas não é provável. Havia coisas mais essenciais do que impressionar visitantes ocidentais que no entanto não foram dissimuladas. Entre elas os receptores de rádio com um único botão: Rádio Moscou. Os aparelhos de rádio são baratos na União Soviética, mas a liberdade do ouvinte se limita a escutar a Rádio Moscou ou não utilizá-los.

É compreensível que na União Soviética os trens não passem de hotéis ambulantes. A imaginação humana tem dificuldade de conceber a imensidão de seu território. A viagem de Chop a Moscou, através de infinitos trigais e pobres aldeias da Ucrânia, é uma das mais curtas: quarenta horas. De Vladivostok — na costa do Pacífico — sai às segundas-feiras um trem expresso que chega a Moscou domingo de noite depois de vencer uma distância igual à que existe entre o Equador e os pólos. Quando na península de Chukotka são cinco da manhã, no lago de Baikal, Sibéria, é meia-noite, enquanto em Moscou são ainda sete da tarde do dia anterior. Esses detalhes dão uma idéia aproximada desse colosso deitado que é a União Soviética, com seus 105 idiomas, seus 200 milhões de habitantes, incontáveis nacionalidades das quais uma vive numa única aldeia, vinte nas pequenas regiões do Daguestão e algumas não foram ainda estabelecidas, e cuja superfície — três vezes os Estados Unidos — ocupa a metade da Europa, uma terça parte da Ásia e constitui em síntese a sexta parte do mundo, 22,4 milhões de quilômetros quadrados sem um só anúncio de Coca-Cola.

Essas dimensões se fazem sentir a partir do momento em que se atravessa a fronteira. Como a terra não é propriedade privada não há cercas divisórias: a produção de arame farpado não figura nas estatísticas. Tem-se a sensação de viajar em direção a um horizonte inalcançável, em que há necessidade de mudar por completo o sentido das proporções para tentar entender o país. As pessoas praticamente se mudam quando vão viajar de trem. A única maneira de viajar sem sentir a vertigem da distância, a única posição razoável é a posição horizontal. Nas cidades mais importantes há uma ambulância na estação. Um médico e duas enfermeiras sobem aos trens para atender os doentes. Aqueles que apresentam sintomas de enfermidades contagiosas são hospitalizados no ato. Desinfeta-se o trem para que não se espalhe a peste.

À noite, fomos despertados por um insuportável cheiro de podre. Tentamos penetrar na escuridão e averiguar a origem dessa exalação indefinível, mas não havia uma remota luz na noite incomensurável da Ucrânia. Pensei que Malaparte sentiu esse cheiro e deu uma explicação criminal que agora é um capítulo famoso de sua obra. Mais tarde os próprios soviéticos nos falaram desses cheiros, mas ninguém pôde explicar sua origem.

Na manhã seguinte ainda não tínhamos acabado de atravessar a Ucrânia. Nas aldeias ornamentadas com temas de amizade universal os camponeses saíam para saudar o trem. Nas praças floridas, em lugar de monumentos aos homens públicos, havia estátuas simbólicas do trabalho, amizade e boa saúde, feitas com a tosca concepção stalinista do realismo socialista: figuras humanas de tamanho humano pintadas em cores demasiado realistas para serem reais. Era evidente que aquelas estátuas haviam sido repintadas fazia pouco. As aldeias pareciam alegres e limpas, mas as casas dispersas pelo campo, com seus moinhos de água, suas carroças tombadas no curral com galinhas e porcos — de acordo com a literatura clássica — eram pobres e tristes, com paredes de barro e teto de palha.

É admirável a fidelidade com que a literatura e o cinema russos recriaram essa visão fugaz da vida que passa pela janela de um trem. As mulheres maduras, saudáveis, masculinas — lenços vermelhos na cabeça e botas altas até os joelhos — trabalhavam a terra em igualdade de condições com seus homens. À passagem do trem saudavam com seus instrumentos de lavoura e nos lançavam gritos de adeus. Era o mesmo grito das crianças trepadas nas carroças de feno, grandes, espaçosas, puxadas por cavalos titânicos com a cabeça enfeitada de flores.

Nas estações, passeavam homens em pijamas de cores vivas, de boa qualidade. Pensei no início que eram nossos companheiros de viagem que desciam para estirar as pernas. Depois me dei conta que eram os habitantes das cidades que vinham receber o trem. Caminhavam pela rua de pijama, a qualquer hora, com um ar natural. Disseram-me que é um hábito tradicional no verão. O Estado não explica por que a qualidade dos pijamas é superior à da roupa comum.

No vagão-restaurante comemos nosso primeiro almoço soviético, temperado com molhos fortes, de muitas cores. No festival — em que havia caviar desde o desjejum — os serviços médicos instruíram as delegações ocidentais para que não deixassem os molhos arruinarem seus fígados. As refeições — e isto aterrorizava os franceses — eram acompanhadas com água ou leite. Como não há sobremesas — porque todo o engenho da pastelaria se aplicava à arquitetura — tinha-se a impressão de que o almoço não acabava nunca. Os soviéticos não tomam café — nocivo à saúde — e completam a refeição com um copo de chá. Tomam-no a qualquer hora. Nos bons hotéis de Moscou se serve um chá chinês de qualidade poética, tão delicadamente aromatizado que dá vontade de derramá-lo na cabeça. Um funcionário do vagão-restaurante usou um dicionário de inglês para nos dizer que o chá é uma tradição russa que só tem duzentos anos.

Numa mesa vizinha se falava um espanhol perfeito com sotaque castelhano. Era um dos 32 mil órfãos da guerra espanhola, asilados em 1937 pela União Soviética. A maioria deles, casados e com filhos, são agora profissionais a serviço do Estado soviético. Podem escolher entre duas nacionalidades. Uma das moças — que chegou aos seis anos — é juíza de instrução em Moscou. Há dois anos mais de três mil regressaram à Espanha. Tiveram dificuldade de adaptação. Os operários especializados — que na União Soviética têm os salários mais altos — não se ajustaram ao sistema de trabalho espanhol. Alguns tiveram problemas políticos. Agora estão retornando à União Soviética.

Nosso companheiro de viagem vinha de Madri com a mulher — russa — e a filha de sete anos que, como ele, falam perfeitamente os dois idiomas. Tinha a idéia de ficar definitivamente. Ainda que conserve a nacionalidade espanhola e fale da Espanha, do eterno espanhol — avante! — com mais patriotismo e mais palavrões do que um espanhol comum, não entende como se pode viver sob o regime de Franco. Entendia no entanto como se podia viver sob o regime de Stalin.

Muitas das informações nos foram confirmadas depois em Moscou por outros espanhóis da mesma origem. Foram educados em espanhol até o sexto ano para que não esquecessem o idioma. Receberam aulas especiais de civilização espanhola e se lhes incutiu o fervor patriótico que todos manifestam com o mesmo entusiasmo. A eles se deve em parte que o espanhol seja a língua estrangeira mais falada em Moscou. Nós os encontrávamos misturados com a multidão. Aproximavam-se dos grupos que falavam espanhol. Em geral diziam estar satisfeitos com seu destino. Mas nem todos se referiam ao regime soviético com a mesma convicção. Perguntados por que tinham voltado para a Espanha, alguns respondiam sem muita segurança, mas muito à espanhola:

— É o apelo do sangue.

Outros admitiam que era simples curiosidade. Os mais comunicativos aproveitavam o menor indício de confiança para evocar com inquietação a época de Stalin. Pareceu-me que estavam de acordo em que as coisas mudaram nos últimos anos. Um deles nos revelou que esteve cinco anos na prisão porque foi descoberto quando tentava fugir da União Soviética metido num baú.

Em Kiev nos fizeram uma recepção tumultuada, com hinos, flores e bandeiras e umas poucas palavras de idiomas ocidentais ensaiadas em 15 dias. Pedimos que nos indicassem onde poderíamos comprar uma limonada. Foi como uma vara mágica: de todos os lados nos caíram limonadas, cigarros, chocolates, embrulhados com signos do festival, e cadernetas de autógrafos.

O mais admirável desse indescritível entusiasmo era que os primeiros delegados haviam passado 15 dias antes. Nas duas semanas que precederam nossa chegada passou um trem com delegados ocidentais a cada duas horas. A multidão não dava sinal de cansaço. Quando o trem partiu, tínhamos perdido vários botões da camisa e tivemos dificuldade de entrar no vagão por causa da quantidade de flores atiradas pela janela. Aquilo era como penetrar numa casa de loucos em que tinham perdido o senso das proporções até para o entusiasmo e a generosidade.

Conheci um delegado alemão que numa estação da Ucrânia elogiou uma bicicleta russa. As bicicletas são escassas e caras na União Soviética. A proprietária da bicicleta elogiada — uma moça — disse ao alemão que a dava de presente. Ele se opôs. Quando o trem se pôs em marcha, a moça, ajudada pela multidão, jogou a bicicleta dentro do vagão e, involuntariamente, quebrou a cabeça do delegado. Em Moscou havia um espetáculo que se tornou familiar no festival: um alemão com a cabeça enfaixada passeando de bicicleta pela cidade.

Tínhamos de ser discretos para que os soviéticos não se despojassem de seus pertences à força e nos dessem de presente. Davam tudo. Coisas de valor ou coisas inúteis. Numa aldeia da Ucrânia uma velha abriu caminho entre a multidão e me presenteou com um pedaço de pente. Era o prazer de presentear pelo puro prazer de presentear. Quando alguém se detinha para comprar um sorvete em Moscou, tinha de comer vinte, com biscoitos e bombons. Era impossível pagar uma conta num estabelecimento público: os vizinhos de mesa já tinham pago. Um homem deteve Franco uma noite, apertou-lhe a mão e deixou nela uma valiosa moeda do tempo dos czares. Nem esperou pelo agradecimento. Num tumulto à porta de um teatro, uma moça que jamais voltou a ser vista pôs uma nota de 25 rublos no bolsinho da camisa de um delegado. Não creio que essa desmedida generosidade coletiva obedecesse a uma ordem para impressionar os delegados. Mas no caso improvável que fosse assim o governo soviético deve estar orgulhoso da disciplina e a lealdade de seu povo.

Nas aldeias da Ucrânia havia mercados de frutas: um grande balcão de madeira atendido por mulheres vestidas de branco, com lenços brancos na cabeça, que ofereciam sua mercadoria com gritos compassados e alegres. Pensei que eram quadros folclóricos por conta do festival. Ao entardecer o trem parou numa dessas aldeias e descemos para estirar as pernas, aproveitando que não havia grupos de recepção. Um rapaz que se aproximou para nos pedir uma moeda de nosso país mas se conformou com o último botão de nossas camisas, convidou-nos para ir ao mercado de frutas. Paramos diante de uma das mulheres sem que as outras interrompessem seu pregão ruidoso e ininteligível. Acompanhavam-se com as palmas das mãos. O rapaz nos explicou que eram as vendedoras das fazendas coletivas. Ficou com legítimo orgulho, mas também com uma intenção política demasiado evidente, que aquelas mulheres não competiam entre si porque as mercadorias eram propriedade coletiva. Só para testar, disse-lhe que na América do Sul era a mesma coisa. O rapaz ficou frio.

A chegada a Moscou estava anunciada para o dia seguinte, às 9h02. Desde as oito começamos a atravessar um denso subúrbio industrial. A aproximação de Moscou é uma coisa que se sente, que palpita, que cresce interiormente como um mal-estar. Não se sabe quando começa a cidade. De repente, num momento impreciso, descobre-se que se acabaram as árvores e a cor verde fica na lembrança como uma aventura da imaginação. O interminável uivo do trem penetra por um complicado sistema de cabos de alta tensão, de sinais de alarmes, de sinistros paredões que trepidam numa comoção de catástrofe, e faz com que a gente se sinta terrivelmente longe de casa. Depois, instaura-se uma calma mortal. Por uma ruazinha humilde e estreita passou um ônibus desocupado e uma mulher, com a boca aberta, apareceu a uma janela e viu passar o trem. No horizonte, nítido e plano, como a ampliação de uma fotografia, apareceu o palácio da universidade.

Moscou: a maior aldeia do mundo

Moscou — a maior aldeia do mundo — não se fez na medida humana. É exaustiva, acachapante, sem árvores. Os prédios são os mesmos casebres das aldeias da Ucrânia ampliadas para tamanhos heróicos. É como se tivessem dado aos mesmos pedreiros mais espaço, mais dinheiro e mais tempo para desenvolver todo o seu inquietante sentido da decoração. Em pleno centro se encontram pátios de província com roupa pendurada em arames e mulheres que dão de mamar a seus filhos. Mesmo estes murais vazios têm proporções diferentes. Uma modesta casa de três andares de Moscou é tão alta como um prédio público de cinco andares de uma cidade ocidental e, sem dúvida, mais cara, mais pesada e espetacular. Algumas parecem simplesmente bordadas à máquina, pois o mármore não deixou espaço para o vidro. Não se vê comércio. As poucas vitrinas dos armazéns estatais — pobres e quase vazias — se perdem na esmagadora arquitetura de pastelaria. Nos amplos espaços destinados aos pedestres circula uma multidão lenta, envolvente, como uma torrente de lava. Senti uma emoção indefinida — que devia estar destinada ao meu primeiro desembarque na Lua — quando o automóvel que me conduziu ao hotel se aventurou pela infinita perspectiva da avenida Gorki. Pensei que seriam necessários pelo menos vinte milhões de pessoas para encher Moscou. O intérprete me confirmou modestamente que só tem cinco milhões e seu maior problema é a escassez de moradias.

Não há ruas modestas. Um único sistema de avenidas converge para o centro geográfico, político e sentimental da cidade: a Praça Vermelha. O trânsito — sem bicicletas — é desordenado e alucinante. O novíssimo Cadillac do embaixador do Uruguai — o do embaixador dos EUA é um modelo antigo — contrasta com os automóveis russos de cores neutras, copiados dos modelos americanos do pós-guerra, que os soviéticos dirigem como se fossem carroças de cavalos. Deve ser a tradição da tróica. Circulam em pelotões de um lado da avenida em estirões de grande velocidade, da periferia para o centro da cidade. Logo se detêm, dão a volta ao redor de um sinal e se lançam desordenadamente pelo outro lado da avenida, em sentido contrário. É indispensável chegar ao centro para se incorporar à circulação radial. Só quando nos explicaram a organização do trânsito compreendemos por que se necessitava de uma hora para chegar a qualquer lugar. Às vezes se deve percorrer um quilômetro para passar de automóvel ao passeio defronte.

A multidão — a mais densa da Europa — não parece se alarmar com a desproporção das medidas. Na estação de trem encontramos uma multidão de moscovitas que continuavam a viver sua vida apesar do festival. Comprimiam-se atrás de um muro enquanto se abriam as plataformas para subir ao trem e esperavam com uma espécie de inconsciência lerda, com puros instintos, como o gado espera. A desaparição das classes é uma evidência impressionante. Todos são iguais, no mesmo nível, vestidos com roupa velha e mal cortada, com sapatos de qualidade inferior. Não se apressam nem atropelam e parecem ocupar todo o seu tempo para viver. É a mesma multidão abobalhada, simples e saudável das aldeias, mas ampliada a uma quantidade colossal.

— Desde que cheguei a Moscou — me dizia o delegado inglês — tenho a impressão de estar por trás de uma lupa.

Só quando se conversa com os moscovitas, quando são individualizados, descobre-se que aquela multidão pastoril é formada por homens, mulheres e crianças sem nada em comum.

Os retratos de tamanho heróico não foram invenção de Stalin. É algo que vem de muito longe na psicologia dos russos: o instinto do volume e da quantidade. Chegaram a Moscou, entre estrangeiros e turistas nacionais, 92 mil pessoas numa semana. Os trens que mobilizaram essa enorme multidão não sofreram um contratempo. Os 14 mil intérpretes estiveram no momento preciso no lugar preciso com instruções concretas para evitar confusão. Cada estrangeiro teve a certeza de que lhe foi reservada uma recepção particular. Não houve falhas de abastecimento, serviços médicos, transportes urbanos e espetáculos. Nenhum delegado recebeu uma ordem individual. Parecia que cada um atuava por conta própria, sem limites nem controle, e sem saber que fazia parte de um delicado sistema. Impôs-se a lei seca. Cada delegação dispunha de um número proporcional de ônibus: 2,3 mil no total. Não houve congestionamentos nem limitações do transporte normal. Os delegados tinham também uma credencial com seu nome transcrito foneticamente em russo, sua nacionalidade e seu endereço em Moscou, com a qual podiam viajar de graça em qualquer veículo do serviço público. A ninguém se determinou a hora de dormir. Mas à meia-noite em ponto os estabelecimentos se fechavam. À uma se suspendiam os transportes e Moscou se tornara uma cidade deserta.

Tive a sorte de ver o que acontecia depois dessa hora. Uma noite perdi o último metrô. Nosso hotel estava situado a 45 minutos da Praça Vermelha, de ônibus. Dirigi-me a uma moça que andava por ali — com uma grande quantidade de tartaruguinhas de plástico, em Moscou, às duas da madrugada! — e ela me aconselhou a pegar um táxi. Ponderei que só tinha dinheiro francês e que a essa hora não valia a credencial do festival. Ela me deu cinqüenta rublos, indicou-me onde poderia encontrar um táxi, me deixou de lembrança uma tartaruguinha de plástico e não voltei a vê-la jamais. Esperei um táxi durante duas horas numa cidade que parecia morta. Por fim encontrei um posto policial. Mostrei minha credencial e me fizeram sinais para me sentar numa fila de bancos onde cabeceavam vários russos tontos de bebedeira. O agente conservou a credencial. Um momento depois nos puseram numa radiopatrulha que distribuiu durante duas horas, em todos os rincões de Moscou, os pinguços concentrados no posto. Batiam na porta das casas. Só quando saía um responsável entregavam o bêbado. Eu dormia profundamente quando ouvi uma voz que me chamou pelo nome, perfeito e familiar, como pronunciam meus amigos. Era o policial. Devolveu-me a credencial — onde estava meu nome transcrito foneticamente em russo — e me disse que estávamos no hotel. Disse-lhe:

— *Spasiva*.

Ele levou a mão ao quepe, fez posição de sentido e me respondeu secamente:

— *Projauslta*.

Havia uma ordem perfeita dirigida por uma autoridade invisível. O estádio tem capacidade para 120 mil pessoas. Na noite do encerramento do festival os delegados em massa assistiram a um espetáculo de uma hora. Durante o dia, a multidão na rua ofereceu balões coloridos. Os delegados transitavam encantados com seus balões e como o encerramento aconteceu antes da refeição, foram com eles ao estádio. As arquibancadas começaram a encher às sete, o espetáculo começou às oito e às dez o estádio estava de novo vazio e fechado. Não houve um só segundo de confusão. Os intérpretes abriam caminho por entre a multidão heterogênea, de uma disciplina exemplar, sem cordões policiais, e diziam aos delegados:

— Por aqui.

Os delegados seguiam por ali com seus balões coloridos. O espetáculo esteve a cargo de três mil ginastas. No fim, uma banda de quatrocentos músicos tocou o hino da juventude e nas arquibancadas as delegações começaram a soltar os balões. O estádio inteiro repetiu o gesto. O céu de Moscou, iluminado por refletores antiaéreos a partir dos quatro extremos da cidade, encheu-se de balões coloridos. Mais tarde soubemos que aquele bonito espetáculo — de que participamos sem saber — estava previsto no programa.

Esse sentido do colossal, da organização coletiva, parece ser um aspecto importante da psicologia soviética. Acaba-se por se acostumar à quantidade. Os fogos de artifício numa festa de 11 mil convidados nos jardins do Kremlin duraram duas horas. As explosões faziam a terra tremer. Não choveu: as nuvens foram previamente bombardeadas. A fila diante do Mausoléu — onde se conservam os cadáveres de Lenin e Stalin — tem dois quilômetros quando as portas se abrem a uma da tarde. O movimento é contínuo: ninguém pode se deter na frente das urnas. Às quatro se fecham as portas e a fila ainda tem dois quilômetros. Até no inverno, sob a tempestade de neve, a fila diante do Mausoléu tem dois quilômetros. Não é mais comprida porque a polícia não deixa.

Num país assim é inconcebível o teatro de câmara. A Ópera Nacional representou *O príncipe Igor*, no teatro Bolshoi, três vezes por dia durante uma semana, e em cada função intervieram seiscentos atores diferentes. Nenhum ator soviético pode representar mais de uma vez por dia. Há uma cena em que participam todo o conjunto e meia dúzia de cavalos em carne e osso. Esse espetáculo monumental — que dura quatro horas — não pode sair da União Soviética. Só para transportar os cenários seriam necessários sessenta vagões de trem.

Em compensação, os soviéticos tropeçam em problemas pequenos. Nas poucas vezes em que nos incorporamos ao gigantesco mecanismo do festival vimos uma União Soviética em seu ambiente: emocionante e colossal. Mas quando andávamos como ovelhas desgarradas, metendo-nos na vida alheia, encontrávamos uma União Soviética com o freio mordido em minúsculos problemas burocráticos, aturdida, perplexa, com um terrível complexo de inferioridade diante dos Estados Unidos. As circunstâncias de nossa chegada nos permitiram começar por ali. Ninguém nos esperava porque chegamos com quase uma semana de atraso. Uma mulher que parecia estar na estação por acaso e falava francês fluentemente nos levou a uma sala de espera. Ali estavam outras ovelhas desgarradas: três africanos negros. Vários homens desgrenhados fizeram muitas chamadas telefônicas sem resultado aparente. Eu tinha a impressão de que na central telefônica havia um nó de linhas que ninguém podia desfazer. Por fim um dos homens sugeriu num inglês aproximativo que nos separássemos por idiomas. Franco ficou do meu lado para que nos levassem para o mesmo hotel.

Misha — nosso intérprete inesquecível — chegou um quarto de hora depois com uma camisa ucraniana, uma mecha loura entre os olhos e um cigarro perfumado entre os dentes. Essa maneira de fumar lhe permitia mostrar seu esplêndido sorriso sem largar o cigarro. Disse-me algo que não entendi. Acreditei que falava russo e perguntei se falava francês. Ele fez um esforço de concentração para nos dizer, em espanhol, que era intérprete de espanhol.

Mais tarde Misha nos contou, morrendo de rir, como aprendeu espanhol em seis meses. Era um açougueiro de trinta anos. Estudou nosso idioma com o objetivo de participar do festival. No dia de nossa chegada a língua ainda se empastelava e confundia sistematicamente o verbo *despertar* com o verbo *amanecer*, mas sabia de América do Sul mais do que um sul-americano comum. Durante nossa permanência fez progressos assustadores. Atualmente é o único especialista soviético na gíria dos motoristas de Barranquilla.

A circunstância de estar em Moscou num momento excepcional foi sem dúvida um obstáculo ao conhecimento da realidade. Continuo acreditando que as pessoas foram preparadas com instruções bem precisas. Os moscovitas — de uma espontaneidade admirável — manifestavam uma resistência suspeita quando se insistia em visitar suas casas. Muitos cediam: o fato é que eles acreditam viver bem quando na realidade vivem mal. O governo deve tê-los preparado para que os estrangeiros não vissem o interior de suas casas. No fundo muitas das instruções deviam ser tão insignificantes e acadêmicas como essa.

Havia em compensação uma extraordinária vantagem. O festival foi um circo montado para o povo soviético, isolado do mundo há quarenta anos. As pessoas tinham desejo de ver, de tocar um estrangeiro para saber que era feito de carne e osso. Encontramos muitos soviéticos que nunca haviam visto um estrangeiro na vida. Vieram a Moscou curiosos de todos os recantos da União Soviética. Aprenderam o idioma a galope para falar conosco e nos deram assim a oportunidade de viajar por todo o país sem nos movermos da Praça Vermelha. Outra vantagem é que na confusão do festival, em que o controle policial individual era materialmente impossível, os soviéticos podiam falar com mais liberdade.

Devo admitir honestamente que naquela barafunda de 15 dias, sem falar russo, não pude chegar a nenhuma conclusão definitiva. Mas em compensação me dei conta de muitas coisas fragmentárias, imediatas, superficiais, que de qualquer maneira têm mais importância do que não ter estado em Moscou. Tenho o hábito profissional de me interessar pelas pessoas. Creio que em nenhum outro lugar se pode ver gente mais interessante do que na União Soviética. Um rapaz de Mursmansk, que talvez tenha economizado durante um ano para fazer a viagem de cinco dias de trem, nos deteve na rua e perguntou:

— *Do you speak english?*

Era a única coisa que sabia em inglês. Mas nos agarrava pela camisa e continuava falando num russo desesperado. Às vezes aparecia um intérprete providencial. Então se iniciava um diálogo de muitas horas com uma multidão ansiosa de que lhe falássemos sobre o mundo. Eu mencionava histórias simples da vida colombiana e a perplexidade do auditório me fazia crer que eram histórias maravilhosas.

A simplicidade, a bondade, a franqueza das pessoas que andavam pela rua com os sapatos gastos não podia ser uma instrução do festival. Perguntei muitas vezes, com uma crueza deliberada, só para ver o que acontecia:

— É verdade que Stalin era um criminoso?

Eles respondiam imperturbáveis com trechos do relatório Kruschev. Não houve um único indício de agressividade. Pelo contrário, sempre encontrei a intenção deliberada de que levássemos uma agradável recordação do país. Não era uma multidão cricri. As pessoas não se apressavam para nos dizer as coisas. Olhavam-nos passar com sua timidez aldeã, com sua lentidão de ganso, sem se atrever a nos perturbar. Quando alguém tinha vontade de conversar, dizia à multidão, sem se dirigir a ninguém em particular: "*Drushva.*" Isto é: "Amizade." Então nos atacavam com imagens e moedas em troca de autógrafos e endereços. É um povo desesperado por fazer amigos. Perguntávamos com freqüência qual é a diferença entre o presente e o passado. Havia uma resposta que se repetia: "Agora temos muitos amigos." E querem ter mais. Desejam se corresponder, privadamente, falando de coisas com as pessoas — pessoas de todo o mundo. Tenho aqui em meu escritório uma grande quantidade de cartas de Moscou, que nem posso entender, enviadas por essa multidão anônima a quem íamos deixando o endereço para ir em frente. Só agora me dou conta de nossa irresponsabilidade. Era impossível controlar os endereços. Se um delegado se detinha diante da catedral de São Basílio, para dar autógrafos, meia hora depois a multidão de curiosos não cabia na Praça Vermelha. Não é exagero: em Moscou, onde as coisas nos deixam pasmos por suas dimensões colossais, a Praça Vermelha — o coração da cidade — decepciona por sua pequenez.

Em pouco tempo de Moscou o turista honesto se convence de que necessita de um sistema diferente de pesos e medidas para avaliar a realidade. Temos algumas noções elementares que não cabem na cabeça dos soviéticos. E vice-versa. Dei-me conta disso, uma noite, no parque Gorki, ao ser detido por um grupo de curiosos, três dias depois de chegar a Moscou. Uma moça, estudante do Instituto de Idiomas de Leningrado, me propôs em espanhol perfeito, sem cometer um só erro:

— Responderemos tudo o que quiser com a condição de que nos responda com a mesma franqueza.

Aceitei. Ela perguntou o que me desagradava na União Soviética. A mim me dava voltas na cabeça a idéia de não ver cachorros em Moscou. O tema tinha a vantagem de não ser convencional.

— Parece-me terrível que tenham comido todos os cachorros — eu disse.

A intérprete ficou perplexa. A tradução da minha resposta ocasionou uma ligeira comoção. Conversaram desordenadamente em russo. Logo uma voz feminina, no fundo, gritou em espanhol:

— É uma calúnia da imprensa capitalista.

Expliquei que era uma comprovação pessoal. Elas negaram seriamente que os tivessem comido, mas admitiram que havia poucos cachorros em Moscou.

Quando chegou minha vez, lembrei que o professor André Tupolev, inventor dos turbo-reatores soviéticos TU-104, é um multimilionário que não sabe o que fazer com o dinheiro. Não pode reinvesti-lo na indústria nem comprar casas para alugar. Quando morrer, seus baús abarrotados de rublos mortos voltarão para o Estado. Perguntei:

— Um homem pode ter cinco apartamentos em Moscou?

— Naturalmente. Mas como diabos pode existir um homem para viver em cinco apartamentos ao mesmo tempo?

Os soviéticos, que viajaram muito — pelos mapas — e sabem de memória a geografia universal, são incrivelmente mal-informados sobre a atualidade jornalística. Assim como os aparelhos de rádio têm um único botão, os jornais — de propriedade do Estado — têm também uma única onda: *Pravda*. O sentido da notícia é rudimentar: só se publicam matérias sobre episódios no exterior muito importantes e em todo o caso orientados e comentados. Não se vendem revistas e jornais estrangeiros, salvo alguns dos partidos comunistas europeus. É indefinível a sensação de fazer uma piada sobre Marilyn Monroe e todo mundo ficar boiando. Não encontrei um soviético que soubesse quem é Marilyn Monroe. Em certa ocasião vi uma banca forrada com *Pravda* e na primeira página uma manchete de oito colunas. Pensei que explodia a guerra. O título dizia: "Texto completo do relatório sobre a agricultura".

É natural que até os jornalistas confundam as coisas quando lhes explico nosso sentido da atualidade jornalística. Um grupo de empregados que veio à porta de nosso hotel com um intérprete me perguntou como funcionava um jornal no Ocidente. Expliquei-lhes. Quando se deram conta de que havia um proprietário no meio fizeram comentários incrédulos.

— Em todo o caso, deve ser uma pessoa muito especial.

Explicaram-me seu pensamento. O *Pravda* custa ao Estado muito mais do que rende em venda avulsa. Repliquei que no Ocidente é a mesma coisa, mas que as perdas são compensadas com os anúncios. Fiz desenhos, contas e exemplos, mas eles não entenderam a noção de publicidade. Na União Soviética não existem anúncios porque não há produção privada nem concorrência. Levei-os ao quarto do hotel e lhes mostrei um jornal com anúncios. Havia duas propagandas de duas diferentes marcas de camisas.

— Estas duas empresas fabricam camisas — expliquei. — Ambas dizem ao público que suas camisas são as melhores.

— E como as pessoas reagem?

Tentei explicar como a publicidade influi no público. Eles escutaram com muita atenção.

— E quando a pessoa sabe qual é a melhor camisa por que permitem que a outra continue a dizer que a sua é a melhor?

Expliquei que o anunciante tinha direito de fazer sua publicidade.

— Além disso — eu disse — há pessoas que continuam a comprar as outras camisas.

— Ainda que saibam que não são as melhores?

— Provavelmente — admiti.

Eles contemplaram os anúncios por um bom momento. Dei-me conta de que estavam discutindo seus primeiros conhecimentos da publicidade. Logo — nunca pude saber por que — se sentaram e caíram na gargalhada.

No Mausoléu da Praça Vermelha Stalin dorme sem remorsos

Os motoristas do festival tinham ordem de não sair do lugar sem os intérpretes. Uma noite, depois de buscar em vão nossos intérpretes, tentamos convencer por sinais o motorista a nos levar ao Teatro Gorki. Ele se limitou a mover sua cabeçorra de mulo e a dizer:

— *Pirivoshji.*

Isto é: "Intérprete." Uma mulher — metralhava cinco idiomas com perfeição — nos tirou do apuro: convenceu o motorista que a aceitasse como intérprete. Ela foi o primeiro soviético que nos falou de Stalin.

Tinha uns sessenta anos e uma inquietante semelhança física com Jean Cocteau. Estava empoada e vestida como Cucarachita Martínez: agasalho muito apertado, echarpe de pele de raposa e um chapéu de penas cheirando a naftalina. Uma vez instalada no ônibus se inclinou na janela e nos mostrou a interminável cerca metálica da Exposição Agrícola: um perímetro de vinte quilômetros.

— Devemos este belo trabalho a vocês — disse. — Construíram-no para exibi-lo aos estrangeiros.

Era a sua maneira de falar. Disse que era cenógrafa. Considerava que a construção do socialismo era um fracasso na União Soviética. Admitiu que os novos governantes são bons, capazes e humanos, mas que passariam o resto da vida corrigindo os erros do passado. Franco perguntou quem era o responsável por esses erros. Ela se inclinou em nossa direção com um sorriso de beatitude e nos disse:

— *Le moustachu.*

O bigodudo. Toda a noite se referiu a Stalin por este apelido, sem falar o seu nome uma só vez, sem a menor consideração, sem reconhecer-lhe nenhum mérito. Segundo ela, a prova definitiva contra Stalin era o festival: na época dele não seria realizado. As pessoas não teriam saído de casa. A temida polícia de Beria teria fuzilado os delegados na rua. Garantiu que se Stalin estivesse vivo a Terceira Guerra Mundial já teria sido declarada. Falou-nos de crimes espantosos, de processos viciados, de execuções em massa. Garantiu que Stalin era a figura mais sanguinária, sinistra e ambiciosa da história da Rússia. Nunca escutei relatos tão aterradores expressos com tanta sinceridade.

Era difícil situar sua posição política. Considerava que os Estados Unidos são o único país livre do mundo, mas ela só poderia viver na União Soviética. Durante a guerra conheceu muitos soldados americanos. Achava que são uns rapazes inocentes, saudáveis, mas de uma ignorância primária. Não era anticomunista: estava feliz com o fato de a China ter entendido o marxismo. Mas acusava Mao Tsé-tung de influir para que Kruschev não demolisse por completo o mito de Stalin.

Falou-nos de seus amigos do passado. A maior parte — gente de teatro, escritores, artistas honestos — foi fuzilada por Stalin. Quando chegamos diante do Teatro Gorki — um pequeno teatro de reputação muito antiga — nossa confidente ocasional o contemplou com uma expressão radiante:

— Para nós, este é o Teatro das Batatas — disse, com um sorriso sereno. — Seus melhores atores estão debaixo da terra.

Não tenho nenhum motivo para acreditar que aquela mulher estava louca, salvo o fato lamentável de que parecia estar louca. É verdade que ela vive num meio onde se vêem as coisas com maior clareza. Tudo indica que o povo não sofreu o regime de Stalin, cuja repressão só se exerceu nas esferas dirigentes. Mas não posso tomar esse testemunho — expresso com pouca serenidade — como uma síntese da personalidade de Stalin, porque não encontrei outros que sequer se parecessem. Os soviéticos são um pouco histéricos quando expressam seus sentimentos. Alegram-se com os saltos dos cossacos, dão a camisa de presente e choram às lágrimas quando se despedem de um amigo. Mas em compensação são extraordinariamente cautelosos e discretos quando falam de política. Nesse terreno é inútil conversar com eles para encontrar algo novo: as respostas estão publicadas. Só fazem repetir os argumentos do *Pravda*. Os anais do XX Congresso — que segundo a imprensa ocidental eram documentos secretos — foram estudados e criticados pela nação inteira. Essa é uma característica do povo soviético: sua informação política. A escassez de notícias internacionais é compensada por um assombroso conhecimento geral da situação interna. Além de nossa estouvada intérprete ocasional não encontramos ninguém que se pronunciasse de modo claro e preciso contra Stalin. É evidente que existe um mito do coração que freia a cabeça dos soviéticos. Parecem dizer: "Por mais que se tenha coisas contra ele, Stalin é Stalin. Ponto final." A retirada de seus retratos está sendo feita de maneira discreta, sem que sejam substituídos pelos retratos de Kruschev. Só permanece Lenin, cuja memória é sagrada.

Tem-se a sensação física de que tudo se pode permitir contra Stalin, mas Lenin é intocável.

Falei de Stalin com muita gente. Parece-me que se expressam com muita liberdade, procurando salvar o mito por trás de uma análise complexa. Mas todos os nossos interlocutores de Moscou, sem exceção, disseram-nos: "Agora as coisas mudaram." Perguntamos a um professor de música de Leningrado, encontrado ao acaso, qual era a diferença entre o presente e o passado. Ele não pestanejou:

— A diferença é que agora acreditamos.

Essa é a acusação mais interessante que escutei contra Stalin.

Os livros de Franz Kafka não são encontrados na União Soviética. Diz-se que é o apóstolo de uma metafísica perniciosa. Mas é possível que tenha sido o melhor biógrafo de Stalin. Os dois quilômetros de seres humanos que fazem fila diante do Mausoléu vão ver pela primeira vez o cadáver de um homem que regulamentou pessoalmente até a moral privada da nação e poucos jamais o viram vivo. Nenhuma das pessoas com quem falamos em Moscou se recorda de tê-lo visto. Suas duas aparições anuais na sacada do Kremlin tinham por testemunhas os altos dirigentes soviéticos, os diplomatas e algumas unidades de elite das forças armadas. O povo não tinha acesso à Praça Vermelha durante a manifestação. Stalin só abandonava o Kremlin para passar férias na Criméia. Um engenheiro que participou da construção das represas do Dnieper nos garantiu que em certo momento — no pico da glória stalinista — sua existência foi posta em dúvida.

Não se movia uma folha de árvore sem a vontade desse poder invisível. Em sua qualidade de secretário-geral do Partido Comunista, chefe do Conselho de Governo e comandante supremo das forças armadas, concentrou nas mãos uma quantidade de poder difícil de imaginar. Não voltou a convocar o congresso do partido. Em virtude da centralização que ele mesmo impôs ao sistema administrativo, concentrou em seu cérebro até as molas mais sutis da nação. Durante 15 anos não se passou um dia sem que os jornais mencionassem seu nome.

Não tinha idade. Ao morrer, passara dos setenta, tinha a cabeça completamente branca e começavam a se revelar os sintomas de seu esgotamento físico. Mas na imaginação do povo Stalin tinha a idade de seus retratos. Eles impuseram uma presença atemporal até nas remotas aldeias da tundra. Seu nome estava em todas as partes: nas avenidas de Moscou e no humilde escritório do telégrafo de Cheliuskin, uma aldeia situada além do círculo polar. Sua imagem estava nos prédios públicos, nas residências particulares, nos rublos, nos selos do correio e até nas embalagens dos alimentos. Sua estátua de Stalingrado tem setenta metros de altura e cada botão do dólmã meio metro de diâmetro.

O melhor que se pode dizer em seu favor está essencialmente ligado ao pior que se pode dizer contra: não há nada na União Soviética que não tenha sido feito por Stalin. Desde sua morte não se fez outra coisa além de tentar desembaralhar seu sistema. Ele controlou pessoalmente as construções, a política, a administração, a moral privada, a arte, a lingüística, sem sair de seu escritório. Para assegurar o controle da produção centralizou a direção da indústria em Moscou com um sistema de ministérios que por sua vez estavam centralizados em seu gabinete do Kremlin. Se uma fábrica da Sibéria necessitava de uma peça de reposição produzida por outra fábrica localizada na mesma rua tinha de fazer o pedido a Moscou por intermédio de uma penosa engrenagem burocrática. A fábrica que produzia as peças tinha de repetir os trâmites para efetuar as entregas. Alguns pedidos jamais chegavam. Na tarde em que me explicaram em Moscou em que consistia o sistema Stalin não encontrei um só detalhe que já não estivesse na obra de Kafka.*

No dia seguinte ao de sua morte o sistema começou a falhar. Enquanto um ministério estudava a maneira de aumentar a produção de batata — pois tinha informações de que não era satisfatória — outro ministério estudava a maneira de produzir derivados de batata — pois tinha informações de que havia superprodução. Esse é o nó burocrático que Kruschev está tentando

---

*Uma revista da Alemanha Oriental acaba de publicar as cartas de Franz Kafka — empregado de uma agência de seguros — a seus patrões. A mesma publicação anuncia uma carta inédita na qual Kafka assume a defesa dos trabalhadores diante dos "tubarões dos seguros".

desatar. É possível que contra o Stalin mítico e onipotente ele represente para o povo soviético um retorno à realidade de carne e osso. Mas eu tenho a impressão pessoal de que em Moscou não se atribui a Kruschev tanta importância quanto a imprensa ocidental. O povo soviético — que em quarenta anos fez a revolução, a guerra, a reconstrução e o satélite artificial — se sente com direito a um nível de vida melhor. Qualquer pessoa que prometesse teria o apoio do povo. Kruschev prometeu. Suponho que ganhou confiança porque tem os pés no chão. Não governa com retratos. Apresenta-se nas fazendas coletivas, verde de vodca, e aposta com os camponeses que é capaz de ordenhar uma vaca. E ordenha. Seus discursos — com mais bom senso do que especulações doutrinárias — são feitas num russo trivial e popularesco. Para cumprir sua promessa, Kruschev deve primeiro fazer duas coisas: o desarmamento internacional — que alivie o orçamento de guerra em favor dos artigos de consumo — e a descentralização administrativa. Molotov — que comprou seus óculos nos Estados Unidos — se opôs à descentralização. Cheguei a Moscou uma semana depois de seu expurgo e me pareceu que os soviéticos estavam tão perdidos como nós em relação a essa medida. Mas o povo soviético — com uma grande paciência e uma boa maturidade política — já não faz tolices. De Moscou estão saindo trens carregados de arquivos, funcionários e material de escritório, ministérios inteiros transferidos em bloco para os centros industriais da Sibéria. Somente se as coisas melhorarem se poderá saber que Kruschev tinha razão contra Molotov. Mas já existe na União Soviética um insulto gravíssimo: "burocrata".

— Ainda vai correr muita história para saber na realidade quem era Stalin — dizia-me um jovem escritor soviético. — A única coisa que tenho contra ele é que queria administrar o maior e mais complexo país do planeta como se fosse uma barraca de feira.

O mesmo escritor opinou que o mau gosto imperante na União Soviética não pode ser desvinculado da personalidade de Stalin, um aldeão da Geórgia perplexo diante das riquezas do Kremlin. Stalin nunca viveu fora da União Soviética. Morreu convencido de que o metrô de Moscou era o mais bonito do mundo. É eficaz, confortável e barato. É de uma extraordinária limpeza, como tudo em Moscou: nos armazéns GUM (grandes lojas estatais) uma equipe de mulheres esfrega durante todo o dia os corrimãos, o piso e as paredes sujos pela multidão. A mesma coisa ocorre nos hotéis, cinemas, restaurantes e até na rua. Com mais razão no metrô, que é o tesouro da cidade. Com o que se gastou em seus corredores, mármores, frisos, espelhos, estátuas e capitéis se resolveria em parte o problema da moradia. É a apoteose rastaqüera.

No seminário de arquitetura do festival, arquitetos de todo o mundo discutiram com os responsáveis pela arquitetura soviética. Um deles — Joltosky — tem 91 anos. O mais jovem do estado-maior — Abrassimov — tem 59. Esses foram os arquitetos de Stalin. Diante das críticas ocidentais eles se justificaram com um argumento: a arquitetura monumental corresponde à tradição russa. Numa intervenção particularmente brilhante, os arquitetos italianos demonstraram que a arquitetura de Moscou não está na linha da tradição. É uma falsificação, ampliada e enfeitada, do neoclassicismo italiano. Joltosky — que estudou e viveu trinta anos em Florença e voltou várias vezes para requentar suas idéias — acabou por reconhecer. Então ocorreu algo inesperado: os jovens arquitetos soviéticos mostraram seus projetos vetados pelos responsáveis pela arquitetura stalinista. Eram admiráveis. Desde a morte de Stalin a arquitetura soviética está recebendo um sopro de renovação.

Talvez o maior defeito de Stalin tenha sido o desejo de se meter em tudo, até os mais recônditos interstícios da vida privada. Suponho que a isso se deve o ambiente de dissimulação aldeã que se respira na União Soviética. O amor livre — nascido durante os excessos da revolução — é uma lenda do passado. De maneira objetiva nada se parece tanto à moral cristã como a moral soviética. As moças, em suas relações com os homens, têm o mesmo comportamento, os mesmos preconceitos, os mesmos rodeios psicológicos proverbiais das mulheres espanholas. Compreende-se que dirijam os assuntos do amor com essa simplicidade conflitante que os franceses chamam de ignorância. Preocupam-se com que os outros dirão e fazem questão de noivados regulares, longos e vigiados.

Perguntamos a muitos homens se podem ter amante. A resposta foi unânime: "Pode-se, com a condição de que ninguém saiba." O adultério é uma causa grave de divórcio. A unidade familiar é defendida por uma legislação férrea. Mas os problemas não têm tempo de chegar aos tribunais. A mulher que se sabe enganada denuncia o marido diante de um conselho operário.

— Nada acontece — disse-nos um carpinteiro. — Mas os companheiros olham com desprezo o homem que tem uma amante.

Esse mesmo operário nos disse que se sua mulher não fosse virgem não se teria casado com ela.

Stalin assentou as bases de uma estética que os críticos marxistas — entre eles o húngaro Georg Lukács — começam a demolir. O cineasta mais famoso nos meios especializados — Sergei Eisenstein — é desconhecido na União Soviética: Stalin o acusou de formalista. O primeiro beijo de amor no cinema soviético se deu no filme *O ano de 41*, produzido há um ano. Da estética stalinista ficou — até no Ocidente — uma frondosa produção literária que a juventude soviética não quer ler. Em Leipzig, os estudantes russos saem das aulas para ler pela primeira vez os romances franceses. As moças de Moscou — que ficaram loucas com os boleros sentimentais — estão devorando os primeiros romancezinhos de amor. Dostoiévski — que Stalin acusou de reacionário — está sendo editado de novo.

Numa entrevista coletiva com o encarregado das edições soviéticas em espanhol perguntei se era proibido escrever romances policiais. Respondeu-me que não. E me explicou que na União Soviética não existe um meio delituoso em que os autores se inspirem.

— O único gângster que tivemos foi Beria — nos disseram em certa ocasião. — Agora ele foi expulso até da enciclopédia soviética.

Essa opinião contra Beria é geral e categórica. Não se admite discussão. Mas suas aventuras não figuraram na crônica vermelha. Em compensação, a ficção científica — que Stalin considerou perniciosa — foi autorizada apenas um ano antes de que o satélite artificial a convertesse no mais cru realismo socialista. O escritor nacional que mais vendeu este ano é Alexis Tolstoi (não: nem sequer são parentes), autor do primeiro romance de ficção científica. Considera-se que o livro estrangeiro mais vendido seja *La vorágine*, de José Eustasio Rivera. O dado é oficial: 300 mil exemplares em duas semanas.

Demorei nove dias para entrar no Mausoléu. Era preciso sacrificar uma tarde, esperar um turno de meia hora e permanecer dentro do santuário, sem se deter, nada mais que um minuto. Na primeira tentativa, o agente encarregado de controlar a fila pediu um ingresso especial. As credenciais do festival não serviam. No decorrer da semana, na praça do Manege, Franco chamou minha atenção para um telefone público. Duas moças, bem jovens, dentro de uma cabine de vidro com espaço para uma única pessoa utilizavam por turnos o mesmo telefone. Uma delas podia se expressar em inglês. Demos a entender que poderia nos servir de intérprete para entrar no Mausoléu. As duas tentaram convencer o agente a nos permitir entrar sem ingressos, mas foram repelidas com certa dureza. A que falava um pouco de inglês nos deu a entender, envergonhada, que os policiais soviéticos não eram boas pessoas. "*Very, very, very bad*", repetia, com profunda convicção. Ninguém se punha de acordo em relação aos ingressos e nós conhecíamos muitos delegados que entraram com as credenciais do festival.

Sexta-feira fizemos uma terceira tentativa. Desta vez levamos uma intérprete de espanhol: uma estudante de pintura de vinte anos notavelmente hábil e cordial. Um grupo de agentes — sem falar de ingressos especiais — nos informou que era demasiado tarde para entrar: a fila fora interrompida um minuto antes. A intérprete insistiu com o superior do grupo e ele se limitou a negar com a cabeça e a nos mostrar o relógio. Uma multidão de curiosos se interpôs entre nós e a intérprete. Logo ouvimos uma voz furibunda, desconhecida, gritando uma descarga russa sistematicamente martelada pela mesma palavra: "*Burokratz*". Os curiosos se dispersaram. Então vimos a intérprete, ainda gritando, numa pose de galo de rinha. O superior dos agentes respondeu-lhe com igual violência. Quando conseguimos arrastá-la até o automóvel, a moça rompeu num choro. Nunca pudemos convencê-la a nos traduzir a discussão.

Dois dias antes de abandonar Moscou sacrificamos um almoço para arriscar uma última tentativa. Pusemo-nos na fila sem nada dizer e o agente encarregado nos fez um sinal amistoso. Sequer pediu as credenciais. Meia hora depois penetramos no pesado bloco de granito vermelho do Mausoléu, pela porta principal sobre a Praça Vermelha. Era uma abertura estreita e baixa, com portões blindados, guardada por dois soldados em posição de sentido e baioneta calada. Alguém me dissera que no vestíbulo se encontrava um soldado com uma arma misteriosa escondida na palma da mão. Ali estava. A arma misteriosa era um aparelho automático para contar o número dos visitantes.

O interior, completamente coberto por mármores vermelhos, era iluminado por uma luz difusa, espectral. Descemos por uma escada até um ponto situado evidentemente no subsolo da Praça Vermelha. Dois soldados guardavam um posto telefônico: um quadro vermelho com meia dezena de telefones. Entramos por outra porta blindada e seguimos descendo a escada lisa, brilhante, do mesmo material e da mesma cor das paredes nuas. Por último — numa derradeira porta blindada — passamos entre dois guardas sólidos, rígidos e submergimos numa atmosfera glacial. Ali estavam as duas urnas funerárias.

Era um recinto quadrado, pequeno, com paredes de mármore preto e incrustações de mármore vermelho em forma de labaredas. Na parte superior havia um poderoso sistema de renovação de ar. No centro, sobre uma plataforma elevada, as duas urnas de cristal eram iluminadas por uma intensa luz vermelha que vinha de baixo. Entramos pela direita. Na cabeceira de cada urna havia outros dois guardas em posição de sentido com baioneta calada. Não estavam sobre a plataforma elevada, de maneira que suas cabeças não chegavam até a altura das urnas e me pareceu que por causa desse desnível tinham o nariz colado nelas. Creio que aos pés dos guardas havia duas coroas de flores naturais. Mas não estou seguro. Nesse momento eu estava absorvido pela intensidade da primeira impressão: naquele recinto gelado não havia absolutamente nenhum odor.

A fila deu a volta em torno das urnas, da direita para a esquerda, tentando acumular naquele minuto fugaz os últimos matizes da visão. É impossível. As pessoas recordam aquele minuto e se dão conta de que nada é evidente. Vi uma discussão de um grupo de delegados poucas horas depois da visita ao Mausoléu. Uns garantiam que o casaco de Stalin era branco. Outros asseguravam que era azul. Entre os que asseguravam que era branco havia um que esteve duas vezes no Mausoléu. Pessoalmente creio que era azul.

Lenin está na primeira urna. Veste uma sóbria roupa azul-escura. A mão esquerda — paralisada nos últimos anos — se apóia num dos lados da urna. Tive uma decepção: parece uma figura de cera. Depois de trinta anos estão aparecendo as primeiras manifestações da mumificação. Mas a mão produz ainda a impressão de paralisia. Os sapatos não são vistos. A partir da cintura, o corpo desaparece sob uma coberta de pano azul, igual à roupa, sem forma nem volume. A mesma coisa acontece com o cadáver de Stalin. É impossível evitar a hipótese macabra de que só a parte superior dos cadáveres é conservada. À luz natural devem ser de uma palidez impressionante, pois ainda à luz vermelha das urnas são de uma lividez sobrenatural.

Stalin está submerso num sonho sem remorsos. Tem três faixas de condecorações simples no lado esquerdo, os braços estirados de maneira natural. Como as condecorações têm pequenas fitas azuis, confundem-se com o casaco e à primeira vista se tem a impressão de que não são faixas, e sim uma série de medalhas. Tive de fazer um esforço para vê-las. Por isso sei que o casaco é do mesmo azul-escuro que a roupa de Lenin. O cabelo — completamente branco — parece vermelho na claridade intensa das urnas. Tem uma expressão humana, viva, um ricto que não parece uma simples contração muscular e sim o reflexo de um sentimento. Há um indício de zombaria nessa expressão. À exceção da papada, não corresponde ao personagem. Não parece um urso. É um homem de inteligência tranqüila, um bom amigo, com um certo senso de humor. O corpo é sólido, mas leve, numa pele cansada, com penugem suave e um bigode apenas staliniano. Nada me impressionou tanto como a finura de suas mãos, de unhas finas e transparentes. São mãos de mulher.

O homem soviético começa a se cansar dos contrastes

Num banco de Moscou me chamou a atenção que os empregados em vez de atender a clientela pareciam extasiados em contar as bolinhas de um caixilho.

Mais tarde vi empenhados na mesma tarefa os administradores de restaurantes, os funcionários dos escritórios públicos, os caixeiros das lojas e até os bilheteiros nos cinemas. Tomei nota do detalhe, disposto a averiguar o nome, a origem e as características daquilo que acreditava ser o jogo mais popular de Moscou, quando o gerente do hotel em que vivíamos nos deu o esclarecimento: aquelas bolinhas coloridas, iguais aos ábacos usados nas escolas para ensinar as crianças a contar, são as calculadoras de que se servem os soviéticos. Essa constatação era surpreendente já que em folhetos oficiais distribuídos no festival se dizia que a União Soviética tem 17 modelos diferentes de calculadoras eletrônicas. Tem, mas não produz em escala industrial. Aquela explicação me abriu os olhos para os dramáticos contrastes de um país em que os trabalhadores vivem amontoados num quarto e só têm direito a comprar duas roupas por ano, enquanto se enchem de satisfação ao saber que um míssil soviético chegou à Lua.

A explicação parece ser que a União Soviética, em quarenta anos de revolução, dedicou todos os seus esforços, toda a sua força de trabalho, ao desenvolvimento da indústria pesada, sem dar a mínima atenção aos artigos de consumo. Assim se entende que foram os primeiros a lançar no negócio da navegação aérea internacional o maior avião do mundo, enquanto a população tem problema de sapatos. Os soviéticos que se esforçavam por nos fazer entender estas coisas davam uma ênfase especial ao fato de que aquele programa de industrialização em grande escala sofrera um acidente colossal: a guerra. Quando os alemães invadiram a União Soviética, o processo de industrialização chegava ao seu ponto culminante na Ucrânia. Por ali entraram os nazistas. Enquanto os soldados se empenhavam em deter a invasão, a população civil, numa das maiores mobilizações da história, desarmou peça a peça o sistema industrial da Ucrânia. Fábricas inteiras foram transportadas para a Sibéria, o fim do mundo, onde foram reconstruídas apressadamente e postas a produzir em marcha forçada. Os soviéticos pensam que aquela mudança espetacular atrasou em vinte anos a industrialização.

Não há dúvida de que o esforço nacional exigido por esta enorme aventura do gênero humano teve de ser pago numa única geração, primeiro nas jornadas revolucionárias, depois na guerra, e, por último, na reconstrução.

Essa é uma das acusações mais duras feitas contra Stalin, a quem se considera um governante impiedoso, sem sensibilidade humana, que sacrificou uma geração inteira na construção açodada do socialismo. Para impedir que a propaganda ocidental chegasse aos ouvidos dos compatriotas, fechou por dentro as portas do país, forçou o processo e obteve um salto histórico que talvez não tenha precedente. As novas gerações, que indiscutivelmente começam a amadurecer com um sentimento de revolta, podem agora se dar o luxo de protestar por causa dos sapatos.

O férreo isolamento em que Stalin manteve a nação é o motivo mais freqüente do comportamento ridículo dos soviéticos diante dos ocidentais. Em nossa visita a uma granja coletiva passamos um mau pedaço por conta do orgulho nacional soviético. Transportaram-nos por uma estrada trepidante, em meio a aldeias embandeiradas cujas crianças cantavam à passagem do ônibus e nos jogavam pela janela cartões-postais com seus endereços em todos os idiomas ocidentais. A granja coletiva se localizava a 120 quilômetros — um enorme feudo estatal, rodeado de aldeias tristes, ruas barrentas e casinhas de cores vivas. O administrador da granja, uma espécie de senhor feudal socializado, completamente calvo e com um olho apagado coberto por um emplastro, como os piratas dos filmes, falou-nos durante duas horas da produção maciça das terras. O intérprete se limitou, quase exclusivamente, a nos traduzir cifras astronômicas. Depois de um almoço ao ar livre, em que um coral escolar espargiu os alimentos com canções antigas, levaram-nos para conhecer as instalações da ordenha mecânica. Uma mulher gorda, excessivamente saudável, parecia preparada para nos mostrar a ordenha mecânica considerada na granja o passo mais avançado no processo de modernização da indústria de laticínios. Era, nem mais nem menos, uma borracha de lavadora conectada a um tarro. No final da borracha, um dispositivo de sucção funcionava conectado de um lado ao mamilo da vaca e de outro à torneira. Bastava abrir a torneira para que a força da água realizasse o ofício feito na Idade Média pelos encarregados da ordenha. Tudo isto, naturalmente, na teoria. Na prática, aquele foi um dos momentos mais incômodos de nossa visita. A saudável especialista em ordenhadeiras automáticas não conseguiu prender o dispositivo ao mamilo, depois de tentar durante um quarto de hora e ter mudado a ordenhadeira, mudado a posição da vaca e, por fim, mudado a própria vaca. Quando enfim conseguiu seu objetivo, todos estávamos dispostos a aplaudir sem crueldade, sinceramente alegres por termos saído vitoriosos do atoleiro.

Um delegado norte-americano, com certo exagero mas com bastante fundamento no fundo, contou ao administrador da granja que nos Estados Unidos põem a vaca de um lado e pelo outro sai o leite pasteurizado e até manteiga enlatada. Delicadamente, o administrador manifestou sua admiração, mas com a cara de quem não engoliu o conto. Mais tarde admitiu que, na realidade, estava convencido de que antes da ordenhadeira hidráulica dos soviéticos o gênero humano não concebera um método mecânico para extrair leite das vacas.

Um professor da Universidade de Moscou, que estivera várias vezes na França, comentou que, em geral, os trabalhadores soviéticos estavam convencidos de inventar muitas coisas que se encontram em serviço há muitos anos no Ocidente. A velha piada norte-americana de que os soviéticos se atribuem a invenção das coisas mais simples, do garfo ao telefone, tem na realidade sua explicação. Enquanto a civilização ocidental abria caminho pelo século XX com os espetaculares progressos da técnica, os soviéticos tratavam de resolver sozinhos seus problemas elementares, a portas fechadas. Se alguma vez um turista encontrar em Moscou um rapaz nervoso e desgrenhado que afirma ser o inventor do refrigerador elétrico, não deve achá-lo embusteiro ou louco: provavelmente é verdade que esse rapaz tenha inventado o refrigerador elétrico em casa, muito tempo depois de o artigo ser de uso corrente no Ocidente.

A realidade da União Soviética se compreende melhor quando se descobre que o progresso se desenvolveu em sentido contrário. A preocupação básica dos governantes revolucionários foi alimentar o povo. Deve-se acreditar, com a mesma boa-fé com que se acreditou em coisas desfavoráveis, que na União Soviética não há fome nem desemprego. Pelo contrário, a falta de mão-de-obra é uma espécie de obsessão nacional. O escritório de pesquisas sobre o trabalho, criado recentemente, encarrega-se de estabelecer cientificamente quanto custa o trabalho de um homem. Numa entrevista coletiva que tivemos com os responsáveis por esse setor do Ministério do Trabalho nos disseram que alguns gerentes de fábrica ganhavam menos do que certos operários especializados, não apenas porque investiam quantidade menor de força de trabalho, mas porque tinham responsabilidade menor. Perguntei por que na União Soviética as mulheres trabalham de sol a sol nas estradas e ferrovias, ombro a ombro com os homens, e se isso era correto do ponto de vista socialista. A resposta foi categórica: as mulheres realizam trabalhos pesados porque há uma dramática escassez de mão-de-obra e o país vive desde a guerra uma espécie de situação de emergência. O diretor foi enfático na idéia de que, pelo menos no trabalho físico, se devia reconhecer uma enorme diferença entre o homem e a mulher; disse que de acordo com suas pesquisas as mulheres oferecem melhor rendimento em trabalhos que requerem paciência e atenção, e assegurou que a cada dia há menos mulheres trabalhando de sol a sol na União Soviética. Insistiu seriamente em que uma das maiores preocupações de seu escritório é resolver esse problema.

Assim, enquanto as mulheres trabalham nas estradas, desenvolveu-se uma alta indústria que fez da União Soviética uma das duas grandes potências do mundo em quarenta anos, mas se descuidou da produção de artigos de consumo. Quando os soviéticos revelaram que tinham armas termonucleares, quem via as vitrinas vazias de Moscou não podia acreditar. Mas se devia acreditar justamente por isso: as armas termonucleares soviéticas, seus mísseis espaciais, sua agricultura mecanizada, suas fabulosas fábricas de transformação e a possibilidade titânica de converter os desertos em campo de cultivo, são o resultado de quarenta anos de sapatos ordinários, de vestidos malcortados — quase meio século da mais férrea austeridade. O processo de desenvolvimento ao contrário ocasionou alguns desequilíbrios que fazem os americanos darem gargalhadas. Por exemplo, o poderoso TU-104, considerado uma obra-prima da engenharia aeronáutica e que não ganhou licença para aterrissar no aeroporto de Londres porque os psiquiatras ingleses avaliaram que poderia provocar transtornos psicológicos na vizinhança e que tem serviço telefônico entre seus diferentes andares, é no entanto dotado de sanitários com as mais primitivas correntes de descarga. Outro exemplo: um delegado sueco, que tratara de um eczema persistente com os mais notáveis especialistas de seu país, aproveitou a viagem a Moscou para submeter seu caso ao médico de plantão mais próximo de sua delegação. O médico lhe receitou uma pomada que lhe apagou até o último vestígio do eczema em quatro dias, mas o farmacêutico que a aviou tirou-a do boião com o dedo e a embrulhou num pedaço de jornal. Em matéria de higiene, talvez o episódio extremo foi o que presenciamos no retorno da granja coletiva, quando nos detivemos para tomar um refresco num estabelecimento ao ar livre, nos subúrbios de Moscou. A necessidade nos levou a um sanitário público. Era uma grande plataforma de madeira, com meia dúzia de buracos sobre os quais meia dúzia de respeitáveis cidadãos faziam o que deviam fazer, acocorados, conversando animadamente, numa coletivização da fisiologia não prevista na doutrina.

A juventude, que chegou ao uso da razão num país em que as bases já estavam lançadas, rebela-se contra os contrastes. Na universidade se realizam debates públicos e se propõe ao governo a necessidade de que a União Soviética se incorpore ao ritmo do conforto ocidental. Recentemente as moças do Instituto de Línguas de Moscou provocaram um escândalo ao sair às ruas vestidas à moda de Paris, com rabo de cavalo e saltos altos. Alguma coisa se passara: algum funcionário imprevidente autorizara o Instituto de Línguas a receber revistas ocidentais, nas quais os aspirantes a intérprete poderiam se familiarizar com a linguagem diária e os costumes do Ocidente. A medida deu resultado. Mas as moças aproveitaram as revistas para cortar suas próprias roupas e modernizar o penteado. Ao vê-las na rua, como em todas as partes e em todos os tempos, as gordas matronas soviéticas levavam as mãos à cabeça, escandalizadas, e exclamavam: "A juventude está perdida". A sistemática pressão dessa juventude tem muito a ver com as mudanças da política soviética. Ao morrer em Paris o estilista Christian Dior acabara de receber proposta do governo soviético para lançar suas coleções em Moscou.

Minha última noite na cidade se encerrou precisamente com um episódio que reflete bastante o espírito dessa juventude. Na avenida Gorki, um rapaz com não mais de 25 anos me deteve para perguntar por minha nacionalidade. Estava, segundo me disse, preparando uma monografia sobre a poesia infantil universal. Queria dados sobre a Colômbia. Falei-lhe de Rafael Pombo e ele, com um rubor ofendido, interrompeu-me:

— Naturalmente, tenho todos os dados sobre Rafael Pombo.

Ao redor de uma cerveja, recitou até meia-noite, com um forte sotaque mas com uma fluência admirável, uma antologia da poesia infantil latino-americana.

Quarenta e oito horas depois Moscou voltou à sua vida normal. As mesmas multidões densas, as mesmas vitrinas poeirentas e a mesma fila de dois quilômetros diante do Mausoléu da Praça Vermelha, passaram como uma visão de outra época pela janela do ônibus que nos levou à estação. Na fronteira, um intérprete volumoso, que parecia irmão gêmeo de Charles Laughton, subiu com dificuldade ao vagão.

— Venho pedir-lhes desculpas — disse.

— Por quê? — perguntamos.

— Porque ninguém veio trazer-lhes flores — respondeu.

Quase à beira das lágrimas, explicou-nos que era o encarregado de organizar as despedidas dos delegados na fronteira. De manhã, acreditando que todos já haviam passado, ordenou por telefone que não se mandassem mais flores à estação e determinou que as crianças que saíam para cantar hinos durante a passagem dos trens regressassem à escola.

OUTUBRO DE 1959

Duas ou três coisas sobre "o romance da Violência"

A pedido de "La Calle"

As pessoas de temperamento político, e tanto mais quanto mais se sintam situadas à esquerda, consideram um dever doutrinário pressionar os amigos escritores a escreverem livros políticos. Alguns, talvez não mais sectários porém menos compreensivos, sentem-se obrigados a desqualificar, mais em particular do que em público, os escritores amigos cujos trabalhos não parecem politicamente comprometidos de maneira evidente. Talvez nenhuma circunstância da vida colombiana motivou mais esse gênero de pressão do que a violência política dos últimos anos. Os escritores ouvem com freqüência uma pergunta:

— Quando vai escrever sobre a violência?

Ou também uma reprimenda direta:

— Não é justo que tendo havido 300 mil mortes atrozes na Colômbia os romancistas fiquem indiferentes a esse drama.

A literatura, supõem perguntadores e reprovadores, é uma arma poderosa que não deve ficar neutra na disputa política.

Conheço alguns escritores que concordam em princípio com esse ponto de vista. Mas na prática — para usar os mesmos termos que os animam nas tertúlias sobre o tema — talvez não possam resolver sua mais aguda contradição: a que existe entre suas experiências vitais e sua formação teórica. Conheço escritores que invejam a facilidade com que alguns amigos se empenham em resolver literariamente suas preocupações políticas, mas sei que não invejam os resultados. Talvez seja mais valioso contar honestamente o que a gente se sente capaz de contar por ter vivido, do que contar com a mesma honestidade o que nossa posição política nos indica que deva ser contado, ainda que tenhamos de inventá-lo.

Ouvi alguns escritores dizerem, e é preciso acreditar neles, quando revelam segredos de sua profissão, que a invenção tem pouco a ver com as coisas que escrevem. Consideram que nenhuma aventura da imaginação tem mais valor literário do que o mais insignificante episódio da vida cotidiana. E não acreditam por princípio, mas porque a prática diária, o esforço de vários anos, o ter atravessado noites debruçados sobre a máquina de escrever, rasgando muito e publicando pouco e tendo por isso mesmo oportunidade de saber que escrever custa trabalho, os arrastaram — digamos à força — a esse convencimento.

O caso dos romances equivocados

Quando se exige que aproveitem a violência em todas as suas possibilidades literárias e também com suas implicações políticas, os escritores que não vivenciaram a violência têm direito de perguntar por que não se faz a mesma exigência, em sua profissão, aos repórteres. E os repórteres têm direito de se defender replicando que não é honesto escrever reportagens inventadas. Atrevo-me a acreditar que um escritor consciente tem direito de usar a mesma réplica.

Aqueles que leram todos os romances da Violência escritos na Colômbia parecem concordar em que todos são ruins, entre os quais alguns dos próprios autores. Não é espantoso que o material literário e político mais dilacerante do atual século na Colômbia não tenha produzido nem um escritor ou caudilho. No que se refere à literatura, a coisa parece ter suas explicações. Em primeiro lugar, nenhum dos senhores que escreveram romances da Violência por tê-la visto, tinha, segundo parece, suficiente experiência literária para elaborar seu testemunho com certa validade, depois de se recobrar do espanto que com razão o impacto produziu. Outros, ao que tudo indica, sentiram-se mais escritores do que eram e suas terríveis experiências sucumbiram na retórica da máquina de escrever. Outros, também, ao que parece, estragaram seu testemunho tentando acomodá-lo à força dentro de suas fórmulas políticas. Outros, simplesmente, leram sobre a violência nos jornais, ou ouviram falar dela, ou a imaginaram lendo Malaparte. Esperava-se que os melhores narradores da violência fossem seus testemunhos. Mas o caso parece ser que eles se deram conta de que estavam diante de um grande romance e não tiveram a serenidade nem a paciência, sequer a astúcia, para levar o tempo que necessitavam para aprender a escrevê-la. Não havendo uma tradição à qual dar continuidade na Colômbia, tinham de começar pelo princípio e não se começa uma tradição literária em vinte e quatro horas. Infelizmente, até agora, não parece que algum escritor profissional, tecnicamente equipado, tenha sido testemunha da violência.

Nem todos os caminhos conduzem ao romance

Provavelmente o maior equívoco cometido pelos que tentaram descrever a violência foi o de ir — por inexperiência ou voracidade — com muita sede ao pote. Esmagados pelo material de que dispunham, foram engolidos pela terra na descrição do massacre, sem se permitir uma pausa que lhes serviria para se perguntar se o mais importante, humanamente, portanto literariamente, eram os mortos ou os vivos. O exaustivo inventário dos decapitados, castrados, mulheres violadas, cérebros esparramados e tripas arrancadas e a descrição minuciosa da crueldade com que estes crimes foram cometidos, não eram provavelmente o caminho que levaria ao romance. O drama era o ambiente de terror provocado por esses crimes. O romance não estava nos mortos de tripas arrancadas, mas nos vivos que deviam suar frio em seu esconderijo, sabendo que a cada batida do coração corriam o risco de que lhes arrancassem as tripas. Assim, aqueles que viram a violência e viveram para contá-la não se deram conta na corrida de que o romance não ficava para trás, na pracinha arrasada, mas o que levavam dentro deles mesmos. O resto — os pobrezinhos mortos que só serviam para ser enterrados — não passavam de justificação documental.

A *arte de não eriçar os cabelos*

Um romance serve para ilustrar estas argumentações: *A peste*, de Albert Camus. Aqueles que leram as crônicas das pestes medievais compreenderão o rigor a que Camus se impôs para não se perder em descrições alucinantes. Basta lembrar as orgias dos doentes de Gênova, que cavavam suas próprias sepulturas e se entregavam, à beira delas, a toda espécie de excessos, até sucumbir à peste, e outros doentes de última hora os empurravam com um cajado às sepulturas. Recordem-se as lutas encarniçadas em que os agonizantes disputavam um buraco na terra para se dar conta de que Camus tinha suficiente documentação para nos deixar de cabelo em pé durante duas noites. Mas talvez a missão do escritor na Terra não seja deixar de cabelo em pé seus semelhantes.

Em cada página de *A peste* se descobre que Camus sabia o que se pode saber sobre as pestes medievais e se informara a fundo sobre suas características, a forma e os hábitos de seu micróbio, e até os tratamentos empregados em todos os tempos. Quase como por descuido, esses conhecimentos são aproveitados ao longo do livro, até com estatísticas e datas, mas rigorosamente calibrados em sua função de suporte documental. Outro grande escritor de nosso tempo — Ernest Hemingway — explicou seu método a um jornalista, tentando lhe contar como escreveu *O velho e o mar*. Para chegar àquele pescador temerário, o escritor viveu meia vida entre pescadores: para conseguir que pescasse um peixe titânico, tivera ele próprio de pescar muitos peixes e tivera de aprender muito, durante muitos anos, para escrever o romance mais simples de sua vida.

— A obra literária — disse Hemingway — é como o *iceberg*: a gigantesca massa de gelo que vemos flutuar consegue ser invulnerável porque debaixo da água é sustentada por sete oitavos de seu volume.

Algo semelhante ocorre em *A peste*. O drama explode quando os ratos saem para morrer na rua, ou no vômito negro e nos gânglios supurados de um porteiro, enquanto a invisível população de Oran está sendo exterminada pela peste. Camus — ao contrário de nossos romancistas da violência — não se enganou de romance. Compreendeu que o drama não eram os velhos bondes que passavam abarrotados de cadáveres ao anoitecer, mas os vivos que lançavam flores sobre eles, dos terraços, sabendo que eles próprios poderiam ter um lugar reservado no bonde da manhã. O drama não eram os que escapavam pela porta falsa do cemitério — para quem a ameaça da peste havia por fim terminado — mas os vivos que suavam frio em seus dormitórios sufocantes, sem poder fugir da cidade sitiada. Sem dúvida, Camus não viu a peste. Mas deve ter suado frio nas terríveis noites da ocupação, escrevendo editoriais clandestinos em seu esconderijo de Paris, enquanto soavam no horizonte os disparos dos nazistas caçando os militantes da resistência.

A alternativa do escritor, nesse momento, era a mesma dos habitantes de Oran nas intermináveis noites da peste e a mesma dos camponeses colombianos no pesadelo da violência.

Há um outro drama por trás do fuzil

Como modelo do terrível romance que ainda não se escreveu na Colômbia talvez nenhum seja melhor do que o agradável romance de Camus — um breve episódio do gênero humano no qual sequer os micróbios da peste são definitivamente maus, nem suas vítimas necessariamente boas. Aqueles que se debruçaram sobre o tema da violência na Colômbia terão de reconhecer que o drama daquele tempo não era apenas o do perseguido, mas também o do perseguidor. Que pelo menos uma vez, diante do cadáver destroçado do pobre camponês, coincida o drama do pobre policial de oitenta pesos, sentindo medo de matar, mas matando para evitar que o matem. Não há drama humano que possa ser definitivamente unilateral.

Um valioso serviço nos prestaram os testemunhos da violência ao imprimir seus testemunhos em bruto. Confiemos em que eles prestarão boa ajuda aos que sobreviveram à violência e estão aproveitando o tempo para aprender a escrevê-la, e às numerosas crianças que a sofreram como um pesadelo da infância e agora estão crescendo em silêncio, sem esquecê-la. O aparecimento deste grande romance é inevitável, num segundo turno de vencedores. Ainda que certos amigos impacientes considerem que então será tarde demais para que funcione o conteúdo político que terá sem dúvida, em qualquer tempo.

Obregón

As pessoas que estão por dentro do assunto concordam que a pintura de Obregón passa por mudanças contínuas. Seus amigos, que nunca sabem por onde ele anda mas guardam uma fidelidade de expectativa, estão de acordo que Obregón não muda como ser humano. Sabem que ele não sabe escrever cartas. Às vezes, em alguma cidade do mundo, desenha letras grandes e uniformes no guardanapo de um restaurante e o põe no correio para um amigo. Em geral, a única coisa que dizem os guardanapos são palavrões. Nunca envia telegramas. Um dia, sem aviso prévio, aparece numa esquina, dando pancadas, gritando:

— Caralho!

Sob o céu chuvoso de Bogotá, a paleta de Obregón se torna cinzenta

Há alguns meses — preparando sua exposição — Obregón vive a 51 degraus acima do nível de uma rua sem comércio. Sempre abre a porta pessoalmente. Conduz os amigos, quase em suspenso, agarrados pelo braço, até uma cadeira de vime muito velha, cheia de rugas azuis, onde sempre parece que estivera uma escrava sentada. Ao lado da cadeira há um janelão de vidro sobre um ajuntamento de telhas pardas, de onde às vezes se vê chover. Numa mesa bem baixa, ao lado da garrafa de azeite de linhaça, há uma vasilha de barro cozido com duas tulipas amarelas e uma única tulipa vermelha. Do outro, contra a parede, há um divã com um almofadão recheado de serragem e duas almofadinhas azuis, de um azul de traje de escrava. Há um guarda-chuva aberto no canto. No chão, entre os montes de refugos deixados pelo trabalho, há um copo com um ungüento amarelo e dentro uma espátula de madeira como as usadas pelos médicos para examinar as amígdalas. O copo tem um rótulo com uma caveira e dois ossos cruzados e uma inscrição abaixo: "Geléia de laranja".

O conto da condessa

Os quadros estão no chão, voltados contra a parede. Quinta-feira da semana passada subiu para vê-los uma condessa austríaca. Trazia o cartão de visita de um amigo que conheceu no metrô de Nova York. A condessa se sentou na cadeira onde parece que sempre houve uma escrava sentada e passou a tarde vendo os quadros. Obregón os virou um a um e os mostrou um a um, numa ordem que ao que tudo indica faz parte de seu segredo profissional. A condessa, que vira um quadro de Obregón em Paris, movia a cabeça com um ritmo interior, enquanto deixava queimar, com a guimba do cigarro, as unhas pintadas de vermelho vivo. Parecia como se naquele momento estivesse ouvindo ainda as lúgubres marchas tocadas por uma banda militar no crepúsculo do Hyde Park. No fim da exposição, esmagou a guimba numa tampinha de cerveja e sorriu desconcertada:

— Que houve, mestre?

Obregón abriu os braços.

— Nada.

"O canário canta porque está triste"

Se os amigos aparecem na hora do almoço, Obregón em pessoa abre a porta e os empurra até a sala de refeições, dizendo:

— Sopa, sopa.

Freda, com seus enormes olhos assustados, está sentada na ponta de uma mesa estreita, com uma toalha de fibra vegetal, onde há um pão inteiro numa canastra e quatro pratos de sopa. Obregón se senta de costas para a janela.

Num canto está o cofre do pirata mais pobre da história da pirataria. Na janela há uma gaiola com um canário.

— Antes não cantava — diz Obregón, enquanto Blanca põe na mesa dois tomates recheados, num prato, e uma cerâmica preta com duas alcachofras. — Mas desde que ficou viúvo canta o tempo todo.

Freda corta os tomates em quatro. Obregón espreme as alcachofras com suas mãos grandes, grossas, quadradas, dizendo à medida que o líquido sai:

— Ferro para o menino.

Não se explica como Obregón faz para pintar com essas mãos. Em Barranquilla, há oito anos, serviam para dar socos nos policiais. Em Catatumbo, há dez, serviam para dirigir caminhões de carga. Em Paris, há não sei quantos, serviam para empurrar o ventre de uma mulher que demorava para dar à luz. Mas não se explica como servem para pintar.

No fim do almoço, alguém lhe diz:

— Há um mistério, Obregón.

Ele sacode sua cabeça redonda de franciscano, põe a mão no rosto e diz:

— Que mistério coisa nenhuma. É que estou com dor de dente.

1959

Os incompreendidos

Há 24 horas vi *Os incompreendidos* e desde então não deixei de pensar no filme um só minuto. Isso poderia bastar para me fazer crer que se trata, pelo menos, de um filme inquietante. Porém há algo mais: pela primeira vez em muitos anos os críticos de cinema poderão dizer que é um filme bom ou um filme ruim, mas em qualquer dos dois casos terão trabalho de explicar por quê.

Creio que é excelente e com convicção, e até me atrevo a jurar, mas não creio que possa demonstrar. Suponho que este desconcerto se deve a que nos últimos vinte anos o cinema se tornou acadêmico e não nos demos conta. Dizíamos simplesmente que um filme era bom, regular ou ruim, mas sempre dentro de certas normas. De repente apareceu *Os incompreendidos* e nos pegou desprevenidos.

Este filme nos fez descobrir de um só golpe e sem aviso prévio que aquilo que ainda nos parecia bom nos outros filmes tinha muito de convencional. Confirma-nos que, na realidade, Max Ophuls não fez nada de novo em seu *Lola Montès*, quando acreditou que nos assustava ao aplicar na montagem cinematográfica um recurso que os jogadores de pôquer já haviam inventado muito tempo antes.

Antes de decidir se *Os incompreendidos* é um filme bom ou ruim — e eu creio, repito, que é excelente — teria de revisar muito cinema para trás. Simplesmente, seu jovem diretor nos formulou a possibilidade de uma nova retórica e isso é um acontecimento impossível de avaliar em 24 horas.

JANEIRO DE 1960

Quando o país era jovem

Há uma fotografia em que aparece o presidente Alfonso López entre seus nove ministros. Pode-se passar horas inteiras contemplando-a, examinando os detalhes, e se chega sempre à conclusão de que naquela época — 1935 — a Colômbia era um país juvenil.

Em seu tempo — como nos tempos atuais — essa foto devia parecer insólita, num país acostumado durante um século a que os retratos do poder executivo tivessem, como primeira condição de respeitabilidade, uma aura de traças; que os ministros tivessem, como primeira condição de eficácia, ferozes bigodes com cheiro de guerra civil; e que todo mundo no governo fosse muito sério e muito velho e um pouco poeirento, como condição primeira para infundir respeito na opinião pública.

Nesta fotografia, em compensação, nenhum dos ministros tinha a idade do presidente, que, por ter chegado tarde à política, só estava então com 48 anos. Todos na foto aparecem meio mortos de riso. Todos são meio imberbes, meio mal penteados, meio com jeito de gostar das ruas em sua maneira de ser. Como um regaço do passado, todos ainda usam o traje a rigor para os atos oficiais, mas o usam com um certo senso de humor e alguns deles põem as mãos nos bolsos, sem temor de serem repreendidos pela posteridade. Todos, do presidente, que tem o ar malicioso de um papai precoce entre seus filhos naturais, até Alberto Lleras, que tem 28 anos, parecem estar zombando do fotógrafo. Se fosse preciso escolher para a história um retrato em que se visse de corpo inteiro o liberalismo no poder, não só como partido político mas também como mentalidade, como um ponto de vista novo diante dos problemas da nação, a decisão seria por este retrato de um presidente informal com seu gabinete de ministros brincalhões.

O valor histórico da foto é mais bem apreciado se se pensa que foi tirada apenas cinco anos depois que Miguel Abadía Méndez entregou o poder. Quarenta e oito anos de hegemonia conservadora, de procissões e jogos florais, inculcaram no país uma noção doentia da autoridade e construíram uma visão institucional do homem público e uma idéia achinelada da gestão oficial, que apenas um anarquista esclarecido como Ricardo Rendón se atrevia a ridicularizar em suas caricaturas. Nessas circunstâncias, de modo algum reformadas pelo governo de Coalizão Nacional de Enrique Olaya Herrera, Alfonso López se atreveu a dizer:

— Vamos demonstrar que se pode governar sem o professor Esteban Jaramillo.

Era uma irreverência que os historiadores, escandalizados, se apressariam em esconder. Mas os documentos, as estatísticas, as obras e os testemunhos particulares daquela época que parece tão remota 25 anos depois demonstram que no primeiro período de Alfonso López houve poucos atos de governo que não fossem de certo modo irreverentes.

Não podia ser de outra maneira. O país não estava para panos quentes e Alfonso López falara demais nos anos anteriores de como transformá-lo num organismo moderno, para que pensasse em preconceitos e suscetibilidades na hora de pôr em prática suas idéias. Sabe-se, por conversas particulares, que antes de dizer no Teatro Municipal, em 1929, que o liberalismo devia se preparar para assumir o poder, Alfonso López sempre fustigara os amigos nos cafés, nos clubes, nas redações de jornais, sobre como tirar a Colômbia do desvão histórico em que se encontrava e colocá-la de um pulo no século XX. Conta-se que aquele homem que se vestia em Londres, afeiçoado às coloridas gravatas com o laço pronto e ao uísque, cujos dentes foram mais tarde o paraíso dos caricaturistas, falava de uma Colômbia ampla e remota que os meios de transporte da época não permitiam descobrir, e o fazia com tanta veemência e de maneira tão tenaz que chegara a se converter numa espécie de desmancha-prazeres das tertúlias bogotanas. Alguns dos pontífices da época, quando percebiam na escada as pisadas de López, escapavam pela porta dos fundos antes que aquele teórico que nunca tivera contato direto com a política começasse a lhes explicar, pela milésima vez, a fórmula mágica para pôr o país em ordem. Poucas semanas antes de sua morte, no último discurso, López deu a quem não teve a fortuna de ser vítima de suas explicações uma oportunidade de conhecer a Colômbia que ele conhecia. Fez-nos ver um país lendário — tão parecido com o Mississippi de Mark Twain! — com aquelas caravanas de mulas que desciam das montanhas, carregadas de café, e regressavam patinando sob o peso dos pianos de cauda. Lendo esse discurso, e os outros, e estudando sua personalidade e seu governo, compreende-se que a maçada de López em suas tertúlias consistia unicamente em recomendar algo que o país necessitava com urgência: um regime liberal.

Por isso, ainda que as aparências indiquem o contrário, não é provável que Alfonso López concordasse com o programa de governo de Enrique Olaya Herrera. Um cronista da época, Luis Eduardo Nieto Caballero, contou com fidelidade jornalística e pouca malícia política em que consistiam as diferenças entre os dois estadistas liberais, antes que Olaya Herrera se decidisse a aceitar a candidatura presidencial. "Tinham critérios táticos e talvez ideológicos que se diferenciavam", escreveu Nieto Caballero. "Mas bem respeitáveis nos dois. Alfonso López, como chefe do Partido Liberal, queria uma candidatura liberal, com a recordação, para inflamar os ânimos, dos desaforos, dos erros, das culpas, da ineficácia governamental dos conservadores. Olaya Herrera queria passar a esponja. Nada de recriminações, nem de olhar para o passado, nem de ofender o adversário com a menção de suas culpas. Coalizão nacional." Dizia-se que naquele momento a atitude politicamente correta era a de Olaya Herrera. É possível. Mas a lembrança dessa divergência permite esclarecer o pensamento de López em 1929. E esse pensamento era desde então, e até desde antes, o da revolução em marcha, sem etapas; a república liberal, a entronização do país no século XX.

Era seu tema, seu mote, sua mania de conversação e, de tanto repetir, de tanto escutar a si mesmo, estava convencido e comprometido demais, com o país maduro e impaciente demais, para que na hora da verdade Alfonso López não tivesse que demonstrar, a cru, que tinha razão. Quando por fim chegou o momento de se comprometer, não com seus amigos, mas diante da nação inteira, não dourou a pílula. Disse no discurso de aceitação da candidatura: "É preciso aproveitar o progresso político que alcançamos e em cujo seio as forças sociais se movem inquietas, mas firmes, sobre os caminhos legais, para derrubar os costumes, os comportamentos, as idéias e os preconceitos predominantes." A nação, as empobrecidas massas populares, liberalizadas pela inconformidade em relação aos regimes conservadores; os setores pensantes que não escondiam seu assombro de que o liberalismo, como quem tira um coelho da cartola, chegava enfim ao poder, estavam preparados para a transformação.

O próprio López ampliara o problema. "Quando em agosto de 1934", escreveu Alberto Galindo, "o senhor López tomou posse na presidência da República, a crise econômica e fiscal, agravada pelos gastos com a guerra contra o Peru, conservava ainda muita intensidade. A situação da ordem pública era difícil. A crise internacional estava pendente da aprovação, pelo Congresso, do Protocolo do Rio de Janeiro. Havia desemprego, a agricultura estava extenuada, o câmbio oscilava vertiginosamente, a dívida externa continuava em moratória, o orçamento era dramaticamente inferior às necessidades nacionais e às obrigações do Estado. A missão do novo mandatário era múltipla, inadiável em todas as suas fases, exigia um impulso inicial de reforma em todos os campos de ação pública e sua extensão a muitas zonas da atividade nacional que dela necessitavam com pressa."

Foi assim que, em 7 de agosto de 1934, Alfonso López se encontrou diante da tremenda obrigação de demonstrar que era possível fazer o que tanto fora objeto de suas conversas. Tinha de demonstrar, logo, com o Partido Liberal — e o Partido Liberal era nada mais, tampouco nada menos, que um sentimento popular, uma enorme quantidade de pessoas de todas as classes, sem experiência de governo.

O governo Olaya Herrera fora constituído com as mesmas pessoas de sempre, útil para um cauteloso regime de coalizão nacional, mas não para os propósitos lopistas de superar as vacilações. López prometera um salto histórico. E os saltos — diria Perogrullo — só se fazem saltando. Daí porque López, para encontrar seus colaboradores, tivesse de saltar por cima de sua própria geração.

Os jornalistas de hoje, tentando explicar como, em 1934, chegou ao poder uma geração que, de acordo com o ritmo estabelecido desde a Independência, devia aguardar na fila ainda uns vinte anos, tropeçaram em certas dificuldades. Em primeiro lugar, é falsa a maioria das histórias correntes. Em segundo lugar, os testemunhos particulares da época se impregnaram de solenidade e consideram irreverente contar a verdade das coisas. O que parece certo é que o grupo de alegres rapazes retratados com López na histórica foto de que se falava no início não foram tirados do nada, como se diz agora; nem foram promovidos dos juizados provincianos para os ministérios, nem os poetas foram convertidos em financistas. A juventude liberal de 1930, que não aspirava ao poder e sim ser oposição, estava bem preparada em todos os campos da atividade pública. Tivera tempo de se formar à margem das preocupações, um tanto rústicas, do governo conservador. Gabriel Turbay, aos 26 anos, era o mais valente líder da oposição parlamentar. Jorge Eliecer Gaitán, aos 25, participara do dramático debate sobre a matança da Zona Bananera. Ao chegar ao poder, Alfonso López conhecia todos eles, os que estavam no Parlamento e os que aspiravam a entrar nele, e sabia com quem podia contar para seu empreendimento de transformação nacional. Outra coisa: era um homem de temperamento alegre, um brincalhão em grande estilo que sentia prazer em zombar dos procedimentos formais, e se divertia dando a impressão de que não levava o poder a sério.

López tirou Alberto Lleras da redação de um jornal e o converteu no ministro de Governo mais jovem da história da Colômbia. A verdade desta história é a fila. Na verdade, o que López fez foi dar a oportunidade de ser estadista precoce a um homem que fora precoce em muitas atividades. Quando se conheceram, fazia bastante tempo que Lleras abandonara a boemia, aos 23 anos, liderava a política liberal e incomodava os regimes conservadores com seus editoriais nos jornais. López tornou-o seu secretário e ao que parece era o secretário perfeito. A graça, que é uma graça exemplar, foi não se assustar com o fato de que um secretário perfeito pudesse ser um bom ministro de governo, ainda que tivesse 28 anos, e o nomeou, ainda que assustasse o país. A história demonstrou, por outro lado, que o país nem se assustou.

No início da administração, López procurava um ministro de Governo, depois da negativa de dom Luis Cano. Num almoço em homenagem a Víctor Andrés Belaunde no hotel do Salto, o presidente, embriagado pela festa do poder e também um pouco pelos uísques, disse a Plinio Mendoza Neira:

— Diga-me uma coisa, Plinio: de que não sou capaz?

— Por exemplo, de nomear Darío Echandía ministro de Governo — respondeu Mendoza Neira.

— E quem é Darío Echandía? — perguntou López.

Dois dias depois o nomeou ministro de Governo. Naquele momento, Echandía não era tão desconhecido como agora se faz ver. Era senador pelo departamento de Tolima e pronunciara o discurso de proclamação da candidatura de López no Circo de San Diego, em nome da Convenção Liberal. O presidente o conhecia muito bem. Sua brincadeira consistiu, entre outras coisas, em desconcertar Belaunde ao perguntar: "E quem é Darío Echandía?"

Algo semelhante ocorreu com Jorge Soto del Corral e Jorge Zalamea. Quando Jorge Soto foi nomeado ministro da Agricultura, aos trinta anos, fora já secretário do Ministério do Governo e bem merecera entre seus alunos da Universidade Livre, desde 1926, o delicioso prestígio de saber de memória todas as constituições do mundo. Além disso, fora membro do comitê de direção da Bolsa de Bogotá e um de seus fundadores.

Quando Jorge Zalamea assumiu o Ministério da Educação, aos trinta anos, era já um escritor de prestígio. Publicara sua farsa dramática *O retorno de Eva* e vinha da Espanha, onde ocupara o cargo de adido comercial da embaixada colombiana.

O mérito de López, em suma, não parece ter sido inventar estatísticas onde não as havia, mas um outro bem diferente, mais humano e mais admirável: tinha a virtude de descobrir e estimular as vocações ocultas, atribuir-lhes mais importância do que aos conhecimentos e à experiência e de incorporá-las ao serviço de seus propósitos de governante. Assim, Alberto Lleras, que parecia destinado a ser uma figura da oposição durante suas férias literárias, foi o homem de ação no processo da revolução em marcha. E assim Jorge Soto del Corral, nascido na linhagem das finanças, que aos 25 anos andava transformando a organização bancária do país, foi o ministro da Fazenda que assinou uma reforma tributária que desencadeou a fúria dos financistas.

Na realidade, não sobrava para López outro caminho senão se agarrar à juventude, se não quisesse se atolar nos vícios dos governos anteriores. Era praticamente uma condição indispensável para a consecução de seus propósitos. Não se tratava de aprovar algumas leis ousadas, mas de iniciar, em quatro anos, uma transformação a fundo na estrutura do país. Devia-se desistir das picuinhas humanas do meio século de dominação conservadora. Quase se pode dizer que o mais útil e aproveitável num governo como o de López era precisamente a inexperiência administrativa da juventude liberal, sua absoluta carência de vícios e preconceitos no manejo dos negócios públicos, sua inocência do poder.

Aquela carga de dinamite nos diques que durante tanto tempo reprimiam o curso do país, não tardou a produzir resultados desconcertantes. A prosperidade, que tantas vezes é uma figura de retórica, podia se escrever em números: quando López chegou ao poder, as reservas em ouro eram de 13 milhões de pesos colombianos; dois anos depois se haviam multiplicado por três. O orçamento nacional, que López encontrou estancado em 39.256.320 pesos, subiu durante seu governo para 47.727.000 pesos colombianos. Em quatro anos, construíram-se, em quilometragem de estradas, 60% de tudo o que foi construído nos governos anteriores.

Os regimes conservadores destinavam à educação 1.948.000 pesos; quando López entregou o poder destinava-lhe 6,5 milhões de pesos e tinha construído a Cidade Universitária e promovera uma vasta campanha de penetração cultural nos núcleos operários e camponeses. Quanto à saúde, um jornalista da época assinalou que os regimes conservadores combatiam a varíola em todo o país com 180 mil pesos. A saúde, em geral, dispunha de 2 milhões de pesos. Durante o governo López esse orçamento foi duplicado.

Aquela festa de números, num país que apenas oito anos antes estava literalmente à beira da liquidação, só se pode explicar como resultado de um regime liberal levado a cabo sem vacilações, até suas últimas conseqüências. Atualmente, só esta idéia já é uma coisa fantástica. As gerações posteriores àquela, cujos representantes se deixavam fotografar sorrindo com Alfonso López, não explicam, com o raciocínio político hoje em moda, como aquele governo suspendeu o direito de voto do exército e não houve golpe militar; como se fez uma reforma tributária fundamental e os proprietários não se rebelaram; como se limitaram os privilégios das empresas estrangeiras e não houve sabotagem da economia nacional nem desembarques armados na costa; como se definiu a propriedade como função social, sem que os latifundiários armassem pistoleiros para subverter a ordem pública; como o Estado interveio na economia privada e não houve complô de financistas; como se fortaleceu o sindicalismo e o regime não se arruinou minado pela infiltração comunista; como se reformou a Concordata, apesar das ameaças do Episcopado, e não se descompôs o sentido católico da nação; como houve um Parlamento composto inteiramente por liberais e se respeitou nas eleições a maioria das maiorias, sem que as minorias se lançassem à guerra civil.

Alfonso López sabia que o salto do país para o século XX não podia se produzir sem resistências. Mas sabia também que a única maneira de frear a queda, em circunstâncias como aquela, era o apoio das massas. O pessoal jovem de que se cercou não tinha compromissos com os interesses predominantes. Era, em síntese, a realização das condições básicas do governo popular que se esperava havia meio século. Um governo alegre, com bravatas e almoços e vitelas assadas; um arraial popular cujos jovens ministros tinham a boa índole de colocar as mãos nos bolsos e de zombar do fotógrafo.

ABRIL DE 1960

A literatura colombiana, uma fraude nacional

Em junho de 1959 se venderam em duas cidades da Colômbia e em apenas cinco dias 300 mil exemplares de autores nacionais. A avidez com que o público se lançou no consumo ultrapassou os ambiciosos cálculos dos editores, que aspiravam esgotar a tiragem mais alta feita até então de livros colombianos, não em duas cidades, mas nas capitais mais importantes do país e não em cinco dias e sim em duas semanas.

O leitor colombiano, a quem normalmente se aponta como um dos responsáveis pelo nosso subdesenvolvimento literário, respondeu de modo espetacular ao mais ousado experimento cultural realizado na Colômbia. O balanço, em compensação, não é igualmente favorável aos autores.

Dos livros que integravam o Primeiro Festival do Livro Colombiano nenhum era inédito, e nem sequer o mais recente deles fora escrito nos últimos cinco anos. *Las reminiscencias*, de J. M. Cordovez Moure, o livro mais antigo da coleção, foi escrito a partir de 1870. *A revoada*, de Gabriel García Márquez, o mais recente, foi escrito em 1954. A seleção se fizera com um critério tão drástico que apenas um dos escolhidos não podia se considerar autor consagrado. De modo que aqueles livros, incluídas as antologias de conto e poesia e acrescentando *María* e *La vorágine*, podiam ser considerados em linhas gerais uma síntese aceitável de um século de literatura colombiana.

Pois bem: o menos prevenido dos críticos poderia observar que nenhum dos autores do Primeiro Festival do Livro tem uma obra de alcance universal. Germán Arciniegas, o mais prolífico e metódico de todos, o único autor colombiano que desfruta de mercado internacional seguro e também o único que pode ser definido como escritor profissional, não poderia ser considerado criador. Tomás Carrasquilla, nosso esplêndido narrador, não conseguiu estruturar em quase cinqüenta anos de nosso intenso exercício literário uma obra capaz de se defender universalmente, não por falta de talento criador, mas pelas limitações de seu idioma circunscrito à sua região. Nenhum autor colombiano, até hoje, tem uma obra robusta que possa ser comparada, apenas por exemplo, à do venezuelano Rómulo Gallegos, ou à do chileno Pablo Neruda, ou à do argentino Eduardo Mallea.

Os festivais do livro, que restabeleceram o prestígio do comprador colombiano, abriram uma fenda de pelo menos um ano no falso prestígio da literatura nacional. É provável que o próximo certame desse tipo se adie indefinidamente enquanto se encontrem os livros colombianos para integrar a nova coleção.

Não há, no entanto, na árida planície das letras nacionais, um só indício de que esses livros apareçam nos próximos anos. Basta ser um leitor exigente para comprovar que a história da literatura colombiana, desde o tempo de colônia, se reduz a três ou quatro acertos individuais, por entre um emaranhado de falsos prestígios.

Costuma-se contrariar este argumento com o asfixiante inventário dos livros publicados na Colômbia nos três últimos séculos. Antonio Curcio Altamar, o mais honrado contador do romance colombiano, conseguiu classificar cerca de oitocentos romances aparecidos entre 1670 e 1953, num país em que a narrativa não tem sido o gênero mais fecundo. Mas o problema não é de quantidade, mas de nível.

Seis grandes pontos de referência serviriam de apoio para estabelecer os colossais vazios da literatura colombiana. Desde *El carnero*, de Rodríguez Freile, até *María*, de Jorge Isaacs, transcorreram duzentos anos, e mais sessenta até o aparecimento de *La vorágine*, de José Eustasio Rivera. A partir da morte de Hernando Domínguez Camargo, em 1669, esperaram-se duzentos anos pelo aparecimento de Rafael Pombo e José Assunción Silva, e outros sessenta para o aparecimento de Porfírio Barba Jacob. Uma crítica séria, num país em que só se pode falar com justiça de livros pouco compactos, teria de esperar por Tomás Carrasquilla, há vinte anos, e ainda continuaria esperando.

A reação mais saudável da poesia colombiana no século XX foi a irrupção do grupo identificado com a insígnia de Piedra y Cielo. Ele teve o mérito coletivo de colocar o país, não sem certa violência necessária e não sem certo atraso, na onda da poesia universal. Por causa daquela subversão, a poesia colombiana saiu dos trilhos por onde circulava e se incorporou com uma sensibilidade nova a uma nova maneira de expressão. Mas a vinte anos do clarão pedracelista, que teve um valor mais histórico do que estético, não parece que a mudança de trilhos conduzisse a um território mais fértil.

Não fomos mais afortunados no campo da ficção. Há alguns meses, o suplemento literário de *El Tiempo* patrocinou um concurso nacional de contos. No prazo estabelecido, 315 trabalhos se apresentaram à consideração dos jurados. Mas os três contos premiados depois de um trabalhoso processo de eliminação, não revelaram o contista inédito que se supunha existir na província remota, asfixiado pelo centralismo intelectual. Diante dos contos premiados, de uma qualidade comum, uma pergunta se impunha: "Como seriam os 312 eliminados?"

Claro que era ingênuo desejar que um concurso solucionasse o mistério do conto nacional. Uma das mais completas antologias do gênero já publicadas na Colômbia — a de Eduardo Pachón Padilla, editada em 1959 pelo Ministério da Educação — revelou que no país se escreveram alguns contos bons, mas não houve um bom contista. Na realidade, os poucos contos bons não foram escritos pelos contistas; por outro lado, os contistas consagrados não escreveram os melhores.

O caso do romance se presta a outra curiosa análise. Jorge Isaacs só escreveu *María*. Eustaquio Palacios só escreveu *El alférez real*. Eduardo Zalamea Borda, por circunstâncias que apenas seus leitores diários e seus amigos podemos entender, escreveu *Cuatro años a bordo de mí mismo*, há já um quarto de século. Em compensação, Arturo Suárez escreveu seis romances e J. M. Vargas Vila escreveu 27.

A conclusão poderia parecer superficial, mas é perfeitamente demonstrável: só os maus romancistas colombianos escreveram mais de um romance. De modo que aqueles que estavam preparados para estruturar uma obra sólida que contribuísse para enriquecer com valores reais a literatura nacional ficaram na anunciação, enquanto a grande torrente romanesca se alimentou da mediocridade.

Sem dúvida um dos fatores de nosso atraso literário foi essa megalomania nacional — a forma mais estéril de conformismo — que nos fez dormir num leito de lauréis que nós mesmos nos encarregamos de inventar. Países latino-americanos, que têm de sua própria literatura um conceito menos grandiloqüente do que nós, alcançaram modestamente a merecida atenção de um público internacional. Nós, em compensação, continuamos nos nutrindo do sentimento de superioridade que herdamos de nossos antepassados pela tradução para cinco idiomas de *María*, escrito há 109 anos, e pela tradução para cinco idiomas, incluindo o chinês, de *La vorágine*, escrito há 35. Está na hora de dizer que é absolutamente falso que o mundo tenha se curvado a nossa literatura. O poeta espanhol Gerardo Diego disse certa vez, em particular:

— Os colombianos não deram um grande escritor; e mereciam, porque trabalharam muito.

Talvez tenhamos trabalhado muito, mas seguramente não pelo caminho certo.

Falando em termos gerais, em três séculos de literatura colombiana não se começou ainda a lançar as bases de uma tradição. Não surgiram sequer os elementos de uma crítica analítica séria, nem começaram a se criar as condições para produzir entre nós o fenômeno do escritor profissional.

Ensaiaram-se, na Colômbia, todas as modalidades e tendências do romance e da narração. Experimentaram-se todos os maneirismos poéticos e até, de boa-fé, novas formas de expressão. Mas, além do fato de que as modas nos chegaram tarde, parece que nossos escritores careceram de autêntico sentido do nacional, que era sem dúvida a condição mais segura para que suas obras tivessem projeção universal.

Na segunda metade do século XIX, enquanto o homem colombiano sofria o drama das guerras civis, os escritores se refugiaram numa fortaleza de especulações filosóficas e indagações humanistas. Toda uma literatura de entretenimento, de historietas brejeiras e jogos de salão prosperou, enquanto a nação fazia a penosa transição para o século XX. Os escritores de costumes não se interessaram pelo homem, a não ser na medida em que constituía o elemento mais pitoresco da paisagem. Na idade de ouro da poesia colombiana, escreveram-se alguns dos melhores poemas europeus do continente. Mas não se fez literatura nacional.

É explicável, portanto, que a única explosão literária de legítimo caráter nacional que tivemos em nossa história — o chamado "romance da Violência" — foi um despertar para a realidade do país literalmente frustrado. Sem uma tradição, o primeiro drama nacional de que éramos conscientes nos surpreendia desarmados. Para que a digestão literária da violência política se cumprisse de modo total se requeria um conjunto de condições culturais preestabelecidas que, num momento crítico, apoiasse a urgência da expressão artística.

Na realidade, a Colômbia não estava culturalmente madura para que a tragédia política e social dos últimos anos nos deixasse algo mais do que meia centena de testemunhos crus, como é o caso, e alimentasse uma manifestação literária de certo alcance universal. O esforço individual e o puro trabalho físico podem produzir um escritor ocasional e é de qualquer maneira condição indispensável da criação, mas nem a sucessão nem a coincidência de alguns escritores conscientes em três séculos podem produzir uma autêntica literatura nacional. Ao que tudo indica, esse é o caso da Colômbia.

Incidentalmente, diga-se a favor desses bons escritores eventuais que sua obra é mais meritória na Colômbia por ser um trabalho de horas escamoteadas às necessidades diárias. Não existindo condições para que o escritor profissional produza, a criação literária fica relegada ao tempo que sobra das ocupações normais. É, necessariamente, uma literatura de homens cansados.

Por outro lado, talvez o defeito principal a apontar em muitos de nossos escritores, especialmente nos últimos tempos, é não ter consciência das dificuldades físicas e mentais do ofício literário. Grandes escritores confessaram que escrever custa trabalho, que há uma carpintaria da literatura a ser enfrentada com valor e até com certo entusiasmo muscular. A criação literária, só para dizer graficamente, é um trabalho de homens.

Não é surpreendente que depois da frustrada explosão do "romance da violência" a Colômbia tenha caído num estado de catalepsia intelectual. Antes, pelo menos, havia uma produção maciça de má literatura. Hoje não temos nada. Suspeita-se até que já não se escrevam os sonetos de amor do bacharelado, que parecia ser um sinal definido de nossa nacionalidade.

Com uma superficialidade que não é mais do que um sintoma de covardia crítica, tenta-se explicar este extremado empobrecimento da literatura colombiana como o resultado de uma nova preocupação coletiva: o tecnicismo da vida. A situação da pintura na Colômbia poderia ser uma boa réplica.

Os pintores tiveram a sorte de que a Colômbia nunca fosse considerada um país de pintores. Conscientes de ser os responsáveis por uma função artística nova, sem pomposos antecedentes no país, os pintores colombianos começaram pelo princípio, aprendendo duramente sua arte e seu ofício e exercendo ao mesmo tempo uma forte pressão contra o ambiente. Comprova-se que o ambiente começou a responder. Na atualidade, contamos com um grupo de pintores que pintam oito horas por dia e que com admirável consciência profissional estão lançando as bases de um movimento pictórico de projeção internacional.

Não é de todo fortuito que este bom vento que sopra ao norte da pintura coincida com a aparição de uma crítica séria e independente, com intransigência necessária. O mais saudável que poderia acontecer com a literatura é a aparição de uma crítica semelhante.

Escreveu-se várias vezes a história da literatura colombiana. Empreenderam-se numerosos ensaios críticos sobre autores nacionais, vivos e mortos, e em todos os tempos. Mas na maioria dos casos esse trabalho foi afetado por interesses alheios, desde as condescendências de amizade até a parcialidade política e quase sempre distorcida por um equivocado orgulho patriótico. Por outro lado, a intervenção clerical nas diferentes frentes da cultura fez da moral religiosa um fator de tergiversação estética.

A maioria dos estudos críticos produzidos na Colômbia são análises eruditas de uma obra, das influências do autor e até de sua personalidade psicológica. Sabemos, por estes estudos, que Guillermo Valencia foi um poeta parnasiano, seus hemistíquios eram perfeitos e ele abriu uma janela por onde entrou o vento modernista que renovou o ar rarefeito do romantismo. Mas ninguém demonstrou, com autoridade e de maneira definitiva, se era um bom ou mau poeta, nem por que se tornou necessário o posterior e esplêndido terrorismo poético de Luis Carlos López. A crítica colombiana exerceu uma generosa tarefa de classificação, um trabalho de ordenamento histórico, mas apenas em casos excepcionais um trabalho de análise. Em três séculos, ainda não se disse o que serve e o que não serve na literatura colombiana. Desta maneira, o escritor se obriga a ser responsável apenas perante si mesmo.

A literatura colombiana, em suma, tem sido uma fraude nacional.

MAIO DE 1960

Angulo, um fotógrafo sem fotogenia

Um homem subiu para tirar fotos nas ruínas do Coliseu. Iniciava-se o outono de 1956 e os habitantes de Roma, que voltavam a ocupar a cidade depois da debandada de agosto, detinham-se para contemplar aquele turista extemporâneo que, mais do que os outros, parecia ter perdido o senso do ridículo. Tinha um chapéu mexicano, um poncho verde, calças de fustão vermelho e sandálias de peregrino.

Tentou aplacar com gracejos antioquianos, traduzidos para um italiano alarmante, o policial que o fez descer.

— Quem é esse animal? — perguntei.

Era o fotógrafo colombiano Guillermo Angulo.

Desde aquele dia Angulo é um de meus grandes amigos, ainda que me custe trabalho explicar por quê. É um homem rústico. Tem 1,69m de altura, pesa oitenta quilos, veste-se como um motorista de caminhão, dança como um barril, fala como um tropeiro e à primeira vista parece um sátiro em repouso. Tem uma valiosa biblioteca em quatro idiomas, que entende à maneira dele, e aprende de memória todas as teorias das ciências e das artes, sem digerir nenhuma. O filho de um amigo, que tem sete anos, e sem ter sido ensinado por ninguém, chama-o de "o tio bruto". A própria mulher, quando Angulo lhe perguntou como aparecia na televisão, respondeu:

— Pior.

No entanto, esta espécie de besta de carga que ao primeiro contato não revela qualquer indício de sensibilidade, é um dos melhores fotógrafos da América, e seus amigos estão dispostos a qualquer hora do dia ou da noite a subir quatro andares a pé para visitá-lo.

Havia um açougueiro em seu futuro

O próprio Angulo não poderia explicar o mistério de sua personalidade. Se a vida tivesse lógica, seria atualmente um próspero açougueiro de Anorí, Antioquia, onde nasceu em 1928 numa família de alcaides. Seu pai foi alcaide profissional. Um tio, que agora tem 72 anos, foi destituído há poucos meses, quando cumpriu bodas de ouro de administrador municipal. O único que tinha senso prático naquela família alimentada pela metafísica da autoridade era o irmão mais velho, dono de minas de ouro e vacas leiteiras, que depositara em Angulo suas melhores esperanças. No dia em que Angulo fez 16 anos, o irmão mais velho abriu-lhe a porta do futuro: como presente de aniversário propôs instalar-lhe um açougue.

Angulo, que desde então não tinha o senso do ridículo, respondeu-lhe seriamente:

— Não quero ser açougueiro, e sim intelectual.

Passaram-se muitos anos até que se conhecesse a verdade. Às escondidas do irmão, Angulo lera os clássicos espanhóis e se iniciou no conhecimento dos romancistas contemporâneos. O escritor Gonzalo Uribe, que por isso foi denunciado como corruptor de menores, emprestara-lhe os livros. Angulo garante, sem estremecer, que um homem que aos 16 anos leu Joyce não pode se converter em açougueiro, ainda que se pareça com um.

A casualidade ocorre de noite

Em Medellín, tentando ser intelectual, Angulo conheceu Rodrigo Arenas Betancourt, o escultor, com quem mais tarde seguiu para o México. Uma noite entrou na Livraria Cristal, a única da Cidade do México que ficava aberta até meia-noite, e perguntou por *Sacchka Yegulev*, mas fez a pergunta a um singular gigante que nada tinha a ver com a livraria. Era o fotógrafo Héctor García, correspondente fotográfico da revista *Life*. Naquela noite, Angulo ainda tinha com que comprar um livro. Poucos dias depois não tinha com que comer. Pediu ajuda a Héctor García e ele lhe deu o primeiro emprego de sua vida. Mandou-o carregar os tripés, os refletores e as câmeras, bem como cobrar dívidas perdidas. Nos seis meses em que correu atrás do fotógrafo, Angulo não teve curiosidade de decifrar o segredo das câmeras. Para ele, naquela época, como para tantos outros hoje em dia, não havia relação alguma entre um intelectual e uma câmera fotográfica.

Sua pia de batismo: o esgoto

Sua boa estrela estava onde menos se imaginava: no fundo de um esgoto. Todos os anos, o encanamento do México transborda e há dramas jornalísticos por todos os lados. Na primeira vez, os fotógrafos fizeram uma fortuna. Mas a mesma notícia todos os anos, por mais dramática que seja, acaba por não interessar os leitores.

Só Hernández Llergo, diretor da revista *Impacto*, pensou que o transbordamento dos esgotos podia ser outra vez uma boa notícia. Quando Héctor García propôs fazer as fotos, Hernández Llergo, sabendo que o rapaz que carregava as câmeras era um estrangeiro recém-chegado, disse:

— Mande seu ajudante.
— Não sabe manejar a câmera — respondeu García.
— Não importa — disse Hernández Llergo. — Ensine a ele.

Ambos explicaram a Angulo como se operava o disparador, deram-lhe dinheiro para o ônibus e o mandaram tirar as fotos. Voltou ao amanhecer em busca de um banho urgente. Seu batismo não fora de fogo: simplesmente caiu no esgoto.

Angulo não vira o drama. Mas vira, com essa espécie de vista interior que seria o segredo de sua carreira, as coisas naturais que alguns seres humanos faziam. Bateu a foto de dois noivos se beijando com água pela cintura, de uma criancinha dando banho em sua boneca numa valeta, de um homem puxando um cavalo e um menino navegando num guarda-chuva. Na igreja do bairro encontrou o pároco fumando e tirou o retrato, não pelo retrato em si, mas para que não o chamassem de mentiroso quando contasse.

À noite, ao ver as cópias, Hernández Llergo acreditou que eram truques fotográficos. Foram as únicas fotos originais publicadas naquele ano sobre o drama dos esgotos.

Em suma: um personagem de Rabelais

Em 1956, quando viajou à Itália para aperfeiçoar sua fotografia de cinema, Angulo já era um excelente fotógrafo, mas continuava a cultivar sua melhor virtude: a rusticidade humana. Em qualquer lugar do mundo vê distintamente as coisas como se nunca tivesse saído de Anorí. Em Florença, onde conheceu Vanna, sua bela mulher, disse que o *Davi* de Michelangelo era igual a Gumersindo Oquendo, o bobo que toca flauta em Sonsón. Viu a *Gioconda* no Louvre no dia em que um louco sul-americano atirou-lhe uma pedra, e lhe pareceu ser um bom quadro. Percorrendo as naves de Nôtre Dame, fez um cálculo aproximado da quantidade de frangos que podiam dormir nos capitéis.

A experiência européia transmitiu-lhe alguns hábitos que na Colômbia podem custar-lhe a vida, como a de saudar com um beijo as mulheres dos amigos, mas não lhe tirou o apetite. Em Paris, onde passava dias inteiros vendo filmes antigos, entrava nos cinemas de bairro com um queijo e três bisnagas de pão de meio metro e saía à meia-noite procurando lugar para comer. Há apenas um mês, na estrada da Cordialidade, para distrair a fome enquanto o ônibus não arrancava, comeu quatorze empanadas de ovo.

Esses espetáculos lhe valeram só de vista um raro prestígio de primitivismo. Mas há outras razões de maior peso. Angulo é perfeitamente insensível ao microfone e em nenhum lugar dorme melhor do que nos aviões. Há alguns meses ganhou 13 mil pesos respondendo a perguntas sobre cinema na televisão. Um psiquiatra amigo, que o ouviu roncar nos aviões e seguiu suas atuações na televisão, disse-lhe sem rebuço que só um cretino pode oferecer tais mostras de insensibilidade.

Nós que somos seus amigos íntimos sabemos que o segredo de sua vida reside na boa índole e na inteligência do coração. Mas quem não o conhece a fundo tem o direito de pensar que é uma rara espécie de bruto, se não estiverem em condição de apreciar suas fotografias. Fernando González, de quem fez uma reportagem fotográfica, tratou-o na primeira visita como um lagarto. Na segunda, quando viu as fotos, refletiu:

— A câmera pensa.

Cesare Zavattini lhe disse, e repetiu por escrito, que poucos fotógrafos na Europa tinham tanta sensibilidade humana.

É assim. Só conhecendo-o muito bem, ou penetrando em suas fotos, em seu singular mundo de guarda-chuvas de carne e osso, de padres pecadores, de viúvas soturnas sentadas à porta de sua solidão, só então se compreende porque há 15 anos Angulo não podia aceitar a tentadora oferta de abrir um açougue.

APÊNDICE I*

Karim entre a espada e a parede

Hazer Imán Shah Karim, quadragésimo nono imã dos ismaelitas, Aga Khan IV, fez 21 anos na semana passada. Seus 25 milhões de fiéis, que não consomem bebidas alcoólicas porque são proibidas pela religião, celebraram o acontecimento com orações e cânticos religiosos, enquanto no Hotel Savoy, em Londres, o jovem deus disparava, em homenagem à sua maioridade, 21 rolhas de champanha. Ao amanhecer, quando o último convidado desapareceu na gelada neve de dezembro, Karim se dirigiu à Eton Square, 76, sua residência de Londres, em companhia da mãe, a princesa Joana, e a secretária particular, a senhorita Gulzar Neully, uma indiana de 19 anos, bela e ainda sem sofisticação, que até há três meses fazia parte de uma companhia de balé.

Aquele retorno para casa três horas depois de chegar aos 21 anos em companhia de uma secretária que não sabia datilografar mas é extraordinariamente eficaz para dançar o chachachá, era de certo modo e talvez por pura coincidência, um ato que punha em perigo a autoridade de Karim em sua qualidade de imã dos ismaelitas. Cinqüenta e dois anos antes, o Aga Khan

---

*Esta seção reúne os textos assinados "Gastón Galdós", atribuídos a García Márquez, publicados em *Momento* de janeiro a maio de 1958.

III — o colossal avô de Karim cujo corpo embalsamado repousa junto às cataratas do Nilo — celebrara da mesma forma sua maioridade num hotel de Roma. Também ele estava acompanhado por sua secretária, a senhorita Teresa Magliano, uma esbelta e alucinante dançarina com quem se casou seis meses depois. Esta coincidência faz os supersticiosos cronistas da imprensa mundana pensarem que Karim se casará com sua secretária. Se for assim, é provável que tenha de renunciar às suas prerrogativas de sumo pontífice da seita ismaelita.

Como todas as comunidades humanas, a seita ismaelita — cujos adeptos estão dispersos pela Síria, Madagascar, Uganda, Irã, Quênia e Paquistão — é um terreno fértil para intrigas, ambições e manobras secretas. O mundo ocidental não concebe bem essa religião cujos fiéis observam com uma severidade quase exagerada os preceitos do Corão, enquanto seus imãs apostam nos cavalos e fizeram dos automóveis de corrida e das louras quimicamente puras que trocam de nariz a cada três meses, pouco menos que elementos essenciais de sua existência. Mas a realidade é que a seita ismaelita é uma comunidade séria, rigidamente aferrada à tradição, e que as atividades mundanas de seus pontífices estão criando dentro dela uma corrente de desconforto que poderia culminar com uma desqualificação do quarto Aga Khan. Desde o tempo de Ismael, fundador da seita, os 47 imãs que antecederam Aga Khan III se casaram com mulheres expressamente educadas para o exercício de suas delicadas funções religiosas, cumpridoras dos severos costumes da comunidade. O casamento do Aga Khan com a bailarina Teresa Magliano foi um violento atentado à tradição.

Na realidade, toda a vida do Aga Khan III foi um atentado à tradição. Só sua astúcia, a incalculável influência e o profundo senso dos negócios lhe permitiram viver contra a corrente da comunidade sem provocar a sublevação dos súditos. Essas mesmas qualidades, que fizeram dele o personagem mais conhecido e pitoresco da vida noturna européia, permitiram-lhe se casar duas vezes mais, com duas mulheres que não tinham a menor vocação episcopal: Andrée Carron, uma costureira do bulevar Haussmann de Paris, chamada a Pequena Chocolateira, apesar de nunca ter vendido chocolate, e Yvette Labrousse, também costureira aos 15 anos e rainha da beleza da França um ano depois. Quando o Aga Khan morreu, fulminado por uma apoplexia, dera-se ao gosto de viver oitenta anos como lhe deu na telha, sem perder sua autoridade. Mas ao mesmo tempo estava profundamente convencido de que chegara longe demais, até um ponto mais além da sorte e do azar, onde nenhum de seus herdeiros poderia chegar sem correr o risco de jogar pela amurada todas as prerrogativas do regime.

Seu telefone secreto: Sloan 50-65

O herdeiro natural do Aga Khan III era seu filho mais velho, o príncipe Ali Khan, e, em caso de impossibilidade, o segundo deles, Asdrudin, nascido do casamento com a Pequena Chocolateira. Mas nenhum dos dois fora aceito pelos poderosos dirigentes da seita, que, uma vez morto o Aga Khan III, trataram de utilizar sua força para acabar com a extravagante dinastia que viaja em carros de corrida e cuja única preocupação metafísica consiste em conhecer os pensamentos secretos das atrizes de cinema.

O príncipe Ali Khan tomara demasiado ao pé da letra os exemplos do pai. Sua primeira mulher — a mãe de Karim —, Joan Barbara Yard Buller, abandonou por ele o primeiro marido, *lord* Guinness, chamado com ou sem razão "o rei da cerveja". Seu segundo casamento, com Rita Hayworth, acabou por desqualificá-lo diante dos súditos do pai. Livre de compromissos religiosos, incorporado a uma tradição mais cômoda e alegre do que as soporíferas cerimônias de Tanganica e do Paquistão, o príncipe que nunca chegou a ser deus preferiu os penetrantes olhos de gato de Gene Tierney aos improváveis prazeres de além-túmulo. Seu irmão, Sadrudin, de vida privada um pouco menos pública do que a sua, casou-se com uma modelo divorciada: Nyna Dyer. O velho Aga Khan, profundo conhecedor dos problemas que seu temperamento rebelde criara na seita ismaelita, sabia que nenhum dos filhos seria aceito como sucessor uma vez que seus 92 quilos deixassem de pesar sobre o fanatismo do povo. Por isso designou como herdeiro de seu reino espiritual o mais puro, o mais limpo e insuspeito de seus descendentes: o príncipe Karim, o mais velho dos netos.

Há apenas três meses, Aga Khan IV foi coroado numa remota aldeola da África Oriental, com 40 graus à sombra. Bastaram apenas noventa dias para pôr em perigo sua soberania, não só ameaçada pela formosa secretária, a antiga dançarina indiana, mas também por outras quatro moças que o seguem por toda a Europa. Qualquer uma delas, dançando o chachachá no River Room do Hotel Savoy, mesmo de maneira inocente, pode ser o agente da fatalidade. Sem deliberação, qualquer uma delas pode ser a origem de uma profunda transformação na seita ismaelita.

O mais antigo desses cinco perigos capitais é uma morena americana de ascendência irlandesa, Jeae O'Reilly, que Karim conheceu há dois anos numa quadra de tênis da Flórida. Nesse tempo saíam juntos pelo menos uma vez por semana. A segunda é uma jovem da aristocracia inglesa, a condessa Estherazi. A terceira, Amina, uma egípcia, cujo nariz parece provir diretamente de Cleópatra, só foi vista uma vez com Karim, no verão passado, na Suíça, mas suas cartas são a única correspondência particular de que o Aga Khan IV se ocupa pessoalmente.

Um deus que dança chachachá

Os amigos íntimos de Karim garantem, no entanto, que se o sumo pontífice dos ismaelitas decidir sacrificar seu império por um amor, não será por causa de Gulzar Neully, a secretária que o acompanhou à festa de aniversário no Hotel Savoy, a única mulher que sem ser da família participou das cerimônias da coroação em outubro, mas a última de suas conhecidas: a loura, terna e misteriosa mexicana de 19 anos, Sylvia Casablanca, que num mês discou trinta vezes, de diferentes lugares da Europa, para Sloan 50-65, o telefone particular de Karim. Desde que se conheceram, há dois meses, em Genebra, insistiram em manter secreta uma amizade que não teria por que ser secreta se não passasse de uma amizade. Mas, na semana passada, Sylvia Casablanca, que é filha de um milionário industrial mexicano, fez uma aparição intempestiva, de braço com Karim, no Club 400, de Londres. Da Síria a Madagascar, esta notícia provocou um estremecimento de inquietação. O Aga Khan IV, que já não será pesado em ouro e pedras preciosas como seu avô, não tem suficiente poder, não está suficientemente inteirado das íntimas molas de sua seita para fazer o que bem entender, casar-se com quem quiser e ao mesmo tempo ser o deus vivo de 25 milhões de ismaelitas.

Quatro anos amarrado a uma estaca

Esta é a história de Miguel Sifontes, um venezuelano comum que há trinta anos saiu de casa por causa de uma discussão com a mulher e regressou na semana passada. Durante o período de ausência esqueceu o espanhol, comeu macacos e cobras, esteve preso em Manaus por estar sem sapatos e foi internado num asilo de velhos aos 28 anos. A única notícia que nesse tempo recebeu da mulher foi uma carta que lhe chegou 16 anos depois de ter sido postada no correio. "Acreditava que você estava morto", dizia a mulher nessa carta, "mas agora, sabendo que vive e me abandonou, não quero vê-lo nunca mais." Quando Miguel Sifontes leu esta amarga recriminação no sufocante e agitado mercado de Belém do Pará, Brasil, já era demasiado tarde para responder. Sua mulher morrera. Suas duas filhas — a mais velha das quais tinha três anos quando ele abandonou sua casa — se casaram e mudaram de domicílio sem deixar o novo endereço.

— Era uma carta injusta — diz agora Miguel Sifontes, envelhecido pelo tempo e suas extraordinárias amarguras. — Quando minha mulher a escreveu, em setembro de 1927, eu não podia responder.

Essa é a verdade. E é também a desculpa inconcebível, o motivo de força maior, o pretexto sem precedente com o qual este homem simples a quem ocorrem coisas inverossímeis não pôde se reconciliar com a mulher: em setembro de 1927, Miguel Sifontes estava havia dois anos amarrado a uma estaca num casario dos índios piapocos. Ali ficou, amarrado pelos tornozelos, durante quatro anos.

No decorrer de sua existência incrível, Miguel Sifontes — a pessoa que menos se parece com um aventureiro — não fez nenhum esforço para se comprometer em situações fantásticas. É um homem absolutamente normal, de caráter sossegado, a quem os problemas domésticos, os incidentes cotidianos, as disputas com a mulher, as cartas, os empregos, tudo o que fez na vida se emaranhou nele com a fantasia. Aos 18 anos trabalhava num armazém de gêneros alimentícios no município de Mamo. Apaixonou-se por uma vizinha um ano mais velha do que ele, Juvencia Rondón, e se casou com ela. Em 24 meses tiveram duas filhas — Corina e Rosita — e um único desentendimento: ele queria trabalhar na fazenda de dom Fermín Bello, a 230 quilômetros de Caracas, e sua mulher se recusou a segui-lo. Ele foi sozinho, sem dizer nada, sem bater sequer a porta ao sair. O extraordinário dessa reação normal é que Miguel Sifontes não se deteve na fazenda de dom Fermín Bello, mas seguiu ao largo, às vezes a pé, às vezes em canoa, por entre a selva e a malária, até San Fernando de Atabaco, na fronteira com o Brasil. Quando a mulher se deu conta de que ele não voltara para casa, ele estava a mil quilômetros de distância, metido num pântano até os joelhos, sangrando árvores de borracha 12 horas por dia e matando micos e papagaios que ele e seus quatro companheiros comiam, assados e sem sal, ao entardecer.

Perto desse local vivem os índios piapocos.

— São pequeninos, fortes e ferozes — diz Miguel Sifones, esforçando-se para não misturar espanhol com português. — Andam quase nus e se alimentam de cobras.

Um grupo deles atacou, em 1925, a expedição de Miguel Sifontes. Seus quatro companheiros morreram atravessados por flechas envenenadas. Ele não se deu conta de nada porque no momento do ataque estava deitado de bruços tomando água, a certa distância dos companheiros. Sentiu que vários homens cheirando a couro não curtido o agarraram por trás, ataram-no pelos pés e pelas mãos e o arrastaram para dentro da selva. Só os viu de frente quando chegaram ao casario de choças de folhas de palmeira com uma única porta minúscula. Os índios piapocos — que pintam o rosto e o corpo com cores vivas — amarraram-no pelos tornozelos, como um galo, na estaca de uma choça. Assim começou seu cativeiro de quatro anos.

A partir deste momento, o mundo teve para ele uma dimensão exata: o comprimento da corda.

— Tinha um metro e meio — diz, separando ao máximo suas mãos grandes e ásperas, recobertas com uma pele que se parece com o couro das tartarugas. — Nos primeiros meses, para não enlouquecer, passeava ao redor da estaca.

Mas o roçar das fibras na pele acabou por ulcerar os tornozelos. Ali ainda estão as cicatrizes.

Tinha medo de tudo. Até das carícias das índias

Miguel Sifontes caiu prisioneiro numa sexta-feira. Durante uma semana seguiu mentalmente o curso dos dias. Logo perdeu o sentido do tempo. De acordo com uma tradição que ele não conhecia, mas é clássica na história dos naufrágios, durante vários meses contou o tempo traçando todas as manhãs um risco na estaca a que estava amarrado. Logo perdeu o desejo de contar, o interesse de viver e até o hábito de pensar.

— Não falava com ninguém — disse. — Nos primeiros meses eu falava sozinho, mas depois nem para isso tinha força.

Aprendeu a divisar os mais sutis mistérios da selva, mas não aprendeu a decifrar um só termo, uma só palavra do endiabrado idioma dos piapocos.

Não teve um guarda especial. A lembrança conservada por Miguel Sifontes — que não viu na aldeia um só objeto do mundo civilizado — é que, desde o momento de ser amarrado, os índios não voltaram a se ocupar dele, a não ser para alimentá-lo, como se alimenta um animal.

— No começo não podia comer — lembra. — Os índios caçavam qualquer animal, acendiam o fogo com duas pedras e o assavam sem sal, com couro e pêlos e todo o resto.

A fome e o tempo o ensinaram a comer. Uma vez por dia, um índio — sempre varão — lhe punha ao alcance da mão um pedaço de carne e vegetais crus. Os meninos indígenas se acostumaram com sua presença, como se acostumam com uma fera enjaulada. No princípio o contemplavam absortos a uma distância prudente. Depois se esqueceram dele. Os adultos falavam com ele, o ameaçavam com os dentes, pintavam figuras enigmáticas em sua pele. Quando os varões saíam para a caça, ele ficava na aldeia, sozinho com as mulheres. Às vezes alguma das donzelas da tribo se aproximava para acariciá-lo com uma ternura que ia muito além da simples curiosidade. Miguel Sifontes, então, tinha medo.

— O medo nunca me deixou — confessa. — É a única coisa que posso recordar com exatidão.

Cedo ou tarde os piapocos haveriam de se dar conta de que o prisioneiro era um ser inofensivo. Miguel Sifontes não sabia quanto tempo transcorrera entre o dia em que caiu prisioneiro e essa manhã cálida, impregnada de um acre odor vegetal, em que um grupo de índios desamarrou a corda de seus tornozelos e o levou para a caça. O mundo começou a se estender sob seus pés. O espaço ao redor tinha muito mais de metro e meio de comprimento e ele sentiu que algo estranho e maravilhoso ocorria dentro de sua cabeça: estava pensando. Ia em frente. Atrás, calado, esperando o momento de saltar sobre a presa, o grupo de caçadores índios avançava sem ruído, como se tivessem a virtude de caminhar um milímetro acima do nível do solo. Logo, diante de uma visão que já se apagara de sua memória — a visão do rio — Miguel Sifontes se lembrou da civilização. Então pulou na água. Não se lembra por quanto tempo nadou. Lembra-se de que ao anoitecer, esgotado, arquejante, depois de abrir caminho por um matagal selvagem que não lhe permitia ver o céu, um homem apareceu em sua frente, na porta de uma choça, com a escopeta pronta para disparar. Nesse instante não pensou quando foi a última vez que se viu num espelho. Se tivesse uma noção de seu rosto, da própria presença, se daria conta de que parecia uma criatura de pesadelo: sua cabeça era um confuso emaranhado de cabelos entre os quais assomavam uns olhos minúsculos e brilhantes que tinham dois mil dias de ficarem assustados. "Não dispare", pensou. Levantou os braços, impulsionado por um reflexo do instinto de conservação, e continuou a pensar: "Não sou um índio." Mas quando abriu a boca para expressar os pensamentos não pôde encontrar as palavras. Só então se deu conta de até que ponto perdera o hábito de falar.

Morto de fome numa cidade em que os papagaios comem diamantes

O longo cativeiro o deixou sem idade. Estava fisicamente devastado, até o extremo de que aqueles que lhe prestaram os primeiros socorros — uma família de seringueiros — o mandaram para a Casa de Misericórdia de Manaus pensando que era um ancião. Quando se restabeleceu o mandaram embora. A direção do estabelecimento não podia explicar o que fazia um rapaz de 28 anos num asilo de velhos.

Descalço, defendendo-se com trabalhos ocasionais, aprendendo a sonhar com os vagabundos, incorporou-se a essa multidão que sobra da humanidade, essa lava de desperdícios humanos que lança a selva nos subúrbios da desilusão e da febre em Manaus. Miguel Sifontes se enroscou num círculo vicioso: não encontrou trabalho por que não tinha sapatos e não tinha sapatos porque não encontrava trabalho. O círculo foi rompido pela polícia. Puseram-no no cárcere porque em Manaus é proibido andar pela rua descalço.

Necessitou dez anos de vagabundagem para chegar a Belém do Pará, a cidade milagrosa onde há contrabando de papagaios com o estômago cheio de diamantes. Ali Miguel Sifontes encontrou uma solução que levava no sangue: recordou-se que era venezuelano. No consulado de seu país — onde recebeu uma proteção que é para ele inesquecível — encontrou a carta de sua mulher. Um envelope empoeirado com uma recriminação que o esperara por 16 anos.

— Nunca soube como minha mulher se convenceu que cedo ou tarde eu chegaria a Belém do Pará — disse Miguel Sifontes.

Enquanto concluía a recordação de sua aventura, fez circular entre a assistência a credencial do bom posto que agora ocupa. É funcionário de terra da Pan Air do Brasil. Em dezembro, de regresso à Venezuela em gozo de férias acumuladas, teve de remontar a corrente de suas recordações em busca dos velhos amigos, os velhos conhecidos, os velhos vizinhos, para encontrar suas duas filhas. A mulher robusta e madura que lhe abriu a porta de uma casa limpa e cheia de flores de Soledad, Ciudad Bolívar, permitiu-lhe atar, há 15 dias, o último fio solto de sua vida alucinante e disparatada. Era sua filha Corina. A outra — Rosita — foi conhecê-lo essa mesma noite. No dia em que abandonou sua casa por uma insignificante discussão com a mulher, Miguel Sifontes não pensou que se passariam tantos anos e tantas coisas antes de regressar a ela. Então não lhe entrava na cabeça a idéia — também um pouco fantástica aos 18 anos — de que no regresso teria um Natal patriarcal, comendo pastéis em meio à ensurdecedora gritaria dos 14 netos. Era justo: a vida pagou essa noite seus trinta natais atrasados.

O venezuelano de 19 anos que mais ganha dinheiro

Trabalhando honradamente duas vezes por semana, sem comprar bilhetes de loteria, um venezuelano de 19 anos ganhou em 1957 quase três vezes o salário anual de um ministro: 125 mil bolívares. Chama-se Gustavo Ávila, o mais famoso e próspero dos jóqueis *criollos*, cuja diversão favorita é atropelar as estatísticas. Nesse passo, os aficionados de corridas que passam a semana avaliando seus palpites, terão de revisar e modificar por completo seu sistema. No último fim de semana, por exemplo, Ávila entrou no quadro de apostas sete vezes.

Este rapaz sorridente e tenaz, que está revolucionando o turfe venezuelano, parece correr tão bem na vida como no hipódromo.

É um fato que vai ganhando por muitos corpos de seus companheiros de geração, a maioria dos quais ainda não começou a se preocupar com o que pensa fazer no futuro. Ávila, em compensação, atingiu seu próprio futuro em 29 meses e está ganhando mais glória e mais dinheiro do que seguramente ele mesmo previra, do que sonhava em 1954, quando um tio o fez entrar, quase à força, na escola de jóqueis.

Sua velocidade na vida é apenas comparável à sua velocidade na pista. No momento em que viu de perto o primeiro cavalo — há apenas três anos — Gustavo Ávila nem precisava se barbear. A mãe achava que ele era jovem demais para ter a chave da casa em que viviam, em Los Rosales. Quatro meses depois, montou o primeiro exemplar numa pista — *La Venus*, do *stud* Teleférico — e chegou em quinto lugar. A família teve de reconhecer o fato consumado de que o rapaz chegara à maioridade aos 16 anos. Nessa ocasião lhe deram a chave da casa. Poucas semanas mais tarde — a 5 de julho de 1955 — obteve sua primeira vitória, montando *Solís*, numa corrida de 1.700 metros para exemplares da oitava série. Então não se conformou apenas em ter a chave da casa. Chamou um caminhão de mudança, e fez subir nele os modestos móveis da família e transportou a mãe e as duas irmãs para uma casa maior e mais cara, em El Valle, cujo aluguel pagava inteiramente com seus ganhos. Não pôde viver muito tempo ali. Seu excesso de velocidade o levou além das próprias aspirações. Comprou uma casa, na avenida Bogotá. Para pagá-la, lançou mão de suas economias de seis meses: 60 mil bolívares. Os rapazes que foram seus colegas na Escola Franklin D. Roosevelt e depois na Escola Padre Machado — onde Gustavo Ávila demonstrou uma extraordinária aptidão para a matemática — não podiam crer que seu antigo companheiro era a mesma pessoa de que falavam os jornais. Eles apenas estavam preparando os exames para entrar no secundário e já Gustavo Ávila, quase sem olhar para trás, estava na linha de chegada.

Os 30 bolívares que um bom jóquei não pode ganhar

Não seria arriscado pensar que o segredo de sua carreira espetacular tenha algo a ver com a aptidão para a matemática. Ávila queria ser, de acordo com sua vocação, engenheiro. Mas a universidade é um caminho demasiado longo e os livros são um cavalo demasiado lento para um rapaz que tinha tanta pressa em chegar em primeiro lugar. De modo que deu rédea solta à sua vocação correndo a cavalo, não precisamente contra outros cavalos, mas contra as estatísticas. Em 1956, quando ainda não gastara um centavo em lâminas de barbear, começou a se perder de vista: oitenta vitórias, 62 na temporada oficial e 18 na extraordinária. Na oficial, correu 279 vezes e pôde contar com os dedos as vezes em que não entrou na pedra: além de suas 62 vitórias, conseguiu 47 segundos lugares, 42 terceiros e 35 quartos.

— De todos os cavalos com que corri esse ano — disse Ávila — o melhor, ainda que não tenha ganhado, foi *Viviani*, no clássico Forças Armadas.

Em 15 de setembro se tornou profissional, com *Despreciado*, que levaria à vitória um mês depois com 75 e dois quintos. Quase sem se dar conta, já estava ganhando tanto dinheiro que não podia mantê-lo no bolso, como fazia nos primeiros seis meses, e teve de guardá-lo num banco. Até agora ganhou seis clássicos, com um total aproximado de 350 mil bolívares, dos quais levou dez por cento. Ganha a mesma percentagem até quando chega em segundo ou terceiro lugares. A única quantia que nunca pôde ganhar são os 30 bolívares de consolo que se paga ao jóquei que chega em último lugar. Desde que começou a correr nas pistas, Ávila jamais ocupou esse lugar. Seus mestres Varela e Ramírez nunca ganharam tanto dinheiro em tão pouco tempo. Atualmente — e ele tem a singular virtude de não negar — Gustavo Ávila é rico. No passo em que vai, com sua assombrosa maneira de se manter em forma, com o progresso que notam nele não apenas seus próprios preparadores — Luis Gallegos e H. S. Hernández — mas também os aficionados menos perspicazes, Ávila será multimilionário. E com o juízo, ordem e método com que vive, será multimilionário durante toda a vida.

Um convidado de honra que se embebeda com refrescos

Um jóquei que chega a ser rico, na história do hipismo mundial, não é caso excepcional. Mas é excepcional se o jóquei morre rico. A glória do jóquei, que se parece tanto com a glória do toureiro, costuma ter o mesmo crepúsculo. Tod Sloan, o homem que desenvolveu a arte hípica nas pistas inglesas em 1897, de quem um crítico disse que "sua maneira de montar era impraticável, absurda e ridícula", chegou a ter no auge da glória uma fortuna que era sólida e imensa na época: 100 mil libras esterlinas. Muito antes de morrer estava na miséria.

— Minha queda se deveu — confessou Tod Sloan — à vaidade da grandeza e à vida fácil proporcionada pelo dinheiro e a fama. Perdi o dinheiro na companhia de amigos indesejáveis e da fama só resta a lembrança.

Aqueles que conhecem Gustavo Ávila acreditam que sua sorte será bem diferente da de Tod Sloan.

Sua glória é extensa, mas não alta. Não subiu-lhe à cabeça, apesar de ter apenas 1,57m de altura. Enquanto as multidões enlouquecem com ele, enquanto lhe aplicam os qualificativos mais entusiasmados, que são também os mais justos, ele continua sendo um homem discreto. Poderia comprar uma mansão e vive numa casa modesta. Poderia comprar um carro de luxo e tem no entanto um modesto carro de segunda mão, que ele mesmo dirige quase com excessiva prudência, em velocidade moderada, como se pensasse que apenas os cavalos fossem feitos para correr. Nas festas organizadas em sua homenagem nunca teve participação ruidosa. Não fuma nem bebe, não apenas por causa de regime, mas simplesmente porque nunca fuma nem bebe. Enquanto os outros tomam uísque e falam de cavalos entre o borbulhar da champanha, Ávila se embebeda com refrescos rosados, sua bebida predileta. Não tem problemas com o coração, porque pensa que ainda não chegou para ele a hora de se casar. Quando não está no cinema, no beisebol ou no boxe — seus divertimentos prediletos — pode ser encontrado com certeza em casa, conversando em família ou lendo revistas. Todas as noites, antes de se deitar, escuta música popular selecionada por ele mesmo no moderno toca-discos que comprou no ano passado. Dorme invariavelmente antes das dez. Depois dessa hora se sente pernoitado.

Esse regime de vida, obrigatório num jóquei, é para Gustavo Ávila uma questão de temperamento. Não precisa se forçar. A única coisa que o incomoda um pouco e ainda não se acostumou por completo é se levantar às quatro e quarenta e cinco da madrugada, todos os dias, incluindo domingos e feriados.

Sob o signo da balança

Os especialistas garantem que Gustavo Ávila parece feito sob medida para ser um bom jóquei. A balança, adversário mais feroz de seus colegas, ainda não lhe deu nenhuma dor de cabeça. Seu peso exato, invariável, sem privações nem remédios para emagrecer, é de 48 quilos, dez abaixo do peso máximo a que um jóquei pode se permitir. No entanto, Ávila não se deixa levar pela ilusão e todos os dias se submete ao estrito controle da balança, porque é mais fácil evitar o aumento de um quilo do que perder um grama. A carreira de outro grande dos hipódromos da Venezuela, Pedro Emilio Yumar, terminou na balança, como a de Perfecto Chapellín. Esses antecedentes — como tantos outros na história do hipismo mundial e que os jóqueis jovens conhecem bem — mantêm Gustavo Ávila de sobreaviso, mas não ao extremo de ter uma balança no banheiro como as atrizes de cinema. Pesa-se no hipódromo todas as manhãs, às seis, antes de começar suas duas ou três horas de saracoteio regulamentar.

— Estou satisfeito com minha profissão — disse. — A única decepção que me lembro foi a que sofri com o favorito *The Gold*. Nunca corri com um cavalo mais pregado do que naquele dia.

Gustavo Ávila acha que o jóquei não torna bom um mau cavalo. Dá no mesmo montar um cavalo *criollo* ou um importado, com a condição de que seja bom, e os *criollos* são cada vez melhores. Dentro de um mês — depois do casamento de sua irmã Olga Cristina — viajará à Inglaterra com o senhor Contreras Uzcátegui, dono de um haras de 15 cavalos naquele país. Mas será uma viagem de férias, pois para os jóqueis venezuelanos não é bom negócio correr na Inglaterra.

Ele era um bom espião?

Na madrugada de 23 de janeiro, enquanto as ruas de Caracas vibravam de alegria com a queda da ditadura, nos subterrâneos da Segurança Nacional se desenrolava uma cena insólita: alguns profissionais encarcerados por terem participado da conspiração se negavam a sair sem levar junto, para se protegerem, um carcereiro. Era um negro monumental, com a terrível aparência de estripador, a quem se encomendou, nas últimas semanas da ditadura, a guarda dos presos políticos. Vários deles — especialmente os doutores J. L. Salcedo Bastardo, membro da diretoria da Universidade, e Eduardo Tamayo, primeiro vice-presidente do Colégio de Advogados — asseguram que esse guardião de aparência inquietadora era a imagem de Dimas, o bom ladrão, e que graças a ele foi menos penosa a permanência no cárcere. Em agradecimento pelo bom tratamento de que foram objeto por parte de seu guardião, eles foram os primeiros a visitá-lo, agora que se encontra detido na Prisão Modelo, e manifestaram a resolução de assumir sua defesa ante a Justiça. O guardião se chama Rafael Monterola.

De acordo com a organização impiedosa da Segurança Nacional, alguns detidos não tinham direito de sair um minuto do calabouço. Não lhes era permitido ter copos de vidro ou metal, por temor de que se servissem deles para atacar os guardas. Deviam aplacar a sede na torneira, à vista do agente de plantão e quando ele estivesse de humor para permitir. A cada dois dias o guardião negro fazia um plantão de seis horas. Então se humanizava o ambiente dos subterrâneos. Uma voz secreta circulava na prisão, como uma contra-senha:

— Monterola está de plantão.

Essa contra-senha queria dizer que se podia falar com mais liberdade. Os doutores Salcedo Bastardo e Tamayo asseguram que, mais do que um guardião, Monterola era um atento e seguro servidor dos detidos. Abria os calabouços para que pudessem passear pelos corredores. Ele mesmo lhes levava água para beber e facilitava um modo de tomar banho, coisa que não era permitida pelos regulamentos da SN. Se alguém não se sentia bem, Monterola dava um jeito de trazer analgésicos do exterior. Dessa forma, a vida dos presos políticos nos subterrâneos foi menos dura do que o próprio Estrada previra e desejara.

Um agente que não mataria Fortunato Herrera

Os prisioneiros ajudados por Monterola não entendiam como um homem que parecia ter sentimentos tão humanitários chegara a esse lugar. Entrevistado na Prisão Modelo, Monterola declarou que Estrada lhe encomendou a vigilância dos presos políticos porque naqueles dias seus agentes de confiança, sua equipe de torturadores, encontravam-se demasiado ocupados para se dedicar a um trabalho rotineiro como vigiar presos.

Monterola — segundo seu próprio relato — ingressou na Segurança Nacional em março de 1949, por recomendação de Rafael Llovera Páez, irmão do ex-general, a quem conheceu na Shell. Sua presença física devia encher de sinistras esperanças aqueles que receberam a recomendação: era — segundo seus próprios companheiros diziam com freqüência — o agente que mais se parecia fisicamente com Miguel Sanz.

Explicando como esteve nove anos na SN sem chegar a ser um torturador, Monterola disse que, em seu período inicial, foi constantemente vigiado.

Encomendaram-lhe a vigilância de algumas embaixadas. Depois, durante vários meses, tornou-se guarda da residência particular de Fortunato Herrera.

Recordando aquela época, Monterola assegura que ignorava a atuação de Fortunato Herrera. Nunca passou da cozinha, pois sua missão se limitava a evitar que os ladrões assaltassem a casa.

— Eu acreditava que o Platinado era um homem bom — disse. — Quase nunca estava em casa.

Pensa que naquela época a organização da Segurança Nacional chegara a ser tão perigosa que até as pessoas ligadas ao regime temiam seus agentes. Crê que Estrada o considerava incapaz de matar uma mosca. Por isso o mandou guardar a casa do Platinado, seguro de que não atentaria contra a vida dele.

Passou a noite com o homem que matou Delgado Chalbaud

Treze de novembro de 1950, na vida de Rafael Monterola, é uma data memorável. Nesse dia o general Carlos Delgado Chalbaud foi assassinado. Havia algum tempo que Monterola era escolhido para evitar que presos políticos importantes se suicidassem. Ao entardecer de 13 de novembro foram buscá-lo na embaixada da Guatemala, onde estava de plantão, e lhe ordenaram que se dirigisse imediatamente para a cela onde se encontrava Rafael Simón Urbina. Trancaram-no na mesma cela, com sua metralhadora, e a ordem disparatada de que disparasse sem contemplação caso Urbina tentasse se suicidar. Monterola disse que passou a noite de vigília, sentado diante do preso, sem conseguir entender a lógica de seus superiores. Era pelo menos contraditório que se metralhasse um prisioneiro só para evitar que se suicidasse.

Urbina era um homem ousado, de um sangue-frio muitas vezes posto à prova. Mas Monterola disse que naquela noite que passou na cela ele ficou o tempo todo pensativo, sem fazer um só movimento suspeito. Talvez fosse vítima de um engano. Urbina devia pensar que a Segurança Nacional encomendara ao seu criminoso mais impiedoso que o liquidasse na cela. Por isso não se atreveu a executar nenhum movimento suspeito. A história teria sido diferente se Urbina suspeitasse que Monterola — segundo ele mesmo disse — não teria disparado em caso de ataque. Estava disposto a dominá-lo a coronhadas.

A 14 de novembro, às seis da manhã, três agentes da SN foram buscar Urbina. Transmitiram a Monterola a ordem de ir para casa. Monterola dormiu toda a tarde. Ao despertar, soube que seu prisioneiro da noite anterior fora morto a tiros. Não lhe ocorreu que o tivessem posto na cela com a recôndita esperança de que Urbina tentasse desarmá-lo e ele tivesse de disparar. Monterola diz que está disposto a contar ao tribunal as circunstâncias em que Urbina passou a noite de 13 de novembro e a forma como foi tirado da cela pouco antes de ser morto por seus guardiães.

Monterola — que poderia ser considerado como Dimas, o bom ladrão — assegura que não se dera conta dos crimes cometidos pela Segurança Nacional. Afirma que os ignorou durante muito tempo. Disse que não freqüentava o prédio da avenida México e tem testemunhas de que seu filho mais velho ia buscar o salário, a cada 15 dias, e que tomou conhecimento de que aquela era uma máquina de tortura como o resto da cidade: pelos rumores da rua. Disse que, quando soube, tomou a determinação de renunciar, mas um companheiro preveniu-o:

— Se renunciar agora será fichado como inimigo do regime.

Então — disse — foi quando começou para ele a perigosa vida de dois gumes, em que era agente da SN sem estar de acordo com seus métodos.

Na humilde e obscura cabana da colina, onde se chega por um beco tortuoso, cheio de crianças nuas e roupa pendurada para secar, Monterola se arranjava como podia — segundo sua própria declaração — para alimentar a mulher e os nove filhos com seu salário de quinhentos bolívares mensais. Os três mais velhos tinham de ir à escola. Em certa ocasião, eles lhe perguntaram francamente se ele participava dos crimes de que tanto se falava na rua, e Monterola teve dificuldade de convencê-los de que era inocente. Considerava que caíra numa armadilha da qual, segundo pensava, seria impossível sair. Disse que quando o levaram para montar guarda nos subterrâneos, lembrou-se de seus filhos e se fez a promessa de não contrariar sua maneira de ser ainda que lhe custasse a vida.

"Não tenho medo de que publiquem minha foto"

Foi assim que se deu o caso de um guarda que se fez credor da estima e da gratidão de seus presos.

— Era um homem correto e muito respeitoso — disse o doutor Eduardo Tamayo. — O tratamento que nos deu foi fundamentalmente humano.

Conta também o doutor Tamayo que durante sua permanência nos subterrâneos da SN contraiu uma doença gástrica e Monterola, com grave perigo para sua vida, trouxe-lhe, do exterior, os medicamentos. O doutor Salcedo Bastardo declarou:

— O comportamento de Monterola foi excelente. Todos vivíamos ansiando por sua chegada. Quando vinha, era quase como se chegasse a liberdade.

Graças a ele, o doutor Patrocinio Peñuela, o doutor Andrés Aguilar, decano da Faculdade de Direito, o doutor Lorenzo Fernández, o doutor Marcelo González Molina e muitos outros presos puderam ter notícias do mundo exterior, durante o tempo em que permaneceram nos subterrâneos. A entrada de jornais era proibida. Enganando a vigilância de seus próprios companheiros, Monterola deixava jornais ao alcance dos presos.

— Não tenho medo de que publiquem minha foto — declara Monterola — porque estou seguro de que ninguém tem nada contra mim.

Está na Prisão Modelo esperando a decisão da justiça, porque na madrugada de 23 se negou a sair com os políticos libertados. Pusera-se de acordo com vários deles, para que lhe tirassem as chaves caso os outros agentes da SN tentassem atacá-los. Assim se fez. Mas Monterola, com sua inusitada moderação, com a serenidade inalterada que parece ser o traço mais visível de sua personalidade, negou-se a segui-los.

— Saiam os senhores — disse, e obrigou os políticos a ganhar a rua. — Ficarei aqui para me entregar à justiça.

Ao amanhecer, um grupo de soldados comandados por um tenente, encontrou-o em seu posto, esperando a justiça. Mas naquela hora, na confusão realçada pelos disparos nos terraços, os gritos da multidão e a fumaça do prédio que começava a arder, a justiça não tinha tempo de saber onde estavam os bons e onde estavam os maus. Os soldados apontaram seus fuzis contra Monterola. Ele se perfilou.

— Não fiz nada — disse.

Um grupo de investigadores, encurralados pela tropa, começou a disparar num extremo do subterrâneo cheio de fumaça.

— Não fiz nada — repetiu Monterola, com os braços para cima. Uma coronhada de fuzil na cabeça o derrubou, sem sentidos. Quando acordou, na enfermaria, a cidade estava calma e uma enfermeira lia ao lado dele a edição extraordinária de um jornal.

— Como se sente? — perguntou a enfermeira.

Com um profundo ferimento no crânio, atormentado pela dor de cabeça, Monterola respondeu:

— Perfeitamente bem.

O que se passa com o correio?

Um conhecido comerciante de Caracas recebeu sexta-feira da semana passada uma carta postada em Paris quatro dias antes.

— É incrível — comentou o perplexo senhor essa noite, numa refeição entre amigos. — Quatro dias para uma carta de Paris é um verdadeiro milagre.

Na realidade, um comerciante de Caracas, acostumado à administração dos correios da ditadura, tinha razões para se surpreender com a rapidez crescente com que se recebe a correspondência do exterior a partir de 24 de janeiro. Mas não se trata de milagre. É apenas o indício de que os serviços da Venezuela, enredados durante nove anos por um sistema insólito, começam a recobrar a normalidade.

O correio da França é considerado um dos melhores do mundo. Uma carta bem selada, lançada em qualquer caixa de correio de Paris às oito da noite, estará em vôo para a Venezuela 12 horas depois, em qualquer das intrincadas combinações aéreas de que servem com extraordinária habilidade os correios europeus. Normalmente, até quando se fazem conexões, a distância aérea de Paris a Caracas não é maior do que 48 horas. O vôo direto — que agora é feito três vezes por semana — dura 28 horas. Do momento em que uma carta chega a Maiquetía até o instante em que o carteiro bate na porta do destinatário não deveriam transcorrer normalmente mais de 12 horas. É perfeitamente normal que uma carta, com o selo certo e o endereço claro e corretamente escrito, leve quatro dias de Paris a Caracas. O incrível era o que acontecia antes e entorpecia a marcha dos negócios mas a que os venezuelanos acabaram por se acostumar como uma nova e irremediável forma de normalidade: as cartas do exterior demoravam até três meses, como no século XVII, quando o correio era transportado em caravelas. E as que nunca chegavam.

Numa única avenida, cinco quintas chamadas Coromoto

A razão mais importante da lentidão do correio no tempo da ditadura residia dentro do território da Venezuela, no enorme e simples salão da central de distribuição de Caño Amarillo, em Caracas, onde 12 membros da SN, num trabalho burocrático de oito horas diárias, pretendia censurar toda a correspondência que chegava a Caracas, e também a que saía. A monstruosidade dessa interferência era incalculável. Somente por via aérea chegam a Caracas, todos os dias, 180 sacolas de correspondência, em tempos normais. Em cálculo aproximado, cada censor deveria abrir, ler e expedir uma média de 4,5 mil cartas diárias, coisa que é humanamente impossível.

Era uma censura pré-histórica. Os 12 censores não dispunham de outro instrumento além de uma caixa de palitos de dentes, cilíndricos, e um vidro de cola. Se a carta, a juízo do censor, era suspeita, passava para um departamento especial da SN, que iniciava uma investigação. Mas se por causa do primarismo do método o envelope se deteriorasse ao ser aberto com o palito de dentes, o censor a destruía sem mais delonga, para que não ficasse rastro de sua intervenção. Semana a semana uma incalculável quantidade de correspondência esperava seu turno no laboratório rudimentar da censura. Quando os censores encontravam uma sacola que esperava havia muito tempo, simplesmente a destruíam, para evitar que o excessivo atraso despertasse a suspeita do destinatário. As cartas que levavam dinheiro ou qualquer outro objeto de valor jamais chegavam: era a gratificação dos censores. Nessa circunstância, a carta mais segura era a que se escrevia claramente e se punha no correio com o envelope meio aberto, para que o censor não tivesse de rompê-lo.

A censura era independente da Administração do Correio.

— Era uma interferência inadmissível — diz o novo diretor geral do correio venezuelano, doutor Pablo Castro Becerra. O diretor da central de Caño Amarillo, Gustavo Martín Salazar, não tinha direito de despachar uma carta, na entrada ou na saída, antes que passasse pela censura. A 24 de janeiro, quando o país inteiro celebrava a libertação e a SN deixara de existir, os 12 censores tiveram o atrevimento de se apresentar pontualmente, às oito da manhã, em seu sombrio escritório de Caño Amarillo. Quase foram linchados pelo pessoal. Quando o escritório foi ocupado, encontraram 475 sacolas, de trinta quilos cada, que não tiveram tempo de censurar. Algumas passaram seis meses esperando sua vez.

A nova Administração do Correio se apressou a pôr as coisas em ordem. A correspondência começa a circular com mais rapidez, mas existem ainda muitos problemas sem solução. Alguns deles dependem exclusivamente da organização interna. Outros, da colaboração do público. A central de Caño Amarillo dispõe de um classificador automático, de fabricação alemã, que é um dos mais modernos do mundo. A cada zona de Caracas corresponde um número. Um único funcionário, com a rapidez com que se maneja uma calculadora elétrica, pode classificar por setores, em uma hora, mais de quinhentas cartas. Basta-lhe ler o endereço, apertar no classificador o número correspondente e o cérebro mecânico a leva diretamente a um compartimento, de onde o carteiro a recolhe.

Mas o engenho alemão que concebeu essa máquina perfeita não contava com um inconveniente, o mais grave em que tropeçam os distribuidores do correio: a arbitrária nomenclatura de Caracas. Os trezentos carteiros que saem todos os dias, às 9h30 da manhã, para entregar a correspondência, vão preparados para viver uma dramática aventura. Nunca se está seguro de encontrar um endereço. Normalmente, um carteiro que iniciou sua caminhada de manhã, com 30 quilos de correspondência, está ainda às nove da noite subindo e descendo colinas, atrás de uma pista que a boa vontade dos vizinhos — a quem o carteiro pergunta um endereço — não consegue determinar.

Simón Yepes, o calejado carteiro de Petare há 14 anos, que conhece de memória os nomes e sobrenomes de quase todos os habitantes do bairro, ainda não conseguiu entregar sua correspondência com a eficácia desejada. Caracas é a única cidade do mundo em que os porteiros não vivem no térreo, mas na cobertura, até nos prédios sem elevador. Quando o carteiro ignora em que andar vive o destinatário de uma carta, tem de subir até o último e perguntar ao porteiro. Quando está com sorte, o porteiro recebe a carta. Em certos casos, o porteiro não conhece o nome dos inquilinos.

Os carteiros de Caracas têm uma experiência: os proprietários põem em suas casas o número que mais lhes agrada. Um deles contou ao carteiro que sua casa tem o número 24 porque era a idade de sua mulher quando adquiriu a propriedade. Na mesma rua há três casas com o mesmo número. Uma aspiração secreta de muitos caraquenhos parece ser a compra de uma quinta com o nome mais repetido nas casas de Caracas: Coromoto. Nada demais que em San Antonio, em Sabana Grande, haja cinco quintas Coromoto. Mas em Caño Amarillo chegam diariamente muitas cartas com um endereço simples: Quinta Coromoto. Caracas.

O pesadelo dos carteiros: as superquadras

Simón Yepes não ganhou muito com saber de memória a situação de Petare. Em 14 anos muita gente mudou de residência sem preveni-lo. Nesse setor, uma só rua tem cinco nomes diferentes. Em compensação, há quatro ruas, distantes entre si, que têm o mesmo nome: Campo Rico.

Nos últimos anos surgiu um horrível pesadelo para os carteiros: os superblocos. Nessas imensas colméias onde poucos vizinhos se conhecem, não se previu a distribuição do correio. Na Superquadra 23 de Janeiro — que trocou de nome em 12 horas sem que os carteiros fossem notificados — há 21 blocos onde vivem 20 mil pessoas que recebem cartas com freqüência, mas não há uma nomenclatura nacional nem um porteiro com a lista dos inquilinos. Algumas cartas trazem apenas um endereço: "Superquadra 23 de Janeiro".

Num único conjunto de três blocos, há 1.405 apartamentos. Em outro, de 27 blocos, há seis escadas em cada um deles e nenhum elevador. O carteiro tem de subir por uma escada e descer por outra, perguntando de porta em porta. Nesses gigantescos formigueiros plantados pela ditadura, um bom carteiro necessita, para entregar dez cartas, trabalhar mais e demorar mais tempo do que empregaria para distribuir mil num bairro bem organizado.

Os trezentos especialistas que trabalham desde as seis da manhã no departamento de classificação definitiva de Caño Amarillo teriam menos trabalho e mais rendimento se os habitantes de Caracas se dessem ao trabalho de pensar neles pelo menos uma vez na vida. Chegam à Venezuela cartas de todos os recantos do mundo. Mas nos últimos dez anos o volume da correspondência européia aumentou de maneira considerável. Esse aumento trouxe consigo um novo fator de atraso: os endereços dos imigrantes, que mudam constantemente, que não deixam em lugar nenhum o novo endereço e enviam a suas famílias na Europa endereços imprecisos. Muitas vezes um carteiro se vê na situação em que o destinatário mudou de domicílio. Numa cidade bem organizada se deixa o novo endereço com o porteiro. Em Caracas, o carteiro tem de se dedicar a uma espécie de mexerico frutífero até que sua experiência e um certo instinto detetivesco o ponham na pista do destinatário. A carta retorna ao departamento de classificação. Alguém põe o novo endereço e a entrega ao carteiro que corresponde ao novo setor. Não é raro que quando a carta chega ao destino os carteiros de Caracas tenham exercido uma verdadeira caçada, uma perseguição quase policialesca atrás do destinatário.

O habitante de Caracas que deseje receber uma resposta em tempo oportuno deve ter o cuidado de enviar ao seu correspondente o endereço bem claro e preciso, recomendar-lhe que não escreva o nome do remetente do mesmo lado em que escreve o do destinatário, pese a carta antes de selar e cole os selos no lado superior direito do envelope. Com essas precauções, que parecem insignificantes, a carta pode chegar com maior rapidez. No departamento de restos do Ministério das Comunicações, um verdadeiro cemitério de cartas perdidas, onde se acumula a correspondência cujos destinatários não foram encontrados e cujos remetentes não escreveram o endereço no dorso, encontram-se coisas incríveis. Há uma carta que diz: "Para a senhora que vai à missa todas as sextas-feiras em Santa Teresa." Um carteiro investigou as quatro sextas-feiras de um mês entre as senhoras que assistiam à missa. Encontrou três missas assistidas ordinariamente pelas mesmas vinte senhoras há mais de 15 anos e nenhuma delas se achou no direito de receber a carta. Há outra carta que, simplesmente, tem como referência uma dedicatória: "Para ti, Antonio". Por uma confusão incrível, a pessoa que enviou a carta deve ter escrito num retrato o nome e o endereço precisos desse misterioso Antonio que os carteiros nunca encontraram.

Cuidado ao colocar os selos

Quem escreve sobre um envelope não costuma pensar nos problemas criados aos funcionários do correio por causa da letra indecifrável. Muitas cartas não puderam ser despachadas porque os funcionários — acostumados às caligrafias mais arbitrárias — não puderam decifrar o endereço. Se se comete um erro, é preferível que seja um erro de nome e não de endereço. Além disso, é preciso reler o sobrescrito e verificar o endereço antes de pôr a carta no correio. Deve-se assegurar de que os números de caixa postal estão certos. Em Caño Amarillo chegaram cartas do exterior em que, no lugar do número da caixa postal, escreveu-se o número do telefone.

Alguns correspondentes escrevem o nome e o endereço do destinatário e logo depois seu próprio nome e endereço, como remetente. Há cartas que nunca chegaram ou chegaram com três meses de atraso, porque os funcionários do correio não sabiam quem era o destinatário e quem era o remetente.

Uma precaução que parece não ter importância é a maneira de pregar os selos. Todas as cartas enviadas devem passar pelo carimbo dos selos. Os carimbadores automáticos, fabricados para abreviar a expedição da correspondência, são concebidos para os selos pregados em ordem, no canto superior direito do envelope. Se uma carta — é o caso freqüente — tem um selo em cada lado, demora no carimbador quatro vezes mais do que uma carta com os selos bem colocados. Para despachar duas mil cartas com os selos dispersos no envelope, demora-se o mesmo tempo que para despachar seis mil com os selos ajuizadamente pregados no canto superior direito.

Passando por cima de todos estes inconvenientes, os trezentos carteiros de Caracas estão fazendo o possível para desfazer a confusão dos endereços, enquanto as autoridades se decidem a dotar a cidade de uma nomenclatura moderna. A direção do correio esperava dispor em breve de mais cem carteiros. Na atualidade cada um dos que estão em serviço distribui setenta quilos diários. É um trabalho pesado. A liberdade, a inviolabilidade da correspondência, a confiança com que os habitantes da Venezuela escrevem nas cartas aquilo que pensam, determinaram um aumento de sessenta por cento do volume da correspondência. Durante a ditadura, recebiam-se por avião 180 sacolas diárias. Agora se recebem quatrocentas. É mais do que chegava antes na semana do Natal.

Jóvito faz cinqüenta anos

No próximo domingo, 28 de março, Jóvito Villalba vai fazer uma coisa que nunca fez e que nunca mais fará: cinqüenta anos. Os amigos que irão felicitá-lo encontrarão um homem que se parece extraordinariamente com suas fotos e que, apesar de ser dia de aniversário, e, além disso, domingo, estará muito ocupado. Provavelmente alguém perguntará:

— Com que idade você se sente?

Jóvito Villalba responderá, como sempre, atendendo a dois problemas ao mesmo tempo:

— A idade com que você me vê.

É um enigma de solução difícil. No momento, Villalba parece ter várias idades alternadas. A calvície, mais do que deficiência, é um traço de sua personalidade: só serve para despistar no cálculo da idade. Começou há mais de vinte anos. Na casa de singular inspiração arquitetônica, pintada com um amarelo um tanto sensacionalista, onde seu partido — URD — instalou o quartel-general, Villalba, por sua experiência e autoridade, parece ter uns setenta anos. Pelo dinamismo e entusiasmo, não tem mais de trinta. Na Quinta de Las Mercedes, onde vive com a família e mantém na medida do possível seis horas diárias de sono, tem idade um pouco mais definida. É extraordinário, mas a verdade é que em nenhum momento parece ter meio século. É como se o aniversário o apanhasse de surpresa e ele estivesse ocupado para se conciliar com sua idade. Uma coisa é evidente: Villalba se encontra agora pelo menos no quinto momento decisivo de sua vida. E neste momento, como nos outros quatro, como em todos os instantes decisivos e não decisivos de seus cinqüenta anos, está em plena posse de suas três virtudes capitais: otimismo, dinamismo e pobreza.

Vinte e oito anos: Villalba na rua diante de 30 mil pessoas

Há razões para crer que Jóvito Villalba chegará aos cem anos com essas três virtudes. A 7 de fevereiro de 1928 — seu primeiro momento decisivo — era tão otimista, dinâmico e pobre como agora. O único capital de que então dispunha eram os bolívares mandados por sua família de Pampatar, ilha de Margarita, onde nasceu a 23 de março de 1908, com a última rabanada do século de Peixes. Então ia fazer vinte anos e decididamente parecia ter mais. Não era normal que um rapaz de sua idade, enquanto Juan Vicente Gómez ditava ordens absolutas de sua rede em Maracay, tivesse a coragem de pronunciar um discurso contra a ditadura. Villalba, que usava chapéu ainda que não estivesse calvo, tirou-o na praça do Panteão e pronunciou o discurso que o pôs irremediavelmente na vida pública. Começou com uma frase de Martí:

— Ao Libertador ainda falta muito por fazer na América.

E terminou com uma frase sua, dirigida a Bolívar:

— Fala, ó Pai, diante da Universidade, porque só na Universidade, onde se refugiou a palavra há anos, pode-se ouvir outra vez teu gesto rebelde de São Jacinto.

O governador Velasco o chamou a seu gabinete:

— Como se atreve a dizer que a Universidade é a pátria? Você sabe que o general Gómez é a pátria.

Villalba respondeu exatamente sessenta dias depois, com o golpe contra o quartel San Carlos. A história da revolução romântica que se frustrou naquela noite é bem conhecida em suas linhas gerais: ela deu o nome à geração de 28. Mas para Jóvito Villalba tem uma outra importância: ela foi, com nove dias de atraso, a festa de seu primeiro grande aniversário.

O outro, o de seus 28, ele o celebrou adiantado, a 14 de fevereiro de 1936. À frente da Federação Estudantil, dirigiu naquela ocasião a greve geral e a manifestação que culminaram na constituição de um governo democrático. As coisas começaram quando Hernani Portocarrero, que regressava, como Villalba, de seu primeiro exílio, publicou um artigo político que não agradou ao governador Galavís. Tratava-se disso, precisamente. O governador decretou a censura à imprensa. Vinte e quatro horas depois, Villalba, à frente de 30 mil pessoas, paralisou Caracas. Alarmado com aquela inusitada explosão popular, o presidente López Contreras revogou a disposição de seu governador. A Federação Estudantil tinha sua sede numa esquina de Miracielos.

— Onde está o governo? — perguntou um caricaturista naquela ocasião. — Em Miraflores ou em Miracielos?

A partir daquele momento Villalba adquiriu um nome que dizia algo às massas. A 30 de novembro de 1952 — seu outro momento decisivo — confirmou-se seu prestígio com um número redondo: Villalba ganhou a eleição com 1,3 milhão de votos.

Em Nova York, a idade de ouro de sua pobreza

Se a idade de um político se medisse pelo tempo de atuação pública Villalba estaria se preparando para celebrar domingo 38 anos. É curioso: ponto por ponto, essa é a idade que parece ter quando está na quinta de Las Mercedes, tentando ter uma vida doméstica apesar do telefone. Na realidade, dos cinqüenta anos de Jóvito Villalba — e isto é válido também para os outros democratas venezuelanos — deviam ser deduzidos os anos passados no cárcere e no exílio: 12. Mas ele não admite, porque considera que também o cárcere e o exílio tiveram influência proveitosa em sua vida.

Entre 1928 e 1935 passou seis anos e meio na prisão. De seu primeiro cativeiro, em La Rotunda, de onde os carcereiros não o deixaram um só minuto, ficaram-lhe três idiomas: inglês, francês e alemão. Villalba aprendeu-os ali e o único que não fala fluentemente, por falta de prática, é o alemão. Dos sete anos de exílio lhe ficou, principalmente, a habilidade de viver numa decorosa modéstia. Não é fácil aprender a ser pobre. Villalba, no momento atual, é um especialista na matéria. Em Trinidad, em 1936, quando morreu Juan Vicente Gómez, defendia-se com traduções. Mais tarde, em Bogotá, era chefe de redação do *Diario Nacional*, com salário de jornalista. Mesmo nos melhores momentos de sua pedregosa vida econômica as ameaças no fim do mês sempre voltavam. Teve seus melhores rendimentos nas pausas políticas forçadas, com o escritório de advocacia. Os rendimentos mais baixos, porém mais pontuais e satisfatórios, vinham de suas aulas de Direito Constitucional. Há dois anos teve de vender a casa. De todos os exílios, o mais difícil foi o último, que terminou com a queda da ditadura. Enquanto na Venezuela a insaciável camarilha de Pérez Jiménez se forrava com os fundos da nação, Villalba fazia das tripas coração em seu modesto apartamento de Rego Park, no lado Este de Nova York, na idade de ouro de sua pobreza. Mas mesmo assim, no cárcere ou no exílio, não deixou de ser um homem otimista.

O melhor presente de aniversário: a unidade, uma realidade em marcha

Este será, sem dúvida, o aniversário mais atarefado. Desde que pronunciou o discurso de retorno, em janeiro, em Maiquetía, teve poucos minutos livres. Nas dependências da URD — avenida San Martín — o partido lhe reservou um escritório que, apesar de ser o do chefe, em nada se diferencia dos outros. A casa está sempre cheia de gente, homens e mulheres, que têm algo a ver com o partido. Na semana passada, um menino de 12 anos se apresentou para perguntar quais eram os requisitos para ingressar na juventude urredista. Enquanto não se reunirem as convenções regionais, cabe a Villalba decidir questões tão complexas como essa solicitação, além das inscrições na província e toda a confusa articulação de porcas e parafusos que é um partido político em processo de reorganização. Em seu escritório ocorre o encontro de duas comissões regionais ao mesmo tempo. Villalba, que tem excelente memória e que como bom político é fisionomista e sabe se interessar até pelos problemas pessoais de seus correligionários, atua em várias frentes ao mesmo tempo, defendendo-se do calor com uma garrafa de água gelada. Intempestivamente, cancela todos os seus encontros porque recebe uma convocação de Miraflores. À porta do sóbrio gabinete em cujas paredes não há um único quadro, um correligionário do departamento de finanças o detém para que aprove uma conta. A pobreza o ensinou a valorizar justamente os serviços. Villalba aprova a conta, se a acha correta, mas em caso contrário a repele com uma nota do próprio punho: "Este é um partido do povo e, portanto, pobre."

Poucas vezes tem tempo para comer com a família. Em geral, aproveita a hora das refeições para continuar trabalhando, trocando impressões com pessoas de seu partido, ou com os dirigentes das outras agremiações políticas. Em casa, o telefone começa a tocar a partir das sete da manhã. É impressionante que, apesar de ser um dos homens mais solicitados de Caracas, não anota os compromissos do dia. Sempre duvida do relógio, talvez porque é um homem pontual. No decorrer de uma entrevista, pergunta a qualquer de seus interlocutores:

— Que hora você tem?
— Vinte para as 11.

Villalba diz:

— Às 11 tenho de sair.

Continua a entrevista, mas às 11 se vai. Quando cruza pelo salão de recepção, precisa de pelo menos mais 15 minutos para resolver, de passagem, os problemas que ali lhe apresentam. Resolve os que estão ao seu alcance. Em todo mundo, ao saudar e ao se despedir, dá uma palmadinha no braço e o chama com o mesmo nome com que o chamam: "chefe".

Mas em meio a essa torrente de solicitações, talvez o político Villalba nunca estivesse tão à vontade como no momento de fazer cinqüenta anos. Tudo o que faz agora é em nome de sua tese favorita: a unidade. É sua tese vitoriosa. Desde a fundação da URSS, Villalba iniciou essa política, proposta pela primeira vez no famoso comício do Teatro Olímpia:

— O governo encarregado de criar uma Constituição tem de ser um governo nacional.

Esse discurso, pronunciado há seis anos, poderia ser repetido agora com igual validade.

— Um governo de partido — dizia — pode ser uma garantia da liberdade dentro das situações políticas normais, quando a mesma luta eleitoral da qual esse partido surge vencedor fortalece e organiza aquelas forças que a ele se opõem ou podem se opor.

Enquanto isto, a história demonstrou, disse Villalba, que só a unidade dos partidos pode tirar os povos das situações difíceis. Para confirmá-lo, cita com veemência o caso da França depois de liberação. A sinceridade da política de Villalba se sustentou quando em 1952, apesar de poder contar já com a vitória eleitoral, pois tinha o apoio das maiorias, proclamou:

— A solução não é um único partido político no poder. A solução é o governo de todos os bons venezuelanos.

Teriam de se passar seis anos até que todos os venezuelanos se dessem conta de que Villalba tinha razão. A vida não poderia lhe oferecer um presente melhor para a festa de seus cinqüenta anos.

Cinco perguntas a Jóvito Villalba

1

— *O que pensa do futuro imediato do país?*

— Tenho muita fé em que conseguiremos constituir na Venezuela um regime democrático. Os partidos políticos estão unidos no propósito de manter um clima de paz e convivência. Dentro da Junta de Governo não existe nenhum filhote de águia com sonhos cesaristas e a maioria dos oficiais das forças armadas está decidida a garantir a eleição para escolher o novo governo e, o que é mais importante ainda, a entregar o poder a quem for eleito pelo sufrágio democrático dos venezuelanos.

2

— *Acredita que a política de Unidade exija necessariamente um candidato único à presidência da República?*

— Não creio que exija necessariamente, mas o acordo dos partidos majoritários em torno de um candidato de Unidade seria muito vantajoso porque impediria o início prematuro da luta política e manteria e consolidaria o clima de confiança que se criou graças à atual trégua.

3

— *Julga mais conveniente, para manter a unidade, que esse candidato seja político ou, pelo contrário, independente?*

— Creio que essa pergunta só pode ser respondida mediante uma consideração da posição e do caráter pessoal dos candidatos. Há políticos independentes que são mais sectários e difíceis do que os homens de partido e vice-versa.

4

— *Considera que os partidos políticos existentes representam todas as tendências ideológicas da opinião venezuelana?*

— Em linhas gerais, sim. Mas é inevitável que alguns grupos de intelectuais e profissionais não se sintam satisfeitos com certos aspectos do programa e táticas dos partidos existentes e tentem fundar novas agremiações. Mas ainda é preciso ver se essas novas agremiações conseguirão galvanizar massas de alguma consistência.

5

— *No seu entendimento, subsistem ainda sérios riscos que ponham em perigo o desenvolvimento normal do processo democrático na Venezuela?*

— Claro que subsistem riscos e eles se agravam pelo fato de que o atual governo, ainda que bem-intencionado, carece de política firme diante do trabalho subversivo de certos grupos que continuam enquistados no governo e na vida do país. Não tenho dúvida, no entanto, de que o povo está em outro registro e saberá dar uma resposta enérgica a tudo que se atrever a atentar contra o regime democrático.

Eu... conspirador?

O Serviço de Inteligência do Comando de Polícia não teve um minuto de descanso desde 25 de abril. Como nos tempos da ditadura, voltaram a circular folhetos apócrifos. Temia-se pelo que pudesse ocorrer na manifestação anunciada para 1º de maio. Um simples pânico não justificado numa multidão de 200 mil pessoas bastaria para provocar uma desordem de proporções incalculáveis. Uma denúncia anônima, recebida pela polícia terça-feira à noite, colocou-a na pista de outro fato inquietador: preparava-se o lançamento de uma enorme quantidade de folhetos na manifestação de 1º de maio. A gráfica onde estavam sendo impressos — segundo os informantes — tinha um letreiro de dez metros sobre a porta da rua: "Imprensa médica venezuelana". Funcionava numa propriedade de aparência inofensiva, com duas palmeiras no jardim, localizada na muito conhecida avenida Anauco, no bairro residencial de San Bernardino.

Era difícil acreditar na denúncia. A polícia atuou com extrema prudência. Uma comissão, formada pelo subinspetor Gómez e pelo agente Germán Blanco, permaneceu toda a tarde da quarta-feira, 30 de abril, no quarteirão da gráfica, esperando o momento oportuno de agir. Às 18h30, duas mulheres e um homem, carregando pacotes, saíram da gráfica. Foram detidos. Abertos os pacotes, comprovou-se que a denúncia era correta: tratava-se de folhetos apócrifos. Nesse instante, outros dois homens, também com pacotes, abandonaram precipitadamente a gráfica, desceram até a esquina e empreenderam a fuga num Oldsmobile de duas cores. Apesar da intensidade do trânsito daquela hora, o agente Germán Blanco, que os perseguiu numa caminhonete, conseguiu alcançá-los na avenida das Forças Armadas. Um dos indivíduos era um capitão do exército vestido de civil, cujo nome não foi revelado. O outro era seu irmão. Quando o agente Blanco os conduzia ao Comando de Polícia, o vento lhe arrancou vários folhetos das mãos. Ele tentou apanhá-los. Nesse momento soou um misterioso disparo cuja origem ainda não foi perfeitamente determinada. As coisas aconteceram na esquina de Gradillas, na presença de uma multidão de empregados que naquela hora saíam do trabalho. O agente Blanco caiu, ferido num pé.

Cem dias depois do 23 de janeiro, de novo folhetos apócrifos

No interior da gráfica só havia um linotipista — José del Toro Santana — que afirmou nada saber dos panfletos. Deixaram-no em liberdade. Nas latas de lixo foram encontrados numerosos panfletos embebidos de gasolina, prontos para ser destruídos. No total, foram confiscados 10 mil exemplares. "O anúncio de um golpe militar", dizia um dos folhetos, "pode ser a culminação do processo tendente a liquidar a oficialidade democrática. O governo deve identificar publicamente os conspiradores e impedir a perseguição dos oficiais constitucionalistas." Este texto, confiscado apenas 48 horas depois do discurso do ministro da Educação na universidade, era evidentemente uma resposta à espetacular revelação da Cidade Universitária. Era assinado pelo "Comitê de Oficiais Revolucionários". Outro panfleto, o primeiro a ser impresso, dizia: "A liquidação do tenente-coronel Hugo Trejo é a fase inicial de um golpe de Estado progressivo. Grupos mantêm controle absoluto sobre a alta autoridade militar." À primeira vista, havia uma contradição entre os dois folhetos. Um deles afirmava que se adiantava um golpe de Estado progressivo. O outro punha em dúvida a existência do complô revelado pelo ministro da Educação. Mas o fato de que ambos estavam impressos demonstrava o renascimento, na Venezuela, a cem dias do 23 de janeiro, da literatura clandestina.

— Sou o mais surpreso — exclamou, com os braços abertos, o eloqüente e miúdo doutor Ángel Bajares Lanza, um médico que não se diz político e sim politizado pelas circunstâncias e é o proprietário da gráfica onde se imprimiram os folhetos. — Não sou homem de agir anonimamente — declarou à imprensa. — Estou de acordo com os princípios da Junta de Governo e não poderia acolher qualquer demonstração contrária a esses princípios.

Quatorze pessoas foram detidas nas 48 horas seguintes, mas os investigadores se negaram a revelar seus nomes. O doutor Ángel Bajares, que era presidente da Junta de Beneficência Pública, foi demitido com certa espetaculosidade. Foi interrogado mas não ficou detido nem um minuto. No consultório — Pinto a Gobernador, 114 — continua atendendo a clientela, profissional e política, e escrevendo artigos para os jornais, nos quais insiste em que nada teve a ver com os panfletos.

"Eu comia com Trejo, mas daí a imprimir folhas..."

O doutor Bajares Lanza — membro da Ação Democrática — é de certa maneira um especialista em literatura clandestina. Comprou a gráfica em agosto do ano passado — três ações: 65 mil bolívares — com o único objetivo de imprimir propaganda contra a ditadura. Estivera preso três vezes e uma vez no exílio. Mas sua carreira de gráfico clandestino, apesar dos graves riscos, não lhe trouxe nenhuma desvantagem. Foi ele quem imprimiu, a 12 de janeiro, o manifesto dos intelectuais, depois de ter trocado as matrizes das linotipos, para que a gráfica não fosse identificada pela SN. Os 27 mil exemplares do manifesto que todo mundo leu a portas fechadas, rodado numa prensa manual, porque o empregado não sabia operar a prensa automática, e tirou o sono de Pérez Jiménez, quase não saíram à rua: um dos empregados ameaçou denunciar o doutor Bajares à SN e tiveram de lhe implorar, por todos os meios, durante várias horas, para que desistisse de seu propósito.

Amigo pessoal do comandante Hugo Trejo, o doutor Bajares esteve envolvido no golpe de 1º de janeiro. Depois de 23, continuou a cultivar essa amizade, falando de política com o comandante Trejo, tomando com ele um café ocasional e até comendo várias vezes em sua casa.

— Mas daí a imprimir folhas clandestinas contra o atual governo vai uma grande distância — disse o doutor Bajares. — Todo este escândalo não passa de manobra.

Os investigadores, no entanto, pensavam de outra maneira. Em seu breve interrogatório, e depois para os jornais, o doutor Bajares Lanza declarou que não ia à gráfica havia quatro semanas. Uma morena de olhos pretos, intensos, Themis Lovera, encarregada da gráfica, descreveu a mulher "alta e loura" que ordenou a impressão dos folhetos sem fornecer nenhum nome. Mas dois empregados da gráfica — Alcira Lugo e Cirilo Alberti — deram à polícia uma versão diferente daquela apresentada pelo doutor Bajares Lanza. Segundo eles, o médico esteve na gráfica, no dia 30, de manhã, e recomendou, referindo-se aos folhetos apócrifos:

— Não empacotem muitos, porque já vão ser distribuídos.

Essa frase mudou o rumo de sua vida. O doutor Bajares Lanza foi detido em sua clínica de Pinto a Gobernador, 114, onde apenas três dias antes, entre calhamaços médicos, romances e tratados políticos, afirmara mais uma vez sua inocência.

A mulher que nocauteou Ramoncito

Metido num terno marrom-escuro, demasiado grosso para a temperatura daquela sexta-feira, demasiado solene para a ocasião, Ramoncito Arias foi outra vez o centro das atenções no sufocante aeroporto de Grano de Oro. Oito flashes estouraram ao mesmo tempo. O campeão dos moscas venezuelanos consertou por instinto o nó de sua gravata prateada. Respondeu aos aplausos com a saudação clássica dos campeões e se dirigiu ao avião de linha que o levaria a Caracas. Em meio à multidão de fanáticos que foi se despedir dele — incluindo várias moças — ele era o mais despreocupado. Entre seu corpulento advogado e seu corpulento guarda-costas, o pequeno e maciço boxeador parecia se sentir muito bem protegido. Ninguém, a não ser que houvesse lido os jornais desses dias, poderia imaginar que naqueles momentos Ramoncito Arias estivesse disputando uma luta em três assaltos com um adversário invisível: a justiça.

A viagem a Caracas queria dizer que Ramoncito perdera o primeiro *round*. Apesar dos esforços de seu advogado, o Quarto Juizado de Primeira Instância, de Caracas, expedira uma intimação contra ele, para que se apresentasse para responder à acusação de rapto, sedução e violação. A acusação fora apresentada pela senhora Irma Senior.

No quarto cheio de troféus e fotos de sua casa de Sabaneta Larga, onde vive com a mãe e o irmão mais velho, Ramoncito recebeu a notificação no princípio da semana passada. Como no ringue, também neste caso tinha um empresário: o advogado Mario Barrios Delgado, que, desde então, o acompanha por toda parte e o treinou para lidar com as diligências judiciais e responder às perguntas dos jornalistas. O doutor Barrios Delgado delineou a tática: Ramoncito devia se entregar à justiça. Não é verdade, como se publicou, que a polícia cercara sua casa. O campeão prometeu se entregar, num telefonema, quinta-feira, 8 de maio, às oito da manhã. Mas como seu advogado estivesse muito ocupado naquele dia, não pôde se entregar até as cinco da tarde. Enquanto isto, para matar o tempo, dedicou-se a passear em seu automóvel, sozinho, pelas ruas de Maracaibo, com uma roupa leve de flanela de listas azuis. Os policiais de sua cidade natal, que são seus amigos e fãs, saudavam-no ao passar. Só quando o advogado informou que estava desocupado, Ramoncito foi para casa e se entregou à polícia, em meio aos aplausos de seus admiradores e à complacência dos fotógrafos da imprensa.

A mulher diz: "É uma simples aventura"

Essa maneira de se comportar, que alguns consideram irresponsabilidade, é o traço psicológico mais notável do campeão dos moscas venezuelanos. Nada o preocupa para valer. A poucas semanas do encontro mais importante de sua vida, com o campeão mundial Pascual Pérez, fez pouco caso do regime e brincou no carnaval durante três dias. No dia seguinte à luta, enquanto Pascual se restabelecia na praia, o venezuelano organizou uma estrondosa festa no apartamento de seus empresários, na Puente Hierro, sem se preocupar com seu futuro de campeão. Agora, acusado de rapto, sedução e violação, parece não se dar conta da gravidade das acusações.

— Sempre tive umas duzentas noivas — disse, na Prisão Modelo, onde desfruta de tratamento especial, com cela separada e comida na mesa dos oficiais. — Agora mesmo — acrescentou — tenho 28.

Na verdade, este incidente, que lhe poderia custar de seis a 18 meses de prisão, é para Ramoncito, simplesmente, "um momento de má sorte". Mas segundo a família de Sonia Senior, a moça de 14 anos que acaba de ganhar o primeiro *round* do campeão, a questão é mais complexa. Para ela, Ramoncito deve pagar por ter faltado à promessa de casamento. Acusam-no concretamente de ter prometido a ela que uma vez passada a luta com Pascual Pérez, providenciaria o divórcio, para se casar de novo. A luta passou e Ramoncito não só parecia disposto a continuar casado com a primeira mulher como ainda por cima negou ter proposto a Sonia Senior o que a família dela diz que o campeão prometeu.

Enquanto isso, numa cabana de La Cañada, em Maracaibo, a mulher de Ramoncito lê os jornais sem dar importância ao incidente.

— Não se corrigirá nunca — declarou a um enviado especial de *Momento*. — Imaginem que até quando estávamos juntos chegavam mulheres para buscá-lo e eu lhes dizia onde ele estava.

Para ela, como para Ramón, este parece ser um simples tropeço em sua vida sentimental de campeão. Como ela própria foi, em 1955. Quando Ramoncito a convenceu a abandonar sua casa, aos 18 anos. Francia Altagracia teve melhor sorte que Sonia Senior. Depois de dois dias de clandestinidade em Cabimas, o pugilista se casou com ela.

Mesmo no cárcere Ramoncito é feliz

O casamento só durou um ano. Ramoncito, que desperta o entusiasmo das moças, se converte no centro das atenções numa festa, bailando o chachachá e é extraordinariamente generoso com os amigos, não suportou o regime de vida conjugal. Francia foi viver na casa dos pais, com Mary, a filha mais velha. Mesmo com a separação, Ramoncito é um homem desorganizado. Cada vez que lhe dá na telha volta para junto da mulher.

— Por ocasião da luta com Ursúa ele esteve aqui — diz ela. — Atualmente tenho uma recordação daquele encontro: uma nova filhinha.

É impossível conceber maior tolerância, maior compreensão do que a demonstrada até agora por sua mulher. Ela considera que tudo o que Ramoncito faça no mundo não passa de aventuras. Até suas lutas de boxe. Há alguns meses um advogado lhe disse que Ramoncito queria o divórcio e oferecia uma casa em troca da liberdade. Ela — sabendo que no dia seguinte Ramoncito se esqueceria da proposta — aceitou. Até hoje não voltou a ver o advogado.

— Não nos separaremos nunca — conclui, com uma segurança um tanto desconcertante. — Por isso o deixo andar com todas as mulheres do mundo, pois sempre voltará para mim.

Na Prisão Modelo, onde pela primeira vez sua vida se submete a um horário controlado, Ramoncito não quis comentar a declaração da mulher. Ali, há uma semana, leva uma vida ordenada e tranqüila. Os guardas e os presos são seus admiradores. De certa maneira, todos os habitantes da penitenciária estão orgulhosos de partilhar o teto com o campeão. No último sábado, Ramoncito exibiu para seus companheiros de cárcere o filme de seu encontro com Pascual Pérez. Mostra-se otimista e confiante, como sempre, em sua boa estrela. Não tem medo de que lhe imponham uma forte indenização pelo simples motivo de que já não tem um centavo. Os 40 mil bolívares que ganhou na luta com Pascual Pérez foram levados, por ordem alfabética, por seus numerosos credores. Quem o visitou no cárcere não duvida que Ramoncito, preso, despreocupado e sem um centavo, mas às portas do campeonato mundial, é um venezuelano feliz.

APÊNDICE II*

Bom dia, liberdade!

Estas linhas estão sendo escritas ao amanhecer de 23 de janeiro. Não se ouve um único disparo em Caracas. O povo recupera a rua. A Venezuela, a liberdade. A prova mais evidente de que algo grande ocorreu à noite é que estas linhas podem ser escritas. Este é o primeiro editorial da revista *Momento* desde sua criação.

Nossa primeira homenagem não se dirige ao povo, que celebra sua vitória na rua. Dirige-se aos que caíram ontem e anteontem, num enorme sacrifício que abalou a América Latina. Os mortos anônimos, tombados na rua, numa luta desigual e heróica, proporcionaram um momento indestrutível para a Venezuela.

Desta vez não se trata de um golpe de Estado. Trata-se de uma conspiração da multidão, da qual, juntamente com um vasto setor das forças armadas, participaram estudantes, trabalhadores, intelectuais, profissionais, clero, todas as forças dinâmicas da nação: povo e exército. Daí a vitória.

As forças armadas, num momento crucial em que era preciso escolher entre a dignidade e a ignomínia, escolheram a dignidade. Agora têm a opor-

---

*Esta seção reúne dois textos, um editorial e uma reportagem, escritos por Gabriel García Márquez e Plinio Apuleyo Mendoza na madrugada de 24 de janeiro de 1958. Saíram na edição daquele dia de *Momento* (na página 3 e nas páginas 5 e 8).

tunidade de governar com o povo, com o pleno apoio do povo, e não contra o povo. Têm a oportunidade de governar com o apoio da imprensa responsável e livre. Essas são condições que elas mesmas se impuseram no momento de assumir o poder. As multidões que nestes momentos percorrem as ruas estão seguras de que esse compromisso histórico será cumprido. Sendo assim, os ideais da juventude militar venezuelana terão sido os mesmos ideais da juventude civil.

Com esta vitória, a democracia americana reconquista mais um país. A Venezuela — com o glorioso 23 de janeiro — proporcionou uma data de aniversário à liberdade continental.

O povo na rua

Caracas não dormiu nas primeiras horas da madrugada de quinta-feira. Nas casas forçosamente fechadas pelo toque de recolher, as pessoas tentaram sintonizar emissoras estrangeiras com a esperança de obter informações detalhadas sobre o que acontecia na Venezuela depois de 36 horas. Em diferentes lugares da cidade se ouviam estampidos de armas de fogo. Nesse momento, pretos e discretos, quatro automóveis oficiais desceram pela deserta avenida Urdaneta na direção este. Ali ia a notícia que se esperava no rádio: o general Marcos Pérez Jiménez abandonava o país.

Os numerosos presos políticos amontoados nos cárceres da Segurança Nacional ouviram voar um avião sobre a cidade às 3h08 da madrugada. Foi como uma mensagem clara e direta, escrita com três palavras: "Caiu o homem." Um tropel no quarto andar do prédio, onde passou a noite um grupo de agentes da Segurança Nacional, e, simultaneamente, o ruído de vários veículos automotores, foram para os presos a confirmação instantânea de que a mensagem fora bem decifrada. A cidade inteira já a conhecia.

De fato — ainda que transcorressem várias horas antes de que a suposição fosse confirmada — nesse avião viajava o general Pérez Jiménez, rumo à República Dominicana. Acompanhavam-no, além da mulher, o general Luis Felipe Llovera Páez, o doutor Pedro A. Gutiérrez Alfaro, o doutor Pérez

Vivas, Fortunato Herrera e Soules Baldó. O avião estava pronto para decolar do aeroporto militar de La Carlota desde terça-feira, 21 de janeiro, primeiro dia do formidável movimento cívico. Os motores da aeronave eram esquentados periodicamente a fim de que pudesse decolar sem perda de tempo. No entanto, na madrugada de quinta-feira, quando os membros da ditadura derrubada chegaram ao aeroporto, o avião não estava pronto para decolar. Esperaram vinte angustiosos minutos a bordo da aeronave imóvel. Atraída pelo intenso ruído, uma reduzida mas febril multidão começou a cercar o aeroporto no instante em que o avião conseguiu decolar. Às seis da manhã aterrissou em Ciudad Trujillo.

A última noite do general Marcos Pérez Jiménez no palácio de Miraflores se iniciou com um tranqüilo serão doméstico. Enquanto na praça Dois de Dezembro, a dois passos dali, a polícia disparava contra civis armados de pedras e garrafas, o ditador considerava ganhas duas partidas: a que disputava contra o povo há trinta horas e a partida de dominó que jogava nesse momento com o governador do Distrito Federal, tenente-coronel da reserva Guillermo Pacanins. Eram oito da noite. O general Marcos Pérez Jiménez, sem deixar de prestar atenção às suas pedras de dominó, comentou em voz alta com o governador o ponto mais importante do discurso que se propunha fazer dois dias depois, quando tivesse a situação sob controle. Pensava lançar, em termos espetaculares, um novo plano de obras públicas de 2,5 bilhões de bolívares.

Pérez Jiménez ganhou a partida de dominó. Despediu-se alegremente do governador Pacanins, a quem intimou para a revanche na noite seguinte. Em casa, o governador começara a dormir quando uma ligação pelo telefone vermelho o trouxe à realidade. Seu adversário de dominó perdera a partida que jogava contra a totalidade da nação venezuelana. Nesse momento já estava a caminho de La Carlota. O governador, informado de que não conseguiria alcançar o avião, transferiu-se precipitadamente com a família — em meio aos primeiros clarins da vitória — para a embaixada do Brasil, onde lhe concederam asilo.

O ditador se deu conta de que a situação não era tão favorável como supunha seu otimismo um pouco depois de se despedir do governador. Soube então que se produzira uma rebelião em La Guaira. Mesmo nesse momento pensou jogar sua última cartada: lançar o país numa guerra civil que ele — segundo chegou a manifestar — estava seguro de ganhar. Mas já era um otimismo sem sentido. A totalidade das forças armadas, tendo à frente a oficialidade jovem, estava do lado do povo. O contra-almirante Wolfgang Larrazábal começou imediatamente a constituir a Junta Militar que substituiria o ditador.

Na cidade, tensa há vários dias, a notícia se propagou antes de que Pérez Jiménez saísse do palácio de Miraflores, furibundo e sem se barbear. Mas teve o caráter de um simples rumor telefônico até as 2h30 da madrugada. A essa hora, os membros da Junta Patriótica, que organizou clandestinamente a paralisação, dirigiram-se para a Rádio Caracas, a primeira emissora que entrou no ar essa madrugada. Por ela — as outras emissoras começaram a entrar em cadeia — se conheceu um nome que estivera à sombra nas últimas semanas: o do presidente da Junta Patriótica, o jornalista Fabricio Ojeda. Às cinco da manhã, quando foi suspenso o toque de recolher, a Venezuela já era uma nação livre havia três horas.

APÊNDICE III*

As 72 horas que comoveram a Venezuela

Um Cadillac amarelo, com escolta, abandonou o Círculo Militar na quinta-feira, dia 24, às 14h05, atravessou em grande velocidade a autoestrada del Este e parou diante do aeroporto de La Carlota. O general Castro León não pusera o uniforme para viajar. Parecia um milionário em férias, com sua jaqueta cinza, camisa com o colarinho aberto, calças de pano escuro e esses óculos para o sol que usava mesmo nas recepções noturnas. Quando desceu do Cadillac amarelo e penetrou no terreno de La Carlota, a guarda lhe rendeu as honras de praxe, embora há 48 horas o povo da Venezuela — na rua, no rádio, em cartazes e em milhares de telegramas dirigidos ao palácio Blanco — estivesse pedindo sua cabeça.

No limiar do exílio, sem nenhum membro de sua família, sozinho com uma pequena mala de couro e uma pasta na mão, o general não parecia tão abatido como cansado. Uma hora antes, no Círculo Militar, onde passou a manhã, resolvera o problema do almoço com um copo de cerveja e um sanduíche de presunto. Com os oficiais que se encontravam em La Carlota conversou apenas o indispensável. Mas no indispensável havia duas ou três coisas

---

*Essa seção reúne dois textos anônimos, atribuídos a García Márquez, publicados em *Venezuela Gráfica* nas edições de 1º e 8 de agosto de 1958.

essenciais para viajar: a primeira era que o general não estava com a documentação em dia; a segunda, que não tinha dinheiro. Era feriado. Os bancos não abriram porque 175 anos antes nascera o Libertador, como não abriram também na véspera por causa da greve. Esses dois inconvenientes retardaram em 35 minutos a história da Venezuela. O C-47 que levaria a Miami o general Castro León, cuja saída estava prevista para as quatro, só pôde decolar às 4h35. A autorização de vôo, dada pela torre de controle, teve, pela segunda vez em seis meses, enorme valor histórico. A 23 de janeiro, essa autorização pôs um fim a dez anos de ditadura. A 24 de julho, pôs fim a 72 horas que foram um tremendo calafrio nacional.

A noite ficou para trás

Olhando Caracas pela janelinha, o general deve ter recapitulado, minuto a minuto, essas 72 horas de sua vida. Nesse momento não era mais do que um conspirador derrotado por uma gigantesca contraconspiração popular; algo tão lamentável e ao mesmo tempo tão ridículo como um ditador derrubado antes de chegar ao poder. Segunda-feira à noite, no entanto, tudo parecia estar de seu lado: ele — ministro da Defesa — manejava todas as chaves da conspiração, enquanto o contra-almirante Larrazábal parecia o homem mais indefeso da Venezuela, completamente esquecido pelos insistentes boatos que inquietavam Caracas havia três dias. O presidente da Junta de Governo estava no estádio de boxe, gritando, gesticulando como qualquer cidadão, cada vez que Abeytia e Calatayud davam um bom golpe. Quando a luta acabou, chovia. O contra-almirante Larrazábal, para quem não é novidade que toda torcida tem seus riscos, pôs esportivamente uma cadeira na cabeça, à falta de guarda-chuva. Quem os visse naquela noite pensaria que os boatos de um golpe iminente eram completamente infundados. De outra maneira não se pensaria que o contra-almirante era tão imprevidente e que não apenas não tomara a precaução de se privar do espetáculo mas que nem sequer havia levado um guarda-chuva, apesar da ameaça de mau tempo.

No entanto, naquela noite, no boxe, o contra-almirante já fora notificado: o general Castro León, verbalmente, formulara oito petições que tinham caráter de ultimato. Delas, só seis se conhecem: liquidação da Ação Democrática, liquidação do Partido Comunista, substituição dos civis da Junta de Governo por militares, censura à imprensa para informações e comentários sobre as forças armadas, colocação de determinados oficiais em postos-chave do governo e adiamento indefinido da eleição. O contra-almirante pedia 24 horas de prazo para responder. Assim teria tempo não só de pensar em seu sistema de defesa mas também de assistir à noitada de boxe. Mas quando as lutas terminaram, ao contrário do que esperavam os conspiradores que por intermédio do Serviço de Inteligência do Exército o submeteram a uma estreita vigilância, o contra-almirante não saiu do boxe para sua casa, mas diretamente para La Guzmania, a antiga residência presidencial, onde agora tem seu quartel-general o contra-almirante Carlos Larrazábal, irmão do presidente. Dali convocou, para terça-feira ao amanhecer, não apenas seu gabinete — do qual participava o general Castro León — mas também todos os oficiais que pudessem estar participando da conspiração. A posição da aviação era uma incógnita. Mas à maneira de guarda-chuva, se por acaso chovesse, ali estariam alguns altos oficiais da força aérea. O contra-almirante se garantia assim contra o perigo eventual de um bombardeio durante a reunião.

O segredo não se manteve por mais tempo. Desde as primeiras horas, os madrugadores de Maiquetía observaram um detalhe inusitado: a caminhonete da única tinturaria local levou ao cais onde estavam atracados o *Nueva Esparta*, o *Zulia* e o *Aragua*, todo um carregamento de uniformes limpos, e a caminhonete da padaria fez várias viagens para o mesmo lugar, com três carregamentos de pão que dariam para a travessia do Atlântico. Esse simples detalhe, registrado pelos eternos curiosos que são uma espécie de serviço de inteligência da opinião pública, propagou-se como rastilho de pólvora. Não havia dúvida: os navios da esquadra nacional estavam zarpando. As chaminés começavam a fumegar. O boato, tantas vezes repetido, tantas vezes corrigido, começava a assumir os dramáticos contornos da realidade: o golpe estava em marcha.

O general perde o segundo round

Temendo ser detido, o general Castro León não participou da reunião de La Guzmania, apesar de ter sido chamado várias vezes. No princípio foi uma simples convocação. Depois foi uma ordem. O general desobedeceu e do ponto de vista disciplinar isso complicava ainda mais sua situação: a partir desse momento, tanto ele como os oficiais que não responderam ao chamado podiam ser acusados e julgados por insubordinação.

Um pouco antes das 12, sem almoçar, e depois de ter conferenciado com o general Pérez Morales, chefe do estado-maior conjunto — que chegou a La Guzmania às dez da manhã — a Junta de Governo decidiu retornar a Caracas. O contra-almirante Larrazábal parecia então tão tranqüilo como no boxe, porém muito mais precavido, porque então o governo enfrentava um perigo real. O próprio contra-almirante, com o capitão Felipe Testamarck, o ajudante-de-ordens que o segue por toda parte em silêncio, como sua própria sombra, armado com uma metralhadora de assalto, encarregou-se de indicar a forma em que os membros do executivo deviam se colocar nos automóveis, incluindo a ordem em que deviam rodar até Caracas. Nesse instante devia se considerar que o golpe estava dado. O governo se deslocava para o palácio Blanco para desencadear a batalha.

O general Castro León, em La Planicie, esperava o gongo anunciar o segundo *round*. Devia considerar que, pelo menos por pontos, o primeiro estava ganho. O governo passara à defensiva. Mas com o governo passara também à defensiva um elemento que seguramente o general considerava simples público espectador na luta e intempestivamente se pusera na peleja: o povo. À uma da tarde — quando a Junta de Governo entrava no palácio Blanco — os sindicatos, os jornalistas, os universitários, esquecidos do almoço, preparavam-se para lançar-se às ruas. Na Televisa, a Junta Patriótica se dirigia à nação, para colocá-la a par da conspiração em marcha e dar as primeiras instruções ao povo. Esse programa teve um espectador ansioso: o general Castro León, que abandonou seu gabinete do Ministério da Defesa e se instalou, para ouvir os discursos, diante de um aparelho de televisão.

Da rua, remotos porém inequívocos, começavam a chegar os gritos da multidão. O general teve uma idéia.

Uma caminhonete da polícia militar, comandada por um oficial em camisa branca e sem gravata, deteve-se à porta da Televisa antes do fim dos discursos. O oficial se dirigiu aos membros da Junta Patriótica:

— Boa tarde, senhores. Sinto muito, mas têm de me acompanhar.

Essa era a idéia do general Castro León. Mas fora mal interpretada. De fato, o ministro da Defesa não ordenara a detenção, mas que a Junta Patriótica fosse conduzida ao seu gabinete. Quando as coisas se esclareceram e todos foram libertados, depois de 35 minutos de espera no velho palácio de Miraflores, Fabricio Ojeda e o jovem político copeiano Luis Herrera Campins — irreconhecível por trás dos óculos escuros — foram conduzidos ao gabinete do general Castro León.

— Não trato de impor uma ditadura — explicou o general. — Não peço dissolução da Ação Democrática, mas igualdade de participação dos partidos no governo.

Aquilo era novo. O general, ante a evidência da reação popular que começava a se manifestar ruidosamente nas ruas, estava tentando dar uma cambalhota política:

— Quero — disse — um presidente civil com um gabinete de integração nacional.

Ao entardecer, quando o visitaram, em caráter de negociadores, Jóvito Villalba, Rafael Caldera e Eugenio Mendoza, já havia cinqüenta mil pessoas na rua, gritando contra o general. Ele, que no íntimo devia se saber perdido, foi mais longe em sua manobra: ofereceu a presidência a Eugenio Mendoza.

Um bom café-da-manhã de televisão

Às dez da noite, na cidade tensa, os negociadores conseguiram que Castro León descesse ao palácio Blanco. Tiveram de fazer três viagens a La Planicie, tiveram de escutar durante longas horas os argumentos do general, e fazer contrapropostas, manobrando sempre a situação com o tato que exigia sua gravidade. Por último, o general tomou um copo de leite no restaurante de

La Planicie e se dirigiu ao palácio Blanco. Essa viagem de dez minutos influiu decisivamente na situação: meia cidade estava na rua — uma multidão indignada e resoluta que pedia ao governo uma ação rápida e efetiva contra os conspiradores. Quando entrou no palácio, pela primeira vez sem as lentes escuras, o general parecia um homem duro e inflexível, mas na realidade perdera o segundo *round* e não tinha muitas chances de ganhar o terceiro.

— Bem, senhores — disse enigmaticamente, dirigindo-se aos jornalistas — que seja tudo pela democracia.

Na longa conferência que se realizou no palácio Blanco, todos os participantes estavam armados, incluindo os civis, à exceção do professor Edgard Sanabria. Então era o general Castro León quem estava na defensiva. Depois de cinco horas de conversações, quando os jornalistas começavam a dormir no salão de espera, passou um ajudante com sabonete e toalha.

— A reunião terminou — disse. — O contra-almirante vai trocar de roupa para falar na televisão.

Acabou assim, às 4h35 da manhã, com um programa de televisão que foi um café-da-manhã prematuro para a nação, a primeira etapa da crise. Castro León renunciara ao Ministério da Defesa.

Os sete cavaleiros da conspiração

A segunda etapa foi precipitada pela formidável greve de quarta-feira — manifestações maciças que sacudiram o país de um extremo ao outro. O povo, simplesmente, não aceitou a atitude conciliatória do governo e pediu punições para os conspiradores. Enquanto em El Silencio 300 mil pessoas apoiavam o governo e pediam maior energia contra a sublevação, o general Castro León se encontrava outra vez em La Planicie, em seu gabinete do Ministério da Defesa, apesar da renúncia. Não o abandonou até a madrugada de quinta-feira, quando se dirigiu ao Círculo Militar, onde deram a ele um quarto especial. Pela primeira vez em três dias o general dormiu pelo espaço de quatro horas.

Também o contra-almirante Larrazábal dormiu essa noite em Guzmania. Regressou ao palácio Blanco quinta-feira às dez da manhã, refrescado e de excelente humor, e foi diretamente para uma reunião do gabinete, onde se tomaria uma decisão transcendental: expulsar do país um grupo de oficiais conspiradores. Tomou-se a decisão às 11. O major Óscar Montilla Carreyó, encarregado de efetuar a detenção de sete oficiais comprometidos na conspiração, não se deu o trabalho de buscá-los em casa. Convocou-os ao palácio Blanco. Um a um começaram a chegar, a partir das 12.

Entre os primeiros estava o major José Isabel Gutiérrez, chefe do Serviço de Inteligência Militar, que ignorava o motivo da convocação. Seu serviço secreto, que tão eficaz foi na conspiração, não o preveniu de que estava sendo chamado a palácio para ser preso. Não apresentou resistência. O major Óscar Montilla Carreyó, armado com uma metralhadora de assalto mas sem apontar para ele, despojou-o de sua pistola e o informou em poucas palavras:

— Prepare suas malas. O senhor viaja para Curaçao esta tarde.

O major Elí Mendoza Méndez chegou com suas duas estrelas de tenente-coronel, sem que houvesse sido promovido. Não pôde dar nenhuma explicação. Entregou as armas e um momento depois foi acompanhado até sua casa por uma escolta da Infantaria da Marinha, para que fizesse as malas.

Entre os expulsos viajava o major Edgard Trujillo Echavarria, um oficial jovem, sério, que, na madrugada de 2 de janeiro, tomou Ramo Verde, com uma pistola na mão direita e uma carabina na esquerda, por ordem do comandante Hugo Trejo. Naquele momento era chefe do Batalhão Moto-Blindado número 1, onde dispunha de uma quantidade de armamento pesado que seria suficiente para uma batalha internacional.

Às três da tarde, o aprazível aeroporto de La Carlota estava em ebulição, com sete oficiais, nenhum deles em uniforme de desfile mas nenhum à paisana, e 16 malas feitas às pressas. Quatro horas depois, o avião que os levou a Curaçao estava de regresso. Nenhum dos oficiais teve oportunidade de se despedir do general Castro León, que chegou a La Carlota em seu Cadillac amarelo justamente quando decolava o DC-3 de seus sete companheiros de conspiração.

Enquanto os partidos decidem, Larrazábal despetala margaridas

A 23 de janeiro, à 1h30 da madrugada, a mulher e os filhos do contra-almirante Wolfgang Larrazábal ouviram dizer que o presidente do novo governo era "o contra-almirante Larrazábal" e experimentaram justa satisfação familiar.

— Acreditávamos que era o tio Carlos — disseram a um jornalista dois dias depois. — Não nos ocorreu que fosse Wolfgang.

Apesar de a notícia se confirmar muitas vezes pelo rádio e o próprio contra-almirante ter ligado para casa às três da madrugada direto de Miraflores, sua própria família só se foi totalmente convencida ao amanhecer, quando o viu pela primeira vez na televisão.

Um motorista de táxi, venezuelano, a quem se perguntou naquela manhã quantas vezes na vida ouvira o nome de Wolfgang Larrazábal, respondeu:

— Estive ouvindo toda a noite.

Apenas para um setor da opinião pública esse nome era familiar: os esportistas, que tiveram oportunidade de conhecê-lo de perto quando era diretor nacional de Esportes. Essa era, um centímetro a mais, um centímetro a menos, a estatura de sua popularidade.

Esta semana — somente duzentos dias mais tarde — seria difícil encontrar, numa manifestação popular de 300 mil pessoas, sequer uma que não estivesse disposta a votar no contra-almirante da República. Politicamente é um recorde. Acreditar que essa corrida contra o tempo se deve exclusivamente às circunstâncias seria tão injusto como não atribuir à presença física e à simpatia pessoal do contra-almirante uma certa importância na conquista de sua popularidade. As multidões da atualidade, sensíveis ao cinema e à propaganda dos dentifrícios, não são indiferentes ao aspecto estritamente fotogênico de um político. Antes de constituir o Conselho Supremo Eleitoral e quando a única garantia de que o país teria eleição em breve eram os discursos e declarações à imprensa do presidente da Junta de Governo, o contra-almirante Larrazábal fez uma visita ao Liceo Andrés Bello e as estudantes o receberam com um entusiasmo estrondoso. Um grupo delas pediu para que deixasse seu autógrafo no uniforme. A não ser pela televisão, pelas fotografias e pelas fáceis aparições em público do contra-almirante, seguramente sua popularidade teria chegado, cedo ou tarde, porém mais tarde do que cedo. O contra-almirante entrou pelos olhos.

Como se aprende a ser candidato

Do ponto de vista estritamente político, o desconhecido Wolfgang Larrazábal ganhou a primeira etapa na corrida para a popularidade apenas três horas depois de estar governando a Venezuela, quando converteu a Junta Militar numa Junta de Governo, com a participação de dois civis. Nesse momento, as circunstâncias exigiam uma extraordinária rapidez de ação, e o contra-almirante a teve. Sem dúvida, vista e comparada a seis meses de distância, essa foi a medida que melhor e mais rapidamente impressionou a sensibilidade popular em favor do contra-almirante. Só que tomada num momento cuja grandeza histórica a fazia parecer secundária.

Wolfgang Larrazábal, 47 anos, marinheiro por influência da família, apaixonado por esportes, contista em segredo, leitor sem método, pai de família exemplar, pobre de nascimento e sem um único antecedente de conspirador, chegava ao poder sem nenhuma experiência de governante e administrador. Uma história ilustra bem sua concepção da autoridade: em certa ocasião, sendo já alto oficial da marinha, teve um incidente com um grumete. A solução clássica era mandar o grumete para o calabouço. Larrazábal não mandou. Mas em compensação mandou buscar dois pares de luvas de boxe, nomeou um árbitro e travou uma luta com o grumete.

— Primeiro assinarei minha renúncia — declarou poucos dias depois de chegar ao poder — antes de mandar disparar contra o povo.

Não só não ordenou disparar contra o povo, mas manteve Caracas sem polícia durante várias semanas e pôs a segurança, a vida e a honra dos cidadãos nas mãos dos escoteiros. Da noite para o dia, o implacável governante que seis horas depois de empossado pôs em Curaçao dois membros impopulares da Junta original, parecia ter contraído uma perigosa timidez na aplicação das medidas de ordem. O próprio contra-almirante declarou:

— Sei que se diz que sou um homem débil.

Foi necessária a última crise para que Larrazábal demonstrasse de modo indiscutível que sua aparente moderação não era fraqueza, e sim tato político.

Em boca fechada...

Na verdade, a inexperiência do contra-almirante era mais notada em suas declarações à imprensa do que em sua atitude como governante. Na véspera da visita de Nixon, um jornalista perguntou qual seria sua atitude se fosse estudante, diante do vice-presidente dos Estados Unidos.

— Se fosse estudante — respondeu Larrazábal — seguramente gritaria *Nixon não*.

Vinte e quatro horas depois se dava conta que a espontaneidade é virtude num governante somente se tem certos limites.

— Estou triste, senhores — declarou então, referindo-se aos incidentes de rua contra Nixon. — Estou triste e creio que os senhores também estão.

Posteriormente, quando se falou pela primeira vez da possibilidade de sua candidatura presidencial, não teve a habilidade política de dizer categoricamente "Não", desde o início. Isso permitiu que em certos setores nascesse a suspeita de que o contra-almirante tinha não apenas anseios, mas a intenção de permanecer no poder, ainda que pela vontade popular.

Da época em que fez estas declarações até agora ganhou uma experiência na arte das perguntas e das respostas que parece uma pessoa completamente diferente. Em sua última conversa com os jornalistas, uma comentarista política o encurralou literalmente para que expressasse de uma vez por todas um pensamento concreto sobre sua candidatura. O presidente começou por definir o candidato ideal e concluiu com uma frase:

— A mim me parece que se me elegessem presidente se estaria repetindo a velha norma de que neste país quem está no governo deve continuar nele. Desejo que se rompa essa tradição.

Outro jornalista perguntou o que achava da candidatura do doutor Martín Vegas. A resposta do contra-almirante foi imediata.

— Se esse senhor foi lançado pelos partidos, deve ser presidenciável.

O homem que prestou juramento a 23 de janeiro não tinha essa habilidade para responder aos jornalistas. Seu único recurso, nos momentos difíceis, era uma perigosa espontaneidade ou a devolução da bola, perguntando por sua vez:

— E o senhor, o que acha?

Sim... ou... não?

Duzentos dias de governo parecem ter demonstrado que Larrazábal, chegado ao palácio Blanco graças às circunstâncias, parece agora maduro para ser presidente pela vontade popular. É sem dúvida o mais popular de todos os candidatos mencionados até agora. Mas os partidos políticos parecem ter suas reservas.

Enquanto diferentes setores da opinião pública se mobilizam para propor seu nome, os partidos políticos observam uma especial discrição diante da possibilidade de sua candidatura. O que pensa realmente Larrazábal? Há três meses uma simples frase sua teria esclarecido a incógnita. Hoje é muito mais difícil. Larrazábal superou cinco crises, esteve, pelo menos durante 24 horas, à beira da queda, e teve de enfrentar toda classe de dificuldades.

Mas, ao mesmo tempo, conhece agora melhor do que há seis meses os delicados despenhadeiros da política. Isso tende a torná-lo mais prudente na expressão de seu pensamento.

Por outro lado, agora sabe também, com exatidão, o que pensa o povo dele; os giros pela província, o desfile diante da multidão no 1º de maio, a serenidade com que se comportou durante a última crise, foram decisivos para a consolidação de sua popularidade. Quase pode se sentar e esperar — confiante — que o povo faça o trabalho que ele próprio, politicamente, deve evitar.

Talvez a incógnita não se resolva nesta semana. Mas a verdade é que Larrazábal tem tantas possibilidades a seu favor que esta vez, caso seja candidato, sua própria família o veria na televisão com maior naturalidade. Desta vez ninguém acreditará que se trate de um engano do locutor.

CRONOLOGIA

Julho de 1955, dia 18, "Genebra olha a reunião com indiferença", por Gabriel García Márquez, enviado especial, em *El Espectador*, Bogotá, página 1; dia 19, "Hoje em Genebra", por Gabriel García Márquez, enviado especial, em *El Espectador*, Bogotá, página 1; dia 21, "Hoje em Genebra", por Gabriel García Márquez, enviado especial, em *El Espectador*, Bogotá, página 1; dia 22, "Os Quatro Grandes em tecnicolor", por Gabriel García Márquez, enviado especial, em *El Espectador*, Bogotá, páginas 1 e 8; dia 23, "Meu amável cliente 'Ike'", por Gabriel García Márquez, enviado especial, em *El Espectador*, Bogotá, páginas 1 e 6; dia 25, "Como é o formigueiro da imprensa", por Gabriel García Márquez, enviado especial, em *El Espectador*, Bogotá, página 6; dia 26, "Os quatro alegres compadres", por Gabriel García Márquez, enviado especial, em *El Espectador*, Bogotá, páginas 1 e 11; dia 27, "O susto dos Quatro Grandes", por Gabriel García Márquez, enviado especial, em *El Espectador*, Bogotá, páginas 1 e 17; dia 28, "A autêntica torre de Babel", por Gabriel García Márquez, enviado especial, em *El Espectador*, Bogotá, páginas 1 e 20; dia 31, "As três grandes damas de Genebra", por Gabriel García Márquez, enviado especial, em *Magazine Dominical* de *El Espectador*, Bogotá, página 3.
Agosto de 1955: dia 8, "S. S. sai de férias", por Gabriel García Márquez, enviado especial, em *El Espectador*, Bogotá, páginas 1 e 12; dia 15, "Preparando-se para o fim do mundo", por Gabriel García Márquez, da redação de *El Espectador*, em *El Espectador*, Bogotá, páginas 1 e 5.
Setembro de 1955: dia 6, "Dia e noite vendo bom cinema", por Gabriel García Márquez, enviado especial, em *El Espectador*, Bogotá, páginas 1 e 11; dia 7, "Um cineasta francês em Veneza se interessa por fazer cinema na Colômbia", por

Gabriel García Márquez, em *El Espectador*, páginas 1 e 19; dia 8, "Confusão na Babel do cinema", por Gabriel García Márquez, enviado especial, em *El Espectador*, Bogotá, páginas 1 e 13; dia 12, "Um festival sem cinema e sem atores", por Gabriel García Márquez, enviado especial, em *El Espectador*, Bogotá, páginas 1 e 13; dia 13, "Um tremendo drama de ricos e pobres", por Gabriel García Márquez, da redação de *El Espectador*, em *El Espectador*, Bogotá, página 5; dia 15, "Censura política no cinema", por Gabriel García Márquez, da redação de *El Espectador*, em El Espectador, Bogotá, páginas 1 e 5; dia 25, "Uma entrevista coletiva com René Clair", por Gabriel García Márquez, em *El Espectador*, Bogotá, página 10; dia 17, "Como foram dados os prêmios em Veneza", por Gabriel García Márquez, enviado especial, em *El Espectador*, Bogotá, páginas 5 e 19; dia 17, "O escândalo do século. Morta, Wilma Montese passeia pelo mundo", por Gabriel García Márquez, em *El Espectador*, Bogotá, segundo caderno, página 5 (esta matéria reúne, sob um só título, os dois primeiros capítulos da série); dia 19, "O escândalo do século. III. A imprensa dá o sinal de alarme", por Gabriel García Márquez, em *El Espectador*, Bogotá, página 5; dia 20, "O escândalo do século. IV. Entra em ação a opinião pública", por Gabriel García Márquez, em *El Espectador*, Bogotá, página 5; dia 21, "O escândalo do século". V. Encontro secreto no Ministério de Governo", por Gabriel García Márquez, em *El Espectador*, Bogotá, página 5; dia 22, "O escândalo do século. VI. Os ruidosos festivais com Alida Valli", por Gabriel García Márquez, em *El Espectador*, Bogotá, página 5; dia 23, "O escândalo do século. VII. As histórias sombrias das testemunhas", por Gabriel García Márquez, em *El Espectador*, Bogotá, página 5; dia 24, "O escândalo do século. VIII. Vinte e quatro horas perdidas na vida de Wilma", por Gabriel García Márquez, em *El Espectador*, Bogotá, página 5; dia 25, "O escândalo do século. IX. Vinte e quatro horas perdidas na vida de Wilma (continuação), por Gabriel García Márquez, em *El Espectador*, Bogotá, páginas 5 e 19; dia 26, "O escândalo do século. X. Inconsciente, foi jogada no mar", por Gabriel García Márquez, em *El Espectador*, Bogotá, páginas 5 e 13; dia 27, "O escândalo do século, XI. Cai o mito da menina ingênua", por Gabriel García Márquez, em *El Espectador*, Bogotá, página 5; dia 28, "O escândalo do século. XII. Revelações sobre Piccioni e Montagna", por Gabriel García Márquez, em *El Espectador*, Bogotá, páginas 5 e 12; dia 29, "O escândalo do século. XIII. A polícia destruiu as roupas de Wilma, por Gabriel García Márquez, em *El Espectador*, Bogotá, páginas 5 e 10; dia 30, "O escândalo do século. XIV (e última). 32 intimados para depor", por Gabriel García Márquez, em *El Espectador*, Bogotá, página 5.

Novembro de 1955: dia 13, "Na cidade de *O terceiro homem*. Um trem que leva a Viena", por Gabriel García Márquez, em *Magazine Dominical* de *El Espectador*, Bogotá, segundo caderno, página 3; dia 20, "Na cidade de *O terceiro homem*. O hotel do anão corcunda", por Gabriel García Márquez, em *Magazine Dominical* de *El Espectador*, Bogotá, segundo caderno, página 5; dia 27, "Na cidade de *O terceiro homem*. Viena é um bosque enorme", por Gabriel García Márquez, em *Magazine Dominical* de *El Espectador*, Bogotá, segundo caderno, página 4.

Dezembro de 1955: dia 4, "Como não havia dinheiro, De Sica se dedicou a descobrir atores", por Gabriel García Márquez, em *Magazine Dominical* de *El Espectador*, Bogotá, segundo caderno, página 4; dia 11, "Triunfo lírico em Genebra", por Gabriel García Márquez, em *Magazine Dominical* de *El Espectador*, Bogotá, segundo caderno, página 3; dia 19, "O Sumo Pontífice visto de perto. I. Recolhem-se provas para a beatificação de Pio XII", por Gabriel García Márquez, correspondente especial, em *El Espectador*, Bogotá, páginas 7 e 19; dia 20, "O Sumo Pontífice visto de perto. II, O papa recebeu Sofia Loren em audiência. Proibiram-se as fotos", por Gabriel García Márquez, correspondente especial, em *El Espectador*, Bogotá, página 10; dia 21, "O Sumo Pontífice visto de perto. III. Terremoto jornalístico pela aparição de Cristo. Como surgiu a notícia", por Gabriel García Márquez, correspondente especial, em *El Espectador*, Bogotá página 25; dia 22, "O Sumo Pontífice visto de perto. IV. Sor Pascualina revelou o segredo da visão de Cristo", por Gabriel García Márquez, correspondente especial, em *El Espectador*, Bogotá, página 7; dia 26, "A batalha das medidas. I. Sem disparar um tiro, Gina ganha sua primeira batalha contra Sofia Loren", por Gabriel García Márquez, correspondente especial, em *El Espectador*, Bogotá, páginas 1 e 14; dia 27, "A batalha das medidas. II. Gina, um símbolo nacional", por Gabriel García Márquez, correspondente especial, em *El Espectador*, Bogotá, página 15; dia 28, "A batalha das medidas. III. O público decidirá quem ganhou a batalha", por Gabriel García Márquez, da redação de *El Espectador*, Bogotá, página 7.

Março de 1956: dia 18, "O processo dos segredos da França", por Gabriel García Márquez, em *El Independiente*, Bogotá, segundo caderno, página 3; dia 19, "O processo dos segredos da França. II. Um telegrama secreto conhecido por todo mundo", por Gabriel García Márquez, em *El Independiente*, Bogotá, página 5; dia 20, "O processo dos segredos da França. III. A caça do caçador de chaves", por Gabriel García Márquez, em *El Independiente*, Bogotá, página 5; dia 21, "O processo dos segredos da França. IV. A reunião dos segredos decisivos", por Gabriel García Márquez, em *El Independiente*, Bogotá, página 5; dia 22, "O processo dos segredos da França. V. O seqüestro do comissário Dides", por Gabriel García Márquez, em *El Independiente*, Bogotá, página 5; dia 23, "O processo dos segredos da França. VI. O que havia na pasta misteriosa", por Gabriel García Márquez, em *El Independiente*, Bogotá, página 5; dia 24, "O processo dos segredos da França. VII. Rumores, calúnias e desafios para duelo", por Gabriel García Márquez, em *El Independiente*, Bogotá, página 5; dia 25, "O processo dos segredos da França. VIII. As confissões de Turpin", por Gabriel García Márquez, em *El Independiente*, Bogotá, página 5; dia 26, "O processo dos segredos da França. IX. "O aparecimento do personagem inesperado", por Gabriel García Márquez em *El Independiente*, Bogotá, página 5; dia 27, "O processo dos segredos da França. X. Acusações à direita e à esquerda", por Gabriel García Márquez, em *El Independiente*, Bogotá, página 5; dia 28, "O processo dos segredos da França. XI. Os acusados iniciam a defesa", por Gabriel García Márquez, em *El Independiente*, Bogotá, página 5; dia 31, "O processo dos segredos da França. XII. O ministro Mitterrand faz a sala estremecer", por Gabriel García Márquez, em *El Independiente*, Bogotá, página 5.

Abril de 1956: dia 1º, "O processo dos segredos da França. XIII. Uma imensa farsa político-policial", por Gabriel García Márquez, em *El Independiente*, Bogotá, página 5; dia 2, "O processo dos segredos da França. XIV. Quem era o beneficiário dos segredos?", por Gabriel García Márquez, em *El Independiente*, Bogotá, página 5; dia 3, "O processo dos segredos da França. XV. Um comunista que arrisca sua vida", por Gabriel García Márquez, em *El Independiente*, Bogotá, página 5; dia 4, "O processo dos segredos da França, XVI. Revelações da testemunha Mendès-France", por Gabriel García Márquez, em *El Independiente*, Bogotá, página 5; dia 5, "O processo dos segredos da França. XVII. Em busca do complô contra Mendès-France", por Gabriel García Márquez, em *El Independiente*, Bogotá, página 5.

Setembro de 1956: dia 8, "De Gaulle escreveu seu livro?", por Gabriel García Márquez, em *Elite*, Caracas, páginas 50-51; dia 22, "Verão em Paris: turistas e *pin-ups*", por Gabriel García Márquez, em *Elite*, Caracas, páginas 40-41.

Outubro de 1956: dia 6, "Rubirosa? Um pobre homem...", por Gabriel García Márquez, em *Elite*, Caracas, páginas 36-38; dia 27, "27 de outubro: dia trágico para dois apaixonados", por Gabriel García Márquez, em *Elite*, Caracas, páginas 30-33.

Novembro de 1956: dia 10, "Milhões de homens contra a França por cinco presos", por Gabriel García Márquez, em *Elite*, Caracas, páginas 44, 45 e 54.

Dezembro de 1956: dia 1º, "A cinco minutos da Terceira Guerra", por Gabriel García Márquez, em *Elite*, Caracas, páginas 37-39; dia 8, "A doença de Eden se chama Suez... e é mortal", por Gabo, em *Elite*, Caracas, páginas 47-48; dia 8, "Chegou a hora de Bevan", por Gabriel García Márquez, em *Elite*, Caracas, páginas 50-51.

Janeiro de 1957: dia 12, "Quando o mundo perde, só este homem ganha", por Gabo, em *Elite*, páginas 34-35; dia 12, "Estão em Caracas as mulheres que desaparecem em Paris?", por Gabriel García Márquez, em *Elite*, Caracas, páginas 38-39; dia 26, "Macmillan, a nova governanta", por Gabriel García Márquez, em *Elite*, Caracas, páginas 11-12.

Fevereiro de 1957: dia 2, "Trinta vidas devem ser arriscadas para salvar dois loucos?", por Gabriel García Márquez, em *Elite*, Caracas, páginas 52-53.

Março de 1957: dia 23, "A Inglaterra e a rainha têm um problema doméstico: Philip", por Gabriel García Márquez, em *Elite*, Caracas, páginas 64-65; dia 30, "Suicídio com aspirina", por GGM, em *Elite*, Caracas, páginas 60-61; dia 30, "Um filme abala o Japão", por Gabriel García Márquez, em *Elite*, Caracas, páginas 62-63.

Novembro de 1957: dia 15, "Visitei a Hungria", por Gabriel García Márquez em *Momento*, Caracas, páginas 8-15 e 78; dia 22, (1) "Estive na Rússia", por Gabriel García Márquez, em *Momento*, Caracas, páginas 52 e 57; dia 29, (2) "Estive na Rússia", por Gabriel García Márquez, em *Momento*, Caracas, páginas 8-15 e 65.

Janeiro de 1958: dia 3, "O ano mais famoso do mundo", por Gabriel García Márquez, em *Momento*, Caracas, páginas 28-39; dia 6, "Um sábado em Londres", por Gabriel García Márquez, em *El Nacional*, Caracas, página 3; dia 24, Kelly sai da penumbra", por Gabriel García Márquez, em *Momento*, Caracas, páginas 24-26.

Fevereiro de 1958: dia 7, "O clero na luta", por Gabriel García Márquez, em *Momento*, Caracas, páginas 28-35; dia 14, "A geração dos perseguidos", por Gabriel García Márquez, em *Momento*, Caracas, páginas 32-37; dia 28, "Venezuela, adeus", por Gabriel García Márquez, em *Momento*, Caracas, páginas 40-47.

Março de 1958: dia 14, "Só 12 horas para salvá-lo", por Gabriel García Márquez, em *Momento*, Caracas, páginas 29-32 e 54; dia 21, "Colômbia: enfim, falam as urnas", por Gabriel García Márquez, em *Momento*, Caracas, páginas 20-24.

Abril de 1958: dia 11, "6 de junho de 1958: Caracas sem água", por Gabriel García Márquez, em *Momento*, Caracas, páginas 41-45; dia 18, "Meu irmão Fidel", por Gabriel García Márquez, em *Momento*, Caracas, páginas 50-56; dia 25, "Condenados a vinte anos, mas inocentes", por Gabriel García Márquez, em *Momento*, Caracas, páginas 29-33 e 48.

Maio de 1958: dia 2, "*Senegal* muda de dono", por Gabriel García Márquez, em *Momento*, Caracas, páginas 30-35; dia 9, "Lleras", por Gabriel García Márquez, em *Momento*, Caracas, página 35; dia 16, "Estes olhos falam por sete sicilianos mortos", por Gabriel García Márquez, em *Momento*, Caracas, páginas 36-39.

Junho de 1958: dia 28, "Nagy: herói ou traidor?", por Gabriel García Márquez, em *Elite*, Caracas, páginas 29-31.

Julho de 1958: dia 25, "Um paraíso da miséria no lixo de Caracas. Nível de vida: zero", por GGM, em *Venezuela Gráfica*, Caracas, páginas 8-9.

Agosto de 1958: dia 15, "A Venezuela bem vale um sacrifício", por GGM, em *Venezuela Gráfica*, Caracas, páginas 10-11.

Julho de 1959: dia 27, "90 dias na cortina de ferro. I. A cortina de ferro é de madeira pintada de vermelho e branco", por Gabriel García Márquez, em *Cromos*, Bogotá, número 2.198, páginas 10-13.

Agosto de 1959: dia 3, "90 dias na cortina de ferro. II. Berlim é um desvario", por Gabriel García Márquez, em *Cromos*, Bogotá, número 2.199, páginas 30-31; dia 10, "90 dias na cortina de ferro. III. Os expropriados se reúnem para contar suas dificuldades", por Gabriel García Márquez, em *Cromos*, Bogotá, número 2.200, páginas 20-21; dia 17, "90 dias na cortina de ferro. IV. Para uma tcheca, as meias de náilon são uma jóia", por Gabriel García Márquez, em *Cromos*, Bogotá, número 2.201, páginas 24-26; dia 23, "A tese é moralista...", por Gabriel García Márquez, em *El Espectador*, Bogotá, caderno *Magazine*, página 7; dia 24, "90 dias na cortina de ferro. V. As pessoas reagem em Praga como em qualquer país capitalista", por Gabriel García Márquez em *Cromos*, Bogotá número 2.202, páginas 18-19; dia 31, "90 dias na cortina de ferro. VI. Com os olhos abertos na Polônia em ebulição", por Gabriel García Márquez, em *Cromos*, Bogotá, número 2.203, páginas 17-21.

Setembro de 1959: dia 7, "90 dias na cortina de ferro". VII. URSS: 22,4 milhões de quilômetros quadrados sem um único anúncio de Coca-Cola", por Gabriel García Márquez, em *Cromos*, Bogotá, número 2.204, páginas 28-29; dia 14: "90 dias na cortina de ferro. VIII. Moscou: a maior aldeia do mundo", por Gabriel García Márquez, em *Cromos*, Bogotá, número 2.205, páginas 28-29; dia 21, "90 dias na cortina de ferro. IX. No Mausoléu da Praça Vermelha Stalin dorme sem remorsos", por Gabriel García Márquez, em *Cromos*, Bogotá, número 2.206, páginas 12-13; dia 28, "90 dias na cortina de ferro. X. O homem soviético começa a se cansar dos contrastes", por Gabriel García Márquez, em *Cromos*, Bogotá, número 2.207, páginas 12-13.

Outubro de 1959: dia 9, "Duas ou três coisas sobre 'o romance da Violência'", por Gabriel García Márquez, em *La Calle*, Bogotá, ano II, número 103, páginas 12-13; dia 26, "Obregón", por Gabriel García Márquez, em *Cromos*, Bogotá, número 2.211, páginas 20-27.

1959, data imprecisa: "Os incompreendidos", por Gabriel García Márquez, em *Cine-Club*, Barranquilla, sem data, sem número, sem paginação.

Janeiro de 1960: "Quando o país era jovem", por Gabriel García Márquez, em *Acción Liberal*, Bogotá, número 1, páginas 58-61

Abril de 1960: "A literatura colombiana, uma fraude nacional", por Gabriel García Márquez, em *Acción Liberal*, Bogotá, número 2, páginas 44-47.

Maio de 1960: dia 14, "Angulo, um fotógrafo sem fotogenia", por Gabriel García Márquez, em *El Tiempo*, Bogotá, páginas 5 e 13.

Apêndice I

Esta seção reúne os textos assinados por "Gastón Galdós", atribuídos a García Márquez, que foram publicados em *Momento* de janeiro a maio de 1958: "Karim entre a espada e a parede", 3 de janeiro de 1958, páginas 52-54; "Quatro anos amarrado a uma estaca", 10 de janeiro de 1958, páginas 38-39 e 56-57; "O venezuelano de 19 anos que mais ganha dinheiro", 17 de janeiro de 1958, páginas 42-45; "Ele era um bom espião?", 7 de março de 1958, páginas 24-27; "O que se passa com o correio?", 14 de março de 1958, páginas 42-46; "Jóvito faz cinqüenta anos", 21 de março de 1958, páginas 40-45; "Eu... conspirador?", 9 de maio de 1958, páginas 25-26; "A mulher que nocauteou Ramoncito", 16 de março de 1958, páginas 33-35.

Apêndice II

Esta seção reúne dois textos, um editorial e uma reportagem, escritos por Gabriel García Márquez e Plinio Apuleyo Mendoza na madrugada de 24 de janeiro de 1958. Saíram na edição daquele dia de *Momento*: "Bom dia, liberdade!", página 3, e "Pela primeira vez em muitos anos, o povo na rua", páginas 5 e 8.

Apêndice III

Esta seção reúne dois textos anônimos, atribuídos a García Márquez, aparecidos em *Venezuela Gráfica*: "A conspiração por dentro. As 72 horas que comoveram a Venezuela", 1º de agosto de 1958, e "Acontecimentos políticos. Enquanto os partidos decidem, Larrazábal despetala margaridas", 8 de agosto de 1958.

ÍNDICE REMISSIVO

Abadía Méndez, Miguel, 738
Abrassimov, oficial soviético do estado-maior, 486, 715
Academia Francesa, 161
Ação Democrática da Venezuela, 544, 794, 805
Acción Liberal, 38 n., 49, 69, 72, 74, 75
Adán, 22, 23 n.
Adenauer, Konrad, 638
Aga Khan III, 762-763
Aga Khan IV, Karim, 761, 764
Aguilar, Andrés, 778
Ahmet, Ait, 405
Ahora, diário venezuelano, 545
Aimée, Anouk, 136, 143
Alba, Paco, 71 n.
Alberti, Cirilo, 795
Aldrich, Robert: *A grande chantagem*, 32 n., 167-168
Ali Khan, 136, 148, 393, 428, 763
Aliança Revolucionária Argentina, 519
Allégret, Marc, 132; *O amante de Lady Chatterley*, 132
Allégret, Yves: *Les ougueilleux*, 133
Aloccio, 380-381
Altagracia, Francia, 797

Alternativa, 75
Altuve Carrillo, Guillermo, 534
Álvarez Flegel, padre Rafael María, 535
Alzate Avendaño, Gilberto, 570
Amelotti, Mario, 192
Amina, amiga de Aga Khan IV, 764
Anastasia, filme, 504
Andrews, Christopher, 510
Angulo, Guillermo, 68-69, 74, 755
Anibaldi, Elsa, 217
Anne, filha de Elisabeth II, 445
Antonioni, Michelangelo, 166; *Crimes d'alma*, 166; *As amigas*, 166-167
Apolinario, Angiolino, 612
Arciniegas, Germán, 81, 748
Arenas Betancourt, Rodrigo, 758
Arias, monsenhor Rafael, 527
Arias, Ramoncito, 795-796
Asociación de la Prensa Extranjera, 267
Astruc, Alexandre, 32 n.; *Les mauvaises rencontres*, 136-137, 143
Asunción Silva, José, 749
Attualità, revista, 183
Auriol, Vincent, 299
Ávila, Gustavo, 770-774
Ávila, Olga Cristina, 774

Bacino, Calogero, 608, 610
Bafille, Gaetano, 611, 613
Bajares Lanza, Ángel, 794
Balleli, Jole, 219
Balzac, Honoré de, 390
Banco Central da Venezuela, 545
Banco da Suíça, 108
Banque Populaire Suisse, 90
Banti, Lucia, 136
Baranes, André, 313, 323-324, 329, 335, 339-340, 370, 379-380
Barba Jacob, Porfirio, 749
Barbier, Albert, 92-93
Barcha Pardo, Mercedes, 60 n.
Bardem, Juan Antonio: *La muerte de un ciclista*, 662
Bardot, Brigitte, 501
Barnola, padre Pablo, 534
Barreto, Lima: *O cangaceiro*, 135, 155
Barrios Delgado, Mario, 796
Bartali, Gino, 264
Bastide, Roger, 26 n.; *Les Amériques noires*, 26 n.
Batalha do Rio da Prata, A, filme, 523
Batista, Fulgencio, 503-504, 584-585
Battisti, Carlo, 250
Baudet, advogado, 347
Baudot, G., 38 n.
Baylot, prefeito, 305-306, 308-311, 316, 337, 340, 348-349, 351, 354-359, 361-362, 364-367, 369, 376, 379
Beauvoir, Simone de, 447
Beaverbrook, Maxwell Aitken, 423, 518
Beethoven, Ludwig van: *Fidelio*, 244
Bejarano, doutor, 88
Belaunde, Víctor Andrés, 742
Bella, Bem, 404
Bellentani, condessa, 139
Bello, Fermín, 766
Bendsten, Henning, 163

Benzi, Robertico, 129
Berard, senhora, 114
Bergman, Ingrid, 41, 504, 514
Beria, gângster, 481
Bering, jornalista, 375
Berlanga, Luis García: *Bem-vindo, sr. Marshall*, 130
Berteaux, diretor da Sureté, 313, 334
Betancourt, Luis, 543
Betancourt, Rómulo, 62, 531, 538-540, 543-547
Bettini, Fortunato, 172
Bevan, Aneurin, 41, 416-417, 419-423, 433-434, 518
Bèze, Theodore de, 102
Biaggioni, Adelmira, 189-190
Bidault, Georges, 16, 296, 341
Bidault, Georges, 296
Bigliozzi, Remo, 218
Bisaccia, Andrea, 184-185, 192, 197, 216
Black, McKenney & Steward, 407, 408
Blacker, Otto, 165
Blanco, Germán, 793
Bland, piloto de helicóptero, 439, 441
Bogart, Humphrey, 500, 525
Bolshoi, teatro, 478
Bondarciuk, S., 168
Bonnet, Honoré, 439, 441
Bosé, Lucía, 126, 128-129, 166, 398
Brady, jornalista, 403
Branderburg, Steye van, 165
Braun, Werner von, 514
Bremer, Blanche, 447
Briceño Rossi, doutor, 561-562, 566
Brousil, Antonin M., 162
Brusse, Kees, 165
Brynner, Yul, 507
Bulganin, Nikolai Aleksandrovich, 81, 94-97, 100-101, 104, 106-107, 152, 409, 412, 416

Buller, Joan Barbara Yard, 763
Buñuel, Luis: *Os esquecidos*, 617
Burguiba, Habib, 403-404, 406, 509
Butler, Richard Auster, 417, 433
Byrd, Richard, 504

Cabrera, Antonio, 535
Cadalso, José, 25
Cadavid Uribe, Gonzalo, 756
Caggiano, cardeal, 528
Caglio, Ana María, 185-191, 195-196, 219
Caignet, Félix Baltasar, 137
Calcagni Soldini, condessa Beatrice, 255
Calcagni, conde Carlo, 255
Caldera, Rafael, 65, 537, 539, 540, 544-547, 589, 807
Calderón Blanco, Jesús, 593, 595
Calle, La, revista, 68, 72
Calv, Pablito, 32 n., 129
Calvino, Juan, 102, 106
Camberra, encouraçado, 502
Campana, F., 324
Camus, Albert, 35, 730; *A peste*, 64, 72 n., 730-731
Canales, Ana María, 284
Cannon, Robert, 145
Cano, Gabriel, 18 n.
Cano, Guillermo, 46 n.
Cano, Luis, 742
Cap, Frantisek, 127
Capra, Giovanna, 182
Carducci, Alessandro, 172, 173
Carducci, doutor, 222
Carlo, Ivonne de, 127
Carné, Marcel, 664-665; *Os trapaceiros*, 71, 664-666
Carolina Luisa Margarita, princesa de Mônaco, 501
Carpentier, Jacques, 378
Carrasquilla, Tomás, 748

Carrillo, Rafael, 565
Carron, Andrée, 762
Carrossel napolitano, filme, 280
Cartier, 104
Casablanca, Sylvia, 764
Castillo, Gómez, Alfonso, 137
Castro Becerra, Pablo, 781
Castro León, general, 803, 804, 805, 806-807, 808
Castro Saavedra, Carlos, 19; *Música en la calle*, 20
Castro, Agustina, 587
Castro, Ángel, 584-585
Castro, Emma, 56 n., 61, 64, 557, 583, 584, 587
Castro, Fidel, 61, 504, 583-588
Castro, Juanita, 588
Castro, Ramón, 587
Castro, Raúl, 587, 624
Catolicismo, El, jornal, 569
Caumont, coronel, 382
Cavicchioli, Luigi, 266, 271
Cayatte, André, 665; *Todos somos asesinos*; 452; *Direito de matar*, 452
Cazals, Jeanne, 429
Cecchini, Attilio, M., 611
Cecil, Robert Arthur James Gascoyne, marquês de Salisbury, 418
Celmonte, Suzanne, 431
Cenci Bolognetti, príncipe Vicovaro, 274
Cepeda Samudio, Álvaro, 70 n.
Chain, Georges, 385
Chamberlain, Arthur Neville, 416
Chapellín, Perfecto, 773
Chaplin, Charlie: *Um rei em Nova York*, 510
Charles, príncipe de Gales, 420
Charlot, agente, 384
Chechi, Tonio, 554-555
Chepilov, Dimitri, 502, 509
Chevalier, Maurice, 161

Chiang Kai-shek, 507
Chiari, Walter, 126, 398
Christensen, Emil Hass, 163
Christiansen, Carlos Hugo, 127; *A epopéia do ouro*, 128; *Mãos sangrentas*, 134-135
Chu En-Lai, 508
Churchill, Rudolph, 112
Churchill, Winston, 85, 387, 410, 416, 418, 420, 427, 433, 435, 500
Ciampi, Yves: *Os heróis estão cansados*, 155
Cine Cubano, 16 n.
Cine-Club, 70 n.
Clair, René, 23 n., 160; *Esta noite é minha*, 161; *As grandes manobras*, 156, 158-159; *O silêncio é de ouro*, 160-161
Cocteau, Jean, 481, 710
Colasanti, Veniero, 286; *Atila*, 286
Colle, María, 513
Colmenares, José Francisco, 589, 594
Colombo, Cristóvão, 25
Columbia Broadcasting Corporation, 506
Comadou, coronel, 368
Comitê de Defesa Nacional da França, 295, 298, 299, 300, 301-304, 306, 309-313, 315-317, 320, 322-323, 326-328, 331, 332, 333, 334, 338, 339, 341, 343-344, 346-347, 350, 353, 354, 356
Concurso Internacional de Interpretação Musical, em Genebra, 252
Congresso Eucarístico Bolivariano (II), 528
Contreras Uzcátegui, 774
Copei, partido venezuelano, 544, 546, 589, 590
Córdova, Arturo, 134, 135
Cordovez Moure, J. M.: *Las reminiscencias*, 747
Corneille, Pierre, 390
Cortesse, Gianni, 196
Cortesse, Valentina, 166, 167

Cote Lamus, Eduardo, 44
Cotten, Joseph, 237, 244
Coty, René, 370, 376, 403, 406
Courvoisier, Amy B., 159
Crepi, general francês, 296
Crisa, Erno, 132
Cromos, 46, 47, 68 n., 69
Croze, Octavio, 138, 152
Curcio Altamar, Antonio, 748

D'Assia, Maurizio, 183, 215
D'Astier de la Vigerie, Emmanuel, 297, 303, 329,-331, 336, 368, 376, 377
Dalí, Salvador, 648
Dall'Olio, sacerdote jesuíta, 189
Daninos, Pierre, 25 n., 517; *Les carnets du Major Thompson*, 25 n.
Dante Alighieri: *Divina comédia*, 648
Darrieux, Danielle, 132, 397
Dassault, 41
De Francesco, mecânico, 217
De la Cruz Varela, Juan, 74
De Sica, Vittorio, 23, 31, 247-252, 665; *Ladrões de bicicletas*, 250; *Milagre em Milão*, 249, 621; *Umberto D.*, 249
Dean, James, 506
Deep Blue Sea, filme, 137
Delannoy, Jean, 32 n.; *Chiens perdus sans colliers*, 163, 165
Delgado Chalbaud, Román, 543, 776
Dell'Acqua, monsenhor Angelo, 272, 274
Demóstenes, 421
Di Filippo, professor, 192
Di Giorgio, doutor, 173, 201, 202
Di Maggio, Joe, 139, 140
Di Stefano, Alfredo, 23 n.
Di Tomaso, Ada, 611, 612
Diario Nacional, de Colombia, 545, 788
Díaz, Gil, 254
Didder, Mahomed, 404

Dides, Jean, 297, 305-306, 307-308, 309, 310, 311-312, 313-327, 329, 330-331, 332, 333-334, 335-336, 337, 338, 339, 340-348, 349-385
Diego, Gerardo, 750
Dior, Christian, 46, 104, 399, 401, 497, 512-513, 724
Dobronravov, F.: *A cigarra*, 133, 162, 168
Domínguez Camargo, Hernando, 748
Dominguín, Luis Miguel, 129, 398
Donizetti, Gaetano: *Lucia*, 257
Dors, Diana, 139
Dostoiévski, Fiodor Mijailovich, 487, 716
Douglas, Kirk, 125
Dovronyi, Joseph, 504
Drago, Eleonora Rossi, 166, 167
Dreyer, Carl, 32; *Ordet*, 32 32. n., 133, 146, 154, 162, 163,-164; *A paixão de Joana D'Arc*, 163
Dreyfus, Alfred, 315
Drouet, Minou, 389
Drujnikov, Vladimir, 168
DST, *veja* Surveillance du Territoire
Dubois, André, 311, 313, 314, 316, 318, 322, 349, 351, 354, 359
Dubriel, Simone: *Ce bon monsieur Gulliver*, 392
Duca, Natal del, 222
Duclos, Jacques, 336, 340, 358
Duke, Doris, 392
Dulles, John Foster, 98, 113, 153, 373, 379, 411, 435, 502
Dulles, senhora, 102, 105, 114
Dumas, Alejandro, 390
Durney, Bernadette, 38 n., 46 n., 66 n., 68 n.; *García Márquez jornalista*, 30 n.
Dyer, Nyna, 763
Dymova, Olga Ivanovna, 169

Echandía, Darío, 742
Eden, Anthony, 41, 44, 81-82, 84-85, 94, 95, 97-98, 100, 113, 409, 413, 414, 415, 416, 417, 418, 419, 420, 432, 433, 434, 435, 499, 500, 502
Eden, lady Clarissa, 85, 114, 416
Einaudi, Luigi, 264
Eisenhower, Dwight, 30, 44 n., 81-84, 86-89, 90-92, 93-103, 105, 106, 109, 111, 136, 151, 152, 409, 410, 411, 412, 413, 414, 511, 513-514, 515
Eisenhower, senhora, 104, 105, 113-114, 115
Eisenstein, Sergei Mijailovihc, 716; *O encouraçado*, 164, 454
Ekberg, Anita, 504
El 41, filme, 487
Eldner, Ambrosio Eduardo, 603
Elite, semanário, 38, 39, 43, 49, 52, 55, 66, 68
Elle, revista, 388
Elna, iate, 104
Ely, general francês, 295, 296, 304, 345
Época, revista, 269, 274, 277
Escalona, Rafael, 23 n., 660; *La Molinera*, 245; *Miguel Canales*, 660
Escola de Minas de Medellín, 254
Esfanciary, príncipe, 401
Espectador, El, 11-12, 13, 14, 15 e n., 17 n., 18 e n., 28, 29, 31, 33 e 33 n., 37, 38, 41, 46 e 46 n., 48, 73 n., 81, 84, 90, 92, 110, 168
Estherazi, condessa, 764
Estrada, Pedro, 532, 533-534, 590, 594, 611, 613, 775
Eufemia, 23 n.
Europeo, L', diário, 273
Evans, *Sir* Horace, 416, 419
Express, L', semanário, 43, 447
Êxtase, filme, 138

Fabrizi, Franco, 166
Faganello, B., 69 n.

Falindo, Alberto, 740
Farel, Guillaume, 102
Farouk, rei do Egito, 399
Fath, Jacques, 102, 105
Faubus, governador, 510
Faulkner, William, 73 n.
Faure, Edgar, 81, 82, 83, 84, 97, 100, 101, 102, 113, 114, 376
Faure, senhora, 85, 104, 105-106, 113, 114-115
Fawzia, princesa, 399
Fazy, Françoise, 108
FBI (Federal Bureau of Intelligence), 82
Fellini, Federico, 23; *A doce vida*, 23
Fernández, Emilio, 690; *A rede*, 132; *La Tierra del Fuego se apaga*, 131, 132-133, 135
Fernández, Lorenzo, 778
Fernández, Renowitzky, Juan B., 70n., 133
Feroldi de Rosa, Vittorio, 197
Ferrantelli, Giuseppe, 608, 609, 610, 611, 612
Ferraro, Alberto, 594, 597
Ferzetti, Gabriele, 166
Fígaro, Le, jornal, 315, 316, 324
Figueroa, Gabriel, 23 n., 132
Fischer, Magdalena, 166
Flandre, vapor, 544
Flaubert, Gustave, 75, 390
Flouret, prefeito, 376
Fonda, Henry, 251
Fouchet, Christian, 308, 309, 310, 311, 314, 315, 316, 317, 318, 348, 349, 350, 351, 361-365, 368, 369, 376
Franccimei, pintor, 192
France Presse, 413
France-Observateur, semanário, 41, 297, 301, 339, 388, 389
France-Soir, jornal, 41, 115, 337, 375
Franchina, Basilio, 280
Franco Bahamonde, Francisco, 653

Franco, correspondente, 633-636, 638, 639, 640-643, 645, 647-650, 652-653, 655, 658
Franquelle, editor, 146
Freda, Riccardo: *L'aquila nera*, 289
Frente de Liberación Nacional de Argelia (FNL), 404
Fuenmayor, Alfonso, 37 n., 70 n.
Fusco, Giovanni, 166

Gabor, Zsa Zsa, 395-396
Gagliardi, Filippo, 551-552
Gaitán, Jorge Eliecer, 62, 570, 585, 586, 606, 741
Gaitskell, Hugh, 416, 419, 423
Galavís, governador, 787
Gallegos, Luis, 772
Gallegos, Rómulo, 546, 590, 748
Gallón, Esperanza, 253
Garbo, Greta, 280, 290
García Lorca, Federico, 662; *Mariana Pineda*, 662
García Márquez, Gabriel: *Cem anos de solidão*, 14 n., 53, 73 n., 77-78 e n.; *Ninguém escreve ao coronel*, 24, 35, 37 e n., 40, 52, 59, 63 e n., 69 n., 73 n., 76 n.; *A revoada*, 21 n., 67, 71, 73 n., 77 n., 747; *Os funerais da Mamãe Grande*, 22, 52, 59, 60, 66, 72 n., 73 n., 75, 76-77; *O veneno da madrugada*, 37, 37 n., 52, 59, 72 n., 73 n., 76; *O outono do patriarca*, 23 n., 53, 60 n., 67, 78 n.
Gardner, Ava, 98, 126, 147, 395, 398
Gardon, comissário do governo, 338
Garrat, Paul de, 60, 65 n.
Garson, Greer, 243
Gaulle, Charles de, 387
Geneval, general francês, 296, 300
Georgio, Agostino di, 172
Gerbasi, Vicente, 550; *Meu pai, O imigrante*, 550

Germain, Charles, 439
Gestapo, 145
Gil, Rafael: *El canto del gallo*, 134, 137, 155
Gillis, capitão, 556, 567
Giornale d'Italia, Il, jornal, 225
Giuliani, Angelo, 171, 173, 181, 202, 207, 227
Globo, O, jornal, 363
Goebbels, Joseph Paul, 145
Gómez Hurtado, Álvaro, 572
Gómez, Laureano, 569
Gómez, Justo, 560, 562, 563, 565
Gómez, Laureano, 569, 570, 572, 573, 605
Gómez, subinspetor, 792
Gomulka, Ladislaw, 501, 658, 676, 684
González Molina, Marcelo, 778
González, Fernando, 759
Gordon, coronel, 366, 384, 385
Gorki, teatro, 481
Grajales, Manuel, 254
Granma, barco, 56
Grant, Cary, 133, 397
Grau, Enrique, 23 n.
Greene, Graham: *O terceiro homem*, 22, 234, 237, 240
Grelier, Gastón, 407
Griffith, D. W.: *Intolerancia*, 164
Gromyko, Andrei Andreievich, 85, 502
Gronchi, Giovanni, 264, 277
Grustein, Sandor Berla, 600
Guillaume, barão, 378, 413
Guillén, Ana de, 557
Guillén, Nicolás, 56 n.
Guinness, lorde, 763
Gureithault, Gilles, 380
Gurtei, Wiedner, 244
Gutiérrez Alfaro, Pedro A., 800
Gutiérrez, Jacinto, 623
Gutiérrez, José Isabel, 809

Hahimoto, Shinohu, 453
Hale, John A., 510
Hassan, Mulay, 403, 503
Hayot, advogado de Turpin, 347, 373, 374
Hayworth, Rita, 41, 763
Hearst, William Randolph, Jr., 111
Hemingway, Ernest, 35, 541; *O velho e o mar*, 730
Henri, François, 437, 438, 439-442
Heraldo, El, jornal da Colômbia, 19 e n., 22 n., 58
Heraldo, El, jornal da Venezuela, 529
Herbig, doutor, 564
Hermoso de Hernández, Sabina, 589, 594
Hernández Chapellín, padre Jesús, 529-530, 531, 533
Hernández Llergo, Regino, 757
Hernández Marval, Vicente, 589-590, 591-592, 593, 594, 597
Hernández, H.S., 772
Hernández, Miguel, 23 n.
Herrera Campins, Luis, 60 n., 65 n., 807
Herrera, Fortunato, 599, 602-603, 604-605, 775, 801
Herriot, Édouard, 504
Hester, Robert, 560, 561, 562-563
Higgins, Margaret, 112
Hillman, William, 387
Hirsc, Robert, 379, 380
Hitchcock, Alfred, 127; *Ladrão de casaca*, 123
Hitler, Adolf, 145, 156, 241, 514, 634, 643, 644, 650, 654
Homero, 388, 436
Hoover, Herbert Clark, 400
Hughes, Howard, 88
Hugo, Victor, 622
Hugues, André, 332, 333, 334, 335
Humanité, L', jornal, 28, 541
Hung, senhor, 604
Huston, John: *O diabo riu por último*, 167
Hutton, Barbara, 397

Impacto, revista, 757
Independiente, El, jornal, 15, 18, 19, 33, 37, 46 e 46 n., 51, 51 n., 52
Infante, Pedro, 503
Instituto de Cultura Hispânica, 257
Instituto de Idiomas de Moscou, 480
Instituto de Medicina Legal de Roma, 175
Intermedio, jornal, 17, 38 n., 44; veja também *Tiempo, El*
Isaacs, Jorge: *María*, 748, 749, 750
Isabel II, rainha da Inglaterra, 283, 402, 433, 443, 444, 445-446, 499
Isola, Silvana, 197

Jackson Memorial Hospital, 565, 566, 567
Jacqueline, 633, 637-638, 639-640, 647-648, 655
Jaramillo, Esteban, 738
Jarman, Roger, 564
Jo, Gioben, 187, 222
Joan, princesa, 763
Joltosky, arquiteto soviético, 486, 715
Journal du Dimanche, Le, semanário, 86
Jours de France, semanário, 41, 42 n.
Joyce, James, 756; *Ulisses*, 23 n.
Juin, marechal, 378, 380, 381
Jurgens, Kurt, 145, 156

Kadar, Janos, 50, 455-456, 460-461, 470, 615-619
Kafka, Franz, 54 n., 483, 484, 712, 713, 713 n.
Kaganovich, Lazar Moiseievich, 509
Karl, Eva, 401
Kautner, Helmut: *Des Teufels General*, 144, 156
Kelly, Grace, 133, 399, 426, 501
Kelly, Patricio, 519-524
Khan Baktian, 401
Kio, Machiko, 126

Knecht, chefe de polícia, 102
Knorr, Nathan H., 122
Knox, Juan, 102
Koenig, general, 316
Korichevski, Fedro, 400
Kozlowski, Ana, 685-686, 690
Kruschev, Nikita, 50, 54, 416, 479, 482, 484, 485, 493, 508, 510, 512, 513, 615, 620, 711, 713, 714
Kurosawa, Akira: *Rashomon*, 126, 453; *Os sete samurais*, 453

La Porta, Rosario, 608, 610
La Villa, Roberto, 553
Labrousse, Roger, 301, 302, 312, 313, 314, 317, 323, 328-333, 336-345, 347, 352, 354-355, 361, 362, 371, 377, 385
Labrousse, Yvette, 762
Laforest, Henri, 439
Laguado, Arturo, 16, 71 n., 73 n.
Lallier, diplomata, 379, 381
Lamarr, Hedy, 138
Lambert, Claudine, 403, 404
Lancaster, Burt, 143-144; *O aventureiro*, 143-144, 152
Laniel, presidente do Conselho de Ministros da França, 299, 301, 302, 396, 316, 330, 356, 358
Lara, Agustín: *Granada*, 254
Larrazábal, Carlos, 804, 805
Larrazábal, Wolfgang, 802, 810, 811, 813
Laughton, Charles, 498, 725
Le Gall, chefe de la Escuela de Altas Montañas, 439, 442
Lee, Jenny, 423
Lefebvre, Robert, 137
Lefévre, Francine, 430
Lehar, sor Pascualina, 258, 271, 275
Lemaitre, Daniel, 21, 98
Lendorff, Preben, 163

Lenin, Vladimir Ilich, 482, 489, 647, 652, 657
Leonard, prefeito, 305
Leoni, Raúl, 543
Leopoldo III, rei, 94
Leusse, Pierre de, 406
Liberal, El, jornal colombiano, 607
Liberatión, jornal, 297
Libération, semanário, 344
Life, revista, 757
Lilli, Anastasio, 183
Lin Yu Tang, 97
Linch, Ana María, 131
Listuzzi, Giorgio, 248-249
Lituri, carabinero, 183, 184
Litvak, Anatole, 127; *Doctor at Sea*, 127
Liu Chi-Jean, 507, 508
Livanos, Stavros, 428
Lleras Camargo, Alberto, 18, 62, 570, 574, 605-607, 738, 742, 743
Llorente, Carlos, 563
Llovera Páez, Luis Felipe, 800
Llovera Páez, Rafael, 775
Lloyd, George Walter Selwyn, 420, 518
Lloyd-George, David, 420
Loew, Arthur, 153
Lollobrigida, Gina, 30, 125, 136, 161, 243, 247, 278, 283-286, 288-292, 509
Lomanto, Andrea, 170
Lombardo, Goffredo, 285
London, Jack, 243, 459, 672, 673, 675
López Contreras, Eleazar, 540, 787
López Michelsen, Alfonso, 72, 76
López Pumarejo, Alfonso, 74
López, Alfonso, 254, 572, 607, 737, 738-744, 787
López, Luis Carlos, 753
Loren, Sofia, 30, 125, 136, 141, 142, 147, 247, 248, 263, 265, 278-281, 283, 285, 288-293, 511
Lovera, Themis, 795

Luce, Clara Boothe, 153-154
Lucov, L., 152; *Verso la nuova sponda*, 154
Lugo, Alcira, 795
Luizet, prefeito, 376
Lukács, Georg, 487, 716
Lumière, Auguste e Louis, 141
Luongo, Fermín, 592
Lupino, Ida, 167
Luque, cardeal Crisanto, 559
Luz, Blanca, 522, 523

Machado, Gustavo, 538, 539, 540, 541, 542, 543
Macmillan, Harold, 41, 113, 418, 432-436, 500, 502, 803
Macmillan, senhora, 114
Madrid Malo, Néstor, 60 n.
Magliano, Teresa, 762
Magnani, Anna, 287
Magsaysay, Ramón, 502
Mahomed V, sultão do Marrocos, 403, 404, 405, 406
Malaparte, Curzio, 270-271, 472, 689, 696, 729
Malaysia University, de Singapura, 510
Malberg, Emil, 163
Malberg, Henrik, 163
Malenkov, Gueorgui Maximilianovich, 509
Mallea, Eduardo, 748
Mandel-Ouvanoc, Elija, 400
Mangano, Silvana, 292
Mangels, Martin, 565, 566, 567
Mankiewicz, Joseph L.: *A condessa descalça*, 167
Manvelle, Roger, 162
Mao Tsé-tung, 97, 482, 507, 508
Maracaibo, barco, 542
Marcel, Gabriel, 270
Marey, perfeito, 366-367
Margareth, princesa da Inglaterra, 401, 410, 445

Márquez, Luísa S., 60 n.
Marramei, Franco, 198
Marshall, plano, 422
Martín Salazar, Gustavo, 781
Martinau-Deplat, ministro do Interior francês, 299, 304, 306, 346, 349, 354, 356, 358, 369
Martinet, Gilles, 339
Martínez de Pestaño, Josefina, 592
Martínez Gómez, Guillermo, 592, 593, 594, 595, 596
Martínez, Crispín, 592
Martínez, Cucarachita, 710
Martínez, Pío, 593
Marx, Karl, 541
Maselli, Francesco, 128; *Gli sbandati*, 128, 129, 133, 145
Masetti, Jorge Ricardo, 67, 78
Massigli, embaixador francês, 303
Mata-Hari, Margaretha Zelle, 16
Match, revista, 455
Mato, Néstor, 503
Mauco, Georges, 450
Max, Herman, 545
Mayer, Maurice, 455, 456, 457, 458, 461
Mays, Willie, 23 n.
Meccoli, Domenico, 162
Medina Angarita, general, 545, 546
Meir, Golda, 502
Mèliés, Georges: *A viagem á Lua*, 141
Mendès-France, Pierre, 16, 296, 297, 305, 306, 316, 329, 330, 339, 341, 342, 343, 344, 348, 349, 350, 351, 356-358, 363
Mendoza Méndez, Elí, 809
Mendoza Neira, Plinio, 74, 742
Mendoza, Elvira, 55
Mendoza, Eugenio, 807
Mendoza, Plinio Apuleyo, 13, 14, 14 n., 16, 16n., 17, 17n., 27n., 37, 37n., 38, 44-47, 54, 54n., 55, 56, 56n., 57, 58, 59, 60n.,
65, 65n., 66, 66n., 67, 68, 72n., 73n., 74, 75n., 77
Mendoza, Soledad, 13, 45
Messaggero, Il, jornal, 279, 280
Michelangelo, escultor, 758
Milano Sera, diário, 221
Mistral, Gabriela, 501
Mito, revista, 63, 71, 77, 77n.
Mitterand, François, 297, 306, 311, 325, 337, 339, 346, 348, 349, 351, 353-365, 373, 374, 376, 385
Mocky, Jean Pierre, 133
Molière, Jean-Baptiste Poquelin, 390
Mollet, Guy, 403, 404, 407, 409, 410, 412, 413, 414, 415, 501
Molotov, Viacheslav Mijailovich Skriabin, 85, 94-95, 97, 113, 151, 485, 509, 714
Momento Sera, Il, diário, 221
Momento, revista, 46-48, 48 n., 54-55, 56, 57, 60, 60n., 63, 64, 65, 65n., 761
Moncada, monsenhor Delfin, 533, 536, 583
Monde, Le, diário, 17, 41, 329, 330, 407
Monroe, Marilyn, 139, 265, 290, 708
Mons, Jean-François, 299, 300, 301, 302, 311, 312, 313, 314, 317, 320, 326, 327, 328, 330, 331-339, 343, 345, 346, 347, 348, 369-372
Montagna, Ugo, 186-197, 201, 215, 216, 217, 219, 220, 222, 225, 226
Montaigne, Michel Eyquem, senhor de, 25
Montaña Cuéllar, Diego, 571
Montand, Yves, 142
Montemuro, Piero, 248
Monterola, Rafael, 774-775
Montesi, Rodolfo, 170-173, 178, 179, 202, 205, 215
Montesi, Wanda, 184, 186, 188, 190, 202, 205, 214
Montesi, Wilma, 33, 33n., 35, 36, 170, 173, 174-177, 179, 180-186, 188, 194, 212, 227, 505, 611

Montesquieu, Charles-Louis de Secondat, barão de, 25
Montilla Carreyó, Óscar, 809
Montserrat, barco, 547
Moravia, Alberto: *A romana*, 286
Morgan, Michèle, 157
Mossadegh, doutor, 400, 401, 402
Mostra de Arte Cinematográfica de Veneza (XVI), 125, 131, 134, 162, 168
Munk, Kaj, 163
Mur Oti, Manuel: *Orgullo*, 155
Museu de Arte Moderna de Nova York, 141
Mussolini, Benito, 121
Muto, Silvano, 184, 185, 191, 195-197, 220

Nacional, El, 56
Nagib, general, 413
Nagy, Imre, 49, 50, 51, 51n., 66, 75, 460, 466-468, 470, 615-616
Nalet, coronel, 439
Nasser, Gamal Abdel, 404, 409, 411, 412, 413, 414, 427, 503
NATO, *veja* Organização do Tratado do Atlântico Norte
Navarre, general Henri, 295, 297, 300, 301, 302
Navas Pardo, Rafael, 570
Nazzari, Amadeo: *Esta noite nada de novo*, 147
Negre, Jean, 389, 390
Nehru, Jawaharlal, 81
Nenni, Pietro, 263
Neruda, Pablo, 659, 748
Neully, Gulzar, 761, 764
New York Times, The, 345, 403
Niehans, Paul, 257, 258, 267
Nieto Bastos, comandante de polícia, 538
Nieto Caballero, Luis Eduardo, 739
Nieto, José, 22 n.
Nixon, Richard, 65, 502, 503, 812

Notte, La, jornal, 142, 221
Novais Teixeira, corresponsal, 363
Noyes, David M., 387
Nuttin, Anthony, 409

O'Reilly, Jeae, 764
Obregón, Alejandro, 69, 70n., 732-734
Obregón, Carlos, 16, 73n.,
Observateur, L', 302, 303, 304
Oggi, revista, 266, 268, 269, 273, 274
Ojeda, Fabricio, 531, 551, 802, 807
Olaya Herrera, Enrique, 738, 739
Onassis, Aristóteles Sócrates, 41, 42n., 44, 425, 426-427
Onnis, Tonnino, 194-195
Ópera Nacional da União Soviética, 478, 704
Ophuls, Max: *Lola Montés*, 735
Organização do Tratado do Atlântico Norte (OTAN), 366, 515
Organização dos Estados Americanos (OEA), 606
Ortiz Sandoval, juiz argentino, 523
Osiglia, padre Alfredo, 533
Ospina Pérez, Mariano, 567, 570
Osservatore della Domenica, L', 269, 271, 272, 273
Osservatore Romano, L', 118, 269, 271, 272, 273

Pablos, José Gregorio de, 591, 593
Pacanins, Guillermo, 801
Paceelli, cardeal Eugenio, *veja* Pio XII, papa
Pachón Padilla, Eduardo, 749
Páez, Ambrosio, 545
Palacios, Eustaquio, 749; *El alférez real*, 749
Palance, Jack, 167
Pallotta, Gabriella, 248
Pampanini, Silvana, 141
Panchos, Los, 639, 660
Pão, amor e fantasia, filme, 285

Paris-Match, semanário, 41
Parlato, Giuseppe, 222
Partido Comunista da França, 317-380, 541
Partido Comunista da Hungria, 462-463, 464, 465, 466, 469, 676, 682
Partido Comunista da União Soviética, 470, 508
Partido Comunista da Venezuela, 528, 811
Partido Conservador da Colômbia, 546, 567
Partido Liberal da Colômbia, 570, 571, 572, 573, 665, 739
Pascal, Jean-Claude, 136, 143
Passarelli, doutora, 174, 179, 199-200
Peck, Gregory, 125
Pedrazzini, Jean-Charles, 455
Pelabon, André, 364-366, 368, 369, 370, 376
Pellín, monsenhor Jesús María, 537
Peñuela, Patrocinio, 778
Pérez Jiménez, Marcos, 44, 55, 57, 528, 529, 531, 532, 534, 535, 537, 545, 546, 548, 550, 552, 579, 591, 603, 611, 788, 794, 800
Pérez Morales, general, 806
Pérez Prado, Dámaso, 21, 106, 639
Pérez Viñas, doutor, 800
Pérez, Pascaual, 796, 797, 798
Perin, agente, 384
Perón, Juan Domingo, 131
Pescadores de caranguejos, Os, filme, 453, 454
Petitpierre, Max, 85, 102
Petitpierre, senhora, 105
Petöfi, Sandor, 460, 461, 466, 617
Philip de Edimburgo, 443-444, 501
Philipe, Gérard, 133, 157
Piazza, Bernardino, 608, 610, 612
Piazza, Vicenzo, 610, 612
Picasso, Pablo Ruiz, 667
Piccini, Mario, 182-184, 217, 218
Piccioni, Gian Piero, 181, 186, 187, 188, 190-191, 192, 194, 195-196, 201, 216, 218, 220, 221, 225, 226

Picón Rivas, juiz, 597
Pidgeon, Walter, 243
Pinay, 85, 100, 113
Pineau, Paul, 392, 410
Pineschi, Pier Paolo, 126
Pino de Gutiérrez, Orquídea, 587
Pio XII, papa, 117, 257-259, 261, 270
Pireto Sánchez, Roberto, 73 n.
Pissarello, Luis Plácido, 599, 600, 601
Pleven, presidente do Conselho da França, 16, 296, 299, 316, 369, 374
Poincaré, Raymond, 506
Polito, Severo, 201, 223-226
Polizzi, Minzzione, 609, 610, 612
Pombo, Rafael, 725, 749
Ponceau, comissário, 381-382
Ponti, Carlo, 511
Porter, Cole, 23 n.
Portocarrero, Hernani, 787
Poujade, deputado francês, 297, 339
Prado, Marisa, 155
Pravda, 482, 493, 502, 708, 709, 711
Prensa Latina, 67, 69, 70, 72, 74, 74n., 75, 77, 78
Proust, Marcel, 401
Puccini, Giacomo: *La Bohème*, 252, 257; *Madame Butterfly*, 257; *Tosca*, 256
Pushkin, museu, 494
Puyo Delgado, Carlos, 81

Raban, Francis, 431
Ragghianti, Carlo Ludovico, 162
Rainier III, príncipe de Mônaco, 425, 501
Rákosi, Mátyas, 457, 462, 465, 466, 617, 618
Ramírez MacGregor, Carlos, 54, 57-58, 58n., 60n., 65, 66
Ramírez, cavaleiro, 722
Rascel, Renato, 137
Razón, La, diário, 16 n.

Reed, Carol, 283; *O terceiro homem*, 234, 237, 240; *Trapézio*, 289
Reina del mar, barco, 523
Religión, La, publicação venezuelana, 529, 530, 531, 532
Rendón, Ricardo, 738
Reverón, Carmelo Martín, 559, 560-561, 562, 563-564, 565
Revista del Atlántico, 60 n.
Reynaud, Marcel, 360
Reynolds, Robert, 507
Ribero Barrera, Rafael, 253
Ribero Silva, Rafael, 19, 252-253
Ribero, Fabián, 253
Rivera, José Eustasio: *La vorágine*, 487, 669, 717, 748
Rochas, doutor, 400
Rochet, Waldeck, 324, 336
Rodríguez Freile, Juan: *El carnero*, 748
Rodríguez Fuentes, doutor, 560
Rodríguez, Valmore, 543
Rojas Pinilla, Gustavo, 17, 29, 44, 46, 46n., 56, 506, 506, 568-570, 573, 605, 606, 607, 682
Roma, Il, jornal de Nápoles, 181
Rommel, Erwin, 145
Roncalli, Angelo Giuseppe, cardeal, 146
Rondi, Gian Luigi, 162
Rondón, Juvencia, 766
Roosevelt, Franklin Delano, 387, 771
Roscini, Adalgisa, 198, 199
Rossa, Gianna la, 193
Rossellini, Roberto, 504
Rossi, Franco, 140; *Amici per la pelle*, 140, 163
Rotondi, padre jesuíta Virgilio, 272, 274, 275, 276
Rousseau, Jean-Jacques, 24, 102
Roussel, Charles, 121
Royal Bank of Canada, 68

Rubirosa, Porfirio, 41, 42, 316, 395-398
Ruella, coronel, 347
Ruggieri Parra, doutor, 599
Ruschell, Alberto, 155
Rusconi, Edilio, 274
Ruz, Lidia, 584

Sadrudin, filho de Aga Khan III, 763
Sagan, Françoise, 389, 497, 506; *Bom dia, tristeza*, 506; *Dentro de um mês, dentro de um ano*, 506
Saint Cyr, Renée, 146
Salazar, Antonio de Oliveira, 501
Salcedo Bastardo, J. L., 774, 775, 778
Salvattorelli, professor, 221
Salvi, Anna, 219
Samsonov, S.: *La cicala*, 162, 168-169
Sanabria, Edgar, 808
Sánchez, Guillermo, 92
Sanihinaz, princesa, 399
Santini, comandante, 439, 441
Santos, Eduardo, 38 n., 44
Sanz, Miguel, 533, 775
Sarda, advogado, 366, 373
Sarratud, padre José, 531, 532, 535
Sartre, Jean-Paul, 389, 447, 683
Saume, Víctor, 560
Savari, ministro, 407
Schiano, Pierina, 182
Schierbeck, Paul, 163
Scicolone, Sofía, *veja* Loren, Sofia
Scotland Yard, 106, 139
Segalat, secretário-geral do governo francês, 300, 320, 326, 327, 328
Semana, revista colombiana, 606
Sementes da violência, 152, 153, 154
Senior, Irma, 796
Senior, Sonia, 797
Sepe, Rafaelle, 34, 198-200, 203, 204, 205, 206-209, 210-212, 215, 219, 223, 227

Septimus, *veja* García Márquez, Gabriel
Sequeira, Ernesto Eulogio, 592-594, 595, 598
Sergio, estudante chileno, 648
Serrat, Alberto, 648
Sert, José María, 96
Shakespeare, William, 390, 421, 436
Shantaranj, V.: *Dance of Shiva*, 145
Shendo, Kanheto: *Os filhos de Hiroshima*, 453
Sherwood, Robert, 387
Sifontes, Corina, 765
Sifontes, Miguel, 765-769
Sifontes, Rosita, 766
Siglo, El, jornal, 569
Silva Silva, Alfonso, 254
Silva, de Ribero, Eva, 253, 401
Simenon, Georges, 298, 307, 319
Sinatra, Frank, 500
Skofic, Milko, 290
Sloan, Tod, 763
Sneider, Edgar, 115
Solórzano, Tobías, 623
Sombras em pleno dia, filme, 451-453, 454
Soraya, princesa, 399, 400, 401, 402
Sosa Blanco, 44, 67
Soto del Corral, Jorge, 742
Soules Baldó, 801
Spaak, ministro belga, 413
Spiazzi, padre Raimondo, 270
Stalin, Josef, 44, 54, 54n., 242, 400, 476, 479, 481-487, 489, 490, 496, 618, 620, 643, 644, 646, 676, 677
Stassen, negociador americano de desarmamento, 509
Staudte, Wolfgang, 127; *Ciske de Rat*, 131, 165-166
Steel, Anthony, 504
Stephane, Roger, 297, 301, 339
Stoppa, Mario, 258
Strauss, Johann, 645

Sturezo, padre jesuíta, 263
Sturzo, padre, 277
Suárez, Arturo, 750
Sucre Vega, Enrique, 600, 601
Sunday Graphic, 278, 279, 282, 283, 284
Suplemento del Caribe, 23 n.
Surveillance du Territoire (DST), 311-313, 316, 317, 320-328, 330-332, 334, 335, 342, 345, 349, 351-353, 357, 363

Táchira, vapor, 543
Tamayo Suárez, Óscar, 612
Tamayo, Eduardo, 774, 778
Tardini, monsenhor Domenico, 276
Tardos, María, 462, 467
Tass, agência, 616
Taylor, Elizabeth, 243
Tchekhov, Anton P., 169; *Boris Godunov*, 168
Teatro Calderón de Madrid, 257
Teatro de la Ópera de Viena, 243
Téllez, Hernando, 72
Tempo, revista, 270
Terray, Lionel, 439, 440
Terre, La, jornal, 324
Testamarck, Felipe, 806
Thody, Henry, 284
Tiempo, El, jornal, 17, 28, 38n., 44, 69, 71n., 72, 77, 77n., 81, 110, 749; *veja também Intermedio*
Tierney, Gene, 763
Tito, Josip Broz, 618, 620
Tixier-Vignancourt, advogado de Baranes, 361, 362-363, 371, 373-375, 381, 384
Todeschini, cardeal, 264
Tolstoi, Alexis, 487, 716
Tondi, Amadeo, 172
Tondi, Augusto, 204
Toro Santana, José del, 793
Torres, Camilo, 16 n.
Torres, Miguel, 16 n.

Toscanini, Arturo, 501
Townsend, capitão, 445
Traba, Marta, 74
Trejo, Hugo, 793, 794, 795, 809
Trifelli, Orlando, 185
Trifelli, Ziliante, 183
Triunfo, 14 n.
Truffaut, François, 70, 70n., *Os incompreendidos*, 70
Trujillo Echevarría, Edgard, 809
Trujillo, Flor de Oro, 396
Trujillo, Rafael Leónidas, 74 n., 396, 591
Truman, Harry S., 83, 387, 511
Tupolev, Andrei Nikolaievich, 708
Turbay, Gabriel, 741
Turpin, René, 300, 302, 312-314, 317, 327-333, 339-340, 343, 344, 345,347, 352-353, 361, 364, 371, 374, 382, 385

Ulmer, Edgar G.: *Madrugada de traição*, 137, 154
União Marroquina do Trabalho, 407
União Nacional Estudantil de Venezuela, 544
Unión Pan-americana, 600
Unità, L', 196, 221
Universidad Católica de Venezuela, 534
Universidad de Paris, 540
Universidad de Roma, 250
Urbina, Simón Rafael, 542, 776, 777

Vajda, Ladislao, 129; *Marcelino, pão e vinho*, 32 n., 129-130
Valcroze, Jacques Doniol, 162
Valencia, Guillermo León, 569, 570, 573, 753
Valenti, Rosario, 608, 609, 610, 613
Valera, Juan de la Cruz, 571
Valeriani, Valerio, 225
Valle Anzola, Carmen del, 596
Vallenilla Lanz, Laureano, 528, 529, 530-531, 546

Valli, Alida, 190, 216, 220
Valois, Jean, 383, 384, 385
Van Chi, Nguyen, 341, 351, 356, 360, 371, 372
Van der Velde, Dick, 165
Vanguardia Liberal, 23 n.
Varela, cavaleiro, 772
Vargas Vila, J. M., 750
Vargas, Germán, 23 n., 70 n.
Vargas, María Eugenia; 624
Vázquez, Mario, 524
Vegas, doutor Martín, 812
Velasco, Teófilo, 534, 536, 537
Venezuela Gráfica, 66, 68, 631, 803n.
Venanzo, Gianni di, 166
Verkerk, Jantje, 165
Versolatto, Corinna, 192
Vieulot, agente, 384
Vigier, A. M., 376
Villadary, Niveau de, 296, 343
Villalba, Jóvito, 539, 540, 542, 543, 544, 545-547, 785-790, 807
Villar Borda, Carlos, 16 n.
Villarreal, José María, 571
Villegas, Silvio, 85
Vincendon, Jean, 437, 438, 439-442
Vincent, Yvonne, 430
Visconti, Luchino, 128, 146
Visconti, Prandino, 146
Vittòrio Emanuèle III, rei de Itália, 264
Voce d'Italia, La, jornal italiano de Caracas, 611, 612, 613
Voltaire, François-Marie Arouet, 25

Waclawek, Adão, 674, 678, 679, 685, 690
Webbs, coronel, 679, 687
Welles, Orson, 244
Willis, Frances, 103
Windsor, duque de, 139, 148, 244, 388, 389
Winters, Shelley, 167

Wolf, Herman, 648, 650-654
Woolf, Virginia: *Mrs. Dalloway*, 57
Wybot, Roger, 297, 311, 320-323, 326-328, 332, 359, 375-379
Wyszynski, cardeal Stefan, 466, 468, 658, 684

Yamaca, Tengo, 453, 454
Yepes, Simón, 782
Yumar, Pedro Emilio, 773
Zalamea Borda, Eduardo, "Ulises", 15, 24n., 71; *Cuatro años a bordo de mí mismo*, 669

Zalamea, Jorge, 14 n., 75; *El Gran Burundún-Burundá há muerto*, 14 n., 75; *O retorno de Eva*, 743
Zanecker, Raymundo, 513
Zavattini, Cesare, 147-148, 150, 248, 759; *Ladrões de bicicletas*, 250; *O teto*, 248, 251
Zeliokovskaia, Ludmila, 168
Zuckmayer, Carl, 144
Zukov, Georgich Konstantinovich, 98, 100, 102-103, 513

Este livro foi composto na tipologia Minion,
em corpo 11/16, e impresso em papel
off-white 80g/m², no Sistema Cameron
da Divisão Gráfica da Distribuidora Record.

Seja um Leitor Preferencial Record
e receba informações sobre nossos lançamentos.
Escreva para
**RP Record
Caixa Postal 23.052
Rio de Janeiro, RJ – CEP 20922-970**
dando seu nome e endereço
e tenha acesso a nossas ofertas especiais.

Válido somente no Brasil.

Ou visite a nossa *home page*:
http://www.record.com.br